行政判例研究 XXIV-2

然寓 崔光律 名譽會長 獻呈 論文集

社團法人 韓國行政判例硏究會 編

2019

博英社

Studies on Public Administration Cases

Korea Public Administration Case Study Association

Vol. XXIV-2

2019

Parkyoung Publishing & Company

刊 行 辭

2019년도 하반기를 마무리하면서 행정판례연구 제24집 제2호를 발간하게 되었습니다.

한국행정판례연구회가 발족한 이래 해마다 발간되어 온 행정판례연구는 역사와 전통을 자랑하는 학술지로서 행정판례의 이론적 기초와 아울러 실천적 적용범위를 제시해왔다고 자부합니다. 행정판례연구는 우리나라 행정판례의 역사이고 또한 행정판례를 두고서 선학과 후학, 학계와 실무계가 함께 대화하고 만나는 곳입니다.

제가 2017년부터 한국행정판례연구회 회장을 맡으면서, 회장을 지내신 선대회장님들께서 고희, 희수, 산수, 미수, 백수를 맞이하는 등 적절한 때가 되면 이를 축하드리기 위하여 기념논문집을 봉정하는 전통을 만들어 나갔으면 좋겠다는 제의를 한 바 있습니다.

그 결과 회원여러분들의 적극적인 참여로, 2018. 7. 5. 우리 연구회의 제8,9대(2005.2~2011.2) 회장을 역임하신 청담 최송화 선생님의 희수기념논문집으로 "행정판례와 공익"을 발간한 바 있으며, 이번 제24집 제2호는 우리 연구회의 제5,6대(1996.2~2002.2) 회장을 역임하신 연우 최광률 선생님께 봉정하는 논문집으로 발간하게 되었습니다.

연우 선생님께서는 일찍이 판사로서 법조실무를 시작하였고, 대한변호사협회사무총장을 역임하면서 변협의 발전을 위하여 노력한 결과

한국법률문화상, 명덕상을 수상하였고, 한편으로는 헌법재판소 재판관까지 역임하는 등 재야법조를 대표하는 분이십니다.

우리 연구회에도 설립초기부터 참여하여 제5,6대 회장으로서 연구회의 기반을 다지셨고 이후 고문으로 계시면서 물심양면으로 연구활동을 지원해 주는 등 우리 연구회의 발전에 크게 기여하고 계십니다. 이처럼 훌륭하고 따뜻한 성품을 지닌 선생님에 대한 우리 회원 모두의 존경심을 담아 이 책을 봉정하는 바입니다.

선생님께 앞날의 행운과 만수무강을 축원 드리면서 우리 모두 선생님의 헌신을 기억하고 그 뜻을 잘 이어받아야 할 것입니다.

또한 연우선생님께 올리는 이번 기념논문집에 김철용교수님께서 축하의 글을 써 주셨습니다. 김교수님께서는 우리 연구회의 제7대(2002.2~2005.2) 회장을 역임하셨고, 2017년에는 80세 기념논문집으로 "행정절차와 행정소송"을 손수 편찬 간행한 적이 있습니다. 사모님의 병구환 등으로 무척 힘드실텐데도, 연우 선생님하면 김철용교수님을 떼어놓고 생각할 수 없는 인연인지라 선뜻 이에 응해주신데 대하여 진심으로 감사드리는 바입니다.

우리 행정판례연구회에서는 2019. 12. 19 "행정판례와 사법정책"이라는 주제로 대법원 산하 사법정책연구원과 매우 유익하고 성공적인 학술세미나를 개최하였습니다. 이 자리를 빌려 학술세미나를 공동으로 개최하여 주신 강현중 사법정책연구원장님과 기조 강연을 해주신 이강국 전 헌법재판소장님께 깊은 감사를 드립니다.

아울러 우리 행정판례연구회의 월례 발표회 때마다 쾌적한 장소를 제공해주는 서울행정법원 당국에도 진심으로 감사 인사를 드립니다. 서울행정법원은 개원 이래 20주년을 넘기면서 우리 행정판례와 행정법학의 발전에 크게 기여한 바 있습니다. 앞으로도 서울행정법원을 통하여 우리나라에 법치주의가 더욱 공고하게 자리잡을 것이라 확신합니다. 이를 위하여 학계와 실무계의 끊임없는 상호 교류와 연구가 필요할 것이며, 이에 우리 연구회는 학계와 실무계의 가교역할을 더욱 충실히 하여야 할 것으로 생각합니다.

2019년도 하반기에는 5차례의 월례발표회를 통하여 총 13분의 회원님께서 행정판례에 대한 귀한 평석을 발표해 주셨습니다. 이번 제24집 제2호의 논문은 월례발표회의 발표문을 포함하여 여러 회원님들께서 심도 있게 연구하여 주신 연구논문들 중에서 엄격한 심사를 통하여 선정되었습니다. 옥고를 보내주신 학계의 교수님과 실무 법조계 여러분, 아울러 이러한 학술지가 계획에 따라 순조롭게 출간될 수 있도록 헌신적으로 노력해주신 김중권 간행편집위원장님을 비롯한 편집위원님, 최진수 출판이사님, 이진수, 계인국, 이재훈, 이채영 출판간사님께 감사의 마음을 표합니다.

2019. 12. 31.

사단법인 한국행정판례연구회

회장 김 동건

賀 序

연우(然寓) 최광률(崔光律) 변호사를 위한 행정판례연구의 특별호가 간행된 것은 기쁜 일이 아닐 수 없습니다. 견문이 적은 탓이겠지만, 선진국의 전통있는 학회지에서 특정인을 위해 특별호가 간행된 것을 본 적이 없기 때문입니다. 최광률 변호사에게 축하를 드립니다.

최광률 변호사는 전문직 법률가입니다. 전문직 법률가는, 유럽에서는 중세 이래, 의사와 성직자와 더불어 profession이라는 개념으로 지칭되어 왔습니다. 이 경우의 전문직 법률가는 변호사, 판사, 검사를 의미했습니다. 이들 전문직 법률가, 의사, 성직자는 그 어느 것이나 독립성이 높은 직업단체를 조직하고, 특유한 학식을 스스로 떠맡으며, 사회에서 가장 중요한 공공적 역할을 행하면서 다른 직업과 구별되는 특권적 지위를 누리는 것이 인정되어 왔습니다. 20세기에 들어오면서는 많이 달라졌고, 종래의 전문직상(專門職像)을 근본적으로 비판하는 견해마저 등장하셨습니다. 그래서 전문직 법률가의 특징이 무엇이냐에 대하여 한마디에 요약하기는 쉽지 않습니다.

전문직 법률가의 특징이 사회의 변화와 더불어 달라지고 있습니다만, 그 기본적인 특징은 고도의 학식과 기능, 공공적 성격, 독립성·자율성 셋으로 아직도 어느 정도 유지되고 있는 것이 아닌 가 생각합니다. 그 기본적 특징 중 첫째가 고도의 학식과 기능입니다. 전문직 법률가는 높은 학식과 특수한 기능의 습득을 필요로 한다는 점입니다. 이 속에는 법 규범과 법 제도에 관한 기본적 이해와 지식, 법 규범의 구체적 사실에의 적용능력을 함유한 법적 언설(discours)의 조작 능력, 법적 관점에서의 사실 분석 능력, 증거의 평가능력 등을 기본으로 한 여러 가지 응용 능력을 포함합니다. 이와 같은 지식과 능력은 이론적이고 체계적인 학문의 바탕 위에서만 가능합니다.

최광률 변호사의 전문직 법률가 인생은 판사로 시작합니다. 최광률 변호사의 법조 경력은 이 글을 쓰고 있는 날까지 약 57년 2개월로 추산됩니다. 판사 7년, 헌법재판소 재판관 6년, 변호사 44년 2개월입니다.

헌법재판소 재판관은 1988년 9월 비상임 재판관으로 임명되었고, 1991년 11월 상임 재판관으로 임명되어 1994년 12월 퇴임하였습니다. 이 6년 동안 최광률 재판관은 우리나라 헌법 재판소 초대 헌법재판관의 일원으로서 오늘날의 헌법재판제도를 정착하고 발전시키는 데 그 기틀을 만들었다는 것이 일반적인 평가인 것으로 알고 있습니다.

최광률 재판관은 재판관으로서 헌법적 판단과 기본권의 확인과 보장을 위해 청구되었던 수많은 심판 사건에 관여하여 기념비와 같은 획기적인 결정을 많이 하였습니다. 특히 최광률 재판관이 주심재판관으로 관여한 사건 중 기록으로 남길 만한 헌법재판 실무 역사의 관점에서 이정표로 볼 수 있는 결정으로는 구 상속세법 제32조의2의 위헌 여부에 대한 사건과 김형욱 한 사람에 대한 처벌을 위한 반국가행위자 처벌법의 위헌 여부에 관한 사건입니다. 전자는 합헌적 법률해석의 의미와 효과를 밝힌 최초의 변형결정의 사례이고, 후자는 상소를 과도하게 제한하여 형사피고인의 상소권을 본질적으로 박탈하고 상속회복청구를 전면 봉쇄하는 규정으로 법률 전체를 위헌 결정한 최초의 사례입니다.

최광률 재판관은 이러한 결정 외에도 재임 중 헌법재판소의 법규심의위원장으로서 헌법재판의 불모지에 아무 것도 갖춰져 있지 아니한 상황에서 지정개판부의 구성·운영에 관한 규칙 제정, 사건의 접수·배당에 관한 내규 등 심판에 필요한 제 규칙을 제정하였습니다. 특히 사건배당

내규는 사건의 접수 단계에서 주심재판관을 배정하는데 임의조작의 가능성을 배제하기 위하여 추첨의 방법으로 공평하게 배정하는 것으로, 심판 초기부터 공정성 시비를 불식시키고 그 시비의 여지를 차단하도록 하여, 재판의 신뢰성과 심판의 공정성을 확보하도록 하였습니다. 또한 헌법재판소 초기 "무에서 유를 창조하는 암중모색의 시절" 각종 보고서, 결정서 등 문례 · 서식이 전무한 상태에서 심사보고서, 사전심사결정서, 보정명령, 석명준비명령, 사실조회서, 기록송부·자료제출요구, 연구요청서, 평의요청서, 심리보고서, 심판결정서 등 각종 서식을 만든 것도 최광률 재판관이었습니다.

그러나 최광률 변호사가 우리나라 헌법재판의 역사에 길이 남을 업적은 헌법재판소가 개소되기 전 헌법재판소의 설립을 위한 헌법재판소법 제정 논의에서 오늘날 헌법재판소의 규범통제제도의 근간이 되고 있는 위헌소원(헌법재판소법 제68조 제2항)제도의 창안에 중추적 역할을 한 것으로 듣고 있습니다. 당시 헌법재판소 관할에 관한 논의의 주요쟁점은 우리 헌정사상 헌법재판소 설립 이전 40여년간 위헌결정(판결)이 단 4건에 불과하였던 규범통제제도를 어떻게 활성화할 것이냐의 문제와 법원의 재판을 심판대상으로 할 것이냐의 여부 문제였습니다. 최광률 재판관은 헌법재판소법의 제정방향에 관한 세미나의 주제 발표에서 법원이 사법절차상의 기본권을 침해한 경우와 위헌제청 신청을 기각한 경우에는 법원의 재판도 헌법재판소의 심판대상이 되어야 한다는 주장을 하였습니다. 그 중 후자가 위헌소원제도로 도입된 것으로 듣고 있습니다.

헌법재판에 관한 것 외에도 최광률 변호사는 1983년부터 법무부 공법연구특별분과위원회 위원으로 행정심판법 정부원안 작성과 행정소송법 개정 정부원안 작성에 참여하였습니다. 특히 행정심판법초안작성소위원회에서 기준이라고는 헌법 제108조 제3항(현행헌법 제107조 제3항) 밖에 없었던 상황에서 행정심판법 초안을 새롭게 창조할 수 있었던 것은 실무와 학문을 겸비한 최광률 제판관의 공이 큽니다.

박영사에서 우리나라 최초로 주석 행정소송법이 발간된 날은 2004년 12월 10일입니다. 이 책의 간행을 기획한 날은 2001년 1월입니다. 집필이 너무 지지 부진하니까 포기하자는 의견까지 나왔습니다. 우여곡절 끝에 거의 원고가 마감될 즈음 원래 발간계획서에 행정소송법 제11조(선결문제)를 집필하기로 하였던 이론정연한 서정우(徐廷友) 변호사가 집필을 끝낼 수 없는 상황이 발생하였습니다. 이 갑작스러운 상황에 재빨리 최광률 변호사가 단 시일 내에 대신 집필을 끝내주었습니다. 최광률 변호사의 도움으로 만 4년에 걸친 책이 완성을 이루게 된 것입니다.

또한 최광률 변호사는 행정판례연구원에 대해서도 기여하였습니다. 제5대 회장으로 취임하여 1999년 8월에 연구논집 간행규칙을 제정하여 시행하였습니다. 그 후 개정을 거듭하여 오늘날의 연구논집 간행 및 편집규칙에 이르게 된 것입니다. 그리고 1999년 행정판례연구 제4집, 2000년 행정판례연구 제5집, 2001년 제6집을 간행하여 행정판례연구가 속간될 수 있는 선례를 만들었습니다.

그 밖에도 최광률 변호사는 목촌 법률상 기념 사업회 초대 회장을 맡는 등 우리 공동체에 다방면에 걸쳐 여러 형태로 기여하였습니다.

필자는 부끄럽게도 Ulrich Battis란 사람을 오랫동안 그저 이름 있는 공법학을 전공으로 하는 학자의 한 분으로 알고 있었습니다. Peter Friedrich Bultmann, Klaus Joachim Grigoleit, Christoph Gusy, Jens Kersten, Christian. W. Otto, Christina Preschel이 펴낸 Ulrich Battis의 70세 탄생기념논문집의 서문을 보면서 사람을 평가할 때 정말 여러 가지 차원의 고려(Mehrebenenberücksichtigung)를 해야 하는구나 하는 생각을 했습니다.

필자는 이 글의 서두에서 전문직 법률가의 특징을 기술하였습니다. 그 중 둘째 특징인 공공적 성격과 셋째 특징인 독립성·자율성은 개인의 자질과의 관계가 깊지 않습니다. 개인의 자질과 가장 관계가 깊은 것은 첫째 특징인 고도의 학식과 특수한 기능의 습득입니다. 전문직 법률가를 평가할 경우에 첫째 특징을 기준으로 평가하는 것이 원칙입니다. 필자는 최광률 변호사를 56년 동안 옆에서 지켜보고 있습니다. 법 규범과 법 제도에 대한 탁월한 이해와 지식, 법적 언설의 조작 능력, 법적 관점에서의 사실 분석 능력 등 어느 하나 흠 작을 데가 없습니다. 그래서 필자는 최소한 두 가지 결론을 내리고 있습니다. 첫째 결론은 최광률 변호사라는 사람은 훌륭한 전문직 법률가라는 것입니다. 둘째 결론은 첫째 결론 못지않게 중요한 것으로 훌륭한 제도설계자로 평가되어야 한다는 것입니다.

최광률 변호사의 호(號)인 연우(然寓)는 자연과 더불어 산다는 뜻입니다. 최광률 변호사의 여생이 자연과 더불어 평온하고 즐거운 나날이 되길 빕니다.

2020년 2월 18일

한국행정판례연구회 명예회장 김 철 용

崔光律 변호사 年譜

기본 사항

성 명: 최 광 률(崔 光 律)
생년월일: 1936년 8월 1일
아 호: 연우(然寓)
출생지: 평안남도 대동군 남곶면 소이도리
본 적: 서울특별시 동대문구 전농동 412
주 소: 서울 종로구 북촌로 90, 403호(가회동, 북촌힐스)
종 교: 천주교(세례명 세례자 요한)

가족관계

처 : 김혜자(金惠子) 1942년생
장녀 : 崔惠璟(최혜경) 1964년생
2녀 : 崔美璟(최미경) 1965년생
3녀 : 崔裕璟(최유경) 1967년생

학 력

1954. 3. 서울대학교 사범대학 부속고등학교 3년 졸업
1958. 3. 서울대학교 법과대학 졸업(법학사)

1978. 2. 건국대학교 대학원 법학과 수료(법학석사)
1979. 8. 서울대학교 경영대학 최고경영자 과정 수료

자 격

1958. 12. 고등고시 제10회 사법과 합격
1962. 2. 변호사 등록(등록번호 제1468호)
1973. 1. 변리사 등록(등록번호 제224호)

본직 경력

1959. 7. 공군법무관(중위, 대위)
1962. 11. 대전지방법원 판사
1965. 11. 서울지방법원 판사
1969. 9. 변호사 개업(변호사 최광률 법률사무소)
1981. 7. 공증인가 아세아합동법률사무소 대표
1983. 9. 동양종합법무법인 대표
1991. 11. 헌법재판소 재판관(상임)
1994. 12. 동양종합법무법인 대표
1997. 1. 동양합동법률사무소 대표

겸직 경력

1963. 9. 충청남도 제2지역구 선거관리위원회 위원장
1968. 10. 서울특별시 제3지역구 선거관리위원회 위원장
1969. 3. 명지대학교 강사
1972. 1. 총무처 중앙공무원교육원 강사
1974. 4. 서울제일변호사회 재무
1977. 5. 사단법인 삼성미술문화재단 감사
1978. 10. 사단법인 대한상사중재원 중재인

1979. 6. 해운항만청 해운진흥심의위원회 위원
1980. 3. 정부 헌법개정심의위원회 위원
1980. 5. 재단법인 낙산장학회 이사
1981. 5. 대한변호사협회 총무 겸 사무총장
1981. 6. 국무총리실 성장발전저해위원회 위원
1981. 9. 사법연수원 강사
1981. 12. 법무부 민·상법개정특별심의위원회 위원
1981. 12. 사단법인 한국법학원 총무이사
1982. 7. 법무부 정책자문위원회 위원
1983. 3. 법무부 공법연구특별분과위원회 위원
1983. 3. 고시동지회 부회장
1984. 1. 대법원 사법행정제도자문위원회 위원
1984. 6. 법무부 법무자문위원회 위원
1984. 8. 주식회사 법률신문사 감사
1985. 3. 해운항만청 해운진흥심의위원회 위원
1985. 7. 한국공법학회 상임이사
1985. 7. 대한공증협회 부회장
1985. 10. 법무부 행정심판위원회 위원
1985. 10. 해운항만청 행정심판위원회 위원
1986. 8. 철도청 행정심판위원회 위원
1987. 2. 정부 인권보호특별위원회 위원
1987. 6. 경제기획원 공정거래위원회 위원(비상임)
1988. 9. 헌법재판소 재판관(비상임)
1998. 2. 한국행정판례연구회 회장
1998. 3. 사단법인 서울컨트리클럽 이사
1998. 12. 한국방송개혁위원회 위원
2001. 12. 천주교 가회동성당 사목협의회 총회장
2003. 8. 광고심의기준위원회 위원장

상 훈

1983. 4. 국민훈장 모란장(대통령)
1990. 7. 한국법률문화상(대한변호사협회)
1997. 9. 청조근정훈장(대통령)
2002. 8. 대한변호사협회 공로상(협회장)
2002. 9. 서울지방변호사회 백로상(회장)
2004. 12. 자랑스런 부고인상(동창회장)
2008. 9. 서울지방변호사회 명덕상(회장)

주요 연구논문 목록

순번	제 목	발표시기	수록문헌	권 차	면 수
1	不正手票團束法의 改正과 그 解釋上의 問題點	66. 4.	法政	190	17－19
2	辯護士의 職域恢復 問題	77. 3.	大韓辯協誌	25	25－30
3	辯護士法 改正案 管見	77.11.	〃	32	8－14
4	被告人의 出席과 公判廷의 構成	78. 1.	〃	33	22－25
5	辯護士實態에 관한 統計分析	78. 4.	辯護士	9	85－120
6	報酬基準制定의 意義	78. 6.	大韓辯協誌	38	10－11
7	憲法上의 司法制度에 관한 研究(Ⅰ)	80. 5.	司法行政	233	17－28
8	憲法上의 司法制度에 관한 研究(Ⅱ)	80. 7.	〃	235	32－43
9	憲法上의 司法制度에 관한 研究(Ⅲ)	80. 8.	〃	236	15－25
10	憲法上의 司法制度에 관한 研究(Ⅳ)	80. 9.	〃	237	37－45
11	國選辯護制度改善方案(上)	81. 5.	大韓辯協誌	67	16－31
12	國選辯護制度改善方案(下)	81. 6.	〃	68	26－38
13	大法院의 規則制定權과 訴訟規則	82. 7.	司法行政	259	3
14	上告制限制度 解釋上 問題點	82. 7.	大韓辯協誌	79	23－31
15	上告制限制度 運營에 관한 統計分析	82. 9.	法曹	31－9	1－11
16	上告制限制度 運營上의 問題點	83.	民事判例研究	5	369－390
17	自動車運送約款의 檢討	83.	普通去來約款의 研究	단행본	179－193
18	辯護士法改正의 意義	83. 3.	大韓辯協誌	85	6－7

19	行政爭訟制度의 改善方向	83. 9.	大韓辯協誌	90	12－32
20	實地讓渡價額을 넘은 讓渡差益의 認定可否	85. 8.	判例月報	179	68－75
21	新 行政爭訟法槪觀 (서울地方辯護士會法律實務講座)	86. 1.	法曹春秋	134	139－148
22	辯護士法解說(第17回 辯護士研修會講座)	86. 2.	大韓辯協誌	114	35－44
23	言論기본법 槪要(上)	86. 9.	朝鮮日報社報	761	4
24	言論기본법 槪要(下)	86. 10.	〃	762	3
25	行政訴訟上의 執行停止制度	87. 3.	建國大學院 論文集	24	259－286
26	新 行政審判法의 特色	87. 7.	法曹	36－7	1－11
27	辯護士 아닌 者의 訴訟代理行爲	87. 7.	大韓辯協誌	131	8－15
28	改正 行政訴訟法의 特色	87. 7.	司法行政	319	62－66
29	憲法裁判所法의 立法方向	88. 2.	法務資料	95	30－46
30	辯護士의 職域問題	88. 4.	大韓辯協誌	140	6－7
31	執行停止의 要件과 本案理由와의 관계	88. 5.	〃	141	98－103
32	憲法裁判所法 槪觀	88. 10.	司法行政	334	69－89
33	韓國의 違憲法律審査制度	88. 10.	韓日辯護誌	7	95－99
34	違憲法律審判의 提請節次	89. 7.	法曹	394	55－83
35	憲法裁判의 運營方向	90. 5.	考試界	399	202－212
36	日本 民事保全法의 소개	90. 6.	人權과正義	166	99－117
37	法學界와 實務界의 交流協力 문제	90.12.	저스티스	23－2	49－65
38	農地轉用에 관한 委任命令의 한계	02. 4.	行政判例研究	7	3－7
39	行政訴訟法의 總則 槪說	04.12.	註釋行政訴訟法	단행본	37－40
40	行政訴訟의 종류(제3조)	〃	〃	〃	63－94
41	先決問題(제11조)	〃	〃	〃	317－336

차 례

附　　錄 —— 625

行政判例研究 Ⅰ~ⅩⅩⅣ-2 總目次 —— 685

Table of Contents

行政法의 基本原理

요청조달계약과 입찰참가자격제한처분 권한 (朴正勳)

요청조달계약과 입찰참가자격제한처분 권한*

— 요청조달계약의 법적 성질, 사법적 관점과 공법적 관점 —

朴正勳**

대상판결: 대법원 2017. 6. 29. 선고 2014두14389 판결

[사실관계]

원고 계룡건설산업 주식회사는 토목, 건축, 전기공사도급, 건설감리업 등을 영위하는 회사인데, 피고(조달청장)가 「조달사업에 관한 법률」(이하 '조달사업법') 제5조의2 제1항에 따라 부산대학교병원(기타공공기관)으로부터 조달요청을 받아 입찰공고를 한 '부산대학교병원 외상전문센

* 본고는 서울대학교 법학발전재단 출연 서울대학교 법학연구소 2019학년도 학술연구비 지원 받은 것으로서, 2018. 4. 20. 한국행정판례연구회 월례발표회의 발표문을 수정·보완한 것임을 밝힌다.

** 서울대학교 법학전문대학원 교수

터 건립공사'에 관하여 낙찰을 받아, 2010. 10. 13. 조달청과 계약금액 약 520억 원으로 위 공사에 관한 계약을 체결하였다. 피고는 원고의 직원이 위 공사와 관련하여 조달청 설계심의분과위원회 위원에게 현금 2,000만 원을 교부하였다는 사유로, 2012. 12. 5. 구 「국가를 당사자로 하는 계약에 관한 법률」(2012. 12. 18. 법률 제11547호로 개정되기 전의 것, 이하 '국가계약법') 제27조 제1항, 동시행령 제76조 제1항 제10호, 동시행규칙 제76조 제1항 별표2 제12호 다목을 근거법령으로 하여 원고에 대하여 6개월의 입찰참가자격제한 처분을 하였고, 원고는 이를 다투는 취소소송을 제기하였다.

[소송의 경과]

(1) 제1심 서울행정법원에서 원고는 첫 번째 위법사유로 이 사건 입찰참가자격제한처분 권한의 흠결을 주장하였다. 즉, 이 사건 계약은 원고와 부산대학교병원 사이에 체결되었으므로, 동 계약의 '당사자'는 원고와 부산대학교병원으로, 피고는 단지 계약수탁자로서의 지위에서 계약을 체결할 권한만 가지고, 따라서 이 사건 입찰 및 계약에는 「공공기관의 운영에 관한 법률」(이하 '공공기관법')이 우선 적용되어야 하고, 피고가 계약당사자임을 전제로 국가계약법이 적용될 수 없기 때문에, 국가계약법 제27조 제1항에 근거한 이 사건 처분은 권한 없는 자가 한 처분으로 위법하다는 것이다.[1)]

---

1) 그 밖에도 원고는 입찰참가자격제한사유들을 정한 국가계약법 시행령 제76조 제1항이 법률의 위임범위를 벗어나 무효라는 주장, 공무원에게 뇌물을 제공한 것이 아니라는 주장, 뇌물제공행위가 있었다 하더라도 그것만으로 국가계약법 제27조 제1항의 '경쟁의 공정한 집행이나 계약의 적정한 이행을 해할 염려'가 있다고 보기 어렵다는 주장, 원고가 공정경쟁을 달성하기 위하여 주의의무를 게을리 하지 아니하여, 국가계약법시행령 제76조 제1항 단서규정인 '계약상대자등이 그 사용인

이에 대하여 서울행정법원 2013. 11. 22. 선고 2012구합41264 판결(청구기각)은 — 대법원 판례들[2])을 인용하면서 — 피고가 부산대학교병원을 위하여 원고와의 사이에 체결한 이 사건 계약의 당사자는 대한민국과 원고이고, 수요기관인 부산대학교병원은 이 사건 계약상의 수익자에 불과한 제3자를 위한 계약이므로, 이 사건 계약은 국가를 당사자로 하는 계약으로서, 국가계약법 제3조에 의하여 다른 법률에 특별한 규정이 있는 경우를 제외하고는 국가계약법이 적용되고, 따라서 동법 제27조 제1항에 의거한 이 사건 처분은 적법하다고 하여 원고의 위 주장을 배척하였다.

위 판결은 추가적인 논거로서, 국가계약법의 위 조항은 입찰참가자격제한의 요건으로, 경쟁의 공정한 집행 또는 계약의 적정한 이행에 대한 침해의 '염려'나 입찰에 참가시키는 것이 '부적합'하다고 인정되는 경우로 정하여 그 요건을 폭넓게 규정하면서도 그에 해당하면 반드시 입찰참가자격을 제한하도록 기속규정의 형식을 취하고 있는 반면, 공공기관법 제39조 제2항은 공정한 경쟁이나 계약의 적정한 이행을 해칠 것이 '명백'한 경우로 요건은 더 제한적으로 규정하면서도 제한 여부에 대해서는 '제한할 수 있다'고 하여 재량을 인정하고 있는데, 이는 국가가 계약당사자로 되어 국가계약법이 적용되는 경우 부정당업자의 행위가 공적계약에 관한 공정한 경쟁을 저해함으로 인한 폐해가 클 것이 예상되므로 부정당업자의 행위에 관하여 더 엄히 제재하려는 취지로 보인다고 설시한 다음, 이 사건에서 원고의 직원이 조달청 소속의 심의분과위원

의 행위를 방지하기 위하여 상당한 주의와 감독을 게을리하지 아니한 경우'에 해당하기 때문에 입찰참자자격제한을 할 수 없다는 주장, 이 사건 처분은 법정 최상한인 6개월로서 재량권 불행사 또는 재량권 일탈·남용에 해당한다는 주장을 하였는데, 이 주장들 전부 위 처분권한 흠결 주장과 함께 제1심과 원심에서 모두 배척되어 원고의 청구가 기각되었으나, 상고심 대상판결은 위 처분권한 문제에 대해서만 판단하여 원고승소 취지로 파기환송하였다.

2) 대법원 2005. 1. 28. 선고 2002다74947 판결; 대법원 1994. 8. 12. 선고 92다41559 판결; 대법원 2010. 1. 28. 선고 2009다56160 판결 등.

에게 뇌물을 제공함으로써 조달청의 입찰 및 계약 업무에 관한 공정경쟁을 저해하는 폐해를 발생시켰으므로 피고가 조달청의 장으로서 부정당업자 제재처분권한을 가진다고 판시하였다. 이러한 판시는 이 사건에서 국가계약법에 따라 국가기관인 조달청장이 보다 엄중한 제재처분을 하는 것이 타당하다는 의미를 갖는데, 이러한 '실질적' 논거는 원심에 이르러 명시적인 판시로 나타나게 된다.

(2) 즉, 원심 서울고등법원 2014. 10. 28. 선고 2013누31549 판결(항소기각)도 원고의 위 처분권한 흠결 주장을 배척하였는데, 제1심판결에서와 같이, 이 사건 계약은 수요기관(부산대병원)을 수익자로 하는 '제3자를 위한 계약'으로서, 대한민국과 원고가 그 당사자이므로 이에 대하여는 국가계약법 제2조에 따라 동법이 적용되는 결과 동법 제27조 제1항, 동법 시행령 제76조 제1항 제10호에 따라 피고가 이 사건 입찰참가자격제한처분을 할 권한이 있음이 위 조항들의 문언에 비추어 명백하다고 판단한 다음, 상당한 분량(제4면~제7면)을 할애하여, 이러한 판단이 조달사업법 제5조의2 제1항에 의한 요청조달계약의 — 조달청장의 전문지식・경험과 업무체계를 빌린다는 — '입법목적'과 부정당업자에 대한 엄중한 제재의 '필요성'에 부합한다고 자세히 설시하였다. 그 중 일부를 인용하면,

> "공공기관법 제39조 제2항은 이 사건 제재권한을 가진 자로 공기업 및 준정부기관만을 규정하고 있고, 이에 따라 원고가 자인하는 바와 같이 기타공공기관은 이 사건 제재와 유사하게 입찰참가자격제한 조치를 하더라도 그 사실을 지정정보처리장치에 게재할 수 없는 결과 국가 또는 지방자치단체가 발주하는 공사의 입찰에 참가할 수 있게 되어 그 제재효과가 미약하다. 따라서 요청조달계약에 관해서도 제1심 판결에서 살펴본 바와 같이 그 요건이나 효과에 있어 보다 엄

중한 국가계약법에 따라 이 사건 제재처분을 하여야 요청조달계약 체결 과정에서의 공정성 제고라는 조달사업법 제5조의2 제1항의 입법목적이 더 잘 달성될 수 있을 것이다.” (밑줄: 필자)

이어 원심판결은 원고가 이 사건에 국가계약법이 아니라 공공기관법이 적용되어야 한다고 주장하면서 그 근거로 주장한 공공기관법 제2조 제2항(제1주장), 조달사업법 제5조의2 제3항(제2주장), 조달사업법 제5조 제3항(제3주장) 및 「지방자치단체를 당사자로 하는 계약에 관한 법률」(이하 ‘지방계약법’) 제7조 제2항 단서(제4주장)에 대하여 각각 판단하면서, 위 조항들 모두 이 사건에서 국가계약법에 의거하여 피고가 이 사건 처분 권한을 갖는다는 점에 모순되지 않는다고 설시하였다.

[대상판결]

상고심 대상판결의 판시사항은 세 가지이다. 첫째, 조달청장이 조달사업법 제5조의2 제1항 또는 제2항에 따라 수요기관으로부터 계약체결을 요청받아 그에 따라 체결하는 ‘요청조달계약’은 국가가 당사자가 되고 수요기관은 수익자에 불과한 ‘제3자를 위한 계약’에 해당한다는 것이다. 둘째, 국가계약법 제2조는 국가가 대한민국 국민을 계약상대자로 하여 체결하는 계약 등 국가를 당사자로 하는 계약에 대하여 위 법을 적용한다고 규정하고 있고, 제3조는 국가를 당사자로 하는 계약에 관하여는 다른 법률에 특별한 규정이 있는 경우를 제외하고는 이 법에서 정하는 바에 의한다고 규정하고 있으므로, 국가가 수익자인 수요기관을 위하여 국민을 계약상대자로 하여 체결하는 요청조달계약에는 다른 법률에 특별한 규정이 없는 한 당연히 국가계약법이 적용된다는 것이다. 위 첫 번째 및 두 번째 판시사항은 제1심 및 원심의 판단과 동일하다.

그러나 세 번째 판시사항에서 원심의 판단과 달라진다. 즉,

"위 법리에 의하여 요청조달계약에 적용되는 국가계약법 조항은 국가가 사경제 주체로서 국민과 대등한 관계에 있음을 전제로 한 사법관계에 관한 규정에 한정되고, 고권적 지위에서 국민에게 침익적 효과를 발생시키는 행정처분에 관한 규정까지 당연히 적용된다고 할 수 없다. 특히 요청조달계약에 있어 조달청장은 수요기관으로부터 요청받은 계약 업무를 이행하는 것에 불과하므로, 조달청장이 수요기관을 대신하여 국가계약법 제27조 제1항에 규정된 입찰참가자격 제한처분을 할 수 있기 위해서는 그에 관한 수권의 취지가 포함된 업무위탁에 관한 근거가 법률에 별도로 마련되어 있어야 한다."(밑줄: 필자)

"그런데 공공기관의 운영에 관한 법률 제44조 제2항은 "공기업·준정부기관은 필요하다고 인정하는 때에는 수요물자 구매나 시설공사계약의 체결을 조달청장에게 위탁할 수 있다."라고 규정함으로써, 공기업·준정부기관에 대해서는 입찰참가자격제한처분의 수권 취지가 포함된 업무 위탁에 관한 근거 규정을 두고 있는 반면, 기타공공기관은 여기에서 제외하고 있음을 알 수 있다. 따라서 수요기관이 기타공공기관인 요청조달계약의 경우에 관하여는 입찰참가자격제한처분의 수권 등에 관한 법령상 근거가 없으므로, 조달청장이 국가계약법 제27조 제1항에 의하여서는 계약상대방에 대하여 입찰참가자격 제한 처분을 할 수는 없고, …"(밑줄: 필자)

대상판결은 결론적으로, 국가계약법 제27조 제1항에 의하여 이 사건 처분을 할 권한이 있다고 판단한 원심판결이 "공·사법의 관계의 구분, 법률유보의 원칙 등에 관한 법리를 오해하여 판결에 영향을 미친 잘못이 있다."고 하면서 파기환송하였다.

Ⅰ. 문제의 소재 및 논의의 순서

이 사건의 쟁점은 크게 두 가지로 요약된다. 첫째는 조달사업법 제5조의2에 따라 수요기관의 요청에 의해 조달청장이 체결하는 소위 요청조달계약이 과연 '제3자를 위한 계약'에 해당하느냐, 그리하여 계약의 당사자는 수요기관이 아니라 국가이기 때문에 요청조달계약에 관해 국가계약법이 적용되느냐의 문제이다. 둘째는 국가계약법이 적용된다고 하더라도 동법 제27조 제1항이 조달청장에 의한 입찰참가자격제한처분 권한의 근거가 될 수 있는가의 문제이다. 대상판결은 첫째 문제를 긍정하면서도, 둘째 문제는 공법관계와 사법관계의 구별 및 법률유보를 근거로 부정하였다.

논리적으로는 위 첫째 문제가 먼저 결정된 연후에 비로소 둘째 문제가 논의될 수 있다. 그런데 필자는 첫째 문제에 관해서는 대상판결에 반대하지만, 둘째 문제에 관하여 찬성하고 환영하기 때문에, 본고에서는 먼저 첫째 문제를 긍정한다는 가정 하에, 다시 말해, 이 사건 요청조달계약이 '제3자를 위한 계약'으로서, 국가계약법의 적용을 받는다는 전제 하에, 동법 제27조 제1항이 입찰참가자격제한처분 권한의 근거가 될 수 있는가를 고찰하면서 대상판결의 타당성을 강조한 다음(Ⅱ.), 요청조달계약은 사법상의 '제3자를 위한 계약'이 아니라 공법상의 '행정권한의 위탁'으로 보는 것이 타당하다는 점을 논의하면서 대상판결 및 원심판결의 문제점을 제시하고(Ⅲ.), 이 문제점이 근본적으로 조달계약 일반을 사법상계약으로 파악하는 우리 판례에서 비롯된다는 점을 밝히고, 궁극적으로는 입찰참가자격제한조치와 요청조달계약만이 아니라 행정조달 일반에 있어 그 법률관계 전체를 공법관계로 파악하여야 한다는 점을 피력하고자 한다(Ⅳ.)

Ⅱ. 입찰참가자격제한처분 권한과 법률유보

1. 입찰참가자격제한처분의 법적 성격

(1) 우리의 입찰참가자격제한처분에 상응하는 독일의 '발주차단'(Vergabe- bzw. Auftragssperre)은, 독일의 전통적인 國庫(Fiskus)이론에 따라, 행정의 私法上 계약체결의 자유에 의거하여 사전에 일정 기간 계약체결을 거부하는 것으로 파악된다. 이를 단계적으로 설명하면 다음과 같다. 제1단계의, 말하자면 '원시적인' 발주차단은 개별 계약과 관련 있는 사유를 요건으로, 당해 계약의 체결을 거부하는 것으로, 뇌물제공을 사유로 하는 경우에도 '당해 계약'과 관련된 뇌물제공을 이유로 '당해 계약'의 체결을 거부하는 것이 된다. 여기서 '시간적'으로 확대되면, 제2단계로서, 향후 일정 기간 동안의 계약체결을 대상으로 하게 되는데, 이것이 오늘날 독일의 통상적인 발주차단 제도이다. 개별 계약 때마다 입찰을 거부하는 것보다 미리 일정한 기간을 정하게 되면 상대방에게 법적안정성 내지 예측가능성을 부여할 수 있고 또한 사전에 상대방에게 통지됨으로써 이의제기의 기회가 주어진다는 점에서 별도의 법률상 근거가 없이도 가능한 것으로 인정되고 있다. 이러한 통상의 발주차단도 시간적으로 확대되긴 하였지만, 원시적 발주차단과 동일하게, 계약상 지위에 의거한 권리행사로 파악되고, 따라서 당해 발주기관에 대한 관계에서만 효력이 있다. 그리하여 발주차단은 私法上 관념의 통지로서, 민사소송의 대상이 된다.[3)]

독일에서도 최근에 위와 같은 통상의 발주차단이 다시 '공간적'으로 확장되어, 제3단계로서, 당해 발주기관만이 아니라 모든 공적 계약주체가 발주하는 입찰절차에 적용되는 '통합적 발주차단'(koordinierte

3) 이상에 관한 자세한 내용은 졸고, 부정당업자의 입찰참가자격제한의 법적 제문제, 『서울대학교 법학』 제46권 제1호, 2005, 285-289면 참조.

Vergabesperre) 제도가 운영되고 있는데, 그 수단이 '발주기록부'(Vergaberegister), 특히 뇌물제공에 관해서는 '부패기록부'(Korruptionsregister)이다. 즉, 어느 발주기관에 의해 (통상의) 발주차단이 내려지면 그 사실이 발주·부패기록부에 등재되도록 하고, 향후 모든 발주기관에 대해 반드시 이를 조회할 의무를 부과하는 것이다. 이에 관한 법률상 규율이 연방과 주별로 조금씩 다르긴 하지만, 발주、부패기록부 '등재의무'와 '조회의무'는 명문으로 규정되어 있는 반면, 다른 기관에서의 '입찰참가 배제의무'는 규정되어 있지 아니한 점은 공통적이다. 이는 각 발주기관의 계약상 지위에서의 권리행사라는 발주차단의 전통적 관념을 유지하기 것으로서, 규범적으로는 발주·부패기록부가 '정보공유'를 위한 수단이지만, 실제로는 발주·부패기록부에 등재되면 예외 없이 다른 모든 기관에서 발주차단이 되는 '사실상 구속력'을 갖는다. 이러한 다른 발주기관들의 조회의무 및 사실상의 구속력에 근거하여, 해당 기업의 권리침해 가능성을 긍정하고, 이에 기하여 그 '등재'(Eintragung)를 다투는 행정소송(취소소송 또는 금지소송)이 인정된다. 요컨대, 독일에서도 최소한 통합적 발주차단에 대해서는, 위 '등재'가 행정행위로 파악되는가 여부는 별론으로, 분명히 그 공법적 성격이 인정된다고 할 것이다.[4]

(2) 프랑스의 '발주배제'(l'exclusion)는 발주행정청에 의해 부과되는 경우도 있으나, 대부분의 경우 조달절차의 적법성을 심사하는 행정재판소에 의해 부과된다. 특기할 것은 뇌물제공·담합·문서위조 등의 범죄행위의 경우에는 형사소송에서 부가형으로 선고된다는 점이다. 이 모든

---

4) *Daniel Fülling*, a.a.O., S.184 이하; *Jörg Stoye*, a.a.O., S.124 이하; *Christian Lantermann*, a.a.O., S.193 이하 참조. 위 '등재'가 행정행위로 파악되면 취소소송의 대상이 되고, 그렇지 아니하면 사실행위로서 금지소송의 대상이 되는데, 여하튼 모두 행정소송의 범주에 속한다.

경우에 발주배제는 그 자체로 모든 공공발주기관에 대한 관계에서 발주참가가 배제되는 '통합적' 효과를 갖는다. 이는 프랑스에서 일찍부터 공공조달이 공법상 제도로 발전함으로써 발주배제의 법적 성질이 '행정제재'(la sanction administrative)로 파악되고 있기 때문이라고 할 수 있다.5)

(3) 미국(연방)에서는 한 연방기관에 의해 '발주금지'(debarment, disqualification)가 내려지면 다른 모든 연방기관들도 이를 준수할 의무가 있는 것으로 명문(연방조달규칙 Federal Acquisition Regulation; FAR)으로 규정되어 있고, 이를 위해 연방행정관리청(General Service Administration)이 통합된 '금지기업명부 시스템'(Excluded Parties List System; EPLS)을 운용하고 있다. 미국에서는 독일과는 달리, 금지기업명부 등재를 별도로 다투지 않고 원래의 발주금지결정에 대해서만 연방청구법원(Court of Federal Claims; COFC)에의 제소가 인정되고 있는데, 이는 일반 민사소송과 다른 특수한 소송절차이기 때문에 우리나라의 행정소송에 상응하는 것이라고 할 수 있다.6)

(4) 우리나라에서는, 조달계약 자체는 판례상 독일에서와 같이 사법상계약으로 파악되고 낙찰자결정에 관하여 처분성이 부정되어 취소소송이 허용되지 않는 것과는 대조적으로, 입찰참가자격제한처분은 오래전부터 별다른 의문 없이 처분성이 인정되어 항고소송의 대상이 되어 왔다. 그 근거는 바로 우리의 입찰참가자격제한처분이 당해 처분기관에 대해서만 한정되는 것이 아니라, 조달계약 법령상 「처분사실 통지의무

5) 이에 관하여 *Stéphane Braconnier,* Précis du droit de la commande publique. 5e éd., 2017, p.215 이하; Michel Guival, Mémento des marchés publics. 3e éd., 2001, p.144; 졸고, 전게논문(각주 5), 291면 이하 참조.

6) 이에 관하여 *Sope Williams-Elegbe,* Fighting Corruption in Public Procurement: A Comparative Analysis of Disqualification or Debarment Measures, 2012, p.149 이하; 졸고, 전게논문(각주 5), 289면 이하 참조.

조항」 또는 「지정정보처리장치 게재의무 조항」 및 「제한범위 확장 조항」에 의거하여[7] 처음부터 '통합적' 처분으로서의 성격도 함께 갖고 있기 때문이라고 할 수 있다.

다시 말해, 민사법상 계약당사자로서 가질 수 있는 권한은 당해 기관이 — 계약체결의 자유에 근거하여 — 앞으로 일정 기간 그 부정당업자와 계약을 체결하지 않겠다는 의사를 표명하는 데 그치고, 그것을 넘어 모든 국가기관과 지방자치단체, 공공단체와 계약을 체결하지 못하도록 하는 법률효과를 발생시키는 것은 '공법적 제재'에 해당한다. 바로 그렇기 때문에, 판례가 조달계약을 사법상계약으로 파악하면서도 입찰참가자격제한에 대해서만은 처분성을 인정하여 항고소송으로 다투게 함으로써 그 공법적 성격을 정면으로 인정하고 있는 것이다.

2. 입찰참가자격제한처분 권한의 근거

(1) 행정청의 '공법적 제재' 권한은 명문의 법률 규정에 의해 부여되어야 한다는 점은 법치행정원칙 뿐만 아니라, 헌법 제37조 제2항의 기본권 제한의 법률유보와 또한 — 공법적 제재도 '처벌'에 상응한다는 점에서 — 헌법 제12조 제1항 후단의 적법절차 원칙[8]에 의해 요구된다.

---

7) 국가계약법 제27조 제1항 후문, 동법시행령 제76조 제8항 단서, 지방계약법 제31조 제4항, 「공기업·준정부기관 계약사무규칙」 제15조 제7항 및 제11항 단서 등 참조. 다만, 대법원 2017. 4. 7. 선고 2015두50313 판결은 이러한 통합적 효과를 입찰참가자격제한처분 자체의 효과가 아니라 법령상 추가된 별개의 효과로 파악하고, 그 논리적 결과로, 위와 같은 법령 규정들이 입찰참가자격제한에 대한 취소소송에서 부수적 규범통제의 대상이 되지 않는다고 판단하였는데, 공법상 법률행위(행정행위)의 특성과 규범통제의 강화의 관점에서 재고를 요한다.

8) "법률과 적법한 절차에 의하지 아니하고는 처벌…을 받지 아니한다"는 헌법상 적법절차원칙이 형사절차 영역에 한정되지 아니하고 입법, 행정 등 국가의 공권력 작용에 적용된다는 것이 오래된 헌법재판소판례이다. 헌법재판소 1992. 12. 24. 선고, 92헌가8 결정.

이러한 공법적 제재 권한의 근거 규정으로, 원심판결은 국가계약법 제2조를 들고 있으나, 동조에서 말하는 "국가를 당사자로 하는 계약"에 이 사건과 같은 요청조달계약이 해당한다고 하여 바로 입찰참가자격제한처분에 관한 제27조가 적용된다는 결론을 내릴 수 없다. 민법상 제3자를 위한 계약의 법리에 의거하여 조달청장(국가)을 당사자로 보아 국가계약법 제2조에 따라 동법의 규정들이 적용되는 것을 인정하더라도, 이는 계약의 체결 및 이행과 같은 사법상 법률관계에 관한 규정들에 관해서만 타당하고, 공법적 제재에 관한 공법적 규정인 제27조도 당연히 적용된다고 할 수 없다. 다시 말해, 사법상의 적용 법규를 결정하는 논거만으로 공법상의 제제 권한의 근거를 인정할 수 없다.

(2) 원심판결은 요청조달계약의 당사자인 조달청장에게 국가계약법 제2조 및 제27조에 따라 이 사건 제재처분의 권한이 귀속된다고 간략히 결론을 내린 다음, 요청조달계약 제도의 '입법목적'을 최대한 달성하고, 엄중하고 정확한 제재의 '필요성'에 부응하기 위해서는 조달청장이 제재 권한을 가지는 것이 타당하다는 점을 상당한 분량으로 설시하고 있다. 사실 원심판결이 지적하는 바와 같이, 이 사건에서 수요기관인 부산대학교병원이 제재 권한을 갖는다고 하면, 그 제재의 효과는 미약할 것이다. 공공기관법 제39조 제2항은 공공기관 중 공기업과 준정부기관에 대해서만 — 통합적 효과를 갖는 — 입찰참가자격제한처분 권한이 부여되어 있고, 부산대학교병원 같은 기타공공기관은 제외하고 있기 때문에, 기타공공기관은 내부지침에 의거하여 당해 기관에 대해서만 일정기간 입찰을 금지하는 조치를 할 수밖에 없다.

그러나 이러한 요청조달계약의 입법목적과 엄중한 제재의 필요성에 관한 원심의 장황한 설시는 역설적으로 그 권한의 법률상 근거가 부족하다는 점을 자인하는 것이라고 할 수 있다. 계약 체결에 관한 전문성과 업무체계를 조달청장이 구비하고 있다는 점에는 이의가 없지만,

이는 조달청장에게 계약 체결을 요청하도록 하는 제도의 근거가 될 수 있을 뿐, 입찰참가자격제한이라는 공법상 제재의 권한까지 조달청장에게 귀속되어야 한다는 논거는 될 수 없다. 설사 그러한 입법목적과 제재의 필요성을 인정한다고 하더라도, 공법상 제재 권한은 법률상 분명히 규정되어야 한다는 법률유보 원칙을 대체할 수는 없다.

(3) 또한 원심판결에 의하면, 제3자를 위한 계약의 "법률효과"는 수익자에게 귀속될 부분과 계약당사자에게 귀속될 부분으로 분리되는데, 이 사건 제제 권한은 수익자(부산대병원)가 아니라 계약당사자(조달청장)에게 귀속될 부분으로 보는 것이 타당하고, 그렇게 본다고 하여 수요기관에게 "어떠한 불이익이 발생하는 것도 아니다"라고 설시하였다. 이는 민사법적 사고에 경도되어 공법적 제재 권한에 관한 판단을 그르쳤음을 단적으로 보여주는 것이다.

즉, 무엇보다도, 이 사건 제재 권한이 제3자를 위한 계약의 '법률효과'의 하나로서 그 계약당사자에게 인정되어야 한다는 설시 부분이 가장 큰 문제인데, 계약의 '법률효과'는 사법상의 법률효과에 한정되고 결코 공법상 제재 권한을 포함할 수 없기 때문이다. 아마도 위와 같은 설시는 입찰참가자격제한을 독일에서와 같이, 사법상 계약체결의 자유에 의거한, 계약상의 지위에서의 권한 행사로 파악하였기 때문으로 추측할 수 있는데, 이는 상술한 바와 같이 우리나라의 입찰참가자격제한처분과 거리가 멀다. 또한 제재 권한을 조달청장에게 인정한다고 하여 수요기관(부산대병원)에게 하등의 불이익이 발생하지 않는다는 설시 부분도, 이 사건의 쟁점이 조달청장과 수요기관 사이의 권한 분쟁이 아니라, 국민(원고)에 대한 제재처분이 헌법과 법률에 따라 적법하게 이루어졌는지 여부에 있다는 점을 망각한 것이 아닌가 라는 비판도 가능하다.

(4) 이러한 점에서, 대상판결이 '제3자를 위한 계약'의 법리에 의하

여 요청조달계약에 적용되는 국가계약법 조항은 "국가가 사경제 주체로서 국민과 대등한 관계에 있음을 전제로 한 사법관계에 관한 규정에 한정되고, 고권적 지위에서 국민에게 침익적 효과를 발생시키는 행정처분에 관한 규정까지 당연히 적용된다고 할 수 없다."고 설시한 것에 대하여, 사경제 주체로서의 국가 및 국가계약법의 사법적 성격 부분에 관해서는 견해를 달리하지만, 그 국가계약법 조항이 입찰참가자격처분에 적용될 수 없다고 한 부분은 타당하고, 또한 이를 전제로, "요청조달계약에 있어 조달청장은 수요기관으로부터 요청받은 계약 업무를 이행하는 것에 불과하므로, 조달청장이 수요기관을 대신하여 국가계약법 제27조 제1항에 규정된 입찰참가자격 제한 처분을 할 수 있기 위해서는 그에 관한 수권의 취지가 포함된 업무 위탁에 관한 근거가 법률에 별도로 마련되어 있어야 한다."고 판시한 부분도 타당하므로, 이에 전적으로 찬성한다.

Ⅲ. 요청조달계약의 법적 성질

1. 私法的 관점 : '제3자를 위한 계약'

(1) 민법은 제539조에서 제542조까지 4개조에 걸쳐 '제3자를 위한 계약'에 관해 규정하고 있다. 그 규율의 핵심은 수익자의 채무자에 대한 이행청구권 인정과 반대로 채무자의 수익자에 대한 항변권 인정에 있는데, 모두 수익자와 채무자 사이의 이해관계를 조정하는 것이다. 제1심판결이 인용하고 대법원판례들도 모두 요청조달계약에 있어 수요기관과 수급인 사이의 — 私法上 — 법률관계에 관한 것이고, 계약자(조달청장 내지 국가)와 수급인 사이의 법률관계에 관한 것은 전혀 찾을 수 없다.

즉, 첫 번째의 대법원 2005. 1. 28. 선고 2002다74947 판결은 수급인이 계약상대방인 국가를 상대로 잔여 공사에 대한 계약 체결을 소구하는 등 법적 불안을 해소할 수 있는 직접적인 수단이 있으므로 수급인은 수익자인 수요기관(공공기관)을 상대로 수급인 지위의 확인을 구할 이익이 없다는 것으로, 민사소송법에 관한 판례이다. 두 번째의 대법원 1994. 8. 12. 선고 92다41559 판결에 의하면, 수요기관(지방자치단체)은 수익자로서 계약의 해제권이나 해제를 원인으로 한 원상회복청구권은 없지만, 국가에 의해 계약이 해제된 경우 수급인에 대해 손해 배상을 청구할 수 있다는 것으로, 민법상 계약해제 및 손해배상에 관한 판례이다. 세 번째의 대법원 2010. 1. 28. 선고 2009다56160 판결도 요청조달계약에서 대금지급방법을 국가가 수요기관을 대신하여 지급하는 '대지급'으로 약정한 이상, 수요기관(지방자치단체)을 제3채무자로 하여 채권압류 및 전부명령을 받은 수급인의 채권자가 수요기관에게 전부금을 청구할 수 없다고 판단한 것으로, 민법 내지 민사집행법에 관한 판례이다.

이와 같이 위 대법원판례들은 민법, 민사소송법, 민사집행법 등 일반 사법상의 문제들을 해결하는 데 있어 수요기관은 제3자를 위한 계약에 있어 수익자의 지위에 있고 계약당사자가 아니라는 점을 근거로 한 것이다. 조달청장(국가)이 계약당사자라는 이유로 요청조달계약에도 국가계약법이 적용된다고 하는 판례는 대상판결 이전에는 전혀 없었고, 오히려 지방자치단체가 수요기관인 경우에 국가계약법이 아니라 지방계약법이 적용된다고 하는 판례[9]가 있었을 뿐이다.

(2) 생각건대, 조달사업법상 수요기관은 동법 제5조의3 제2항에 의해 원칙적으로 직접 수급인에게 대금을 지급할 의무가 있고 동법 시행규칙 제12조 제1항 내지 제3항에 따라 감독 및 검사, 그리고 변경계약

9) 대법원 2012. 11. 15. 선고 2011두31635 판결.

의 체결권을 갖고 있을 뿐만 아니라, 동 시행규칙 제13조에 의거하여 계약해제 요구권까지 갖고 있다. 따라서 수요기관이 민법상 '제3자를 위한 계약'에서와 동일하게 순수한 '수익자'에 불과하고 계약당사자적인 지위는 전혀 없다고 보기 어렵고, 그리하여 일반 사법적인 관점에서도 위 대법원판례들을 유보 없이 받아들이기에는 의문의 여지가 많다. 오히려 '명의상으로' 조달청장이 계약당사자이지만 실질적인 계약당사자는 수요기관인 것으로 보아, 말하자면, '非顯名代理' 관계로 파악하는 것이 타당한 것이 아닌가 라고 생각한다.

2. 공법적 관점 : '행정권한의 위탁'

(1) 사법적 관점에서 벗어나 공법적 관점에서 살펴보면, 조달사업법 제5조의2 제1항이 중요한 의미를 갖는다. 즉, 동 조항에 의하면, "수요기관의 장은 수요물자 또는 공사 관련 계약을 체결함에 있어" 일정한 요건에 해당하는 경우에 "조달청장에게 계약 체결을 요청하여야 한다" (밑줄: 필자)라고 규정하고 있는데, 이는 조달청장에게 계약 체결을 요청하는 경우에도 실질적으로는 여전히 수요기관의 장이 그 계약을 체결한다는 것을 의미하는 것으로 볼 수 있다. 2007. 12. 7.자 법제처 유권해석도, 위 조달사업법 제5조의2가 신설되기 이전에, 조달사업법령상 계약체결의 '요청'을 지방계약법령과 공공기관법령상의 계약사무의 — 의무적 — '위탁'에 해당하는 것으로 파악하여, 자치단체가 수요기관인 경우 조달청장은 당해 지방자치단체의 계약사무를 '위탁'받아 수행하기 때문에, 국가계약법이 아니라 지방계약법이 적용된다고 하였다.[10]

---

10) 오히려 법제처 유권해석의 취지에 따라 위 조달사업법 제5조의2 제1항과 특히 제3항이 제정된 것이라는 추측이 가능하다. 즉, 2009. 12. 29. 조달사업법 개정에 의해 제5조의2가 법률에 신설되기 이전에는 동법 시행령 제15조에 의해 "수요기관의 장은 그 소관에 속하는 공사 중 … 공사의 경우에는 그 공사계약의 체결을 조달청장에게 요청하여야 한다"고 규정되어 있었고 수요기관의 장이 '계약을 체결함에

행정권한의 위탁의 경우에는 '수탁자의 명의로' 수탁사무를 처리하는 것이므로(「행정권한의 위임 및 위탁에 관한 규정」 제8조 제2항 참조), 조달청장이 '명의상' 계약당사자가 된다는 점은 분명하지만, 이 경우 조달청장은 국가의 기관으로서의 지위가 아니라, 수요기관의 '수탁기관'으로서, 수요기관의 행정권한을 위탁받아 행사하는 것이고, 따라서 수요기관에 적용되는 법령이 적용된다.

(2) 바로 이 점에서 — 원심에서의 원고의 '제2주장'에 해당되는 — 조달사업법 제5조의2 제3항이 결정적인 의미를 갖는다. 즉, 동 조항에 의하면, "조달청장은 제1항 및 제2항에 따라 계약 체결을 요청받은 경우 수요기관이 계약 체결에 적용하여야 할 법령에 따라 계약 체결의 방법 등을 수요기관과 협의하여 결정하여야 한다"(밑줄: 필자)라고 규정하고 있다. 이 규정에서 동사는 '결정하여야 한다'이며, 그 동사를 수식하는 부사구가 '수요기관이 계약 체결에 적용하여야 할 법령에 따라'이다. 여기서 '수요기관이 계약 체결에 적용하여야 할 법령'이라 함은 수요기관이 직접 계약을 체결하는 경우 적용되는 법령, 즉 수요기관이 공공기관인 경우에는 공공기관법과 계약사무규칙을 가리킨다. 따라서 이 사건에서 위 규정의 의미는 '조달청장이 공공기관법령에 따라 계약 체결의 방법 등을 결정하되, 수요기관과의 협의를 거쳐야 한다'라는 것으로 쉽게 이해된다.

그럼에도 원심판결은 위 조항의 의미를 "조달청장은 계약체결을 요청받은 경우 그 계약체결의 방법 등에 관하여는 수요기관이 원래 계약체결에 적용하여야 할 법령에 의할지 여부에 관하여 수요기관의 장과 협의하여 결정하여야" 하고, 그러한 법령에 의하기로 결정하지 않는 한

있어'라는 문구가 없었다가 위 법률 제5조의2가 신설되면서 그 제1항에 그러한 문구가 추가되었는데, 이는 바로 위 법제처 유권해석의 취지에 따라 수요기관이 계약체결 당사자임을 표시하기 위한 것으로 볼 수 있다.

“원칙적으로 국가계약법이 적용된다”고 해석하였다. 더욱이 원심은 바로 이어 위 조항이 “적어도 ‘요청조달계약에 관하여는 원칙적으로 원래 수요기관의 계약체결에 적용될 법령을 적용하여야 한다’는 의미가 아님은 명백하다고 하면서, 그 근거로 “만약 입법자가 그러한 의미로 이해되기를 의도하였다면 ‘요청조달계약에 관하여 수요기관이 원래 계약체결에 적용할 법령을 적용하여야 한다’고 바로 규정하면 되는 것이지 굳이 ‘협의하여야 한다’고 규정할 이유가 없(다)”고 설시하였다.

일반적인 입법례에 의하면, 행정기관이 어떤 법령을 ‘적용하여야 한다’라는 규정은 복수의 법령 중에서 일정한 법령을 선택하여 적용하라는 의미로 사용되고, 행정기관이 어떤 ‘법령에 따라’ 어떤 사항에 관한 결정을 하여야 한다는 규정은 선택의 여지없이 바로 그 법령에 따른 규율을 명하는 것으로 보아야 한다. 위 조항에서 조달청장은 수요기관의 계약법령에 ‘따라’ 계약 체결 방법 등을 결정해야 한다고 규정한 것은 그 법령을 적용하여 계약 체결의 방법 등을 결정하라는 의미로 새겨야 한다.

문제는 수요기관의 장과의 ‘협의’에 유보하고 있는 부분인데, 위 조항에서 ‘결정하여야 한다’라는 동사의 목적어는 ‘계약 체결의 방법 등’이기 때문에, 조달청장이 수요기관의 장과 협의하여 결정해야 할 대상은 바로 그 ‘계약 체결의 방법 등’이지 결코 적용법령이 아니다. 문법상으로 부사는 동사를 한정하는 것이기 때문에, 계약 체결 방법 등에 관한 조달청장의 결정은, 또한 수요기관의 장과의 협의도, 어디까지나 ‘수요기관의 계약법령에 따라’, 그 법령의 범위 내에서, 이루어져야 하는 것이다. 다시 말해, 적용법령은 조달청장이 결정할 수 있는 대상이 아니고 수요기관의 장과의 협의의 대상도 아니다. 이는 이미 문언적 해석에 의해서도 너무나 명백하지만, 합헌적 해석의 관점에서, 행정기관이 적용법령을 임의로 선택할 수 있도록 하는 법률은 특단의 사정이 없는 한 위헌이라는 점이 중요한 근거가 될 수 있다.

(3) 대법원 2012. 11. 15. 선고 2011두31635판결에 의하면, 경상남도가 수요기관인 의무적 요청조달계약에 있어 원고회사가 낙찰자로 선정되어 경남지방조달청장과 계약을 체결하였는데, 그 납품기한까지 계약에 따른 물품이 납품되지 않았다는 이유로 경상남도 도지사가 입찰참가자격제한처분을 한 사안에서, 지방계약법 및 조달사업법의 관련 규정들을 종합하면, 위 계약 사무의 처리에 관해 지방계약법이 적용되고, 따라서 계약의 이행 등과 관련한 입찰참가자격제한에 관한 권한은 지방계약법 제31조 제1항에 따라 지방자치단체의 장에게 있다고 판시하였다. 이 사안에는 신설된 위 조달사업법 제5조의2 제3항이 적용되어야 하는데, 대법원판결은 위 조항을 제외하고, 동조 제1항과 제2항, 그리고 신설된 지방계약법 제7조 제2항 단서만을 판단근거로 제시하고 있다. 이를 두고 위 조달사업법 제5조의2 중 제3항을 빠뜨린 법령적용의 오류라고 할 수 있겠으나, 다른 한편으로 요청조달계약의 법적 성격이 행정권한의 위탁에 해당된다는 점과 위 지방계약법 제7조 제2항 단서('국가계약법의 적용을 받는 중앙행정기관의 장에게 계약사무를 위탁하는 경우에도 지방계약법에 따라 계약사무를 처리하여야 한다')만으로 근거가 충분한 것으로 판단하고 위 조달사업법 제5조의2 제3항을 제시하지 않은 것으로 이해한다면, 오히려 위 대법원판결은 이 사건에서 행정권한 위탁의 법리가 적용되어야 한다는 중요한 판례상의 근거가 된다고 할 수 있다.

(4) 문제는 위 대법원판결과 — 원심에서의 원고의 '제4주장'에 해당하는 — 위 지방계약법 제7조 제2항 단서가 수요기관이 지방자치단체인 경우에 관한 것이므로, 이 사건에서와 같이 수요기관이 (기타)공공기관인 경우에는 의미가 없는 것이 아닌가에 있다. 이에 관해 원심판결은 위 지방계약법 규정은 공공기관이 수요기관인 경우에 '유추'될 수 없다고 하면서, 그 논거로, 공공기관에 의한 요청조달계약의 경우에 위와

같은 규정이 없는 것이 '입법자가 의도하지 않은 법률의 흠결'에 해당한다고 할 수 없고, 또한 법률의 문언을 극복할 정도로 충분히 설득력 있는 뚜렷한 입법목적이 없다고 설시하였다. 이와 같이 위 단서 규정이 유추될 수 없기 때문에, 그 반대해석에 의해, 공공기관법령에 동일한 규정이 없는 한, 그와 반대로, 국가계약법이 적용되어야 한다는 것이 원심의 판단이다.

그러나 지방계약법 제7조 제2항 본문과 그 단서는 계약사무의 위탁의 경우에는 그 '위탁'으로서의 성격상 반드시 위탁기관(지방자치단체)의 계약법령에 따라야 하고(본문), 그렇기 때문에 조달청장 등 중앙행정기관의 장이 수탁자로서 명의상 계약당사자가 된다고 해서 국가계약법이 적용될 수는 없다(단서)는 점을 주의적으로 확인하는 것이다. 다시 말해, 위 본문과 단서는 2단계에 걸쳐 연속적으로 '행정권한의 위탁' 법리를 명시하는 확인적 규정이므로, 지방자치단체의 경우에만 한정되지 않고 이 사건과 같은 공공기관에 의한 요청조달계약에도 타당한 것으로 보아야 한다.

(5) 이 사건 대상판결도 "요청조달계약에 있어 조달청장은 수요기관으로부터 요청받은 계약 업무를 이행하는 것에 불과하므로, 조달청장이 수요기관을 대신하여 국가계약법 제27조 제1항에 규정된 입찰참가자격 제한 처분을 할 수 있기 위해서는 그에 관한 수권의 취지가 포함된 업무 위탁에 관한 근거가 법률에 별도로 마련되어 있어야 한다."(밑줄: 필자)고 판시하고 있다는 점에서, 요청조달계약을 행정권한의 위탁으로 파악할 여지를 남겨 두고 있다고 할 수 있다. 그러나 행정권한의 위탁은 어디까지나 '위탁기관'의 권한을 대상으로 하는 것이므로, 그에 의하더라도 조달청장이 위탁 내지 수권 받는 것은 수요기관의 공공기관법 또는 내부지침상의 입찰참가자격제한 권한이지 국가계약법상의 입찰참가자격제한 권한은 아니라는 점에서 대상판결의 위 설시는 재고되

어야 한다.

3. 공법적 법해석 : 공공기관법 제2조 제2항의 해석

(1) 이상과 같이 요청조달계약을 '행정권한의 위탁'으로 파악하여, 공공기관이 수요기관인 경우에 요청조달계약에 관하여 원칙적으로 국가계약법이 아니라 공공기관법 및 계약사무규칙이 적용되어야 한다는 또 다른 법률상 근거는 — 원심에서의 원고의 '제1주장'에 해당하는 — 공공기관법 제2조 제2항이다. 동 조항은 "공공기관에 대하여 다른 법률에 이 법과 다른 규정이 있을 경우 이 법에서 그 법률을 따르도록 한 때를 제외하고는 이 법을 우선하여 적용한다"(밑줄: 필자)고 규정하고 있다. 우리나라 법률 중 '이 법을 다른 법률에 우선하여 적용한다'라는 규정을 가진 법률은 「대한민국 법원 종합법률정보」에서 현재 100개 검색되는데, 이와 같이 '다른 법률에 이 법과 다른 규정이 있을 경우 이 법에서 그 법률을 따르도록 한 때를 제외하고는'이라는 문구는 유일하게 공공기관법에만 있다.[11]

(2) 이에 관하여 원심판결은 "위 규정의 입법목적은 '모든 법적 주체에게 일반적으로 적용되는 법령에 대하여 그 법적 주체가 공공기관인 경우에는 공공기관법령이 이에 대한 특별법 관계에 있어 공공기관법령을 일반적으로 적용되는 법령에 우선하여 적용하기로 한다'는 의미로 제한적으로 해석하여야 한다. 만약 이와 같이 해석하지 않는다면 공공기관법령에 대해 특별법 관계에 있는 규정은 모두 공공기관법에 명시되

11) 나머지 99개의 법률에는 예컨대 「청소년 기본법」 제4조가 "이 법은 청소년육성에 관하여 다른 법률보다 우선하여 적용한다"고 규정하고 있듯이, 대부분 일정한 사항에 관하여 당해 법률이 우선하여 적용된다고 명시하고 있을 뿐, 위와 같은 문구는 없다.

어야만 한다는 것인데, 이는 입법기술상 매우 곤란한 것이다"(밑줄: 필자)라고 설시하였다. 요컨대, 위 조항은 일반적인 '특별법 우선의 원칙'에 의거하여 동법이 특별법임을 명시하고 있는 데 불과하다는 것이다. 따라서 공공기관이 수요기관인 요청조달계약에 대하여 국가계약법 제2조에 따라 국가계약법이 적용되더라도 동법은 공공기관법에 대한 관계에서 또다시 특별법의 지위에 있는 것이므로 위 공공기관법 제2조 제2항에 표현된 '특별법 우선의 원칙'에 반하지 않는다는 것이 원심판결의 취지이다.

(3) 생각건대, 우리나라 법률 중 유일하게 위와 같은 문구를 가진 법률 규정의 특수성을 무시하고 다른 99개의 법률 규정들과 동일시한다면, 이는 입법자의 의사를 왜곡하는 것이다. 원심판결은 위 공공기관법 제2조 제2항을 일반적인 특별법 우선의 원칙을 표현한 것으로 '제한적으로' 해석해야 한다고 하면서 그 논거로 '입법기술상의 곤란'을 들고 있다. 그러나 '제한적 해석'(Restriktion)은 통상의 — 문언의 가능한 의미범위 내에서의 — '해석'(Auslegung)이 아니라 이를 뛰어넘는 '법형성'(Rechtsfortbildung)에 해당하기 때문에, 입법기술상의 곤란과 같은 사실상의 이유만으로는 부족하고, 당해 법률의 목적, 법의 기본원리와 헌법원리와 같은 규범적 근거들이 필요하다.[12] 이러한 규범적 근거들이 명백하지 않는 한, 입법기술상 곤란한 점이 있더라도, 입법자의 의사를 최대한 존중하여, 함부로 그 문언의 의미를 축소시켜는 아니 된다. 이것이 공법적 법해석에 있어 가장 중요한 관점이다.

(4) 이러한 관점에서 위 공공기관법 제2조 제2항의 입법취지를 살

---

12) 이에 관해 졸고, 행정법과 법해석 — 법률유보 내지 의회유보와 법형성의 한계, 「행정법연구」 제43호, 2015, 13-46면 (27면); Franz Bydlinski, Grundzüge der juristischen Methodenlehre. 2.Aufl., Wien 2012, S.90-92 참조.

펴보면, 동 조항은 동법이 공공기관의 규율에 관하여 특별법임을 명시함과 동시에, 다른 법률에서 동법과 다른 특별규정들을 함부로 제정하지 못하도록 봉쇄하자는 것임을 알 수 있다. 달리 말해, 동법의 특별법적 성격을 입법절차적으로 보장하고자 하는 것이다.

이는 공공기관법의 연혁 및 정책적 기능에 비추어 쉽게 이해된다. 즉, 공공기관법은 1983년부터 시행되어 오던 「정부투자기관 관리기본법」과 2004년 시행된 「정부산하기관 관리기본법」을 통합하여 2007년 새롭게 제정된 것인데, 개개의 법률에 의해 설립된 수많은 공기업 등 공공기관들을 단 하나의 통일된 법률에 의해 규율하는 데 그 특징이 있다. 이는 공공기관들에 대한 기획재정부장관의 권한 확보와 연결된다. 현재 35개의 공기업, 88개의 준정부기관 및 207개의 기타공공기관, 총 330개의 공공기관들은 그 주무기관이 거의 모든 정부부처들로 나뉘어져 있고 각각의 설립근거 법률들은 그 주무기관의 소관 법률로 되어 있으나, 공공기관들을 총괄하여 관리⋅감독하는 권한은 기획재정부장관에게 부여되어 있다.[13] 이러한 상황에서 정부조직법상 선임 부총리인 기획재정부장관의 권한을 확보하기 위해서는 다른 정부부처에서 설치근거법률과 그 밖의 소관 법률들을 통하여 함부로 공공기관법과 다른 특별규정들을 제정하지 못하도록 봉쇄할 필요가 있고, 이러한 필요에 의해 탄생한 조항이 바로 위 공공기관법 제2조 제2항이다.

(5) 물론 위 조항에도 불구하고 다른 법률에서 공공기관에 대한 특별규정이 제정된다면 — 같은 법률이기 때문에 — 그 효력에는 영향이 없고 오히려 '신법' 우선의 원칙에 의거하여 위 조항을 포함한 공공기관법 전체의 적용이 배제되겠지만, 동 조항은 입법 과정에서 이러한 특별규정들이 제정되지 못하도록 사전에 억제하는 '입법정책적' 기능을 수행

13) 공공기관법 제6조, 제7조, 제9조, 제14조, 제15조 제2항, 제25조, 제35조 제2항, 제48조, 제50조, 제51조 등 참조.

한다는 점을 간과해서는 아니 된다. 뿐만 아니라, 법해석의 측면에서, 위 조항은 다른 법률들을 매개로 하여 공공기관법의 규정과 다른 규율 내용들을 도출하는 해석을 가능한 한 금지하는 '법해석 지침'으로서의 역할도 수행한다. 결국 원심판결은 위 조항의 이러한 입법정책적 기능과 법해석 지침으로서의 역할을 간과하고 그 의미를 '제한적으로' 해석하는 잘못을 범하였고 할 수 있다.

요컨대, 이 사건에서, 제3자를 위한 계약이든, 행정권한의 위탁이든 간에, 국가가 최소한 형식적으로 당사자가 된다는 이유로 국가계약법 제2조를 매개로 동법 제27조가 적용되는 것으로 해석할 수 있느냐가 핵심 쟁점인데, 위 공공기관법 제2조 제2항은 그러한 해석을 저지하는 강력한 법률적 근거로 작용한다.

(6) 조달청도 기획재정부 소속이긴 하지만, 소위 '외청'으로서 기획재정부와 분리되어 있기 때문에, 소관 부서의 관점에서도 국가계약법과 공공기관법이 혼동되어서는 아니 되지만, 가장 중요한 차이는 양 법률의 입법목적과 규율방향이다. 즉, 국가계약법은 공정한 계약체결과 성실한 계약이행을 확보하기 위한 것으로서, '엄정성'이 그 규율방향인 반면, 공공기관법은 공공기관의 경영 합리화와 운영의 투명성을 확보하기 위한 것으로서, '자율성'과 '책임성'이 그 규율방향이다. 실제로 공공기관법 및 동법 제39조 제3항의 위임에 의해 제정된 「공기업·준정부기관 계약사무규칙」(기획재정부령)과 동법 제15조 제2항에 의거하여 제정된 「기타공공기관 계약사무 운영규정」(기획재정부훈령)은 국가계약법과 별도로 공공기관의 계약 체결 및 이행, 입찰참가자격제한 등에 관하여 '자족적으로' 상세한 규정들을 두고 있는데, 필요한 경우에는 개별 조항에서 일일이 국가계약법 규정들을 명시적으로 준용하고 있다. 입찰참가자격제한에 관해서는 그 요건, 제한사유, 효과 등에 있어 국가계약법과 상당한 차이가 있다. 이러한 상황에서, 공공기관이 조달청장에게 계약

체결을 요청하였다는 이유만으로, 명문의 법률 규정 없이, 민사상 '제3자를 위한 계약' 법리에 의거하여, 국가계약법령을 전면적으로 공공기관에게 적용하는 것은 입법자의 의사를 정면으로 무시하는 결과가 될 것이다.

Ⅳ. 공법상계약으로서의 조달계약

1. 행정작용으로서의 조달계약

이상의 문제들은 근본적으로 조달계약을 공법상계약 또는 사법상계약으로 파악할 것인가의 문제로 귀착된다. 종래의 판례·통설에 의하면, 조달계약 자체는 사법상계약이지만, 입찰참가자격제한 조치는 공법상 처분인 것으로 파악된다. 대상판결은 후자에 관하여 — 전자로부터 유입되는 — 제3자를 위한 계약의 법리를 배제하고 별도의 법률상 근거를 요구함으로써 그 공법적 성격을 확고하게 하였다는 점에서 진일보한 것으로 평가할 수 있다. 여기서 한 걸음 더 나아가, 말하자면 후자의 공법적 성격을 전자에 유입시켜, 상술한 바와 같이 요청조달계약을 '행정권한의 위탁'으로 이해하게 되면, 조달계약 자체를 공법관계, 즉 공법상계약으로 파악할 수 있는 길이 열리게 된다. 그 위탁의 대상이 되는 조달계약이 바로 행정권한 내지 행정작용임이 분명해지기 때문이다.

행정소송법상 처분의 개념적 요소 중 '공권력'은 달리 말하면 '행정권한'이다. 공권력의 핵심은 물리력 행사가 아니라 '일방적 결정'에 있고, 그 일방적 결정은 — 당사자 쌍방의 이해관계의 공평한 조정을 위한 私法 이외에 — 질서유지와 공공복리를 위해 특별히 제정된 법, 즉 공법에 의거하여 이루어진다. 국가계약법, 지방계약법, 공공기관 계약법령 등 조달계약에 관한 방대한 법령은 계약 당사자 쌍방의 이해관계 조정만이 아니라 공공조달을 통한 공익 실현을 위해 특별히 제정된 것이다. 이러한 점에서 낙찰자결정, 이행방법의 선택, 계약해제 및 해지 등 조달계약에 관한 행정의 결정은 행정권한의 행사로서, 단순한 私法上 채권자 또는 채무자로서의 의사결정이 아니기 때문에, 모두 공법관계에 속하는 것으로 보아야 한다.

2. 조달계약의 내용적 특수성

공·사법 구별에 관한 권력설은 최소한 조달계약에 관해서는 명백히 타당하지 않다. 오늘날 민주법치국가에서 조달계약은 사법상계약과 동일하게 양 당사자의 평등을 필수적 전제로 하기 때문에, 그 계약의 내용적 특수성에 초점을 맞추어야 한다. 우선 계약의 목적이 행정수요 물품의 조달이라는 공익 목적이다.

독일의 전통적 이론에 의하면, 공익실현이 '직접적'인 목적일 때에는 급부행정, 관리행정 등 비권력행정으로서 공법관계에 속하지만, 조달계약은 행정활동을 보조하는 것으로 '간접적인' 공익실현에 불과하므로 사법관계에 속한다고 하지만, 수긍하기 어렵다. 위 기준에 따르면, 예컨대 국방조달계약의 경우 군수품관리는 공물관리로서 공법관계에 해당하고 군수품획득은 조달계약으로 사법관계에 해당하는 것이 된다. 그러나 이미 획득한 군수품의 품질을 유지·관리하는 것보다 처음부터 품질이 우수한 군수품을 획득하는 것이 공익실현에 더 직접적인 중요성이 있음이 분명하므로, 위와 같은 독일의 전통적 이론은 더 이상 유지되기 어렵다.[14)]

나아가, 조달계약의 내용적 특수성으로, 조달계약은 거의 대부분 국민의 세금으로 충당된다는 점, 그럼에도 조달계약의 담당공무원은 반

14) 상세는 졸저, 행정법의 체계와 방법론, 225면 이하 참조.

드시 私人과 같이 '최선의 계약 체결'이라는 동기를 갖는다고 할 수 없고 부패·비리의 위험성이 크기 때문에 엄격한 법적 규율이 필요하다는 점, 계약상대방은 私人간의 계약의 경우와는 달리 대금의 수령에 관한 리스크를 부담하지 않는다는 점, 조달계약은 국가 전체의 경제와 사회에 결정적인 영향을 미치기 때문에 국가의 중요한 정책 수단, 특히 국방조달의 경우에는 외교적 수단이 된다는 점 등을 들 수 있다.[15] 이러한 조달계약의 공익적 성격에 착안하여 프랑스에서는 일찍이 19세기부터 공공조달계약이 '행정계약'(le contrat administratif)으로서 공법으로서 행정법의 주요 규율대상이 되어 왔다.[16]

3. 조달계약의 공법적 성격의 방법론적 의의

공·사법 구별의 방법론적 의의는 문제해결(도그마틱), 문제발견(교육·연구) 및 문제접근(법철학)에 있는데, 문제해결은 재판관할과 내용적 특수성의 문제로 나뉜다.[17] 조달계약을 공법관계로 파악하는 것은, 재판관할의 관점에서 취소소송의 대상으로 인정함으로써 재판상통제를 강화하고, 내용적 특수성의 관점에서 행정의 절차적、실체적 책임을 강조할 수 있다. 뿐만 아니라, 나아가 문제발견과 문제접근의 차원에서 조달계약의 공공성과 투명성을 확보하고 부패와 비리、비효율을 방지할 수 있는 제도와 문화를 정착시킬 수 있다.

15) 상세는 졸저, 전게서, 226면 이하 참조.
16) 졸저, 전게서 202면 참조.
17) 상세는 졸고, 공·사법 구별의 방법론적 의의와 한계 -프랑스와 독일에서의 발전과정을 참고하여, 공법연구 제37집 제3호, 2009, 83-110면 참조.

Ⅴ. 結語

행정법과 행정소송의 본령은 국민의 권리구제만이 아니라 그와 함께 행정의 '법률적합성' 통제에 있다. 민법과 민사소송에서 법률적 근거가 흠결된 경우 '목적론적' 해석을 통해 타당한 규율내용을 정립하는 것과는 달리, 행정소송에서는 처분 권한에 관하여 법률적 근거가 흠결되었다는 점을 그대로 인정하여 계쟁 처분을 취소함으로써 행정의 법률적합성을 확보함과 동시에 입법의 정비를 촉구하여야 한다. 이러한 점에서 대상판결을 크게 환영한다.

동시에, 학자와 학문은 이에 만족하지 않고 보다 더 큰 '꿈'을 꾸어야 한다. 우리 모두가 동시에 같은 꿈을 꾸면 반드시 현실이 된다. 그와 같이 반드시 실현되어야 한 가지가 바로 조달계약 자체를 행정권한의 행사로서 공법관계로 파악하는 것인데, 바로 대상판결이 그것으로 나아가는 첫걸음이라고 할 수 있다. 즉, 대상판결은 입찰참가자격제한조치에 대하여 요청조달계약에 관한 민법상 법리(제3자를 위한 계약)를 차단하고 공법적 관점에서 법률상 근거를 요구함으로써, 요청조달계약을 '행정권한의 위탁'으로 이해하고, 나아가 조달계약 자체를 행정권한의 행사 내지 행정작용의 일환으로 파악할 수 있는 첫걸음을 내디딘 것이다.

참고문헌

朴正勳, 행정법의 체계와 방법론, 2004.

朴正勳, 부정당업자의 입찰참가자격제한의 법적 제문제, 『서울대학교 법학』 제46권 제1호, 2005.

朴正勳, 행정법과 법해석 — 법률유보 내지 의회유보와 법형성의 한계, 「행정법연구」 제43호, 2015.

Franz Bydlinski, Grundzüge der juristischen Methodenlehre. 2.Aufl., Wien 2012.

Stéphane Braconnier, Précis du droit de la commande publique. 5e éd., Paris 2017.

Daniel Fülling, Korruptionsregister: Zwischen Anspruch und Wirklichkeit, Hamburg 2014.

Jessica Gentsch, Staatliche Beschaffung und Korruptionsprävention, Baden–Baden 2012.

Michel Guival, Mémento des marchés publics. 3e éd., Paris 2001.

Christian Lantermann, Vergaberegister: Ein rechtmäßiges und effektives Mittel zur Korruptionsbekämpfung? Hamburg 2007.

Jörg Stoye, Korruptionsprävention durch Vergaberecht, Köln 2012.

Laurence M. Westen, Das Vergaberecht als Mittel der Korruptions–bekämpfung in den Entwicklungsländern Subsahara–Afrikas am Beispiel Kenia, Baden–Baden 2012.

Sope Williams–Elegbe, Fighting Corruption in Public Procurement: A Comparative Analysis of Disqualification or Debarment Measures, Hart Publishing 2012.

국문초록

이 사건의 쟁점은, 첫째 수요기관의 요청에 의해 조달청장이 체결하는 요청조달계약이 '제3자를 위한 계약'에 해당하느냐, 그리하여 계약의 당사자가 국가이기 때문에 요청조달계약에 국가계약법이 적용되느냐의 문제와, 둘째 국가계약법이 적용된다고 하더라도 동법 제27조 제1항이 조달청장에 의한 입찰참가자격제한처분 권한의 근거가 될 수 있는가의 문제이다. 대상판결은 첫째 문제를 긍정하면서도, 둘째 문제는 공법관계와 사법관계의 구별 및 법률유보를 근거로 부정하였다.

요청조달계약에 있어 민법상 제3자를 위한 계약의 법리에 의거하여 조달청장(국가)을 당사자로 보아 국가계약법 제2조에 따라 동법의 규정들이 적용되는 것을 인정하더라도, 이는 계약의 체결 및 이행과 같은 사법상 법률관계에 관한 규정들에 관해서만 타당하고, 공법적 제재에 관한 공법적 규정인 제27조도 당연히 적용된다고 할 수 없다. 계약 체결에 관한 전문성과 업무체계를 조달청장이 구비하고 있지만, 이는 조달청장에게 계약 체결을 요청하도록 하는 제도의 근거가 될 수 있을 뿐, 입찰참가자격제한이라는 공법상 제재의 권한까지 조달청장에게 귀속되어야 한다는 논거는 될 수 없다. 설사 그러한 입법목적과 제재의 필요성을 인정한다고 하더라도, 공법상 제재 권한은 법률상 분명히 규정되어야 한다는 법률유보 원칙을 대체할 수 없다.

대상판결이 '제3자를 위한 계약'의 법리에 의하여 요청조달계약에 적용되는 국가계약법 조항은 "국가가 사경제 주체로서 국민과 대등한 관계에 있음을 전제로 한 사법관계에 관한 규정에 한정되고, 고권적 지위에서 국민에게 침익적 효과를 발생시키는 행정처분에 관한 규정까지 당연히 적용된다고 할 수 없다."고 설시한 것에 대하여, 제3자를 위한 계약으로서의 요청조달계약, 사경제 주체로서의 국가 및 국가계약법의 사법적 성격 부분에 관해서는 견해를 달리하지만, 그럼에도 동 국가계약법 조항이 입찰참가자격

처분에 적용될 수 없다고 한 부분은 타당하다. 대상판결이 또한 이러한 전제 위에, "요청조달계약에 있어 조달청장은 수요기관으로부터 요청받은 계약 업무를 이행하는 것에 불과하므로, 조달청장이 수요기관을 대신하여 국가계약법 제27조 제1항에 규정된 입찰참가자격 제한 처분을 할 수 있기 위해서는 그에 관한 수권의 취지가 포함된 업무 위탁에 관한 근거가 법률에 별도로 마련되어 있어야 한다."고 판시한 부분도 타당하므로, 이에 전적으로 찬성한다.

공법적 관점에서는, 요청조달계약을 제3자를 위한 계약이 아니라 '행정권한의 위탁'으로 파악하여, 공공기관이 수요기관인 경우에 요청조달계약에 관하여 원칙적으로, 수탁기관에게 적용되는 국가계약법이 아니라, 위탁기관에게 적용되는 공공기관법 및 계약사무규칙이 적용되어야 하는 것으로 보아야 한다. 이에 부합하는 것이 공공기관법 제2조 제2항인데, 동 조항의 입법정책적 기능과 법해석 지침으로서의 역할을 간과해서는 아니 된다.

대상판결은 입찰참가자격제한 조치에 대하여 요청조달계약에 관한 민법상 법리(제3자를 위한 계약)를 배제하고 공법적 관점에서 법률상 근거를 요구함으로써, 요청조달계약을 '행정권한의 위탁'으로 이해하고, 나아가 조달계약 자체를 행정권한의 행사 내지 행정작용의 일환으로 파악할 수 있는 첫걸음을 내디딘 것으로 평가할 수 있다.

주제어: 행정조달계약, 입찰참가자격제한, 법률유보, 제3자를 위한 계약, 공법상계약과 사법상계약

Zusammenfassung

Vertretungsbeschaffungsvertrag und Kompetenz der Vergabesperre

— Rechtsnatur des Vertretungsbeschaffungsvertrags, öffentlich-rechtliche und privatrechtliche Perspektiven —

Jeong Hoon PARK*

Bei der vorliegenden höchstrichterlichen Entscheidung geht es um zwei Fragen: Erstens, ob der Vertretungsbeschaffungsvertrag, den die staatliche Beschaffungsamt auf Ersuchen einer öffentlichen Institution abschließt, einen ‚Vertrag zugunsten Dritter' im zivilrechtlichen Sinne darstellt und deswegen, weil seine Vertragspartei nicht die öffentliche Institution, sondern der Staat ist, auf den Vertrag das ‚Gesetz zum staatlichen Vertrag' Anwendung findet; zweitens, ob, auch wenn das Gesetz darauf angewandt wird, seine Vorschrift über die Vergabesperre (§27 Abs.1) als gesetzliche Grundlage für die von der staatlichen Beschaffungsamt angeordneten Vergabesperre angesehen werden kann. Die Entscheidung bejaht die erste Frage, verneint aber die zweite.

Zum Recht beschränkt also die Entscheidung den Bereich der Vorschriften des ‚Gesetzes zum staatlichen Vertrag', die aufgrund der Dogmatik des Vertrags zugunsten Dritter auf den Vertretungsbeschaffungsvertrag Anwendung finden, nur auf die privatrechtlichen Verhältnisse des Vertrags, bei denen der Staat, als ein Akteur der

* Professor of Law, School of Law, Seoul National University

Privatwirtschaft, für gleichberechtigt mit dem Bürger gehalten wird. Die Vorschrift über die Vergabesperre beim staatlichen Vertrag (§27 Abs.1) kann daher auf die Maßnahme der beim Vertretungs-beschaffungsvertrag von der staatlichen Beschaffungsamt angeordneten Vergabesperre, einen Verwaltungsakt, nicht angewandt werden, so dass es einer speziellen gesetzlichen Grundlage für die Ermächtigung der Maßnahme der Vergabesperre bedarf.

Nach meiner Ansicht muss, unter der öffentlichen Perspektive, der Vertretungsbeschaffungsvertrag nicht als ein Vertrag zugunsten Dritter im zivilrechtlichen Sinne, sondern als ein Auftrag der Verwalt-Verwal tungsompetenz angesehen werden. Als Konsequenz findet darauf Anwendung nicht das die beauftragte staatliche Amt regelnde Gesetz, sondern das die beauftragende öffentliche Institution regelnde. Eben eine solche Bedeutung hat eine Vorschrift des ‚Gesetzes zur öffentlichen Institution' (§2 Abs.2), deren gesetzgebungsleitende Funktion und deren Rolle als Vorgabe zur Gesetzesauslegung nicht übersehen werden dürfen.

Allerdings kann man die Entscheidung als einen wichtigen ersten Schritt zur Erfassung des öffentlichen Beschaffungsvertrags als einen öffentlich-rechtlichen Vertrag bewerten, und zwar in dem Sinne, dass sie, betreffs der Vergabesperre, die Dogmatik des Vertrags zugunsten Dritter im zivilrechtlichen Sinne ausschließt und, unter der öffentlich-rechtlichen Perspektive, eine spezielle gesetzliche Grundlage verlangt. Dies kann dazu führen, dass der Vertretungsbeschaffungsvertrag als ein Auftrag der Verwaltungskom-petenz verstanden wird, so dass der öffentliche Beschaffungsvertrag überhaupt als ein öffentlich-rechtlicher Vertrag angesehen werden kann.

Schlüsselwörter: öffentliche Auftragsvergabe, Vergabe-bzw. Auftragssperre, Gesetzesvorbehalt, Vertrag zugunsten Dritter, öffentlich-rechtlicher und privatrechtlicher Vertrag

투고일 2019. 12. 13.

심사일 2019. 12. 23.

게재확정일 2019. 12. 30.

行政行爲의 槪念과 種類

신고의 본질에 대한 법적 고찰 (강현호)

신고의 본질에 대한 법적 고찰

강현호*

대법원 2018. 10. 25. 선고
2018두44302 [의료기관개설신고불수리처분취소]

Ⅰ. 서설

신고라는 제도에 대해서는 지금까지 많은 논의가 있어 왔다.[1] 그

* 성균관대학교 법학전문대학원

1) 김중권, 이른바 '수리를 요하는 신고'의 문제점에 관한 소고, 행정판례연구 Ⅷ, 박영사(2003); 김중권, 신고제와 관련한 코페르니쿠스적 전환에 관한 소고, 법률신문 제3894호, 2010/12; 김중권, 행정법상의 신고와 관련한 판례의 문제점에 관한 소고, 인권과 정의, 통권 제306호, 2002. 3; 정훈, 공법상 신고의 법적 성질과 현실에서의 의미, 동아법학 제58호, 2013; 박균성 윤기중, 행정규제완화수단으로서의 신고에 관한 연구, 경희법학 제49권 제1호, 2014; 박재윤, 신고제와 제3자 보호, 행정

래서 처음에는 신고(申告)라는 제도에 대해서 비교적 쉽게 어떠한 결론에 도달할 수 있을 것이라는 기대 하에 연구를 시작하는 경우가 많을 것이다. 그런데, 연구를 할수록 이처럼 논의가 복잡하게 전개되는 제도도 드물다는 것을 깨닫게 된다.[2)]

신고라는 것은 어떠한 사실을 관할행정청에게 알리는 것으로서 국민이 공법상의 의무를 이행하거나 또는 어떠한 행위로 나아가기 위해서 행하는 것이다. 그런데, 신고라는 제도에 대해서 다양한 이해관계자들이 각자의 관점에서 각자가 이해한 내용들을 주장하고 있으므로 하나의 통일적인 제도로 이해하기 어려운 점이 있다.[3)]

국민의 입장에서는 어떤 행위를 하기 위해서 신고 하도록 규정하고 있는 경우에 신고라는 단어의 문언적 의미에 착안하여 신고를 한 연후에 원하는 행위로 신속하게 나아가기를 원할 것이고, 행정청의 입장에서는 신고가 제대로 되었는지, 신고요건은 준수하고 있는지 나아가 국민이 행위로 나아가는 경우에 다른 문제는 발생할 우려가 없는지 그리고 이러한 신고를 담당하는 기관이 지방자치단체인 경우에는 주민들의 반응은 어떠한 지 등을 고려하고자 한다. 신고를 둘러싼 이러한 문

판례연구 Vol. 24 No. 1, 한국행정판례연구회, 2019. 6; 홍강훈, 소위 자체완성적 신고와 수리를 요하는 신고의 구분가능성 및 신고제의 행정법 Dogmatik을 통한 해결론", 공법연구 제45집 제4호, 2017. 6; 홍강훈, 신고제의 행정법 Dogmatik을 통한 해결론 에 근거한 신고관련 중요법령과 관련판례의 실증적 연구 (상) - 체육시설의 설치·이용에 관한 법률과 건축법을 중심으로 -, 공법연구 제46집 제1호, 2017. 10; 홍강훈, 신고제의 행정법 Dogmatik을 통한 해결론 에 근거한 신고관련 중요법령과 관련판례의 실증적 연구 (하) - 의료법·수산업법 · 축산물위생관리법 · 평생교육법 · 공중위생관리법을 중심으로 -, 공법연구 제46집 제1호, 2017. 10.

2) 신고가 김중권 교수님의 조어(造語)처럼 신고(申告)가 신고(新苦: 새로운 고통)라는 것을 금방 깨닫게 될 것이다.

3) 홍강훈, 소위 자체완성적 신고와 수리를 요하는 신고의 구분가능성 및 신고제의 행정법 Dogmatik을 통한 해결론, 공법연구 제45집 제4호, 2017. 6, 96면 이하: 두 신고제도의 구분기준에 관한 학설소개에서는 각 학자들의 명확한 입장을 이해할 수 있도록 이에 관한 언급이 있는 경우 이들 개념을 모두 포괄하여 입체적으로 소개하고자 한다라고 하면서, 대략 14 가지의 견해들을 소개하고 있다.

제에 대해서 법원이 제대로 올바른 기준을 정립하여 판단하는 것이 중요하다. 그런데 법원에서는 신고제도의 전체적인 맥락과 판결이 국민과 행정청에게 던지는 메시지는 무엇일까라는 접근보다는 개별적인 타당성이라는 관점에서 접근하고 있지는 않은가 하는 우려도 제기된다. 법원은 개별적 타당성이 중요시되는 법영역인 민사법 영역에서의 판단기준을 커다란 고민없이 체계적 정당성이 중요시되는 행정법의 영역에서도 그대로 통용하려고 하는 것이 아닌지 의문이 제기된다. 즉, 우리 법원이 사회 전체에 커다란 파장을 가져오고 사회질서 향도적인 행정법적 문제에 대해서도 개개인간의 분쟁해결이라는 민사법적인 사고에 머물러 있음으로 인하여 - 원치 않게도 - 문제를 확대 재생산하는 것은 아닌지 하는 생각도 든다.[4] 과연 신고를 둘러싸고 얽혀있는 고르디우스의 매듭을 해결하는 알렉산더의 지혜를 어디로부터 찾을 수 있을까 하는 물음을 가지고 본 사안에 대해서 생각해 본다.

---

4) 홍강훈, 신고제의 행정법 Dogmatik을 통한 해결론 에 근거한 신고관련 중요법령과 관련판례의 실증적 연구 (상) - 체육시설의 설치ㆍ이용에 관한 법률과 건축법을 중심으로 -, 공법연구 제46집 제1호, 2017. 10, 228면: 필자가 공무원교육이나 중앙정부부처의 자문회의 등에서 만난 여러 실무담당 공무원 및 고위 공직자분들과 대화를 해보면, 이들은 하나같이 신고제의 구분문제로 실무상 골머리를 앓고 있었다. 여러 지방자치단체나 행정부처에서는 이를 위해 나름대로 신고제의 구분에 대한 내부지침을 만들어 운용하고 있음에도 공무원분들은 여전히 신고제는 도저히 모르겠다고 하소연하며 질문을 하시는 경우가 많았다. 하물며 신고제의 직접 당사자인 일반 국민들이 겪는 어려움은 말로 다 표현할 수 없을 것이다. 법에 따라 신고를 한 국민들로서는 실정법이 자체완성적 신고와 수리를 요하는 신고를 명시적으로 구분하고 있지 않으므로, 자신이 한 신고가 자체완성적 신고인지 수리를 요하는 신고인지 사전에 직관적으로 구분할 수 없을 뿐만 아니라, 그 분류결과에 따라 자신의 신고의 효과가 전혀 다른 방향으로 흘러가게 되는 예측불가의 위험을 고스란히 떠안아야 하기 때문이다.

Ⅱ. 사실관계와 관련 법령

A. 사실관계

원고는 정신과의사이고 피고는 부산시 북구청장이다. 피고 외에 피고보조참가인이 있다. 원고는 2017. 5. 8. 부산 북구 (주소 생략) 소재 ○○빌딩(이하 '이 사건 건물'이라 한다) △△△△호에서 '□□ 정신건강의학과의원'(시설면적 473.85㎡, 4개 병실 26병상, 전문의 1명, 간호사 1명 및 간호조무사 1명, 이하 '이 사건 의원'이라 한다)을 개설하기 위하여 피고에게 의료기관 개설신고서를 제출하였다. 피고는 '이 사건 의원이 의료법 제33조, 같은 법 시행규칙 제25조, 정신보건법 제12조, 정신보건법 시행규칙 제7조에서 규정하고 있는 정신의료기관의 시설기준에 부적법하고, 소방시설의 설치 및 안전기준에 관한 법률 제7조에 의한 자동화재 탐지설비 상용전원 미설치로 화재안전기준에 부적법하며, 집합건물의 소유 및 관리에 관한 법률 제5조에 의한 구분소유자·점유자·시설이용자의 안전과 공동의 이익에 반하고[5], 건축법 제1조에 의한 건축물의 안전 저해로 공공복리 증진을 저해하며[6], 헌법 제23조에 의한 재산권의 행사가 공공복리에 부적법하다'라는 이유로 위 의료기관 개설신고를 불수리하였다.

원고는 2017. 5. 26. 위 불수리 사유를 보완하여 피고에게 다시 이 사건 의원 개설신고(이하 '이 사건 신고'라 한다)를 하였고, 이에 피고는 이 사건 신고에 따른 이 사건 의원에 대한 시설조사를 실시한 결과 '이 사

5) 집합건물의 소유 및 관리에 관한 법률 타법개정 2016. 1. 19. [법률 제13805호, 시행 2016. 8. 12.]: 제5조(구분소유자의 권리·의무 등) ① 구분소유자는 건물의 보존에 해로운 행위나 그 밖에 건물의 관리 및 사용에 관하여 구분소유자 공동의 이익에 어긋나는 행위를 하여서는 아니 된다.

6) 건축법 일부개정 2017. 1. 17. [법률 제14535호, 시행 2017. 7. 18.]: 제1조(목적) 이 법은 건축물의 대지·구조·설비 기준 및 용도 등을 정하여 건축물의 안전·기능·환경 및 미관을 향상시킴으로써 공공복리의 증진에 이바지하는 것을 목적으로 한다.

건 의원의 시설은 관계 법령에 적합하나, 건축물 및 구분소유자 등의 안전과 공동의 이익에 반하는 등 공공복리에 부적합하다'라는 취지로 판단하였다. 위 조사결과에 따라 피고는 2017. 6. 16. 원고에 대하여 '이 사건 의원의 개설은 집합건물의 소유 및 관리에 관한 법률 제5조에 의한 구분소유자·점유자·시설이용자의 안전과 공동의 이익에 반하고, 건축법 제1조에 의한 건축물의 안전 저해로 공공복리 증진을 저해하며, 헌법 제23조에 의한 재산권의 행사가 공공복리에 부적법함'이라는 이유(이하 '이 사건 불수리 사유'라 한다)로 이 사건 신고를 불수리하였다(이하 '이 사건 처분'이라 한다). 이러한 의료기관 개설신고에 대한 불수리에 대해서 원고는 취소의 소를 제기하였다.

B. 관련 법령

1. 의료법령

a) 의료법

제33조(개설 등) ① 의료인은 이 법에 따른 의료기관을 개설하지 아니하고는 의료업을 할 수 없으며, 다음 각 호의 어느 하나에 해당하는 경우 외에는 그 의료기관 내에서 의료업을 하여야 한다. <개정 2008.2.29, 2010.1.18>

1. 「응급의료에 관한 법률」 제2조제1호에 따른 응급환자를 진료하는 경우 … .

③ 제2항에 따라 의원·치과의원·한의원 또는 조산원을 개설하려는 자는 보건복지부령으로 정하는 바에 따라 시장·군수·구청장에게 신고하여야 한다. <개정 2008.2.29, 2010.1.18>[7]

---

7) 참조: 의료법 시행령[시행 2017. 3. 20.] [대통령령 제27944호, 2017. 3. 20., 일부개정] 제11조(신고) ① 법 제25조제1항에 따라 의료인은 그 실태와 취업상황 등을 제8조 또는 법 제65조에 따라 면허증을 발급 또는 재발급 받은 날부터 매 3년이

④ 제2항에 따라 종합병원 · 병원 · 치과병원 · 한방병원 또는 요양병원을 개설하려면 보건복지부령으로 정하는 바에 따라 시 · 도지사의 허가를 받아야 한다. 이 경우 시·도지사는 개설하려는 의료기관이 제36조에 따른 시설기준에 맞지 아니하는 경우에는 개설허가를 할 수 없다. <개정 2008.2.29., 2010.1.18>

b) 의료법시행규칙

제25조(의료기관 개설신고)

① 법 제33조제3항에 따라 의원 · 치과의원 · 한의원 또는 조산원을 개설하려는 자는 별지 제14호서식의 의료기관 개설신고서(전자문서로 된 신고서를 포함한다)에 다음 각 호의 서류(전자문서를 포함한다)를 첨부하여 시장 · 군수 · 구청장(자치구의 구청장을 말한다. 이하 같다)에게 신고하여야 한다. 이 경우 시장·군수·구청장은 「전자정부법」 제36조제1항에 따른 행정정보의 공동이용을 통하여 법인 등기사항증명서를 확인하여야 한다. <개정 2009.4.29, 2010.9.1, 2015.7.24, 2016.10.6>

1. 개설하려는 자가 법인인 경우: 법인 설립 허가증 사본(「공공기관의 운영에 관한 법률」에 따른 준정부기관은 제외한다), 정관 사본 및 사업계획서 사본

2. 개설하려는 자가 의료인인 경우: 면허증 사본

3. 건물평면도 사본 및 그 구조설명서 사본

4. 의료인 등 근무인원에 대한 확인이 필요한 경우: 면허(자격)증 사본 1부

5. 삭제 <2010.1.29>

② 제1항에 따라 신고를 받은 시장 · 군수 · 구청장은 신고를 수리하기 전에 「소방시설 설치·유지 및 안전관리에 관한 법률 시행령」 별표 5

되는 해의 12월 31일까지 보건복지부장관에게 신고하여야 한다. 다만, 법률 제10609호 의료법 일부개정법률 부칙 제2조제1항에 따라 신고를 한 의료인의 경우에는 그 신고한 날부터 매 3년이 되는 해의 12월 31일까지 신고하여야 한다.

에 따라 의료시설이 갖추어야 하는 소방시설에 대하여 「소방시설 설치 · 유지 및 안전관리에 관한 법률」 제7조제6항 전단에 따라 그 의료기관의 소재지를 관할하는 소방본부장이나 소방서장에게 그 의료시설이 같은 법 또는 같은 법에 따른 명령을 따르고 있는지에 대한 확인을 요청하여야 한다. <신설 2015.5.29>

③ 시장 · 군수 · 구청장은 제1항에 따른 신고를 수리한 경우에는 별지 제15호서식의 의료기관 개설신고증명서를 발급하여야 한다. <개정 2015.5.29.>

제27조(의료기관 개설허가) ① 법 제33조제4항에 따라 종합병원、병원 · 치과병원 · 한방병원 또는 요양병원의 개설허가를 받으려는 자는 별지 제16호서식의 의료기관 개설허가신청서(전자문서로 된 신청서를 포함한다)에 다음 각 호의 서류(전자문서를 포함한다)를 첨부하여 시 · 도지사에게 제출하여야 한다. 이 경우 시 · 도지사는 「전자정부법」 제36조제1항에 따른 행정정보의 공동이용을 통하여 법인 등기사항증명서를 확인하여야 한다. <개정 2009. 4. 29., 2010. 1. 29., 2010. 9. 1., 2015. 7. 24., 2016. 10. 6., 2016. 12. 29.>

1. 개설하려는 자가 법인인 경우: 법인설립허가증 사본(「공공기관의 운영에 관한 법률」에 따른 준정부기관은 제외한다), 정관 사본 및 사업계획서 사본

2. 개설하려는 자가 의료인인 경우: 면허증 사본과 사업계획서 사본

3. 건물평면도 사본 및 그 구조설명서 사본

4. 의료인 등 근무인원에 대한 확인이 필요한 경우: 면허(자격)증 사본 1부

5. 「전기사업법 시행규칙」 제38조제3항 본문에 따른 전기안전점검 확인서(종합병원만 해당한다)[8)]

---

8) 의료법 시행규칙 일부개정 2017. 3. 7. [보건복지부령 제485호, 시행 2018. 1. 1.].

2. 정신건강복지법령

a) 정신건강복지법

제3조(정의) 이 법에서 사용하는 용어의 뜻은 다음과 같다.

5. "정신의료기관"이란 주로 정신질환자를 치료할 목적으로 설치된 다음 각 목의 어느 하나에 해당하는 기관을 말한다.

가. 「의료법」에 따른 의료기관 중 제19조제1항 후단에 따른 기준에 적합하게 설치된 병원(이하 "정신병원"이라 한다) 또는 의원

나. 「의료법」에 따른 병원급 의료기관에 설치된 정신건강의학과로서 제19조제1항 후단에 따른 기준에 적합한 기관

제19조(정신의료기관의 개설·운영 등) ① 정신의료기관의 개설은 「의료법」에 따른다. 이 경우 「의료법」 제36조에도 불구하고 정신의료기관의 시설·장비의 기준과 의료인 등 종사자의 수·자격에 관하여 필요한 사항은 정신의료기관의 규모 등을 고려하여 보건복지부령으로 따로 정한다.

⑦ 정신의료기관에 관하여는 이 법에서 규정한 것을 제외하고는 「의료법」에 따른다.[9)]

b) 정신보건법 시행규칙

제11조(정신의료기관의 시설기준 등) ① 법 제19조제1항 후단에 따른 정신의료기관의 시설 및 장비 기준은 별표 3과 같다.

② 법 제19조제1항 후단에 따른 정신의료기관 종사자의 수 및 자격기준은 별표 4와 같다.

③ 보건복지부장관은 법 제19조제3항에 따라 정신의료기관의 규모를 제한하는 경우에는 제한사유·제한지역 및 제한할 수 있는 병상의

---

9) 정신건강증진 및 정신질환자 복지서비스 지원에 관한 법률(약칭: 정신건강복지법) [시행 2017. 5. 30.] [법률 제14224호, 2016. 5. 29., 전부개정]

규모를 고시하여야 한다.[10)]

3. 소방법령

a) 화재예방, 소방시설 설치 · 유지 및 안전관리에 관한 법률

제7조(건축허가등의 동의)

⑥ 다른 법령에 따른 인가 · 허가 또는 신고 등(건축허가등과 제2항에 따른 신고는 제외하며, 이하 이 항에서 "인허가등"이라 한다)의 시설기준에 소방시설등의 설치·유지 등에 관한 사항이 포함되어 있는 경우[11)] 해당 인

---

10) 정신건강증진 및 정신질환자 복지서비스 지원에 관한 법률 시행규칙(약칭: 정신건강복지법 시행규칙) [시행 2017. 5. 30.] [보건복지부령 제497호, 2017. 5. 30., 전부개정].

11) 다음의 경우에 시설기준에 소방시설등의 설치 · 유지 등에 관한 사항이 포함되어 있는 경우라고 볼 수 있는지에 대해서는 보다 검토가 필요하다:

정신건강복지법 시행규칙 [별표 3]

구 분	정신병원	병원급 이상의 의료기관에 설치된 정신건강의학과	정신과의원
가. 입원실	환자 50명 이상이 입원할 수 있는 병실 1개 이상		입원실을 두는 경우 환자 49명 이하가 입원할 수 있는 병실
나. 응급실 또는 야간진료실	1개 이상	1개 이상	
다. 진료실	1개 이상	1개 이상	1개 이상
…			

비고

1. 환자들의 생활에 불편이 없도록 식당 · 휴게실 · 욕실 및 화장실 등의 편의시설을 갖추어야 한다. 다만, 입원실을 두지 않는 경우에는 그렇지 않다. 2. 급식 또는 세탁물 처리는 의료기관이 함께 하거나 외부용역으로 처리할 수 있다. 3. 환자 49명 이하가 입원할 수 있는 병실을 가진 병원급 이상의 의료기관에 설치된 정신건강의학과의 경우에는 나목, 라목 또는 사목부터 파목까지의 시설이나 구급차는 다른 진료과와 함께 사용할 수 있다.

2. 정신의료기관의 시설규격 및 장비 가. 입원실 1) 환자 1명이 사용하는 입원실의 바닥면적은 6.3제곱미터 이상이어야 하고, 환자 2명 이상이 사용하는 입원실의 바닥면적은 환자 1명당 4.3제곱미터 이상이어야 한다. 다만, 연면적의 합계 중 입원실을 제외한 부분의 면적이 입원실 면적의 2배 이상인 정신의료기관에서 환자 2명 이상이 사용하는 입원실의 바닥면적은 환자 1명당 3.3제곱미터 이상으로 한

허가등의 권한이 있는 행정기관은 인허가등을 할 때 미리 그 시설의 소재지를 관할하는 소방본부장이나 소방서장에게 그 시설이 이 법 또는 이 법에 따른 명령을 따르고 있는지를 확인하여 줄 것을 요청할 수 있다. 이 경우 요청을 받은 소방본부장 또는 소방서장은 총리령으로 정하는 기간 이내에 확인 결과를 알려야 한다. <신설 2014.1.7, 2014.11.19>[전문개정 2011.8.4.][12]

b) 자동화재탐지설비 및 시각경보장치의 화재안전기준(NFSC 203)

제7조(감지기) ① 자동화재탐지설비의 감지기는 부착높이에 따라 다음 표에 따른 감지기를 설치하여야 한다. 다만, 지하층·무창층 등으로서 환기가 잘되지 아니하거나 실내면적이 40㎡ 미만인 장소, 감지기의 부착면과 실내바닥과의 거리가 2.3m 이하인 곳으로서 일시적으로 발생한 열·연기 또는 먼지 등으로 인하여 화재신호를 발신할 우려가 있는 장소(제5조제2항 본문에 따른 수신기를 설치한 장소를 제외한다)에는 다음 각 호에서 정한 감지기중 적응성 있는 감지기를 설치하여야 한다. 1. 불꽃감지기 2. 정온식감지선형감지기 3. 분포형감지기 4. 복합형감지기 5. 광전식분리형감지기 6. 아날로그방식의 감지기 7. 다신호방식의 감지기 8. 축적방식의 감지기.[13]

다. 2) 소아용 입원실의 바닥면적은 위 (1)의 입원실의 바닥면적의 3분의 2이상으로 한다. 다만, 환자 1명이 사용하는 입원실의 바닥면적은 6.3제곱미터 이상이어야 한다. 3) 입원환자(연평균 1일 입원환자를 말한다. 이하 같다) 50명당 보호실 1개를 설치하되, 그 끝수에는 보호실 1개를 추가하고, 보호실에는 자해 등을 예방할 수 있는 안전장치를 갖추어야 한다. 다만, 정신의료기관이 개방병동만으로 이루어진 경우에는 보호실을 두지 않을 수 있다. 4) 입원실의 시설 및 비품은 자신 또는 타인을 해할 위험이 예방될 수 있도록 설치하여야 한다. 5) 병동 안에는 외부와 신속하게 연락을 취할 수 있는 경보연락장치를 하여야 하고, 환자가 자유롭게 사용할 수 있는 전화를 설치하여야 한다. 6) 입원환자 50명 이상인 정신의료기관은 입원실의 100분의 10 이상을 개방 병동으로 운영하여야 한다. 7) 입원실의 정원은 입원환자 10명 이하로 한다. … .

12) 화재예방, 소방시설 설치·유지 및 안전관리에 관한 법률 [시행 2017. 3. 28.] [법률 제14476호, 2016. 12. 27., 타법개정].

Ⅲ. 판결

A. 제1심 판결

‘신고’란 ‘사인(사인)이 공법적 효과의 발생을 목적으로 행정주체에 대하여 일정한 사실을 알리는 공법행위’를 의미하는바, 이 사건 신고가 본래적 의미로서의 신고, 즉 ‘수리를 요하지 아니하는 신고’에 해당할 경우 행정청으로서는 신고서의 기재사항에 흠이 없는지, 필요한 구비서류가 첨부되어 있는지, 그 밖에 법령 등에 규정된 형식상의 요건에 적합한지와 같은 형식적인 범위 안에서 심사를 할 수 있을 뿐인 반면, 이 사건 신고가 행정청에 의하여 수리되어야만 신고의 효력이 발생하는 이른바 ‘수리를 요하는 신고‘에 해당할 경우 행정청은 위와 같은 형식적 요건 외에도 신고요건을 실질적으로 심사하여 수리 여부를 결정할 수 있다. 이러한 분류에 따라 이 사건 신고의 법적 성격에 관하여 살피건대, 의료법의 관련 규정의 내용 및 취지, 연혁 등을 종합하여 인정되는 다음과 같은 사정들에 비추어 보면, 이 사건 신고와 같은 성격의 의료기관(의원) 개설신고는 이른바 ‘수리를 요하지 아니하는 신고’에 해당한다고 봄이 상당하므로, 행정청으로서는 형식상의 요건에 흠결이 없을 경우 별다른 심사, 결정 없이 그 신고를 당연히 수리하여야 한다(대법원 1985. 4. 23. 선고 84도2953 판결 참조).[14]

… 위 관련 법리 및 관련 규정의 내용 등에 비추어 이 사건에 관하여 살피건대, 피고는 이 사건 의원의 시설이 관계 법령에 적합하나, 구분소유자 등의 안전과 공동의 이익에 반하고, 건축물의 안전 저해로 공공복리 증진을 저해할 수 있다는 이 사건 불수리 사유를 근거로 이 사

---

13) 자동화재탐지설비 및 시각경보장치의 화재안전기준(NFSC 203) [시행 2016. 7. 13.] [국민안전처고시 제2016-98호, 2016. 7. 13., 일부개정].

14) 부산지방법원 2017. 10. 20. 선고 2017구합22061 판결.

건 처분을 한 사실은 앞서 본 바와 같고, 위와 같이 피고가 들고 있는 이 사건 불수리 사유는 의료법 등 관계 법령이 정한 형식적 요건의 심사범위에서 벗어나 이 사건 신고의 그 실질적인 사유와 관련된 것으로서, 이 사건 신고에 대한 피고의 심사범위에 포함되지 아니한다고 할 것이다.

B. 원심 판결

정신건강증진법령과 의료법령의 규정 내용 및 취지, 그에 의하여 추단할 수 있는 다음의 여러 사정들을 종합하면, 피고는 의원급 의료기관 개설신고를 수리함에 있어서 개설신고서의 기재사항에 흠이 없고, 필요한 구비서류가 첨부되어 있는지 여부와 개설신고인이 의료법에서 정한 의료인으로서의 자격을 갖추었는지 여부, 의료기관의 종류에 따른 시설·장비의 기준·규격 및 의료인 정원을 갖추고 있는지 여부 등 관계 법령에 규정된 사항에 대하여만 심사할 수 있다고 할 것이고, 개설신고가 관계 법령에서 정한 요건을 모두 갖추었음에도 관계 법령에서 정한 요건 이외에 그 신고대상이 된 내용과 관련된 공익적 기준 등의 실체적 사유를 별도로 심사하여 그 개설신고의 수리를 거부할 수는 없다고 봄이 타당하다. … 이처럼 의료법은 허가의무를 위반한 경우와 신고의무를 위반한 경우를 분명하게 구별하고 있다. 위와 같이 의료법이 의료기관 개설과 관련하여 의료기관의 종류에 따라 허가와 신고를 명확하게 구별함에도 불구하고 그 문언과 달리 신고제를 허가제 내지 완화된 허가제(이른바 수리를 요하는 신고)와 같이 변칙적으로 운용하는 것은 부당하다. … 정신건강증진법과 의료법은 의료기관 개설 신고가 있는 경우 행정청이 신고의 수리 여부를 실질적으로 심사·결정할 수 있도록 하는 내용의 특별한 규정을 두고 있지 않다. … 피고로서는 이 사건 신고서의 기재사항에 흠이 없고, 필요한 구비서류가 첨부되어 있으며, 이 사건 신고가 관계 법령에 규정된 신고요건에 적합한 이상 이 사건 신고의 수리를 거부할 수 없다고 봄이 타당하다. 그럼에도 피고가 앞서 본 바와 같이 의료법 등 관계 법령에 정하지 아니한 구분소유자 등의 안전과 공동의 이익 등을 심사하여 이를 이유로 이 사건 신고의 수리를 거부한 이상, 이 사건 처분은 위법하다.[15)]

C. 상고심 판결

가. 정신건강증진 및 정신질환자 복지서비스 지원에 관한 법률(이하 '정신건강증진법'이라 한다) 제19조 제1항은 "정신의료기관의 개설은 의료법에 따른다. 이 경우 의료법 제36조에도 불구하고 정신의료기관의 시설·장비의 기준과 의료인 등 종사자의 수·자격에 관하여 필요한 사항은 정신의료기관의 규모 등을 고려하여 보건복지부령으로 따로 정한다."라고 규정하고 있다. 위 후단 규정의 위임에 따라, 같은 법 시행규칙 [별표 3], [별표 4]는 정신의료기관에 관하여 시설·장비의 기준과 의료인 등 종사자의 수·자격 기준을 구체적으로 규정하고 있다.

한편 의료법은 의료기관의 개설 주체가 의원·치과의원·한의원 또는 조산원을 개설하려고 하는 경우에는 시장·군수·구청장에게 신고하도록 규정하고 있지만(제33조 제3항), 종합병원·병원·치과병원·한방병원 또는 요양병원을 개설하려고 하는 경우에는 시·도지사의 허가를 받도록 규정하고 있다(제33조 제4항). 이와 같이 의료법이 의료기관의 종류에 따라 허가제와 신고제를 구분하여 규정하고 있는 취지는, 신고 대상인 의원급 의료기관 개설의 경우 행정청이 법령에서 정하고 있는 요건 이외의 사유를 들어 그 신고 수리를 반려하는 것을 원칙적으로 배제함으로써 개설 주체가 신속하게 해당 의료기관을 개설할 수 있도록 하기

---

15) 부산고법 2018. 4. 20. 선고 2017누24288 판결.

위함이다.

나. 앞서 본 관련 법령의 내용과 이러한 신고제의 취지를 종합하여 보면, 정신과의원을 개설하려는 자가 법령에 규정되어 있는 요건을 갖추어 개설신고를 한 때에, 행정청은 원칙적으로 이를 수리하여 신고필증을 교부하여야 하고, 법령에서 정한 요건 이외의 사유를 들어 의원급 의료기관 개설신고의 수리를 거부할 수는 없다.

다. 원심판결 이유와 기록에 의하면, 원고가 법령에 정한 요건을 모두 갖추어 정신과의원 개설신고를 하였음에도, 피고는 정신과의원 개설이 해당 건물의 구분소유자 등의 안전과 공동의 이익에 반하고, 건축물의 안전·기능·환경 및 공공복리 증진을 저해하며, 공공복리에 부적합한 재산권의 행사라는 등의 사유를 들어 이 사건 반려처분을 한 사정을 알 수 있다.

이러한 사정을 앞서 본 법리에 비추어 보면, 정신과의원 개설신고에 관한 법령상 요건에 해당하지 아니하는 위와 같은 사유만을 들어 그 개설신고의 수리를 거부한 이 사건 반려처분은 위법하다.

라. 원심판결 이유 중 원고의 개설신고가 '수리를 요하지 않는 신고'라는 취지로 판시한 부분은 적절하지 않으나, 피고가 법령에서 정하지 않은 사유를 들어 위 개설신고 수리를 거부할 수 없다고 보아 이 사건 반려처분이 위법하다고 판단한 원심의 결론은 정당하다. 거기에 상고이유 주장과 같이 정신과의원 개설신고의 수리 요건 등에 관한 법리를 오해한 잘못이 없다.

Ⅳ. 쟁점의 추출

사안에서는 동 건물에 다른 진료과 - 예를 들면 가정의학과, 내과, 피부과 등 - 의 의원(醫院)이 아니라, 정신의료기관이 위치하게 됨으로 인하여 발생하는 문제라고 사료된다. 만약에 다른 종류의 의료기관이었더라면 이처럼 문제가 되지 않았으리라 사료된다. 아마도 동 건물에 학원등도 자리잡고 있으므로 초·중등학생들이 다니다가 혹시나 정신질환자로부터 봉변을 당하지나 않을까 하는 우려가 있을 수도 있을 것이다. 얼마전 강북삼성병원의 모 정신과의사가 환자에 의하여 살해 되었듯이 동 건물에 정신의료기관이 개설되는 경우에 이 건물을 이용하는 자에 대한 안전의 문제가 제기되었으리라 사료된다.16)

관할행정청은 다양한 관련법령을 토대로 의료기관 개설신고는 수리를 요하는 신고이고 그러므로 수리 여부를 판단함에 있어서 실체적인 내용에 대해서도 관련법령과의 부합여부를 심사할 수 있으며 이러한 공익상의 심사 결과 정신과의원 개설은 해당 건물의 구분소유자 등의 안전과 공동의 이익에 반하고, 건축물의 안전·기능·환경 및 공공복리 증진을 저해하며, 공공복리에도 부적합한 재산권의 행사이므로 개설신고를 수리할 수 없음을 논증하고 있으며, 이에 반하여 의료인은 개설신고는 수리를 요하지 아니하는 자기완결적 신고로서 법령에 규정된 요건을 충족하여 신고를 한 경우에 수리를 거부할 수 없음을 이유로 제시하였다.

의료기관 개설신고에 대한 제1심의 견해는 비교적 명확하다. 즉 신고는 수리를 요하지 아니하는 신고와 수리를 요하는 신고로 구분되고, 전자는 법령에 규정된 형식적 요건에 적합한 지 여부와 관련된 심사만 할 수 있고, 그러한 형식적 요건만 갖추면 행정청은 당연히 신고를 수리하여야만 한다는 것이고, 후자는 형식적 요건 외에도 실질적 요건도 심사할 수 있다는 것이다. 항소심에서는 개설신고를 규정하는 법령에 근거하여 개설신고가 관계 법령에서 정한 요건을 모두 갖추었음에도 관계 법령에서 정한 요건 이외에 그 신고대상이 된 내용과 관련된 공익적

16) http://news.chosun.com/site/data/html_dir/2018/12/31/2018123102521.html: 강북삼성병원서 정신과 의사, 환자가 휘두른 흉기에 살해.

기준 등의 실체적 사유를 별도로 심사하여 그 개설신고의 수리를 거부할 수는 없다고 보고 있다. 대법원 역시 관련 법령에 터잡아 관련 법령의 내용과 이러한 신고제의 취지를 종합하여 보면서, 정신과의원을 개설하려는 자가 법령에 규정되어 있는 요건을 갖추어 개설신고를 한 때에, 행정청은 원칙적으로 이를 수리하여 신고필증을 교부하여야 하고, 법령에서 정한 요건 이외의 사유를 들어 의원급 의료기관 개설신고의 수리를 거부할 수는 없다고 판시하고 있다. 다만, 대법원은 "원심판결 이유 중 원고의 개설신고가 '수리를 요하지 않는 신고'라는 취지로 판시한 부분은 적절하지 않으나, 피고가 법령에서 정하지 않은 사유를 들어 위 개설신고 수리를 거부할 수 없다고 보아 이 사건 반려처분이 위법하다고 판단한 원심의 결론은 정당하다."라고 판시하고 있어서 대법원은 본 사안에서의 의료기관개설신고의 법적 성질을 수리를 요하지 않는 신고로 보는 것인지 아니면 본 사안의 신고를 수리를 요하는 신고의 경우에도 법령에서 정하지 아니한 사유를 들어서 수리를 거부할 수 없다고 보는 것인지는 불명확하다.[17] 아무튼 판례는 신고제를 두는 취지를 신고 대상인 의원급 의료기관 개설의 경우 행정청이 법령에서 정하고 있는 요건 이외의 사유를 들어 신고 수리를 반려하는 것을 원칙적으로 배제함으로써 개설 주체가 신속하게 해당 의료기관을 개설할 수 있도록 하기 위함이라고 적시하고 있다.

신고와 관련하여 크게 상충하는 양측의 입장이 대립되고 있으며, 이러한 대립은 앞으로도 계속하여 진행될 것이다. 행정청의 입장에서는 신고라고 규정되어 있는 경우에도 어떻게 하든지 행정의 심사권을 확대하려는 시도를 할 것이다. 이러한 시도는 특히 행정입법을 함에 있어서

17) 학회에서의 토론에서는 대법원은 본 사안의 신고를 '수리를 요하는 신고'로 보고 있다는 견해도 주장되었으나, 사견으로는 대법원은 본 사안의 신고의 성질에 대해서 분명하게 판단한 것으로는 보이지 않는다. 왜냐하면 수리를 요하지 않는 신고라는 것이 적절치 않다는 표현으로부터 그 반면으로 수리를 요하는 신고라고 보기는 여전히 의문이 제기될 수 있기 때문이다.

- 또한 법률을 제정함에 있어서도 - 신고에 대해서도 수리라는 용어를 결부시키든지, 신고필증의 교부라는 내용이라든지, 신고를 반려할 수 있다는 표현 또는 신고시에 신고의 요건으로서 추상적인 공익개념을 포함시키려는 시도를 포함하리라고 보인다.[18] 신고인의 입장에서는 신고라는 제도를 통해서 얻을 수 있는 이익으로서 신속하고도 간편하게 원하는 행위로 나아갈 수 있는 것에 초점을 맞추어서 신고라는 제도는 허가와는 달리 원래적인 의미에 충실한 모습으로 존재하기를 바랄 것이다.

이러한 양자의 중간에 서 있는 법원은 과연 어떠한 판단을 하여야 하는가 라는 문제를 던지게 된다. 우리 판례는 신고제에 대해서 수리를 요하지 아니하는 신고 외에 수리를 요하는 신고제도를 긍정하고 있으며,[19] 신고제로 되어 있으나 법령의 내용을 검토한 결과 실질적 요건을 심사하여 신고의 수리를 거부할 수도 있거나 다른 법령에 따른 허가를 받아야 한다고 판시하고 있다.[20] 그런데 이처럼 판단을 하는 경우에는

18) 박재윤, 신고제와 제3자 보호, 행정판례연구 Vol. 24 No. 1, 한국행정판례연구회, 2019. 6, 60면 이하: 법률에서는 신고제만 규정하면서, 하위법령 차원에서 그 신고의 처리로서 수리와 관련된 조항이 있는 경우가 있다. 판례는 이러한 하위법령을 기준으로 법률에서 규정한 신고제를 수리를 요하는 신고로 보는 경우가 많다. 이러한 목적론적 해석은 하위법령을 통하여 법률의 취지를 변형시키는 것으로서, 행정의 개입근거라는 측면에서 허용되지 않는다고 보아야 할 것이다. 결국 법률에서 수리를 통한 명시적인 개입근거를 찾을 수 없다면 오히려 행정절차법의 원칙으로 돌아가 자기완결적 신고로 보는 것이, 신고제를 도입한 입법자의 의사에 부합하는 것이라고 생각한다.

19) 대법원 2000. 5. 26. 선고 99다37382 판결 [손해배상(기)] 개정 수산업법 제44조 소정의 어업의 신고는 행정청의 수리에 의하여 비로소 그 효과가 발생하는 이른바 '수리를 요하는 신고'라고 할 것이다.
대법원 2011. 1. 20. 선고 2010두14954 전원합의체 판결 [건축(신축)신고불가취소] 인·허가의제 효과를 수반하는 건축신고는 일반적인 건축신고와는 달리, 특별한 사정이 없는 한 행정청이 그 실체적 요건에 관한 심사를 한 후 수리하여야 하는 이른바 '수리를 요하는 신고'로 보는 것이 옳다.

20) 대법원 2009. 6. 11. 선고 2008두18021 판결[신고수리거부처분취소]: 구 골재채취법(2007. 5. 17. 법률 제8479호로 개정되기 전의 것, 이하 같다) 제32조 제1항에서

신고라는 제도가 본래의 도입된 이유와는 달리 신고인에게 간편하고 신속하게 원하는 행위로 나아가도록 하기 보다는 도리어 신고라는 제도를 앞에 두고 이것이 무슨 신고이지 라고 생각하며 머뭇거리게 되고 오히려 - 제도 탄생의 목적(目的)과는 다르게 - 절차의 지연을 가져오는 것은 아닌가 우려가 될 수 있다. 판례는 허가제와 병행하여 신고제를 규정하고 있는 경우에는 법령상 요건을 구비한 신고에 대해서는 수리를 하여야 한다고 판시하고 있기는 하지만, 이 역시 구별기준으로서 불명확한 것이고 또한 허가제와 병행되지 아니한 신고제도도 규정되어 있고, 신고제와 등록제를 규정한 경우도 있으며, 신고제와 허가제 사이에 등록제를 규정하는 경우도 있는 등 여러 가지 경우들이 존재하고 있다.[21]

'대통령령이 정하는 규모 이상의 골재를 선별·세척 또는 파쇄하고자 하는 자는 건설교통부령이 정하는 바에 의하여 관할 시장·군수 또는 구청장에게 신고하여야 한다'고 규정하고 있는바, … 신고 당시에 이미 그와 같은 사유가 있다면 신고단계에서 이를 심사하도록 함으로써 불필요한 행정력의 낭비 및 신청인의 불이익을 줄일 수 있다는 점 등에 비추어 보면, 시장·군수 또는 구청장은 골재선별·세척 또는 파쇄 신고에 대하여 실질적인 요건을 심사하여 신고를 수리하거나 거부할 수 있다고 할 것이다.

대법원 2003. 11. 14. 선고 2002두3379 판결 [토지형질변경불허가처분취소]: 구 농지법 제37조 제1항 의 규정에 의하여 농지전용신고만으로 농지전용이 가능한 경우에도 해당 농지가 구 도시계획법상 도시계획구역 안에 있는 이상 농지전용신고만으로 구 농지법 제37조 제1항 각 호에 규정된 시설을 설치할 수는 없고, 구 도시계획법 제4조 및 토지의형질변경등행위허가기준등에관한규칙(이하 '형질규칙'이라 한다) 제4조 에 의하여 시장 또는 군수로부터 별도로 토지형질변경허가를 받아야 한다.

21) 나선경/박민, "행정 관련법령상 등록과 신고의 개념적 유형화", 공법연구 제41집 제3호, 2013. 2, 350면 이하: 2013년을 기준으로 조문 제목에 신고가 들어간 조문은 3,102개, 등록이 들어간 조문은 3,797개, 허가가 들어간 조문은 2,228개다. 이를 법률 단위로 구분하면 모두 484개의 법률이었다. 신고 · 등록 · 허가가 어떠한 조합으로 규정되어 있는가에 따라 구별해 본 결과, 조문 제목에 신고 · 등록 · 허가가 모두 규율된 법률은 48개, 신고 · 등록만이 규율된 법률은 82개, 신고 · 허가만이 규율된 법률은 39개, 등록 · 허가만이 규율된 법률은 16개, 신고만 규율한 법률은 115개로 가장 많았고, 등록만 규율한 법률은 98개, 허가만 규율한 법률은 86개이다. 허가만 규율하고 있는 법률은 제외하였다.

이를 통해서 알 수 있는 점은 현재 우리나라의 법령으로부터 신고의 성격을 사전적으로 명확하게 규명하는 것은 불가능에 가깝고 그렇다면 무엇을 위해서 신고제는 존재하는가 하는 근원적인 물음을 던지지 않을 수 없다는 점을 지적할 수 있을 것이다.

법령에서 신고제를 규율함에 있어서 신고제의 본질에 대해서 깊은 고려가 없이 허가제가 있으니깐 이번에는 신고제나 등록제로 하기도 하고, 대상이나 규모가 크면 허가제로 하고 상대적으로 작은 것처럼 보이면 신고제로 하기도 하고, 때로는 규제 완화를 하라는 상부의 직무명령을 이행하기 위하여 허가제로 되어 있는 것을 신고제로 변경하기도 하는 등 일관성을 결여하고 있기 때문이다. 사견으로는 법원에서 신고제란 이런 것이어야 한다는 기본적 개념을 확정하고 향후 입법에 있어서나 행정의 운용에 있어서 이런 신고제를 상정하고 행동을 하도록 할 필요가 있지는 않는가 물음을 던지게 된다.

본 사안과 관련하여 판례에 대한 분석에 있어서 먼저 신고의 본질에 대해서 보다 분명한 이해가 필요하다고 사료된다. 신고라는 제도에 있어서 문제의 핵심은 신고인이 신고를 하는 경우에 행정청이 사전적 심사를 하여 수리를 거부할 수 있는가 여부이다. 본 사안인 의료기관 개설신고의 경우에 행정청은 신고를 수리를 요하는 신고로 보아 사전적인 심사를 하였고 그 결과 공익에 반한다고 보아 수리를 하지 아니하였다. 신고인의 입장에서는 신고제라는 것은 신고를 하면 의도하는 행위로 나아갈 수 있다는 제도인데 행정청은 왜 수리를 하려고 하는가 의문을 제기하게 된다. 수리를 하거나 수리를 거부하기 위해서는 신고에 대해서 사전적인 심사를 하는 것이 전제가 되는데, 그렇다면 신고제로 규정하지 말고 처음부터 사전적인 심사를 전제로 하는 허가제로 규율하였

2019년 11월 15일 현재를 기준으로 조문 제목에 신고가 들어간 조문은 3,542개, 등록이 들어간 조문은 4,812개, 허가가 들어간 조문은 3,084개다. 조문 내용에 신고가 포함된 조문은 28,856개, 등록은 33,260개, 허가는 23,669개에 이른다.

더라면 어떠하였을까 의문이 제기될 수도 있을 것이다.

그러므로 법령에서 신고를 한 연후에 의도하는 행위로 나아갈 수 있도록 규정하는 경우에 대해서는 사전적인 심사가 행해지지 아니하고 일응 신고를 하기만 하면 원하는 행위로 나아가는 제도로 볼 수는 없을까 하는 점이다. 물론 현재 다수의 입장은 신고에 대해서 수리 요부로 구분하면서 수리를 요하지 아니하는 신고에 대해서 법령에 규정된 형식적 요건에 대한 심사는 할 수 있으며 그러한 형식적 요건을 구비한 경우에는 수리를 거부할 수 없다는 입장이다. 아무튼 신고와 관련하여 그동안 학자들은 다양한 견해들을 피력하고 있는바, 이러한 견해들에 대해서 일견을 한 후, 신고라는 제도의 본질에 대해서 살펴보고서, 판례의 입장에 대해서 견해를 밝히고자 한다.

Ⅴ. 신고의 본질

A. 신고의 법적 성질에 기존의 논의

신고란 말 그대로 알릴 신(申) 말할 고(告)로서 사인이 행정청에게 일정한 사실을 알리는 행위라고 할 수 있으며, 신고를 하면 사인은 그로 인한 공법상의 효과를 향유할 수 있게 된다.[22] 현재적으로 우리 법령에서 규율하는 신고에 대해서 이를 수리를 요하지 아니하는 신고(자체완결적 신고)와 수리를 요하는 신고(행정요건적 신고)로 구분하면서 논의를 전개하고 있는데, 수리를 요하는 신고와 관련하여 등록과 허가와 같은 제도와 비교를 하면서 다양한 견해들이 주장되는바, 이에 대해서는

22) 강현호, 행위개시통제수단으로서의 건축신고에 대한 고찰, 행정판례연구 Vol. 17 No. 2, 한국행정판례연구회, 2012.12, 14면; 정하중, 행정법개론, 법문사, 2019, 107면.

홍강훈 교수의 논문에서 비교적 잘 정리하여 소개하고 있음을 지적하기로 한다.[23)]

신고제도와 관련하여 등록이나 허가와 비교하면서 다양한 의견들이 제시되고 있는데, 이러한 견해들은 크게 보아서는 결국 다음의 견해들로 압축된다고 볼 수 있을 것이다.

첫째, 신고는 본래 수리를 요하지 아니하는 신고로서 사전적으로 심사를 하지 아니한다는 견해이다.[24)] 신고 후에 사후적인 심사가 이루어진다고 본다.

둘째, 신고를 수리 요부에 따라 구분하면서, 수리를 요하지 아니하는 신고는 법령에 규정된 요건에 대해서 형식적인 심사를 한다는 견해이다.[25)] 수리를 요하는 신고는 요건에 대해서 실질적인 심사를 하는 점에서 허가와 동일시 된다.[26)]

셋째, 신고를 수리 요부에 따라 구분하면서 수리를 요하는 신고는 법령상 요건에 대해서 형식적 심사를 하고 그래서 등록과 동일시 할 수 있으며, 허가는 실질적 심사를 한다는 견해이다.[27)]

---

23) 홍강훈, 소위 자체완성적 신고와 수리를 요하는 신고의 구분가능성 및 신고제의 행정법 Dogmatik을 통한 해결론, 공법연구 제45집 제4호, 2017. 6, 96－100면.

24) 송동수, "행정법상 신고의 유형과 법적 효과", 토지공법연구 제60집, 2013. 2, 287면: 신고란 원래 사인의 공법행위로서 행정청에 대한 일방적 의사표시이며 따라서 그에 대한 행정청의 수리여부 등은 문제가 되지 않는 것이 원칙이다.

25) 송시강, "행정법상 신고의 법리의 재검토", 홍익법학 제13권 제4호, 2012. 12, 650면 이하;
류광해, "행정법상 신고의 요건과 심사범위", 인하대학교 법학연구 제16집 제1호, 2013.3, 49면;
윤기중, "수리를 요하는 신고의 독자성", 공법연구 제43집 제4호, 2015. 6, 200면.

26) 정하중, 행정법개론, 2017, 법문사, 101면 이하.

27) 홍준형, "사인의 공법행위로서 신고에 대한 고찰", 공법연구 제40집 제4호, 2012. 6, 336면 이하.
류광해, "행정법상 신고의 요건과 심사범위", 인하대학교 법학연구 제16집 제1호, 2013.3, 49면: 행정요건적 신고에서는 형식적 요건에 대한 기존 정보까지 포함한 심사와 관련 법령상의 실질적 요건에 대한 기존 정보까지 포함한 심사, 즉 소극적·

넷째, 신고의 유형을 정보제공적 신고와 금지해제적 신고로 구분하는 전제하에, 수리를 요하지 아니하는 신고는 형식적 심사를 하고, 수리를 요하는 신고는 실질적 심사를 하는 점에서 허가와 동일하다고 보는 견해 등이 있다.[28]

그런데, 이러한 주장들에는 신고의 본질에 대한 고려가 생략된 채 논의가 진행되고 있음으로 인하여 다양한 견해들이 주장되지만 여전히 많은 의문점들을 남기고 있으며, 신고제에 대한 논의가 진행 될수록 더욱 더 미궁(迷宮)으로 빠져 들어가는 느낌을 지울 수가 없다.

다음에 서술하는 저자의 신고에 대한 고찰이 또 하나의 견해를 제시하는 것일 수도 있다는 생각을 하면서도, 다른 한편으로는 신고라는 제도의 본질(本質)에 대해서 - 다소 무모한 듯 해 보이기도 하지만 - 접근해야 보다 근원적인 해결책을 도출할 수도 있지 않을까 하는 물음으로 논의를 전개해 본다.

수동적인 정보에 의한 근거법령과 관련 법령의 실질적 요건에 대한 심사까지만 허용되고, 적극적인 실사를 통한 심사나 이익형량이나 공익성 심사는 허용되지 아니한다고 보는 것이 비교적 적절하다고 생각된다라고 하며, 허가에서 비로소 적극적 실사를 통한 심사나 이익형량이나 공익성 심사가 가능하다고 주장하고 있다.
정훈, 공법상 신고의 법적 성질과 현실에서의 의미, 동아법학 제58호, 191면: 신고와 유사한 것으로 등록이라는 제도가 존재하는데, 신고는 주로 사람의 행위를 통제하는 것이라면, 등록은 일정한 물건(자동차), 시설(공장), 업태(자동차운송사업) 또는 자격(사업자 등록, 면허등록 등)에 대한 실태를 공부에 등재하는 것이라고 보인다.

28) 김중권, "건축법상의 건축신고의 문제점에 관한 소고", 저스티스, 제34권 제3호, 2001. 6, 161면: 신고의 형식적 요건과 관련해선, 행정청의 심사의무가 성립한다. 그리고 그 밖의 공법규정과의 위배 역시 허가제처럼 심사의무가 성립하진 않지만, 심사가능성을 전혀 배제할 순 없다(이른바 심사선택, Prüfoption).

B. 신고의 본질에 대한 고찰

1. 신고의 분류

신고에 대해서 각자의 입장에서 바라볼 때 다양한 견해들이 주장될 수 있을 것이지만 이러한 견해들은 신고의 본질을 도외시하고 논의를 전개하므로 다양한 논의에도 불구하고 나아갈 방향을 명확하게 제시하지 못하고 있는 것은 아닌가 사료된다. 그러므로 신고라는 제도가 무엇을 의미하는가, 즉 그 본질(本質)은 무엇인가로부터 출발하여야 하지 않을까 한다. 신고에 대해서 고찰하기 위해서는 먼저 신고에 대한 조감(鳥瞰)이 필요한데, 신고제를 조감하면 크게 정보제공적 신고와 행위개시통제적 신고로 구분할 수 있다.

a) 정보제공적 신고

신고에 있어서 아무런 법적 의무가 없음에도 자발적으로 알리는 경우도 있을 것이지만, 이러한 행위는 법적으로는 커다란 의미가 없을 것이다. 그렇다면 알리는 것이 법적으로 의무 지워져 있어서 알리는 경우가 있다. 이는 행정청이 어떠한 분야에 대해서 - 국민의 행위를 직접적으로 통제할 목적이 아니라 - 단지 정보를 획득하기 위해서 신고의무를 국민에게 부과한 경우이다. 대표적으로 부동산 거래 신고, 건축물의 착공신고, 사업 내용의 변동신고 등을 들 수 있다. 그렇지만, 이러한 신고라고 하여도 국민의 사생활에 대한 것이나 영업의 비밀과 관련된 것이나 기본권의 핵심 내용에 대한 것을 신고하도록 하는 경우에는 비례의 원칙 등에 따른 헌법적 제한이 따르게 될 것이다.[29] 이러한 종류의 신고를 행정청에게 행정을 수행하기 위하여 필요한 정보를 국민이 제공하여야 하는 의무를 이행하는 정보제공적 신고라고 할 수 있을 것이다.

29) 김중권, 행정법기본연구 I, 법문사, 2008, 124면; 박균성/윤기중, 행정규제완화수단으로서의 신고에 관한 연구, 경희법학 제49권 제1호, 2014, 134면 이하.

이러한 정보제공적 신고는 앞에서 말한 헌법적 한계의 문제 외에는 커다란 문제를 야기하지는 아니할 것으로 사료된다. 우리 행정절차법 제40조에서 신고에 대해서 규정을 두고 있는데 동 규정도 바로 정보제공적 신고에 대한 규정으로 볼 수 있을 것이다.[30] 동조 제1항에서는 "법령등에서 행정청에 대하여 일정한 사항을 통지함으로써 의무가 끝나는 신고를 규정하고 있는 경우"라고 하여 정보제공적 신고에 대해서 규율하고 있다고 사료된다.[31]

---

30) 참조: 일본 行政手續法 第37条 (届出) 届出が届出書の記載事項に不備がないこと、届出書に必要な書類が添付されていることその他の法令に定められた届出の形式上の要件に適合している場合は、当該届出が法令により当該届出の提出先とされている機関の事務所に到達したときに、当該届出をすべき手続上の義務が履行されたものとする(제37조 신고가 신고서의 기재 사항에 어떠한 문제도 없고, 신고서에 필요한 서류가 첨부되어 있으며 그 밖의 법령에서 정한 신고의 형식상의 요건에 부합하는 경우에는 당해 신고가 법령 의해 해당 신고의 제출처로 되어 있는 기관의 사무소에 도달했을 때, 해당 신고를 해야 하는 절차상 의무가 이행된 것으로 본다)。

31) 오준근, 행정절차법, 삼지원, 1998, 440면;
김명길, 신고의 유형에 관한 논고, 법학연구 47권 1호(55호), 2006/08, 124면: 행정절차법 제40조 제1항은 다만 의무적인 신고만을 규정하고 있을 뿐이다. 따라서 의무적인 신고가 아닌 임의적 신고는 동법의 규율대상이 아니다.
홍강훈, 소위 자체완성적 신고와 수리를 요하는 신고의 구분가능성 및 신고제의 행정법 Dogmatik을 통한 해결론, 공법연구 제45집 제4호, 2017. 6, 117면: 홍강훈 교수는 동 조항의 해석과 관련하여 "행정절차법 제40조 제1항이 말하는 '법령등에서 행정청에 일정한 사항을 통지함으로써 의무가 끝나는 신고를 규정하고 있는 경우'라는 것은, 실은 신고의무를 규정하는 법령의 그 법률효과부분이 기속행위로 규정되어 있는 경우를 말한다. 왜냐하면 기속행위의 경우는 법이 정한 일정한 사항 즉 법정요건만을 충족하여 통지하면 신고자의 신고의무는 끝나게 되지만, 재량행위라면 법정요건뿐만 아니라 공·사익을 고려한 새로운 이익형량의 요건이 추가되기 때문에 법정요건충족의 통지만으로 신고자의 신고의무가 끝났다고 단언할 수 없기 때문이다."라고 주장하여 행위개시통제적 신고도 포함시키는데, 이러한 견해는 법령의 문언적 해석을 넘는다는 것과 이러한 견해를 취하더라도 신고인의 입장에서 기속행위인지 재량행위인지의 구분이 명확하지 아니한 문제가 있어서, 신고제도가 존재하는 본질인 신고인이 원하는 행위로 나아갈 수 있는 지 여부가 불분명한 문제가 상존하게 되는 것이 동 견해의 한계로 지적될 수 있을 것이다.

b) 행위개시통제적 신고

신고에는 이러한 정보제공적 신고 외에도 행위개시통제적 신고가 존재한다.[32] 어떠한 의미에서는 모든 행위개시통제적 신고는 정보제공적 신고의 의미도 지니고 있다고 사료된다. 그렇다면 행위개시통제적 신고는 정보제공적 신고의 부분집합으로 자리매김하게 된다. 행위개시통제적 신고는 국민이 어떠한 행위로 - 예를 들면 건축행위나 영업행위 또는 의료행위 등으로 - 나아가려고 하는 경우에 신고를 한 연후에 이러한 행위로 나아가도록 하는 경우이다.

신고의 본질이 문제가 되는 것은 정보제공적 신고의 경우가 아니라, 신고를 한 후에 신고인이 원하는 행위로 나아가도록 하는 행위개시통제적 신고의 경우라고 할 것이다.

2. 행위개시통제적 신고의 본질

본 사안에서의 신고는 신고라는 행위에 행위개시의 통제를 결부시키는 행위개시통제적 신고에 대한 것으로서, 의료인이 의료업을 영위하기 위하여 의료기관의 개설신고를 하는 것이 필요하다. 의료기관 개설신고를 의료업의 영위와 결부시켜 놓은 점에서 본 사안의 신고는 행위개시를 통제하는 신고로 볼 수 있다. 여기서 행위란 주로 국민이 행동의 자유나 직업의 자유 등 기본권의 향유를 위해서 특정의 행위를 영위하고자 하는 경우를 말하는데, 이러한 행위의 개시(開始)에 대해서 국가는 공익상의 이유로 통제를 하는 경우가 있다. 국민의 기본권 행사를 통제하는 경우에, 일응 무통제, 약한 통제, 강한 통제 그리고 아주 강한 통제로 구분할 수 있을 것이다. 음식을 조리하는 행위, 아주 사소한 건축물의 보존 내지 수선행위 등은 특별한 예외적 경우를 제외하고는 통

---

32) 류광해, "행정법상 신고의 요건과 심사범위", 인하대학교 법학연구 제16집 제1호, 2013.3, 36면.

제를 하지 아니하고 있다. 다음으로는 약한 통제로서 신고를 하고 행위를 개시하도록 하는 경우이다. 그 다음으로는 예방적 금지를 한 행위를 허가를 통해서 개시할 수 있도록 하는 것이고, 가장 강한 통제로는 억제적 금지를 한 행위에 대해서 예외적으로 승인을 통해서 개시할 수 있도록 하는 예외적 승인(Ausnahmebewilligung)이라고 할 수 있다.[33]

여기서 약한 통제수단으로서의 행위개시통제적 신고는 행정절차의 간소화를 통한 국민의 기본권 향유의 원활화 및 행정 부담의 경감 차원에서 도입하는 제도로서 - 사견으로는 - 다음과 같은 특징을 지니는 것이다.

첫째, 신고를 하고서 원하는 행위로 나아가는 경우에 사전적인 통제를 하지 아니한다. 신고는 허가가 아니므로 신고인은 신고를 하기만 하면 행정청의 신고에 대한 수리가 없이도 즉 신고서가 행정청에 도달되기만 하면 원하는 행위로 나아갈 수 있다.[34]

둘째, 신고인이 신고를 하여야 할 사항들을 제시하고, 신고시에 제출하도록 한다. 행위개시통제적 신고에 있어서 신고라는 것은 사전에 신고를 하여야 할 요건만 제시하고 있다.[35] 국민은 스스로 판단해서 제

---

33) Maurer, Hartmut/Waldhoff, Christian, Allg. VerwR., 19. Aufl. 2017, Rn. 52: 마우러 교수는 허가유보부 예방적 금지를 통제허가(Kontrollerlaubnis)라고 하면서 이를 예외적 승인과 구별되기는 하지만, 항상 분명하게 구별되는 것은 아니라고 한다. Reinhardt, Michael, Das wasserrechtliche Bewirtschaftungsermessen im ökologischen Gewässerschutzrecht, NVwZ 2017, S. 1003: 면제를 유보한 억제적 금지가 국민의 행위에 대한 강력한 제한을 의미한다. 특정의 행위가 법적으로 금지되고 단지 예외적으로만 제한된 범위에서 허용되는 경우이다. 이에 반하여 허가를 유보한 예방적 금지는 기본적으로 허용되고 기본법적으로 보호되는 행위에 대해서 적용법규범과의 부합여부를 보장한다(통제허가). 더 완화된 것은 사후적 교정적 개입을 유보한 신고이다.

34) Vollzugshilfe Anzeige- und Erlaubnisverfahren nach §§ 53 und 54 KrWG und AbfAEV, Rn. 86: Die Anzeige ist keine Erlaubnis, so dass der Antragsteller auch ohne Bestätigung der Behörde mit der jeweiligen Tätigkeit beginnen kann. (Vgl. allerdings den Bußgeldtatbestand des § 69 Absatz 2 Nummer 1 KrWG).

35) 김중권, 정보제공적 신고로서의 집회신고의 공법적 의의에 관한 소고, 안암법학

시된 요건을 구비한 신고를 한 연후에는 원하는 행위로 나아갈 수 있다. 신고인이 신고를 통해서 원하는 행위로 나아가기 위해서 신고를 하는 경우에, 신고제는 신고인에게 기본권의 향유라는 가치를 우선하는 것이므로 사전적으로 통제를 하여 행위를 금지하려는 의도는 없다. 신고라는 제도는 행위로 나아감에 있어서 국민에게 신속하게 나아갈 수 있도록 배려하는 것이고, 행정청에게는 제출된 서류에 대해서 심사의무를 경감시켜 주는 기능을 한다.[36]

셋째, 신고가 접수된 후에 행정청은 사후적인 통제를 한다.[37] 행정청은 신고의 요건의 구비여부에 대해서 사후적으로 심사가 가능하다. 행정청은 사후심사를 통해서 요건 미비에 대해서 상응하는 조치를 취할

제43호(2014), 안암법학회, 85면: 수리 그 자체가 관련법관계의 형성을 좌우한다면, 그것은 본연의 신고제가 아니라, 변형된 허가제이다. 수리에 비중을 두는 한, 결코 그것은 신고제가 될 수 없다.

36) Schmidt, Rolf, Öffentliches Baurecht, Verlag RS, 2015, Rn. 351; https://www.help.gv.at/Portal.Node/hlpd/public/content/232/Seite.2320624.html: Die beabsichtigte Ausübung eines Gewerbes muss bei der Gewerbebehörde, die für den Gewerbestandort örtlich zuständig ist, angemeldet werden. Grundsätzlich kann das Gewerbe sofort nach Anmeldung ausgeübt werden.

37) 김중권, "건축법상의 건축신고의 문제점에 관한 소고", 저스티스, 제34권 제3호, 2001. 6 160면 이하.

참조: 김중권, 행정법기본연구 I, 법문사, 2008, 120면, 129면: 사실 신고(제)에 대한 오해의 출발은 행정청의 심사를 완전히 배제시킨데서 비롯되었다. 신고유보부 예방적 금지의 경우, 개시통제(심사)를 허가를 통해서 행정청이 행한다는 것이 아니라 사인 스스로가 행한다는 것이지, 결코 행정청의 심사를 배제하는 취지가 아니다.

박재윤, 신고제와 제3자 보호, 행정판례연구 Vol. 24 No. 1, 한국행정판례연구회, 2019. 6, 72면: 본고에서 제시된 신고제에 있어서 제3자 보호의 문제는 입법자의 의사에 따라 자기완결적 신고로 규정하여 사전적인 규제는 다소 후퇴하더라도, 적절한 시기에 관련규정에 대한 해석을 통하여 행정이 개입할 수 있는 근거를 마련하고, 또 사인간의 분쟁으로서 사인간의 합의 등을 통하여 해결할 수 있는 부분에 대하여는 행정이 개입을 유예할 수 있는 여지도 마련할 수 있는 적절한 방안이라고 생각한다.

Schmidt, Rolf, Öffentliches Baurecht, Verlag RS, 2015, Rn. 120.

수 있다. 다만, 단순한 신고의무의 위반의 경우에는 질서위반행위로서나 또는 벌칙을 부과하는 것이 원칙이고, 행위의 금지까지 나아갈 수는 없을 것이다.[38)]

신고인이 법령에서 제시하고 있는 기재사항이나 구비서류가 구비되어 있는지 여부를 확인하고, 미비된 경우에는 보완을 명한다. 특히, 신고제가 행정청의 부담경감을 위해서 도입된 것이므로 행정청이 비교적 쉽게 인지할 수 있는 하자에 대해서는 즉각적으로 보완을 명하게 될 것이다. 행정청이 하자를 인지하지 못하여 오랜 시간이 경과한 경우에 행정청이 취할 수 있는 조치는 보완 내지 시정명령이나 영업의 중지 또는 벌칙 등 여러 가지 요소들을 고려하여 할 수 있을 것이다.[39)] 물론 이 경우에 이미 진행된 행위의 결과에 대해서 신뢰이익을 고려하여 처리를 하여야 할 것이다. 즉, 신고라는 것은 국민이 원하는 어떤 행위와 관련하여 행정청에게 통지만 하면 아무런 사전적 심사를 하지 아니하고 행위개시로 나아갈 수 있도록 하는 체제인 것이다. 그러므로, 신고에서는 일단 스스로 판단하여 요건을 구비하여 알리기만 하면 신고는 이루어진 것이고 따라서 신고는 완전하게 효력을 발하는 것으로 볼 수 있는 것이다.[40)]

이러한 신고제도를 전제로 할 때 그렇다면 신고요건을 충족하지

---

38) Ehlers in Erichsen, Hans-Uwe / Ehlers, Dirk (Hg.), Allgemeines Verwaltungsrecht, 12. Aufl., 2002, § 1 Rn. 37.

39) Maurer, Hartmut, Allgemeines Verwaltungsrecht, 18. Aufl. 2011, S. 603: Anzeigevorbehalt: Bestimmte Beschlüsse oder Vorhaben müssen der Aufsichtsbehörde angezeigt werden, die dann, wenn sie eine Rechtsverletzung feststellt, mit den repressiven Aufsichtsmitteln einschreiten kann(§23 Rn. 20a). Schmidt, Rolf, Öffentliches Baurecht, Verlag RS, 2015, Rn. 120.

40) 참조: 최계영, 건축신고와 인·허가의제, 행정법연구 제25호, 2009/12, 182면: "실체적 요건을 갖추지 못하였으나 행정청이 수리한 경우"를 상정하면서, 이에 대해서는 신고의 효력이 발생하는 지에 관해서 명시적 판단이 내려진 바가 없다고 하면서, 행정청이 수리한 이상 시민으로서는 적법한 신고를 한 것이라고 신뢰를 할 수 밖에 없을 것이므로, 신고의 효력이 발생한다고 한다.

못하는 신고서류를 제출하고서 행위로 나아간 경우에는 어떻게 하는가? 신고 후에 그 즉시로 행위로 나아가는 경우에 제3자에 대한 불이익이 발생할 위험은 없는가? 라는 의문이 제기될 수 있을 것이다. 그렇다면 만약 입법자가 신고라는 제도를 설계할 때 - 이러한 신고의 본질을 고려하는 경우에는 독일의 입법례에서 볼 수 있듯이 대기기간을 설정하는 등 - 이에 대해서 요청되는 규정을 함께 둘 수 있을 것이다. 신고라는 제도를 둘러싼 법적 체제를 구축하기 위해서는 신고의 본질에 대해서 일단 전제가 되어야만 하는 것이다. 이러한 전제가 없이 신고제를 규율하는 경우에는 임기응변식의 신고제로 나아가게 되고 입법에 있어서나 행정의 집행에 있어서 혼란을 야기하게 되고 그 결과 국민에게 절차의 간소화를 통한 기본권의 신속한 향유라는 가치를 부여할 수 없게 될 것이다.

3. 수리를 요하는 신고의 문제

사실 신고제는 바로 행위개시통제를 완화하기 위한 제도임에도, 우리 판례는 형용모순이라고 할 수 있는 '수리를 요하는 신고'라는 이물질(Aliud)을 만들어 내었다.[41] 왜 이러한 이상한 신고가 탄생하게 되었는

41) 대법원 2000. 5. 26. 선고 99다37382 판결 [손해배상(기)] 어업의 신고에 관하여 유효기간을 설정하면서 그 기산점을 '수리한 날'로 규정하고, 나아가 필요한 경우에는 그 유효기간을 단축할 수 있도록까지 하고 있는 개정 수산업법 제44조 제2항의 규정 취지 및 어업의 신고를 한 자가 공익상 필요에 의하여 한 행정청의 조치에 위반한 경우에 어업의 신고를 수리한 때에 교부한 어업신고필증을 회수하도록 하고 있는 구 수산업법시행령(1996. 12. 31. 대통령령 제15241호로 개정되기 전의 것) 제33조 제1항의 규정 취지에 비추어 보면, 개정 수산업법 제44조 소정의 어업의 신고는 행정청의 수리에 의하여 비로소 그 효과가 발생하는 이른바 '수리를 요하는 신고'라고 할 것이다. 따라서 설사 관할관청이 원고들 중 일부의 어업 신고를 수리하면서 이 사건 공유수면매립구역을 조업구역에서 제외한 것이 위법하다고 하더라도, 그 제외된 구역에 관하여 관할관청의 적법한 수리가 없었던 것이 분명한 이상 그 구역에 관하여는 개정 수산업법 제44조 소정의 적법한 어업 신고가 있는 것으로 볼 수 없다고 할 것이다. 이 점도 아울러 지적해두고자 한다.

가에 대해서 생각을 해 보니, 혹시 우리 판례는 행정법적인 사고에 대해서 커다란 숙고가 부족하였던 것은 아닌가 생각해 보게 되었다.[42] 민사법적인 사고와 행정법적인 사고는 다른데 - 사견으로는 - 그 다른 점

대법원 2011. 1. 20. 선고 2010두14954 전원합의체 판결 [건축(신축)신고불가취소] 인·허가의제 효과를 수반하는 건축신고는 일반적인 건축신고와는 달리, 특별한 사정이 없는 한 행정청이 그 실체적 요건에 관한 심사를 한 후 수리하여야 하는 이른바 '수리를 요하는 신고'로 보는 것이 옳다.

사견: 신고의 본질에 비추어 볼 때, 신고를 한 연후에 건축으로 나아갈 수 있도록 하는 건축신고에 인·허가 의제효과를 부여한다는 것은 넌센스이며, 신고의 본질에 대해서 정확한 이해가 없는 상태에서 법령을 제정하다보니 온갖 종류의 무질서가 난무하게 된 것은 아닌가 물음을 제기하게 된다.

동지, 홍강훈, 신고제의 행정법 Dogmatik을 통한 해결론 에 근거한 신고관련 중요 법령과 관련판례의 실증적 연구 (상) - 체육시설의 설치·이용에 관한 법률과 건축법을 중심으로 -", 공법연구 제46집 제1호, 2017. 10, 228면: 모든 혼란과 문제의 원인은 어디에 있을까? 세계에서 유일하게 실정법상의 '신고' 또는 '등록'이라는 용어등에 착안하여, 법해석과 이론을 통해 우리나라가 독자적으로 창안한 자체완성적 신고, 수리를 요하는 신고라는 독자적 규제완화수단에 그 원인이 있는 것으로 생각된다.

송동수, 행정법상 신고의 유형과 법적 효과, 토지공법연구 제60집, 2013. 2, 305면: 신고의 경우처럼 법이론의 혼란을 가중시키는 용어의 선택과 분명치 않은 입법태도는 궁극적으로 법치주의를 형해화 시킨다는 점을 명심하여야 할 것이다.

정남철, 건축신고와 인인보호 : 독일 건축법제와의 비교법적 고찰을 겸하여, 법조 통권645호, 2010/06, 262면: 신고의 '수리' 유무에 의한 신고의 유형구분은 그 기준이 대단히 모호하고, 결국 법원의 해석에 달려 있다. 이와 같이 신고의 유형에 관한 구분은 이론적으로나 실무적으로 혼란만 초래하고 있는 것으로 보인다.

42) 김중권, 정보제공적 신고로서의 집회신고의 공법적 의의에 관한 소고, 안암법학 제43호(2014), 안암법학회, 85면: <u>수리를 요하는 신고와 같은 명실불부(名實不副)한 법제도는, 일반인은 물론 전문가조차도 그것의 존재를 쉽게 이해할 수 없거니와, 그 해당성 여부가 전적으로 판례에 맡겨져 있다는 것은 다른 차원의 규제장벽인 동시에 법치국가원리적 문제이다.</u>

정훈, 공법상 신고의 법적 성질과 현실에서의 의미, 동아법학 제58호, 210면: <u>신고를 이른바 자체 완성적 신고와 수리를 요하는 신고로 구분하는 것은 구별의 불명확함과 더불어 실정법의 규율현황과도 맞지 않다. 따라서 기왕에 규제완화 차원에서 허가를 신고로 전환한 것이라면, 신고에 대해 행정청의 실질적인 심사 없이 신고서가 도달한 경우에 신고의무를 다한 것으로 하고, 신고 대상행위의 성질상 행정청의 심사가 필수적인 것이라면 허가로 하는 것이 타당하다.</u>

은 목적의 측면에서 사익을 추구하는가와 공익을 추구하는가 라는 점, 법규범을 바라봄에 있어서 재판규범성의 측면과 행위규범성의 측면, 분쟁해결에 있어서 개별적 타당성을 중요시 여기는가 아니면 보다 체계적 정당성을 중요시 여기는가, 과연 법원은 문제의 해결에 어디까지 관여할 수 있는가 하는 자세 등으로부터 유래하지 않는가 사료된다. 민사법은 당사자의 자치가 원칙이고 분쟁의 해결 역시 당사자의 의사에 맡기는 것이 원칙이므로, 당사자의 자유로운 의사를 전제로 민사법원의 역할 역시 가능한 한 당사자의 분쟁에 개입하지 않고자 하는 측면이 부각되고, 어쩔 수 없이 법원으로 문제가 넘어 온 경우에 법원은 이를 당사자 사이에서의 개별적인 타당성의 측면에서 문제해결에 치중하게 된다. 즉 당해 사안에 한정된 문제해결이라는 것에 초점을 맞추고 있는 것이다.

그러나 행정법적 사고는 민사법적인 사고와는 다른 접근이 필요하다고 사료된다. 이러한 사고의 차이는 프랑스 관할쟁의재판소의 블랑코 판결에서 이미 그 단초를 찾을 수 있는바, 행정법은 사익을 중심으로 하기보다는 국가와 사회의 정의로운 운영이라는 공익적 가치를 보다 중심에 놓으면서 전개되는 것으로서, 분쟁을 바라보는 시각에 있어서도 당사자간의 분쟁의 해결에 치중하기 보다는 결국 그러한 분쟁의 발생원인으로부터 시작하여 분쟁이 국가와 사회에 어떠한 영향을 미치는가에 보다 더 큰 가치를 부여하여야 하는 것은 아닌가 사료된다. 행정법적 사고는 보다 크고 넓고 체계적인 사고로서 국가와 사회 전체를 조망하면서 하나의 효율적인 작동체계를 형성하여 나가는 것이라고 할 수 있을 것이다. 국가와 사회의 정의롭고도 효율적인 작동은 결국 행정법적 체제의 형성으로부터 시작되고 종결된다고 볼 수 있는데, 행정법적 체제의 형성은 행정권이 주축이 되고 행정권에게 권한을 부여하는 법규범이 주도하는 행정법 관계에서의 국가와 사회 그리고 시민을 향도하는 체제라고 할 수 있을 것이다. 국가와 시민을 향도할 수 있는 행정법체제는 법치국가원칙과 연관하여 구축되어야 하는바, 법치국가라고 부르는 경우에 있어서의 법은 원칙적으로는 행정법을 중심에 두어야만 하는 것이다. 법치국가의 핵심기제로서의 행정법은 법치국가의 핵심요소를 반영하여야 하는데, 그것은 바로 예견가능성과 법적 안정성이다.[43] 법치국가에서의 행정법체제는 예견가능성과 법적 안정성이라는 관점에서 유지가 가능하여야 한다. 이것은 바로 행정의 입장에서 뿐만 아니라 국민의 입장에서도 그러하여야 한다.[44] 그러므로 행정법적 사고 하에서는 어떤 사안을 판단함에 있어서 법원이 이런 이런 사정을 다 고려하여 판단하여 보니, 이런 경우에는 이렇게 보아야 한다는 것이 전제되는 법적 체제는 법치국가의 원칙에 비추어 볼 때 존립근거가 박약하다고 보아야 한다.[45] 왜냐하면 예견가능성과 법적 안정성이 부족하기 때문이다. 그

43) BVerfG, 01.07.1953 – 1 BvL 23/51: Das Rechtsstaatsprinzip enthält als wesentlichen Bestandteil die Gewährleistung der Rechtssicherheit.

44) 나선경/박민, 행정 관련법령상 등록과 신고의 개념적 유형화, 공법연구 제41집 제3호, 2013. 2, 361면: 개별법령에 산재해 있는 신고·등록·허가를 규제의 정도에 따라 명확하게 구분하여 사용할 필요가 있다. 이를 위하여 신고와 등록을 확실한 구분 없이 사용하는 법령은 개정되어야 한다. 이를 통하여 해당 법령의 적용을 받는 국민들에게 예측가능성을 부여하고 법치행정의 원칙이 공고해질 수 있다.
대법원 2011. 1. 20. 선고 2010두14954 전원합의체 판결 [건축(신축)신고불가취소] 반대의견: 여러 기본적인 법원칙의 근간 및 신고제의 본질과 취지를 훼손하지 아니하는 한도 내에서 건축법 제14조 제2항에 의하여 인·허가가 의제되는 건축신고의 범위 등을 합리적인 내용으로 개정하는 입법적 해결책을 통하여 현행 건축법에 규정된 건축신고 제도의 문제점 및 부작용을 해소하는 것은 별론으로 하더라도, '건축법상 신고사항에 관하여 건축을 하고자 하는 자가 적법한 요건을 갖춘 신고만 하면 건축을 할 수 있고, 행정청의 수리 등 별단의 조처를 기다릴 필요는 없다'는 대법원의 종래 견해(대법원 1968. 4. 30. 선고 68누12 판결, 대법원 1990. 6. 12. 선고 90누2468 판결, 대법원 1999. 4. 27. 선고 97누6780 판결, 대법원 2004. 9. 3. 선고 2004도3908 판결 등 참조)를 인·허가가 의제되는 건축신고의 경우에도 그대로 유지하는 편이 보다 합리적인 선택이라고 여겨진다.

45) 홍강훈, 신고제의 행정법 Dogmatik을 통한 해결론 에 근거한 신고관련 중요법령과 관련판례의 실증적 연구 (상) - 체육시설의 설치·이용에 관한 법률과 건축법을 중심으로 -, 공법연구 제46집 제1호, 2017. 10, 230면: 홍강훈 교수는 우리 실정법상 신고라는 용어가 사용된 규제를 특정한 기준을 사용하여 '사전'에 자체완성적 신

러므로 법치국가의 원칙의 지배 하에서는 신고와 관련된 행정사건의 처리에 있어서 민사법적인 차원에서의 논리, 즉 구체적인 사안에서 타당성을 주안점으로 하여 판단하는 것을 탈피하여, 행정법적 사고에 터잡아 바라보아야 하는 것은 아닌가 사료된다. 예측가능성과 법적 안정성의 관점으로부터 신고를 바라볼 때, 법령에 규정되어 있는 신고에 대해서 국민이 보아서 그러한 행위개시통제적 신고가 무엇을 어떻게 하여야 하는 지를 안정적으로 예측할 수 있도록 법원이 판단을 하여야 한다는 점이다. 이러한 관점에서 가장 먼저 제거되어야 하는 것이 바로 신고를 수리를 요하는 신고와 수리를 요하지 아니하는 신고로 구분하는 것이다. 법령에 신고라는 행위개시통제 제도가 도입되어 있는데 이러한 신고에 대해서 - 개별적 타당성을 기할 목적으로 이런 저런 사정들을 다 고려한 후에 - 그것은 수리를 요하는 신고라고 한다면, 국민의 입장에서는 그 법령에 규정된 신고를 보고 그것이 어떤 신고인지 예측하기 어렵기 때문이다. 법원은 신고를 규정한 법령을 선해하여 어떻게 어떻게 해석하여 이런 저런 경우에는 이렇게 보아야 한다고 하면서 법원 편에서의 타당한 결론을 도출하려고 시도하지만, 그 결과는 - 더구나 법령의 빈번한 개정으로 인하여 - 국민에게나 행정청에게도 예측가능성이나 법적 안정성을 부여하기 어렵고 혼란만 야기하지는 않을까 우려가 제기될 수 있을 것이다.[46)]

고 또는 수리를 요하는 신고로 구분한다는 것도 원천적으로 불가능하다고 적시하고 있다.

46) 홍강훈, " 신고제의 행정법 Dogmatik을 통한 해결론 에 근거한 신고관련 중요법령과 관련판례의 실증적 연구 (하) - 의료법·수산업법·축산물위생관리법·평생교육법·공중위생관리법을 중심으로 -", 공법연구 제47집 제1호, 2018. 10, 234면: 대법원은 이러한 논란을 촉발시킨 당사자이지만 오히려 모순된 판례를 양산함으로써 혼란을 가중시키고 있다.

김남철, 행정법상 신고의 법리, 경원법학 제3권 제3호, 2010.11, 133면: 이러한 의미에서 김남철 교수도 "<u>종래 수리를 요하는 신고는 실제로 허가와 구분되기 어려운 점이 있으므로, 이 가운데 허가와 같이 금지의 필요가 있는 경우는 허가로 전</u>

C. 독일에서의 신고제

독일에서도 신고제도가 운영되고 있는바, 일단 우리나라보다 신고를 하고서 원하는 행위로 나아가도록 하는 행위개시통제적 신고는 앞에서 본 신고의 본질에 따라서 대단히 구체적이고 자세하게 규정되어 있는 것으로 사료된다.[47] 독일에서 신고는 알리기만 하고서 원하는 행위

환하여야 한다"고 주장하고 있다.

나선경/박민, "행정 관련법령상 등록과 신고의 개념적 유형화", 공법연구 제41집 제3호, 2013. 2, 360면 이하: 저자들은 "대법원의 판례는 본래적 의미의 신고를 무의미하게 만들고 있다. 등록도 명확한 정의 없이 사용되고 있으며, 학설과 판례도 통일되어 있지 않아 예측가능성이나 명확성의 원칙을 해하고 있다. … 법적 성격과 규제의 정도에 따라 신고·등록·허가를 구분한다면, 규제의 정도가 가장 강한 것이 허가이며, 중간 단계의 규제는 등록, 가장 낮은 단계의 규제는 신고로 정리되어야 하고, 신고는 자기완결적 신고만을 의미하는 것으로 해석하여야 한다"고 주장하고 있다.

47) 박재윤, 신고제와 제3자 보호, 행정판례연구 Vol. 24 No. 1, 한국행정판례연구회, 2019. 6. 49면 이하: 박재윤 교수도 독일에서의 신고제도에 대해서 잘 정리하고 있다. Landesbauordnung für Baden-Württemberg (LBO) in der Fassung vom 5. März 2010: § 51 Kenntnisgabeverfahren (1) Das Kenntnisgabeverfahren kann durchgeführt werden bei der Errichtung von 1. Wohngebäuden, 2. sonstigen Gebäuden der Gebäudeklassen 1 bis 3, ausgenommen Gaststätten, 3. sonstigen baulichen Anlagen, die keine Gebäude sind, 4. Nebengebäuden und Nebenanlagen zu Bauvorhaben nach den Nummern 1 bis 3, 5. ausgenommen Sonderbauten, soweit die Vorhaben nicht bereits nach § 50 verfahrensfrei sind und die Voraussetzungen des Absatzes 2 vorliegen. Satz 1 gilt nicht für die Errichtung von 1. einem oder mehreren Gebäuden, wenn die Größe der dem Wohnen dienenden Nutzungseinheiten insgesamt mehr als 5.000 m2 Brutto-Grundfläche beträgt, und 2. baulichen Anlagen, die öffentlich zugänglich sind, wenn dadurch erstmals oder zusätzlich die gleichzeitige Nutzung durch mehr als 100 Personen zu erwarten ist, wenn sie innerhalb des angemessenen Sicherheitsabstands gemäß § 3 Absatz 5c des Bundes-Immissionsschutzgesetzes (BImSchG) eines Betriebsbereichs im Sinne von § 3 Absatz 5a BImSchG liegen und dem Gebot, einen angemessenen Sicherheitsabstand zu wahren, nicht bereits auf der Ebene der Bauleitplanung Rechnung getragen wurde. … (5) Der Bauherr kann beantragen, dass bei Vorhaben, die Absatz 1 oder 3 entsprechen, ein Baugenehmigungsverfahren

로 나아가는 것을 전제로 하고 논의를 전개하고 있으므로, 그 법제에 있어서도 비교적 체계적 정당성을 유지하고 있으며 개별적 규율에 있어서도 모순을 배제하고 있다.[48)]

행위의 개시통제와 관련하여 가장 약한 수단이 신고의무를 부과하는 것으로서, 행위의 개시가 사전적인 허가에 좌우되지 아니한다는 점이 핵심이다. 신고를 하고서 행위로 나아가는 경우에 그 대상은 주로 국민이 기본권적인 행동의 자유를 향유하는 것으로서, 여기서 신고는 국민이 행정청에게 알리는 것이다. 신고를 한 후 행위를 하는 경우에는 그러한 행위는 처음부터 유효하다. 다만, 행정청이 그런 행위에 대해서 사후적으로 그 적법성을 심사하고 경우에 따라서는 금지명령을 발하는 것이 배제되는 것은 아니다.[49)]

건축과 관련하여서 독일 건축법상 국민이 건축이라는 행위로 나아가기 위해서는 첫째, 허가(Baugenehmigung) 내지 간소화된 허가를 요하는 경우(vereinfachte Baugenehmigung), 둘째, 허가는 면제되고 신고는 하여야 하는 경우(Genehmigungsfreistellung, Anzeigeverfahren),[50)] 그리고 셋

---

durchgeführt wird.

48) 김중권, 정보제공적 신고로서의 집회신고의 공법적 의의에 관한 소고, 안암법학 제43호(2014), 안암법학회, 88면 이하: Walter Schick가 1967년에 발표한 소고에서, 독일연방헌법재판소가 1966년에 1934년의 구집시법(Sammmlungsgesetz)에 대해서 내린 결정을 바탕으로 하여 신고유보부 금지의 기본구조 및 다른 제도(허용유보부금지와 단순한 신고의무)와의 차이점을 강조하였다. 신고유보부 금지를 통해서, 입법자는 일정한 활동의 실행을 그 활동이 사전이나 동시에 신고 되었는지에 좌우되게끔 만들었다고 지적하였다(Schick, Walter, Das Verbot mit Anzeigevorbehalt, BayVBl. 67, S. 341 ff.).

49) Cherng, Ming-Shiou, Verbote mit Erlaubnisvorbehalt im Rechte der Ordnungsverwaltung, 2001, Juristische Schriftenreihe LIT, S. 16 ff.: 이러한 관점에서 신고유보부 금지(Verbot mit Anzeigevorbehalt)라는 용어는 적절하지 아니하다는 견해도 있는데, 왜냐하면 행정청은 사후적으로 신고인의 행위에 대해서 금지명령을 발할 수 있기 때문이라고 한다.

50) 이를 건축신고절차(Kenntnisgabeverfahren; Bauanzeigeverfahren)라고 할 수 있으며, 주의 건축법에 의하면 허가면제라고도 한다.

째, 신고도 면제되는 허가면제 건축계획(Genehmigungsfreie Bauvorhaben)의 경우로 구분된다.[51)]

건축신고는 건축을 하기 위하여 허가를 신청할 필요는 없고, 법령에서 요청되는 사항들에 대해서 신고를 하기만 하면 된다는 뜻이다. 건축신고로 건축을 할 수 있는 건축물은 그 대상이 엄격하게 정해져 있으며, 무엇보다도 지구상세계획과의 부합여부에 터잡고 있다. 신고절차의 적용을 위한 요건은 신고로서 건축을 할 수 있는 건축물의 건축계획(Bauvorhaben)에 대해서 건축계획자와 건축기사가 존재하는 지구상세계획(im Geltungsbereich eines Bebauungsplans)에 부합하고 건축관계법령에 부합하는 등 공법적인 규정의 준수를 담보하는 증명서를 제시하는 것이다. 즉 건축신고는 지구상세계획이 수립된 지역에서만 가능하고, 건축기사가 건축계획을 작성하여야만 한다.

독일에서 신고제는 원칙적으로 신고만으로 원하는 행위로 나아갈 수 있도록 하는 것을 전제로 하고 있다. 건축신고가 관할행정청에게 도달되면, 건축을 개시할 수 있는 것을 전제로 하고 있으며 - 다만 건축의 경우에는 보다 신중을 기하기 위하여 - 행정청이 건축개시를 명하지 않거나 잠정적인 건축금지를 신청하지 않는 경우에는 4주 후에 건축을 개시할 수 있다.[52)] 만약 신고인이 인인의 동의를 첨부하여 신고한 경우에

Bauordnung für das Land Nordrhein-Westfalen § 63 Genehmigungsfreistellung.

51) https://www.my-hammer.de/artikel/was-gilt-bauantrag-oder-bauanzeige.html: 함부르크 주에서는 건축신고제도를 폐지하고, 소위 허가면제 건축계획을 도입하였다. 그래서 특정의 건축물은 - 법령상의 규정에 부합되는 한 - 신고나 허가 없이도 건축될 수 있다.

BauO NRW § 62 Genehmigungsfreie Bauvorhaben, Beseitigung von Anlagen (1) Nicht genehmigungsbedürftig sind: 1. folgende Gebäude: a) Gebäude bis zu 75 m³ Brutto-Rauminhalt ohne Aufenthaltsräume, Ställe, Toiletten oder Feuerstätten, im Außenbereich nur, wenn sie einem land- oder forstwirtschaftlichen Betrieb (§ 35 Absatz 1 Nummer 1 des Baugesetzbuchs in der Fassung der Bekanntmachung vom 3. November 2017 (BGBl. I S. 3634) und weder Verkaufs- noch Ausstellungszwecken dienen, … .

는 신고의 도달 후 2주 후부터 건축을 개시할 수 있도록 규정하고 있다. 신고를 통해서 건축계획을 실행하기 위한 모든 심사의무와 책임은 계획행정청과 건축행정청으로부터 건축주, 건축기사, 감정인으로 이전된다. 허가면제 건축계획의 경우에도 건축물을 건축하기 위해서는 그러한 건축물에 적용되는 법령을 준수하여야 한다.

건축주는 자신의 책임 하에 법령의 준수 여부에 대하여 심사할 의무를 부담한다. 건축법적 그리고 관계법령상의 규정들을 준수하지 아니한 경우에는 그로 인하여 과태료를 부과 받거나 건축물을 철거하여야 하는 등 법령 위반으로 인한 책임을 부담한다.[53]

의도한 건축계획이 신고를 하여야 하는 경우라면 건축주는 신고절차와 건축허가절차 사이에서 선택할 수 있다.[54] 독일에서는 건축의 자유를 영위함에 있어서 건축신고를 한 후 건축을 할 것인가 아니면 건축허가를 득한 연후에 건축을 할 것인가에 대해서 사인(私人)에게 선택권이 주어진다. 사인은 건축신고를 한 후에 건축을 할 수도 있지만, 그러나 신고를 한 후에 건축에 나아갔으나 행정청이 사후적으로 심사를 한 결과 신고요건의 미비 내지 위법으로 인하여 받는 불이익은 스스로 부담하여야 하는 것이므로 건축주가 이러한 위험을 피하고자 하는 경우에는 - 신고대상임에도 불구하고 - 허가를 신청하여 허가를 받은 후 건축

52) 우리 건축법은 제14조(건축신고) 제3항에서 "③ 특별자치시장・특별자치도지사 또는 시장・군수・구청장은 제1항에 따른 신고를 받은 날부터 5일 이내에 신고수리 여부 또는 민원 처리 관련 법령에 따른 처리기간의 연장 여부를 신고인에게 통지하여야 한다. 다만, 이 법 또는 다른 법령에 따라 심의, 동의, 협의, 확인 등이 필요한 경우에는 20일 이내에 통지하여야 한다.<신설 2017. 4. 18.>"라는 규정을 도입하고 있기는 하지만, 여전히 신고를 수리라는 것으로부터 해방시키지 못하고 있다.

53) Schmidt, Rolf, Öffentliches Baurecht, Verlag RS, 2015, Rn. 120.

54) https://www.service-bw.de/leistung: Ihr geplantes Vorhaben nicht verfahrensfrei und liegen die Voraussetzungen des Kenntnisgabeverfahrens vor, können Sie als Bauherr wählen zwischen dem Kenntnisgabeverfahren und dem Baugenehmigungsverfahren.

을 개시할 수도 있다.55)

건축 외에 영업과 관련하여서도 신고제를 운영하고 있다.56) 상설영업(stehendes Gewerbe: 고정장소영업)과 같은 경우에는 국민의 영업의 자유라는 기본권 향유 차원에서 주로 신고제(Anzeigeverfahren)로 운영하고 있다.57) 이는 기본법 제12조로부터 도출되는 영업의 자유라는 기본원칙에 의하여 영업의 개시는 - 영업법을 통하여 예외 또는 제한이 규정되어 있지 아니한 한 - 모든 자에게 허용되어야만 하기 때문이라고 한다.58) 영업법은 원칙적으로 질서법으로서 위험방지를 목표로 하므로, 입법자는 이러한 유보에 상응하게 규율하고 통제하여야 하는바, 여기서는 신고의무를 부과하는 것을 통해서만 영업의 개시를 통제하는 것에 한정되어야 하기 때문이다. 독일 영업법(Gewerbeordnung) 제14조 제1항59)에 의하면 주민들이 영업을 개시함과 동시에 지방자치단체의 관할기관에게 신고를 하도록 규정하고 있다(anzeigen). 신고의무는 영업의 개시와 동시에 발생한다. 원래의 영업법(안)에서는 자영업을 시작하고자

55) 김중권, 행정법기본연구 I, 법문사, 2008, 126면: 건축주의 관점에서 보아서 건축허가(절차)는 많은 유리한 점을 제공한다. 무엇보다도 존속보호를 통한 안정성(확실성)을 제공한다. 그런데 신고와 허가면제 등을 통한 건축법의 규제완화의 경우, 건축주로선 자신을 그나마 보호해주던 건축허가가 부재하여 존속보호를 더 이상 누리지 못한다. 반면에 건축주가 실체적 규정을 준수해야 하는 데는 변함이 없다.

56) 박재윤, 신고제와 제3자 보호, 행정판례연구 Vol. 24 No. 1, 한국행정판례연구회, 2019. 6, 51면: 박재윤 교수는 영업법상의 영업신고를 정보제공적 신고로 보는 점에 있어서는 다소 견해를 달리 하고 있다. 상설영업의 독립적인 운영을 개시하는 자는 신고하여야 하도록 규율하고 있어서 정보제공적 신고와 행위개시통제적 신고의 성질도 지니고 있다고 보인다(Wer den selbständigen Betrieb eines stehenden Gewerbes anfängt, muss dies der zuständigen Behörde gleichzeitig anzeigen).

57) BT-Drs. III/318, 14.

58) BeckOK GewO/Leisner, 46. Ed. 1.12.2018, GewO § 14 Rn. 3 f.

59) Gewerbeordnung § 14 Anzeigepflicht, Verordnungsermächtigung <u>(1) 1Wer den selbständigen Betrieb eines stehenden Gewerbes, einer Zweigniederlassung oder einer unselbständigen Zweigstelle anfängt, muss dies der zuständigen Behörde gleichzeitig anzeigen. … .</u>

하는 자는, 그 전에 신고를 하여야만 한다고 규정하였었다.[60] 그러나, 관할행정청은 어떠한 영업이 장래에 행해지는 지에 대해서 커다란 관심이 없으며, 또한 영업의 개시 전에 신고를 할 수 있는 권리가 잠재적 영업자에게 부여되어 있는가와 관련하여 - 미리 신고를 하여 놓고 영업을 하지 아니하는 경우도 있을 수 있으므로 - 부정되었기 때문이었다. 그러므로 영업신고는 영업의 개시와 동시에 이루어져야 한다고 규정하게 되었다. 즉, 신고의무는 신고의무의 구성요건이 충족되는 시점에 발생하는데, 다만 그 시점에 정확하게 맞추어서 신고의무를 이행하는 것이 실제적으로는 불가능하기 때문에, 영업자에게는 신고를 위한 적절한 기간이 허용되고 적절한 기간은 영업자가 유책적 지체없이(ohne schuldhaftes Zögern) 행동하는 기간이라고 한다.[61]

집회라는 자유를 향유하기 위하여 신고를 하는 경우에도 역시 집회는 신고만으로 할 수 있는 것이다. 독일 집회법(Versammlungsgesetz)에서는 실외집회를 하고자 하는 경우에는 늦어도 48시간 이전에 신고를 하도록 하고 있다. 이처럼 집회를 최소한 48시간 전에 신고하도록 규정하는 것은 신고라는 제도는 신고 즉시 원하는 행위로 나아갈 수 있음을 인정하기 때문에 - 공익을 담보하기 위하여 - 그러한 예방적 규정을 둔 것이다. 만약 신고제에 대해서 수리를 요하는 신고라는 방식과 같이 작

---

60) Landmann/Rohmer GewO/Marcks, 80. EL Januar 2019, GewO § 14 Rn. 53: wer den selbstständigen Betrieb eines stehenden Gewerbes anfangen will, muss zuvor Anzeige machen.

61) OLG Düsseldorf GewArch 1998, 242 (242).
Heß, in: Friauf, § 14 Rn. 15: Eine (vorsorgliche) Anzeige vor Betriebsbeginn o. ä. ersetzt nach dem eindeutigen Wortlaut des § 14 I nicht die Anzeige zum Betriebsbeginn.
Ehlers in Erichsen, Hans-Uwe / Ehlers, Dirk (Hg.), Allgemeines Verwaltungsrecht, 12. Aufl., 2002, § 1 Rn. 36: 신고를 하여야만 옥외집회를 할 수 있고, 특정의 영업행위를 할 수 있으며, 행정청은 그러한 행위를 심사하고 경우에 따라서는 금지를 할 수 있다.

동될 수 있다는 것을 전제로 한다면 이러한 48시간이라는 신고의 효력 발생을 늦추는 완충기간을 둘 필요가 없을 수도 있기 때문이다. 신고의 효력발생을 늦추어 놓고 관할행정청은 신고된 집회가 공공의 안전과 질서에 대해서 어떠한 효과를 가져올 지를 판단하여 이를 직접적으로 위험하게 하는 경우 금지시킬 수 있는 것이다.[62]

독일에서 존재하는 다양한 신고제도에 대해서 고찰한 결과, 독일에서는 법령상 행위개시통제적 신고의 경우에는 행위개시를 함에 있어서 행정청이 사전적인 통제를 하지는 않고 있으며, 다만 사후적으로 행위의 위법여부를 심사한다는 신고제의 본질에 부합되게 운영하고자 노력하고 있는 것으로 보인다.

신고에 있어서는 원하는 행위로 나아가기 위하여 원칙적으로 일회적이면 족하고, 시기별로 반복하여 할 필요는 없다. 그리고 신고 자체에는 기한을 부가할 수는 없고, 신고로 인하여 나아가는 행위에만 기한이 부가될 수는 있지만, 그러한 행위에 기한을 부가하는 경우에도 충분한 이유가 존재하여야 한다.[63]

---

62) Versammlungsgesetz § 15 (1) Die zuständige Behörde kann die Versammlung oder den Aufzug verbieten oder von bestimmten Auflagen abhängig machen, wenn nach den zur Zeit des Erlasses der Verfügung erkennbaren Umständen die öffentliche Sicherheit oder Ordnung bei Durchführung der Versammlung oder des Aufzuges unmittelbar gefährdet ist.

63) Vollzugshilfe Anzeige- und Erlaubnisverfahren nach §§ 53 und 54 KrWG und AbfAEV, Rn. 87: Bereits nach der gesetzlichen Konzeption ist die Anzeige einmalig vor Aufnahme der betrieblichen Tätigkeit und nicht periodisch zu erstatten. Eine Befristung der „Anzeige“ ist daher nicht möglich. Möglich ist nur eine Befristung der „Tätigkeit“. Die Befristung ist dann ein eigenständiger Verwaltungsakt, bedarf also insbesondere einer eigenständigen Begründung.

Ⅵ. 결론 - 평석

본 사안에 있어서 문제되는 의료기관 개설신고와 관련하여 개설신고를 불수리한 행정청의 처분은 위법하다는 판례의 결론에는 찬성하는 바이다. 다만, 신고라는 제도를 바라봄에 있어서 판례 스스로 하나의 제도적 모습을 상정할 필요가 있지 않을까 하는 바이다. 그리고 그러한 관점 하에서 신고제도와 관련하여 개별적 타당성 보다는 예측가능성과 법적 안정성의 관점에서 일관된 판결을 내릴 필요가 있지는 않을까 사료된다. 신고제와 관련하여 독일에서의 논의를 통하여 독일에서는 비교적 신고라는 것의 본질을 상정하고 그러한 본질에 입각하여 입법을 하고 행정을 수행하는 것으로 보인다. 즉, 독일법제에서의 행위개시통제적 신고란 신고인이 행정청에게 사실을 알린 연후에 의도하는 행위로 나아가는 것을 전제로 하여 설계를 하고 있다고 사료된다. 우리는 이러한 원형을 상정하지 아니하고 개별적 사안에서의 타당성에 입각하여 신고제도를 바라봄으로 인하여 신고제로 규정되어 있음에도 (완화된) 허가제로 운영되는 수리를 요하는 신고를 포함시키는 것은 아닌가 사료된다.[64] 그런 점에서 본 사안에서의 신고와 관련하여서는 수리를 요하는 신고는 존재하지 아니하거나 존재할 수도 없다는 점을 판례 변경을 통해서 명확하게 밝힐 필요가 있다고 사료된다.

의료기관 개설신고에 대해서는 수리 여부는 문제되지 아니하며, 신고인인 정신과의사는 신고한 즉시로 의료업을 영위할 수 있으며, 다만

---

64) 학회 토론에서는 수리를 요하는 신고가 허가제와 구별되기 어렵다는 점과 관련하여 수리를 요하는 신고의 독자성을 긍정하는 입장에서 박균성 교수는 수리를 요하는 신고에 대해서는 허가와는 달리 심사권의 범위를 제시된 요건에 한정되는 것으로 보는 점과 형사법적인 차원에서 신고를 요하는 신고에 있어서신고가 불수리 경우에 행위로 나아간 경우에는 무허가와는 달리 무신고행위로는 처벌되지 않는 점을 제시하기도 한다. 또한 한견우 교수는 공익상의 고려의 정도에 있어서도 다를 수 있다고 한다.

사후적으로 신고와 관련하여 위법사항이 있는 경우에는 행정청이 행정적 조치를 취할 수 있다고 보는 것이 타당하다고 사료된다. 우리 판례에서 신고와 관련하여 간과하고 있는 점은 신고제로 되어 있더라도, 사후적으로는 심사가 가능하다는 점이다. 신고인의 행위에 대해서 신고요건의 미비의 경우에 보완을 명할 수도 있으며, 보완과 동시에 벌칙을 부과할 수도 있다. 신고 후에 행위로 나아간 경우에 위법한 경우에는 행위의 금지 내지 행위의 효력에 대해서 취소할 수도 있으며, 적법하더라도 경우에 따라서는 철회의 법리를 준용하는 방식으로 해결할 수 있을 것이다.[65] 아무튼 신고의 본질을 이처럼 신고 후에 사전적 심사가 없이 신고인이 의도하는 행위로 나아가도록 하는 것으로 설정할 필요가 있다고 사료된다. 이렇게 신고를 전제하는 경우에는 이러한 신고의 본질 위에 체계적인 신고법제를 쌓아 올릴 수 있지 않을까 사료된다. 가장 먼저는 신고가 가져올 파급효과에 대해서 보다 쉽게 인지하게 될 것이다. 그러므로, 신고제로 어떤 행위를 할 수 있도록 하는 경우에 신고인이 그러한 행위로 나아갈 것이 전제되므로 그렇게 하더라도 공익이나 제3자의 정당한 이익에 지장이 없는 행위들에 대해서만 신고제로 입법을 하리라 사료된다. 다음으로는 신고제를 규정하는 경우에는 신고가 부정확 내지 불완전하거나 신고요건을 충족시키지 못하는 경우에 대한 대처방안도 법률에서 동시에 규정을 두게 될 것이다. 이와 관련하여 독

---

65) 대법원 2012.3.15. 선고 2011두27322 판결【건축신고철회처분취소】: 1975. 12. 31. 법률 제2852호로 개정된 건축법 시행 이전부터 사실상 도로로 사용되는 토지 위에 제1종 근린생활시설 건물을 신축하는 내용으로 토지소유자 갑이 건축신고를 하였는데 행정청이 이를 수리하였다가 위 토지가 건축법상 도로이어서 건축법에 저촉된다는 이유 등으로 건축신고수리 철회통보를 한 사안에서, 위 토지는 개정 건축법 시행 전부터 이미 주민의 통행로로 이용되던 폭 4m 이상의 사실상 도로로서 건축법상 도로에 해당하여 건축할 수 없고, 건물 신축으로 통행을 막지 않도록 해야 할 공익상 요청이 갑의 기득권, 신뢰, 법적 안정성의 보호보다 훨씬 중요하다고 보아 건축신고수리를 철회한 처분이 적법하다고 본 원심판단을 정당하다고 한 사례.

일의 입법례를 보면, 건축을 신고제로 규정하면서 먼저 공익이나 제3자의 정당한 이익에 대한 침해 우려를 보완하기 위해서 4주간의 대기기간을 함께 규율하고 그 기간 내에 행정청으로부터 건축금지명령이 발급되지 아니하면 건축으로 나아갈 수 있도록 있는 점과 또한 신고의 요건을 구비하지 못한 경우에 대해서는 과태료 내지 벌칙을 규율하고 있는 점을 참조할 수 있을 것이다. 우리의 입법은 신고제로 하면서도 신고의 본질을 전제로 하지 아니하므로 인하여 신고 대상 행위에 대해서 - 면밀한 검토나 숙고 없이 - 입법자가 자의적으로 규율하고 있지는 않은가 또는 허가의 대상임에도 별다른 고려도 없이 신고 대상으로 변모시키는 우를 범하지는 않은가 하는 문제를 제기해 본다. 이러한 신고의 본질을 이해하고 있다면 건축신고와 같은 것에 인허가의제효과까지 부여하지는 아니하였을 것이다. 수리를 요하는 신고라는 본질에 부합되지 아니하는 '이물질(Aliud)'을 출현시켜서 국민을 피곤하게 만들고 행정하는 행정청도 스스로 괴롭게 하며, 나아가 누구도 이해하기 어려운 제도로서 불필요한 분쟁을 야기시키는 일도 줄어 들었을 것이다.

신고제도를 신고의 본질에 터잡아 제대로 확립할 때, 법령을 제정하는 입법부나 행정부에서도 신고제에 대해서 숙고를 하고 입법을 시도할 것이고, 행정부 역시 행정입법이나 실제적인 운용에 있어서 비교적 예측가능하게 운용할 수 있으리라 사료된다.

참고문헌

강현호, 행위개시통제수단으로서의 건축신고에 대한 고찰, 행정판례연구 Vol. 17 No. 2, 한국행정판례연구회, 2012.12.

김나현, 現行 建築法上 申告의 問題點에 관한 小考, 지방자치법연구 16권 2호, 2016.06.

김남철, 행정법상 신고의 법리, 경원법학 제3권 제3호, 2010.11.

김명길, 신고의 유형에 관한 논고, 법학연구 47권 1호(55호), 2006/08.

김민섭, "자체완성적 공법행위로서의 신고와 행정요건적 공법행위로서의 신고의 구별", 홍익법학 제16권 제1호, 2015. 2.

김중권, 행정법, 제2판, 법문사, 2016.

김중권, "건축법상의 건축신고의 문제점에 관한 소고", 저스티스, 제34권 제3호, 2001. 6.

김중권, 정보제공적 신고로서의 집회신고의 공법적 의의에 관한 소고, 안암법학 제43호(2014), 안암법학회.

김중권, 이른바 '수리를 요하는 신고'의 문제점에 관한 소고, 행정판례연구 Ⅷ, 박영사(2003).

김중권, "행정법상의 신고와 관련한 판례의 문제점에 관한 소고", 인권과 정의, 통권 제306호, 2002. 3.

나선경/박민, "행정 관련법령상 등록과 신고의 개념적 유형화", 공법연구 제41집 제3호, 2013. 2.

류광해, "행정법상 신고의 요건과 심사범위", 인하대학교 법학연구 제16집 제1호, 2013.3.

박균성 윤기중, "수리를 요하는 신고의 구별기준", 경희법학 제48권 제4호, 2013. 12.

박균성 윤기중, 행정규제완화수단으로서의 신고에 관한 연구, 경희법학 제49권 제1호, 2014.

박재윤, 신고제와 제3자 보호, 행정판례연구 Vol. 24 No. 1, 한국행정판례연구회, 2019. 6.

송동수, “행정법상 신고의 유형과 법적 효과”, 토지공법연구 제60집, 2013. 2.

송시강, “행정법상 신고의 법리의 재검토”, 홍익법학 제13권 제4호, 2012. 12.

오준근, 행정절차법, 삼지원, 1998.

윤기중, “수리를 요하는 신고의 독자성”, 공법연구 제43집 제4호, 2015. 6.

윤기중, 행정법상 신고와 유사 개념의 구별에 관한 연구, 동아법학 제78호.

이상천, 요건으로서의 신고·신청에 따른 효과로서의 수리·등록·허가의 개념적 구분 재론, 공법학연구 제11권 제3호.

정남철, 건축신고와 인인보호 : 독일 건축법제와의 비교법적 고찰을 겸하여, 법조 통권645호, 2010/06.

정하중, 행정법개론, 법문사, 2019.

정훈, 공법상 신고의 법적 성질과 현실에서의 의미, 동아법학 제58호.

최계영, 건축신고와 인·허가의제, 행정법연구 제25호, 2009/12.

홍강훈, 소위 자체완성적 신고와 수리를 요하는 신고의 구분가능성 및 신고제의 행정법 Dogmatik을 통한 해결론, 공법연구 제45집 제4호, 2017. 6.

홍강훈, “신고제의 행정법 Dogmatik을 통한 해결론에 근거한 신고관련 중요법령과 관련판례의 실증적 연구(상) – 체육시설의 설치·이용에 관한 법률과 건축법을 중심으로 –”, 공법연구 제46집 제1호, 2017. 10.

홍강훈, “신고제의 행정법 Dogmatik을 통한 해결론 에 근거한 신고관련 중요법령과 관련판례의 실증적 연구 (하) –- 의료법·수산업법·축산물위생관리법·평생교육법、공중위생관리법을 중심으로 –”, 공법연구 제47집 제1호, 2018. 10.

홍준형, 사인의 공법행위로서 신고에 대한 고찰 – 자기완결적 신고와 수리를 요하는 신고에 관한 대법원판례를 중심으로 –, 공법연구 제40집 제4호, 2012/6.

BeckOK GewO/Leisner, 46. Ed. 1.12.2018, GewO.

BT-Drs. III/318.

Cherng, Ming-Shiou, Verbote mit Erlaubnisvorbehalt im Rechte der Ordnungsverwaltung, 2001, Juristische Schriftenreihe LIT.

Erichsen, Hans-Uwe / Ehlers, Dirk (Hg.), Allgemeines Verwaltungsrecht, 12. Aufl., 2002.

Heß, in: Friauf

https://www.help.gv.at/Portal.Node/hlpd/public/content/232/Seite.2320624.htm.

https://www.my-hammer.de/artikel/was-gilt-bauantrag-oder-bauanzeige.html.

https://www.service-bw.de/leistung

Landmann/Rohmer GewO/Marcks, 80. EL Januar 2019, GewO.

Maurer, Hartmut/Waldhoff, Christian, Allg. VerwR., 19. Aufl. 2017.

OLG Düsseldorf GewArch 1998.

Reinhardt, Michael, Das wasserrechtliche Bewirtschaftungsermessen im ökologischen Gewässerschutzrecht, NVwZ 2017, SS. 1000 - 1004.

Schmidt-Aßmann, Eberhard (Hg.), Besonderes Verwaltungsrecht, 12. Aufl., 2003.

Schmidt, Rolf, Öffentliches Baurecht, Verlag RS, 2015.

Vollzugshilfe Anzeige- und Erlaubnisverfahren nach §§ 53 und 54 KrWG und AbfAEV.

국문초록

국민이 기본권을 향유함에 있어서 도움을 주려고 탄생한 신고라는 제도가 그 탄생의도와는 반대로 국민들에게 커다란 고통을 끼치고 있다. 이러한 고통의 메아리는 신고를 하는 국민이나 신고라는 제도를 운영하는 행정청이나 또한 신고로 인한 분쟁을 해결하는 법원 모두로부터 터져 나오고 있다. 판례는 신고제도를 규정한 법령을 해석함에 있어서 이 신고는 수리를 요하는 신고라는 이물질을 만들어 내면서 혼란의 소용돌이를 더 크게 만들었다.

본고에서는 신고라는 제도를 둘러싼 혼란을 고르디우스의 매듭을 해결하는 알렉산더의 지혜를 찾아보고자 하였는바, 그것을 바로 신고라는 제도의 본질에 보다 가까이 다가가 보는 것이었다. 신고는 본래 아무런 사전적인 통제를 하지 아니하고 신고인에게 기본권의 향유를 위한 행위로 나아가도록 함에 있다. 그러므로 신고의 본질은 첫째 사전적인 통제를 하지 아니하고, 둘째 신고인이 신고를 하여야 할 사항들을 제시하고, 신고시에 제출하도록 하며, 셋째 신고 후에 행정청은 제출된 신고에 대해서 사후적인 통제를 한다는 것에 있다.

그러므로, 신고제도를 입법함에 있어서 그리고 행정청이 신고제도를 운용함에 있어서 그리고 법원이 신고제에 대한 판단을 함에 있어서 이러한 신고의 본질에 부합되도록 하여야 할 것이다. 어떤 제도의 본질에 대한 접근 없이 운용되는 경우에는 추후에 왜 그러한 제도가 존재하는지에 대한 이유도 모르고 형식적인 논리에 집착하게 되고 그 결과로 누구도 쉽게 이해할 수 없는 제도로 변모되기 때문이다. 이러한 관점에서 수리를 요하는 신고는 신고의 본질에 비추어 존재할 수가 없는 제도이므로 폐기하여야 할 것이다.

신고의 본질을 이처럼 신고 후에 그 원하는 행위로 나아가도록 하는 것으로 설정하는 경우에는, 먼저 신고제도를 규정하는 경우에 신고가 가져올 파급효과에 대해서 보다 쉽게 인지하게 될 것이다. 그러므로, 신고제로 어떤 행위를 할 수 있도록 하는 경우에 공익이나 제3자의 정당한 이익에 커다란 영향이 없는 행위만을 신고제로 규정하게 될 것이다. 신고제의 본질에 부합되게 신고로 의도하는 행위로 나아가는 것을 상정하고 사후적으로 – 독일의 예와 같이 대기기간을 두든지 또는 사후적인 관여 수단들을 규정하든지 하여 – 신고제가 제 기능을 발휘할 수 있도록 비교적 완결된 제도를 설계할 수 있을 것이다.

주제어: 신고, 의료기관개설신고, 개설, 의사면허, 자체완결적 신고, 행위개시통제적 신고, 수리를 요하는 신고.

Zusammenfassung

Rechtliche Untersuchung über die Natur der Anzeige

KANG, HYUN HO*

Das System von Shin-go(Anzeige), das geboren wurde, um den Bürgern zu helfen, ihre Grundrechte durch das vereinfachte Verfahren zu genießen, leidet sehr unter seiner Mißbildung. Die Bürger, die Anzeige erstatten, die Verwaltungsbehörden, die das Anzeigesystem betreiben, und auch die Gerichte, die Streitigkeiten über die Anzeigeerstattung beurteilen, geraten in tiefe Verwirrung. Diese Verwirrung wurde wegen des Urteils des koreanischen Großgerichts erzeugt und verstärkt, das einen Rechtsbegriff wie eine annahmebedürftige Anzeige geschaffen hatte, obwohl die Anzeige mit Annahme nicht befreundet werden konnte.

In diesem Artikel versuchte ich, Alexanders Weisheit bei der Lösung von Gordians Knoten über die Verwirrung um das Shingo(Anzeige)−System dadurch zu finden, daß die Natur des Shingo−Systems näher kam. Die Anzeigeerstattung ist von Natur aus auf die Eröffnung der gewünschten Handlung des Anzeigeerstatters ohne vorherige Kontrolle der Verwaltungsbehörde gerichtet. Aus diesem Grund liegt das Wesen des Anzeigesystems darin, daß die Verwaltungsbehörde die vorherige Überprüfung aufgibt, nur die Voraussetzungen der Anzeige vorher aufgezeigt werden und die Verwaltungsbehörde nach der Anzeigeerstattung die Anzeige in Bezug

* Sungkyunkwan university

auf ihre Erfüllung der Voraussetzungen, auf ihre Rechtswidrigkeit und auf ihre Relevanz über öffentliche Interesse überprüft.

Daher muss sichergestellt werden, dass das Anzeigeerstattungssystem der Natur der Anzeige sowohl bei der Rechtssetzung und auch bei der Durchführung der Verwaltung sowie bei der Beurteilung des Gerichts entspricht. Der Begriff wie die annahmebedürftige Anzeige sollte verworfen werden, da sie aufgrund der Natur der Anzeige keinen Bestand haben kann. Ansonstes sollte der Begriff Erlaubnis anstatt Anzeige gebraucht werden.

Wenn die Natur der Anzeige eingestellt ist, dass sie nach der Anzeigeerstattung zum gewünschten Verhalten führt, dann kann man beginnen, das Anzeigesystem systemgerecht aufzubauen. Die Gesetzgeber können die Auswirkungen der Anzeigeerstattung leichter erkennen und auch nicht so weit wie in Korea gebraucht werden. Als Anwendungsfälle des Anzeigesystems können daher nur die Handlungen aufgenommen werden, die keinen großen Einfluss auf das öffentliche Interesse oder auf die berechtigten Interessen Dritter haben. Ohne die Vorstellung über die Natur der Anzeige ist es sehr schwierig, ein systemgerechtes Anzeigesystem aufzubauen. In diesem Sinne kann das Beispiel Deutschlands dem koreanischen Anzeigesystem sehr bedeutungsvoll sein.

Key Words: Anzeige, Eröffnungsanzeige der medizinischen Einrichtung, Kassensitz, Approbation, annahmeunbedürftige Anzeige, Anzeige für Eröffnungskontrolle der Handlung, annahmebedürftige Anzeige, vorherige Überprüfung.

투고일 2019. 12. 13.

심사일 2019. 12. 23.

게재확정일 2019. 12. 30.

行政行爲의 瑕疵

入國禁止決定과 查證發給 拒否處分의 違法性 判斷
(鄭南哲)

入國禁止決定과 査證發給 拒否處分의 違法性 判斷

鄭南哲*

대상판결: 대법원 2019. 7. 11. 선고 2017두38874 판결

Ⅰ. 사실관계 및 소송경과

(1) 원고 甲은 1976.○.○.에 대한민국에서 출생하였으나 2002. 1. 18. 미국 시민권을 취득함으로써 대한민국 국적을 상실한 재외동포로서 외국국적동포에 해당한다. 피고 乙은 법무부장관으로부터 사증(査證) 발급권한을 위임받은 재외공관장(주로스엔젤레스총영사관 총영사)이다.

(2) 병무청장(丙)은 2002. 1. 28. 법무부장관에게 갑이 입국하여 방송·연예 활동을 계속할 경우 국군 장병들의 사기를 저하시키고 병역의무 기피 풍조를 낳게 할 우려가 있으며 외국국적 취득을 병역 면탈의

* 숙명여자대학교 법과대학 교수

수단으로 악용하는 사례가 증가할 것 등을 이유로 입국금지를 요청하였다.

(3) 법무부장관은 2002. 2. 1. 출입국관리법 제11조 제1항 제3호, 제4호, 제8호에 따라 甲의 입국을 금지하는 결정을 하고, 그 정보를 내부전산망인 '출입국관리정보시스템'에 입력하였으나, 甲에게 이를 통보하지 않았다(이하 '이 사건 입국금지결정'이라 한다).

(4) 甲은 2015. 8. 27. 乙에게 재외동포(F-4) 체류자격의 사증발급을 신청하였으나, 乙은 2015. 9. 2. 甲의 아버지 소외인 A에게 전화로 '원고가 입국규제대상자에 해당하여 사증발급이 불허되었다. 자세한 이유는 법무부에 문의하기 바란다.'고 통보하였다(이하 '이 사건 사증발급 거부처분'이라 한다).

(5) 그 당시 乙은 여권과 사증발급 신청서를 반환하였을 뿐, 처분이유를 기재한 사증발급 거부 처분서를 작성해 주지는 않았다. 이 사건 소송에서 乙이 밝힌 사증발급 거부처분의 사유는 2002년 원고 甲에 대한 입국금지결정이 있었다는 점이다.

(6) 이에 甲은 이 사건 사증발급 거부처분의 취소를 구하는 소를 제기하였고, 제1심 및 항소심 모두 원고의 청구를 기각하였다.[1]

Ⅱ. 판결의 요지

(1) 일반적으로 처분이 주체·내용·절차와 형식의 요건을 모두 갖추고 외부에 표시된 경우에는 처분의 존재가 인정된다. 행정의사가 외부에 표시되어 행정청이 자유롭게 취소·철회할 수 없는 구속을 받게

* 숙명여자대학교 법과대학 교수

1) 서울행정법원 2016. 9. 30. 선고 2015구합77189 판결; 서울고등법원 2017. 2. 23. 선고 2016누68825 판결.

되는 시점에 처분이 성립하고, 그 성립 여부는 행정청이 행정의사를 공식적인 방법으로 외부에 표시하였는지를 기준으로 판단해야 한다.

(2) 행정청이 행정의사를 외부에 표시하여 행정청이 자유롭게 취소·철회할 수 없는 구속을 받기 전에는 '처분'이 성립하지 않으므로 법무부장관이 출입국관리법 제11조 제1항 제3호 또는 제4호, 출입국관리법 시행령 제14조 제1항, 제2항에 따라 위 입국금지결정을 했다고 해서 '처분'이 성립한다고 볼 수는 없다. 위 입국금지결정은 법무부장관의 의사가 공식적인 방법으로 외부에 표시된 것이 아니라 단지 그 정보를 내부전산망인 '출입국관리정보시스템'에 입력하여 관리한 것에 지나지 않는다. 따라서 위 입국금지결정은 항고소송의 대상이 될 수 있는 '처분'에 해당하지 않는데도, 위 입국금지결정이 처분에 해당하여 공정력과 불가쟁력이 있다고 본 원심판단에 법리를 오해한 잘못이 있다.

(3) 상급행정기관이 소속 공무원이나 하급행정기관에 대하여 업무처리지침이나 법령의 해석·적용 기준을 정해 주는 '행정규칙'은 일반적으로 행정조직 내부에서만 효력을 가질 뿐 대외적으로 국민이나 법원을 구속하는 효력이 없다. 처분이 행정규칙을 위반하였다고 해서 그러한 사정만으로 곧바로 위법하게 되는 것은 아니고, 처분이 행정규칙을 따른 것이라고 해서 적법성이 보장되는 것도 아니다. 처분이 적법한지는 행정규칙에 적합한지 여부가 아니라 상위법령의 규정과 입법 목적 등에 적합한지 여부에 따라 판단해야 한다. 상급행정기관이 소속 공무원이나 하급행정기관에 하는 개별·구체적인 지시도 마찬가지이다. 상급행정기관의 지시는 일반적으로 행정조직 내부에서만 효력을 가질 뿐 대외적으로 국민이나 법원을 구속하는 효력이 없다. 대외적으로 처분 권한이 있는 처분청이 상급행정기관의 지시를 위반하는 처분을 하였다고 해서 그러한 사정만으로 처분이 곧바로 위법하게 되는 것은 아니고, 처분이 상급행정기관의 지시를 따른 것이라고 해서 적법성이 보장되는 것도 아니다. 처분이 적법한지는 상급행정기관의 지시를 따른 것인지 여부가 아

니라, 헌법과 법률, 대외적으로 구속력 있는 법령의 규정과 입법 목적, 비례·평등원칙과 같은 법의 일반원칙에 적합한지 여부에 따라 판단해야 한다.

(4) 행정절차에 관한 일반법인 행정절차법은 제24조 제1항에서 “행정청이 처분을 할 때에는 다른 법령 등에 특별한 규정이 있는 경우를 제외하고는 문서로 하여야 하며, 전자문서로 하는 경우에는 당사자 등의 동의가 있어야 한다. 다만 신속히 처리할 필요가 있거나 사안이 경미한 경우에는 말 또는 그 밖의 방법으로 할 수 있다”라고 정하고 있다. 이 규정은 처분내용의 명확성을 확보하고 처분의 존부에 관한 다툼을 방지하여 처분상대방의 권익을 보호하기 위한 것이므로, 이를 위반한 처분은 하자가 중대·명백하여 무효이다.

(5) 행정절차법의 적용이 제외되는 ‘외국인의 출입국에 관한 사항’이란 해당 행정작용의 성질상 행정절차를 거치기 곤란하거나 거칠 필요가 없다고 인정되는 사항이나 행정절차에 준하는 절차를 거친 사항으로서 행정절차법 시행령으로 정하는 사항만을 가리킨다. ‘외국인의 출입국에 관한 사항’이라고 하여 행정절차를 거칠 필요가 당연히 부정되는 것은 아니다. 외국인의 사증발급 신청에 대한 거부처분은 당사자에게 의무를 부과하거나 적극적으로 권익을 제한하는 처분이 아니므로, 행정절차법 제21조 제1항에서 정한 ‘처분의 사전통지’와 제22조 제3항에서 정한 ‘의견제출 기회 부여’의 대상은 아니다. 그러나 사증발급 신청에 대한 거부처분이 성질상 행정절차법 제24조에서 정한 ‘처분서 작성·교부’를 할 필요가 없거나 곤란한 경우라고 단정하기 어렵다. 또한 출입국관리법령에 사증발급 거부처분서 작성에 관한 규정을 따로 두고 있지 않으므로, 외국인의 사증발급 신청에 대한 거부처분을 하면서 행정절차법 제24조에 정한 절차를 따르지 않고 ‘행정절차에 준하는 절차’로 대체할 수도 없다.

(6) 재외동포에 대한 사증발급은 행정청의 재량행위에 속하는 것

으로서, 재외동포가 사증발급을 신청한 경우에 출입국관리법 시행령 [별표 1의2]에서 정한 재외동포체류자격의 요건을 갖추었다고 해서 무조건 사증을 발급해야 하는 것은 아니다. 재외동포에게 출입국관리법 제11조 제1항 각호에서 정한 입국금지사유 또는 재외동포법 제5조 제2항에서 정한 재외동포체류자격 부여 제외사유(예컨대 '대한민국 남자가 병역을 기피할 목적으로 외국국적을 취득하고 대한민국 국적을 상실하여 외국인이 된 경우')가 있어 그의 국내 체류를 허용하지 않음으로써 달성하고자 하는 공익이 그로 말미암아 발생하는 불이익보다 큰 경우에는 행정청이 재외동포체류자격의 사증을 발급하지 않을 재량을 가진다.

(7) 처분의 근거 법령이 행정청에 처분의 요건과 효과 판단에 일정한 재량을 부여하였는데도, 행정청이 자신에게 재량권이 없다고 오인한 나머지 처분으로 달성하려는 공익과 그로써 처분상대방이 입게 되는 불이익의 내용과 정도를 전혀 비교형량 하지 않은 채 처분을 하였다면, 이는 재량권 불행사로서 그 자체로 재량권 일탈·남용으로 해당 처분을 취소하여야 할 위법사유가 된다.

(8) 비례의 원칙은 법치국가 원리에서 당연히 파생되는 헌법상의 기본원리로서, 모든 국가작용에 적용된다. 행정목적을 달성하기 위한 수단은 목적달성에 유효·적절하고, 가능한 한 최소침해를 가져오는 것이어야 하며, 아울러 그 수단의 도입에 따른 침해가 의도하는 공익을 능가하여서는 안 된다.

(9) 처분상대방의 의무위반을 이유로 한 제재처분의 경우 의무위반 내용과 제재처분의 양정 사이에 엄밀하게는 아니더라도 어느 정도는 비례 관계가 있어야 한다. 제재처분이 의무위반의 내용에 비하여 과중하여 사회통념상 현저하게 타당성을 잃은 경우에는 재량권 일탈·남용에 해당하여 위법하다고 보아야 한다.

(10) 甲의 재외동포(F-4) 체류자격 사증발급 신청에 대하여 재외공관장이 6일 만에 한 사증발급 거부처분이 문서에 의한 처분 방식의

예외로 행정절차법 제24조 제1항 단서에서 정한 '신속히 처리할 필요가 있거나 사안이 경미한 경우'에 해당한다고 볼 수도 없으므로 사증발급 거부처분에는 행정절차법 제24조 제1항을 위반한 하자가 있다. 그럼에도 불구하고 외국인의 사증발급 신청에 대한 거부처분이 성질상 행정절차를 거치기 곤란하거나 불필요하다고 인정되는 처분에 해당하여 행정절차법의 적용이 배제된다고 판단하였다. 또한 재외공관장이 자신에게 주어진 재량권을 전혀 행사하지 않고 오로지 13년 7개월 전에 입국금지 결정이 있었다는 이유만으로 그에 구속되어 사증발급 거부처분을 한 것이 비례의 원칙에 반하는 것인지 판단했어야 함에도, 입국금지결정에 따라 사증발급 거부처분을 한 것이 적법하다고 본 원심판단에 법리를 오해한 잘못이 있다.

Ⅲ. 평 석

1. 문제의 제기

이 사건에서는 재외동포인 甲의 병역기피를 이유로 법무부장관이 입국금지결정을 하고, 이에 따라 재외공관장인 乙이 사증발급 거부처분을 한 것이 적법한지 여부를 다투고 있다. 제1심 판결의 본안전항변에서 외국인에게는 대한민국에 대하여 사증발급을 요구할 수 있는 법규상·조리상의 신청권이 부여되어 있지 않다는 주장이 제기되었다. 재외동포법 제5조 제1항은 재외동포체류자격의 부여에 관한 규정일 뿐이므로 사증발급을 받을 수 있는 권리 또는 법률상 이익이 없다는 것이다. 또한 이 사건 입국금지조치의 효력으로 인하여 사증을 발급받을 수 없고, 사증을 발급받더라도 대한민국에 입국할 수 없어 이 사건의 소(訴)로써 달성하고자 하는 목적의 실현이 불가능하다고 항변하였다. 그러나 제1

심 법원은 甲의 원고적격을 인정하였다. 그러나 대법원은 외국인에게 사증발급 거부의 취소를 구할 법률상 이익이 없다고 판시한 적도 있다.[2] 출입국관리법과 그 하위법령의 규정은 공익에 관한 규정으로서 사익보호성이 없다고 판단한 것이다. 이 사건은 중국 국적 여성이 결혼이민(F－6) 사증발급을 신청하였다가 거부당하자, 거부처분 취소소송을 제기한 것이다.

외국국적재외동포도 사증발급거부의 취소를 구할 법률상 이익이 있는지가 문제된다. 외국국적재외동포도 외국국적을 보유하고 있다는 점에서 외국인에 해당한다(출입국관리법 제2조 제2호 참조). 그러나 외국국적재외동포가 재외동포법 제5조에 따른 재외동포체류자격을 부여받는 경우에는 사증발급을 신청할 수 있는 중요한 요건이 될 수 있다(출입국관리법 시행규칙 제9조의2 제3호 참조) 또한 입국하려는 외국인도 체류자격을 가져야 한다는 점에서 사증발급 신청의 거부에 대해 법률상 이익을 인정하지 않는 것은 타당하지 않다(출입국관리법 제10조 제1항). 항고소송에 있어서 외국인의 원고적격의 문제를 언급하고 있는 국내문헌은 많지 않다. 행정소송법 제12조에서는 “취소를 구할 법률상 이익이 있는 자”라고만 규정하고 있지만, 제1조의 목적조항에서는 “국민의 권리 또는 이익의 침해를 구제하고”라고 규정하고 있기 때문이다. 근래에 대법원은 난민인정불허취소소송에서 외국인의 원고적격을 인정하고 있다.[3] 또한 외국국적자도 기본권의 성질에 따라 제한적으로 헌법소원의 청구인적격이 인정된다.[4] 다만, 입국의 자유, 복수국적을 가질 자유에 관한

2) “체류자격 및 사증발급의 기준과 절차에 관한 출입국관리법과 그 하위법령의 위와 같은 규정들은, 대한민국의 출입국 질서와 국경관리라는 공익을 보호하려는 취지일 뿐, 외국인에게 대한민국에 입국할 권리를 보장하거나 대한민국에 입국하고자 하는 외국인의 사익까지 보호하려는 취지로 해석하기는 어렵다.” (대법원 2018. 5. 15. 선고 2014두42506 판결)

3) 대법원 2017. 3. 15. 선고 2013두16333 판결; 대법원 2017. 12. 5. 선고 2016두42913 판결 등.

4) 헌법재판소, 헌법실무제요, 제2개정판, 274면.

외국인의 기본권 주체성이 부인되고 있다.[5)]

한편, 독일에서는 항고소송상 외국인의 원고적격을 인정하고 있다. 국내에 머무르는 외국인의 경우에는 큰 문제가 없지만, 외국에 있는 경우에는 독일의 고권력(高權力) 아래에 있다고 보기 어려운 점이 있다. 다만, 국경을 넘어 환경피해를 미치는 경우에는 외국인의 원고적격이 인정될 수 있다고 보고 있다.[6)] 외국인의 원고적격을 인정하는 논거로 일반적인 보호규범론 외에 기본권 조항으로서 독일 기본법 제2조 제1항(일반적 행동의 자유, 일반적 인격권)과 제19조 제4항(포괄적 사법구제)을 제시하는 견해가 있다.[7)] 외국인의 경우에는 헌법 제10조, 헌법 제37조 및 헌법 제107조와 같은 헌법상의 규정 외에 상호주의 원칙이나 관계 법령의 취지나 규율내용, 행정청에 의한 직접적·구체적 이익의 침해 여부 등이 종합적으로 고려될 필요가 있다. 또한 대상판례에서는 법무부장관의 입국금지결정이 항고소송의 대상이 되는 처분에 해당하지 않는다고 보고 있다. 법무부장관이 甲에 대한 입국금지 정보를 내부전산망인 '출입국관리정보시스템'에 입력하였으나 이를 甲에게 통지하지 않았다는 것을 이유로 법무부장관의 입국금지결정에 대해 처분이 성립되지 않는다고 판단한 것이다. 이에 반해 원심은 위 입국금지결정이 처분에 해당하며, 공정력과 불가쟁력이 있다고 판단하였다. 여기에서 법무부장관의 입국금지결정이 어떠한 법적 성질을 가지는지를 검토할 필요가 있다. 대법원은 입국금지결정을 지시로 보고 행정규칙으로 판단하고 있다. 또한 대법원은 '행정의사가 외부에 표시되어 행정청이 자유롭게 취소·철회할 수 없는 구속을 받게 되는 시점'에 처분이 성립한다고 보고 있다. 그러나 처분의 성립 여부에 관한 대법원의 판단기준이 타당한지 여부를 살펴볼 필요가 있다.

---

5) 헌재 2014. 6. 26. 2011헌마502, 판례집 26-1하, 578.
6) Kopp/Schenke, VwGO, 18. Aufl., § 42 Rn. 90.
7) Hufen, Verwaltungsprozessrecht, 7. Aufl., § 14 Rn. 91.

병무청장(丙)은 법무부장관에게 ‘가수 甲이 공연을 위하여 국외여행허가를 받고 출국한 후 미국 시민권을 취득함으로써 사실상 병역의무를 면탈하였다’는 이유로 입국 금지를 요청함에 따라 법무부장관이 甲의 입국금지결정을 하였다. 이 사건에서 甲이 재외공관장인 乙에게 재외동포(F－4) 체류자격의 사증발급을 신청하자 乙은 처분이유를 기재한 사증발급 거부처분서를 작성해 주지 않은 채 甲의 父인 소외인 A에게 전화로 사증발급이 불허되었다고 통보하였다. 이러한 乙의 사증발급 거부처분이 적법한지 여부를 검토할 필요가 있다. 이와 관련하여 문제가 되는 것은 행정절차법의 적용대상인지 여부이다. 행정절차법 제3조 제2항 각호에는 행정절차법의 적용제외대상을 규정하고 있다. 이 사건과 관련하여 같은 조 제2항 제9호에는 ‘외국인의 출입국’을 규정하고 있다. 특히 이 사건 사증발급 거부처분을 함에 있어서 행정절차법에 따라 ‘문서’로 하지 않은 것이 적법한지가 문제된다. 대법원은 재외동포에 대한 사증발급은 행정청의 재량행위에 속하며, 재외동포체류자격의 사증발급을 거부할 재량도 가진다고 보고 있다. 대상판례에서 대법원은 행정청이 자신에게 재량권이 없다고 오인한 나머지 재량권 행사를 전혀 하지 않아 재량권의 일탈·남용에 해당한다고 보고 있다. 그 밖에 출입국관리공무원의 입국심사허가거부가 입국금지결정과 어떠한 관계를 가지는지, 그리고 확정판결 후 취소판결의 기속력과 재처분에 관해서도 살펴볼 필요가 있다.

2. 입국금지결정의 법적 성질

대상판결에서 중요한 쟁점 중의 하나는 입국금지결정의 법적 성질이다. 대법원은 입국금지결정의 처분을 부인하고, 입국금지결정이 행정기관 내부에서 사증발급이나 입국허가에 대한 ‘지시’로서의 성격을 가진다고 보고 있다. 대법원은 이러한 지시를 ‘행정규칙’의 하나로 파악하고 있다. 행정규칙은 그 형식을 기준으로 훈령, 예규, 지시 및 일일명령으로 구분되는 것이 보통이다.[8] 그러나 지시는 상급기관이 하급기관에 대하여 직권으로, 또는 하급기관의 문의나 신청에 대해 개별적·구체적으로 발하는 경우가 대부분이다.[9] 지시를 일반성과 추상성을 특징으로 하는 행정규칙의 유형으로 분류하는 것이 적절하지 않다고 비판하는 견해가 있다.[10] 이러한 유형구분은 구 사무관리규정 제7조 제2호 및 구 사무관리규정시행규칙 제3조 제2호에 근거하고 있으며, 현재는 '행정 효율과 협업 촉진에 관한 규정' 제4조 제2호에서 이를 '지시문서'의 일종으로 규정하고 있다. 입국금지결정은 이러한 내부적 '지시' 내지 행정규칙과는 성격을 달리한다.

한편, 행정규칙 중에는 주체를 기준으로 행정청 내의 행정규칙, 행정청간 행정규칙, 행정주체간 행정규칙 등으로 분류될 수 있다. 대부분의 행정규칙은 행정청 내의 행정규칙(intrabehördliche Verwaltungsvorschriften)에 해당한다. 대상판결과 같이 법무부와 외교부 사이에 적용되는 행정규칙은 행정청 간의 행정규칙(interbehördliche Verwaltungsvorschriften)에 속한다. 그러나 이 사건의 입국금지결정은 그러한 행정청간의 행정규칙으로도 보기 어렵다.[11] 대통령령으로 제정된 법제업무운영규정 제24조의3에는 훈령·예규 등의 적법성 확보 및 등재 등 절차에 관한 규정을 두고 있다. 같은 조 제1항에 의하면 "각급 행정기관의 훈령·예규·고시(그 명칭에 상관없이 법령의 시행과 직접 관련하여 발령하는 규정·규칙·지시·지침·통첩 등을 포함하며, 이하 '훈령·예규 등'이라 한다)는 그 내용이 적법하

8) 김도창, 일반행정법론(상), 제4전정판, 청운각, 1992, 327면; 박균성, 행정법론(상), 제15판, 2016, 230면.

9) 김도창, 전게서, 327면.

10) 김남진/김연태, 행정법 I, 제22판, 183면; 홍정선, 행정법원론(상), 제27판, 277-278면.

11) 이에 대해서는 Ossenbühl, in: Isensee/Kirchhof, Handbuch des Staatsrechts, Bd. V, 3. Aufl., § 104 Rn. 35 참조.

고 현실에 적합하게 발령·유지·관리되어야 한다"고 규정하고 있다. 또한 중앙행정기관의 장은 훈령·예규 등이 제정·개정 또는 폐지되었을 때에는 발령 후 10일 이내에 해당 훈령·예규 등을 법제정보시스템에 등재하여야 한다(같은 조 제2항). 법무부장관의 입국금지결정은 이러한 절차를 준수하였다고 보기 어렵다.

대법원은 "행정의사가 외부에 표시되어 행정청이 자유롭게 취소·철회할 수 없는 구속을 받게 되는 시점에 처분이 성립하고, 그 성립 여부는 행정청이 행정의사를 공식적인 방법으로 외부에 표시하였는지를 기준으로 판단해야 한다"고 보고 있다. 그 근거가 되는 선례는 사업시행계획인가처분 취소사건이다.[12] 구 국토의 계획 및 이용에 관한 법률(2013. 3. 23. 법률 제11690호로 개정되기 전의 것, 이하 '국토계획법'이라 한다) 제86조에서 행정청이 아닌 자는 도시계획시설사업의 시행자로 지정을 받아 도시·군계획시설사업을 시행할 수 있도록 되어 있는데, 사업시행자 지정 처분의 성립 여부를 판단하면서 그 기준을 설시한 것이다. 이러한 판례가 타당한지에 대해서는 의문이다. 행정행위는 일반적으로 실체적 요건(내용)과 형식적 요건(관할, 절차 및 형식)을 모두 갖춘 경우에 성립한다. 상대방에 대한 통지는 효력발생요건으로 보는 것이 일반적이다.[13] 종래 대법원은 "상대방이 있는 행정처분의 경우 특별한 규정이 없는 한 의사표시의 일반적 법리에 따라 그 행정처분이 상대방에게 고지되어야 효력을 발생한다"고 판시하고 있다.[14]

입국금지에 관한 사항을 상대방에게 모두 직접 통지하는 것은 현실적으로 어려운 점이 있다. 예컨대 출입국관리법 제11조 제1항 제5호에는 입국금지의 대상이 될 수 있는 외국인으로 "사리 분별력이 없고

---

12) 대법원 2017. 7. 11. 선고 2016두35120 판결.
13) 이상규, 신행정법론(상), 신판, 400면; 박윤흔/정형근, 최신행정법강의(상), 개정30판, 357면.
14) 대법원 2012. 11. 15. 선고 판결; 대법원 1990. 7. 13. 선고 90누2284 판결, 대법원 2009. 11. 12. 선고 2009두11706 판결.

국내에서 체류활동을 보조할 사람이 없는 정신장애인, 국내체류비용을 부담할 능력이 없는 사람, 그 밖에 구호(救護)가 필요한 사람"을 규정하고 있다. 이러한 외국인에게 입국금지사실을 개별적으로 통지하는 것은 쉽지 않다. 입국심사를 하는 단계에서 입국금지대상자라는 사실을 확인하는 것이 보통이다. 또한 출입국관리법 제11조 제1항 제3호에는 "대한민국의 이익이나 공공의 안전을 해치는 행동을 할 염려가 있다고 인정할 만한 상당한 이유가 있는 사람"을 입국금지대상자로 규정하고 있다. 공공의 안전을 해치는 행동을 할 염려가 있는 반정부 테러리스트 ISIS 지도자에 대해서는 소재지를 파악하기 어려울 뿐만 아니라 개별적으로 통지를 하는 것은 불가능하다. 이러한 입국금지결정은 국가나 사회의 이익이나 공공의 안전 등을 위한 것이므로 사전통지나 의견제출, 문서형식 등과 같은 행정절차법의 규정을 그대로 적용하기 어렵다.

이 사건의 제1심 법원인 서울행정법원은 입국금지조치의 처분성을 인정하면서, 외국인에게 처분서 등의 방법으로 통지를 하지 않는 것은 이러한 입국금지조치가 외국인의 입국 신청에 대응하는 조치가 아닐 뿐만 아니라 해외에 소재한 외국인의 주소를 일일이 확인하여 처분서를 송달함이 곤란하기 때문이라고 지적한다.[15] 원심인 서울고등법원도 입국금지조치의 처분성이 인정되지 않는다고 쉽게 단정할 수 없고 입국금지조치에 대해 행정심판 또는 행정소송을 제기하는 것이 기대하기 어렵다고 볼 수 없다고 판시하고 있다. 대외적으로 공지를 하지 않고 내부적 자료나 정보로만 활용될 경우에는 행정기관의 내부결정에 해당될 수 있다. 출입국관리법의 관계 규정에 따라 법무부장관이 입국금지결정을 내리더라도 이를 내부전산망인 '출입국관리정보시스템'에 입력하기 때문에 이를 개별적으로 통지하지 않는 한 대외적으로 확인할 수 있는 방법은 없다. 고권적 진술의 불명료성은 행정청의 부담으로 귀착한다.[16]

---

15) 서울행법 2016. 9. 30. 선고 2015구합77189 판결.

16) Schmitt Glaeser/Horn, Verwaltungsprozeßrecht, 15. Aufl., S. 96.

법무부장관의 입국금지결정은 후술하는 바와 같이 이후의 사증발급과 입국하는 출입국항에서의 입국심사허가에서 중요한 거부사유가 되고 있고, 당사자의 권리 내지 기본권(일반적 행동의 자유 내지 거주·이전의 자유)을 중대하게 제한할 수 있다. 법무부장관의 입국금지결정을 상대방에게 개별적으로 통지하지 않아 행정처분으로서 효력이 발생하지 않았을 뿐, 행정행위 그 자체가 성립하지 않았다고 단정할 수 없다. 처분의 상대방에게 통지하는 절차가 누락되었음을 이유로 입국금지결정의 처분성을 부정하는 것은 성급하다.[17] 입국금지결정이 형식적·실체적 요건을 모두 갖추었는지 여부를 검토하는 것이 선행되어야 한다. 또한 대법원은 대상판례에서 원심이 인용한 판례(대법원 2013. 2. 28. 선고 2012두5992 판결)를 언급하면서, 입국금지결정이 공식적인 방법으로 외부에 표시되었을 뿐만 아니라 실질적인 내용이 강제퇴거명령에 해당하는 것이어서 처분에 해당한다고 본 사례라고 평가하고 있다. 이 사안은 대한민국에 입국한 외국인에 대하여 법무부장관이 입국금지결정을 통보한 것이라는 점에서 대상판례의 경우와 차이가 있는 것은 사실이다. 그러나 이러한 대법원의 입장은 법무부장관의 입국금지결정이 '통지'를 하는 경우에 처분이 될 수 있다는 것을 보여주는 것이다.

한편, 독일에서는 이러한 고지 내지 통지(Bekanntgabe)를 적법요건이 아니라 존재요건(Existenzvoraussetzungen)에 해당하며, 이러한 통지가 없으면 행정행위가 없다고 보고 있다.[18] 이러한 통지는 관할 행정청이 상대방에게 공적인 방식으로 개별적으로 하는 것이 원칙이지만, 불특정 다수인에게 하는 공지(Öffentliche Bekanntgabe)의 방식도 가능하다. 이러한 공지(公知)는 일반처분이나 50명 이상 송달해야 하는 계획확정절차

---

17) 법무부장관의 입국금지결정은 이후의 입국거부(입국허가의 관인 거부)를 통해 외부적으로도 행정처분이 성립한 것으로 보고 있다(김중권, "유승준에 대한 대법원 판결 문제점에 관한 관견", 법률신문 2019. 7. 15.자 참조). 그러나 입국허가의 거부는 후술하는 바와 같이 별개의 행정처분으로 보는 것이 타당하다.

18) Maurer/Waldhoff, Allgemeines Verwaltungsrecht, 19. Aufl., § 9 Rn. 71.

등의 경우를 비롯하여(행정절차법 제3항 제2문 및 제74조 제5항 참조), 문서에 의한 행정행위나 전자적 행정행위의 경우에도 공보나 일간신문, 또는 시청에서의 게시 등을 통해 이루어지고 있다(행정절차법 제41조 제4항). 특히 독일 행정절차법 제41조 제3항 제2문에서는 당사자에게 통지를 할 수 없는 일반처분의 경우에 공지를 하도록 규정하고 있다.

처분의 상대방 입장에는 법무부장관의 입국금지결정을 직접 다투는 것이 효과적이다. 공항에서 출입하면서 입국허가를 거부당하는 경우에 그 거부처분에 대해 행정소송을 제기하는 것이 현실적으로 쉽지 않다. 이러한 입국금지결정을 내부전산망만 입력하면 상대방은 이를 알 수 있는 방법이 없다. 그러한 점에서 법무부장관은 적어도 소재지의 파악이 가능하거나 처분의 통지가 가능한 외국인에게 개별적으로 통지하는 절차를 마련하는 것이 필요하다. 따라서 법무부장관의 입국금지결정은 그 성질상 구체적인 사실에 관한 공권력 행사로서 국민의 권리·의무에 영향을 미치는 행정처분으로 보기에 충분하다. 그러나 이러한 입국금지결정이 행정처분으로서의 효력이 발생하기 위해서는 통지 또는 공지를 해야 한다. 전자적 방식으로 공지를 하는 방법도 강구할 필요가 있다. 독일 행정절차법 제41조 제2항 제2문에서 전자적 고지를 규정하고 있으나, 구체적 방식을 규정하지 않고 시점만 규정하고 있다. 그러나 이러한 전자적 고지는 공고의 특별한 경우로 보고 있다.[19]

3. 사증발급 거부처분의 위법성 판단

(1) 행정절차법의 적용 여부와 절차상 하자

대법원은 사증발급을 "외국인에게 대한민국에 입국할 권리를 부여하거나 입국을 보장하는 완전한 의미에서의 입국허가결정이 아니라, 외

19) Kopp/Ramsauer, VwVfG, 19. Aufl., § 41 Rn. 11a.

국인이 대한민국에 입국하기 위한 예비조건 내지 입국허가의 추천으로서의 성질을 가진다"고 보고 있다.[20] 유효한 사증은 입국허가의 중요한 전제요건이지만, 사증발급 또는 그 거부는 그 자체로 행정처분으로 파악하는 것이 타당하다. 사증발급 거부처분의 위법성 판단과 관련하여 행정절차법이 적용되는지 여부가 문제된다. 행정절차법 제3조 제2항 제9호에는 '외국인의 출입국·난민인정·귀화'에 관한 사항을 행정절차법의 적용제외대상으로 규정하고 있다. 대상판례에서는 외국인의 출입국에 관한 사항이라고 하여 행정절차를 거칠 필요가 당연히 부정되는 것은 아니라고 보고 있다. 이러한 사항이라고 하더라도 해당 행정작용의 성질상 행정절차를 거치기 곤란하거나 거칠 필요가 없다는 인정되는 사항이나 행정절차에 준하는 절차를 거친 사항으로서 행정절차법 시행령으로 정하는 사항에 대하여 행정절차법의 적용이 제외된다는 것이다.[21] 또한 대상판례에서는 외국인의 사증발급 신청거부가 당사자에게 의무를 부과하거나 적극적으로 권익을 제한하는 처분이 아니므로 행정절차법에서 정한 사전통지와 의견제출 기회 부여의 대상은 아니지만, 처분이유를 기재한 사증발급 거부처분서를 작성해 주지 않은 것은 문서에 의한 처분 방식을 규정한 행정절차법 제24조 제1항을 위반한 것이라고 보고 있다.

행정절차법 시행령 제2조 제2호에도 '외국인의 출입국·난민인정·귀화·국적회복에 관한 사항'을 행정절차법의 적용제외대상으로 규정하고 있을 뿐, 별도의 사항을 규정하고 있지 않다. 수익적 행정처분의 발급 신청에 대한 거부도 역시 권익을 제한하는 처분에 해당한다. 또한 행정절차법 제21조 제1항에는 처분의 사전통지 대상을 "당사자에게 의무를 부과하거나 권익을 제한하는 처분을 하는 경우"라고 규정하고 있

20) 대법원 2018. 5. 15. 선고 2014두42506 판결.
21) 이러한 입장을 밝힌 판례로는 대법원 2013. 1. 16. 선고 2011두30687 판결; 대법원 2018. 3. 13. 선고 2016두33339 판결 등.

을 뿐, 적극적으로 권리를 제한하는 경우라고 제한하고 있지 않다. 소극적으로 권리를 제한하는 거부처분도 이러한 사전통지의 대상으로 볼 수 있다. 행정절차법의 처분 방식에 관한 규정만 적용된다는 논리는 타당하지 않다. 그러나 외국인의 출입국에 관한 사항은 '성질상 행정절차를 거치기 곤란한 경우'에 해당한다고 보아야 한다.

이 사건 사증발급 거부 통지의 경우에 문서가 아닌 '전화'로 불허사실을 통지하였고, 그 사증발급 불허의 사유로 입국규제대상자에 해당한다는 점을 제시한 것이다. 이러한 전화에 의한 통지도 경우에 따라서는 허용될 수 있다. 독일에서는 통지에 관한 특별한 규정이 없거나 행정행위의 성질이나 특별한 상황 아래에서 요청되는 경우에는 상대방이나 대리인에 대한 '전화통지'도 가능하다고 보고 있다.[22] 또한 출입국관리법 시행규칙 제9조 제1항 제4호의 재외동포 체류기간 2년 이하의 사증발급에 대해서는 규정하고 있지 않다. 출입국관리법 시행규칙 제9조 제1항 제1호에는 법무부장관으로부터 사증발급권한을 위임받은 재외공관의 장이 소정의 사증발급에 대해 신청인에게 알려야 한다고 규정할 뿐, 그 형식을 명확히 규정하고 있지 않다. 전화로 사증발급 거부통지를 하였다고 하여 절차상 하자를 인정한 것은 지나치게 엄격하다.

행정청이 처분을 하는 때에는 원칙적으로 당사자에게 근거와 이유를 제시하여야 한다(행정절차법 제23조 제1항). 그러나 대법원은 거부처분을 하면서 당사자가 그 근거를 알 수 있을 정도로 이유를 제시한 경우에는 처분의 근거와 이유를 구체적으로 명시하지 않았더라도 그로 인해 거부처분이 위법하다고 볼 수는 없다고 보고 있다.[23] 이러한 판례에 대해서는 비판의 여지도 있지만[24], 이에 의하면 처분의 위법을 곧바로 인

22) Kopp/Ramsauer, VwVfG, § 41 Rn. 11.

23) 대법원 2017. 8. 29. 선고 2016두44186 판결.

24) 이러한 판례의 경향에 대해 비판적인 견해로는 김철용, "처분의 근거·이유제시의 정도: 대법원 2002. 5. 17. 선고 200두8912 판결", 김철용(편), 행정절차와 행정소송, 406-407면.

정하기도 어렵다. 사증발급 거부의 이유에 대해서는 원고인 甲도 이미 자신이 입국금지 대상자라는 사실을 숙지하고 있다고 추정된다. 제1심 판결문에 의하면, 甲은 2002. 2. 2. 사증을 발급받지 못하고 인천공항에 도착하여 대한민국에 입국하려고 하였으나, 이 사건 입국금지조치로 인해 입국을 거부당한 뒤 미국에 귀국하였다. 또한 교제 중이던 소외인 B의 부친상 조문을 위해 사증발급을 신청하여, 법무부장관이 甲에 대한 입국금지를 임시로 해제함으로써 2003. 6. 26.부터 같은 달 27일까지 대한민국을 방문한 사실이 있다. 甲은 이러한 입국금지대상자에 대하여 출입국관리법 시행규칙 제9조의2 제2호에 따라 사증발급이 거부될 수 있다는 점을 충분히 인식할 수 있다.

한편, 사증발급 거부처분에 대한 취소소송을 구하면서 입국금지결정의 하자승계를 허용할 것인지도 문제된다. 하자승계론에 의하면 입국금지결정의 처분성이 먼저 인정되어야 하고, 선행처분과 후행처분이 서로 하나의 효과를 목적으로 하여야 한다. 입금금지결정과 사증발급(거부)처분이 동일한 효과를 목적으로 하는 것으로 보기는 어렵다. 하자승계가 유래된 일본에서는 이를 '위법성의 승계'로 보고, 제소기간의 제한 문제를 완화하거나 권리구제 확대를 위한 이론으로 이해하고 있다.[25] 이러한 점에 비추어보면, 국내의 학설 및 판례에서 인정되는 하자승계론은 일본의 학설에 비해 엄격한 측면이 없지 않다. 입국금지결정과 사증발급거부처분 사이에 하자승계가 인정되지 않더라도 입국금지결정은 사증발급에 직접적인 영향을 미치며, 이러한 입국금지결정의 위법은 후행처분인 사증발급 거부처분의 위법을 구성할 수 있다. 실제 원고(甲)은 입국금지결정의 취소를 구할 기대가능성이나 예측가능성은 거의 없다. 국내의 학설 및 판례가 인정하는 하자승계론은 형식논리적인 측면이 없지 않다. 이러한 사례에서 원고의 권리구제를 위해 하자승계를 인정할

25) 예컨대 塩野 宏, 行政法 I, 제6판, 166면; 芝池義一, 行政救濟法講義, 第3版, 72면 참조.

필요성이 있으며, 규준력론에 의하더라도 예측가능성이나 수인가능성이 없어 후행행위에 대한 선행행위의 구속력(규준력)은 차단된다.

(2) 재량권의 불행사에 해당하는지 여부

대상판례에서는 처분의 근거법령이 행정청에 처분의 요건과 효과 판단에 일정한 재량을 부여하였음에도 불구하고 행정청이 자신에게 재량권이 없다고 오인하여 비교형량을 하지 않은 채 처분을 한 것을 재량권 '불행사'라고 보고 있다. 출입국관리법 시행령 제11조 제2항에 의하면 재외동포(F4) 체류자격의 사증발급에 관한 권한을 법무부령으로 그 범위를 정하여 재외공관의 장에게 위임하고 있다. 즉 법무부장관은 행정절차법 제8조 제2항에 따라 [별표 1] 중 3. 일시취재(C-1)부터 5. 단기취업(C-4)까지, [별표 1의2] 중 4. 문화예술(D-1)부터 30. 기타(G-1)까지 또는 [별표 1의3] 영주(F-5)의 체류자격에 해당하는 사람에 대한 사증발급 권한(전자사증 발급권한은 제외한다)을 법무부령으로 그 범위를 정하여 재외공관의 장에게 위임하고 있다. 또한 출입국관리법 시행규칙 제9조 제1항 제5호에는 재외동포(F-4) 체류기간 2년 이하의 사증발급권한을 재외공관의 장에게 위임하고 있다. 같은 법 시행규칙 제9조의2 제2호에 의하면, 출입국관리법 제11조의 규정에 의한 입국금지 내지 입국거부의 대상에 해당하는지 여부를 심사·확인하도록 하고 있다.

대상판례는 법무부장관의 입국금지결정이 있거나 재외동포의 출입국과 법적 지위에 관한 법률(이하 '재외동포법'이라 한다) 제5조 제2항에서 정한 재외동포체류자격 부여 제외사유가 있는 경우에는 관할 행정청이 재외동포체류자격의 사증을 발급하지 않을 재량을 가진다고 보고 있다. 재외공관장의 사증발급은 일정한 경우에 거부될 수 있지만, 입국금지결정이 있거나 재외동포체류자격 부여 제외사유가 있는 사람에게 재외공관장이 사증을 발급하는 것은 매우 제한적이다. 재외동포법 제5조 제2

항 제2호에 의하면, 법무부장관은 외국국적동포가 "대한민국의 안전보장, 질서유지, 공공복리, 외교관계 등 대한민국의 이익을 해칠 우려가 있는 경우"에는 재외동포체류자격을 부여하여서는 아니 된다. 재외공관의 장이 이러한 우려가 있다고 판단되는 사람에게 사증을 발급하려는 경우에는 법무부장관의 '승인'을 얻어야 한다(출입국관리법 시행규칙 제10조 제4호 참조). 대상판례에 의하면, 법무부장관은 출입국관리법 제11조 제1항 제3호, 제4호, 제8호에 근거하여 甲에 대한 입국금지결정을 하였다. 입국금지결정의 사유에 해당하는 "대한민국의 이익이나 공공의 안전을 해치는 행동을 할 염려가 있다고 인정할 만한 상당한 이유가 있는 사람"(제3호), "경제질서 또는 사회질서를 해치거나 선량한 풍속을 해치는 행동을 할 염려가 있다고 인정할 만한 상당한 이유가 있는 사람"(제4호) 등은 전형적인 '불확정개념'에 해당한다. 이와 같이 사증발급이나 그 거부와 관련된 재외공관의 장의 재량은 매우 제한적이며, 그 요건에 관한 판단은 행정권의 독자적 판단영역으로서 '판단여지' 내지 '평가특권'의 문제로 보아야 한다.[26] 이러한 영역은 법원의 사법심사가 상당히 제한될 수밖에 없다. 판례는 여전히 요건 부분의 판단도 재량행위로 판단하고 있으나, 독일에서는 판단여지를 개정된 행정절차법에 명문으로 인정하고 있다. 즉 독일 행정절차법 제35a조에는 완전자동화 행정행위(vollautomatisierter Verwaltungsakt)를 규정하면서, 재량이나 판단여지(Beurteilungsspielraum)가 없는 경우에 이러한 완전자동화 행정행위를 할 수 있다고 규정하고 있다. 이와 같이 독일에서는 오랜 논의를 거쳐 판

---

26) 판단여지와 재량행위의 구별실익이 없다고 보는 견해도 있다(김동희, 행정법 I, 제21판, 275면). 특히 이러한 견해는 제한적으로 판단여지가 인정되는 경우에 재판통제가 미치지 아니한다는 점에서 실질적으로 재량행위와 같다고 보고 있다. 그러나 전술한 바와 같이 양자는 법문의 구조에서 차이가 있을 뿐만 아니라, 사법통제에 있어서도 재량행위와는 구별된다. 구체적 사례에서 판단여지가 인정될 수 있는 영역에서 사법심사를 하는 경우에도 재량의 일탈·남용을 이유로 위법을 인정하기가 사실상 어렵다. 법원은 판단여지의 특성상 결과적으로 기각결정을 할 수밖에 없는 경우가 대부분이다.

단여지론이 입법화가 된 것이다.

한편, 대법원은 재외동포체류자격의 사증을 발급하지 않을 재량을 가진다고 보면서, 이러한 재량을 행사하지 않고 오로지 13년 7개월 전에 입국금지결정이 있었다는 것을 이유로 불허통지를 한 것이 위법하다고 보고 있다. 그러나 재외공관의 장은 이러한 입국금지결정을 할 권한이 없으며, 이를 변경할 권한을 위임받은 것도 아니다. 재외공관의 장은 법무부장관으로부터 사증발급에 관한 일부 권한을 위임받은 것뿐이다. 재외공관의 장이 법무부장관의 입국금지결정에 근거하여 사증발급의 불허처분을 하였다고 하더라도 이를 두고 재량권의 '불행사'로 보기는 어렵다. 나아가 출입국관리법 시행규칙 제10조 제4호에 따라 "대한민국의 안전보장, 질서유지, 공공복리, 외교관계 등 대한민국의 이익을 해칠 우려가 있는" 외국국적동포에 대한 사증의 발급을 위해 법무부장관의 승인을 받지 않은 것을 재량권의 불행사(해태)로 볼 수도 없다. 재외공관의 장은 이러한 입국금지결정의 변경을 신청할 권한도 없으며, 재외공관의 장은 사증발급의 신청인이 입국금지 대상자인지 여부를 심사·확인하고, 이에 해당할 경우에는 사증발급을 거부할 수 있을 뿐이다. 입국금지대상자임에도 불구하고 사증을 발급하는 것은 법령에 위반될 수 있고, 재외공관의 장은 법무부장관이 부여한 권한의 위임 범위를 일탈하게 되어 징계처분의 대상이 될 수 있다. 대상판례에서는 "처분으로 달성하려는 공익과 그로써 처분상대방이 입게 되는 불이익의 내용과 정도를 전혀 비교형량을 하지 않은 채 처분을 하였다"고 지적하고, 이를 근거로 재량권의 일탈·남용하여 해당 처분이 위법하다고 보고 있다. 그러나 이러한 형량은 계획재량에서 문제되는 법리이며, 재량권의 일탈·남용으로 판단할 사항이 아니다. 재량의 하자에는 재량의 유월(踰越) 내지 일탈, 재량의 불행사 내지 해태, 또는 재량의 남용(오용)이 있다.[27)]

27) 이에 대해서는 Maurer/Waldhoff, a.a.O., § 7 Rn. 21.

재량의 불행사는 행정청이 부주의나 태만으로 재량권을 전혀 사용하지 않는 경우를 의미한다. 그러나 이 사안에서 재외공관의 장이 재량권을 전혀 행사하지 않았거나 태만하였다고 단정하기는 어렵다.

4. 입국심사와 입국허가거부

입국금지결정의 대상자는 출입국관리공무원에 의한 입국심사를 통해 입국허가 여부가 결정된다. 출입국관리법 제12조 제1항에 의하면, 외국인이 입국하려는 경우에는 입국하는 출입국항에서 출입국관리공무원의 입국심사를 받아야 한다. 이 경우 출입국관리공무원은 입국심사를 함에 있어서 출입국관리법 제12조 제3항의 허가요건을 심사하고, 외국인이 그러한 요건을 충족하지 못하는 경우에는 허가를 거부할 수 있다(같은 조 제4항). 즉 출입국관리공무원은 첫째, 여권과 사증이 유효할 것, 둘째, 입국목적이 체류자격에 맞을 것, 셋째, 체류기간이 법무부령으로 정하는 바에 따라 정하여졌을 것, 그리고 마지막으로 제11조에 따른 입국의 금지 또는 거부의 대상이 아닐 것을 심사한다.

대상판례의 사건에서는 "(출입국관리법) 제11조에 따른 입국의 금지 또는 거부의 대상이 아닐 것"이라는 요건이 문제된다. 외국인이 출입국관리공무원의 입국심사를 받을 때에 이러한 요건을 충족하지 못하게 되는 경우에는 입국허가가 거부될 수 있다. 그러나 이러한 입국허가의 거부가 재량행위로 파악될 수 있는지가 문제된다. 출입국관리법 제12조 제3항에는 소정의 요건을 충족한 경우에는 "입국을 허가한다"라고 규정하고 있다. 이러한 요건을 충족하는 경우에 행정청은 원칙적으로 입국을 허가하여야 하나, 그 요건은 불확정개념으로 되어 있다. 이러한 요건을 충족한 경우에도 출입국관리공무원이 입국허가를 거부할 수 있는지가 문제될 수 있다. 예컨대 입국심사의 요건으로 "입국목적이 체류자격에 맞을 것"에 대한 심사를 하면서 입국허가를 거부하는 경우를 고려해

볼 수 있다. 이 경우는 입국심사의 요건을 충족하지 못하여 거부하는 것이다. 또한 대상판례에서 보는 바와 같이 입국금지의 대상자에 대해서는 입국허가를 거부할 수 있다. 법문에는 "입국을 허가하지 아니할 수 있다"고 하여 재량행위로 규정하고 있다. 그러나 입국금지대상자에 대해서는 입국허가를 결정하기가 어렵다. 출입국관리공무원은 법무부의 입국금지대상에 해당하는지 여부를 판단하고, 입국허가를 거부하는 것이 일반적이다. 대통령령으로 제정된 법무부의 직제규정에 의하면, 이러한 외국인의 출입국 심사는 출입국·외국인청 및 출입국·외국인사무소의 소관사항이다(법무부와 그 소속기관 직제 제48조 제1항 제1호). 행정청의 입국허가 거부결정은 행정처분에 해당하며, 입국금지결정의 효력발생요건이 아니라 그 자체가 독립한 행정행위(행정처분)라고 보아야 한다.

5. 취소판결의 기속력과 재처분

파기환송 후 대법원의 최종 판결을 지켜보아야 하겠지만, 사증발급 거부처분에 대한 취소판결이 내려진 경우에 행정청이 절차상 하자를 치유하여 다시 동일한 사증발급을 불허할 수 있는지 문제된다. 대상판결에서는 절차상 하자 외에 재량의 불행사를 이유로 실체적 위법성을 인정하고 있기 때문이다. 이러한 취소판결의 기속력은 법무부장관의 입국금지결정에 미치지 아니한다. 확정판결은 소송당사자와 관계행정청이 판결의 취지에 따라 행동할 실체법적 의무를 발생시킨다. 이를 판결의 '기속력'이라고 한다. 행정소송법 제30조에도 "처분등을 취소하는 확정판결은 그 사건에 관하여 당사자인 행정청과 그 밖의 관계 행정청을 기속한다"고 규정하고 있다. 기속력의 법적 성질에 대하여 기판력설과 특수효력설이 대립하고 있으나, 다수설은 '특수효력설'로 이해하고 있다.[28] 종전의 판례 중에는 '기속력'의 문제를 '기판력'으로 보는 경우도 있었다.[29] 그러나 대법원은 최근 감차명령처분취소 사건에서 기속력과 기판력을 명확히 구별하면서, 행정소송법 제30조 제1항을 기속력의 문제로 보고 있다.[30] 기판력은 당사자와 법원을 모두 구속하지만, 기속력은 행정청과 관계행정청을 구속한다.

이러한 기속력의 효력에는 반복금지효(저촉금지효)가 인정된다. 동일한 사실관계에서 동일한 당사자에게 동일한 내용의 처분을 하여서는 아니된다. 이를 위반한 처분은 기속력에 반하여 당연무효이다.[31] 그 사실관계의 동일성 여부는 종전 처분에 관하여 위법으로 판단한 사유와 기본적 사실관계의 동일성이 있는지 여부이다. 거부처분의 사유를 명시적으로 밝히고 있지는 않지만, 사실관계에서 언급된 바와 같이 乙이 밝힌 사증발급 거부처분의 사유는 2002년 원고 甲에 대한 입국금지결정이다. 따라서 확정판결에서 위법으로 판단된 종전의 처분사유와 동일한 사유로 거부처분을 다시 해서는 아니 되지만, 새로운 처분사유를 근거로 다시 거부처분을 할 수 있음은 물론이다.[32] 다만, 실체적 위법성에 관한 문제에서 행정청이 자신의 재량권을 행사하더라도 동일한 거부결정에 이르는 경우가 있다. 법무부장관의 입국금지결정이 취소 또는 변경되지 않는 한, 재외공관의 장이 다른 결정(사증발급처분)을 내리기는

28) 김도창, 일반행정법론(상), 818면; 이상규, 전게서(상), 884면.

29) 대법원 1962. 3. 15. 선고 4294행상131 판결; 대법원 1982. 5. 11. 선고 80누104 판결.

30) “취소 확정판결의 ‘기속력’은 취소 청구가 인용된 판결에서 인정되는 것으로서 당사자인 행정청과 그 밖의 관계행정청에게 확정판결의 취지에 따라 행동하여야 할 의무를 지우는 작용을 한다. 이에 비하여 행정소송법 제8조 제2항에 의하여 행정소송에 준용되는 민사소송법 제216조, 제218조가 규정하고 있는 ‘기판력’이란 기판력 있는 전소 판결의 소송물과 동일한 후소를 허용하지 않음과 동시에, 후소의 소송물이 전소의 소송물과 동일하지는 않더라도 전소의 소송물에 관한 판단이 후소의 선결문제가 되거나 모순관계에 있을 때에는 후소에서 전소 판결의 판단과 다른 주장을 하는 것을 허용하지 않는 작용을 한다.” (대법원 2016. 3. 24. 선고 2015두48235 판결)

31) 대법원 1990. 12. 11. 선고 90누3560 판결.

32) 김중권, 행정법, 제3판, 809면; 법원행정처, 법원실무제요(행정), 2016, 387면.

사실상 어렵다. 재처분의무에 있어서 행정청의 독자적 판단권(행정재량, 계획재량, 또는 판단여지)이 인정되는 경우에는 유연한 판단이 필요하다. 재량의 흠결이나 해태의 경우에도 다시 주의를 기울여 신중히 재량권을 행사하는 경우, 흠결된 형량의 요소를 고려한 경우에도 거부처분을 내릴 수밖에 없는 경우가 있다. 이러한 경우에는 종전 처분과 같은 거부처분이라고 하더라도 취소판결의 기속력에 반한다고 볼 수 없다.[33]

거부처분에 대한 취소판결의 기속력과 관련하여 가장 문제가 되는 것은 '재처분의무'이다. 이는 거부처분에 대한 적극적 처분의무와 관련된 것이다. 거부처분의 취소판결이 확정되면 당해 거부처분을 한 행정청은 판결의 취지에 따라 원래의 신청에 대한 처분을 하여야 할 의무를 진다(행정소송법 제30조 제2항). 행정소송법에서는 직접적인 의무이행소송을 인정하고 있지 않으나, 적극적 처분의무를 이행하지 않는 경우에는 판결의 기속력을 통해 적극적 처분의무를 간접적으로 강제하고 있다(행정소송법 제34조 참조). 그러나 원고의 신청대로 원고가 신청한 처분을 하여야 하는 것은 아니다. 판례는 처분시설을 따르고 있으므로 종전의 처분 후에 발생한 새로운 사유를 이유로 다시 거부처분을 할 수는 있으며, 처분 당시에 이미 존재하던 사실도 확정판결에서 위법으로 인정된 처분사유와 다른 경우에는 이를 근거로 거부처분을 할 수 있다.[34] 또한 처분의 절차상 위법을 이유로 한 취소판결이 확정된 때에는 적법한 절차에 따라 이전의 신청에 대한 처분을 다시 하여야 한다(행정소송법 제30조 제3항). 판례는 과세처분이 절차상 하자로 취소된 경우 그 하자를 보완하여 다시 새로운 과세처분을 할 수 있으며, 이러한 과세처분은 확정판결에 의해 취소된 종전의 확정판결과는 별개의 처분이라고 판시하고 있다.[35] 따라서 재외공관의 장이 절차상 하자를 치유하여 다시 거부처

33) 정남철, 행정구제의 기본원리, 제1전정판, 17면 참조.

34) 법원행정처, 전게서, 389면.

35) "과세의 절차 내지 형식에 위법이 있어 과세처분을 취소하는 판결이 확정되었을

분을 할 수 있다. 취소판결의 입장과 같이 문서로서 사증거부의 통지를 하되, 거부처분의 사유를 밝혀 거부처분을 할 수 있음은 물론이다.

Ⅳ. 맺음말

대상판례는 기본권 제한의 정도가 중한 법무부장관의 입국금지결정에 대해서는 처분성 그 자체를 부정하면서도 단순히 구두로 통보한 사증발급 거부에 대해서는 처분을 인정한 후 문서형식이 아니라는 이유로 행정절차법 제24조 제1항을 위반한 하자가 있다고 판단하고 있다. 그러나 대상판례는 행정행위의 성립요건과 효력발생요건의 구별을 간과하고 있으며, 입국금지결정을 행정규칙의 하나인 지시로 파악한 것은 타당하지 않다. 법무부장관의 입국금지결정은 사실상 당사자의 권리 내지 기본권(일반적 행동의 자유 내지 거주·이전의 자유)을 중대하게 제한하며, 이후의 사증발급이나 입국심사의 허가 등에 직접적인 영향을 미칠 수 있다. 법무부장관의 입국금지결정을 그대로 둔 채 사증발급신청을 하거나 입국허가를 받기는 사실상 불가능하다. 따라서 법무부장관의 입국금지결정에 대해 처분성을 인정하고 이를 직접 다투도록 이론구성을 하는 것이 바람직하다. 출입국항에서 입국허가를 거부당하는 경우에 그 거부처분에 대해 행정소송으로 다투는 것이 현실적으로 쉽지 않다. 따라서 법무부장관은 적어도 소재지의 파악이 가능하거나 처분의 통지가 가능한 외국인에게 입국금지결정을 개별적으로 통지하는 절차를 마련하거나, 사생활보호나 개인정보보호 등을 고려하면서 입국금지결정의

때는 그 확정판결의 기판력은 거기에 적시된 절차내지 형식의 위법사유에 한하여 미치는 것이므로 과세관청은 그 위법사유를 보완하여 다시 새로운 과세처분을 할 수 있고 그 새로운 과세처분은 확정판결에 의하여 취소된 종전의 과세처분과는 별개의 처분이라 할 것이어서 확정판결의 기판력에 저촉되는 것이 아니다."(대법원 1987. 2. 10. 선고 86누91 판결)

공지절차를 마련해야 한다.

대상판례에서 사증발급 거부처분의 형식적 요건을 엄격히 판단하고 있는 점은 절차적 기본권의 강화 차원에서 충분히 수긍할 수 있다. 그러나 사증발급 거부에 행정절차법을 그대로 적용하기 어려운 점이 있고, 처분의 문서형식에 관한 행정절차법의 규정을 적용하는 것은 지나친 측면도 있다. 다만, 향후 외무행정의 실무에 있어서도 사증발급 거부처분에 관한 절차적 요건을 준수하는 방향으로 정비하는 것이 바람직하다. 주소나 소재지가 확인되는 해외동포에 대해서는 사증발급이나 그 거부에 대해 문서로 통지하고, 그 거부시에 거부의 사유도 명확히 밝히도록 하는 것이 바람직하다. 기왕에 행정절차법을 적용해야 한다면 의견제출의 기회도 보장하여야 한다. 이 사건과 같이 13년 7개월 전의 입국금지결정에 대해 소명을 하거나 이의를 제기할 수 있는 기회를 원천적으로 배제하는 것은 당사자에게 지나치게 가혹하다. 대상판례에서 실체적 위법성의 판단은 재고의 여지가 있다. 입국금지대상자에 대해 재외공관의 장이 이를 달리 판단할 재량권이 있다고 보기 어렵다. 또한 재외공관의 장이 이를 달리 판단할 수 있는 요소를 고려하지 않았다고 하여 이를 재량권의 불행사(해태)로 판단한 것은 타당하지 않다. 대법원 판례에서는 행정처분에 대한 명확한 판단기준이 아직 확립되어 있지 않다. 독일의 대표적인 행정법학자인 슈미트 아쓰만(Schmidt-Aßmann) 교수의 적절한 지적처럼, 행정법의 발전은 "행정법 도그마틱(verwaltungsrechtliche Dogmatik)의 개혁"에서 시작되어야 한다.[36] 일본의 행정법학에서 유래된 '처분' 개념은 강학상 '행정행위'와 달리 이론적으로나 실무적으로 적지 않은 혼란을 가져다 주고 있다. 향후 행정처분의 위법성 판단과 관련된 대법원 판례의 변화를 기대해 본다.

36) Schmidt-Aßmann, Verwaltungsrechtliche Dogmatik, 2013, S. 3.

참고문헌

[국내문헌]

김남진/김연태, 행정법 I, 제22판, 법문사, 2018.
김도창, 일반행정법론(상), 제4전정판, 청운사, 1992.
김동희, 행정법 I, 제21판, 박영사, 2015.
김중권, 행정법, 제3판, 법문사, 2019.
김중권, "유승준에 대한 대법원 판결 문제점에 관한 관견", 법률신문 2019. 7. 15.자.
김철용(편), 행정절차와 행정소송, 피앤씨미디어, 2017.
박균성, 행정법론(상), 제15판, 박영사, 2016.
박윤흔/정형근, 최신행정법강의(상), 개정30판, 박영사, 2009.
이상규, 신행정법론(상), 신판, 1993.
정남철, 행정구제의 기본원리, 제1전정판, 법문사, 2015.
홍정선, 행정법원론(상), 제27판, 박영사, 2019.
헌법재판소, 헌법재판실무제요, 제2개정판, 2015.
법원행정처, 법원실무제요(행정), 2016.

[일본문헌]

塩野 宏, 行政法 I(行政救濟論), 第六版, 有斐閣, 2015.
芝池義一, 行政救濟法講義, 第3版, 有斐閣, 2006.

[독일문헌]

Hufen, Verwaltungsprozessrecht, 7. Aufl., München 2008.
Kopp/Ramsauer, VwVfG, Kommentar, 19. Aufl., München 2018.
Kopp/Schenke, VwGO, Kommentar, 18. Aufl., München 2012.

Maurer/Waldhoff, Allgemeines Verwaltungsrecht, 19. Aufl., München 2017.

Isensee/Kirchhoff (Hg.), Handbuch des Staatsrecht, Bd. V, 3. Aufl., Heidelberg 2007.

Schmidt－Aßmann, Verwaltungsrechtliche Dogmatik, Tübingen 2013.

Schmitt Glaeser/Horn, Verwaltungsprozeßrecht, 15. Aufl., 2000.

국문초록

대상판례는 법무부장관의 입국금지결정을 행정규칙의 하나인 '지시'로 보고 있지만, 법무부장관의 입국금지결정은 상대방의 권리나 기본권을 중대하게 제한할 수 있다. 또한 이러한 입국금지결정은 이후의 사증발급이나 입국심사허가 등에 큰 영향을 미친다. 법무부장관의 입국금지결정을 그대로 두고, 사증발급 거부처분만을 다투는 것은 권리구제의 실익이 없다. 또한 출입국항에서 입국허가를 거부당하는 때에 이를 다투는 것은 현실적으로 쉽지 않다. 따라서 법무부장관의 입국금지결정의 처분성을 인정하는 방향으로 이론구성을 해야 한다. 법무부장관은 사생활보호와 개인정보보호 등을 고려하면서 입국금지결정의 공지절차를 마련해야 한다. 적어도 소재지의 파악이 가능하거나 처분의 통지가 가능한 경우에는 입국금지결정을 개별적으로 통지하는 것이 바람직하다. 대상판결에서는 사증발급 거부처분의 형식적 요건을 엄격히 판단하고 있으나, 행정절차법을 그대로 적용하기 어려운 측면이 있다. 다만, 절차적 기본권을 충실히 보장하기 위해서는 외무행정에서도 처분의 형식이나 절차적 요건 등이 잘 준수되도록 입법적 제도개선을 할 필요가 있다. 사증발급 거부의 사유를 밝히고 의견 제출의 기회를 부여하는 방안도 고려할 수 있다. 다만, 실체적 위법성 판단과 관련하여 재량권 불행사를 이유로 사증발급 거부처분의 위법을 인정한 것은 적절하지 않다. 입국금지대상자에 대해 재외공관장이 이를 달리 판단할 수 있는 재량권은 거의 없다. 향후 행정처분의 위법성 판단과 관련된 대법원 판례의 변화를 기대해 본다.

주제어: 입국금지결정, 사증발급, 입국심사, 입국허가거부, 기속력, 재처분, 재외동포, 재량, 판단여지

Abstract

A Judgement of Illegality in Decision of Entry Ban and Refusal of Visa Issuance

Chung, Nam-Chul*

In this ruling of the Supreme Court of Korea, the Minister of Justice's decision to ban entry is identified as an instruction, a kind of administrative rule, but the Minister of Justice's decision to prohibit entry can seriously limit citizen's rights or fundamental rights. In addition, the decision to prohibit entry has a great influence on visa issuance and immigration examination. It is not efficient to remedy the right of refusal to issue a visa leaving the Minister of Justice's decision to ban entry. It is also practically difficult to argue when an entry permit is denied at the port of entry. Therefore, the theory should be constructed in a way that recognizes the Minister of Justice's decision to prohibit entry as the disposition. The Minister of Justice should establish a notification procedure for the decision to ban entry, taking into account privacy protection and personal information protection. When at least grasp of the location is possible or notice of disposal is possible, it is desirable to individually notify the entry decision. In the judgment, the formal requirements for the rejection of visa is strictly judged, but the administrative procedure law cannot be applied to the case of entry and immigration of foreigners entirely. However, in order

* Sookmyung Women's University College of Law

to ensure the procedural fundamental right, it is necessary to improve the legislative system so that the form of disposition and procedural requirements are well adhered to the field of foreign administration. Reasons for the denial of the visa and opportunity to submit comments could be given if possible. However, it is not appropriate to admit the illegality of the denial of visa issuance for reasons of discretionary nonuse related to the review of substantive illegality. There is little discretion in the embassies and legations abroad to judge differently from the entry ban decision of the Ministry of Justice. We look forward to a change and development in the Supreme Court's ruling relating the determination of illegality in administrative disposal in the future.

Keywords: No－entry decision, visa issuance, immigration review, denial of entry permit, re－disposal, overseas Koreans, discretion

투고일 2019. 12. 13.
심사일 2019. 12. 23.
게재확정일 2019. 12. 30.

行政節次 및 情報公開

辯護士의 助力權을 制限한 行政節次의 違法性

辛尙珉*

대법원 2018. 3. 13. 선고 2016두33339 판결

Ⅰ. 대상판결의 개요

1. 사실관계

(1) 원고는 2014. 2. 17. 육군3사관학교에 입학한 사관생도인데, 2014. 4.경부터 같은 해 8월경까지 사이에 동료 생도들 및 그 여자친구들에 대하여 각종 폭언·욕설·인격모독행위, 성군기 위반 등의 비위행위(이하 '이 사건 비위행위'라고 한다)를 저질렀다는 이유로 징계절차에 회부되었고, 피고는 「육군3사관학교 학칙」 제28조의 위임에 따른 「사관생도 행정예규」 제95조 제1호 (다)목에서 정한 생도대 훈육위원회와 학교 교육운영위원회의 2단계 심의·의결을 거친 후 2014. 8. 24. 원고에 대

* 법무법인 태림 변호사

하여 퇴학처분(이하 '종전처분'이라 한다)을 하였다.

(2) 원고는 법무법인을 소송대리인(이하 '원고의 소송대리인'이라고만 표시한다)을 선임하여 대구지방법원 2014구합2005호로 종전처분에 대한 취소소송을 제기하였는데, 위 법원은 2015. 3. 25. '징계사유는 대부분 인정되고 징계양정에 재량권 일탈ㆍ남용도 없으며 다른 절차상 하자도 없으나, 징계처분서를 교부하지 아니한 하자가 있어 종전처분이 위법하다'는 이유로 종전처분을 취소하는 판결(이하 '종전판결'이라 한다)을 선고하였고, 위 판결은 그 무렵 확정되었다.

(3) 종전판결의 취지에 따라 원고에 대하여 절차상 흠을 보완하여 다시 징계처분을 하기 위하여, 육군3사관학교 생도대 훈육위원회 위원장은 2015. 4. 15. 원고에게 출석통지서(갑 제7호증)를 교부함으로써 2015. 4. 20. 11:00에 개최되는 생도대 훈육위원회의 심의에 출석할 것을 통지하였는데, 원고의 소송대리인은 2015. 4. 20. 10:00경 육군3사관학교 정문에 도착하여 위 생도대 훈육위원회 심의에 참석하고자 한다며 출입허가를 요청하였으나 정문 위병소에서 출입이 거부되었고, 생도대 훈육위원회의 심의에는 원고 본인만이 출석하여 진술하였다.

(4) 원고의 소송대리인은 2015. 4. 23. 육군3사관학교 생도대장에게 원고의 소송대리인과 부모가 학교교육운영위원회에 참석하는 것을 허가하여 달라고 서면요청서를 제출하였으나, 육군3사관학교 법무실장은 2015. 5. 6.경 원고의 소송대리인에게 '국방부 징계훈령 제14조 및 행정절차법 제12조 제2항, 제1항 제3호, 제11조 제4항의 규정은 사관생도에 대한 퇴학처분에는 적용되지 않으며, 학교교육운영위원회에 징계심의대상자의 대리인이나 부모의 참여권을 인정할 근거 규정이 없으므로 허가할 수 없다'는 내용으로 회신하였고, 2015. 5. 21. 10:30경 개최된 학교교육운영위원회 심의에는 원고 본인만이 출석하여 진술하였다.

(5) 피고는 학교교육운영위원회의 의결 결과에 따라 2015. 5. 28. 원고에 대한 이 사건 퇴학처분을 하였다.

2. 소송의 진행 경과

(1) 대구지방법원은 대리인의 참여권 제한, 구체적인 징계혐의사실을 통지 흠결, 일부 징계사실 추가 등의 원고 주장의 절차상 하자가 인정되지 않고, 이 사건 비위행위에 처분사유가 존재하며, 이 사건 처분이 재량권을 일탈·남용하였다고 볼 수 없다는 이유로, 원고의 청구를 기각하는 판결을 선고하였다(대구지방법원 2015. 9. 15. 선고 2015구합22259 판결).

(2) 항소심인 대구고등법원은 1심 판결을 그대로 인용하면서 항소기각 판결을 선고하였다(대구고등법원 2016. 1. 22. 선고 2015누6461 판결).

(3) 대법원은 행정절차법의 적용 범위 등에 관한 일부 원심의 판단이 적절하지는 않지만, 원고의 청구를 기각한 결론은 정당하다면서, 상고를 기각하였다(대법원 2018. 3. 13. 선고 2016두33339 판결, 이하 '대상판결'이라 한다).

3. 대상판결의 요지[1)]

[1] 행정절차법 제12조 제1항 제3호, 제2항, 제11조 제4항 본문에 따르면, 당사자 등은 변호사를 대리인으로 선임할 수 있고, 대리인으로 선임된 변호사는 당사자 등을 위하여 행정절차에 관한 모든 행위를 할 수 있다고 규정되어 있다. 위와 같은 행정절차법령의 규정과 취지, 헌법상 법치국가원리와 적법절차원칙에 비추어 징계와 같은 불이익처분절차에서 징계심의대상자에게 변호사를 통한 방어권의 행사를 보장하는 것이 필요하고, 징계심의대상자가 선임한 변호사가 징계위원회에 출석하여 징계심의대상자를 위하여 필요한 의견을 진술하는 것은 방어권 행사의 본질적 내용에 해당하므로, 행정청은 특별한 사정이 없는 한 이를

1) 대법원 판시내용과 달리 판단한 1심 판결 내용은 아래의 평석 중 해당 부분에서 다룬다.

거부할 수 없다.

[2] 행정절차법 제3조 제2항, 행정절차법 시행령 제2조 등 행정절차법령 관련 규정들의 내용을 행정의 공정성, 투명성 및 신뢰성을 확보하고 국민의 권익보호를 목적으로 하는 행정절차법의 입법 목적에 비추어 보면, 행정절차법의 적용이 제외되는 공무원 인사관계 법령에 의한 처분에 관한 사항이란 성질상 행정절차를 거치기 곤란하거나 불필요하다고 인정되는 처분이나 행정절차에 준하는 절차를 거치도록 하고 있는 처분에 관한 사항만을 말하는 것으로 보아야 한다. 이러한 법리는 '공무원 인사관계 법령에 의한 처분'에 해당하는 육군3사관학교 생도에 대한 퇴학처분에도 마찬가지로 적용된다. 그리고 행정절차법 시행령 제2조 제8호는 '학교 · 연수원 등에서 교육 · 훈련의 목적을 달성하기 위하여 학생·연수생들을 대상으로 하는 사항'을 행정절차법의 적용이 제외되는 경우로 규정하고 있으나, 이는 교육과정과 내용의 구체적 결정, 과제의 부과, 성적의 평가, 공식적 징계에 이르지 아니한 질책 · 훈계 등과 같이 교육 · 훈련의 목적을 직접 달성하기 위하여 행하는 사항을 말하는 것으로 보아야 하고, 생도에 대한 퇴학처분과 같이 신분을 박탈하는 징계처분은 여기에 해당한다고 볼 수 없다.

[3] 육군3사관학교의 사관생도에 대한 징계절차에서 징계심의대상자가 대리인으로 선임한 변호사가 징계위원회 심의에 출석하여 진술하려고 하였음에도, 징계권자나 그 소속 직원이 변호사가 징계위원회의 심의에 출석하는 것을 막았다면 징계위원회 심의·의결의 절차적 정당성이 상실되어 그 징계의결에 따른 징계처분은 위법하여 원칙적으로 취소되어야 한다. 다만 징계심의대상자의 대리인이 관련된 행정절차나 소송절차에서 이미 실질적인 증거조사를 하고 의견을 진술하는 절차를 거쳐서 징계심의대상자의 방어권 행사에 실질적으로 지장이 초래되었다고 볼 수 없는 특별한 사정이 있는 경우에는, 징계권자가 징계심의대상자의 대리인에게 징계위원회에 출석하여 의견을 진술할 기회를 주지 아니

하였더라도 그로 인하여 징계위원회 심의에 절차적 정당성이 상실되었다고 볼 수 없으므로 징계처분을 취소할 것은 아니다.

Ⅱ. 쟁점의 정리

대상판결은 육군3사관학교 사관생도에 대한 징계절차에서 행정절차법의 적용범위 및 절차적 정당성의 해석이 문제되는 판결로서, ① 행정절차법의 적용배제 사항에 해당되는지 여부, ② 행정절차에 대리인인 변호사의 참여권이 인정되는지 여부(참여가 거부되었을 경우 절차상 하자 인정 여부), ③ 행정절차법상 의견제출의 기회 보장 및 처분의 이유제시 등 절차규정을 준수하였는지 등을 주된 쟁점으로 한다.[2)]

첫 번째 논점은, 행정절차법 제3조 제2항 제9호, 동법 시행령 제2조 각 호에 따라 행정절차법의 적용이 제외되는 사항 중에, '공무원 인사관계 법령에 의한 징계 처분'(제3호)과 '학교 · 연수원 등에서 교육 · 훈련의 목적을 달성하기 위하여 학생 · 연수생 등을 대상으로 행하는 사항'(제8호)의 해석 범위이다. 여기에 해당된다고 판단되면 의견제출의 기회 보장, 처분의 이유제시 등 절차 규정의 적용 자체가 배제될 수 있는 바, 절차상 하자 유무의 검토에 있어 가장 선행 전제가 되는 논의라고 할 수 있다.

두 번째 논점은, 행정절차법 제12조 제1항 제3호, 제2항, 제11조 제4항 본문의 해석 문제로서, 행정절차에 당사자의 대리인으로서 변호

2) 그 외에 ① 종전처분의 징계사유에 비해 추가된 징계사유가 있는지 여부, ② 원고의 행위가 육군3사관학교설치법 시행령 및 사관생도 행정예규에서 정한 1급 사고에 해당하는지 여부, 즉 처분사유의 존재 여부, ③ 재량권을 일탈 · 남용의 점이 있는지 여부 등이 1심부터 대법원 판결까지 쟁점이 되었으나, 모두 기각되었다. 이들은 기본적으로 사실관계에 대한 판단의 문제로서, 각 심급별 견해의 차이가 존재하지 않으므로, 본고에서는 검토에서 생략하였다.

사가 참여하여 의견진술 등 방어권 행사에 관한 대리행위를 하는 것이 어느 범위까지 인정되어야 하는지에 관한 것이다. 특히 변호인의 조력권이 헌법상 인정되는 권리인지, 징계 관련 근거법령에 명문의 규정이 있어야만 인정되는지, 그 밖에 행정절차법과의 관계 등에 대해서도 검토할 필요가 있다.

세 번째 논점은, 피고인 행정청이 행정절차법 제21조 제1항 제4호, 제22조 제3항에 의한 의견제출의 기회 보장, 그리고 동법 제23조에 따른 처분의 이유제시 등 절차 규정을 준수하였는지 여부이다. 우리 법원은 방어권 보장의 측면을 고려하여 절차 위반 여부를 판단하고 있는바, 그 내용과 범위에 대해 살펴보도록 한다.

Ⅲ. 행정절차법의 적용제외 사항

1. 문제의 소재

우리 행정절차법에는 행정행위에 절차상 하자가 존재하는 경우 실체상 하자가 없더라도 행정행위의 취소사유로 작용하는지에 대해 아무런 규정을 두고 있지 않다. 이는 '절차상 하자의 독자적 위법사유성'에 관한 문제인데, 이에 관한 학설로는 ① 행정의 능률이나 소송 경제를 고려했을 때 실체법적으로 적법하다면 절차상 하자만으로는 취소할 수 없다는 견해(소극설), ② 행정의 대원칙인 법률적합성의 원칙 및 절차적 규제의 담보를 위하여 절차상 하자는 그 자체로 독립적인 취소사유가 된다는 견해(적극설),[3] ③ 기속행위와 재량행위를 나누어 재량행위는 절차상의 위법사유가 독자적 취소사유가 되지만, 기속행위는 내용상 하자

3) 김남진·김연태, 행정법Ⅰ, 제23판, 법문사, 2019, 428면; 홍정선, 행정법특강, 제15판, 박영사, 2016, 375면.

가 존재하지 않은 채 절차상 하자만으로 위법해지지는 않는다는 견해(절충설)[4] 등이 있다. 대법원은 기속행위나 재량행위를 구별하지 않고 절차상 하자를 독자적인 취소사유로 보고 있다.[5]

적극설을 취하고 있는 우리 대법원의 태도는, 비교법적으로 보더라도 행정절차 보장을 매우 강조하는 입장이다. ① 독일은 연방행정절차법(Verwaltungsverfahrensgesetz) 제46조에 따라 절차 규정에 위반하여 행정행위가 이루어진 경우에도 그 위반으로 인해 당해 결정에 실체적으로 영향을 미치지 않았음이 명백한 때에는 그 위반만을 이유로 행정행위의 취소를 구할 수 없으므로, 절차적 하자만으로 독자적 취소가 가능한 범위가 적고, ② 프랑스는 판례에 의할 때 중요한 절차적 요건(formalité substantielle)에 대한 위반만이 취소사유가 되는데, 청문과 이유제시는 원칙적으로 중요한 절차적 요건에 해당하나 예외도 존재하며, ③ 미국은 행정절차법(Administrative Procedure Act)에 절차적 하자가 있는 행정결ㅇㄹ정은 위법한 것으로 선언되고 취소되어야 한다고 규정하고 있어(5 U.S.C §706 (2) (D)), 절차적 정당성이 최고도로 강조되고 있다.[6]

이렇듯, 우리 법체계상 절차상 하자는 독립적 취소사유로 인정이 되고 있는데, 만일 특정 절차를 거치지 않은 사안에 행정절차법의 적용 자체가 배제되는 사안이라면, 절차를 지키지 않았다는 사유만으로 처분의 효력을 부정할 수 없게 된다. 우리 행정절차법 제3조 제2항 제9호, 동법 시행령 제2조는 행정절차법의 효력이 적용되지 않는 사항에 대하여 명문의 규정을 두고 있는바, 이 사유에 해당한다고 해석되는지 여부에 따라 처분의 위법성 판단에 있어 상반된 결론이 도출될 수 있으므로, 위 적용배제 사유의 해석이 중요하다.

---

4) 김동희, 행정법Ⅰ, 제24판, 박영사, 2018, 412면.
5) 대법원 1991. 7. 9. 선고 91누971 판결, 대법원 1984. 5. 9. 선고 84누116 판결, 대법원 2007. 3. 15. 선고 2006두15806 판결 등.
6) 박정훈, “행정소송과 행정절차(1)- 비교법적 고찰 및 네 개의 접점문제”, 행정소송의 구조와 기능, 박영사, 2011, 570－573면.

2. 행정절차법 적용제외 사유에 대한 엄격해석의 원칙

행정절차법 제3조 제2항은 "이 법은 다음 각 호의 어느 하나에 해당하는 사항에 대하여는 적용하지 아니한다."고 규정하면서 그 제9호에서 '(…) 등 해당 행정작용의 성질상 행정절차를 거치기 곤란하거나 거칠 필요가 없다고 인정되는 사항과 행정절차에 준하는 절차를 거친 사항으로서 대통령령으로 정하는 사항'을 행정절차법의 적용이 제외되는 경우로 규정하고 있고, 그 위임에 기한 동법 시행령 제2조는 "법 제3조 제2항 제9호에서 '대통령령으로 정하는 사항'이라 함은 다음 각 호의 어느 하나에 해당하는 사항을 말한다"라고 규정하면서 제1호부터 제11호까지를 규정하고 있다.

행정과정에 대한 국민의 참여와 행정의 공정성, 투명성 및 신뢰성을 확보하고 국민의 권익을 보호함을 목적으로 하는 행정절차법의 입법목적과 행정절차법 제3조 제2항 제9호의 규정 내용 등에 비추어 보면, 행정절차법 시행령 제2조 각 호에서 규정된 사항 전부에 대하여 행정절차법의 적용이 배제되는 것이 아니라, 그 사항이 '성질상 행정절차를 거치기 곤란하거나 불필요하다고 인정되는 처분'이나 '행정절차에 준하는 절차를 거치도록 하고 있는 처분'의 요건을 갖춘 경우에 한해서 행정절차법의 적용이 배제되는 것으로 보아야 할 것이다.[7] 즉, 하위법령인 시행령의 문구만 볼 것이 아니라 상위 법률에서 정한 요건을 충족하는 것까지 요구되는 것인바, 대법원은 행정절차법의 적용배제 조항을 엄격하게 해석하고 있다고 볼 수 있다.

7) 대법원 2007. 9. 21. 선고 2006두20631 판결.

3. 대상판결에 대한 검토 및 평석

(1) 원심과 대법원의 입장

1) 1심 및 이를 그대로 인용한 항소심의 판단

행정절차법 시행령 제2조 제8호의 '학교·연수원등에서 교육·훈련의 목적을 달성하기 위하여 학생·연수생 등을 대상으로 행하는 사항'에는 각급 학교 학생 및 연수생의 입학·퇴학·졸업·수료·성적평가 등과 교육·훈련의 목적을 달성하기 위한 징계결정 등이 포함된다고 할 것인바, 이 사건 육군3사관학교의 퇴학처분은 위 제8호에 해당하여 행정절차 관계법령이 적용되지 않는 사항이라 할 것이다.

2) 대법원의 판단

① 이 사건 육군3사관학교 생도에 대한 퇴학처분은 행정절차법 시행령 제2조 제8호의 '학교·연수원 등에서 교육·훈련의 목적을 달성하기 위하여 학생·연수생 등을 대상으로 행하는 사항'은 교육과정과 내용의 구체적 결정, 과제의 부과, 성적의 평가, 공식적 징계에 이르지 아니한 질책·훈계 등과 같이 교육·훈련의 목적을 직접 달성하기 위하여 행하는 사항을 말하는 것으로 보아야 하므로, 생도에 대한 퇴학처분과 같이 그 신분을 박탈하는 징계처분은 여기에 해당한다고 볼 수 없고, ② 행정절차법 시행령 제2조 제3호의 '공무원 인사관계 법령에 의한 처분에 관한 사항'에 해당하며, ③ 이 경우 행정절차법의 적용이 제외되는 '공무원 인사관계 법령에 의한 처분에 관한 사항'이란 성질상 행정절차를 거치기 곤란하거나 불필요하다고 인정되는 처분이나 행정절차에 준하는 절차를 거치도록 하고 있는 처분에 관한 사항만을 말하는 것으로 보아야 하는데, 이 사건 처분은 이에 해당하지 않는다. 따라서 이 사건은 행정절차법 시행령 제2조 제3호의 적용제외 사유에 해당하지 않아, 행정절차법에서 정한 절차 규정에 따라 처분을 진행해야 한다.

(2) 검토 및 평석

먼저, 이 사건이 행정절차법 시행령 제2조 '제8호'가 문제되는지, 아니면 동 '제3호'가 문제되는지에 대해 살펴본다.

'제8호'의 '학교·연수원 등에서 교육·훈련의 목적을 달성하기 위하여 학생·연수생 등을 대상으로 행하는 사항'에 해당하기 위해서는, 그 문언상 '교육·훈련의 목적 달성' 및 '학생·연수생 등의 신분을 갖는 자를 대상'으로 한다는 요건이 필요하다고 해석된다. 따라서 학생·연수생 등이 그 신분을 가지는 것을 전제로 한 대한 교육과 평가 과정에서 수반되는 처분 외에, 신분 자체를 박탈하는 징계처분까지 이에 해당한다고 보기는 어렵다고 판단된다. 결국 제8호가 적용된다는 원심 판결을 배척하고 제3호가 적용되는 사안이라고 판단한 대법원의 판단은 타당하다고 생각한다.

다음으로, '제3호'의 적용이 문제되는 사안이라고 볼 때, 이 사안이 이 사항에 해당하여 행정절차법 적용이 배제되어야 하는지에 대해 본다.

행정의 공정성, 투명성 및 신뢰성을 확보하고 국민의 권익을 보호함을 목적으로 하는 행정절차법의 입법 목적에 비추어 보면, 공무원 인사관계 법령에 의한 처분에 관한 사항이라 하더라도 그 전부에 대하여 행정절차법의 적용이 배제된다고 볼 수는 없다.[8] '공무원 인사관계 법령에 의한 처분에 관한 사항'을 행정절차법 적용제외 사유로 정한 이유는, (이제는 사실상 소멸된 이론인) '특별권력관계'의 성격을 고려하였거나, 국가공무원법 상 소청심사위원회 심사청구(제76조) 및 징계위원회의 종류·구성·권한·심의절차 및 징계 대상자의 진술권 등에 대해 법정된 각종 징계위원회의 운영(제81조) 등 제 규정을 고려한 것

8) 대법원 2013. 1. 16. 선고 2011두30687 판결 참조.

으로 볼 수 있다.

대상판결에서 대법원은 ① '성질상 행정절차를 거치기 곤란하거나 불필요하다고 인정되는 처분'이나 ② '행정절차에 준하는 절차를 거치도록 하고 있는 처분에 관한 사항'만 제3호에 해당한다고 제한 해석하였다. 여기서 ①의 경우 처분의 사전통지의 예외사유인 '해당 처분의 성질상 의견청취가 현저히 곤란하거나 명백히 불필요하다고 인정될 만한 상당한 이유가 있는 경우'(행정절차법 제21조 제4항 제3호)와 동일한 의미로 포함시킨 것으로 보인다. 그리고 ②는 이미 독립성을 갖는 주체에 의하여 처분사유의 제시, 의견청취 등 행정절차에 준하는 절차를 거쳐 인사 관련 처분이 발령되었다면 굳이 행정절차법 상 절차 규정을 반복하여 시행할 필요가 없다는 취지로 해석되는바, 행정절차법의 입법목적을 고려했을 때 지극히 타당하다.

Ⅳ. 대리인인 변호사의 조력권 보장

1. 문제의 소재

대한민국 헌법 제12조 제4항 및 제5항은 형사절차에서 변호인의 조력을 받을 권리를 천명하고 있으나, 그 외의 국가작용에 있어 변호사의 참여권 등을 명시적으로 정하고 있지는 않다. 그렇다면 '행정절차에 있어 변호사의 조력을 받을 권리 내지 참여권은 법률에 특별히 규정되지 않는 한 원칙적으로 보장된다고 볼 수 없는 것인지'라는 의문이 제기될 수 있다.

종전 논의를 보면, 행정청이 행정절차를 진행하는 데에 변호사의 참여권이 인정되는지에 관하여 '행정절차 전반'을 대상으로 한 논의는 거의 찾아보기 어려우며,[9] 다만 '행정조사'를 대상으로 한 논의는 적지 않게 존재한다. 행정조사에 관한 일반법인 행정조사기본법은 조사대상자는 법률·회계 등에 대하여 전문지식이 있는 관계 전문가로 하여금 행정조사를 받는 과정에 입회하게 하거나 의견을 진술하게 할 수 있다(제23조 제2항)는 규정을 두고 있으나,[10] 실무상 변호사 참여권이 잘 보장되지 않는 경우가 존재하기도 한다.

이렇게 선행 논의가 많지 않은 상황에서, 일반적인 행정절차에 법률전문가인 변호사가 참여할 권리는 어떤 헌법상 원리와 관련이 되는지, 헌법상 기본권으로 볼 수 있는지, 그 보장의 유무와 정도를 어떻게 해석해야 하는지 등에 대해 검토해 보는 것이 의의가 있을 것이다.

2. 헌법상 적법절차의 원칙의 행정절차에 적용 여부

(1) 적법절차의 원칙의 의의와 적용범위

헌법 제12조 제1항 및 제3항에 규정된 적법절차의 원칙은 일반적 헌법원리로서 모든 공권력의 행사에 적용되는바, 이는 절차의 적법성뿐만 아니라 절차의 적정성까지 보장되어야 한다는 뜻으로 이해되는바, 즉 형식적인 절차뿐만 아니라 실체적 법률내용이 합리성과 정당성을 갖춘 것이어야 한다는 실질적인 의미로 확대 해석되고 있다.[11]

---

9) 정신건강복지법 상 비자의입원의 경우 법원의 재판을 받기 이전단계에서부터 행정절차법에 따라 변호사 등 대리인을 선임하는 등 절차진행에 대한 조력이 이루어질 필요가 있다고 주장함으로써, 행정조사가 아닌 행정절차에서 변호사의 참여권에 대해 언급한 연구로, 박현정, "행정법적 관점에서 본 비자의입원의 법적 성격과 절차", 행정법연구 제56호, 행정법이론실무학회, 2019, 167면 참조.

10) 이에 대하여, 행정조사기본법 제23조 제2항은 행정조사 개시시점에서부터 전문가의 조력을 받을 권리를 고지하는 규정을 두지는 않았는데, 조사가 형사절차로 이어질 수 있기 경우를 고려했을 때 행정조사기본법에 행정조사 개시시점부터 전문가의 조력을 받을 권리 고지규정을 두는 것이 적절하다는 견해가 있다(이재구·이호용. "수사로 활용될 수 있는 행정조사의 법적 쟁점－실무자의 관점에서", 법학논총 제35집 제2호, 한양대학교 법학연구소, 2018, 436면).

11) 헌법재판소 1993. 7. 29. 선고 90헌바35 결정, 헌법재판소 1992. 12. 24. 선고 92헌

헌법 제12조는 그 문언상으로는 형사처벌 부문에만 적법한 절차에 의할 것이라고 규정하고 있기는 하나, 적법절차의 적용범위는 형사절차 뿐만 아니라 행정절차, 입법절차 등 기본권에 관한 모든 국가작용에 확대 적용되어야 한다고 해석 가능하다.[12] 헌법재판소도 이 적법절차의 원칙의 적용범위를 형사소송절차에 국한하지 않고 모든 국가작용에 대하여 문제된 법률의 실체적 내용이 합리성과 정당성을 갖추고 있는지 여부를 판단하는 기준으로 적용된다고 보면서, 행정절차에도 적법절차의 원칙이 적용됨을 명백히 하고 있다.[13] 헌법재판소는 행정절차에서 도출할 수 있는 가장 중요한 절차적 요청으로 당사자에게 적절한 고지(告知)를 행할 것, 당사자에게 의견 및 자료제출의 기회를 부여할 것을 들고 있다.[14]

적법절차의 내용은, 행정처분에 의해 침해될 사적 이익의 종류와 성격, 절차에 의해 침해되는 사적 이익에 대한 잘못된 박탈의 위험성, 추가적이거나 대체적인 보장의 가치, 추가적이거나 대체적인 절차에 관한 정부의 이익 등 여러 요소를 감안하여 개별 사안마다 적정한 절차인지 여부가 결정되는 특징을 갖는다.[15]

(2) 적법절차의 원칙과 변호사의 조력권

이러한 적법절차의 원칙에서 행정절차에 변호사가 참여하여 당사자를 조력하는 권리도 도출되는 것인가? 이와 관련하여, 피의자조사 시 변호인 참여권을 인정한 이른바 '송두율 교수 사건'에서 대법원은 피의

가8 결정 참조.

12) 김철수, 헌법학신론, 제21전정신판, 박영사 2013, 623면.

13) 헌법재판소 1998. 5. 28. 선고 96헌바4 결정, 헌법재판소 2007. 4. 26. 선고 2006헌바10 결정 참조.

14) 헌법재판소 1994. 7. 29. 선고 93헌가3 결정, 헌법재판소 2002. 6. 27. 선고 99헌마480 결정 참조.

15) 박균성, "행정상 즉시강제의 통제 – 비례원칙, 영장주의, 적법절차의 원칙과 관련하여", 행정판례연구 제11집, 한국행정판례연구회, 2006, 9면.

자신문에 있어 변호인의 참여권을 보장하는 것은 인신구속과 처벌에 관하여 '적법절차주의'를 선언한 헌법의 정신에 부합한다고 판시한 바 있다.[16][17] 헌법재판소도 변호인의 조력을 받을 권리는 우리 헌법에 나타난 법치국가원리 및 적법절차 원칙에서 인정되는 당연한 내용이라고 천명한 바 있다.[18]

이를 종합해 보면, 행정절차에도 헌법 제12조 제1항 및 제3항의 적법절차의 원칙이 적용되고, 적법절차의 원칙은 변호사의 참여권도 포함하는 원리라는 점에서, 일반 행정절차에 있어서 처분 당사자를 조력하는 변호사가 참여할 수 있는 권리가 헌법에 근거하여 보장된다고 볼 수 있으며, 그 참여권을 법률을 통하지 않고 과도하게 제한하는 것은 허용되지 않는다는 결론을 도출해낼 수 있겠다.

(3) 기본권으로서의 변호사의 조력권

이와 관련하여, 변호인의 조력을 받을 권리를 헌법상 기본권으로 보고 그 인정 범위를 검토할 수 있는지 검토해 본다.

헌법재판소는 헌법 제12조 제4항 본문을 근거로 신체구속을 당한 사람에 대하여 변호인의 조력을 받을 권리를 헌법상 '기본권으로 보장'하고 있다고 판시하면서, 여기서의 '변호인의 조력'은 '변호인의 충분한 조력'을 의미한다고 보고 있다.[19] 나아가 변호인의 조력을 받을 권리는 단순히 국민의 권리가 아니라 성질상 '인간의 권리'에 해당된다고 판시하기도 하였다.[20]

---

16) 대법원 2003. 11. 11. 자 2003모402 결정 참조.

17) 이 판결에 대해 변호인참여권을 헌법상 권리로 인정한 것은 적법절차원리와 관련해서 큰 의미가 있다고 평한 견해로, 조성제, "피의자신문에 있어서 헌법상 적법절차원리의 구현", 세계헌법연구 제14권 제1호, 세계헌법학회 한국학회, 2008, 372면 참조.

18) 헌법재판소 2004. 9. 23. 선고 2000헌마138 결정 참조.

19) 헌법재판소 1992. 1. 28. 선고 91헌마111 결정, 헌법재판소 2009. 10. 29. 선고 2007헌마922 결정, 2017. 11. 30. 선고 2016헌마503 결정 외 다수.

이와 같이 형사절차상 변호인의 조력을 받을 권리는 헌법상 기본권으로서의 지위를 갖는 것이 분명한데, 그렇다면 행정절차에서도 동일하게 볼 수 있을까? 현재 이에 관한 법원 또는 헌법재판소의 명시적인 판결 또는 결정은 검색하기가 어렵고, 구체적인 학계의 선행 논의도 찾기 어려운 상황이다. 다만, 행정조사 시 절차 보장에 대해서는 주로 공정거래법 상 조사에 대한 논의가 많은데, 공정거래법상 위반 행위에 대해 형사제재까지도 부과되는 점을 고려할 때 공정거래위원회의 조사단계에서부터 헌법 제12조 제4항에 의하여 인정되는 변호인의 조력을 받을 권리를 보장할 필요가 있다고 하는 견해가 있다.[21]

생각건대, 위에서 본 바와 같이, 헌법 제12조 제1항 및 제3항의 적법절차의 원칙은 형사절차 외에 행정절차에도 적용되는 원리인 것처럼, 헌법 제12조 제4항에 근거한 기본권으로서의 변호사의 조력을 받을 권리 역시도 단지 형사절차에만 국한할 것이 아니라 행정절차에서도 사용할 수 있는 권리라고 보는 것이 타당하며, 다만 이때 헌법은 문언상 형사절차에 한하여 규정하고 있다는 점에서 '유추적용'된다고 보아야 할 것이다.

이렇게 행정절차에 헌법상 변호사의 조력을 받을 권리가 유추적용된다고 보았을 때, 그 유추적용되는 행정절차의 범위는 어떻게 보아야 할까? 우선, 국민의 자유와 권리를 침해 · 제한하거나 일정한 의무 · 부담을 부과하는 '침익적 처분'이 문제되는 행정절차는, 공권력이 주체가 되어 국민을 상대로 고권적 행위를 하는 구조를 갖는다는 점에서, 형사절차와 달리 보아야 할 특별한 이유는 없을 것이다. 이 경우 행정제재와 형사제재는 인신에 대한 직접적인 구속이 있는지 여부에서 일부 차이가 있을 뿐, 국민의 기본권을 제약한다는 측면에서는 동일성을 갖는다고

20) 헌법재판소 2018. 5. 31. 선고 2014헌마346 결정 참조.

21) 박해식, "공정경쟁소송에서의 행정법이론의 명암", 행정법학 제1호, 한국행정법학회, 2011, 361면.

생각한다.[22)]

반면에, 국민에게 금전 또는 그 밖의 편익을 제공하거나 이미 부과된 의무 등을 해제하여 주는 '수익적 처분'이 문제되는 행정절차라면, 유추적용의 대상이 갖는 취지를 넘어서까지 그 범위를 해석할 수는 없으므로, 변호인의 조력권이 반드시 헌법상 기본권이라고 보기는 어렵다고 보인다. 행정절차법 상 규정을 참고하여 해석해 보면, 행정절차법은 기본적으로 침익적 처분이나 수익적 처분을 가리지 않고 모두 포함하여 규율하고는 있으나, 당사자에게 의무를 부과하거나 권익을 제한하는 처분을 하는 경우에 특별히 처분의 사전통지와 의견제출 기회 보장에 관한 절차규정을 두고 있다는 점에서(제21조 제1항, 제22조 제3항), '침익적 처분'에 관한 행정절차에서 절차적 보장의 중요성 또는 강도가 더 높다는 해석이 가능하다.

이렇게 침익적 성격을 갖는 행정절차에서 변호인의 조력을 받을 권리도 기본권의 지위를 갖는다면, 기본권의 제한에 관한 헌법 제37조 제2항의 법리가 적용될 수 있다. 즉, 변호인의 조력을 받을 권리는 다른 모든 헌법상 기본권과 마찬가지로 헌법으로써는 물론 국가안전보장, 질서유지 또는 공공복리를 위하여 필요한 경우에는 법률로써 제한할 수 있다.[23)]

22) 물론 이러한 입장에 대하여, 형사절차에서의 변호인의 조력권은 인신의 구금이 존재하는 피의자나 피고인의 인권을 위해 발전된 것으로서 헌법상 명문화 된 것임에 반해, 징계 등의 행정절차에서의 변호사의 조력권은 행정절차법에서 비로소 명문화된 것으로서, 양자의 규범등급을 달리 보아야 한다는 반론이 제기될 수도 있을 것이다. 하지만 국민의 인권 보장의 중요성이 강조되어 가고, 아울러 인신구속이 아닌 폭넓은 행정권의 행사에 대한 통제 가능성에 대한 인식이 제고되고 있는 현대에 있어서, 행정절차에서 적절한 조력을 받을 권리의 가치 및 등급을 헌법적 시각에서 바라볼 필요가 있다고 생각한다.

23) 헌법재판소 2019. 2. 28. 선고 2015헌마1204 결정 참조.

3. 대상판결의 검토

(1) 원심과 대법원의 입장

1) 1심 및 이를 그대로 인용한 항소심의 판단

① 국방부 군인·군무원 징계업무처리 훈령은 군인사법 제10장, 군인징계령, 군인징계령 시행규칙 및 군무원인사법 제7장, 군무원인사법 시행령 제7장의 규정에 따라 군인·군무원의 징계 등에 필요한 사항을 규정하는 것을 목적으로 하는데, 위 훈령 제14조 제1항은 "징계심의대상자는 변호사 또는 학식과 경험이 있는 자를 대리인으로 선임하여 징계사건에 대한 보충진술과 증거제출을 하게 할 수 있다."고 규정하고 있다.

② 한편, 육군3사관학교 설치법 시행령 제3조는 육군3사관학교에서 수학하는 사람을 사관생도라 한다고 규정하면서 사관생도의 대우는 준사관에 준한다고 규정하고 있으며, 제19조는 교장은 국방부장관의 승인을 받아 학칙을 정하고, 학칙에는 입학·퇴학·휴학 및 졸업과 상벌에 관한 사항을 정하도록 하고 있다. 또한 제8조는 사관생도의 입학·퇴학 및 휴학은 다른 법령에 특별한 규정이 있는 경우를 제외하고는 교장이 허가한다고 규정하고 있으며, 5가지 퇴학사유를 규정하고 있다. 그리고 육군3사관학교 학칙 제28조는 사관생도가 제반 규정을 위반하였을 때는 징계를 받으며, 퇴학 기타 소정의 징계에 관한 세칙은 생도규정, 기타 내규로 학교장이 따로 정한다고 규정하고 있으며, 위 학칙의 하위문서인 사관생도 행정예규 제95조에서 징계의 종류로 근신, 시정교육, 퇴학을 규정하고, 제99조, 제100조에서 중대한 상벌 심의 결정을 위한 생도대 위원회의 설치와 운영을 규정하고 있다.

③ 이러한 법령을 고려하면, 육군3사관학교 사관생도에 대하여는 그 복무규율에 관하여 육군3사관학교 설치법, 같은 법 시행령, 육군3사관학교 학칙, 사관생도 행정예규 등이 군인사법 및 군인징계령에 앞서

적용된다고 보아야 할 것이고, 사관생도 행정예규상의 징계는 육군3사관학교가 사관생도를 정규장교로 훈육하는 데 있어서 교육목적의 달성을 위하여 행하는 처분으로 군인사법상의 징계와는 그 성질을 달리한다고 할 것이다.

④ 따라서 이 사건 처분은 군인사법 및 군인징계령에 의한 징계가 아니어서, 변호사의 참여권을 규정한 국방부 군인ㆍ군무원 징계업무처리 훈령 제14조가 적용될 여지가 없다 할 것이며, 행정절차법 제3조 제2항 제9호, 행정절차법 시행령 제2조 제8항의 적용제외 사항에 따라[24] 대리인의 선임에 관한 행정절차법 제12조 제1항 제3호, 제2항, 제11조 제4항의 규정이 육군3사관학교 생도에 대한 상벌 절차에는 적용되지 않으므로, 위 국방부 군인·군무원 징계업무처리 훈령이 적용되어야 함을 전제로 변호사의 참여권을 제한한 피고의 처분이 절차상 하자가 있다는 원고의 주장은 이유 없다.

2) 대법원의 판단

① 육군3사관학교의 사관생도에 대한 징계에 관해서는 「육군3사관학교설치법 시행령」, 「육군3사관학교 학칙」과 그 하위 규정인 「사관생도 행정예규」에 징계권자, 징계사유, 징계의 종류, 징계의 절차에 관하여 군인에 대한 징계절차의 일반법인 「군인사법」 제10장과는 다른 내용이 특별히 규정되어 있고, 이는 학교생활과 사관생도 신분의 특수성을 고려한 것이므로, 「군인사법」 제10장이 직접 적용될 여지는 없다는 취지의 원심 판결은 적법하다.

② 한편, 「국방부 군인ㆍ군무원 징계업무처리 훈령」(이하 '국방부 징계훈령'이라 한다)은 제14조 제1항에서 "징계심의대상자는 변호사 또는 학식과 경험이 있는 자를 대리인으로 선임하여 징계사건에 대한 보충진

24) 1심 판결은 이 부분 판시에 행정절차법 적용배제 사항의 해석 내용도 함께 설시하였는바, 이에 대해서는 위 Ⅲ.항 부분에서 자세히 논의하였다.

술과 증거제출을 하게 할 수 있다."라고 규정하고 있는데, 이는 이미 행정절차법에서 보장하고 있는 사항을 군징계권자가 간과하지 않도록 확인적·주의적으로 규정한 것이라고 보아야 한다.

③ 국방부 징계훈령 제14조 제1항이 육군3사관학교의 사관생도에 대한 징계절차에 직접 적용되지는 않는다고 하더라도, 이것이 육군3사관학교의 사관생도에 대한 징계절차에서 변호사를 대리인으로 선임하여 방어권을 행사할 권리가 부정된다는 의미로 볼 것은 아니며, 행정절차법 제12조 제1항 제3호, 제2항, 제11조 제4항 본문에 따라 변호사 대리가 당연히 허용되어야 할 것이다.

④ 그러므로 위 행정절차법 규정과 취지, 헌법상 법치국가원리와 적법절차원칙에 비추어 징계와 같은 불이익처분절차에서 징계심의대상자에게 변호사를 통한 방어권의 행사를 보장하는 것이 필요하고, 징계심의대상자가 선임한 변호사가 징계위원회에 출석하여 징계심의대상자를 위하여 필요한 의견을 진술하는 것은 방어권 행사의 본질적 내용에 해당하므로, 행정청은 특별한 사정이 없는 한 이를 거부할 수 없다.

⑤ 따라서 이 사건 징계절차에서 징계심의대상자가 대리인으로 선임한 변호사가 징계위원회 심의에 출석하여 진술하려고 하였음에도, 징계권자인 피고나 그 소속 직원이 원고의 소송대리인에게 원고에 대한 징계절차를 대리할 적법한 권한이 있는지, 그의 출입허가요청이 관계 규정상의 절차를 준수하였는지를 구체적으로 검토하지 아니한 채, 단지 사관생도에 대한 징계위원회 심의에 대리인의 참여를 허용하는 근거 규정이 없다는 이유로, 변호사가 징계위원회의 심의에 출석하는 것을 막았다면 징계위원회 심의、의결의 절차적 정당성이 상실되어 그 징계의결에 따른 징계처분은 위법하여 '원칙적으로' 취소되어야 한다.

⑥ 다만, 징계심의대상자의 대리인이 관련된 행정절차나 소송절차에서 이미 실질적인 증거조사를 하고 의견을 진술하는 절차를 거쳐서 징계심의대상자의 '방어권 행사에 실질적으로 지장이 초래되었다고 볼

수 없는 특별한 사정이 있는 경우'에는, 징계권자가 징계심의대상자의 대리인에게 징계위원회에 출석하여 의견을 진술할 기회를 주지 아니하였더라도 그로 인하여 징계위원회 심의에 절차적 정당성이 상실되었다고 볼 수 없으므로 징계처분을 취소할 것은 아니다.[25)]

(2) 검토 및 평석

위 판시에 대해 다음과 같은 의문이 제기될 수 있다: 이 사건 처분 시 변호사의 출석 및 의견진술은 배제되었으나 처분 당사자인 원고 본인의 진술은 정상적으로 이루어졌는바, 대리인이 아닌 본인을 기준으로 보면 의견청취가 존재한다고 볼 수 있는 것 아닌지? 생각건대, 행정절차법 제12조 제2항, 제11조 제4항에 의하면 대리인은 당사자를 위하여 행정절차에 관한 모든 행위를 할 수 있으므로, 변호사의 매우 중요한 절차상 의미를 갖는 행위인 의견진술을 막는 것은 중대한 절차상 하자로 보아야 한다고 생각한다. 나아가 형사절차법 상으로 피의자조사 시 피의자 본인의 진술이 있었더라도 변호인이 부당하게 입회를 거부당한 상황에서의 진술이라고 한다면 위법하다고 보고 있는바, 이러한 법리 내지 이념을 행정절차에도 충분히 가지고 올 수 있다고 보인다.[26)]

---

25) 법원 실무에서는 대상판결에 대하여 변호사 출석을 막은 것을 절차적 하자로 인한 처분의 취소사유로 인정한 것이 특징이라고 평석하고 있다(이상덕, "사관학교 생도 징계처분에서 행정절차법 적용과 변호사를 통한 방어권 행사", 대법원판례해설 115호(2018년 상), 법원도서관, 2018, 632면).

26) "대상판결에서는 변호사 출석 거부를 원칙적으로 위법하다고 보았는데, 이는 형사법 영역에서는 변호사 조력을 받을 권리와 유사하다. 본 판결 이전에도 대법원 2016. 12. 27. 선고 2014두46850 판결에서 당사자 동의나 영장 없는 혈액채취가 위법하다고 보아 행정법 영역에서도 위법수집증거 배제 원칙이 적용될 수 있음을 밝힌 적이 있다. 단 2건의 사례로 속단하기는 어려우나 형사절차법 원리가 행정법 영역에 영향을 미칠지는 앞으로 판례 추이를 주시할 필요성이 있어 보인다."면서 형사판결에서의 법리와 행정판결에서의 법리의 연계 가능성을 제시하는 견해로, 박성연 "행정절차법이 보호하는 법익(=방어권 행사에 지장을 주지 않을 것), [대상판례] 대법원 2018. 3. 13 선고 2016두33339 판결", 2018. 3. 29.자 천자평석, 로

우리 행정절차법 제11조 제4항, 제12조 제1항에 의하면, 당사자는 행정절차에 관한 모든 행위를 할 수 있는 권한을 가진 대리인을 '선임할 수 있다'고 규정되어 있고, 그 대리인에는 변호사가 포함되어 있다. 대리인 선임에 관한 위 규정은 '선임하여야 한다'는 의무조항의 형식을 취하고 있지는 않으나, 행정절차에 있어 변호사가 참여하여 당사자에 대한 조력권을 행사할 수 있는 명문의 근거규정으로서 의의가 있다고 평가할 수 있겠다. 아울러 해당 처분에 직접 적용되는 하위 법령에 변호사 참여권을 규정하는 명문의 규정이 없다고 하여 변호사 대리가 허용되지 않는다고 해석될 것은 아니다.

대법원도 위 행정절차법 규정이 헌법상 '법치국가원리'와 '적법절차원칙'과 관련된다고 보면서 징계절차에 변호사의 참여권 및 변호사의 진술권을 보장하는 것은 방어권 행사의 본질적인 내용에 해당한다고 분명히 인정하였고, 헌법재판소 역시도 변호사의 조력을 받을 권리를 '적법절차의 원칙' 및 '기본권'으로서 보장되어야 한다는 입장이다. 따라서 행정청이 징계절차에의 변호사의 참여를 거부하는 것은 헌법상 원리 내지 기본권을 보장하지 않는 것으로서 원칙적으로 허용되지 않는다고 보아야 한다.

이러한 기본권은 헌법 제37조 제2항에 따라 예외적으로 제한될 수는 있으나, 대상판결의 사안은 사관생도 징계심의 절차에 국가안전보장, 질서유지 또는 공공복리를 위하여 필요한 경우 변호사의 참여를 제한할 수 있다는 법률 규정이 존재하지 않는 사안이다. 그러므로 본 사안에서 변호사의 참여를 막은 것은 그 자체로 '위헌'으로 보아야 한다.

그런데 대상판결은 원칙적으로 변호사의 참여권을 배제할 수 없다고 하면서도, '방어권 행사에 실질적으로 지장이 초래되었다고 볼 수 없는 특별한 사정이 있는 경우'에는 예외적으로 절차 위법을 부정하는 법

앤비 전자도서관(2019. 8. 17. 접속).
http://academynext.lawnb.com.oca.korea.ac.kr/Info/ContentView?sid=D0075A4552797901

리(의견제출의 기회 보장 또는 처분이 이유제시에 관한 판례의 법리)를 적시하면서, 본 사안에서 위 예외가 인정되어 변호사의 참여를 거부해도 적법하다는 결론에 이르렀는데, 이는 문제가 있다. 왜냐하면, 방어권 행사의 실질적 지장 초래 여부를 고려하는 위 판례의 법리는, '법률'의 지위에 있는 행정절차법상의 절차보장에 관한 규정의 해석 시 행정현실과 실질적 타당성을 고려한 논리일 뿐,[27] '헌법'상 권리를 제한하는 경우에까지 적용해서는 안 되기 때문이다. 이 사안은 징계에 관한 것으로서 침익적 처분의 행정절차에 관한 사안임이 분명하고, 나아가 침익적 행정절차에서의 변호사의 조력을 받을 권리를 헌법상 기본권으로 보는 이상, 헌법 제37조 제2항에 근거하지 않고 헌법상 권리를 상당한 이유 없이 제한하는 것은 허용될 수 없는 것이다.

정리하면, 행정절차에 변호사가 참여하는 것을 거부한 처분이 원칙적으로 위법하다고 본 것은 타당하나, 여기서 더 나아가 방어권 행사에 실질적 지장을 초래했는지 여부를 고려하여 변호사의 조력권을 부정할 수도 있다는 판시에 이른 것은 타당하지 않다고 생각한다.

(3) 비교법적 검토 및 우리 행정 관행의 개선 현황

독일의 입법례를 참고해 보면, 연방행정절차법(Verwaltungsverfahrensgesetz) 제14조(대리인 및 보좌인)도 우리와 유사하게 당사자는 행정절차에 관한 모든 행위를 할 수 있는 권리를 가진 대리인을 선임될 수 있고 절차에 보좌인을 대동할 수 있다는 규정을 두고 있다(제1항, 제4항).[28] 이 규정에 대해 독일 학계에서는 독일 기본법상 법

27) 이 법리에 관해서는 아래 V.항 부분에서 자세한 논의한다.

28) 나아가, 동법 제14조는 대리인이 선임된 경우 행정청은 대리인을 상대방으로 하여야 하지만, 당사자가 참여할 법적의무가 있는 경우에는 행정청이 당사자를 직접 상대할 수 있으며, 당사자를 직접 상대할 경우 그 사실을 대리인에게 즉시 통지하여야 한다(제3항)는 규정도 두고 있다. 이는 의무규정(Soll-Vorschrift)으로 해석되며, 행정청이 임의 판단으로 통지를 하지 않을 수는 없다(Schmitz, in:

적 청문권 및 일반적 인격권의 구성요소에 해당하고, 이를 통해 법치국가원칙 및 평등원칙으로부터 도출되는 무기평등이 실현될 수 있으며, 사안에 더 집중하고 효과적인 처분을 하도록 함으로써 행정청에게도 이익이 된다고 평가하고 있는바,[29] 독일에서도 기본권성이 인정된다고 볼 수 있다.

그런데 우리 행정 관행은 행정절차의 일종인 행정조사 시 행정청이 변호사의 참여권을 제한하는 사례가 적지 않았다. 공정거래위원회는 2015년 10월에 이르러서야 '사건처리 3.0'을 발표하면서 관련 내규를 개정하여 변호사의 조사과정 참여권에 관한 명문의 규정을 둠으로써 공식적으로 변호사의 참여를 허용하였다.[30] 「공정거래위원회 조사절차에 관한 규칙」 제13조 제1항 본문은 "조사공무원은 피조사업체의 신청이 있는 경우 원칙적으로 피조사업체가 선임(피조사업체 소속변호사 포함)한 변호사 등 변호인을 조사 전 과정(진술조서나 확인서 작성 포함)에 참여하게 하여야 한다."고 규정하면서, 단서에 예외 사유도 규정하고 있다.[31]

또한, 금융감독원은 2019년까지도 조사 과정에 변호사 참여를 불허하는 운영을 하다가, 변호사단체 등으로부터 지속적인 비판을 받자, 2019년 5월 자본시장조사 업무규정 개정안을 의결해 금감원 조사 과정에서 변호사 참여를 허용하는 규정을 새로 마련하였고, 이는 8월부터

Stelkens/Bonk/Sachs, VwVfG, § 14 Rn. 22).

29) Schmitz, in: Stelkens/Bonk/Sachs, VwVfG, § 14 Rn. 1, Rn. 2.

30) "공정위, 기업 조사 시 변호인 참여 보장", 2015. 10. 22.자 스페셜경제 기사(2019. 8. 13. 접속). https://blog.naver.com/speconomy/220516303908

31) 참고로, EU의 경우 경쟁법에 의한 행정조사 시 피조사자의 변호인의 조력을 받을 권리를 명문으로 규정하고 있지는 않으나, 유럽사법재판소(European Court of Justice)는 피조사인이 전문가로부터 조력받을 권리를 보장받아야 한다는 결정을 내린 바 있으며(Hoechst AG v Commission of the European Communities, 21 September 1989), 실제 실무상으로도 EU위원회는 조사 착수 전 현장에 변호사가 도착하기까지 대기시간을 허용하고 있다고 한다(이정민, "공정거래위원회 사건처리절차의 합리화", 외법논집 제40권 제4호, 한국외국어대학교 법학연구소, 2016, 263면 참조).

시행되어 조사 과정에 변호사 참여가 전면적으로 허용되었다.[32][33]

앞서 본 바와 같이, 행정절차에의 변호사 조력권을 헌법상 권리로 본다면, 그리고 행정절차에 관한 일반법인 행정절차법에서 변호사의 참여 및 활동 범위에 관한 명문의 근거규정을 두고 있다는 점에서, 단지 법률 또는 하위법령에 이를 허용하는 명문의 규정이 없다는 이유만으로 변호사의 조력권을 제한 또는 박탈하는 것은 허용되지 않는다고 보아야 할 것이다. 이러한 관점에서 보면, 공정거래위원회나 금융감독원의 기존 관행은 타당하지 않다고 볼 수 있으며, 늦었지만 점차 개선되고 있다는 점에서 고무적이다.

Ⅴ. 의견제출의 기회 보장 및 처분의 이유제시

1. 문제의 소재

위 Ⅳ.항에서 본 바와 같이, 대상판결은 변호사의 조력권을 제한한 처분의 위법성을 판단하면서 의견제출의 기회 보장 및 처분의 이유제시에 관한 판례의 법리를 혼재하여 판시했다는 점에서 문제점이 발견되나, 본 사안은 의견제출의 기회 보장 및 처분의 이유제시에 절차상 하자가 있는지 여부도 별도로 쟁점이 되고 있으므로, 이에 관해서도 검토한다.

---

32) "금감원, 8월부터 불공정거래 조사에 '변호사 입회 허용'", 2019. 7. 9.자 법률신문 기사(2019. 8. 13. 접속). https://m.lawtimes.co.kr/Content/Article?serial=154365

33) 관련하여, 종전에 임의사항이었던 대심제{피조치자(변호사 포함), 참고인 및 금융감독원 검사부서 직원이 동석한 상태에서 제재심의위원들이 당사자에게 질의하고 답변을 듣는 방식으로, 대심 진행 후에는 피조치자와 검사부서 직원 모두를 퇴장시키고 위원 간 논의를 거쳐 최종결정을 내리는 방식}를 전면 실시함으로써 제재대상자의 방어권 보장이 제고되었다는 평가가 있다(양승헌, "제재대상자 방어권 보장 혁신방안에 대한 제언", KIRI 리포트 제438권, 보험연구원, 2018, 15-16면).

행정절차법은 행정청이 당사자에게 의무를 부과하거나 권익을 제한하는 처분을 할 경우에는 원칙적으로 당사자에게 의견제출의 기회를 주어야 한다고 규정하면서(제22조 제3항), 의견청취를 하지 않을 수 있는 예외사유도 정하고 있다(제22조 제4항, 제21조 제4항, 제5항, 동법 시행령 제13조). 또한, 행정청이 처분을 할 때에는 원칙적으로 처분의 근거와 이유를 제시하여야 한다고 규정하면서(제23조 제1항 본문), 각 호 중 어느 하나의 경우에는 이유제시를 하지 않을 수 있는 예외를 두고 있다(제23조 제1항 제1호 내지 제3호).

그런데 행정소송 과정에서 원고로부터 의견제출의 기회 보장 또는 처분의 이유 제시가 이루어지지 않았다는 절차상 하자 주장이 있는 경우, 위와 같은 직접적인 예외규정에 해당하지 않음에도 그 주장을 배척하고 절차상 하자가 없다고 판시하는 판례가 적지 않으며, 대상판결도 그러한 경우에 해당한다.

이때 대법원이 제시하는 주된 판단기준은 '방어권 행사에 지장을 초래했는지 여부' 또는 '방어권의 본질적인 침해에 해당하는지 여부'인바, 아래에서는 관련 판례들을 분석하면서 대상판결의 의의에 대해 검토해 보도록 하겠다.

2. 의견제출의 기회 보장과 방어권 행사에 지장을 초래

(1) 판례의 경향

대상판결 이전에는, 대법원 선고 판결 중에 인정된 사실관계 상으로 의견제출 기회가 제대로 보장이 되지 않은 외관이 있음에도 절차상 하자를 인정하지 않은 판례가 거의 없는 것으로 보인다.[34] 대부분 행정절차법 제22조 제3항의 취지를 강조하면서 그 예외사유의 해당 여부를

34) '대법원 종합법률정보' 사이트 검색에 따른 결과라는 한계가 있음을 밝힌다.

엄격하게 해석하는 판시인바, 그 요지를 살펴보면 아래와 같다.

❶ 의견제출 기회 보장의 예외사유인 '의견청취가 현저히 곤란하거나 명백히 불필요하다고 인정될 만한 상당한 이유가 있는 경우'에 해당하는지는 해당 행정처분의 성질에 비추어 판단하여야 하며, 처분상대방이 이미 행정청에 위반사실을 시인하였다거나 처분의 사전통지 이전에 의견을 진술할 기회가 있었다는 사정을 고려하여 판단할 것은 아니다.[35)]

❷ 행정청이 온천지구임을 간과하여 지하수개발·이용신고를 수리하였다가 행정절차법상의 사전통지를 하거나 의견제출의 기회를 주지 아니한 채 그 신고수리처분을 취소하고 원상복구명령의 처분을 한 경우, 행정지도방식에 의한 사전고지나 그에 따른 당사자의 자진 폐공의 약속 등의 사유만으로는 사전통지 등을 하지 않아도 되는 행정절차법 소정의 예외의 경우에 해당한다고 볼 수 없다는 이유로 그 처분은 위법하다.[36)]

❸ 건축법상의 공사중지명령에 대한 사전통지를 하고 의견제출의 기회를 준다면 많은 액수의 손실보상금을 기대하여 공사를 강행할 우려가 있다는 사정이 사전통지 및 의견제출절차의 예외사유에 해당하지 아니한다.[37)]

❹ 구 독점규제및공정거래에관한법률 제49조 제3항은 공정거래위원회로 하여금 법 위반사실에 대한 조사결과를 서면으로 당해 사건의 당사자에게 통지하도록 규정하고, 같은 법 제52조 제1항에 의하면 공정거래위원회가 같은 법 위반사항에 대하여 시정조치 또는 과징금납부명령을 하기 전에 당사자에게 의견을 진술할 기회를 주어야 하고, 같은 조 제2항은 당사자는 공정거래위원회 회의에 출석하여 그 의견을 진술

35) 대법원 2016. 10. 27. 선고 2016두41811 판결.
36) 대법원 2000. 11. 14. 선고 99두5870 판결.
37) 대법원 2004. 5. 28. 선고 2004두1254 판결.

하거나 필요한 자료를 제출할 수 있다고 규정하고 있는 (…) 이들 규정의 취지는 공정거래위원회의 시정조치 또는 과징금납부명령으로 말미암아 불측의 피해를 받을 수 있는 당사자로 하여금 공정거래위원회의 심의에 출석하여 심사관의 심사결과에 대하여 방어권을 행사하는 것을 보장함으로써 심사절차의 적정을 기함과 아울러, 공정거래위원회로 하여금 적법한 심사절차를 거쳐 사실관계를 보다 구체적으로 파악하게 하여 신중하게 처분을 하게 하는 데 있다 할 것이므로, 같은 법 제49조 제3항, 제52조 제1항이 정하고 있는 절차적 요건을 갖추지 못한 공정거래위원회의 시정조치 또는 과징금납부명령은 설령 실체법적 사유를 갖추고 있다고 하더라도 위법하여 취소를 면할 수 없다.[38)]

다만, 하급심 판결 중에는 행정절차의 과정(조사, 회의, 심의 등)에서 당사자가 처분에 대한 의견을 진술한 사실이 증거에 의해 인정되는 경우, 방어권을 본질적으로 침해한 것이 아니므로 의견제출 기회를 보장하지 않은 절차상 하자가 없다는 결론을 내리는 사례도 발견된다.

❶ 비록 피고의 심사관이 작성한 심사보고서에는 공동행위의 내용이 "뱅커스 유산스 인수수수료의 신설"로만 기재되어 있었으나, ① 심사관의 조사과정에서 "뱅커스 유산스 거래에 대해서도 쉬퍼스 유산스와 똑같이 인수시점에서 인수수수료를 부과하기로 합의"하였다는 취지의 증거가 확보되어 있었고, 실제로 원고 등이 신설한 수수료율도 대부분 쉬퍼스 유산스의 인수수수료율과 같은 0.4%였던 것으로 심사보고서에 기재되어 있었던 점, ② 피고의 전원회의 과정에서도 이 사건 공동행위의 내용에 수수료율에 대한 합의가 포함되어 있었는지 여부에 대하여 피심인들과 피고의 심사관의 의견진술이 있었던 점 등에 비추어 보면, 피고가 이 사건 처분을 통하여 이 사건 공동행위의 내용에 수수료율에

38) 대법원 2001. 5. 8. 선고 2000두10212 판결.

대한 합의도 포함되어 있다고 판단한 것은 조사과정과 원고 등의 의견진술 등을 통하여 드러난 2002. 11. 6.자 합의의 성격을 최종적으로 확정한 것에 불과할 뿐 전혀 새로운 사실관계를 추가한 것이라고 볼 수는 없으므로, 이 사건 처분에 공정거래법 제49조 제3항, 제52조 제1항 등에서 정한 원고의 의견진술권과 방어권을 본질적으로 침해한 절차적 위법이 있다고 할 수 없다.[39)]

❷ 행정절차법 제23조는 침익적 처분에 관하여 당사자가 어떠한 근거와 이유로 처분이 이루어지는 것인지를 알고 의견제출 등 이에 관한 방어권을 행사할 수 있도록 하는 규정이므로, 처분의 당사자에 처분사유에 관한 의견진술 기회가 충분히 보장되고, 실제로 의견진술이 이루어졌다면 적법한 사전통지절차가 이루어진 것으로 보아야 할 것이다. 그런데 담당 공무원들은 2014. 5. 14. 이 사건 각 건물을 방문하여 건축법 위반행위를 적발한 점, 원고 1은 담당공무원들이 이 사건 각 건물에 대한 건축법 위반행위를 적발할 당시 현장에 함께 있었던 점, 원고 1은 그 자리에서 영업신고를 하지 아니한 채 숙박영업을 하였음을 자인하였고, 이 사건 각 건물을 무단으로 증축하였음을 확인하여 준 점은 앞서 본 바와 같은바, 이러한 사정들에 비추어 보면, 원고 1은 이 사건 시정명령처분을 받기 전에 충분히 이 사건 시정명령처분의 사유에 대한 설명을 들었고, 이에 대한 의견을 진술하였다고 보인다.[40)]

(2) 대상판결의 검토

1) 1심 및 이를 그대로 인용한 항소심의 판단

원심은 이 사건 처분에 행정절차법이 적용되지 않고 대리인의 참여권을 보장하는 근거규정도 없으므로, 변호사의 징계위원회 심의 출석을 막았다는 것 자체가 절차적 위법사유에 해당하는 것이 아니라고 판

39) 서울고등법원 2009. 2. 4. 선고 2008누17013 판결.

40) 의정부지방법원 2015. 6. 16. 선고 2014구합8204 판결.

단했다.

2) 대법원의 판단

① 변호사의 징계위원회의 심의에 출석이 거부되었다면 그 징계처분은 위법하여 원칙적으로 취소되어야 한다. 다만 징계심의대상자의 대리인이 관련된 행정절차나 소송절차에서 이미 실질적인 증거조사를 하고 의견을 진술하는 절차를 거쳐서 징계심의대상자의 '방어권 행사에 실질적으로 지장이 초래되었다고 볼 수 없는 특별한 사정이 있는 경우'에는, 징계권자가 징계심의대상자의 대리인에게 징계위원회에 출석하여 의견을 진술할 기회를 주지 아니하였더라도 그로 인하여 징계위원회 심의에 절차적 정당성이 상실되었다고 볼 수 없으므로 징계처분을 취소할 것은 아니다.

② 이 사건의 경우 원고가 변호사를 소송대리인으로 선임하여 종전처분에 대하여 취소소송을 제기하였고, 소송대리인이 취소소송 재판절차에서 사실관계와 법적용에 관하여 각종 주장을 개진하여, 수소법원이 증인신문 등의 실질적인 증거조사를 거쳐 '징계사유가 대부분 인정되고 징계양정에 재량권 일탈 · 남용도 없으며 오직 징계처분서를 교부하지 아니한 하자가 있어 종전처분이 위법하다'는 이유로 종전처분을 취소하는 판결을 선고하였고, 위 판결이 그대로 확정된 후 피고가 종전 판결의 취지에 따라 원고에 대하여 절차상 흠을 보완하여 다시 징계처분을 하기 위하여 동일한 징계사유로 생도대 훈육위원회와 학교교육운영위원회를 개최한 점을 고려하면, 재처분절차의 징계위원회 심의에 원고의 소송대리인의 출석을 허용하지 아니한 것이 원고의 방어권 행사에 지장을 초래하여 재처분절차의 절차적 정당성을 상실하게 하여 재처분, 즉 이 사건 퇴학처분을 또 다시 취소하고 피고로 하여금 새로이 징계절차를 거치도록 하여야 할 필요가 있다고 평가할 정도는 아니라고 할 것이다.

(3) 검토 및 평석

대상판결은 당해 처분만 놓고 보면 당사자의 대리인인 변호사의 출석을 거부함으로써 절차 위법을 범한 사실관계이지만, '동일한 사실관계를 갖는 종전처분 및 종전판결이 존재'하는 매우 특수한 케이스에 해당한다. 대법원은 그 종전 과정에 동일한 대리인인 변호사가 관여를 하였으며, 종전 판결의 재판 과정에서 증인신문 등 실질적인 증거조사를 거쳤기 때문에, 단순히 당해 처분의 경위에만 국한하여 의견제출의 기회가 보장되지 않았다고 볼 수는 없다는 취지로 판시하였다.

만일 종전 처분과 종전 판결의 존재라는 사실관계가 없었다고 한다면, 피고가 변호사의 출석을 막은 것에 대해 적법하다고 판단될 가능성은 거의 없어 보인다. 왜냐하면 이 경우에는 대법원에서 판시하는 '방어권 행사에 실질적으로 지장이 초래되었다고 볼 수 없는 특별한 사정'이 인정될 여지가 없기 때문이다.

그런데 과연 종전 판결에서 실체적 하자 여부에 대한 실질적 심리가 이루어졌으므로 방어권 행사에 실질적으로 지장이 초래되었다고 볼 수 없는 특별한 사정이 존재한다고 볼 수 있을까? 반드시 그렇게 볼 수는 없다고 생각되는바, 그 이유는 아래와 같다.

첫째, 대상판결의 판시내용을 보면, '종전 소송에서 소송대리인이 사실관계와 법적용에 관하여 각종 주장을 개진하여, 수소법원이 증인신문 등의 실질적인 증거조사를 거쳐 징계사유가 대부분 인정되고 징계양정에 재량권 일탈·남용도 없다'고 판결을 내렸다는 것인데, 이는 종전 사건의 재판부가 실체적 하자에 대해서도 충분한 심리를 하여 판단했다는 취지로 보인다. 그러나 우리 대법원은 절차적 하자의 독자적 위법사유성을 인정하고 있다. 이러한 우리 법원의 확고한 태도를 놓고 볼 때, 징계처분서를 교부하지 않은 명백한 절차상 하자가 인정되는 종전 사안에서 과연 실체적 하자 여부에 대해 판단을 할 이유가 있었는지, 굳이 판단을 한다고 하더라도 '처분을 취소한다'는 판결 주문에 영향을 미치지 않는 '실체적 하자가 없다'는 판단을 실질적으로 진행했을지는 의문이다.

둘째, 종전 판결 이후 행정청이 바로 절차 하자 사유를 시정하여 재처분을 내렸던 사건의 경위를 보면, 위 종전 소송은 1심에서 종결되었다. 그 종결된 이유도 원고가 승소한 후 피고 행정청이 판결의 취지에 따라 시정을 하였기 때문이다. 즉, 피고의 처분에 실체적 하자가 있는지(처분사유의 존재 여부, 재량권 일탈·남용 여부 등)에 대한 판단은, 피고의 항소 포기로 인해 1심 단계에서 그쳤을 뿐이다. 만일 종전 소송에서 절차 하자의 문제가 없었고 실체적 하자만 쟁점이 되었다면, 원고의 소송대리인으로서는 실체적 하자를 부정한 1심 판결에 불복하여 상급심에서 새로운 공격·방어방법을 강구했을 수도 있다. 이러한 점을 감안하면, 실체적 위법성에 관하여 단 1심의 판단 단계에서 그치고 만 종전 소송 절차에서의 심리 상황만 가지고 방어권 행사가 무리 없이 이루어졌다고 단정할 수 있는지는 의문이다.

따라서 종전 소송 과정에서 동일한 변호사가 소송대리인으로서 변론을 진행하였다고 하여 절차적 정당성이 갖춰졌다고 보는 것은 타당하지 않다고 생각한다. 물론 대상판결은 확정적 내지 단정적 표현을 쓰지는 않고 "원고의 방어권 행사에 지장을 초래(한다고) 평가할 정도는 아니라고 할 것"이라면서 완화된 설시를 하고 있기는 하다. 하지만 소송대리인은 최소한 항소심까지는 사실심으로서 다양한 방어권 행사방법을 고려할 수 있다는 점에서, 이 사건에서 방어권 행사에 지장을 초래할 정도는 아니라는 결론을 내린 것에 대해 비판적으로 바라볼 필요가 있어 보인다.

3. 처분의 이유제시

(1) 판례의 경향

적법한 이유제시의 정도는, 처분서 기재 자체로 어떠한 사실관계에 기초하여 어떠한 법적 근거에 따라 처분이 이루어졌는지 알 수 있는 정도로는 기재되어야 하며, 당해 처분에 대한 쟁송절차에서 법원이 그 기재를 검토하여 처분의 적법성 또는 타당성을 확인할 수 있는 정도는 되어야 할 것이다.[41] 대법원은 '불복하여 행정구제절차로 나아가는 데 별다른 지장이 없었다고 인정되는 경우'인지를 판단기준으로 삼고 있는 바, 주요 판결을 검토해 본다.

❶ 행정청의 자의적 결정을 배제하고 당사자로 하여금 행정구제절차에서 적절히 대처할 수 있도록 하는 처분의 근거 및 이유제시 제도의 취지에 비추어, 처분을 하면서 당사자가 그 근거를 알 수 있을 정도로 이유를 제시한 경우에는 처분의 근거와 이유를 구체적으로 명시하지 않았더라도 그로 말미암아 그 처분이 위법하다고 볼 수는 없다. 이때 '이유를 제시한 경우'는 처분서에 기재된 내용과 관계 법령 및 당해 처분에 이르기까지의 전체적인 과정 등을 종합적으로 고려하여, 처분 당시 당사자가 어떠한 근거와 이유로 처분이 이루어진 것인지를 충분히 알 수 있어서 그에 불복하여 행정구제절차로 나아가는 데 별다른 지장이 없었다고 인정되는 경우를 뜻한다.[42]

❷ 일반적으로 당사자가 근거규정 등을 명시하여 신청하는 인·허가 등을 거부하는 처분을 함에 있어 당사자가 그 근거를 알 수 있을 정도로 상당한 이유를 제시한 경우에는 당해 처분의 근거 및 이유를 구체적 조항 및 내용까지 명시하지 않았더라도 그로 말미암아 그 처분이 위

41) 이유제시의 정도와 처분의 위법성 판단기준에 관하여 대법원 판례를 유형적으로 분석한 검토로, 하명호, 행정법, 박영사, 2019, 278-282면 참조.

42) 대법원 2017. 8. 29. 선고 2016두44186 판결.

법한 것이 된다고 할 수 없다.[43)]

❸ 교육부장관이 부적격사유가 없는 후보자들 사이에서 어떤 후보자를 상대적으로 더욱 적합하다고 판단하여 임용제청하는 경우라면, 이는 후보자의 경력, 인격, 능력, 대학운영계획 등 여러 요소를 종합적으로 고려하여 총장 임용의 적격성을 정성적으로 평가하는 것으로 그 판단 결과를 수치화하거나 이유제시를 하기 어려울 수 있다. 이 경우에는 교육부장관이 어떤 후보자를 총장으로 임용제청하는 행위 자체에 그가 총장으로 더욱 적합하다는 정성적 평가 결과가 당연히 포함되어 있는 것으로, 이로써 행정절차법상 이유제시의무를 다한 것이라고 보아야 한다. 여기에서 나아가 교육부장관에게 개별 심사항목이나 고려요소에 대한 평가 결과를 더 자세히 밝힐 의무까지는 없다.[44)]

행정절차에 대한 의식이 강화되었다고 평가되는 오늘날에도 처분서에 당해 처분의 근거 법령의 문언을 그대로 옮겨 놓는 정도의 이유제시만 기재되는 경우가 다반수이다. 이 경우 해당 처분서 기재만 국한하여 보았을 때 이유 제시가 제대로 안 되었다고 평가될 경우가 많을 것으로 보이는데,[45)] 대법원은 단지 처분서의 기재만 놓고 이유 제시의 하자 여부를 판단하고 있지는 않다. 즉, 판례는 '당사자가 충분히 알 수 있는 경우'나 '그에 불복하여 행정구제절차로 나아가는 데 별다른 지장이 없었다고 인정되는 경우'가 증거조사를 통해 인정되면, 절차상 하자를 부정하고 있다.

❶ 처분서에 기재된 내용과 관계 법령 및 해당 처분에 이르기까지

---

43) 대법원 2002. 5. 17. 선고 2000두8912 판결

44) 대법원 2018. 6. 15. 선고 2016두57564 판결. 이 판결에 대한 평석으로는, 김중권, "총장임용제청거부와 배타적 경쟁자소송 - 대법원 2018. 6. 15. 선고 2016두57564 판결", 법조 제68권 제1호, 법조협회, 2019, 459면부터 참조.

45) 이 때문에 행정소송 제기 시 원고 측에서는 일단 절차상 하자로서 이유제시 의무 위반을 주장하고 보는 경우가 많다.

의 전체적인 과정 등을 종합적으로 고려하여, 처분 당시 당사자가 어떠한 근거와 이유로 처분이 이루어진 것인지를 충분히 알 수 있어서 그에 불복하여 행정구제절차로 나아가는 데에 별다른 지장이 없었던 것으로 인정되는 경우에는. 처분서에 처분의 근거와 이유가 구체적으로 명시되어 있지 않았다 하더라도 그로 말미암아 그 처분이 위법한 것으로 된다고 할 수는 없다.46)

❷ 피고 교육부장관의 이 사건 검정도서에 대한 가격 조정 명령 중 ① 이 사건 조항 제3호를 사유로 한 가격 조정 명령의 경우, 원고들이 스스로 적어낸 예상 발행부수와 실제 발행부수를 알고 있었고, 나아가 피고 장관이 처분을 하면서 적용한 기준부수 결정방식 등 조정가격 산정방식과 내역에 관하여 충분히 알 수 있어서 그에 불복하여 행정구제절차로 나아가는 데 별다른 지장이 없었으므로, 행정절차법 제23조 제1항 위반의 절차상 하자가 인정되지 않는다. 반면, ② 나머지 가격 조정 명령의 경우 그 처분서에 처분의 근거와 이유가 구체적으로 명시되어 있지 않아 원고들로서는 처분 당시 어떠한 근거와 이유로 당해 가격 조정 명령이 이루어진 것인지를 알 수 없었으므로, 행정절차법 제23조 제1항 위반이 인정된다.47)

❸ 갑 제6호증 및 갑 제8호증의 각 기재에 의하면, 피고는 이 사건 처분에 앞서 사전통지를 하면서 근거법률을 '부동산실명법 제6조'로 표시한 사실, 이 사건 처분서에는 부동산실명법이 기재되어 있을 뿐 구체적인 규정이 명시되어 있지 않은 사실을 인정할 수 있다. 그러나 위에서 살핀 각 증거들에 을 제7호증의 기재 및 변론 전체의 취지를 종합하여 인정되는 다음과 같은 사정, 즉, ① 피고가 2012. 10. 12. 원고에게 보낸 처분사전통지서에는 '원고가 이 사건 토지에 관하여 부동산실명법 위반에 따른 과징금 부과일 또는 자신의 명의로 등기할 수 없는 정당한

46) 대법원 2009. 12. 10. 선고 2007두20348 판결.

47) 대법원 2019. 1. 31. 선고 2016두64975 판결.

사유가 소멸된 날로부터 1년이 지났음에도 원고 명의로 소유권이전등기를 경료하지 않았으므로, 부동산실명법 제6조에 따라 388,075,900원 이행강제금을 부과할 예정이다'라는 취지의 내용이 기재되어 있는 점, (…) ⑤ 원고는 이 사건 처분에 관한 처분사전통지서를 받고 2012. 11. 13. 피고에게 '도시관리계획(학교) 변경 결정이 완료되면 이 사건 토지에 관하여 원고 명의로 소유권이전등기를 경료하겠다'는 취지의 내용이 포함된 의견서를 제출한 점 등에 비추어 보면, 이 사건 처분 당시 원고는 어떠한 법률적 근거로 이 사건 처분이 이루어진 것인지를 충분히 알 수 있었던 것으로 보이고, 원고가 이 사건 처분에 불복하여 행정구제절차로 나아가는 데에 별다른 지장이 없었다고 봄이 타당하다.[48]

(2) 대상판결의 검토[49]

이 사건 출석통지서의 출석이유는 징계혐의대상자가 방어권을 행사하는 데 지장이 없을 정도로 특정되면 충분한데, 2015. 4. 20. 개최된 생도대 훈육위원회에 앞서 2015. 4. 15. 원고에게 교부된 출석통지서(갑 제7호증)의 출석이유란에는 "상기자는 폭행·가혹행위, 폭언·욕설·인격모독행위, 성군기 위반 건에 대한 생도대 심의위원회 출석을 요구함"이라고 간략히 기재되어 있고, 2015. 5. 21. 개최된 학교교육운영위원회에 앞서 2015. 5. 15. 원고에게 교부된 출석통지서(갑 제8호증)의 출석이유란에는 "상기자는 성군기 문란, 폭언·욕설·인격모독, 폭행건에 대해 15-8차 학교교육운영위원회 출석을 요구함"이라고 간략히 기재되어 있다.

그러나 종전판결에서 종전처분의 징계사유를 거의 그대로 인정하

48) 서울고등법원 2015. 1. 7. 선고 2014누62304 판결.

49) 원고가 징계위원회 출석통지서에 구체적 혐의사실이 기재되지 않아 징계절차에 흠이 있다고 주장한 것에 대하여, 위에서 본 다른 쟁점과 달리, 1심부터 대법원에 이르기까지 동일한 판시가 있었다.

였고, 이 사건 처분은 종전처분이 절차상 하자를 이유로 취소된 후 종전판결의 취지에 따라 재처분을 하게 된 경우인 점 등을 고려하면, 원고가 각 출석통지서를 교부받을 당시에 이 사건 처분의 구체적인 징계혐의사실을 충분히 알 수 있는 상태로서 방어권을 행사하는 데 지장이 없었던 것으로 보아야 한다.

(3) 검토 및 평석

처분의 이유제시 제도는 행정작용의 공정성을 스스로 보장하는 자기통제기능, 처분 당사자로 하여금 처분의 위법성 여부를 보고 행정쟁송 제기 여부를 결정하도록 도움을 주는 권리구제기능, 처분의 의미와 내용을 명확히 하여 당사자에게 처분을 정당한 것으로 받아들여 승복시키는 당사자만족기능 등을 갖는다.50) 이러한 기능들은 단순히 이유제시의 정도를 형식적으로만 접근해서는 달성될 수 없을 것이다.

대법원은 ① 당사자가 처분 과정에서 처분의 이유에 대해 알고 있음을 전제로 의견제출 등의 대응행위를 한 경우, ② 당사자가 행정청으로부터 처분사유에 관하여 구두 또는 서면상의 설명을 들은 경우, ③ 종국의 처분서 이전 단계에서 사전통지서 등에 처분사유가 기재되어 있다고 인정되는 경우 등에는 '당사자가 충분히 알 수 있는 경우'나 '그에 불복하여 행정구제절차로 나아가는 데 별다른 지장이 없었다고 인정되는 경우'가 인정된다고 보아 이유제시의 하자를 부정하고 있다. 대상판결은 종전처분과 종전판결이 존재하는 경우로서, ①, ②, ③의 경우 모두에 포섭될 수 있다고 보인다.

아직도 행정청이 처분서에 처분사유에 관한 상세한 기재를 하지 않는 행정현실이 아쉽기는 하지만, 행정력의 한계와 행정수행의 범위 등을 감안하였을 때, 오로지 종국 처분서의 기재만 가지고 이유제시의 적법

50) 하명호, "이유제시의무와 이유제시의 정도- 대법원 판례를 중심으로", 안암법학 제25권, 안암법학회, 2007, 335-336면.

여부를 판단하는 것이 타당하지는 않다. 따라서 처분의 일련의 과정(대상판결에서는 특히 종전처분과 종전판결 과정)을 두루 고려하여 당사자의 방어권 보장 여부를 검토하는 대법원의 기본적 태도에 찬동하는 바이다.

Ⅵ. 결어

대상판결은 행정절차에서 대리인으로 선임된 변호사의 조력권을 제한하는 처분이 적법한지 논증하면서 이를 방어권 행사의 본질적 내용에 해당한다고 명시한 최초의 사례로서, 행정절차법 해석에 있어 중요한 의미를 갖는 판결이라고 평가할 수 있다. 나아가, 행정절차법의 적용제외 사항을 엄격하게 해석해야 한다는 점, 의견제출의 기회 보장 및 처분의 이유제시가 절차상 하자를 구성하지 않는 정도와 범위 등의 쟁점에 대하여 기존의 법리를 유지하면서도, 종전처분과 종전판결의 존재라는 특수한 사안에 합리적으로 포섭시킨 타당한 판결이라고 생각한다.

다만, 침익적 행정절차에서의 변호사의 조력권을 헌법상 권리에 근거한다고 보면서도 그에 대한 부당한 제한을 바로 위법하다고 보지 않은 채, 방어권 행사에 실질적 지장을 초래했는지 여부를 고려함으로써 의견제출의 기회 보장 및 처분의 이유제시의 제한 법리와 혼재하여 판시한 부분은, 헌법상 권리의 보장과 법률상 권리의 인정 범위를 명확하게 구분하지 않았다는 점에서 논리상 문제가 있다고 판단된다.

앞으로도 행정의 공정성·투명성·신뢰성 확보, 국민의 권익보호, 국민의 방어권 보장, 처분 결과에 대한 수긍 가능성 등이 종합적으로 고려된 절차 위법성에 관한 판결이 형성되기를 기대한다. 무엇보다도 행정절차는 헌법상 적법절차의 원리에 뿌리를 두고 있으며 변호사의 조력을 받을 권리는 헌법상 기본권으로서 보장되어야 한다는 점을 잊지 말아야 할 것이다.

참고문헌

1. 단행본

김남진·김연태, 행정법 I, 제23판, 법문사, 2019.

김동희, 행정법 I, 제24판, 박영사, 2018.

김철수, 헌법학신론, 제21전정신판, 박영사 2013.

하명호, 행정법, 박영사, 2019.

홍정선, 행정법특강, 제15판, 박영사, 2016.

Stelkens, Paul/Bonk, Heinz Joachim/Sachs, Michael (Hrsg.), Verwaltungsverfahrens- gesetz, Kommentar, 9. Auflage, C. H. Beck, München 2018. (저자, in: Stelkens/Bonk/Sachs, VwVfG, §, Rn. 로 인용)

2. 논문

김중권, "총장임용제청거부와 배타적 경쟁자소송- 대법원 2018. 6. 15. 선고 2016두57564 판결", 법조 제68권 제1호, 법조협회, 2019.

박균성, "행정상 즉시강제의 통제- 비례원칙, 영장주의, 적법절차의 원칙과 관련하여", 행정판례연구 제11집, 한국행정판례연구회, 2006.

박정훈, "행정소송과 행정절차(1)- 비교법적 고찰 및 네 개의 접점문제", 행정소송의 구조와 기능, 박영사, 2011.

박해식, "공정경쟁소송에서의 행정법이론의 명암", 행정법학 제1호, 한국행정법학회, 2011.

박현정, "행정법적 관점에서 본 비자의입원의 법적 성격과 절차", 행정법연구 제56호, 행정법이론실무학회, 2019.

양승헌, "제재대상자 방어권 보장 혁신방안에 대한 제언", KIRI 리포트 제438권, 보험연구원, 2018.

이상덕, "사관학교 생도 징계처분에서 행정절차법 적용과 변호사를 통한 방어권 행사", 대법원판례해설 115호(2018년 상), 법원도서관, 2018.

이재구·이호용. "수사로 활용될 수 있는 행정조사의 법적 쟁점- 실무자의 관점에서", 법학논총 제35집 제2호, 한양대학교 법학연구소, 2018.

이정민, "공정거래위원회 사건처리절차의 합리화", 외법논집 제40권 제4호, 한국외국어대학교 법학연구소, 2016.

조성제, "피의자신문에 있어서 헌법상 적법절차원리의 구현", 세계헌법연구 제14권 제1호, 세계헌법학회 한국학회, 2008.

하명호, "이유제시의무와 이유제시의 정도- 대법원 판례를 중심으로", 안암법학 제25권, 안암법학회, 2007.

3. 기타

"금감원, 8월부터 불공정거래 조사에 '변호사 입회 허용'", 2019. 7. 9.자 법률신문 기사(2019. 8. 13. 접속).
https://m.lawtimes.co.kr/Content/Article?serial=154365

"공정위, 기업 조사 시 변호인 참여 보장", 2015. 10. 22.자 스페셜경제 기사(2019. 8. 13. 접속).
https://blog.naver.com/speconomy/220516303908

박성연 "행정절차법이 보호하는 법익(=방어권 행사에 지장을 주지 않을 것), [대상판례] 대법원 2018. 3. 13 선고 2016두33339 판결", 2018. 3. 29.자 천자평석, 로앤비 전자법률도서관(2019. 8. 17. 접속).
http://academynext.lawnb.com.oca.korea.ac.kr/Info/ContentView?sid=D0075A4552797901

국문초록

본 연구는 대법원 2018. 3. 13. 선고 2016두33339 판결에 대한 평석이다. 대상판결은 징계와 같은 불이익처분절차에서 변호사가 징계위원회에 출석하여 징계심의대상자를 위하여 의견을 진술하는 것은 방어권 행사의 본질적인 내용에 해당하므로, 행정청이 변호사의 출석을 막았다면 해당 징계처분은 원칙적으로 취소되어야 한다고 판시하였다. 다만, 이 사안은 방어권 행사에 실질적으로 지장이 초래되었다고 볼 수 없는 특별한 사정이 있다고 봄으로써, 징계처분이 취소될 것은 아니라는 결론을 내렸다.

대상판결은 행정절차에서 대리인으로 선임된 변호사의 조력권을 제한하는 처분의 적법성에 관한 구체적인 법리를 제시한 최초의 사례로서, 행정절차법 해석에 있어 중요한 의미를 갖는 판결이라고 평가할 수 있다. 또한, 행정절차법의 적용제외 사항의 범위가 어떠한지, 어느 정도의 의견제출의 기회 보장 및 처분의 이유제시가 있어야 적법한 처분으로 판단되는지에 관한 쟁점에 관해서, 동일한 사실관계에 관한 종전처분과 종전판결이 존재하는 특수한 사안에 대하여 기존의 판례의 법리를 유연하게 적용한 판결로서도 의미가 있다.

하지만 침익적 행정절차에서의 변호사의 조력권을 부당하게 제한한 처분에 대하여 방어권 행사에 실질적 지장을 초래했는지 여부를 고려하여 판시한 부분은, 헌법상 권리의 보장과 법률상 권리의 인정 범위를 명확하게 구분하지 않았다는 점에서 논리상 문제가 있다고 판단된다. 침익적 행정절차에서의 변호사의 조력권은 헌법 제12조 제4항이 유추적용되는 기본권이라고 보아야 하며, 그렇다면 기본권을 부당하게 제한하는 처분은 바로 위법하다고 보아야 할 것이기 때문이다. 방어권 행사에 실질적 지장을 초래했는지 여부를 고려하는 것은 의견제출의 기회 보장 및 처분의 이유제시의 제한에 관한 법리인데, 대상판결은 헌법상 기본권이 제한된 사례에서 위 법리를 혼재하여 판시한 잘못이 있다고 생각한다.

향후에도 행정절차에 있어 변호사의 조력권이 헌법상 기본권으로서 지위를 가지는지 여부, 변호사의 조력권의 보장 범위 등에 관한 대법원 판결이 누적되어 보다 정치한 법리가 형성되기를 기원한다.

주제어: 변호사의 조력권, 행정절차, 징계처분, 행정절차법 적용제외, 의견제출의 기회, 처분의 이유제시

Abstract

The illegality of Administrative Procedure restricting the Right of Attorney to Counsel

Shin, Sang-min*

This paper is a case study on the 'Supreme Court 2016DU33339 Decision sentenced on March 13, 2018'. In this case, the Supreme Court affirmed that the attorney's attendance for the subject to discipline at the disciplinary committee in the disadvantageous disposition process is an essential part of the exercise of defense rights, so if the administrative agency prevented attorney's attendance, the disciplinary action should be canceled in principle. However, this case is concluded that the disciplinary action would not be canceled by sentencing that there was a special situation that could not be seen as a substantial obstacle to the exercise of defense.

This ruling is the first case to provide a specific legal theory on the legality of a disposition that limits the right of attorney to counsel appointed as an agent in administrative procedures. Thus, this case is considered to be important in the interpretation of the Administrative Procedure Act. In addition, this case deals with the scope of the exclusion of the Administrative Procedure Act, and the extent of guaranteeing the opportunity to comment and providing the reasons for disposition to justify the legal disposition, this case is also meaningful

* Attorney at Law, law firm TAELIM

as a ruling that flexibly applies the precedent legal theory to a particular case where a existing fact and judgment exists.

However, the section judged in consideration of whether or not it caused substantial obstacles to the exercise of defense against unjustly restricting the right of attorney's assistance in intrusive administrative procedures, there is a logic problem in that it is not classified the scope of the guarantee of constitutional rights and the scope of recognition of legal rights. This is because the right of attorney to counsel in intrusive administrative procedures should be regarded as the fundamental right inferred by Article 12 (4) of the Constitution. Considering whether or not it has caused substantial obstacles to the exercise of defense is a Supreme Court's legal theory regarding how to restrict the guaranteeing the opportunity to comment and the providing the reasons for disposition, therefore I think this ruling has a mistake that applied the above legal theory in a case where the constitutional fundamental rights are limited.

In the future, it will be necessary to formulate more advanced Supreme Court's rulings on whether the right of attorney to counsel in administrative procedures has a status as a constitutional fundamental right, and what the scope of the right of attorney to counsel, etc.

Keywords: Right of Attorney to Counsel, Administrative Procedure, Disciplinary Action, Exclusion of Application of Administrative Procedure Act, Opportunity to Comment, Providing Reasons for Disposition

투고일 2019. 12. 13.
심사일 2019. 12. 23.
게재확정일 2019. 12. 30.

行政爭訟一般

결혼이민사증발급거부에 대한 외국인배우자의 원고적격
(김성배)

결혼이민사증발급거부에 대한 외국인배우자의 원고적격*

김성배**

대법원 2018. 5. 15. 선고 2014두42506 판결

Ⅰ. 대상판결의 개요

피상고인(원고)은 국제결혼중개업체를 통해서 한국인 남편을 소개받고 중국과 한국에서 혼인신고를 한 중국국적의 여성이며, 상고인(피고)은 원고 A의 결혼이민사증발급을 거부한 주선양한국총영사관 총영사이다.

* 본 논문은 2019년 9월 20일 개최된 제351차 월례발표회에서 발표한 본인의 발제문을 축약하여 행정판례연구게재용으로 재구성한 논문임을 밝힙니다.

** 국민대학교 법과대학교 교수

1. 사실관계

1) 대법원 판결문상의 사실관계

대한민국 국민인 A는 국제결혼중개업체를 통해 4박 5일간 중국을 방문하여 중국 국적자인 원고를 소개받은 후, A는 한국에서 혼인신고를, 원고인 중국인 여성은 중국에서 혼인신고를 마쳤다. 원고는 소외인과 혼인하였음을 이유로, 2010. 5.경부터 2013. 5.경 사이에 매년 1차례씩 피고에게 결혼이민(F-6) 체류자격의 사증발급을 네 차례 신청하였으나 주선양한국총영사관 총영사는 매번 소외인의 거주지를 관할하는 출입국관리사무소 소속 공무원의 실태조사를 거쳐, '소외인의 가족부양능력 결여' 등을 이유로 원고에 대한 사증발급을 네 차례 모두 거부하였다.

2) 대상판결 원심인 고등법원 판결문상의 사실관계[1)]

고등법원에서는 세번의 거부처분은 혼인진정성 불명 등의 이유로 거부되었고, 본 사건 거부처분은 국민의 A의 가족부양능력 결여'를 이유로 원고의 신청을 거부한 점을 적시하였다.

3) 서울행정법원의 판결문상의 사실관계[2)]

행정법원의 사실관계에서는 청주출입국관리사무소장가 피고에게 보낸 동향보고서에서는 "40대의 초혼자인 초청인의 국제결혼의 동기가 인정되고, 3회에 걸친 사증발급 불허에도 불구하고 … 수차례 입국한

---

* 본 논문은 2019년 9월 20일 개최된 제351차 월례발표회에서 발표한 본인의 발제문을 축약하여 행정판례연구게재용으로 재구성한 논문임을 밝힙니다.

** 국민대학교 법과대학교 교수

1) 서울고등법원 2014. 9. 5. 선고 2014누41086 판결 미간행된 판결문이지만 법원검색시스템에 등재된 판결문임

2) 서울행정법원 2013. 12. 12 선고 2013구합21205 판결 미간행된 판결문으로서 법원 판례시스템에 미등제된 판례임

피초청인과 국내 동거한 정황이 확인되는 등 초청인의 혼인 진정성을 부인하기 어려우나, 가족 일부가 결혼초청에 반대하고 있고, 초청인이 부친의 도움으로 주거지는 마련하였으나 안정적 결혼생활에 필요한 재정능력 또는 일정한 소득이 있음을 증명치는 못하였으므로, 위와 같은 조사 결과를 참고하여 가·부 결정함이 좋겠음"이라고 한 점을 적시하고 있었다.

2. 사건의 경과와 판결의 이유

서울행정법원은 원고의 청구를 기각하였고, 원심인 서울고등법원은 원고승소판결을 하였지만, 대법원은 원고적격이 없다는 이유로 각하를 하였다.

1) 서울행정법원

(1) 본안전 항변과 판단

피고는 본안 전 항변으로 "피고는 ① 외국인에게는 입국의 자유가 없고, 사증 관련 규정은 외국인에게 사증을 발급받을 수 있는 권리 또는 법률상 이익을 부여한 것이 아니며, 사증 발급으로 인한 이익은 반사적 이익에 불과하므로, 원고에게 이 사건 거부행위의 취소를 구할 원고적격이 없고, ② 외국인이 특정 국가에 대하여 사증발급을 요구할 수 있는 법규상·조리상의 신청권이 없으므로 이 사건 거부행위는 항고소송의 대상이 되는 거부처분에 해당하지 아니한다"고 항변하였다.

서울행정법원은 "입국하려는 외국인은 대통령령으로 정하는 체류자격을 가져야 하고, 유효한 여권과 법무부장관이 발급한 사증을 가지고 있어야 하며, … 사증을 발급받으려는 외국인은 사증발급신청서에 법무부령으로 정하는 서류를 첨부하여 재외공관의 장에게 제출하여야 하고, 재외공관의 장은 외국인이 사증발급 신청을 하면 법무부령으로 정하는 바에 따라 체류자격과 체류기간 등 필요한 사항을 적은 사증을 발급한다. 따라서 사증을 발급받는 것은 외국인이 대한민국에 입국하기 위한 요건이 되는 것이므로, 재외공관의 장의 사증발급행위는 공권력의 행사에 해당하고 그 거부행위는 사증신청인으로 하여금 대한민국에 입국할 수 없도록 하는 것으로서 신청인의 법률관계에 변동을 초래한다고 할 것이며, 위 법령 규정에 따라 외국인은 사증발급에 관한 법규상의 신청권을 가진다"고 판단하고 이 사건 거부행위는 항고소송의 대상인 거부처분에 해당한다고 보았다.

원고적격이 있는지 여부에 대해서는 서울행정법원은 행정처분의 직접 상대방이 아닌 제3자와 달리[3], "원고는 이 사건 거부행위의 직접 상대방이고, 사증 발급 신청인으로서 사증 발급과 관련된 법규에 의하여 보호되는 개별적·직접적·구체적 이익이 있다고 할 것이므로 당연히 이 사건 거부행위의 취소를 구할 원고적격이 인정된다."고 판단했다.

(2) 본안판단

원고는 혼인신고를 함으로써 대한민국에 정착해서 혼인 생활을 할 수 있었다고 신뢰하였기에 본 사건 거부행위가 신뢰보호원칙을 위배하고, 본 사건 거부행위로 달성하는 공익보다 원고의 사익이 더 크므로 본 사건 거부행위는 비례원칙을 위배하였다고 주장하였다.

서울행정법원은 신뢰보호의 일반원칙에 대한 대법원 판결[4]을 인용한 후, 혼인신고는 원고와 소외 B의 행위에 불과하고 행정청의 원고에 대한 공적 견해표명과 무관하다고 판단하였으며, 비례원칙 위반 여부에 대해서는 "출입국관리법 시행규칙 제9조의5에 의하면 결혼동거 목적의 사증 발급 신청을 받은 재외공관의 장은 혼인의 진정성 및 정상적인 결혼 생활의 가능성 여부를 판단하기 위하여 사증 발급을 신청한 외

3) 처분의 직접 상대방이 아닌 제3자의 원고적격에 대해서는 대법원 2008. 9. 11. 선고 2006두7577 판결

4) 대법원 2005. 7. 8. 선고 2005두3165 판결

국인과 그 초청인에 대하여 교제경위 및 혼인의사 여부, 초청인의 개인 파산·부도·법원의 채무불이행 판결 등을 고려한 가족부양능력 여부 등을 심사·확인하여 사증 발급을 허가하지 아니할 수 있다. 한편 사증 발급은 외국인에 대하여 대한민국 입국 허용 여부를 결정짓는 주권국가의 고권적(高權的) 행위이고, 특히 결혼이민(F-6)의 체류자격을 가지고 있는 사람은 체류자격 구분에 따른 취업활동의 제한을 받지 아니하는 점(출입국관리법 시행령 제23조 제2항 제3호), 출입국관리법, 같은 법 시행령, 같은 법 시행규칙 어디에도 외국인에게 대한민국의 사증을 취득할 권리를 부여하였다고 볼 만한 규정이 없는 점"을 종합하면, 행정청은 결혼이민(F-6) 체류자격의 사증 발급 여부에 관하여 상당한 재량을 갖는다고 판단하였고, 인정된 사실관계[5]를 바탕으로 이 사건 거부행위는 적법하다고 판단하였다.

2) 원심판결

(1) 주문

제1심 판결을 취소한다.

피고가 2013. 7. 16. 원고에 대하여 한 사증발급거부처분을 취소한다.

(2) 본안전항변과 그에 대한 판단

원심은 서울행정법원과 마찬가지로 대법원 2009. 9. 10. 선고 2007두20638 판결 "어떤 사람의 적극적 신청행위에 대하여 행정청이 그 신청에 따른 행위를 하지 않겠다고 거부한 행위가 항고소송의 대상이 되는 행정처분에 해당하는 것이라고 하려면, 그 신청한 행위가 공권력의

---

5) 청주출입국관리사무소장의 사실관계 확인 과정에서 B은 일정한 소득이 있음을 증명하지 못하였고, 새마을금고 정기예금 340만 원 외에는 금융자산이 없으며, 새마을금고에 대하여 300만 원의 부동산 담보대출 채무를 부담하고 있는 사실이 인정된다.

행사 또는 이에 준하는 행정작용이어야 하고, 그 거부행위가 신청인의 법률관계에 어떤 변동을 일으키는 것이어야 하며, 그 사람에게 그 행위 발동을 요구할 법규상 또는 조리상의 신청권이 있어야 한다. 그리고 거부처분의 처분성을 인정하기 위한 전제요건이 되는 신청권의 존부는 구체적 사건에서 신청인이 누구인가를 고려하지 않고 관계 법규의 해석에 의하여 일반 사람에게 그러한 신청권을 인정하고 있는가를 살펴 추상적으로 결정되는 것이고, 신청인이 그 신청에 따른 단순한 응답을 받을 권리를 넘어서 신청의 인용이라는 만족적 결과를 얻을 권리를 의미하는 것은 아니라고 할 것이므로, 어떤 사람이 어떤 신청을 한 경우에 그 신청의 근거가 된 조항의 해석상 행정발동에 대한 개인의 신청권을 인정하고 있다고 보이면 그 거부행위는 항고소송의 대상이 되는 처분으로 보아야 할 것이고, 구체적으로 그 신청이 인용될 수 있는가 하는 점은 본안에서 판단하여야 할 사항이다"라는 대법원판례를 인용[6]한 후 사증을 발급받는 것은 외국인이 대한민국에 입국하기 위한 요건이 되는 것이므로, 재외공관의 장의 사증발급행위는 공권력의 행사에 해당하고 그 거부행위는 사증신청인으로 하여금 대한민국에 입국할 수 없도록 하는 것으로서 신청인의 법률관계에 변동을 초래한다고 할 것이며, 위 법령 규정에 따라 외국인은 사증발급에 관한 법규상의 신청권을 가진다고 할 것이다. 그러므로 이 사건 처분은 항고소송의 대상인 거부처분에 해당하여 대상적격이 인정된다고 판단하였다. 또한 원심은 서울행정법원과 마찬가지로 원고는 이 사건 처분의 직접 상대방이고 사증 발급 신청인으로서 사증 발급과 관련된 법규에 의하여 보호되는 개별적·직접적·구체적 이익이 있다고 할 것이므로, 이 사건 처분의 취소를 구할 원고적격이 인정된다고 판단하였다.

6) 대법원 2009. 9. 10. 선고 2007두20638 판결 참조

(3) 본안 판단

원심은 "결혼동거 목적의 사증발급 신청을 받은 경우에는 같은 시행규칙 제9조의5 제1항에 따라 혼인의 진정성 및 정상적인 결혼 생활의 가능성 여부를 판단하기 위하여 사증 발급을 신청한 외국인과 그 초청인에 대하여 제9조의5 제1항 각 호에서 정한 요건을 심사·확인할 수 있으며, 그 중 제4호는 '초청인의 개인 파산, 부도, 법원의 채무불이행 판결 등을 고려한 가족부양능력 여부'를 요건으로 들고 있다."는 점을 지적하고 혼인과 결혼생활에 대한 헌법재판소 결정례[7]를 인용한 후 가족결합권은 혼인의 자유 중 특수한 형태로 보호된다고 판단하였다. 따라서 "출입국관리법의 결혼이민(F-6) 체류자격 관련 규정, 혼인의 자유 및 그에 따른 가족결합권이 헌법에 의하여 보호되는 점 등을 고려하면, 비록 사증발급이 외국인에 대하여 대한민국 입국 허용 여부를 결정짓는 주권국가의 고권적 행위라 하더라도, 결혼동거 목적의 사증발급 신청을 받은 재외공관의 장은 혼인의 진정성 및 정상적인 결혼 생활의 가능성이 인정된다면 특별한 사정이 없는 한 사증을 발급"하여야 한다고 보았다.

원심은 원고의 배우자 소외1인은 초등학교를 중퇴하여 글을 읽는데 어려움이 있으나 사리 분별력과 판단력에 큰 문제가 없다는 청주출입국관리사무소의 조사관의 활동보고서를 인용하고, 소외1인의 9년간의 취업경력과 농업에 종사하여 연 평균 1천만원의 소득을 얻고 있다는 점, 농한기에 일용직으로 연 평균 1천 5백만원의 소득을 얻고 있다는 점, 소외 1인이 5천 5백만원으로 자신의 명의로 임대아파트를 매수하고, 매수 당시 존재하였던 주택담보대출을 모두 변재한 사실, 혼인 직후에는 5천 3백만원의 예금이 존재하였지만 부동산매수와 중매업체수수료를 지급하고 현재 3백 4십만원의 예금이 남아 있다는 사실, 결혼이민 체류자격 사증이 발급되지 않자 단기일반 또는 순수관광 사증을 발급받

7) 헌법재판소 2002. 8. 29. 2001헌바82 결정 참조

아 국내에 체류하는 모든 왕복항공비용을 소외인이 지급한 사실을 종합하여, 소외1인은 정규직 근로자는 아니지만 월평균 2백만원 이상의 일정한 소득이 있다는 점, 소외1인이 파산선고를 받거나 부도를 낸 바 없으며 범죄경력도 없다는 점을 설시한 후, 원고승소판결을 하였다.

3) 대법원의 판단

(1) 판결요지

① 사증발급의 법적 성질, ② 출입국관리법의 입법 목적, ③ 사증발급 신청인의 대한민국과의 실질적 관련성, ④ 상호주의원칙 등을 고려하면, 우리 출입국관리법의 해석상 외국인에게는 사증발급 거부처분의 취소를 구할 법률상 이익이 인정되지 않는다.

(2) 원고적격의 인정여부

대법원은 "행정처분에 대한 취소소송에서 원고적격이 있는지 여부는, 당해 처분의 상대방인지 여부에 따라 결정되는 것이 아니라 그 취소를 구할 법률상 이익이 있는지 여부에 따라 결정되는 것이다. 여기서 법률상 이익이란 당해 처분의 근거 법률에 의하여 보호되는 직접적이고 구체적인 이익이 있는 경우를 말하며, 간접적이거나 사실적·경제적 이해관계를 가지는 데 불과한 경우는 포함되지 아니한다"는 99두8565판결을 인용한 후, 출입국관리법상 외국인이 입국함에 있어서 유효한 여권과 법무부장관이 발급한 사증을 가지고 있어야 하며, 사증을 발급받은 경우에도 출입국항에서 입국심사가 면제되지 않는 점을 지적하면서, 사증발급은 외국인에게 대한민국에 입국할 권리를 부여하거나 입국을 보장하는 완전한 의미에서의 입국허가결정이 아니라, 외국인이 대한민국에 입국하기 위한 예비조건 내지 입국허가의 추천으로서의 성질을 가진다고 보았다.

또한 대법원은 "외국인에게는 입국의 자유를 인정하지 않는 것이

세계 각국의 일반적인 입법 태도"라는 점을 지적하면서 출입국관리법의 입법 목적[8]을 언급하면서 체류자격 및 사증발급의 기준과 절차에 관한 출입국관리법과 그 하위법령의 위와 같은 규정들은, 대한민국의 출입국 질서와 국경관리라는 공익을 보호하려는 취지일 뿐, 외국인에게 대한민국에 입국할 권리를 보장하거나 대한민국에 입국하고자 하는 외국인의 사익까지 보호하려는 취지로 해석하기는 어렵다고 판단하였다. 또한 대법원은 "사증발급 거부처분을 다투는 외국인은, 아직 대한민국에 입국하지 않은 상태에서 대한민국에 입국하게 해달라고 주장하는 것으로, 대한민국과의 실질적 관련성 내지 대한민국에서 법적으로 보호가치 있는 이해관계를 형성한 경우는 아니어서, 해당 처분의 취소를 구할 법률상 이익을 인정하여야 할 법정책적 필요성도 크지 않다. 반면, 국적법상 귀화불허가처분이나 출입국관리법상 체류자격변경 불허가처분, 강제퇴거명령 등을 다투는 외국인은 대한민국에 적법하게 입국하여 상당한 기간을 체류한 사람이므로, 이미 대한민국과의 실질적 관련성 내지 대한민국에서 법적으로 보호가치 있는 이해관계를 형성한 경우이어서, 해당 처분의 취소를 구할 법률상 이익이 인정된다고 보아야 한다. 또한 중국의 출입경관리법은 사증 발급 거부 등 출입국 관련 제반 결정에 대하여 불복하지 못하도록 명문의 규정을 두고 있으므로, 국제법의 상호주의원칙상 대한민국이 중국 국적자에게 우리 출입국관리 행정청의 사증발급 거부에 대하여 행정소송 제기를 허용할 책무를 부담한다고 볼 수는 없다고 판단하면서 "사증발급의 법적 성질, 출입국관리법의 입법 목적, 사증발급 신청인의 대한민국과의 실질적 관련성, 상호주의원칙 등을 고려하면, 우리 출입국관리법의 해석상 외국인에게는 사증발급 거부처분의 취소를 구할 법률상 이익이 인정되지 않는다고 봄이 타당하다."고 판시

8) "대한민국에 입국하거나 대한민국에서 출국하는 모든 국민 및 외국인의 출입국관리를 통한 안전한 국경관리와 대한민국에 체류하는 외국인의 체류관리 및 난민(難民)의 인정절차 등에 관한 사항을 규정"하는 것이다(제1조).

하였다.

Ⅱ. 문제의 소재

1. 대법원의 판결의 구조

대법원은 일반적으로 외국인에게는 사증발급 거부처분의 취소를 구할 법률상 이익이 인정되지 않는다고 판단하면서 ① 사증발급은 대한민국에 입국하기 위한 예비조건 내지 입국허가 추천의 성질을 갖기 때문에 사증발급이 된다고 하더라도 입국이 보장되지 않는다는 점, ② 출입국관리법의 목적과 관련규정을 검토하면 출입국관리법령은 대한민국의 출입국질서와 국경관리와 공익을 보호하려는 취지일 뿐 대한민국에 입국하고자 하는 외국인의 사익까지 보호하지 않는다는 점, ③ 외국인이더라도 예외적으로 대한민국과 실질적 관련성 내지 대한민국에서 법적으로 보호가치 있는 이해관계를 형성한 경우(대법원의 예시로는 국적법상 귀화불허가처분이나 출입국관리법상 체류자격변경 불허가처분, 강제퇴거명령 등을 다투는 외국인)에는 법률상 이익이 인정되지만, 본건의 경우에는 대한민국과 실질적 관련성 내지 법률상 이익을 인정해야 할 법정책적 필요성이 크지 않은 점, ④ 국제법상 상호주의원칙을 적용하더라도 중국법은 출입국 관련 제반 결정에 대하여 명시적으로 외국인의 불복을 차단하고 있다는 점을 그 판단근거로 제시하고 있다.

2. 유사한 분쟁사례에서의 하급법원의 다양한 유권판단

1) 중국국적의 조선족에 대한 사증발급거부처부와 원고적격

(1) 원고적격 인정사례[9)]

2007.11.14. 2007구합21204사건에서 서울행정법원은 조선족동포가 재외동포법상의 외국국적동포에 해당하고 조선족동포에 대한 사증발급거부처분은 행정소송의 대상이 되는 처분이고 원고적격이 인정된다고 판단하였다.

(2) 원고적격 부정사례[10)]

사증발급거부를 당한 조선족에 원고적격을 인정한 서울행정법원의 판결이 있은 하루 다음날인 2007.11.15.선고 사건에서 서울행정법원은 조선족은 중국인으로서 외국인이므로 원고적격이 부정된다는 판단을 하였다.

2) 외국인근로자로 입국하였으나 대한민국 국민과 혼인한 경우, 유효한 혼인의 기준과 체류자격 변경불허가 처분관련[11)]

본 사건에서는 외국인근로자로서 대한민국에 입국하여 근무하다가 대한민국 국민과 혼인하여 체류자격변경을 신청한 사례로서 원고적격이나 처분성이 다투어지지는 않았다. 다만 혼인의 진정성을 판단함에 있어서 입국허가를 받을 때 지정한 근무처와 다른 곳에서 일을 하여 출입국관리법을 위반한 사실이 있다는 사정등을 이유로 한 체류자격변경불허가처분은 재량권의 범위를 일탈·남용한 것으로 위법하다고 판단하였다.

---

9) 서울행정법원 2007. 11. 14 선고 2007구합21204 판결 [사증발급거부처분취소]
10) 서울행정법원 2007. 11. 15 선고 2007구합21983 판결 [사증발급거부처분취소] (미등록 판례로 대법원 판례검색이 되지 않는 판례)
11) 대구지방법원 2012. 4. 18 선고 2011구합2394 판결 [체류기간연장등불허처분취소]

3) 소위 스티브 유(유승준사건)의 하급심[12)]

미국 시민권을 취득함으로써 대한민국 국적을 상실한 인기가수 甲에 대하여 병무청장이 '미국 시민권을 취득함으로써 사실상 병역의무를 면탈하였다'는 이유로 입국 금지를 요청함에 따라 법무부장관이 甲의 입국금지결정을 하였는데, 甲이 재외공관의 장에게 재외동포(F-4)자격의 사증발급을 신청하였다가 거부된 사안에서, 서울행정법원은 "원고에게 사증발급에 관한 법규상의 신청권이 인정되고, 원고는 이 사건 거부행위의 직접 상대방이므로, 원고에게 이 사건 거부행위의 취소를 구할 원고적격이 인정된다. 피고는 사증발급에 관한 원고의 이익은 법률상의 이익이 아닌 반사적 이익에 불과하다고 주장하나, 법률상 이익은 처분의 직접 상대방이 아닌 제3자의 원고적격을 판단하는 기준에 불과"하다고 판단하였다. 하지만 서울행정법원은 본안에서 입국금지조치가 비례의 원칙이나 평등의 원칙을 위반하였다고 보기 어려워 적법·유효한 이상, 입국금지조치를 이유로 한 사증발급 거부는 출입국관리법 제8조 제3항, 출입국관리법 시행규칙 제9조의2 제2호에 따른 것으로서 적법하다고 판단하였다.

3. 행정심판위원회의 재결례

우리 헌법상 행정심판은 재판의 전심절차로서 사법절차를 준용하는 경우 허용하고,[13)] 현행 행정심판법은 원칙적으로 행정심판을 임의적 절차로 규정하고 있으며, 행정심판을 거쳤다고 하더라도 심판이 각하 또는 기각된 경우, 청구인은 법원에 행정소송을 제기할 수 있지만, 행정심판에서 청구인용결정이 있는 경우 행정심판법 제49조 제1항(재결의 기

12) 서울행정법원 2016. 9. 30 선고 2015구합77189 판결 [사증발급거부처분취소]

13) 헌법 제107조 제2항

속력 등)을[14] 근거로 학설과 판례[15]는 행정청의 불복을 허용하고 있지 않으므로, 재판구도상 당연히 재판의 전심이며, 대법원의 하급심으로 볼 수 있는 행정심판위원회의 재결이라고 하더라도 인용재결이 있는 경우, 사건이 확정되는 큰 결과가 도출됨으로 행정심판의 청구인적격인정이 되어, 청구인이 승소하는 경우 결과적으로 최종적·종국적 사법적 판단이 된다는 특징이 있으므로 단순히 행정심판위원회의 재결을 하급심의 결과로 치부할 수만은 없다.

1) 청구인적격 인정사례

(1) 재판수행을 위한 외국인의 사증발급신청과 거부처분[16]

청구인은 대한민국에 체류하지 않는 카메룬 국적의 외국인으로, 2016. 2. 16. 피청구인에게 소송수행을 목적으로 한 기타(G-1) 체류자격으로 사증발급을 신청하였으나, 피청구인은 2016. 2. 23. 청구인이 불법체류 할 가능성이 상당하다는 이유로 청구인에게 사증발급을 거부하였다. 피청구인은 사증발급은 고권적 행위로서 행정소송의 대상이 되지 않고 청구인에게는 청구인적격이 없다고 주장하였지만 중앙행정심판위원회는 "사증을 발급받는 것은 외국인이 대한민국에 입국하기 위한 요건이 되므로 재외공관의 장의 사증발급행위는 공권력의 행사에 해당하고, 그 거부행위는 사증발급을 신청한 자가 대한민국에 입국할 수 없도록 하는 것으로서 신청인의 법률관계에 변동을 초래한다고 볼 수 있는 점, 관계법령에서 외국인의 사증발급 신청절차 및 그 심사기준에 관하여 규정하고 있으므로 외국인에게 적어도 사증발급이라는 행정발동에 대한 신청권이 인정된다고 볼 수 있는 점, 외국인에 대한 사증발급을

---

14) 제49조(재결의 기속력 등) ① 심판청구를 인용하는 재결은 피청구인과 그 밖의 관계 행정청을 기속(羈束)한다.
15) 대법원 1998. 5. 8 선고 97누15432 판결
16) 중앙행정심판위원회 2016. 07. 22. 2016-3930

할 것인지를 결정함에 있어서 상당한 범위의 재량이 있다고 볼 수는 있으나 그러한 사유가 사증발급 거부행위의 처분성을 부인하는 근거가 되지 못하는 점 등을 종합적으로 고려하여 보면 외국인에 대한 재외공관장의 사증발급 거부행위는 행정심판으로 다툴 수 있다"고 판단하였지만 당해 거부처분이 재량권을 일탈남용한 것은 아니라고 기각결정을 하였다.

(2) 외국인 배우자에 대한 사증발급거부처분에 대한 국민인 배우자의 청구인적격과 소득요건불비판단의 재량성[17)]

청구인은 대한민국 국민으로서 미얀마 국적자의 배우자이고, 이 사건 신청자는 피청구인에게 결혼이민(F-6) 체류자격의 사증발급을 신청하였으나, 피청구인은 같은 날 이 사건 신청자에게 '소득요건 불비'를 이유로 사증발급을 거부하였다. 본 사건에서 행정심판위원회는 "사증을 발급받는 것은 외국인이 대한민국에 입국하기 위한 요건이 되므로 재외공관의 장의 사증발급행위는 공권력의 행사에 해당하고, 그 거부행위는 사증발급을 신청한 자가 대한민국에 입국할 수 없도록 하는 것으로서 신청인의 법률관계에 변동을 초래한다고 볼 수 있는 점, 관계법령에서 외국인의 사증발급 신청절차 및 그 심사기준에 관하여 규정하고 있으므로 외국인에게 적어도 사증발급이라는 행정발동에 대한 신청권은 인정된다고 봄이 타당한 점 등을 종합적으로 고려하여 보면 피청구인의 사증발급 거부행위는 행정심판의 대상이 되는 처분에 해당한다 할 것이다."라고 판단했다.

처분의 상대방은 아니지만 국민인 배우자가 제기한 행정심판에 있어서 청구인적격에 대해서 행정심판위원회는 "① 결혼이민(F-6) 체류자격의 사증발급여부를 심사함에 있어 재외공관장은 초청인이 법무부장관이 매년 정하여 고시하는 소득 요건을 충족하였는지 여부를 심사하

17) 중앙행정심판위원회, 2017. 03. 24. 2016-14205

도록 규정하고 있어 초청인인 청구인의 결격사유 유무가 사증발급에 있어 매우 중요한 기준이 되는 점, 이 사건에 있어서도 피청구인은 다른 요건이 아닌 ② 청구인의 소득요건을 이유로 이 사건 처분을 한 것으로서 법적 심사대상이자 직접적인 이해당사자인 청구인이 이를 다툴 수 있도록 하는 것이 필요하다고 보이는 점, ③ 청구인은 이 사건 신청자와 국내법상 혼인관계를 맺고 있는 자로서 이 사건 신청자가 청구인과의 혼인생활을 목적으로 신청한 결혼이민(F-6) 사증을 피청구인이 발급하지 않는 것은 청구인과 이 사건 신청자간의 혼인관계에 실질적인 영향을 미친다 할 것인 점 등에 비추어 보면 청구인은 결혼이민(F-6) 사증에 대해 배우자인 초청자로서 법적 이해관계를 갖는다고 할 것이므로 이 사건 처분에 대한 청구인적격이 인정된다고 할 것이다."라고 전향적으로 결정하였다. 다만 행정심판위원회는 본안에서 "법무부장관이 고시한 기준인 16,599,618원에 미치지 못하는 16,509,200원의 소득인 점 등을 종합하여 보면 청구인은 혼인의 진정성 및 정상적인 결혼 생활의 가능성 여부를 판단하기 위하여 법무부장관이 고시한 소득 요건을 충족하고 있다고 할 수 없으므로 이를 이유로 한 피청구인의 이 사건 처분은 위법·부당하다 할 수 없다"고 판단하였다.

(3) 사증발급인정서 발급거부 처분과 외국인을 초청한 초청인의 청구인적격[18)]

행정심판위원회는 "사증발급인정서 발급제도의 취지를 보면, 이는 관련 외국인 입국과 관련하여 직접적인 이해당사자인 초청인으로 하여금 국내에서 직접 사증발급 관련 절차를 주도적으로 처리하도록 함으로써 외국인인 피초청인이 용이하고도 신속하게 입국할 수 있도록 신설된 제도라 할 것인바, ① 「출입국관리법」 제9조는 사증발급인정서를 외국인의 신청에 의해 발급할 수 있다고 하면서도 명문으로 그 발급신청을

---

18) 중앙행정심판위원회 2017. 03. 24. 2016-23490

초청인이 대리할 수 있다고 규정함으로써 관련 외국인 입국과 관련된 초청인의 이해관계를 법적으로 보장하고 있는 점, 이에 따라 사증발급인정서 발급을 신청함에 있어 '초청인'의 주소지 관할 출입국관리사무소장 또는 출장소장에게 '초청인' 작성의 서류를 제출하도록 규정하고 있고, ② 사증발급인정서를 교부하는 경우에는 이를 '초청인'에게 교부하도록 규정하고 있어 초청인이 가지는 이해관계를 법적으로 보호하고 있는 점, 무엇보다 사증발급인정서 발급여부를 심사함에 있어 '초청인의 결격사유 유무'에 대해서도 심사하도록 규정하고 있어 ③ 초청인의 사유가 사증발급인정서 발급에 있어 매우 중요한 기준이 되는 점, 초청인과 외국인이 아무런 결격사유가 없음에도 사증발급인정서 발급을 불허하는 경우 직접적인 이해당사자인 초청인이 이를 다툴 수 있도록 하는 것이 필요하다고 보이는 점 등에 비추어 보면, 청구인은 이 사건 처분에 의해 법률상 보호된 이익을 침해당하였다고 할 것이므로 청구인 적격이 인정된다고 할 것이다."고 판단하였다. 본안에서 행정심판위원회는 "청구인이 외국인을 고용함에 있어 「출입국관리법」이나 「근로기준법」 위반 등의 법률위반사실이 없고, 20년간 이 사건 외국인을 초청 및 고용하여 온 자인 점 등을 종합적으로 고려하면, 이 사건 처분으로 얻는 공익에 비해 청구인이 입는 불이익이 크다고 할 것인바, 피청구인의 이 사건 처분은 재량권을 일탈·남용하여 위법·부당하다."고 청구인용결정을 하였다.

2) 청구인적격 부인사례

(1) 중국국적이지만 대한민국 정부수립이전에 대한민국에서 태어났다고 주장하는 자에 대한 사증거부처분과 청구인적격[19]

국무총리행정심판위원회는 "행정심판법은 국내공법이고 동 법상

19) 국무총리행정심판위원회(중앙행정심판위원회) 2004.10.18 04-09319 사증발급거부처분취소청구

외국인에 대하여 행정심판을 청구할 수 있는 자격을 부여한 바도 없으므로 원칙적으로 행정심판을 청구할 수 있는 자격인 청구인적격은 대한민국의 국적을 가진 사람에게 있고 달리 외국인에게는 없다고 할 것이나, 다만 예외적으로 외국인이 행정심판을 청구할 수 있는 경우로서는 대한민국헌법에 의하여 체결·공포된 조약 또는 일반적으로 승인된 국제법규 등에 의하여 내국인과 동등하게 그 지위가 보장되는 경우에 한한다고 할 것인바, 사증발급거부처분에 따른 행정심판청구와 관련하여 대한민국과 중화인민공화국간에 체결·공포된 조약이 없을 뿐만 아니라 상호주의 등 일반적으로 승인된 국제법규도 없어 중화인민공화국 국적의 청구인은 내국인과 동등하게 그 지위가 보장되는 경우에 해당되는 자라고 할 수 없을 것이므로 이 건 청구는 행정심판법상 청구인적격이 없는 자가 제기한 부적법한 심판청구라고 할 것이다."라고 결정하면서 원칙적으로 외국인의 청구인적격을 전면부인하는 결정을 하였다.

(2) 투자목적으로 국내에 사업자등록을 하였지만, 사증발급인정서발급거부처분을 받은 중국인이 제기한 행정심판과 청구인적격[20)]

국무총리행정심판위원회는 "「행정심판법」은 국내공법으로 대한민국 영토 내에서 적용되는 것이 원칙이고, 예외적으로 「헌법」에 의해 체결·공포된 조약 또는 일반적으로 승인된 국제법규 등에 의해 인정되는 경우에 한하여 대한민국 영토 밖에서도 그 효력이 미친다고 할 것이어서, 대한민국 영토 내에 거주하는 외국인이 「행정심판법」 제9조에 의하여 법률상 이익이 있는 경우 외국인에게도 행정심판청구적격을 인정할 수 있음은 별론으로 하더라도, 대한민국 영토 밖에서 거주하는 외국인에 대하여는 「헌법」에 의해 체결·공포된 조약 또는 일반적으로 승인된 국제법규 등에 의하여 내국인과 동등하게 행정심판청구권이 보장되는

20) 국무총리행정심판위원회(중앙행정심판위원회) 2005.09.21 05－09670

경우에 한하여 행정심판의 청구인이 될 수 있다고 할 것임에도 이 건 행정심판청구와 관련하여 행정심판청구를 허용하는 대한민국과 중화인민공화국간에 체결·공포된 조약이 없을 뿐만 아니라 내국인과 동등하게 행정심판청구권을 인정하는 내용의 일반적으로 승인된 국제법규도 없는 점, 국제관행상 출입국에 관한 문제는 국내문제 불간섭원칙이 적용되는 사항이고, 입국허가의 이전단계에서 외국인에 대한 사증발급행위나 사증발급인정서의 발급불허여부를 다투는 것인 점에 비추어 볼 때, 이 건 거부처분은 행정심판의 대상이 되지 아니한다고 봄이 상당하다고 할 것이고, … 국내에 별다른 경제적 연고도 없고 중국에 거주하고 있어 대한민국의 통치권에 의하여 보호받거나 복종할 의무가 없다고 할 것인바, 이 건 심판청구는 행정심판법상 청구인이 될 수 없는 자가 제기한 부적법한 심판청구"라고 판단하였다.

4. 또 다른 최고재판기관인 헌법재판소의 결정례

일련의 외국인 배우자에 대한 사증발급거부처분에 대한 배우자인 국민이 제기한 헌법소원에서 헌법재판소는 거부처분의 직접상대방인 외국인배우자가 행정소송을 제기할 수 있으므로 보충성을 충족하지 못하였다거나 국민인 배우자는 거부처분의 상대방이 아니라서 기본권침해의 자기관련성이 없으며, 그 거부처분은 행정소송으로 구제될 수 있다고 각하판결을 하고 있다.

1) 외국인배우자에 대한 사증발급처분에 대한 국민인 배우자의 헌법소원과 자기관련성[21)]

사증발급거부행위의 직접적인 상대방은 허○전이고, 허○전은 이

21) 헌법재판소 2014. 7. 21. 2014헌마465 결정

를 직접 행정소송 등으로 다툴 수 있다. 청구인은 배우자인 허○전이 결혼동거 목적의 사증을 받아 활동범위의 제한 없이 장기간 국내에 입국할 수 없음으로 인한 간접적·사실적 불이익을 받는 제3자에 불과하므로, 자기관련성이 인정되지 아니한다.

2) 외국인배우자에 대한 사증발급거부처분에 대한 국민인 배우자의 헌법소원과 보충성[22)]

베트남 국적의 여성과 한국인 남성이 베트남인인 배우자에 대한 사증발급거부처분에 대한 헌법소원을 제기하였지만, 사증발급거부처분의 직접 상대방인 베트남 여성이 행정소송으로 이를 다툴 수 있다고 판단하여 헌법소송의 보충성을 갖추지 못했다고 각하하였다.

3) 외국인배우자에 대한 사증발급거부처분의 국민인 배우자에 대한 평등권침해 여부[23)]

헌법재판소는 대한민국 국민인 청구인에 대해서는 사증발급거부처분으로 인하여 자신의 기본권이 침해되는 사람에 해당하지 아니하므로 기본권침해의 자기관련성 요건을 갖추지 못하였고, 사증발급거부처분에 대하여는 당사자가 그 거부처분 취소청구의 소를 제기함으로써 구제될 수 있으므로 보충성 요건도 갖추지 못하였다고 결정하였다.

4) 외국인배우자에게 요구되는 사증발급을 위한 사전서류 준비에 대한 헌법소원

헌법재판소는 국민인 배우자가 제기한 헌법소원에서는 사증발급거부처분의 직접상대방인 외국인 배우자가 행정소송이 가능하다는 전제하에서 각하결정을 한 반면, 외국인 배우자가 사증발급을 위해 사전에

---

22) 헌법재판소 2015. 11. 17. 2015헌마1005 결정
23) 헌법재판소 2017. 5. 30. 2017헌마505 결정

제출해야 하는 제반서류와 작성내용에 대해서 권력적 사실행위로서 행정소송의 대상이 되기 어려워서 헌법소원의 보충성이 충족되어 헌법소송의 대상적격을 인정하였다.

5. 소위 스티브 유(유승준사건)의 대법원판결[24)]

1) 사실관계

원고는 1976. 12. 15. 대한민국에서 출생하였으나 2002. 1. 18. 미국 시민권을 취득함으로써 대한민국 국적을 상실한 재외동포이고, 피고는 법무부장관으로부터 사증발급권한을 위임받은 재외공관장이다. 병무청장은 2002. 1. 28. 법무부장관에게 '원고는 공연을 위하여 병무청장의 국외여행허가를 받고 출국한 후 미국 시민권을 취득함으로써 사실상 병역의무를 면탈하였는데, … 원고가 재외동포 자격으로 재입국하고자 하는 경우 국내에서 취업, 가수활동 등 영리활동을 할 수 없도록 하고, 불가능할 경우 입국 자체를 금지해 달라.'고 요청하였다. 법무부장관은 2002. 2. 1. 원고의 입국을 금지하는 결정을 하고, 그 정보를 내부전산망인 '출입국관리정보시스템'에 입력하였으나, 원고에게 통보를 하지는 않았다. 원고는 2015. 8. 27. 피고에게 재외동포(F-4) 체류자격의 사증발급을 신청하였다. 피고는 2015. 9. 2. 원고의 아버지 소외인에게 전화로 '원고가 입국규제대상자에 해당하여 사증발급이 불허되었다. 자세한 이유는 법무부에 문의하기 바란다.'고 통보하였고, 그 무렵 여권과 사증발급 신청서를 반환하였을 뿐, 처분이유를 기재한 사증발급 거부처분서를 작성해주지는 않았다.

---

24) 대법원 2019. 7. 11 선고 2017두38874 판결 [사증발급거부처분취소] 본 사건에 대한 간략한 평가는 김중권, 유승준에 대한 대법원 판결 문제점에 관한 관견, 법률신문, 2019.7.15.자 참조

2) 판결문 중 관련 부분 요약

본 사건에서도 원고적격이 문제 되었는데 대법원은 “원고는 대한민국에서 출생하여 오랜 기간 대한민국 국적을 보유하면서 거주한 사람이므로 이미 대한민국과 실질적 관련성이 있거나 대한민국에서 법적으로 보호가치 있는 이해관계를 형성”하였다고 볼 수 있으며 “재외동포의 대한민국 출입국과 대한민국 안에서의 법적 지위를 보장함을 목적으로 재외동포법이 특별히 제정되어 시행 중”이라는 점을 지적하면서 “이 사건 사증발급 거부처분의 취소를 구할 법률상 이익이 인정”되므로, 원고적격을 인정하였다.

대법원의 판단이유 중에서 사증발급과 관련된 부분을 요약하면 “‘외국인의 출입국에 관한 사항’이라고 하여 행정절차를 거칠 필요가 당연히 부정되는 것은 아니다”라고 판단하면서 “외국인의 사증발급 신청에 대한 거부처분은 당사자에게 의무를 부과하거나 적극적으로 권익을 제한하는 처분이 아니므로, 행정절차법 제21조 제1항에서 정한 ‘처분의 사전통지’와 제22조 제3항에서 정한 '의견제출 기회 부여'의 대상은 아니다”라는 임용거부처부에 대한 대법원 판례[25]를 인용하면서. 그러나 “사증발급 신청에 대한 거부처분이 그 성질상 행정절차법 제24조에서 정한 ‘처분서 작성 · 교부’를 할 필요가 없거나 곤란하다고 일률적으로 단정하기 어렵다”고 판단하면서 사증발급 실무를 언급하면서 출입국관리법령에 사증발급 거부처분서 작성에 관한 규정을 따로 두고 있지 않으므로, “외국인의 사증발급 신청에 대한 거부처분을 하면서 행정절차법 제24조에 정한 절차를 따르지 않고 '행정절차에 준하는 절차'로 대체

---

25) “아직 당사자에게 권익이 부과되지 아니하였으므로 특별한 사정이 없는 한 신청에 대한 거부처분이라고 하더라도 직접 당사자의 권익을 제한하는 것은 아니어서 신청에 대한 거부처분을 여기에서 말하는 ‘당사자의 권익을 제한하는 처분’에 해당한다고 할 수 없는 것” 대법원 2003. 11. 28. 선고 2003두674 판결 참조

할 수도 없다"고 판단하였다.

Ⅲ. 원고적격이론의 검토

1. 서론

행정법학계에서는 대체적으로 원고적격의 확대를 주장해왔고 법원의 판단도 거시적 측면에서 원고적격을 점진적으로 확대해 왔지만 원고적격과 관련된 학설들과 대법원의 일련의 판례들이 원고적격이 문제되는 구체적인 사건에서 정밀한 판단기구로 작동할 수 있을지에 대하여 많은 회의를 갖고 있으며, 원고적격에 대한 독일식이론을 일본학자들이 정리하고[26] 이를 대륙법식 법학방법론으로 받아 들여 사용하고 있는 현실은 업데이트되지 않은 네비게이션프로그램과 같지만 기존의 이론을 점검하는 것이 판례평석의 시작이므로 기존의 학설들을 간략히 살펴보고 평석사건에 적용되는 한계를 살펴보고자 한다.[27]

2. 기존 원고적격이론과 판례의 검토

제1조(목적) 이 법은 행정소송절차를 통하여 행정청의 위법한 처분 그 밖에 공권력의 행사·불행사등으로 인한 국민의 권리 또는 이익의 침해를 구제하고, 공법상의 권리관계 또는 법적용에 관한 다툼을 적정하

26) 김창조, "취소소송의 원고적격", 법학논고 제16집, 2000, 90면이하

27) 실시간 업데이트 되지 않은 내비게이션으로는 대강의 위치를 찾아 갈 수는 있어도, 정확한 건물의 입구나 주차장들을 찾기에는 부족한 경우가 많으며 심지어 새롭게 발전하고 개발되는 지역에서는 업데이트 되지 않는 네비게이션은 있으나 마나 한 기계에 불과할 수 있지만, 구형의 네비게이션이라고 하더라도 전혀 없는 것보다 실생활에는 도움이 된다.

게 해결함을 목적으로 한다.[28)]

제12조(원고적격) 취소소송은 처분등의 취소를 구할 법률상 이익이 있는 자가 제기할 수 있다. 처분등의 효과가 기간의 경과, 처분등의 집행 그 밖의 사유로 인하여 소멸된 뒤에도 그 처분등의 취소로 인하여 회복되는 법률상 이익이 있는 자의 경우에는 또한 같다.

1) 학설에 대한 검토

국내에서는 원고적격에 관한 학설을 일반적으로 4가지 학설로 분류하여 ① 권리구제설, ② 법률상보호이익설, ③ 보호가치이익설, ④ 처분의 적법성보장설 등으로 분류하고 있다.[29)] 하지만 국내에서의 논의는 대체로 법률상보호이익설과 보호가치이익설에 집중되어 있거나 행정소송의 기능과 행정소송의 성질과 관련하여 처분의 적법성보장설 정도만이 주장되고 있다. 하지만 예전 학설로 치부되는 ① 권리구제설도 "권리" 개념의 정립과 발전에 따라 법률상보호이익설과 차이가 거의 없거나 동일한 학설이 될 수도 있다[30)]. 물론 일본에서도 법률상보호이익설도 법률의 범위설정에 따라 보호가치이익설과 별 차이가 없다는 견해도 존재하고 있다.[31)] 헌법재판소는 행정소송의 원고적격에 관해서 학계

---

28) 비교 행정심판법 제1조(목적) 이 법은 행정심판 절차를 통하여 행정청의 위법 또는 부당한 처분(處分)이나 부작위(不作爲)로 침해된 국민의 권리 또는 이익을 구제하고, 아울러 행정의 적정한 운영을 꾀함을 목적으로 한다.

29) 김창조, 취소소송의 원고적격, 행정판례평선 (개정판), 한국행정판례연구회, 박영사, 2016, 758면; 이창환, "행정쟁송법상 원고적격의 획정기준－법률상이익론을 중심으로－", 법조 제53권 제2호, 2004, 142면 이하; 최선웅, "행정소송에서의 원고적격 －기존 4개 학설의 의의를 중심으로－", 행정법연구 제22권, 2008, 32면 이하 등

30) 일본에서의 논의는 김창조, "취소소송의 원고적격", 법학논고 제16집, 2000, 92면 참조. 다만 일본학자의 분석에 의하면 오히려 권리향수회복설(권리구제설)하에서의 재판소 판례가 원고적격을 넓게 인정하는 사례도 존재한다고 한다.

31) 김창조, "취소소송의 원고적격", 법학논고 제16집, 2000, 93면 原田尙彦교수의 4분류설에 대한 평가참조; 최선웅, "행정소송에서의 원고적격 －기존 4개 학설의 의의를 중심으로－", 행정법연구 제22권, 2008, 34면 참조

의 다수설인 법률상보호이익설이라는 입장을 취하고 있지만[32] 현재 학계의 통설 또는 다수설이 법률상보호이익설인지, 그리고 다수설이라는 입장이 반드시 동일한 범주와 범위의 법률을 의미하는지 명확하지는 않다고 판단된다.[33]

(1) 법률상보호이익설

법률상보호이익설은 위법한 처분에 의하여 침해되고 있는 이익이 처분의 근거법 또는 관계법에 의하여 보호되고 있는 이익인 경우에는, 그러한 이익이 침해된 자에게도 당해 처분의 취소를 구할 원고적격이 인정된다고 보는 학설이다. 즉, 행정청에 일정한 처분의무 또는 처분에 있어 일정한 제한이 부과되어 있는 경우에, 그러한 의무·제한을 부과하고 있는 관계규정 내지는 법 전체의 목적·취지가 전적으로 공익만을 위한 것이 아니라 적어도 관계인의 사익도 보호하고자 하는 것인 때에는, 그러한 이익은 법적으로 보호되는 이익으로서 그것이 침해된 자에게도 원고적격이 인정된다고 보고 있다.[34] 문제는 관계법에 의하여 보호되는 이익의 범위를 어떻게 설정할지가 문제이며, 헌법규정이나 일반법질서, 절차규정, 조리까지 확대할 수 있을지에 따라 원고적격의 범위는 확연히 달라질 수 있다. 일반적으로 법률상보호이익설은 현행 행정소송법의 원고적격규정에 가장 문언적으로 적합한 학설로 평가받고 있다.

법률상보호이익설의 주요 내용은 ① 항고소송은 행정처분의 공정력을 배제하여 국민의 권리·이익의 보호를 목적으로 하는 제도이며, 행

---

32) 헌법재판소 1998. 4. 30. 97헌마141, 판례집 10-1, 496 "대법원판례와 학계의 다수설이 취하는 '법률상 보호이익설'에 의하면 여기서의 '법률상의 이익'이란 법에 의하여 보호되는 이익(대법원 1992. 12. 8. 선고, 91누13700 판결; 1993. 7. 27. 93누8139 판결 등), …."

33) 행정법의 원로이신 김철용교수님은 법률상보호이익론과 보호가치이익설의 상대성을 지적하시면서 최근에는 기본권을 직접 원용하거나 법질서 전체로 확장하는 견해가 늘어나고 있다고 평가하셨다. 김철용, 행정법 제8판, 고시계사, 2019, 482면

34) 이창환, "행정쟁송법상 원고적격의 획정기준-법률상이익론을 중심으로-", 법조 제53권 제2호, 2004, 143면.

정의 적법성 보장은 국민의 권리·이익의 구제를 통하여 얻어지는 부수적(반사적) 결과에 지나지 않으며, ② 현행 행정소송법의 문리해석상 권리침해에 한정하지는 않지만 법률상 보호되는 이익까지는 보호되나 사실상·경제상의 이익을 지니는데 불과한 경우에는 원고적격이 부정되며, ③ 주관소송으로 규정된 취소소송이 원고적격이 무한히 확대되어 객관소송이 되는 것을 방지하는 기능을 한다는 점 등이 제시된다.[35] 법률상보호이익설에 대한 비판으로는 ① 원고적격의 인정여부가 실정법규에 의해 결정되어 위법한 처분에 대하여 불이익을 받더라도 원고적격이 인정되지 않게 되고, ② 실정법을 중심으로 해석하며, 급변하는 행정현실과 새로운 생활상의 권리·이익을 보호하지 못할 가능성이 존재하며, ③ 실정법령을 근거로 원고적격을 판단하면, 결국 법으로 행정소송제기가 제한된 열기주의에 불과하고, ④ 실정법령이 보호하는 이익이 분단되고 행정과정이 분절되어 행정과정에 대한 실효적 통제가 곤란하고 ⑤ 법률상보호이익설에서도 필요에 따라 기교적 해석에 따라 원고적격을 확대 또는 축소하게 되므로 일정한 기준이 될 수 없으며, 요건 심리에 많은 시간과 노력이 투자된다는 점 등이 비판점으로 제기된다.

(2) 보호가치이익설

보호가치이익설은 행정소송법상의 "법률상의 이익"을 법률에 의하여 보호되는 실체법상의 이익이 아니라, 그와는 성질을 달리하는 일종의 소송법상의 이익으로 보는 학설이다. 즉, 이 설은 당해 이익이 관계법에 의하여 보호되는 것이 아닌 경우에도 그 실질적 내용이 재판에 의하여 보호할 만한 가치가 있는 것일 때에는 그러한 이익이 침해된 자에게도 원고적격이 인정되어야 한다고 본다. 본 학설은 원고적격은 실체법상의 문제가 아니라 소송법상의 문제이고 그 판단 기준은 법률이 아

35) 김창조, "취소소송의 원고적격", 행정판례평선 (개정판), 한국행정판례연구회, 박영사, 2016, 758면

니라 원고 개인이어야 한다고 본다.[36] 따라서 원고적격의 판단기준인 피침해이익의 성질을 관계법규정에 의존하지 않고 재판에 의한 보호의 필요성이라는 견지에서 그 실질적 내용에 따라 판단하는 것을 의미하는 바, 반사적 이익 또는 사실적 이익이라도 그 실질적 내용에 따라 보호가치가 있는 이익으로 판단될 수 있게 된다. 결과적으로 이 입장에서는 전술한 법률상이익보호설에 비해서도 원고적격의 범위가 넓게 인정된다.[37] 법률상보호이익설과 비교한 보호가치이익설의 주요한 내용은 ① 현대 행정의 다양화, 행정개입의 증대 등으로 행정처분에 의한 권리·이익 침해사태가 증가하므로 위법한 행정처분을 시정할 적절한 수단이 강구되어야 한다는 점 ② 행정작용이 복잡하고 행정작용은 사인의 생활에 영향을 미치므로 일반적인 공익과 개인적 사익의 구별이 모호하게 될 수 있기에, 피침해이익의 성질을 고려하여 실질적으로 원고적격을 판단해야 하는 점, ③ 법치행정의 원리상 전통적인 개념의 기득권보호라는 관점 이외에도 국민에 의한 적절한 행정개입이 필요하므로 원고적격이론을 재구성할 필요가 존재하는 점 등이 제시되고 있지만,[38] 보호가치이익설은 침해된 이익의 실질적 성질에 비추어 원고적격을 인정하려는 점에서 국민의 권리구제의 면에서 바람직하지만 보호가치이익의 관련이 "법률상 이익"의 관념보다 추상적이기에 객관적 판단기준을 제공하지 못하고 법원의 자의적인 해석의 우려가 있다는 비판과 실체법이 보호하지 않는 이익을 소송 도구에 불과한 쟁송법이 보호할 수는 없다는 비판도 제기되며, 원고적격인정의 기준은 입법자의 입법사항으로서 법원이 창설할 수는 없다는 비판도 제기되며[39] 원고적격의 인정과 본

36) 최선웅, "행정소송에서의 원고적격 -기존 4개 학설의 의의를 중심으로-", 행정법연구 제22권, 2008, 36면.

37) 이창환, "행정쟁송법상 원고적격의 획정기준-법률상이익론을 중심으로-", 법조 제53권 제2호, 2004, 144면.

38) 김창조, "취소소송의 원고적격", 행정판례평선 (개정판), 한국행정판례연구회, 박영사, 2016, 760면

안승소와는 필연적 연결성이 없으므로 원고적격이 확대된다고 해도 폭넓게 권리·이익이 구제되지 않는다는 점, 처분과정과 쟁송과정의 정합성에서 처분 시 고려되지 못하는 사항이 쟁송과정에서 고려되면 문제가 있다는 주장 등이 제기된다.[40]

(3) 적법성보장설

행정소송의 주기능을 행정의 적법성 보장으로서 행정소송을 객관소송으로 파악하려는 입장에서 주로 제기되는 학설로서, 행정통제라는 입장에서 누구든지 항고소송을 제기할 수 있어야 하지만, 소송폭주와 민중소송의 우려 때문에 무조건적으로 원고적격을 확대하는 것이 아니라 당해 처분에 대해서 소송으로서 다툴 적절한 이해관계가 있으면 원고적격이 인정되어야 한다는 견해이다. 프랑스의 행정소송인 월권소송처럼 우리나라의 행정소송도 취소소송의 주기능이 행정의 적법성 보장에 있다는 견해로서 우리나라에서도 주장되고 있다. 적법성보장설에 대해서 일반적으로 원고적격의 범위가 지나치게 확대되어 민중소송화 된다는 비판이 제기되지만, 프랑스의 월권소송이 민중소송도 아니고 국내에 소개된 것처럼 원고적격이 무한정 넓은 것이 아니라는 반박이 존재한다.[41] 현행 행정소송법 목적조항은 "국민의 권리와 이익의 침해를 구제"라고 명시하고 있어서, 행정소송의 주기능이 적법성보장이라고 주장하기는 무리가 존재하는 것이 사실이지만, 행정심판법의 목적조항(국민의 권리 또는 이익을 구제하고, 아울러 행정의 적정한 운영을 꾀함을 목적)은 행정의 적법성보장이 적어도 행정심판의 기능의 하나로 포섭하고 있다는 점에서는 향후 행정소송법개정에서 심도있게 논의해보아야 할 것이다.

39) 최선웅, "행정소송에서의 원고적격 －기존 4개 학설의 의의를 중심으로－", 행정법연구 제22권, 2008, 37－38면.

40) 김창조, "취소소송의 원고적격", 행정판례평선 (개정판), 한국행정판례연구회, 박영사, 2016, 760면

41) 이동식·전훈·김성배·손윤석, 행정구제법 제2판, 준커뮤니케이션즈, 2019, 333면.

(4) 소결

흔히, 행정쟁송법상의 원고적격에 대한 통설 내지 다수설은 법률상 보호이익설이라고 하지만, 실제 법률상보호이익설이 국내에서 다수설인지 명확히 확인된 적은 없다. 또한 법률상보호이익설이 설사 다수설이라고 하더라도 보호의 근거가 되는 법률의 범위가 어떻게 설정되고 한계지어지는지에 대해서 일치된 견해도 존재하지 않는다. 현재 원고적격을 규정한 법조문뿐만 아니라 행정소송법 제1조의 목적조항을 종합하여 법문에 충실한 해석은 법률상보호이익설이지만, 일반적으로 우리 항고소송의 원고적격이 지나치게 엄격하거나 인정범위가 좁기에 원고적격을 확대해야 한다는 것이 대체적인 학계의 의견이고 이런 의견들이 반영되어서 행정소송법개정안이 마련되었지만 입법자의 무관심과 개정안의 원고적격 확대방향도 현재의 법조문상에서도 충분히 해석상 달성될 수 있다는 이유로 개정되지 못했다. 결국 법률상보호이익설을 취한다고 하더라도 처분의 직접적인 근거조문과 법률뿐만 아니라 관련 법령의 범위를 넓게 잡으면 보호가치이익설 혹은 적법성보장설이 추구하는 방향의 원고적격확대가 부분적으로 가능하다. 학설상의 원고적격확대논의는 주로 처분의 상대방이 아니라 제3자에 대한 원고적격의 확대와 관련되어 있다. 처분의 상대방의 경우는 원고적격이 쉽게 인정될 수 있겠지만 처분의 상대방이라고 하더라도 처분의 근거법률의 사익보호성[42]이 인정되지 않으면 법률상보호이익설 하에서는 원고적격이 부정된다.

2) 관련 판례의 검토

판례는 원칙적으로 법률상보호이익설을 취하고 있으며, 법률상보호이익설에 따를 경우 원고적격의 인정여부는 위법한 처분에 의하여 침

42) 사익보호성에 관한 국내의 판례분석은 정훈, "원고적격의 요건으로서 사익보호성에 관한 소고", 국가법연구 제13집, 2017. 참조

해되는 이익이 근거법률 등에서 보호되고 있는지 여부가 쟁점이 된다. 결국 근거법률의 범위와 사익보호성이 존재여부가 결정적인 판단기준이 되며, 거시적으로 판례는 원고적격을 확대하는 방향으로 발전해 오고 있다.

(1) 법률상이익개념의 확정과 제3자의 원고적격인정

현재 치과의원을 운영하는 치과의사가 인근에서 치과의원을 개설하기 위해 상품판매용도로서의 근린시설로 되어 있던 용도를 의원으로서의 근린시설로 변경한 용도변경처분의 취소를 구한 사안에서 대법원은 행정처분의 취소를 구하는 항고소송은 그 처분의 직접 상대방이 아닌 제3자라고 하더라도 처분 등의 취소를 구할 법률상 이익이 있는 자는 제기할 수 있으나, 여기서 말하는 법률상의 이익이란 직접적이고 구체적인 이익을 말하고, 간접적이거나 사실적, 경제적 이해관계를 가지는 데 불과한 경우는 여기에 해당하지 아니한다고 할 것"[43]으로 기준을 제시한 후, 경합관계로서 사실적, 경제적인 불이익에 지나지 않는다고 원고적격을 부인하였다.

(2) 제3자의 원고적격의 경우 처분의 근거 법률로 한정한 판례

상수도보호구역변경처분으로 인하여 인근주민이 받는 이익은 사실상의 이익에 불과하다고 판단한 판례에서 대법원은 "행정처분의 직접 상대방이 아닌 제3자라도 당해 행정처분의 취소를 구할 법률상의 이익이 있는 경우에는 원고적격이 인정되는데, 여기서 말하는 법률상의 이익은 당해 처분의 근거 법률에 의하여 보호되는 직접적이고 구체적인 이익이 있는 경우를 말하고, 다만 공익보호의 결과로 국민 일반이 공통적으로 가지는 추상적, 평균적, 일반적인 이익과 같이 간접적이고 사실적, 경제적 이해관계를 가지는데 불과한 경우는 여기에 포함되지 않는다."고 판시하면서 처분의 근거 법률로 한정하는 듯한 표현을 사용하였

43) 대법원 1990. 5. 22. 선고 90누813 판결 [건물용도변경처분취소]

다. 하지만 본 판례가 “근거 법률만” 기준으로 법률상 이익을 판단하라고 한 것인지는 명확하지는 않다.

(3) 환경영향평가법을 근거법률로 포섭한 판례

공원사업자시행허거처분취소소송에서 대법원은 자연공원법령 뿐만 아니라 환경영향평가법령도 환경영향평가대상사업에 해당하는 국립공원집단시설지구개발사업에 관한 기본설계변경승인 및 공원사업시행허가처분의 근거 법률이 된다고 판시하였다.

(4) 처분의 근거법규 및 관련 법규로 원고적격판단의 근거를 확대한 판례

소위 새만금사건에서 공유수면매립면허처분과 농지개량사업 시행인가처분의 무효확인을 구한 인근주민에게 원고적격을 인정하면서 대법원은 “행정처분의 직접 상대방이 아닌 제3자라 하더라도 당해 행정처분으로 인하여 법률상 보호되는 이익을 침해당한 경우에는 그 처분의 무효확인을 구하는 행정소송을 제기하여 그 당부의 판단을 받을 자격이 있다 할 것이며, 여기에서 말하는 법률상 보호되는 이익이라 함은 당해 처분의 근거 법규 및 관련 법규에 의하여 보호되는 개별적·직접적·구체적 이익이 있는 경우를 말하고, 공익보호의 결과로 국민 일반이 공통적으로 가지는 일반적·간접적·추상적 이익이 생기는 경우에는 법률상 보호되는 이익이 있다고 할 수 없다.”고 판시하면서 원고적격을 판단함에 있어서 처분의 근거 법규뿐만 아니라 관련 법규에 근거하여 개별적·직접적·구체적 이익이 있는 경우를 판단하도록 하고 있다.

하지만, 대법원은 주로 환경소송에서 환경영향평가 관련 규정 등 제한적인 경우에만 관련법규로 인정하고 있다.

(5) 처분의 직접근거법규외 관련법규로 원고적격을 인정받는 기준

소위 물금취수장사건에서 대법원은 환경영향평가의 대상지역이 아닌 경우, 그 영향권 밖의 주민들은 당해 처분으로 인하여 그 처분 전과

비교하여 수인한도를 넘는 환경피해를 받거나 받을 우려가 있다는 자신의 환경상 이익에 대한 침해 또는 침해 우려가 있음을 증명하여야만 법률상 보호되는 이익으로 인정되어 원고적격이 인정받는데, 공장설립으로 인하여 맑은 물을 마시지 못할 우려가 있다는 주민에게 원고적격을 인정하면서 "공장설립승인처분의 근거 법규 및 관련 법규인 구 산업집적활성화 및 공장설립에 관한 법률 제8조 제4호가 산업자원부 장관으로 하여금 관계 중앙행정기관의 장과 협의하여 '환경오염을 일으킬 수 있는 공장의 입지제한에 관한 사항'을 정하여 고시하도록 규정하고 있고, 이에 따른 산업자원부 장관의 공장입지기준고시 제5조 제1호가 '상수원 등 용수이용에 현저한 영향을 미치는 지역의 상류'의 환경오염을 일으킬 수 있는 공장의 입지제한지역으로 정할 수 있다고 규정하고, … 국토의 계획 및 이용에 관한 법률 시행령 제56조 제1항 [별표 1] 제1호 (라)목 (2)가 '개발행위로 인하여 당해 지역 및 그 주변 지역에 수질오염에 의한 환경오염이 발생할 우려가 없을 것'을 개발사업의 허가기준으로 규정하고 있는 취지는, 공장설립승인처분과 그 후속절차에 따라 공장이 설립되어 가동됨으로써 그 배출수 등으로 인한 수질오염 등으로 직접적이고도 중대한 환경상 피해를 입을 것으로 예상되는 주민들이 환경상 침해를 받지 아니한 채 물을 마시거나 용수를 이용하며 쾌적하고 안전하게 생활할 수 있는 개별적 이익까지도 구체적·직접적으로 보호하려는 데 있다. 따라서 수돗물을 공급받아 이를 마시거나 이용하는 주민들로서는 위 근거법규 및 관련 법규가 환경상 이익의 침해를 받지 않은 채 깨끗한 수돗물을 마시거나 이용할 수 있는 자신들의 생활환경상의 개별적 이익을 직접적·구체적으로 보호하고 있음을 증명하여 원고적격을 인정받을 수 있다."고 판시하면서 국토계획법등을 관련법규로 보지 않은 원심을 파기하였다.

(6) 헌법상 기본권 또는 환경정책기본법을 기초로한 원고적격 인정여부

새만금판례에서 환경영향평가법을 관련 법령으로 원고적격을 확대하였지만 동 판례에서 헌법상의 환경권과 환경정책기본법 제6조(국민의 권리와 의무)를 근거로 환경영향평가대상지 밖의 주민에게 "헌법상의 환경권 또는 환경정책기본법에 근거하여 공유수면매립면허처분과 농지개량사업 시행인가처분의 무효확인을 구할 원고적격이 없다"[44]고 판단하였다.

(7) 헌법상 기본권과 개별법령을 근거로 원고적격을 인정한 사례

국가보안법위반 사건의 피고인이 교도소에 미결수용자로 수용되어 있다가 다른 수용자를 접견하겠다는 접견신청을 하였지만 거부당하자 소송을 제기한 사례에서 대법원은 "행정처분의 상대방이 아닌 제3자도 그 행정처분의 취소에 관하여 법률상 구체적 이익이 있으면 행정소송법 제12조에 의하여 그 처분의 취소를 구하는 행정소송을 제기할 수 있는 바, 구속된 피고인은 형사소송법 제89조의 규정에 따라 타인과 접견할 권리를 가지며 행형법 제62조, 제18조 제1항의 규정에 의하면 교도소에 미결수용된 자는 소장의 허가를 받아 타인과 접견할 수 있으므로(이와 같은 접견권은 헌법상 기본권의 범주에 속하는 것이다) 구속된 피고인이 사전에 접견 신청한 자와의 접견을 원하지 않는다는 의사표시를 하였다는 등의 특별한 사정이 없는 한 구속된 피고인은 교도소장의 접견허가거부처분으로 인하여 자신의 접견권이 침해되었음을 주장하여 위 거부처분의 취소를 구할 원고적격을 가진다."고 판단하면서 헌법상의 기본권까지 확대해서 원고적격을 인정하였다. 하지만 대법원이 헌법상의 기본권에 근거하여 실제로 취소소송의 원고적격을 도출한 사례는 거의 존재하지 않는다.

---

44) 대법원 2006. 3. 16. 선고 2006두330 전원합의체 판결 [정부조치계획취소등]

3) 기본권을 기초로 행정소송의 원고적격을 도출한 헌법재판소 결정

(1) 국세청장이 지정한 자가 제조한 납세병마개만을 사용하도록 정한 법령과 제3자의 기본권침해로 인한 행정소송의 원고적격

"행정처분의 직접 상대방이 아닌 제3자라도 당해처분의 취소를 구할 법률상 이익이 있는 경우에는 행정소송을 제기할 수 있다. 이 사건에서 보건대, 설사 국세청장의 지정행위의 근거규범인 이 사건 조항[45]들이 단지 공익만을 추구할 뿐 청구인 개인의 이익을 보호하려는 것이 아니라는 이유로 청구인에게 취소소송을 제기할 법률상 이익을 부정한다고 하더라도, 청구인의 기본권인 경쟁의 자유가 바로 행정청의 지정행위의 취소를 구할 법률상 이익이 된다 할 것이다."[46]

(2) 직접적인 사익보호 근거법령이 부재하거나 사익보호성이 존재하지 않는 경우 기본권침해를 이유로 한 원고적격인정가능성

마주하던 인근 주민이 기존의 집을 철거하고 새로 주택을 건축하자 자신의 사생활이 침해된다고 고충민원을 제기하였지만 건축법 등 관련법령에 차면시설 설치의무가 없다는 관할행정청의 회신을 받자, 사인의 신축행위에 대해서 헌법소원을 제기하였지만 사인의 건축행위의 공권력성이 부인되어 각하결정을 받자 인근 주민이 관할구청의 건축허가가 자신의 행복추구권과 사생활을 침해한다고 헌법소원을 제기한 사건에서 헌법재판소는 청구인의 기본권침해여부가 심판대상으로 확정된 후, "… 인접 대지경계선으로부터 일정 거리 이내에 있는 인접주민의 경우 법률상 이익을 인정할 수 있도록 하는바, 이 사건 건축허가는 행정소송의 대상이 되고"라고 판단하면서 보충성이 결여되었다는 이유로

---

45) 특별소비세법시행령 제37조(명령사항 등) ④ 제1항의 납세병마개는 국세청장이 지정하는 자가 제조한 것을 사용하여야 한다.

46) 헌법재판소 1998. 4. 30. 97헌마141 결정, 판례집 10-1, 496 [각하]

헌법소원청구를 각하하였다.[47)]

Ⅳ. 비교법적 분석

1. 서론

오랫동안 단일민족 신화 속에서 단일민족으로 규정되어지고 다름을 불편해왔던 한국사회는 인구절벽이라는 문제에 직면하였고 또한 강한 혼인의사에도 불구하고 사회적·경제적·문화적·지역적 이유 등으로 독신을 사실상 강제 받는 계층이 생겨나게 되고, 세계화 물결 속에서 다양한 문화에 대한 개방성이 강조되고 지역적 국가적 장벽이 사라져감에 따라서 결혼이민자 혹은 다문화가족이라는 새로운 사회계층과 사회문화가 출현하게 되었고 문화적 사회적 법적인 대응과 정비가 필요하게 되었다. 하지만 이민의 역사가 짧고 오랫동안 지역적 특수성과 국권상실, 분단의 현실 속에서 강한 단합이 필요하여 단일민족을 앞세웠던 역사적 흔적이 남아 있어서 이민이나 외국인에 대해서(특히 선진 유럽이나 미국이 아닌, 백인이 아닌) 보수적이거나 배타적인 정책과 성향이 남아 있다는 것을 인정해야 할 것이다. 그래서 이민역사가 오래되고 미국과 지리적 여건으로 외국과의 교류와 외국인의 체류가 빈번한 유럽의 관련 사례를 분석해보는 것도 의미가 있을 것이다.

47) 헌법재판소 2016. 11. 29. 2016헌아230 결정

2. 미국의 논의

1) 원고적격과 관련된 미국의 발전

공법과 사법이 우리와 같이 엄격히 분류되는 체계를 가지지 않는 보통법의 전통을 가지고 있는 미국에서도 개별행정법의 특징을 인정하고 개별행정법률의 특수성을 인정하고 있지만 우리와 같이 독립된 행정소송법을 가지고 있지 않지만, 일반적으로 미국 행정절차법(Administrative Procedure Act)[48]으로 번역되는 APA가 행정소송의 원고적격과 관련된 사항을 포함하고 있어서 행정과정법이 행정소송법의 역할을 수행하고 있다. 미국 행정과정법은 1946년 제정되었기에 행정과정법 제정 이전부터 원고적격과 관련된 논의는 연방 헌법과 다른 연방법과 관련되어서 진행되었다. 역사적으로 미국은 각각의 주가 주권을 가진 독립국가로서 존재하고 여전히 독립된 주권과 헌법을 가지고 있어서, 연방 사법권의 행사범위와 관련해서는 연방 헌법에서 그 논의를 출발하고 있다. 연방헌법 제3장 제2조 제1항에서 "사법권은 … 보통법상 및 형평법상의 사건(case), … 사건(case), … 분쟁(controversy)… 미친다."고 규정하고 있어서 사건성과 분쟁성이 존재해야만 법원에 소송을 제기할 수 있다는 이론을 정립하고 연방 법원의 사법권을 확립해 나갔다. 그리고 행정과정법이 제정되기 이전에는 원고적격(Standing)이라는 용어보다는 소인(the cause of action) 또는 소송권(a private right of action)을 사용하여 개인이 소송을 제기하기 위해서는 법적 권리(legal right)를 가져야 하며, 법적 권리는 재산권(property), 계약, 불법행위로부터의 보호, 특허를 부여한 성문법 등으로부터 도출되어야 한다고 보았다.[49] 초기의

48) 일반적으로 행정절차법이라고 번역되지만, 우리나라의 행정절차법과 포섭의 범위가 상이하므로 오해의 소지를 줄이고 차이점을 강조하기 위해서 "행정과정법" 또는 "행정과정 및 행정소송법"으로 번역하는 것을 제안하는 바이다.

49) Tennessee Elec. Power Co. v. Tennessee Val. Auth., 306 U.S. 118, 137, 59 S. Ct. 366, 369, 83 L. Ed. 543 (1939); abrogated by Bond v. United States, 564 U.S. 211,

미국 판례는 우리나라의 권리구제설과 크게 다르지 않은 원고적격의 접근을 하고 있음을 알 수 있다.[50] 하지만 1940년대 이후 일련의 단행법률의 규정, 이와 관련된 판례들[51]과 행정과정법이 제정된 이후, 연방행정과정법 제702조에서 심사청구권을 규정하면서 원고적격확대의 결정적 역할을 하게 된다.[52] 동조는 "행정기관의 행위로 인하여 관련 법률상 법적인 침해를 받거나 불리한 영향을 받거나 혹은 피해를 받은 자는 이에 사법심사를 청구할 수 있다.…"로 규정하여 법적인 침해뿐만 아니라 불리한 영향을 받거나 행정기관의 행위로 인하여 피해를 받은 자까지도 원고적격을 확장하고 있다. 우리의 원고적격과 다른 점은 관련 법률이 명시된 점, 그리고 법적 침해뿐만 아니라 불리한 영향이나 피해도 포섭하고 있는 점이 다르다. 이런 조문의 특성을 반영하여 미국 법원은 원고적격을 확대하고 기준을 마련해 나갔다. 그래서 미국 행정법상 원고적격을 논할때는 전통적으로 헌법 제3장에서 기초한 사건성이라는 원고적격과 행정과정법상의 원고적격을 나누어서 논하게 되며[53] 행정과정법 제정 이후 원고적격의 대표사례로 꼽히는 Ass'n of Data Processing Serv. Organizations, Inc. v. Camp사건에서 법적 이익의 존재여부는 본안에서 판단사항이며 원고적격의 문제는 아니라고 보았다.[54] 또한 미국에서는 행정과정법상의 관련법률의 범위를 논할 때 연방헌법상의 기본권을 포함해서 해석하고 있다.[55] 미국법상 원고적격은

131 S. Ct. 2355, 180 L. Ed. 2d 269 (2011)

50) Commonwealth of Massachusetts v. Mellon, 262 U.S. 447, 488, 43 S. Ct. 597, 601, 67 L. Ed. 1078 (1923)

51) 47 U.S.C.A. s 402(b), F.C.C. v. Sanders Bros. Radio Station, 309 U.S. 470, 476, 60 S. Ct. 693, 698, 84 L. Ed. 869 (1940)

52) 5 U.S.C.A. § 702

53) Ronald A. Cass/ Colin S. Diver/ Jack M. Beermann/ Jody Freem, Administrative Law: Cases and Materials, Aspen Publishers, 6 edition, 2011, 297면이하.

54) Ass'n of Data Processing Serv. Organizations, Inc. v. Camp, 397 U.S. 150, 153, 90 S. Ct. 827, 830, 25 L. Ed. 2d 184 (1970)

55) 미국법상의 원고적격의 국내법상 시사점에 관한 국내 논문은 김광수, "미국 행정

우리나라 원고적격규정과 비교하면 보다 명확하고 광범위하게 규정되어 있지만, 미국 법조인의 입장에서는 여전히 원고적격규정은 명확하지 않다고 보며, 그 모호함을 구체적 사례에서 판례법으로 보완하고 원고적격의 법원리를 형성하고 있다고 보고 있다. 미국의 학자들 중에서는 미국의 원고적격에 관한 판례가 원고적격의 인정범위의 협소 또는 광범이 아니라, 예측가능성이 부족하고 일관성이 없다는 지적도 존재한다.[56] 연방 헌법상의 사건성에서 유래하는 원고적격론은 ① 사실상의 피해의 존재(injury-in-fact) ② 행정기관의 행위와 피해의 연관성(fairly traceable to) ③ 구제가능성(redressability) 등 3가지 사항으로 나누어서 고찰하고 있다. 단순한 심미적인 관심은 원고적격을 만족시키기에 부족하다는 판례(Sierra Club v. Morton, 405 U.S. 727), 보통법상의 손해, 경제적 손상, 권리침해 등은 원고적격을 충족시키다는 판례(Havens Realty Corp. v. Coleman, 455 U.S. 363) 등이 존재하며, 주간통상위원회가 철도요금인상안을 승인한 것에 대하여 로스쿨 학생들이 물류비인상으로 인하여 폐기물재활용이 줄어들어서 결국 폐기물로 인한 환경오염이 늘어난다고 주장한 사건에서도 전향적으로 원고적격을 인정하여 피해의 존재를 확대해석하기도 하였다.[57] 행정과정법 제702조의 원고적격은 소송제기자가 당해 행정처분과 관련 법률이 보호하는 이해관계에 있는지에 집중하여 심사하는 이해관계심사기준을 제시하고 있지만 행정과정법 제702조의 원고적격은 원고의 법적 이익이 침해되었느냐가 문제되는 것이 아니라 정치기관인 의회나 위임을 받은 행정부가 원고의 이익을 고려했느냐의 문제로 보기에 정치적 관점의 원고적격이라는 견해도 존

소송과 원고적격: 법적 권리에서 사실상의 손상으로", 행정법연구 제39집, 2014, 100면 이하, 이비안, "영미 행정법상의 원고적격: 사법적극주의와의 관계에서", 홍익법학 제13권, 2012, 763면 이하 참조.

56) K. Culp Davis, Administrative Law Treatise, Vol 4, 1983, 209면.

57) United States v. Students Challenging Regulatory Agency Procedures (SCRAP), 412 U.S. 669 (1973).

재한다.[58] 광범위하게 원고적격을 확장한 것으로 해석될 수도 있는 행정과정법 제702조의 조문에도 불구하고 특정인뿐만 아니라 모든 사람에게 적용되는 일반적인 불이익만으로는 원고적격을 성립시킬 수 없으며, 조세징수와 납세자 관련해서는 경제적 불이익을 이유로 원고적격이 인정될 가능성이 높으며, 원고는 반드시 제3자의 피해나 손해를 주장하는 것이 아니라 자기 자신의 피해나 손해를 가지고 원고적격을 충족시켜야 한다는 원칙들이 행정과정법 제702조의 원고적격의 한계로 논의되고 있다.[59] 원래 행정과정법 제701조는 행정기관의 행위도 사법심사를 받는다는 보통법상의 전제를 법조문화 한 것이지만[60] 행정과정법 제701조는 행정기관의 행위에 대해서 사법심사를 함에 있어서 ① 개별법률이 사법심사를 제한하는 경우, ② 법률이 행정기관에 자유재량(discretion)을 부여한 경우에는 사법심사를 제한하고 있다.[61]

2) 이민관련법상의 원고적격 문제

일반적으로 미국행정법상의 원고적격은 우리의 경우보다 광범위하게 인정되어 마치 보호가치이익설이나 적법성보장설이 적용된 것과 같은 범위의 원고적격을 폭넓게 인정하고 있지만 이민관련소송에는 국내에는 잘 알려져 있지 않지만, 오랜 기간 외국인의 원고적격을 전혀 인정하지 않는 전통을 가지고 있었다. 현재까지도 사증발급이 거부된 외국인의 경우, 행정심판이나 소송을 통해서 구제되는 길이 원칙적으로 차단된 상태이다.[62] 일반적으로 미국 연방법원은 영사의 결정에 대해서

58) Jak M. Beerman, Administrative law, Aspen Law, 2014, 42면.

59) Jak M. Beerman, Administrative law, Aspen Law, 2014, 43면.

60) James A.R. Nafziger, “Review of Visa Denials by Consular Officers”, 66 Wash. L. Rev. 1, 26, (1991).

61) 5 U.S.C. § 701.

62) Stephen Legomsky/ Cristina Rodriguez/ Immigration and Refugee Law and Policy, Foundation Press; 6 edition, 2015, 504면.

는 사법심사가 불가능한 것으로 판단하고 있어서 영사의 사증발급거부는 사법심사를 하지 않는다.[63] 미국 이민법에서는 이런 기준과 원칙을 영사판단의 사법심사배제원칙 또는 영사의 절대성(consular absolutism)이라고 부르며 이런 원칙은 아시아계를 배제하기 위한 일련의 연방법률들과 1920년대 연방고등법원판례 그리고 미국 이민법(INA) 조문상의 광범위한 영사의 재량권에서 출발하고 있다. United States ex rel. London v. Phelps사건[64]에서 제2 연방 고등법원은 판결이유에서 사증발급 또는 거부는 외교적 성질(the diplomatic nature)을 가지기 때문에 사법심사의 대상이 되지 않는다고 판단하였고 United States ex rel. Ulrich v. Kellogg사건[65]에서 DC관할 연방고등법원은 1942년 연방 이민법의 조문이 영사의 결정에 대한 재심사를 허용하지 않아서 사법심사는 불가능하다는 판단을 하였다. 현재에도 유지되는 이민법의 관련 조항[66]은 "국무부장관(실질은 우리의 외무부장관과 유사)은 대사와 영사공무원이 행사하는 권한과 의무, 기능과 관련된 모든 이민법령과 본장의 권한을 행사하고 감독하는 권한을 가진다. 다만 영사공무원이 사증을 발부하고 거부하는 권한, 의무 기능과 관련된 사항은 제외한다."고 규정되어 있고 연방법원은 이 규정을 근거로 영사업무를 담당하는 공무원에게 사증발급과 관련해서 광범위한 재량이 부여되어 있다고 판단하고 있다. 그리고 법원은 미국 헌법이 채택하는 권력분립하에서는 사법기관이 아니라 정치기관들(입법부와 행정부)이 이민관련 사항에 전권(plenary power)을 가지고 있다고 해석하여 사증발급에 대한 영사의 절대적 권한

63) Saavedra Bruno v. Albright, 197 F.3d 1153, 1159–60 (D.C. Cir. 1999) ; Li Hing of Hong Kong, Inc. v. Levin, 800 F.2d 970, 970 (9th Cir. 1986); Rivera de Gomez v. Kissinger, 534 F.2d 518, 519 (2d Cir. 1976); Pena v. Kissinger, 409 F. Supp. 1182, 1184, 1187–88 (S.D.N.Y. 1976).

64) 22 F.2d 288 (2d Cir. 1927).

65) 30 F.2d 984 (D.C. Cir. 1929).

66) 8 U.S.C. § 1104(a) (2012)

을 공고히 하게 되었다. 이런 해석은 소위 중국인배제사건(아시아계배제사건)인 Chae Chan Ping v. United States사건[67]에서 연방 대법원은 연방 헌법상 전쟁선포권, 국제관계와 관련한 대통령의 권한, 주권(주권자의 위임)에 기초하여 정치적 기관들이 이민사항에 대한 결정권한을 가지고 있다고 판단하였다.[68] 이런 전권이론(the plenary power doctrine)이론을 바탕으로 의회는 시민권자가 아닌 자(이하 외국인)의 미국에 대한 입국과 퇴거의 조건과 기준을 자유롭게 마련할 수 있으며, 행정부는 의회가 제정한 법률에 반하지 않는 한 사법심사의 대상이 되지 않는 자유재량(unreviewable discretion)을 갖는다고 해석하고 있다.[69] 그래서 법원은 의회와 행정부가 외국인에게 적용되는 적법절차권을 재구성할 수 있으며, 이런 결과로 미국 국민이 연방 이민법령의 영향을 받게 되는 경우가 발생한다고 이해하고 있다.[70] 연방 대법원은 이민법령에 대한 헌법소원이나 소송제기에 대해서 전권이론을 바탕으로 사법심사를 제한해 오고 있지만 여러 문제점이 지적되자 외국인에게도 어느 정도의 절차적 보호는 인정된다는 입장을 취하게 되었다.[71] 대체로 미국 판례는 외국인이라고 하더라도 불법이던 합법이던 물리적으로 미국에 입국한 외국인에게는 적법절차권을 인정하고 있다.[72] 연방 대법원은 미국내에 물리적으로 체

---

67) 130 U.S. 581 (1889).

68) 동일한 논리가 계속 받아들여짐 Fong Yue Ting, 149 U.S. at 713-14, 721-22, 724, Nishimura Ekiu, 142 U.S. at 659

69) Gabriela Baca, "Visa Denied: Why Courts Should Review A Consular Officer's Denial of A U.S.-Citizen Family Member's Visa", 64 Am. U. L. Rev. 591, 605 (2015)

70) Adam B. Cox, "Citizenship, Standing, and Immigration Law, 92 Calif. L. Rev. 373, 375 (2004)

71) 영주권자의 적법절차권을 인정한 판례 Landon v. Plasencia, 459 U.S. 21, 22 (1982); 제한적인 사법심사를 인정하는 사례로 Fiallo v. Bell, 430 U.S. 787, 793 n.5 (1977); 일본계 이민자 사건 Yamataya v. Fisher, 189 U.S. 86, 98, 100-02 (1903) 본 사건에서 미국에 불법적이지만 물리적으로 미국에 입국하여 4일간 체류한 외국인에게 적법절차권을 인정한 사례.

72) Shaughnessy v. United States ex rel. Mezei, 345 U.S. 206, 207, 214-15 (1953)

류하고 있지 않은 외국인에 대해서 일정한 적법절차권이 인정될 여지가 있다는 것을 인정하면서 다만, 외국인이라도 미국 내에 체류하고 있는 외국인은 미국의 영토외에 있거나 국경지대에 있는 외국인보다 더 많은 적법절차권이 보장된다고 판시하였다.[73]

3) 사증발급과 관련된 리딩케이스와 최근의 결혼이민사증 거부사건

(1) Kleindienst v. Mandel사건[74]과 Mandel기준의 적용혼선

외국인에 대한 사증발급거부처분에 대한 선례는 Mandel사건이다. Madel사건은 동서 냉전시대에 미국을 휩쓴 맥카시주의와도 관련된 사건으로 일단의 대학교수들이 학문적 목적으로 벨기에 출신 기자이면서 작가인 Madel을 스탠포드대학 강연에 초청하기 위해서 사증을 신청하였지만 거부되자 소송을 제기한 사건이다. Madel은 공산당원은 아니었지만 급진적 막스주의자로 알려져 있고 그는 평소 공산주의를 예찬하고 있었다. 벨기에 영사가 Madel의 사증발급을 거부하자, 법무부장관(the Attorney General)에게 사증면제를 신청하였지만 법무부장관은 Mandel이 이전에 미국에 입국하였을 때 입국조건을 위반하였다는 이유로 사증면제를 거부하였다. 이에 대하여 Mandel을 초청했던 교수단체와 Mandel은 Mandel의 입국을 제한하는 법률과 사증면제를 허가하지 않는 법무부장관의 행위는 교수들과 미국 시민의 수정헌법 제1조의 언론의 자유와 결사의 자유를 침해한다고 주장하면서 소송을 제기하였다.

본 사건에서 사증거부처분을 검토하면서, 연방 대법원은 원고적격이 있는지 여부와 행정기관이 재량을 일탈·남용했는지 두 단계로 심사하였다. 먼저 대법원은 미국 국민은 당해 사증면제거부처분으로 인하여 Mandel을 초청하여 강연을 들을 수 있는 언론의 자유를 침해 당하였기

73) United States ex rel. Knauff v. Shaughnessy, 338 U.S. 537, 539–40, 542–43 (1950)
74) 408 U.S. 753 (1972)

에 당해 거부처분에 대해서 사법심사를 구할 원고적격이 인정된다고 판단하였다.[75] 기본권이 침해되었다는 것을 인정한 후 대법원은 행정기관이 당해 거부처분에 대해서 "일단 합법적이고 진실된 이유(facially legitimate and bona fide reason)"가 존재하는지 여부를 심사할 권한이 사법부에게 있다고 판단하였다.

본 판례 이후 미국의 법조계에서는 영사결정의 사법심사제외에 대한 예외로서 Mandel기준이라는 것을 적용하고 있다. 문제는 Mandel사건은 수정헌법 제1조 침해가 문제된 사건이라서 Mandel기준이 수정헌법 제1조에만 해당하는지가 논란이 되었으며, 또한 Mandel사건에서는 사증발급거부를 다툰 것이 아니라 법무부장관의 사증면제불허가 결정을 다툰 것이라서 사증발급거부처분에도 적용될지 다툼이 있었으나 제1 연방고등법원은 Allende v. Shultz사건[76]에서 사증발급거부처분에도 Mandel기준을 적용하였으며 제2 연방고등법원도 American Academy of Religion v. Napolitano사건[77]에서 Mandel기준을 영사의 사증발급거부처분에 적용하였으며, DC소재 연방고등법원도 Bruno v. Albright 사건[78]에서 영사의 사증거부에 대해서 당해 외국인을 고용하고자 했던 미국인의 기본권침해를 인정하여 미국인 고용주의 원고적격을 인정하였다.

영사의 사증거부처분에 대해서도 제한적이지만 사법심사의 길이 Mandel기준을 적용하여 열리기 시작하였지만, 결혼이민과 관련하여 가족결합권 침해를 근거로 원고적격을 인정하여 사법심사를 할지에 대해서는 연방고등법원의 판례가 배치되기 시작하였다. 예를 들면 제9연방고등법원은 외국인 배우자에 대한 사증거부에 대해서도 Mandel기준을 적용하여 사법심사를 하였다. Bustamante v. Mukasey사건[79]에서 미국

75) Mandel, 408 U.S. at 769-70.
76) 845 F.2d 1111 (1st Cir. 1988).
77) 573 F.3d 115 (2d Cir. 2009).
78) 197 F.3d 1153 (D.C. Cir. 1999).

시민인 배우자는 외국인배우자에 대한 사증발급거부로 인하여 외국인과 혼인할 자신의 자유권이 침해되었다고 주장하였고 제9연방고등법원은 Mandel기준을 적용하여 원고적격을 인정하였다. 동 법원은 사증발급거부로 인하여 물리적으로 함께 할 수 있는 미국인의 자유권이 침해되었고 가족 문제에 대한 결정권이 침해되었다고 보았다. 하지만 Burrafato v. U.S. Department of State사건[80]에서 사증발급을 기다리다가 불법적으로 미국에 물리적으로 입국한 이탈리아 국민에게 사증발급을 거부하면서 거부이유를 제시하지 않자, 미국인인 부인이 외국인 남편에 대한 사증발급거부로 인하여 자신의 기본권이 침해되었다고 주장하고 소송을 제기하지만 제2 연방 고등법원은 Mandel기준은 오직 수정헌법 제1조가 침해된 경우에 적용된다면서 그녀의 원고적격을 부인하였다. 유사하게 Hermina Sague v. United States사건[81]에서 미국 국민인 약혼녀가 외국인인 약혼자의 사증이 거부됨으로써 가족을 형성하고 미국에서 배우자와 함께 거주할 기본권이 침해되었다고 주장하였지만 푸에르토리코 소재 연방지방법원은 미국 국민인 약혼자라고 하더라도 외국인 배우자를 미국영토에 데리고 들어올 헌법상의 권리는 인정되지 않으며, Mandel기준은 적용되지 않는다고 하였다.

(2) Kerry v. Din사건[82]

가) 사실관계

피상고인은 미국에서 태어나서 미국 국민이 된 것은 아니지만 아프가니스탄 출신으로 난민 인정을 받아 영주권을 취득한 후 5년간 미국에 체류하다가 귀화거주요건을 충족 후 귀화신청을 하고 그 귀화신청이 받아들여져(naturalized) 미국 국민이 된 Fauzia Din이란 여성이다,[83]

---

79) Bustamante v. Mukasey, 531 F.3d 1059 (9th Cir. 2008).

80) 523 F.2d 554 (2d Cir. 1975).

81) 416 F. Supp. 217 (D.P.R. 1976).

82) Kerry v. Din, 135 S.Ct. 2128 (2015)

83) Kerry v. Din, 135 S. Ct. 2128, 2132 (2015).

Din이 미국 국적을 취득한 후, 자신이 아프가니스탄에서 어린 시절부터 알고 지내던 Kanishka Berashk과 혼인을 하였다.[84] 미국 이민법상 미국 국민에게는 직근친족("immediate relative" 예컨대 배우자, 부모, 자녀)[85]이 미국에 입국해서 영주권자의 신분으로 체류할 수 있는 사증발급을 신청(petition)할 수 있다.[86] 이에 Din은 이민지위에 우선순위가 인정되던 아프가니스탄인 남편과 같이 살기 위해서 사증신청을 하였고 사증발급신청은 일단 접수되고 처리절차에 들어가서 남편은 영사와 면접을 보게 되었다. 이에 남편은 파키스탄에 있는 미국 영사관을 찾아가 영사와 사증발급을 위한 인터뷰를 가졌으나 인터뷰를 한 날로부터 거의 1년 동안 아무런 대답을 듣지 못했고 이에 Din은 자신의 지역구 하원의원을 찾아가 국무부로부터의 응답을 받을 수 있도록 도움을 요청하였고 결국 국무부는 처음에는 이민법 § 1182(a)상 남편은 입국금지대상이라고 통지하였다. 사증담당영사는 더 자세한 설명은 하지 않았으며 관련 법률 조문은 24면에 이를 정도로 상세하고 입국금지대상에는 예방접종을 맞지 않은 자부터 돈세탁업자 그리고 공공에 부담이 될 수 있는 자에 이

84) Brief of Appellant 6면, Din v. Clinton, 718 F.3d 856 (2013) (No. 10-16772), 2010 WL 6753384, at 6.

85) 2)(A)(i) Immediate relatives.--For purposes of this subsection, the term "immediate relatives" means the children, spouses, and parents of a citizen of the United States, except that, in the case of parents, such citizens shall be at least 21 years of age. In the case of an alien who was the spouse of a citizen of the United States and was not legally separated from the citizen at the time of the citizen's death, the alien (and each child of the alien) shall be considered, for purposes of this subsection, to remain an immediate relative after the date of the citizen's death but only <u>if the spouse files a petition under</u> section 1154(a)(1)(A)(ii) of this title within 2 years after such date and only until the date the spouse remarries. For purposes of this clause, an alien who has filed a petition under clause (iii) or (iv) of section 1154(a)(1)(A) of this title remains an immediate relative in the event that the United States citizen spouse or parent loses United States citizenship on account of the abuse.

86) 8 U.S.C. §§ 1151(b), 1153(a) (2012)).

르기까지 다양하게 나열되어 있었다. 그래서 Din 입장에는 실제로 어떤 근거로 남편이 입국금지대상이 되었는지 알 수가 없었다. 이에 Din은 다시 하원의원을 찾아가 국무부에게 보다 상세한 설명을 하도록 도움을 요청하였고 국무부는 이메일을 통해서 이민법 § 1182(a)(3)(B)를 거부처분의 근거조문으로 제시하고 있었고[87] 당해 조문은 테러리스트 활동에 관련된 외국인(aliens)을 사증발급대상에서 제외하고 있었다.[88]

나) 처분의 상대방이 아닌 제3자의 소송제기이유와 경과 (각하 → 인용 → 기각)

일반적으로 이런 거부처분의 경우는 부인인 Din이 아니라 거부처분의 상대방인 남편이 소송을 제기할 수 있는 원고적격이 인정되어야 한다. 하지만 본 사건에서는 남편은 미국입국이 거부 되어 미국영토 밖에 거주하고 있어서 미국법의 효력이 미치지 않는 외국인이며, 미국에 입국할 권리도 없으므로 미국 정부를 상대로 소송을 제기하여 소송을 계속할 수 있는 소인(cause of action)이 없게 된다는 Mandel사건에 따라 소송을 제기할 수 없다는 것이 현재까지 미국 판례의 주류적 입장이다.[89] 그래서 부인인 Din은 그녀의 남편을 대신하여 소송을 제기하면서 남편의 비자신청을 거부한 것은 부인인 자신의 헌법상의 권리를 침해한 것이라고 주장하고 있다. 부인인 피상고인는 남편의 비자거부에 대한 적절한 설명과 이유제시가 없었기 때문에 미국에서 그녀의 배우자와 거주할 수 있는 헌법상의 권리를 침해하면서 적법절차를 준수하지 않아서 자신의 기본권을 침해하였다고 주장하였다.[90]

---

87) Brief of Appellant 9면, Din v. Clinton, 718 F.3d 856 (2013) (No. 10−16772), 2010 WL 6753384, 9면.

88) Kerry Abrams, "The Rights of Marriage: Obergefell, Din, and the Future of Constitutional Family Law", 103 Cornell L. Rev. 501, 512−513 (2018)

89) 참조 Kleindienst v. Mandel, 408 U.S. 753, 762, 92 S.Ct. 2576, 33 L.Ed.2d 683 (1972).

90) 다수의견은 이에 대해서 피상고인가 주장하는 배우자와 미국내에 거주할 수 있는

부인인 피상고인은 연방지방법원에 소송을 제기하였고 연방지방법원은 피상고인의 소송을 사법심사대상이 아니라는 이유로 각하하였으나 제9연방고등법원은 원심을 파기하면서 부인인 피상고인는 남편에 대한 비자발급거부처분에 대한 사법심사를 청구할 법률상 이익이 있다고 판단하였다. 그 이유는 피상고인은 혼인의 자유를 가지고 있으며 혼인의 자유는 법적으로 보호되는 권리이므로 남편에 대한 비자발급거부처분에 대한 사법심사를 청구할 법률상 이익이 존재하는 것으로 판단하였고 제9연방고등법원은 단순히 비자거부된 근거법령을 알려주고 더 상세한 비자발급거부처분의 이유를 제공하지 않은 것은 부인인 피상고인의 자유권(liberty interest)을 침해한 것이라고 판단하였다.

다) 판결요지

연방대법원의 판결은 5대4 상대적 다수로 결정된 판결로서 판결문은 고) Scalia 대법관이 작성하였다.[91] 다수의견은 미국 국민은 적법한 절차에 따른 행정처분을 받을 권리(a procedural due process right)가 존재하고 미국 국민은 자신의 남편의 비자신청이 거부된 것에 대한 근거의 설명을 요구할 수 있는 절차적 권리를 보유하지만, 당해 적법절차권은 영사(a consular officer)가 미국 국민인 피상고인에게 그녀의 남편이 이민국적법(Immigration and Nationality Act: INA 또는 이민법)상 테러리스트 활동이 있는 경우 입국이 금지되는 조항에 따라 비자발급이 거부되었다는 사실을 알려주었을 때, 적법절차권은 충족된 것으로 판단하였

헌법적 권리는 존재하지 않는다고 판단하였으며 본 사건은 혼인의 자유침해가 아니라 미국적자의 배우자가 미국에 자유롭게 입국·이민할 수 있는 권리를 제한받은 것이 전부라고 판단하였다. 소수의견을 작성한 Breyer판사는 미국내에 배우자와 함께 거주할 헌법상의 권리가 침해되었다고 판단하였다.

91) Scalia대법관에 동조한 대법관은 Thomas 대법관과 Robert 대법원장이었다. 즉 3인의 의견에 Kenndy대법관이 작성한 별개의견(일단, Din의 가족결합권이라는 법률상 이익이 문제되지만 이미 충분한 이유제시가 존재하였다)에 Alito대법관이 동조하여 3+2로서 상대적 다수의견이 되었지만, 소수의견은 4인의 대법관이 동조한 의견이다.

다. 또한 다수의견은 혼인의 자유에 관한 판례들을 아무리 확장해서 적용한다고 해도, 본 사건과 관련된 쟁점은 피상고인이 주장하는 이익에 연방대법원의 실체적 적법절차원리(substantive–due–process)에 관한 선례를 적용할 수 있느냐가 아니라, 미국의 이민규제의 역사와 전통이 피상고인의 주장을 뒷받침하고 있느냐가 본 사건의 쟁점(the relevant question)이라고 보았다.[92] 여기서, 한 개인이 자신의 배우자를 미국 내로 데리고 오려는 시도에 대한 중대한 장벽을 세워 왔던 미국 정부의 오랜 이민규제 관행을 고려하면, 피상고인인 Din의 주장은 배척된다고 다수의견은 판단하였다. 또한 다수의견은 Fiallo v. Bell사건을 인용하면서, 의회가 이민정책에 있어서 다양한 기준과 구별을 마련하는 것에 대해서 사법부가 의회의 정치적 판단을 대신할 사법권한이 없다[93]고 연방대법원은 일관되게 판단했다고 보았다.

라) 법률상 보호이익의 침해여부판단

(가) 혼인의 자유 내지 가족결합권의 침해여부

다수의견은 본 사건에서 연방정부가 결혼자체를 금지한 것이 아니라는 점도 다수의견은 지적하고 있다. 다수의견은 미국 역사에 있어서 1875년 이전까지는 이민규제가 실제로 시행되지는 않았지만, 연방의회가 이민규제관련 법률을 제정한 이후에는 미국내로 배우자를 데리고 올 수 있는 자유에는 중대한 제한이 가해졌다는 사실[94]을 지적하였다. 미국의 법률과 역사에서는 혼인제도에 대한 국가의 간섭과 개입의 전통이 존재하였다고 다수의견은 보았다. 다수의견은 역사적으로 미국 의회가 이민가족의 결합과 행복에 많은 관심을 두기도 했지만[95] 이런 것은 입

92) Washington v. Glucksberg, 521 U.S. 702, 723-724, 117 S.Ct. 2258, 138 L.Ed.2d 772.

93) Fiallo v. Bell, 430 U.S. 787, 798, 97 S.Ct. 1473, 52 L.Ed.2d 50.Pp.2133-2136.

94) 참조 Kerry Abrams, "What Makes the Family Special?", 80 U. Chi. L. Rev. 7, 10-16 (2013).

95) E. Hutchinson, Legislative History of American Immigration Policy 1798-1965, University of Pennsylvania Press, p. 518 (1981)

법적인 시혜이고 반사적 이익이지 이민자의 기본권이 되지는 못하며 또한 가족이민을 장려한 적도 있었지만 연방의회는 가족이민의 경우에도 면밀한 자격검증을 하였다는 점을 다수의견은 지적하였다. 더구나 연방대법원은 국가기관중 정치적 기관이 배타적으로 행사하는 정치적 쟁점이 존재함을 일관되게 인정하여 왔음을 지적하면서 의회의 정치적 결단을 사법판단으로 대처할 권한이 사법부에게 없다는 선례[96]를 다수의견은 인용하였다.

(나) 국민의 배우자에 대한 사증발급거부의 성질

상대적 다수의견은 소수의견과 달리 국민의 배우자에 대한 사증거부처분으로 인하여 자신의 배우자와 함께 살 Din의 기본권이나 미국에서 본인이 거주할 권리는 침해되지 않았다고 판단하였다. 다수의견은 정부의 행정처분이 직접적으로 국민에게 영향을 미치거나 자신의 자유가 직접적으로 제한되는 경우와 제3자에 대한 정부의 행정작용으로 인하여 자신이 간접적 혹은 사실적으로 영향을 받는 경우는 분명히 구분된다[97]고 상대적 다수의견은 보았다.

마) 결론

다수의견은 본 사건에서 미국 정부는 Berashk과 Din이 혼인하였다는 것을 부정하거나 Din의 결혼을 인정하지 않으려 했던 것이 아니라는 점을 지적하고, Din은 자신의 남편과 그 나라 법에 의해서 거주가 합법적이라면 전 세계 어디서라도 같이 거주할 수 있는 자유가 여전히 있으며, 미국 정부는 Din을 자신의 의사에 반하여 미국에서 추방한 것도 아니라는 점을 지적하였다. 다수의견은 남편에 대해 비자발급을 거부한 미국 정부의 조치는 부인인 Din의 생명·자유·재산권을 침해한 것이 아니기에 미국 헌법상 Din이 요구할 수 있는 헌법상 적법절차는 존

96) Fiallo v. Bell, 430 U.S. 787, 798, 97 S.Ct. 1473, 52 L.Ed.2d 50 (1977).

97) O'Bannon v. Town Court Nursing Center, 447 U.S. 773, 788, 100 S.Ct. 2467, 65 L.Ed.2d 506 (1980)

재하지 않는다고 다수의견은 판단하였다. Din사건이 상대적 다수에 의해서 기각된 사건이라서 Din판결의 효력이 어디까지 미칠지는 아직도 미지수이고, 대법원의 구성원이 변경되면서 여러 관측이 나오고 있지만[98], 미국 이민법학계 또는 가족법계에서는 적어도 현재까지는 Din사건과 동성의 파트너와 혼인하기 위해 혼인신고를 하였지만 거부되자 소송을 제기한 Obergefell사건[99]의 가장 중요한 영향은 미국 대법원이 한쪽 상대방이 외국인이라고 하더라도 가족결합권을 미국 헌법상의 묵시적 기본권으로 인정한다는 신호를 보낸 것으로 파악하고 있다.[100] 결국, 미국 헌법상 명시된 기본권은 아니라고 하더라도 가족결합권을 바탕으로 본안에서 법률상 이익의 침해를 주장하여 원고승소의 가능성을 열어둔 것으로 평가할 수 있다. 이민법학자 중에서는 만약 남편인 Berashk에게 소인이 인정되고 원고적격이 인정되었다면 손쉽게 원하는 바를 이룰 수 있었을 것이라고 평가하는 학자도 존재한다.[101]

3. 영국과 독일의 논의

보통법의 출발지인 영국과 대륙법의 중심 국가인 독일은 현재 유럽연합이라는 우산아래 존재하게 되므로 기존의 국가법질서가 유럽법질서로 개편되는 과정에 있는 것으로 파악되고 있다.[102] 2017. 12. 13.

---

98) Kerry Abrams, “The Rights of Marriage: Obergefell, Din, and the Future of Constitutional Family Law”, 103 Cornell L. Rev. 501, 563 (2018)

99) Obergefell v. Hodges, 135 S. Ct. 2584, 2590, 192 L. Ed. 2d 609 (2015) “The right to marry is a fundamental right inherent in the liberty of the person, and under the Due Process and Equal Protection Clauses of the Fourteenth Amendment couples of the same–sex may not be deprived of that right and that liberty,”

100) Kerry Abrams, The Rights of Marriage: Obergefell, Din, and the Future of Constitutional Family Law, 103 Cornell L. Rev. 501, 561 (2018)

101) Desirée C. Schmitt, “The Doctrine of Consular Nonreviewability in the Travel Ban Cases: Kerry v. Din Revisited”, 33 Geo. Immigr. L.J. 55, 65–66 (2018)

102) Judgment of the Court (First Chamber) of 13 December 2017.

유럽최고재판소는 Soufiane El Hassani v Minister Spraw Zagranicznych사건에서 이민법관련 사증발급거부처분에 대한 사법심사절차를 마련하고 있지 않은 폴란드 이민법체재는 Schegen사증규정(the Schengen Visa Code)과 유럽인권법(EU Charter of Fundamental Rights)을 위반하였다고 판단하였다.

1) 독일의 논의[103)]

독일법에서는 외국에 체류하면서 독일에 입국하기 위한 사증을 신청하였지만 영사에 의해 거부된 경우 사증발급거부처분에 대해서 두가지 방식으로 다툴 수 있다. 먼저 사증신청자는 거부처분에 대하여 이의신청(Remonstrationsverfahren)을 할 수 있다.[104)] 만약 사증거부처분을 받은 자가 이의신청을 하면 사증거부처분을 한 영사가 아닌 다른 영사가 당해 사건을 재검토하여 이론적으로는 당초 사증거부처분을 취소하고 사증을 발부할 할 수도 있다. 두 번째는 사증거부처분을 받은 외국인이

Soufiane El Hassani v Minister Spraw Zagranicznych.
https://eur-lex.europa.eu/legal-content/EN/TXT/?uri=CELEX:62016CJ0403 (2019.9.18. 일 최종방문) https://www.liberties.eu/en/news/refusal-of-visa-vs-right-to-court-ecjs-ruling/13889

103) 아래의 독일사례는 다음 논문의 일부를 재인용 편집하였음 Desirée C. Schmitt, The Doctrine of Consular Nonreviewability in the Travel Ban Cases: Kerry v. Din Revisited, 33 Geo. Immigr. L.J. 55, 66 (2018); Kees Groenendijk & Tineke Strik, Family Reunification in Germany, Netherlands and the EU since 2000, Hohenheimer Horizonte,Seite 355 – 381 , Festschrift für Klaus Barwig. https://repository.ubn.ru.nl/bitstream/handle/2066/194492/194492.pdf?sequence=1 (2019.9.18. 최종방문)

104) 이의절차의 법적 근거는 이민법이 아니라 행정처리지침에 존재한다. https://www.auswaertiges-amt.de/blob/207816/e70e66c715d4dafd0f1bd7f8585b0e53/visumhandbuch-data.pdf (2019.9.18. 최종방문), Anna Sophie Poschenrieder, Das Remonstrationsverfahren vor den Auslandsvertretungen der Bundesrepublik Deutschland--Ein Plädoyer für die Einführung des Widerspruchsverfahrens, Neue Zeitschrift für Verwaltungsrecht (NVwZ) 1349-51 (2015).

독일정부를 상대로 독일 행정법원에 소송을 제기하여 사증발급을 청구할 수도 있다. 독일 행정소송법 제52편에 의하면 베를린 소재 행정법원이 관할권이 있다.[105] 독일연방 행정소송법과 판례에 의하면 국적에 관계없이 또한 독일 내에 거주하는지 상관없이 사증거부처분에 대한 원고적격이 인정되며, 행정절차법상 일반 행정절차가 준수될 것이 요구되며, 1심 판결에 불복할 수도 있으며 헌법소원도 제기할 수 있다고 한다.[106]

2) 영국의 논의

판례법의 원조인 영국에서도 사증거부처분을 받은 외국인은 이의신청과 재판청구라는 두 가지 방식으로 대응할 수 있다.[107] 미국과 마찬가지로 영국에서도 외교문제에 대해서는 사법권이 제한되기는 하고 사증발부는 외교문제에 속한다고 볼 수 있지만, 사증발급거부에 대한 영사의 결정은 재심사가 가능하다. 영사의 사증발급거부처분에 대해서는 거부처분이 있은 날로부터 28일 이내에 이의제기가 가능하다.[108] 행정기관내의 이의심사는 당사자가 영국(UK)밖에 있는 경우, 당사자가 영

105) Andreas Dietz, Ausländer－und Asylrecht 65, para. 120 (2016). https://repository.ubn.ru.nl/bitstream/handle/2066/194492/194492.pdf?sequence＝1

106) Rolf Stahmann/Hans－Hermann Schild, in: Hofmann (ed.), Ausländerrecht, § 6 AufenthG, para. 66 (2016); Andreas Dietz, Ausländer－ und Asylrecht 65－66 (2016).

107) Stephen H. Legomsky, Immigration and the Judiciary, Oxford University Press, 87－89 (1978). Helen Fenwick/Gavin Phillipson/Alexander Williams, Text, Cases and Materials on Public Law and Human Rights, at 484－85, 510－20, 708－09 (2017); Roger Masterman, The Separation of Powers in the Contemporary Constitution, at 96, 113 (2011). 독일과 달리 영국은 1999년 이민 및 난민법(the Immigration and Asylum Act 1999)에서 재판청구권을 보장하고 있다. Gina Clayton, Immigration and Asyum Law 7ed, Oxford, 381면, 2016, 참조

108) Ask for a visa administrative review, Gov.UK, https://www.gov.uk/ask－for－a－visa－administrative－review (2019.9.18.최종방문); 참조 Stephen H. Legomsky, Immigration and the Judiciary 145 (1978).

국 내에 있는 경우, 국경출입국사무소에서 사증이 취소된 경우로 나누어 있으며, 당사자가 영국 밖에 있는 경우에도 사증발급이 거부된 경우에는 재검토를 요청할 수 있으며, 당해 재검토를 이의심사(administrative review)라고 하며, 이의심사는 사증발급거부처분을 받은 자가 ① 영국 밖에 체류하고 있고 ② 영국 밖에서 사증을 신청하였으며 ③ 사증거부처분은 2015.4.6. 이후 거부된 경우여야 하고 ④ 거부된 사증이 단기학생사증이나 방문사증이 아니어야 한다는 4가지 조건을 모두 충족한 경우에만 이의심사를 청구할 수 있다. 하지만 EU의 이주계획이 적용되는 경우에는 다른 행정이의제도를 활용할 수 있다. 사증발급한 행정기관기관 내부의 이의절차이외에도 국제인권관련 사항 등 제한된 사례에 한하여, 이민 및 난민심판원(First-tier Tribunal, Immigration and Asylum)에 행정심판을 청구할 수 있으며 제1심 행정심판에 불복하여 이민 및 난민고등심판원(Upper Tribunal, Immigration and Asylum Chamber)에 재심을 청구할 있다. 이민 및 난민심판원은 사법부에는 속하지 않지만 독립된 재판관으로 구성되어 있다.[109] 이민 및 난민심판원에서 구두변론이 있으며, 사증발급이 거부되었지만 영국에 체류하는 외국인도 재판에 참여할 수 있으며, 외국에 체류하는 경우에는 비디오나 인터넷 등을 활용하여 심판에 참여할 수 있다.[110] 외국에 체류하는 외국인은 사증보증인 혹은 법률대리인 등 다른 이해관계인이나 대리인을 통해서 심판에 참여할 수도 있다. 만약 이민 및 난민 고등심판원의 재결에도 불복하면 고등재판소[111]에 항소하여 사법부에 의한 사법구제절차를 시작할 수도

---

109) Tribunals, Courts and Enforcement Act §§ 3-5.

110) Appeal a decision by the immigration and asylum tribunal, Gov.UK, https://www.gov.uk/upper-tribunal-immigration-asylum/if-you-have-a-hearing. (2019.9.18. 최종방문)

111) 잉글랜드와 웨일즈, 스코틀랜드, 북아일랜드가 각각 다른 사법부구성을 가지고 있어서 잉글랜드는 28일, 스코틀랜드는 42일, 북아일랜드는 21일 이내에 행정소송을 제기해야 한다.

있다.[112] 고등심판원에 불복하기 위해서는 영국 내에 체류하는 경우에는 우편에 의한 거부처분인 경우에는 12일 내에(영국밖에 체류하는 경우에는 38일) 이메일이나 직접 전달된 거부처분인 경우에는 10일 내에(영국밖에 체류하는 경우에도 10일) 불복신청을 하여야 한다. 일반적으로 이민심판원의 재결은 통상 28일 이내에 내려진다.

V. 대한민국 법체계에서의 판단기준과 방법 그리고 방향

1. 서: 주권과 대한민국법의 효력의 대상과 범위

유구한 역사와 찬란한 역사에 빛나는 대한민국이지만, 근대법학의 역사는 짧고 제헌 헌법은 역사적 현실로 인하여 주권자인 국민의 실질적 의사와 무관하게 1948. 7. 17. 제정되었다. 3.1운동으로 건립된 임시정부의 법통을 계승한 것을 확장한다고 해도 1919. 9. 11.로 거슬러 올라갈 뿐이다.[113] 또한 현재 처분의 근거법이 되는 출입국관리법의 최초 제정은 1963. 3. 5.에 불과[114]하며, 해방 이후 미군정 법률 제1호인 1948. 8. 1. 남조선출입국자에 관한 취체[115]로 거슬러 올라갈 수 있

112) Appeal a decision by the immigration and asylum tribunal, Gov.UK, https://www.gov.uk/upper−tribunal−immigration−asylum/if−you−have−a−hearing. (2019.9.18. 최종방문)

113)

114) 제1조 (목적) 이 법은 대한민국에 입국하거나 대한민국에서 출국하는 모든 대한민국 국민(船員을 제외한다. 이하 國民이라 한다)과 외국인의 출입국의 공정한 관리와 대한민국에 체류하는 외국인의 거주 및 등록에 관하여 규정함을 목적으로 한다.(1963 제정법)

115) 미군정법률 제1호의 시작은 제1조 (목적) 본 영은 1948년 8월 1일부로 효력을 생하는 법령 제214호(南朝鮮出入國者의移動登錄及取締에關한法令第49號의改正)제4조의 규정을 보충함을 목적으로 함.

다.[116] 현행 헌법은 최고법의 지위를 가지므로 모든 법률의 해석의 출발점이 되어야 할 것이다. 반면 최고법인 헌법이라고 하더라도 개별 행정법에서 구체화되고 정비되지 않으면, 일단의 선언에 그치거나 이상에 불과한 것이 된다. 대한민국 헌법의 바탕이 된 주권사상은 유럽에서 발전되고 미국에서 꽃을 피운 주권사상을 바탕으로 형성되었으며, 유럽의 근대적 주권사상은 불가분성과 불가양성을 바탕으로 한 것으로 이해되고 있다.[117] 하지만 우리 헌법이 바탕으로 한 유럽식 주권론[118]은 유럽연합의 등장으로 변화에 직면하고 있으며 주권의 해체로 표현하기도 한다.[119] 주권이론을 내부적 요소과 외부적 요소로 분류하여 주권이 내부적으로는 국민과 형성된 정치기관이 행사하는 우월적 힘, 외부적으로는 주권국가의 영역 이외는 어떤 우월적 힘도 존재하지 않는다는 것에 착안하여 주권개념의 발전단계를 ① 고전적 주권(classic sovereignty), ② 개방적 국제주권(liberal international sovereignty), ③ 세계주권(cosmopolitan sovereignty)으로 나누기도 한다.[120]

---

116) 물론 대한제국시대인 1907년 발행된 현행대한법규유찬(現行大韓法規類纂)의 목록을 살펴보면 놀랍게도 제8류 경찰 제1장 경찰편에 경무청관련세칙이후 「이민보호법」, 「이민보호법시행세칙」, 「한국인외국여권규칙」, 「연해주에셔한국신민에게노국거주권을교부하난절체에관한규칙」등이 등장하고 있어서 일제에 의해서 우리의 자주적 법제현대화 노력이 좌절된 것을 간접적으로 살펴볼 수는 있지만 아직까지 우리 근대법과 해방 이후 실정법의 연결고리와 유산의 재정비와 승화는 요원한 일은 듯하다.

117) 헌법주석서 Ⅰ, 사단법인 한국헌법학회, (총강 및 기본권에 관한 장), 81-82쪽 (장영수 집필부분)

118) Jean Bodin, Bentham, Austin, Thomas Hobbes, John Locke, Jean Jack Rousseau 등등 주권론의 발전에 대한 개략적 설명은 박찬주, “주권 개념의 형법 영역에서의 발현 및 동 영역에서 일반적으로 승인된 법제법규의 지위”, 헌법논총 제26집, 2015, 69면 이하 참조

119) Lord Denning, judicial branch of the House of Lords, in Denning 1990; Karen A. Alters, “Who Are the ‘Masters of Treaty?’”, in Lisa L. Martin & Beth A. Simmons (edited), International Institutions, Massachusetts Institute Technology, 2001, 187면

120) David Held, The Changing Structure of International Law: Sovereignty

주권과 관련해서 현행 헌법은 제1조에서 국민주권을 선언하고 있으며[121] 대한민국의 영토는 한반도와 그 부속도서로 정하고 있다. 즉 규범적으로 국내법적으로 대한민국의 주권은 한반도와 그 부속도서(영해, 영공포함)에 미치지만[122] 실질적으로 국제법적 관점에서는 대한민국의 주권은 휴전선 이남에만 미치며 사법이[123] 아닌 개별행정법의 적용에 있어서는 실질을 무시할 수 없을 것이다.

결국 헌법을 포함한 대한민국의 법률은 대한민국의 주권이 미치는 한반도 등을 대상으로 하고 있으며(속지주의), 대한민국 외 지역에 거주하는 재외국민(속인주의)에게도 미치고 있다.[124] 공법중에서 법률의 엄밀성과 정확성이 중요한 형법의 경우에는 제2조에서 속지주의[125]를 명백히 하고 제3조에서 속인주의를 명문화하고 있으며 보충적으로 보호주의를 제5조[126]에서 채택하고 있지만, 대부분의 개별행정법은 단순히

Transformed?, 2003, 162면 이하.
https://www.researchgate.net/profile/David_Held2/publication/30528823_The_changing_structure_of_international_law_sovereignty_transformed/links/00b7d529782f98c1b4000000.pdf (2019.9.18.일 최종방문)

121) 대한민국 헌법 제1조 ① 대한민국은 민주공화국이다. ② 대한민국의 주권은 국민에게 있고, 모든 권력은 국민으로부터 나온다.

122) "우리 헌법이 대한민국의 영토는 한반도와 그 부속도서로 한다는 영토조항을 두고 있는 이상 대한민국 헌법은 북한 지역을 포함한 한반도 전체에 효력이 미치므로 북한 지역도 당연히 대한민국의 영토가 되고, 북한주민 역시 일반적으로 대한민국 국민에 포함되는 점,… 대법원 2016. 1. 28. 선고 2011두24675 판결 [위로금등지급기각결정취소]

123) 대한민국 민법의 적용에 있어서도 북한지역도 대한민국이며, 북한주민도 대한민국 국민이되므로 대한민국 민법이 적용되며, 특별법인 남북가족특례법이 제정되어 특별한 고려를 하고 있지만 기본적으로 특별법에 규정이 없으면 대한민국의 민법이 적용된다는 취지의 판결 대법원 2016. 10. 19. 선고 2014다46648 전원합의체 판결 [상속재산회복]

124) 대한민국 헌법 제2조 ① 대한민국의 국민이 되는 요건은 법률로 정한다.
② 국가는 법률이 정하는 바에 의하여 재외국민을 보호할 의무를 진다.

125) 형법 제2조(국내범) 본법은 대한민국영역내에서 죄를 범한 내국인과 외국인에게 적용한다. 제3조(내국인의 국외범) 본법은 대한민국영역외에서 죄를 범한 내국인에게 적용한다.

헌법조문상의 “국민”을 당연한 수범자로 전제한 후 입법되었으며, 외국인에 대한 특별한 고려가 필요한 경우, 외국인은 통상 국내공법의 적용대상이 되지 않는다는 전제하에서 개별조문에 외국인의 처리에 대한 규정을 가지는 체계를 형성하였다.[127] 물론 헌법 제6조에서 외국인은 국제법과 조약이 정하는 바에 의하여 지위가 보장되면 일반적으로 승인된 국제법규의 국내법적 효력을 인정하지만, 실정 개별행정법은 특별히 외국인을 대상으로 하지 않는 이상 국민의 경우에는 대한민국 영토내외를 불문하고 수범자로 하지만 영토내에 국민을 주수범자로 하며, 외국인의 경우에는 대한민국 주권이 미치는 영역내에 존재하는 경우에만 수범자가 되는 구조를 형성하고 있다. 개별행정법에서는 주수범자가 “국민”이라는 전제하에서 입법되었지만 특수한 영역, 예를 들면 출입국관리는 그 성질상 대한민국에 입국 또는 출국하려는 모든 자(외국인포함)에 적용되어야 하므로 목적조항에서 특별히 “외국인”을 언급하여 외국인에게도 적용되며 그 외국인은 대한민국의 주권이 미치는 지역에 거주하는 외국인뿐만 아니라, 외국에 거주하는 외국인에게도 효력을 미치는 구조를 가지고 있다.[128]

행정소송법도 그 목적조항[129]과 제5조를 보면, 대한민국 내에 있는 국민을 주수범자로 하고, 예외적으로 대한민국 외에 거주하는 국민

---

126) 제5조(외국인의 국외범) 본법은 대한민국영역외에서 다음에 기재한 죄를 범한 외국인에게 적용한다.

127) 예컨대, 현행 국가배상법 제7조(외국인에 대한 책임) 이 법은 외국인이 피해자인 경우에는 해당 국가와 상호 보증이 있을 때에만 적용한다. (1951년 국가배상법 제정당시에는 단 5개조문에 불과하였지만 제5조에 상호보증조항이 존재함)

128) 제1조(목적) 이 법은 대한민국에 입국하거나 대한민국에서 출국하는 모든 국민 및 외국인의 출입국관리를 통한 안전한 국경관리, 대한민국에 체류하는 외국인의 체류관리와 사회통합 등에 관한 사항을 규정함을 목적으로 한다.

129) 행정소송법 제1조(목적) 이 법은 행정소송절차를 통하여 행정청의 위법한 처분 그 밖에 공권력의 행사·불행사등으로 인한 국민의 권리 또는 이익의 침해를 구제하고, 공법상의 권리관계 또는 법적용에 관한 다툼을 적정하게 해결함을 목적으로 한다.

에게 확장하는 구조로 입법되었으며, 대한민국 내에 거주하는 외국인의 경우 "국민"과 동일한 효력을 부여하는 것으로 해석되지만 국외에 거주하는 국민의 경우에도 주적용대상에서 제외되어 관심의 대상이 되지 않는 입법태도를 보이고 있다.[130)]

물론 대승적 · 거시적 · 보편적 · 세계적 · 인권적 차원에서 법질서를 조망하는 헌법학계에서는 현행 헌법상의 "국민"에는 당연히 외국인(특히 국내거주 외국인)을 포함한다고 해석하고 방향성을 제시하고 있지만 헌법학계의 다수의견은 외국인의 기본권주체성을 기본권의 성질에 따라 구분하여 인간의 권리로 해석할 수 있는 경우에는 기본권주체성을 인정하여, 인간의 존언성과 자유권, 평등권, 재판청구권, 청원권 등은 외국인에게도 인정된다고 하며, 집회결사의 자유나 참정권의 경우 국민에게 유보되어 있고, 사회적 기본권의 경우[131)] 외국인의 합법적 체류자격 등을 기준으로 구분하려는 입장을 취하고 있다.[132)] 하지만 헌법상 기본권의 성질만을 가지고 외국인의 주체성, 권리성, 소송가능성을 따지고 개별 행정법규정을 분석하지 않는다면 사실적·구체적 사건에서 명확한 기준이 되지 않을 뿐만 아니라 오히려 실정법과 모순된 결론을 도출하게 된다.

---

130) 행정소송법 제5조(국외에서의 기간) 이 법에 의한 기간의 계산에 있어서 국외에서의 소송행위추완에 있어서는 그 기간을 14일에서 30일로, 제3자에 의한 재심청구에 있어서는 그 기간을 30일에서 60일로, 소의 제기에 있어서는 그 기간을 60일에서 90일로 한다. (본 조문은 제정법에는 존재하지 않다가 1985년 전부개정시 추가된 신설된 조문이다.

131) 외국인에게 직장 선택의 자유에 대한 기본권주체성을 한정적으로 긍정한 사례 헌재 2011. 9. 29. 2007헌마1083 외국인근로자의 고용 등에 관한 법률 제25조 제4항 등 위헌확인

132) 한수웅, 헌법학 제4판, 법문사, 2014, 384면 이하 참조

2. 대한민국에 소재하지 않은 외국인에 대해 대한민국 공법의 재판상 적용

근대적 유럽식 주권사상을 바탕으로 형성된 우리 헌법은 국내에서는 배타성과 최고법성을 가지지만 역으로 한 나라의 주권을 인정해야 하므로 주권에 복종하는 한나라의 국민을 제외하고는 영토밖에서는 원칙적으로 적용되지 않는 한계를 가지게 되었다. 국제질서의 상호존중과 주권존중은 우리 헌법전문(세계평화와 인류공영)에 투영되어 있으며 제6조의 상호주의적 외국인의 지위보장과 일반적으로 승인된 국제법규의 효력인정에 반영되어 있다.

헌법은 권력분립을 바탕으로 입법권은 국회,[133] 행정권은 대통령을 수반으로 하는 정부에 속하고,[134] 사법권은 법관으로 구성된 법원[135]에 부여하고 있다. 국가기관 중 전형적인 정치기관은 입법부이지만 대통령도 정치기관으로 분류되며, 전형적 국제문제인 전쟁 선포권은 미국과 달리 대통령에 부여하고 있고 국회는 동의권을 갖고 조약체결·비준권도 대통령에게 부여하고 있고 국회는 동의권을 갖는 구조를 가지고 있다. 국회와 대통령이라는 국가기관이 외교와 국제문제에 관한 권한을 분점하고 있으며, 사법부는 정치적 결정권이나 외교적 결정권한을 가지고 있는 것이 아니라 사법권만을 가지고 있다. 미국 헌법상의 사법권의 한계는 우리 헌법에는 등장하지 않지만, 헌법위임을 통해 제정된 법원조직법에 규정되어 있다.[136] 법원조직법 제2조는 "법원의 권한 ① 법원은 헌법에 특별한 규정이 있는 경우를 제외한 모든 법률상의 쟁송(爭訟)을 심판하고, 이 법과 다른 법률에 따라 법원에 속하는 권한을 가

133) 헌법 제40조
134) 헌법 제66조 제4항
135) 헌법 제101조
136) 법원조직법 제1조(목적) 이 법은 헌법에 따라 사법권을 행사하는 법원의 조직을 정함을 목적으로 한다.

진다.”라고 규정하여 국가권력의 분립에 따라 사법권을 행사하는 법원의 권한은 “법률상의 쟁송”에 한정하는데, 본 규정은 미국 연방 헌법상의 사건성과 쟁송성 논의와 연결되는 조문이다. 즉 법원이 구체적 분쟁에 개입해서 행정소송을 진행하려고 하여도, 반드시 법원의 권한에 해당하는 분쟁만 담당하게 되는데, 그 판단기준은 제2조의 법률상의 쟁송성과 특별한 규정의 유무에 해당한다. 법률상 쟁송에 해당한다고 하더라도 헌법 제111조에 규정된 헌법재판소의 관장사항은 헌법상 법원의 권한 밖에 있는 특수한 헌법상의 예외에 해당한다.

대한민국에 소재하지 않는 외국인(대한민국의 주권이 미치지 않으며 또한 국제법상 대한민국의 주권이 미쳐서는 안 되는)에 대해서 대한민국 행정소송법이 적용되는지 여부는 헌법 제27조의 재판청구권의 인정여부가 아니라[137] 헌법 제6조에 의해 채결된 조약과 일반적으로 승인된 국제법규 중 관련 사항이 있는지 여부, 즉 국제법과 조약에 특별히 정해진 것이 있는지 여부에 의해 먼저 결정되어 진다.

행정소송법의 경우 행정소송법상 외국인을 특별히 취급하는 조문은 존재하지 않지만(목적조항은 “국민의 권리 또는 이익의 침해”로 한정) 제8조에 의해 행정소송의 성질에 반하지 않으면 민사소송법이 준용되므로 민사소송에서 외국인의 취급과 행정소송의 특징을 연결해서 살펴보아야 하며[138] 개별행정법에 특별한 취급을 하는 경우는 개별행정법의 조문을 헌법과 조화해서 해설해야 할 것이다. 행정절차법의 경우 제3

---

137) 제27조 ①모든 국민은 헌법과 법률이 정한 법관에 의하여 법률에 의한 재판을 받을 권리를 가진다.

138) 현 민사소송법에는 외국에서의 국내법적용과 관련되는 흥미로운 조문이 존재한다. 제57조(외국인의 소송능력에 대한 특별규정) 외국인은 그의 본국법에 따르면 소송능력이 없는 경우라도 대한민국의 법률에 따라 소송능력이 있는 경우에는 소송능력이 있는 것으로 본다. 제296조(외국에서 시행하는 증거조사) ①외국에서 시행할 증거조사는 그 나라에 주재하는 대한민국 대사·공사·영사 또는 그 나라의 관할 공공기관에 촉탁한다. ②외국에서 시행한 증거조사는 그 나라의 법률에 어긋나더라도 이 법에 어긋나지 아니하면 효력을 가진다.

조[139]에서 "외국인의 출입국·난민인정·귀화"을 언급하고 있어서 행정절차에 대해서는 외국인의 출입에 대해서는 행정절차가 일정한 고려를 하고 있다는 것을 알 수 있지만, 국민을 주수범자로 한 법률에 대한 판례를 대한민국외에 거주하는 외국인에게도 단순히 적용할 수 있을지는 의문이다.[140]

결국 출입국관리법이 적용되는 대한민국 밖에 체류하는 외국인의 경우에도, 출입국관리법과 관련법령이 특별히 당해 외국인에 대한 특별한 규정을 두지 않는다고 하면, 대한민국의 공법이 당연히 대한민국밖에 체류하는 외국인에게 당연히 "법률상 효력"이 미친다고 할 수 없게 된다. 법논리상 대한민국 외에 체류하는 외국인의 경우 대한민국의 공법의 효력이 미칠 수 없으며, 미쳐서도 안 되는 존재(상호존중상 예외를 인정한 경우가 아니라면)이므로 결국 대한민국 사법권의 범위밖에 있으며 법원조직법상 "법률상 쟁송"에 해당하지 않기에 대법원에게는 관할권조차 없다는 결론이 도출되게 된다. 결국 대한민국 외에 체류하는 외국인의 경우 국제관습법이나 일반적으로 승인된 국제법규 혹은 체결·비준된 조약등이 존재하지 않으면, 우월적 속성과 강제성을 본질적 요건으로 하는 국가의 공법의 적용은 차단된다.

우월적·침익적·강제적 속성의 공법적 적용은 차단된다고 하더라

139) 제3조(적용 범위) 9. 「병역법」에 따른 징집·소집, 외국인의 출입국·난민인정·귀화, 공무원 인사 관계 법령에 따른 징계와 그 밖의 처분, 이해 조정을 목적으로 하는 법령에 따른 알선·조정·중재(仲裁)·재정(裁定) 또는 그 밖의 처분 등 해당 행정작용의 성질상 행정절차를 거치기 곤란하거나 거칠 필요가 없다고 인정되는 사항과 행정절차에 준하는 절차를 거친 사항으로서 대통령령으로 정하는 사항

140) 입국절차에서 행정절차법의 적용여부에 대한 국내논의와 다른 견해는 이현수, "외국인 입국규제의 공법적 쟁점", 공법연구 제44권, 한국공법학회, 2015, 633면 참조. 또한 소위 유승준판례 대법원 2019. 7. 11 선고 2017두38874 판결 "'외국인의 출입국에 관한 사항'이라고 하여 행정절차를 거칠 필요가 당연히 부정되는 것은 아니다." 본 판례는 행정절차법이 외국인에 대한 출입국사무에도 적용된다는 전제하에서 판결하고 있다.

도 수익적·절차보장적·보장적 공법규정이 적용될 여지가 조금은 있다고 이론구성을 할 수는 있지만 대한민국영역 밖의 법적용문제는 결국 국제문제이며 외교문제이므로 사안의 본질상 정치기관의 담당영역으로 배치될 수밖에 없다. 즉, 입법자가 결단하여 국외에 체류하는 외국인에 대해서 일정한 지위를 인정하고 일정한 법적 권한을 조약 또는 국내법으로 채택하지 않는 이상, 국내법의 국내적 적용이라는 사법권한만을 가진 사법부의 권한을 넘는 것으로 평가된다. 즉, 원고적격과 처분성에 대한 기존의 판례들[141]은 당연히 국내법의 적용대상이 되는 국민이나 외국인을 대상으로 한 것이지 국내법이 적용될 수 없는 외국인에게까지 확대되는 것은 아니라고 해석해야 할 것이다.

3. 가상의 사례에서의 원고적격문제

만약, ① 사증발급이 거부되었으나 물리적으로 대한민국에 체류하는 외국인(사익보호성문제)이나 ② 외국에 체류하는 외국인 배우자에 대한 사증발급거부처분을 국민이 다투고자 하는 경우(제3자의 원고적격문제)의 원고적격문제는 일단, 앞에서 보는 대한민국의 사법권의 한계문제라는 단계는 넘었다고 평가됨으로 원고적격문제를 판단할 필요가 발생한다. 다수설과 판례가 법률상 보호이익설을 취한다고 하더라도 하급심들과 대법원의 판단이 달라진 것은 현재의 학설과 판례로는 새롭게 발생하는 구체적 사건에서 명확한 기준이 못 된다는 방증일 수도 있다. 본 사례에서 법률상 보호이익설을 취하여서 "법률"의 범위를 단순히 처분의 근거법 이외에 관련 법률로 확대하고 그 관련 법률에 헌법과 조리, 국제인권법을 포함 시킨다고 하더라도, 평석 대상 사례에서는 대한민국이 사법권을 행사할 수 있는 전제가 형성되지 않아서 최대로 확장

141) 예 대법원 2001. 9. 28. 선고 99두8565, 대법원 2009. 9. 10. 선고 2007두20638 판결

된 법률상 보호이익설이라고 하더라도 대한민국 밖에 소재한 외국인에게 원고적격을 인정하기에는 무리가 있다. 대법원이 지적하는 것처럼 출입국관리법 목적조항을 살펴보아도, 목적조항에서는 국가경찰법적 질서유지차원의 공익적 목적만을 규정하고 있고, 법체계가 국민과 외국인을 구분하여 인정하고 있으며, 특이하게도 국민에게 해당되는 출국금지결정에는 이의신청절차[142]를 명시하고 있지만 외국인에게 이의신청절차를 두지 않은 점 등을 보면, 단순히 법리상으로는 ①이나 ②번 사례에도 원고적격을 인정하지 않는 것이 일면 타당해 보일지도 모른다. 하지만, 보다 구체적으로 사실관계를 조작해서 ㉠ 독일국적의 백만장자 여성이 무직인 한국인 남성과 혼인하여 각각 현지법에 따라 혼인신고를 하였지만 현재 한국에 실제로 거주하는 독일인 여성이 신청한 사증발급(F-6)이 거부되어 독일 여성이 한국에서 사증발급거부취소소송 제기한 경우 (사유: 가족부양능력결여), ㉡ 대한민국에서 출생하였지만 만 1세에 입양을 가서 영국국적을 취득한 남성이 한국국적의 남성과 혼인하여 영국에서 혼인신고를 마친 후(재외공관을 통해 한국에 혼인신고함), 영국에서 거주하는 영국남성이 사증발급(F-6)을 신청하였으나 거부되어 영국에서 취소소송을 제기한 경우[143](사유: 혼인불성립), ㉢ 미국의 인기 연예인이 자산 500억대의 한국인과 혼인하여 각각 혼인신고를 마치고 한국에서 혼인생활을 계속하기 위해서 미국에서 사증발급(F-6)을 신청하였으나 "가족부양능력 결여"로 사증발급이 거부 된 경우 (사유: 가족부양능력결여) 등 가상이지만 구체적 사실이 적시되면 현재 대법원판례가 내려진 이후에도 과연 원고적격이 부정될지 쟁점이 될 수 있을 것으로 판단

---

142) 출입국관리법 제4조의5(출국금지결정 등에 대한 이의신청)

143) 관련 판례 서울서부지방법원 2016. 5. 25. 자 2014호파1842 결정 남성으로 동성인 갑과 을의 혼인신고에 대하여 관할 구청장이 신고불수리 통지를 하자, 갑과 을이 불복신청을 한 사안에서, 현행법의 통상적인 해석으로는 동성(동성)인 신청인들의 합의를 혼인의 합의라고 할 수 없고 합의에 따른 신고를 적법한 혼인신고라고 할 수 없다고 한 사례

된다. 소위 스티브유(유승준) 사건에서 법적으로는 외국인이면서 외국에 체류하는 재외동포[144]에게 원고적격을 인정하였다. 하지만 재외동포법의 적용 범위는 외국국적동포의 경우는 대한민국의 출입국과 대한민국 안에서의 법적 지위에 관해서 적용되는 것이므로 합법적으로 대한민국에 입국하기 위해서 절차를 진행하여 물리적으로 대한민국 영역에 도착하거나 대한민국 내에 거주하는 경우에 적용된다고 해석해야 할 것이다. 스티브유 사건에서 대법원은 평석대상 판례에서 제시한 기준인 ① 사증발급의 법적 성질,[145] ② 출입국관리법의 입법 목적, ③사증발급 신청인의 대한민국과의 실질적 관련성, ④ 상호주의원칙들 중 ③번의 기준을 적용하여 원고적격을 인정하고 본안판단을 한 것이다. 즉, 스티브유사건과 평석대상 판례는 ① (변함없음)과 ② (변함없음), ④ (변함없음)등은 동일하지만, 대법원이 법적 판단이 아닌 법정책적 판단을 통해서 구체적 사례에서 "③ 사증발급 신청인의 대한민국과의 실질적 관련

144) 현재 재외동포의 출입국과 법적 지위에 관한 법률이 제정되어 있고 제1조(목적) 이 법은 재외동포(在外同胞)의 대한민국에의 출입국과 대한민국 안에서의 법적 지위를 보장함을 목적으로 한다. 동법상의 재외동포는 재외국민과 외국국적동포를 의미한다.

145) 대법원은 사증발급의 법적성질을 "… 예비조건 내지 입국허가의 추천"의 성질을 갖는다고 했지만, 사증(사증의 소지)이 입국허가시 고려할 필수적으로 요건인 것은 맞지만 사증발급이 예비조건은 아니라고 보여진다. 또한 통상적인 행정법학에서는 "추천"이란 법적 성질이나 행정행위의 분류는 존재하지 않은 것으로 파악된다. 사증은 입국허가를 받기 위한 필수요건중 하나이지만 사증발급(행위)는 예비허가로 볼 수 있으며, 이때 예비허가(가행정행위 또는 잠정적 행정행위)이며 입국허가결정은 최종적 행정행위로 강학상 특허에 해당한다고 볼 수 있다. 즉, 사증발급을 받는다고 해서 입국이 보장되는 것은 아니지만, 최종 입국금지 혹은 입국심사에서 최종 허가가 되면, 사증발급은 입국금지결정 혹은 입국허가에 사증발급의 효력은 종국적 행정결정에 흡수된다고 판단된다. 사증발급의 경우 체류자격의 분류라는 부분은 입국허가결정과 함께 존재하게 된다. 사증발급의 법적 성질을 확인으로 파악하는 견해(문중흠, "출입국관리법 해석을 통한 외국인노동자, 결혼이민자의 보호 : 행정소송상 재판례 및 쟁점을 중심으로" 사법논집 제60집, 2016, 143면)도 있지만 준법률행위로 본다고 하더라도 확인이라기보다는 차라리 공증이 더 적절할 듯하다.

성"이 인정되어서 원고적격을 인정한 것으로 분석된다. 그러면 대상평석판례에서 제시한 판단기준들은 결국 모두 갖추어야 하는 것이 아니라 적어도 하나만 제대로(?) 갖추고 있어도 "법률상 이익"이 존재하는 것으로 "법정책상" 판단하겠다는 것으로 대법원의 판례를 읽을 수밖에 없어 보인다.

이런 결론에 이르면, 평석대상판례와 스티브유사건의 판결을 결합하여 사증거부처분에 대한 원고적격을 검토하면 과연 대법원 판례가 학설이 제시하는 법률상보호이익설에 의한 판례인지 의심스러워진다. 물론, ①②③④를 고려하여 출입국관리법의 처분근거조문에 의해 보호되는 "법률상 이익"을 판단한다고 해석할 수도 있지만, 대상판례에서 지적하듯이 현행 출입국관리법의 체계, 조문형식, 기술형식, 시행령과 시행규칙의 기술태도[146] 등을 종합하면 출입국관리법의 어떤 조문도 현행 판례의 일반적 기준을 적용하면 외국인의 사익보호성을 도출하기는 힘들다. 다만, 스트브유 사건처럼 처분의 근거법률만이 아니라 관련법률의 범위를 확장하면, 인정가능성이 높아지는 것이 사실이다. 지금까지 대법원은 원고적격과 관련하여 관련법률의 범위에는 헌법상 기본권을 포함하지 않았고, 처분을 하기 위해서 반드시 거쳐야 하는 다른 법상 제도나 처분의 근거법률이 원용하는 법률과 절차 등에 한정하여 해석하고 있다.[147] 특히 국내의 원고적격의 확대 논의는 처분의 제3자의 원고적격과 관련하여 논의가 집중되었으며, 특히 환경행정소송에서 원고적격을 인정하면서 관련법률의 범위를 절차까지 확대하였지만 다른 행정영역에서는 관련법률의 범위를 매우 한정적으로 해석하며 환경행정영역에서도 법률상 이익을 판단함에 있어서 헌법, 다른 관련 법질서

---

146) 출입국관리법령은 특이하게도 시행령 시행규칙에 목적조항조차도 존재하지 않는다.

147) 그래서 원로 학자이신 김철용교수님은 현재 원고적격이론의 한계를 극복하기 위해서 헌법론에서 찾을 것을 제안하기도 하셨다. 김철용, 행정법 제8판, 고시계, 2019, 483면. 참조

로까지는 확대하고 있지 못하다.

독일과 영국의 경우, 우리 국민이 신청한 사증신청을 거부한 경우 우리 국민이 대한민국에 체류하고 있다고 하더라도 사증거부처분에 대해 이의제기를 할 수 있고 사법심사를 받을 수 있는 길을 열어 놓고 있다. ④ 조건(상호주의)이 변화된 가상사례인 ㉠과㉡의 경우는 최소 원고적격은 인정하여 본안판단사항으로 해야 대상판례와 스티브유사건판례와 결합된 해석에 부합할 것으로 판단된다. ㉢의 사례는 ④번 조건은 변화없으나(미국은 외국인의 미국외에서의 소송에 대해 당사자적격을 부인함) 표면상 명백한 재량권남용이라고 판단되는 경우, 본 평석대상판례와 같이 원고적격을 부인할지, 원고적격은 인정할지 미지수이다.[148)]

미국과 달리, 우리법은 사증발급을 법무부장관의 권한[149)]으로 두고 있으므로 사증처리 담당영사의 전권이론이 형성될 법률적 근거도 존재하지 않고,[150)] 자유재량행위에 대해서 사법심사를 제안하고 있는 미

148) 이론의 정합성차원에서는 원고적격을 부인해야 하겠지만, 재량권남용이 분명한 경우에도 법원이 원고적격을 사용하여 본안판단의 기회를 차단할지는 미지수이다.

149) 출입국관리법은 법무부장관의 사증발급 권한을 재외공관의 장에게 위임할 수 있다도록 하고 있고 위임을 받은 대통령령은 일정한 사증발급 권한을 재외공관의 장에게 위임하도록 기속적으로 규정하고 있다.(법 제8조 및 시행령 제11조) 정부조직법 제6조(권한의 위임 또는 위탁) ① 행정기관은 법령으로 정하는 바에 따라 그 소관사무의 일부를 보조기관 또는 하급행정기관에 위임하거나 다른 행정기관·지방자치단체 또는 그 기관에 위탁 또는 위임할 수 있다. 이 경우 위임 또는 위탁을 받은 기관은 특히 필요한 경우에는 법령으로 정하는 바에 따라 위임 또는 위탁을 받은 사무의 일부를 보조기관 또는 하급행정기관에 재위임할 수 있다. 대통령령인 행정권한의 위임 및 위탁에 관한 규정 제6조(지휘·감독) 위임 및 위탁기관은 수임 및 수탁기관의 수임 및 수탁사무 처리에 대하여 지휘·감독하고, 그 처리가 위법하거나 부당하다고 인정될 때에는 이를 취소하거나 정지시킬 수 있다. 제9조(권한의 위임 및 위탁에 따른 감사) 위임 및 위탁기관은 위임 및 위탁사무 처리의 적정성을 확보하기 위하여 필요한 경우에는 수임 및 수탁기관의 수임 및 수탁사무 처리 상황을 수시로 감사할 수 있다.

150) 출입국관리법 제7조 제1항, 제8조 제3항은 외국인이 입국할 때에는 유효한 여권과 법무부장관이 발급한 사증을 가지고 있어야 하고, 사증발급의 기준과 절

국 행정과정법 제701조와 달리 행정청의 재량에 속하여도 재량권의 한계를 넘어거나 남용이 있는 경우 법원이 이를 취소할 수 있으므로 미국식의 전권이론이나 영사의 재량권을 바탕으로 한 사법심사불가론이 성립할 여지는 없다. 미국의 DIN사건과 달리 우리 헌법은 혼인과 가족생활을 보장[151]하며 혼인의 자유는 혼인생활형성의 자유를 포함하고 있고, 가족결합권도 해석에 따라 도출할 수 있다.[152] 또한 미국의 현행 이민법과 달리, 우리 법질서는 민법, 민법관계법[153], 다문화가족지원법, 재한외국인 처우 기본법 등에서[154] 특별히 대한민국 국민과 혼인관계를 계속하는 외국인을 법적으로 보호하고 지원하는 정책을 마련하고 있어서 가족결합권 내지 헌법과 결합된 하위법령의 해석상 혼인과 가족에 대한 법률상 이익을 도출하기도 미국보다는 쉽다고 판단된다. 그래서 여전히 외교나 국제관계의 문제라는 회색지대에 머무르는 대한민국이외 지역에 거주하는 외국인 배우자가 제기하는 소송은 법률상 쟁송에 해당하지 않아서 대한민국 사법권이 미치지 않는다고 해석되지만, ②의 사례의 경우에는 출입국관리법령[155]에서 배우자의 초청을 전제로 하므로, 한국국적의 배우자는 사증발급의 직접 상대방은 아니지만, 법률상

차는 법무부령으로 정하도록 하고 있다. 그 위임에 따라 출입국관리법 시행규칙 제9조의2는 법무부장관으로부터 사증발급권한을 위임받은 재외공관장이 사증을 발급하는 경우 사증발급을 신청한 외국인이 '유효한 여권을 소지하고 있는지 여부'(제1호), '법 제11조의 규정에 의한 입국금지의 대상이 아닌지 여부'(제2호), '시행령 별표에서 정하는 체류자격에 해당하는지 여부'(제3호) 등 각호의 요건을 갖추었는지를 심사·확인해야 한다고 정하고 있다.

151) 제도보장과 기본권성을 동시에 갖는 것으로 평가되며, 헌법적 논의는 한수웅, 헌법학 제4판, 법문사, 1042면 참조

152) 유사한 견해와 상세한 논의는 문중흠, "출입국관리법 해석을 통한 외국인노동자, 결혼이민자의 보호 : 행정소송상 재판례 및 쟁점을 중심으로" 사법논집 제60집, 2016, 120-123면 참조

153) 특수한 사정에 위해 제정된 혼인신고특례법도 존재한다.

154) 결혼이민자등으로 구성된 가족을 의미하지만, 결국 출입국관리법상 F-6 사증발급을 신청한 자는 대한민국에서 다문화가족을 형성하려는 것이다.

155) 시행규칙 제9조의4(결혼동거 목적의 외국인 초청절차 등)

이익이 존재하는 것으로 해석하는 것이 타당할 것으로 판단된다. ①의 사례에도 적어도 법규상 또는 조리상의 신청권[156]은 존재하는 것을 보아야 할 것이고 그 신청권은 반드시 특정의 행위를 요구할 수 있는 것이 아니어도 좋으며, 외국인의 출입국관련사건에서는 사증발급이라는 고도의 재량권행사에 대한 사법심사강도문제로 본안에서 판단하면 적합할 것이다.

4. 변화하고 업데이트되는 세상 그리고 이에 대한 대응의 행정법질서

살펴본 것처럼 우리 헌법이 기초할 당시 차용하였던 유럽식 주권사상과 국가의 역할과 국제질서는 변화하고 있으며, 유럽의 경우에는 모두 사증발급거부처분을 받은 외국인에게 이의제도와 사법심사의 기회를 제공하고 있다.

대한민국의 법질서가 통용되는 영토(영해, 영공)의 개념도 변화가 필요한 시점에 있다. 사이버공간에서 이루어지는 행정, 전자정부, 특히 출입국관리법제에서도 전자사증의 발급제도를 두고 있으며,[157] 당해 업무처리지침은 처리지침임에도 불구하고 출입국관리법보다 정비된 조문

---

156) 대법원 2004. 4. 22. 선고 2000두7735 전원합의체 판결 [교수재임용거부처분취소], 그 외에도 처분의 근거 법률상 명시적인 신청권이 없음에도 불구하고 인정한 사례로는 ① 대법원 1991. 2. 12. 선고 90누5825 판결검사 임용신청권), ② 대법원 1997. 10. 10. 선고 96누4046 판결(교육공무원으로의 임용신청권), ③대법원 2003. 9. 23. 선고 2001두10936 판결 (국토이용계획변경신청권), ④ 대법원 2003. 4. 11. 선고 2001두9929 판결 (평생교육시설 설치자 명의변경신청권) 등이 존재한다.

157) 온라인 사증발급 및 사증추천인에 관한 업무처리지침 제1조(목적) 이 지침은 출입국관리법 시행령 제7조의2(온라인에 의한 사증발급 신청 등) 및 같은 법 시행규칙 제9조의3(사증추천인)에서 위임한 사항과 사증추천인 지정 및 사증(또는 사증발급인정서)의 온라인 신청에 관하여 필요한 세부사항을 정함을 목적으로 한다.

구조와 체계(6장 28개 조문)를 가지고 있으며 보다 상세하고 세밀한 규정[158]과 절차적 보호규정 및 정보보호규정도 두고 있다.

일반적으로 외국의 대사관은 국내에 소재해도 자국법이 적용[159]되고 국내법이 원칙적으로 적용되지 않는 국제관습이 존재하는 것으로 추정한 사례 등에서도 대한민국에 소재한 외국대사관에 근무하는 직원에게도 대한민국의 근로기준법이 적용된다는 하급심판례도 나오고 있다.[160]

원고적격(당사자적격)을 검토하는 실익은 남소방지와 보호가치 있는 소송에 집중할 필요성이 있기 때문이다.[161] 그럼 원고적격을 ②사례와 ①의 사례로 확장하는 것이 소송의 폭주를 만들고 보호가치 있는 소송에 집중하지 못하도록 하거나 피고에게 부당하게 응소하게 만드는지 현실을 점검할 필요도 존재한다.

2005년부터 2014년 10년간 서울행정법원이 처리한 사건을 분석하면 사증발급거부처분은 연평균 2.5건 정도 존재한다. 2006년까지 한 건도 존재하지 않다가, 2007년 15건을 최고점으로 매년 2건 내지 1건에 불구하다.[162] 2018년 사법연감에 따르면 2017년 접수된 행정사건은 모두 49,777건이며, 그중 서울행정법원이 10,884건을 접수하였으며, 1심에서 각하된 사건이 482건이며 사건종류별로는 다만 난민사건은 크게

---

158) 제16조(사증추천인의 권한), 제27조(회원정보 관리) 이 지침에 따라 수집되는 개인 및 기업에 대한 정보는 「개인정보 보호법」에 따라 보호하고 관리한다.

159) 프랑스식 가분이론이 적용된 것으로도 볼 수 있은바, 이에 대한 언급은 이동식·전훈·김성배, 행정법총론 제8판, 준커뮤니케이션즈, 2019, 95면 참조

160) 서울행정법원 행정14부 판결 관할권 면제 유엔협약은 우리나라가 체결 공포한 조약이 아니라는 입장. 참고 http://news.kmib.co.kr/article/view.asp?arcid=0013725971&code=61121111&cp=nv (2019.9.19. 최종방문)

161) 김철용, 행정법 제8판, 고시계사, 2019, 468면, 법원실무제요 행정, 법원행정처, 50면

162) 문중흠, 출입국관리법 해석을 통한 외국인노동자, 결혼이민자의 보호 : 행정소송상 재판례 및 쟁점을 중심으로 사법논집 제60집, 2016, 105면 참조

증가하여 3,893건이었다. 2019년 사법연감에 의하면, 2018년 접수된 행정사건은 47,930건이 접수되었고 그 중 서울행정법원에 제1심으로 9,345건 및 항소심으로 5,1616건이 접수되었다. 행정사건 중 각하된 사건은 568건이며, 난민사건은 2,404건이 접수되었다. 사증거부처분에서 ①과 ②의 사례에서 원고적격을 인정한다고 사건이 폭주의 우려가 있다는 것은 기우에 불가할 수 있으며, 출입국관련 행정사무의 처리에서 행정청의 재량을 보다 폭넓게 인정한다고 하더라도 사법심사를 배제하는 근거는 되지 못하며, 오히려 사법심사의 기회를 확대하지만 재량권 존중을 통해서 남소의 우려나 행정청의 불필요한 응소로 인한 행정력 낭비를 막을 수 있을 것으로 판단된다.

대법원이 마련했던 행정소송법개정안에 대해서 두 개의 최고법원이 존재함으로써 위기감으로 인한 권력분배 혹은 정치기관에 의한 행정기관의 통제를 사법기관으로 옮기려는 시도 등 기존의 독일식 이론에서는 설명하지 않던 방식으로 원고적격의 확대를 해석하는 법학자의 글[163]도 존재하며, 흥미롭게도 정치학자도 행정소송법상의 원고적격을 정치학적으로 분석하고 평가하려고 시도하는 시대에 살고 있다.[164]

구체적인 개별행정법이 존재하고 법률상 이익을 충분히 도출할 수 있는데도 불구하고 헌법상의 기본권을 매개로 행정소송법상의 원고적격을 도출하는 것에는 반대하지만, 처분의 근거법규가 보호하는 법률상 이익을 판단하면서 당해 처분의 근거 조항과 당해 법률에는 “사익보호성”이 명시되어 있지 않지만 헌법에 명시되고 다른 법률에 의해서 구체화된 기본권의 경우에는 부수적인 판단의 잣대로 사용하는 것이 바람직

163) 조홍식, “원고적격의 정치경제학 한일 양국의 행정소송법 개정안에 대한 비교 분석을 중심으로”, 한국행정학회 학술발표논문집, 2005. 대법원이 스스로 원고적격을 확대하려고 법개정안을 마련한 이유로 최고법원성의 회복을 위한 전략적 선택 등으로 설명함

164) 차동욱, “행정소송에서의 원고적격제도의 정치적 의미와 기능”, 한국정치연구 제24집, 2015.

하다고 판단된다.

현행 행정소송법하에서도 원고적격심사는 법원의 소송요건심사의 부담을 경감시키려는 필요성과 남소방지라는 원고적격(당사자적격) 본연의 기능을 고려하여, 소송법적으로 재판할 필요성이 있는지 즉 소송할 법률적 이익이 존재하는지 여부로 판단하는 것이 사법정책적으로 바람직할 것이므로, 외국인배우자의 사증거부처분에 대해서는 적어도 국민인 배우자에게 당해 거부처분을 다툴 법률상 이익이 있는 것으로 구성하는 것이 바람직 할 것이지만, 국내 공법이 적용되는 영역에 존재하지 않는 외국인에 대해서는 특별한 법률규정이나 국제법적 관행이 존재하지 않는다면 공법인 행정소송법을 적용할 수 없다고 보는 것이 타당한 법해석일 것이다.

참고문헌

Ⅰ. 국내 문헌

1. 단행본

김철용, 행정법 제8판, 고시계사, 2019

이동식·전훈 김성배 손윤석, 행정구제법 제2판, 준커뮤니케이션즈, 2019

한국행정판례연구회, 행정판례평선(개정판), 박영사, 2016

한수웅, 헌법학 제4판, 법문사, 2014

헌법주석서 Ⅰ, 사단법인 한국헌법학회

現行大韓法規類纂, 大韓國政府財政部顧問部, 1907

2. 논문

김광수, "미국 행정소송과 원고적격: 법적 권리에서 사실상의 손상으로", 행정법연구 제39집, 2014

김성배, "국적 보유자와 혼인한 외국인에 대한 입국비자거부처분에 대한 판례분석 – 미국 Kerry v. Din 판결을 중심으로–", 행정판례연구 제21집 1호, 2016

김창조, "취소소송의 원고적격", 법학논고 제16집, 2000

문중흠, "출입국관리법 해석을 통한 외국인노동자, 결혼이민자의 보호 : 행정소송상 재판례 및 쟁점을 중심으로" 사법논집 제60집, 2016

박찬주, "주권 개념의 형법 영역에서의 발현 및 동 영역에서 일반적으로 승인된 법제법규의 지위", 헌법논총 제26집, 2015

이비안, "영미 행정법상의 원고적격: 사법적극주의와의 관계에서", 홍익법학 제13권, 2012

이창환, "행정쟁송법상 원고적격의 획정기준–법률상이익론을 중심으로

－", 법조 제53권 제2호, 2004

이현수, "외국인 입국규제의 공법적 쟁점", 공법연구 제44권, 2015,

정훈, "원고적격의 요건으로서 사익보호성에 관한 소고", 국가법연구 제13집, 2017

조홍식, "원고적격의 정치경제학 한일 양국의 행정소송법 개정안에 대한 비교분석을 중심으로", 한국행정학회 학술발표논문집, 2005

차동욱, "행정소송에서의 원고적격제도의 정치적 의미와 기능", 한국정치연구 제24집, 2015

최선웅, "행정소송에서의 원고적격 －기존 4개 학설의 의의를 중심으로－", 행정법연구 제22권, 2008

3. 자료

김중권, "유승준에 대한 대법원 판결 문제점에 관한 관견", 법률신문, 2019.7.15.자

Ⅱ. 외국 문헌

1. 단행본

E. Hutchinson, Legislative History of American Immigration Policy 1798-1965, University of Pennsylvania Press, (1981)

Gina Clayton, Immigration and Asyum Law 7ed, Oxford (2016)

Jak M. Beerman, Administrative law, Aspen Law (2014)

K. Culp Davis, Administrative Law Treatise, Vol 4 (1983)

Karen A. Alters, "Who Are the 'Masters of Treaty?'", in Lisa L. Martin & Beth A. Simmons (edited), International Institutions, Massachusetts Institute Technology (2001)

Ronald A. Cass/ Colin S. Diver/ Jack M. Beermann/ Jody Freem, Administrative Law: Cases and Materials, Aspen Publishers; 6

edition (2011)

Stephen Legomsky/ Cristina Rodriguez/ Immigration and Refugee Law and Policy, Foundation Press; 6 edition (2015)

Stephen H. Legomsky, Immigration and the Judiciary, Oxford University Press (1978).

Helen Fenwick/Gavin Phillipson/Alexander Williams, Text, Cases and Materials on Public Law and Human Rights, Routledge (2017)

Roger Masterman, The Separation of Powers in the Contemporary Constitution, Cambridge University Press (2011)

2. 논문

Adam B. Cox, "Citizenship, Standing, and Immigration Law, 92 Calif. L. Rev, (2004)

Desirée C. Schmitt, "The Doctrine of Consular Nonreviewability in the Travel Ban Cases: Kerry v. Din Revisited", 33 Geo. Immigr. L.J. (2018)

Kerry Abrams, "The Rights of Marriage: Obergefell, Din, and the Future of Constitutional Family Law", 103 Cornell L. Rev. (2018)

Kerry Abrams, "What Makes the Family Special?", 80 U. Chi. L. Rev. 7, 10-16 (2013)

Gabriela Baca, "Visa Denied: Why Courts Should Review A Consular Officer's Denial of A U.S.—Citizen Family Member's Visa", 64 Am. U. L. Rev., (2015)

James A.R. Nafziger, "Review of Visa Denials by Consular Officers", 66 Wash. L. Rev. 1, 26, (1991)

국문초록

대한민국에 소재하지 않는 외국인에 대해서 대한민국 행정소송법이 적용되는지 여부는 헌법 제27조의 재판청구권의 인정여부가 아니라 국제법과 조약에 특별히 정해진 것이 있는지 여부에 의해 먼저 결정되어 진다. 출입국관리법이 적용되는 대한민국 밖에 체류하는 외국인의 경우에도, 출입국관리법과 관련법령이 특별히 당해 외국인에 대한 특별한 규정을 두지 않는다고 하면, 대한민국의 공법이 대한민국밖에 체류하는 외국인에게 당연히 "법률상 효력"이 미친다고 할 수 없게 된다. 법논리상 대한민국 외에 체류하는 외국인의 경우 대한민국의 공법의 효력이 미칠 수 없으며, 미쳐서도 안되는 존재이므로 결국 대한민국 사법권의 범위밖에 있으며 법원조직법상 "법률상 쟁송"에 해당하지 않기에 법원에게는 관할권조차 없다는 결론이 도출되게 된다. 원고적격과 처분성에 대한 기존의 판례들은 당연히 국내법의 적용대상이 되는 국민이나 외국인을 대상으로 한 것이지 국내법이 적용될 수 없는 외국인에게까지 확대되는 것은 아니라고 해석해야 할 것이다. 결국 대한민국 외에 체류하는 외국인의 경우 국제관습법이나 일반적으로 승인된 국제법규 혹은 체결·비준된 조약등이 존재하지 않으면, 우월적 속성과 강제성을 본질적 요건으로 하는 독점적 공법의 적용은 차단된다.

현행 행정소송법하에서도 원고적격심사는 법원의 소송요건심사의 부담을 경감시키려는 필요성과 남소방지라는 원고적격(당사자적격) 본연의 기능을 고려하여, 소송법적으로 재판할 필요성이 있는지 즉 소송할 법률적 이익이 존재하는지 여부로 판단하는 것이 사법정책적으로 바람직할 것이지만 구체적인 개별행정법이 존재하고 법률상 이익을 충분히 도출할 수 있는데도 불구하고 헌법상의 기본권을 매개로 행정소송법상의 원고적격을 도출하는 것에는 반대한다. 그러나 처분의 근거법규가 보호하는 법률상 이익을 판단하면서 당해 처분의 근거 조항과 당해 법률에는 "사익보호성"이 명시되어 있지 않지만 헌법에 명시되고 다른 법률에 의해서 구체화된 기본권의 경우에는 부수적인 판단의 잣대로 사용하는 것이 바람직하다고 판단된다. 외국인배우자의 사증거부처분에 대해서는 국내 공법이 적용될 수 없는 대한민국밖에 체류하는 외국인은 재판관할이 없어서 대한민국 행정소송법을 적용하여 재판할 수 없다고 하더라도 적어도 국민인 배우자에게 당해 거부처분을 다툴 법률상 이익이 있는 것으로 구성하는 것이 바람직 할 것이다. 외국인의 대한민국 재판제도의 남용문제와 관련해서 확장해보면 국내 공법이 적용되는 영역에 존재하지 않는 외국인에 대해서는 특별한 법률규정이나 국제법적 관행이 존재하지 않는다면 공법인 행정소송법을 적용할 수 없다고 보는 것이 타당한 법해석일 것이다.

주제어: 사증, 외국인, 원고적격, 결혼이민, 재판관할, 사증발급거부

Abstract

The standing of foreign spouse for refusal to issue marriage immigrant visa

Sung-Bae Kim*

The application of the Administrative Litigation Act of the Republic of Korea to foreigners who are not located in the Republic of Korea is first determined by whether international law and treaties have been specifically determined, but not by the recognition of the right to a trial under Article 27 of the Constitution. Even though foreigners residing outside Korea but want to enter Korea legally may be subject to the Immigration Control Act. It is not true that all public laws of the Republic of Korea will be effective automatically. For foreigners who stay outside of Korea, the public law of the Republic of Korea is ineffective and should not be insane. Thus, the courts have no jurisdiction because they do not fall under "legal disputes" under the Court Organization Act. Existing precedents on the standing and disposition are, of course, intended for citizens or foreigners who are subject to domestic law, but do not extend to foreigners to whom domestic law cannot be applied. As a result, for foreigners residing outside the Republic of Korea, the application of an exclusive public law that has superior properties and compulsory requirements is blocked unless international customary laws, generally accepted

* Kookmin University Professor of Law

international laws or treaties signed and ratified exist. Under the current Administrative Litigation Act, the standing exists to reduce the burden of the court's litigation requirements and to prevent petition. Considering the functioning of the standing, it is advisable to determine whether there is a need for judicial trial. However, despite the existence of specific administrative laws and sufficient legal benefits, it is opposed to deriving the standing under the Administrative litigation act through the fundamental rights of the Constitution. Foreign spouses residing outside Korea, where the domestic public law cannot be applied, can not be tried under the Korean Administrative litigation act. However, it would be desirable to configure the spouse who is a citizen to have a legal advantage to fight the denial. For foreigners who do not exist in the territory of Korea, it would be reasonable to interpret that the administrative law as public law cannot be applied unless special legal provisions or international legal practices exist.

Keywords: Visa, Foreigner, Standing, Marriage Immigration, Jurisdiction, Visa Issuance

투고일 2019. 12. 13.
심사일 2019. 12. 23.
게재확정일 2019. 12. 30.

取消訴訟의 對象

판결에 의한 교원소청심사위원회 결정의 취소와 재처분 의무 (김병기)

산재보험의 사업종류변경, 보험료 부과 및 납입고지와 행정쟁송의 대상적격 (최진수)

판결에 의한 교원소청심사위원회 결정의 취소와 재처분의무

김병기*

대법원 2018.7.12. 선고 2017두65821 판결

Ⅰ. 사실관계 및 판결 요지

1. 사안의 개요

(1) 피고보조참가인(이하 '참가인'이라고 한다)은 ㅇㅇ대학교 의과대

* 중앙대 법학전문대학원 교수

학 교수로서 1995년부터 ○○대학교 △△병원 정형외과에 겸임·겸무명령을 받아[1] 임상 전임교수로 근무하였다.

(2) ○○대학교 의료원 겸임·겸무 시행세칙(2015. 2. 5. 개정된 것, 이하 '이 사건 시행세칙'이라고 한다) 제6조 제3항에 의하면, 의료원장은 병원장으로부터 겸임·겸무 해지 심사를 요청받은 경우 의료원 교원인사위원회의 심의를 거쳐 해지 여부를 결정하여야 하는데, 진료부서 교원의 경우 '최근 3년간 진료실적 평균 취득점수가 50점에 미달하거나, 소속병원 진료과 전체 교원 평균 취득점수의 50%에 미달하는 자'(제5조 제1항 제1호), '병원의 명예와 경영에 심대한 악영향을 끼친 자'(제5조 제1항 제2호) 등을 겸임·겸무 해지 심사대상으로 규정하고 있다. 진료실적 평가기준에 의하면, 진료실적은 100점 만점으로 평가하되, 세부기준으로 '순매출(50점), 순매출 증가율(15점), 환자수(20점), 타병원과 매출비교(15점)'를 들고 있다(제4조 및 별표 제1호).

(3) ○○대학교 △△병원장은 2016. 1. 11. 참가인에 대한 겸임·겸무 해지를 위한 심사를 요청하였고, 원고 ○○대학교 총장은 의료원 교원인사위원회의 심의 결과에 따라 2016. 2. 25. 참가인에게 임상 전임교원 겸임·겸무를 2016. 2. 29.자로 해지한다고 통보하였다. 그 이유의 요지는 다음과 같다. ① 이 사건 시행세칙 제5조 제1항 제1호: 최근 1년간(2015. 1. 1.~2015. 12. 31.)의 진료실적은 32점이고, 최근 2년간(2014. 1. 1.~2015. 12. 31.)의 진료실적은 32.8점이며, 2회에 걸쳐 진료실적 향상의 기회를 부여하였음에도 불구하고, 오히려 2015년 후반기 진료 실적은 28점으로 진료실적 향상을 위한 자구노력이 없었다. ② 이 사건 시행세

1) 사립학교법 제55조(복무) ① 사립학교의 교원의 복무에 관하여는 국·공립학교의 교원에 관한 규정을 준용한다.
② 제1항에 따라 준용되는 「국가공무원법」 제64조에도 불구하고 의학·한의학 또는 치의학에 관한 학과를 두는 대학의 소속 교원은 학생의 임상교육을 위하여 필요한 경우 대학의 장의 허가를 받아 대통령령으로 정하는 기준을 충족하는 병원에 겸직할 수 있다.

칙 제5조 제1항 제2호: 환자들로부터 제기된 민원(2007년~2014년)과 진료 및 임상교육 등에서의 비윤리적 행위 등으로 병원의 명예와 경영에 심대한 악영향을 끼쳤다.

참가인은 2016. 3. 22. 피고 교원소청심사위원회에 해지 취소를 구하는 소청심사를 청구하였고, 피고는 2016. 6. 1. '이 사건 시행세칙 제5조 제1항 제1호, 제2호는 교원의 지위를 불합리하게 제한하는 것이고, 이에 따른 이 사건 해지는 합리적 기준과 수단에 근거하여 이루어지지 못한 것으로, 이로 인하여 발생하는 참가인의 불이익이 중대하다고 할 것이므로 해지의 정당성을 인정하기 어렵다'는 이유로 이 사건 해지를 취소하는 결정을 하였다. 이에 대하여 원고는 이 사건 결정의 취소를 구하는 교원소청심사위원회결정 취소소송을 제기하였다.

제1심은 동 시행세칙 제5조 제1항 제1호의 규정은 목적의 정당성 측면에서 비례원칙 위반을 인정하여 위법하다고 판단하였으나 동 제2호에 대해서는 목적의 정당성과 수단의 적합성이 인정되어 적법함에도 불구하고 교원소청심사위원회가 이 역시 위법하다는 전제하에 해당 해지사유의 당부에 관하여는 아무런 판단을 하지 아니한 결정의 위법을 들어 소청결정을 취소하였다.[2] 원심도 제1심과 마찬가지로 동 시행세

---

2) 서울행정법원 2017.5.11. 선고 2016구합74873 판결 : "이 사건 시행세칙 제5조 제1항 제1호는 임상 전임교원에 대한 겸임·겸무 해지를 심사하면서 병원의 영리활동을 위한 의사의 환자 유치와 매출액 증대 역할에만 초점을 맞추어 오로지 이에 관련된 지표만을 기준으로 교원의 경쟁력을 평가하고 있으나, 의과대학 부속병원의 임상교수는 환자 진료라는 의사의 지위와 함께 이를 통하여 임상연구 및 의과대학 학생들의 임상교육을 수행함으로써 국민보건 향상에 이바지하는 역할과 책무를 부담하는 점 등에 비추어 볼 때 위 시행세칙 조항은 그 목적의 정당성조차 인정할 수 없으므로 비례의 원칙에 위반되어 위법하다고 판단하였다. 이어서 이 사건 시행세칙 제5조 제1항 제2호는 대학 부속병원의 교육기능과 진료기능 등이 현저하게 침해되는 등의 사태를 미연에 방지하기 위한 것으로서 그 목적이 정당하고 수단으로서도 적합하여 적법하다고 보아야 함에도 피고가 위 제2호 역시 위법하다는 잘못된 전제 아래 그에 해당하는 해지사유의 당부에 관하여는 아무런 판단을 하지 아니하고 이 사건 결정을 하였으므로 이 사건 결정은 위법하다."

칙 제5조 제1항 제1호는 위법하고 동 제2호는 적법하다고 판단하였으나, 참가인에게 동 제2호에 해당하는 사유를 인정할 증거가 없는 이상 피고가 이 사건 해지의 정당성을 인정하기 어렵다고 본 결론은 정당하므로 결국 소청결정은 위법하지 않다고 판단하였다.[3] 그리고 이를 이유로 제1심 판결을 취소하고, 원고의 청구를 기각하였다.

---

3) 서울고등법원 2017.10.10. 선고 2017누51602 판결 : "원고가 들고 있는 이 사건 해지 사유 중 이 사건 시행세칙 제5조 제1항 제2호에 관한 부분은 '참가인이 진료했던 환자들로부터 제기된 민원(2007년 ~ 2014년)과 진료 및 임상교육 등에서의 비윤리적인 행위 등'인 사실은 위 소청심사 결정의 경위에서 본 바와 같고, 갑 제14, 18 내지 20호증(가지번호 있는 것은 가지번호 포함)의 각 기재와 변론 전체의 취지를 더하여 보면 참가인이 진료했던 환자들로부터 제기된 민원은 2007년부터 2014년까지 발생하였던 것이고, 전공의들은 2013년 내지 2016년경 참가인으로부터 진료 및 임상교육 등에서 비윤리적이고 부당한 대우를 받았다는 취지의 진술서를 각 제출한 사실이 인정되는바, 참가인이 진료했던 환자들로부터 제기된 민원은 이 사건 시행세칙이 시행되기 전(2015. 2. 5.)의 것으로 적절한 해지 사유가 된다고 볼 수 없고, 참가인의 '진료 및 임상교육 등에서의 비윤리적인 행위'라는 이 사건 해지 사유는 매우 추상적인 것으로서 참가인의 어떠한 행위가 비윤리적인 행위에 해당하는지 여부를 전혀 알 수 없으므로 참가인이 이에 대하여 방어하거나 불복하기에 충분할 정도로 구체적이고 명확한 사실이 특정되어 적시한 것이라고 볼 수 없을뿐더러, 진술서 외에 다른 객관적인 증거나 자료가 제출된 바 없어 참가인의 비윤리적인 행위가 객관적인 증거나 자료에 의하여 충분히 증명되었다고 보기도 어렵다. 이와 같은 점을 종합하여 보면, 이 사건 시행세칙 제5조 제1항 제2호가 적법하다고 보더라도 참가인에게 그에 따른 겸임·겸무 해지 사유가 인정된다고 볼 수 없으므로, 원고의 이 부분 주장도 이유 없다. 참가인에 대한 이 사건 해지의 근거규정 중 이 사건 시행세칙 제5조 제1항 제1호, 부칙 제2조 제1항은 위법하다고 할 것이나, 이 사건 시행세칙 제5조 제1항 제2호는 적법하다. 그런데도 피고는 이 사건 시행세칙 제5조 제1항 제2호가 위법하다는 전제 하에 이 사건 결정을 하고 있으나, 참가인에 대하여 이 사건 시행세칙 제5조 제1항 제2호의 해지 사유가 인정되지 아니하여 결국 이 사건 해지의 정당성을 인정하기 어렵다는 결론은 정당하므로, 이 사건 결정이 위법하다고 볼 수 없다. 그렇다면 원고의 청구는 이유 없어 기각하여야 할 것인바, 이와 결론을 달리한 제1심판결은 부당하므로, 피고의 항소를 받아들여 제1심판결을 취소하고 원고의 청구를 기각하기로 하여…."

2. 대상판결 요지

[1] 교원소청심사위원회가 한 결정의 취소를 구하는 소송에서 그 결정의 적부는 결정이 이루어진 시점을 기준으로 판단하여야 하지만, 그렇다고 하여 소청심사 단계에서 이미 주장된 사유만을 행정소송의 판단대상으로 삼을 것은 아니다. 따라서 소청심사 결정 후에 생긴 사유가 아닌 이상 소청심사 단계에서 주장하지 아니한 사유도 행정소송에서 주장할 수 있고, 법원도 이에 대하여 심리·판단할 수 있다.

[2] 교원소청심사위원회의 결정은 학교법인 등에 대하여 기속력을 가지고 이는 그 결정의 주문에 포함된 사항뿐 아니라 그 전제가 된 요건사실의 인정과 판단, 즉 불리한 처분 등의 구체적 위법사유에 관한 판단에까지 미친다. 따라서 교원소청심사위원회가 사립학교 교원의 소청심사청구를 인용하여 불리한 처분 등을 취소한 데 대하여 행정소송이 제기되지 아니하거나 그에 대하여 학교법인 등이 제기한 행정소송에서 법원이 교원소청심사위원회 결정의 취소를 구하는 청구를 기각하여 그 결정이 그대로 확정되면, 결정의 주문과 그 전제가 되는 이유에 관한 판단만이 학교법인 등을 기속하게 되고, 설령 판결 이유에서 교원소청심사위원회의 결정과 달리 판단된 부분이 있더라도 이는 기속력을 가질 수 없다. 그러므로 사립학교 교원이 어떠한 불리한 처분을 받아 교원소청심사위원회에 소청심사청구를 하였고, 이에 대하여 교원소청심사위원회가 그 사유 자체가 인정되지 않는다는 이유로 양정의 당부에 대해서는 나아가 판단하지 않은 채 처분을 취소하는 결정을 한 경우, 그에 대하여 학교법인 등이 제기한 행정소송 절차에서 심리한 결과 처분사유 중 일부 사유는 인정된다고 판단되면 법원으로서는 교원소청심사위원회의 결정을 취소하여야 한다. 법원이 교원소청심사위원회 결정의 결론이 타당하다고 하여 학교법인 등의 청구를 기각하게 되면 결국 행정소

송의 대상이 된 교원소청심사위원회의 결정이 유효한 것으로 확정되어 학교법인 등이 이에 기속되므로, 그 결정의 잘못을 바로잡을 길이 없게 되고 학교법인 등도 해당 교원에 대하여 적절한 재처분을 할 수 없게 되기 때문이다.

[3] 교원소청심사위원회가 학교법인 등이 교원에 대하여 불리한 처분을 한 근거인 내부규칙이 위법하여 효력이 없다는 이유로 학교법인 등의 처분을 취소하는 결정을 하였고 그에 대하여 학교법인 등이 제기한 행정소송 절차에서 심리한 결과 내부규칙은 적법하지만 교원이 그 내부규칙을 위반하였다고 볼 증거가 없다고 판단한 경우에는, 비록 교원소청심사위원회가 내린 결정의 전제가 되는 이유와 판결 이유가 다르다고 하더라도 법원은 교원소청심사위원회의 결정을 취소할 필요 없이 학교법인 등의 청구를 기각할 수 있다고 보아야 한다. 왜냐하면 교원의 내부규칙 위반사실이 인정되지 않는 이상 학교법인 등이 해당 교원에 대하여 다시 불리한 처분을 하지 못하게 되더라도 이것이 교원소청심사위원회 결정의 기속력으로 인한 부당한 결과라고 볼 수 없기 때문이다. 그리고 행정소송의 대상이 된 교원소청심사위원회의 결정이 유효한 것으로 확정되어 학교법인 등이 이에 기속되더라도 그 기속력은 당해 사건에 관하여 미칠 뿐 다른 사건에 미치지 않으므로, 학교법인 등은 다른 사건에서 문제가 된 내부규칙을 적용할 수 있기 때문에 법원으로서는 이를 이유로 취소할 필요도 없다.

【참조조문】

* (구) 교원지위향상을 위한 특별법

제7조(교원소청심사위원회의 설치) ① 각급학교 교원의 징계처분과 그 밖에 그 의사에 반하는 불리한 처분(「교육공무원법」 제11조의4제4항 및

「사립학교법」 제53조의2제6항에 따른 교원에 대한 재임용 거부처분을 포함한다. 이하 같다)에 대한 소청심사를 하기 위하여 교육부에 교원소청심사위원회(이하 "심사위원회"라 한다)를 둔다.

② 심사위원회는 위원장 1명을 포함하여 7명 이상 9명 이내의 위원으로 구성하되 위원장과 대통령령으로 정하는 수의 위원은 상임으로 한다.

제9조(소청심사의 청구 등) ① 교원이 징계처분과 그 밖에 그 의사에 반하는 불리한 처분에 대하여 불복할 때에는 그 처분이 있었던 것을 안 날부터 30일 이내에 심사위원회에 소청심사를 청구할 수 있다. 이 경우에 심사청구인은 변호사를 대리인으로 선임할 수 있다.

제10조(소청심사 결정) ① 심사위원회는 소청심사청구를 접수한 날부터 60일 이내에 이에 대한 결정을 하여야 한다. 다만, 심사위원회가 불가피하다고 인정하면 그 의결로 30일을 연장할 수 있다.

② 심사위원회의 결정은 처분권자를 기속한다.

③ 제1항에 따른 심사위원회의 결정에 대하여 교원, 「사립학교법」 제2조에 따른 학교법인 또는 사립학교 경영자 등 당사자는 그 결정서를 송달받은 날부터 90일 이내에 「행정소송법」으로 정하는 바에 따라 소송을 제기할 수 있다.

* 교원의 지위 향상 및 교육활동 보호를 위한 특별법
  (2019.4.23. 법률 제16331호)

제7조(교원소청심사위원회의 설치) ① 각급학교 교원의 징계처분과 그 밖에 그 의사에 반하는 불리한 처분(「교육공무원법」 제11조의4제4항 및 「사립학교법」 제53조의2제6항에 따른 교원에 대한 재임용 거부처분을 포함한다. 이하 같다)에 대한 소청심사를 하기 위하여 교육부에 교원소청심사위원회(이하 "심사위원회"라 한다)를 둔다.

② 심사위원회는 위원장 1명을 포함하여 7명 이상 9명 이내의 위

원으로 구성하되 위원장과 대통령령으로 정하는 수의 위원은 상임으로 한다.

제9조(소청심사의 청구 등) ① 교원이 징계처분과 그 밖에 그 의사에 반하는 불리한 처분에 대하여 불복할 때에는 그 처분이 있었던 것을 안 날부터 30일 이내에 심사위원회에 소청심사를 청구할 수 있다. 이 경우에 심사청구인은 변호사를 대리인으로 선임할 수 있다.

② <생략>

제10조(소청심사 결정) ① 심사위원회는 소청심사청구를 접수한 날부터 60일 이내에 이에 대한 결정을 하여야 한다. 다만, 심사위원회가 불가피하다고 인정하면 그 의결로 30일을 연장할 수 있다.

② 심사위원회는 다음 각 호의 구분에 따라 결정한다. <개정 2019.4.23>

1. 심사 청구가 부적법한 경우에는 그 청구를 각하한다.

2. 심사 청구가 이유 없다고 인정하는 경우에는 그 청구를 기각한다.

3. 처분의 취소 또는 변경을 구하는 심사 청구가 이유 있다고 인정하는 경우에는 처분을 취소 또는 변경하거나 처분권자에게 그 처분을 취소 또는 변경할 것을 명한다.

4. 처분의 효력 유무 또는 존재 여부에 대한 확인을 구하는 심사 청구가 이유 있다고 인정하는 경우에는 처분의 효력 유무 또는 존재 여부를 확인한다.

5. 위법 또는 부당한 거부처분이나 부작위에 대하여 의무 이행을 구하는 심사 청구가 이유 있다고 인정하는 경우에는 지체 없이 청구에 따른 처분을 하거나 처분을 할 것을 명한다.

③ 제1항에 따른 심사위원회의 결정에 대하여 교원, 「사립학교법」 제2조에 따른 학교법인 또는 사립학교 경영자 등 당사자는 그 결정서를 송달받은 날부터 90일 이내에 「행정소송법」으로 정하는 바에 따라 소송을 제기할 수 있다.

④ 소청심사의 청구·심사 및 결정 등 심사 절차에 관하여 필요한 사항은 대통령령으로 정한다.

제10조의3(결정의 효력) 심사위원회의 결정은 처분권자를 기속한다.

*** 교원소청에 관한 규정**

제2조(소청심사청구) ① 교원이 징계처분 그 밖에 그 의사에 반하는 불리한 처분(「교육공무원법」 제11조의3제4항 및 「사립학교법」 제53조의2제6항의 규정에 의한 교원에 대한 재임용 거부처분을 포함한다. 이하 "처분"이라 한다)을 받고 「교원지위향상을 위한 특별법」(이하 "법"이라 한다) 제9조제1항의 규정에 의하여 교원소청심사위원회(이하 "심사위원회"라 한다)에 소청심사를 청구하는 때에는 다음 각 호의 사항을 기재한 소청심사청구서와 그 부본 1부를 심사위원회에 제출하여야 한다.

<각 호 생략>

제16조(심사위원회의 결정) ① 소청사건의 결정은 심사위원회 재적위원 3분의 2 이상의 출석과 재적위원 과반수의 합의에 의하되, 의견이 나뉘어 위원 과반수의 합의에 이르지 못할 경우에는 재적위원 과반수에 이를 때까지 청구인에게 가장 불리한 의견에 차례로 유리한 의견을 더하여 그 중 가장 유리한 의견을 합의된 의견으로 본다.

② 심사위원회의 결정은 다음과 같이 구분한다.

1. 소청심사청구가 부적법한 것인 때에는 그 청구를 각하한다.

2. 소청심사청구가 이유 없다고 인정하는 때에는 그 청구를 기각한다.

3. 처분의 취소 또는 변경을 구하는 소청심사청구가 이유 있다고 인정하는 때에는 처분을 취소 또는 변경하거나 처분권자에게 그 처분의 취소 또는 변경을 명한다.

4. 처분의 효력 유무 또는 존재 여부에 대한 확인을 구하는 소청심사청구가 이유있다고 인정하는 때에는 처분의 효력유무 또는 존재여부를 확인한다.

5. 위법 또는 부당한 거부처분에 대하여 의무이행을 구하는 소청심사청구가 이유있다고 인정하는 때에는 그 거부처분을 취소하거나 소청심사청구의 취지에 따른 의무이행을 명한다.

Ⅱ. 문제의 제기

교원이 자신에 대한 징계처분과 그 밖에 그 의사에 반하는 불리한 처분에 대하여 불복할 때에는 그 처분이 있었던 것을 안 날부터 30일 이내에 교육부에 설치된 교원소청심사위원회(이하 '교원소청위'라 함)[4]에 소청심사를 청구할 수 있다. 그러나 후속하는 행정소송의 전개 양상은 청구인이 사립학교 혹은 국·공립학교 교원인지에 따라 사뭇 다르게 진행된다. 교원소청위가 소청심사청구에 대해 기각결정을 하는 경우 사립학교 교원은 이제 교원소청위를 피고로 하여 소청결정을 대상으로, 국·공립학교 교원은 소청결정 고유의 하자가 없는 한 징계권자를 피고로 하여 원처분인 징계처분 등을 대상으로 각각 행정소송을 제기할 수 있다. 한편, 교원소청위가 인용결정을 하는 경우에는 징계권자는 소청결정의 기속력에 의해 이에 기속되는데, 다만 원 징계처분이 사립학교 교원에 대한 것이면 그 처분권자인 학교법인 등은 교원소청위의 결정에 불복하여 행정소송을 제기할 수 있음에 반해, 국·공립학교 교원이 제기한 소청심사청구인 경우에는 학교법인 등이 소청결정에 소송상 불복할 수 없는 것으로 해석된다.

이러한 차이점들은 비록 법에서 교원이면 누구나 소청심사청구를

---

4) 「교원지위향상을 위한 특별법」 제정 시에는 징계재심위원회라 칭하였는데, 판례의 변경과 교육공무원법·사립학교법의 개정 등을 통해 징계뿐만 아니라 재임용 탈락 등 교원의 신분상 불이익 전반에 대한 쟁송상 불복이 허용되었기 때문에 이를 반영하여 2005.1.27. 교원지위법의 개정으로 교원소청심사위원회로 개칭하게 된다.

할 수 있다고 규정하지만, 학설과 판례가 사립학교와 국·공립학교 교원의 근무관계를 서로 다른 법적 성격으로 이해하는데서 비롯한다. 즉, 국·공립학교 교원에 대한 징계처분은 그 자체로 행정처분이므로 그를 대상으로 하는 소청결정은 행정심판 재결과 같은 것임에 의문이 없다. 반면, 사립학교 교원에 대한 징계처분은 원칙적으로 행정처분이 아니고 그에 대한 간이민사분쟁조정절차로서의 소청심사 결정이 행정처분이므로 교원이나 학교법인 등은 최초의 행정처분에 해당하는 소청결정을 대상으로 행정소송을 제기하는 구조가 형성된다. 그러나 판례에 따라서는 교원소청위의 결정을 근본에 있어서는 행정처분으로 보지만, 실질적 기능관계에 있어서 행정심판 재결과 유사한 것으로 보는 입장[5]도 개진된다. 이런 점에서 이 글에서는 우선, 학설과 판례가 내세우는 교원소청심사제도의 이중적 성격과 소청결정의 법적 성격에 관한 판례의 명확하지 않은 입장을 비판적 고찰의 대상으로 한다.

한편, 대상판결은 <u>교원소청위가 학교법인 등이 교원에 대하여 불리한 처분을 한 근거인 내부규칙이 위법하여 효력이 없다는 이유로 학교법인 등의 처분을 취소하는 결정을 하였고 그에 대하여 학교법인 등이 제기한 행정소송 절차에서 심리한 결과 내부규칙은 적법하지만 교원이 그 내부규칙을 위반하였다고 볼 증거가 없다고 판단한 경우</u>, 환언하면

5) 대법원 1994.11.23. 선고 94다30478 판결 : 사립학교 교원은 학교법인 또는 학교 경영자에 의하여 임면되는 것으로서 사립학교 교원과 학교법인의 관계를 공법상의 권력관계라고 볼 수는 없지만, 사립학교 교원에 대한 신분보장을 도모하는 취지에서 특별한 구제방법으로 재심위원회에 재심을 청구할 수 있도록 한 것이고, 한편 <u>학교법인의 교원에 대한 처분이 행정처분이 아니어서 재심위원회의 결정이 바로 행정심판으로서의 재결에 해당하는 것은 아닐지라도 실질적으로는 재심위원회의 결정으로 하여금 행정처분에 대한 행정심판으로서의 재결에 유사한 것으로 기능하도록 하겠다는 취지</u>(밑줄 필자)에서 재심위원회가 그 결정을 함에 있어서는 처분권자에게 취소·변경을 명하는 결정뿐만 아니라 직접 처분을 취소·변경하는 결정을 할 수 있도록 함과 동시에 이러한 결정에 처분권자가 기속되도록 함으로써 그 결정에 의하여 바로 교원과 학교법인 사이에 그 결정 내용에 따른 법률관계의 변동이 일어나도록 한 것으로 보여진다.

소청결정과 결론에 있어 동일하지만 소청결정의 전제가 되는 이유와 판결 이유가 다른 경우 법원은 어떠한 판결을 행하여야 하는가에 대해 원고청구의 기각으로 답하고 있다. 대상판결의 특별히 주목을 끄는 이유는 이와 유사한 이전의 판결에서는 교원소청위가 그 사유 자체가 인정되지 않는다는 이유로 양정의 당부에 대해서는 나아가 판단하지 않은 채 처분을 취소하는 결정을 한 경우, 그에 대하여 학교법인 등이 제기한 행정소송 절차에서 심리한 결과 처분사유 중 일부 사유는 인정된다고 판단되면 소청결정을 취소함으로써 상호 유사한 구조 하에서 서로 다른 결론에 이르렀기 때문이다. 이들 판례에 대한 논증의 중심에 - 앞서 이 글의 논의 대상으로 삼은 사항들과의 관련성 하에서 - 소청결정의 기속력, 판결의 기속력 및 재처분의무의 인정범위 등의 쟁점들이 위치한다.

Ⅲ. 교원소청심사제도

1. 교원소청심사제도의 연혁과 절차의 대강

교육기본권의 구현은 교원의 신분보장을 전제로 하고, 이러한 보장은 교원의 징계 등 불리한 처분에 대해 이에 불복할 수 있는 제도적 장치의 완비를 선결과제로 한다. 그러나 1991년 제정된 「교원지위향상을 위한 특별법(이하 '교원지위법'이라 함)」 제정 이전에는 국·공립학교 교원과 사립학교 교원의 신분상 불리한 처분에 대한 불복 쟁송절차가 그 출발부터 이원화되어 있었을 뿐만 아니라, 특히 사립학교 교원은 국·공립학교 교원에 비해 상대적으로 구제절차가 미흡했던 점을 부인할 수 없다. 즉, 국·공립학교 교원은 징계 등 불리한 처분에 대하여 국가공무원법에 따라 소청심사위원회에 소청심사를 청구할 수 있고(제52조), 이에 불복하는 교원은 행정소송을 제기할 수 있었다. 그러나 사립학교 교원은 각 학교법인이 그 내부에 설치하는 재심위원회에 재심청구를 하거나(제67조) 징계 등 불리한 처분의 무효확인을 구하는 민사소송만을 제기할 수 있었다.

이에 비해 교원지위법은 사립학교 교원과 국·공립학교 교원의 징계 등 불리한 처분에 대한 불복절차를 큰 틀에서 통일적으로 규정함으로써 학교법인에 대한 국가의 실효적인 감독권 행사를 보장하고, 사립학교 교원에 대하여도 국·공립학교 교원에 상응하는 정도의 구제절차를 제도화함으로써 교원의 신분보장 내지 지위향상을 도모하였다고 평가된다.[6] 내용적으로는 사립학교 교원의 신분상 불이익처분에 대하여도 교원소청위에의 소청심사청구를 가능케 하고 나아가 교원소청위의 결정에 불복하는 경우 민사소송과는 별도로 행정소송을 통하여 이에 불복할 수 있는 길을 열어 신분보장 강화를 꾀하였다.

한편, 2016년에는 교원지위법을 일부 개정하여, 그 입법 목적을 신분보장과 함께 교육활동에 대한 보호를 강화함으로써 교원의 지위를 향상시키고 교육 발전을 도모하는 것으로 확대하면서 법률 명칭도 「교원의 지위 향상 및 교육활동 보호를 위한 특별법」으로 변경하였다. 그러나 교원의 징계 등에 대한 쟁송 상 불복절차는 2008년의 교원지위법 규정을 동일하게 유지하여 제도적으로 변경된 사항은 없다. 「교원의 지위 향상 및 교육활동 보호를 위한 특별법」 제7조 제1항은 각급학교 교원의 징계처분과 그 밖에 그 의사에 반하는 불리한 처분(「교육공무원법」 제11조의4제4항 및 「사립학교법」 제53조의2 제6항에 따른 교원에 대한 재임용 거부처분을 포함한다.)에 대한 소청심사를 하기 위하여 교원소청위를 두고, 제9조 제1항은 '교원이 징계처분과 그 밖에 그 의사에 반하는 불리한 처분에 대하여 불복할 때에는 그 처분이 있었던 것을 안 날부터 30일 이

6) 이경운, 교원소청결정의 기속력, 행정법연구 제18호, 2007, 378면.

내에 교원소청위에 소청심사를 청구할 수 있다'고 하며, 이어 제10조의 3은 '교원소청위의 결정은 처분권자를 기속한다'고 규정한다. 제10조 제3항은 '제1항에 따른 교원소청위의 결정에 대하여 교원, 사립학교법 제2조에 따른 학교법인 또는 사립학교 경영자 등 당사자는 그 결정서를 송달받은 날부터 90일 이내에 행정소송법으로 정하는 바에 따라 소송을 제기할 수 있다'고 규정하고 있다. 또한 동법 제10조 제4항의 위임에 따라 제정된 교원소청에 관한 규 (2005.7.27. 대통령령 제18966호로 전부 개정된 것) 제16조 제2항 제2호와 제3호는 위원회는 소청심사청구가 이유없다고 인정하는 때에는 그 청구를 기각하고, 이유 있다고 인정하는 때에는 처분을 취소 또는 변경하거나 처분권자에게 그 처분의 취소 또는 변경을 명한다고 규정하고 있다.[7)]

위와 같은 각 규정의 내용 등을 종합해 보면, 각급학교 교원이 징계처분을 받은 때에는 교원소청위에 소청심사를 청구할 수 있고, 교원소청위가 그 심사청구를 기각하거나 원 징계처분을 변경하는 처분을 한 때에는 다시 법원에 행정소송을 제기할 수 있다. 또한, 교원소청위가 교원의 심사청구를 인용하거나 원 징계처분을 변경하는 처분을 한 때에는 처분권자는 이에 기속되고 원 징계처분이 국·공립학교 교원에 대한 것이면 처분청은 불복할 수 없지만, 사립학교 교원에 대한 것이면 그 학교법인 등은 교원소청위 결정에 불복하여 법원에 행정소송을 제기할 수 있다. 다만, 행정청의 처분에 대한 불복소송이라는 행정소송의 본질적 성격상, 교원소청위의 심사대상인 징계처분이 국·공립학교 교원에 대한 것인지 사립학교 교원에 대한 것인지에 따라 위와 같이 교원소청위의 결정에 불복하여 제기되는 행정소송의 소송당사자와 심판대상 및 사후

7) 교원소청에 관한 규정 제16조 제2항의 심사위원회의 결정 관련 규정 내용은 「교원의 지위 향상 및 교육활동 보호를 위한 특별법」 제10조 제2항에서도 전혀 동일하게 규정하는 바 교원소청에 관한 규정상의 관련 내용은 규율의 중복으로 인해 삭제하는 것이 바람직하다.

절차 등이 달라진다.

우선, 국·공립학교 교원에 대한 징계처분의 경우에는 원 징계처분 자체가 행정처분이므로 그에 대하여 교원소청위에 소청심사를 청구하고 교원소청위의 결정이 있은 후 그에 불복하는 행정소송이 제기되더라도 그 심판대상은 교육감 등에 의한 원 징계처분이 되는 것이 원칙이고, 교원소청위의 심사절차에 위법사유가 있다는 등 고유의 위법이 있는 경우에 한하여 교원소청위의 결정이 소송에서의 심판대상이 된다(행정소송법 제19조). 따라서 그 행정소송의 피고도 위와 같은 예외적 경우가 아닌 한 원처분을 행한 처분청이 되는 것이지 교원소청위가 되는 것이 아니다. 또한, 법원에서도 교원소청위 결정의 당부가 아니라 원처분의 위법 여부가 판단대상이 되는 것이므로 교원소청위 결정의 결론과 상관없이 원처분에 적법한 처분사유가 있는지, 그 징계양정이 적정한지가 판단대상이 되고,[8] 거기에 위법사유가 있다고 인정되면 교원소청위의 결정이 아니라 원 징계처분을 취소하며, 그에 따라 후속절차도 원 징계처분을 한 처분청이 판결의 기속력에 따라 징계를 하지 않거나 재징계를 하는 구조로 운영된다.

반면, 사립학교 교원에 대한 징계처분의 경우에는 학교법인 등의 징계처분은 행정처분성이 없으므로 그에 대한 소청심사청구에 따라 교원소청위가 한 결정이 행정처분이며, 교원이나 학교법인 등은 그 결정에 대하여 행정소송으로 다투는 구조가 된다. 따라서 행정소송에서의 심판대상은 학교법인 등의 원 징계처분이 아니라 교원소청위의 결정이 되고, 피고도 행정청인 교원소청위가 되는 것이며, 법원이 교원소청위

8) 이때 교원소청위에서 원처분의 징계양정을 변경한 경우에는 그 내용에 따라 원처분이 유지되면서 내용적으로만 변경된 것으로 간주하여, 변경된 원처분이 심판대상이 된다(예컨대, 대법원 1993.8.24. 선고 93누5673 판결). 그러나 견해에 따라서는 파면을 해임으로 변경하는 등 징계의 종류가 달라지는 징계처분(질적 변경)은 정직 3월을 정직 1월로 감경하는 것처럼 동일 종류의 징계처분 내에서 변경하는 것(양적 변경)과 달리 새로운 처분으로 보기도 한다.

의 결정을 취소한 판결이 확정된다고 하더라도 교원소청위가 다시 그 소청심사청구사건을 재심사하게 될 뿐 학교법인 등이 곧바로 위 판결의 취지에 따라 재징계 등을 하여야 할 의무를 부담하는 것은 아니다.

2. 소청심사(재심청구) 관련 판결에 비추어 본 사립학교 교원의 근무관계의 법적 성질

1) 대법원 판례의 입장

과거 대법원은 일련의 판결[9]을 통해 사립학교와 그 교원의 법률관계에 대하여 교원지위법 제정 전후를 불문하고 일관된 태도를 보였던 바, 판결에 담겨있는 대법원의 생각은 대체로 다음과 같다.

① 사립학교 교원은 학교법인 또는 사립학교 경영자에 의하여 임면되는 것으로 사립학교 교원과 학교법인의 관계는 공법상의 권력관계라고는 볼 수 없고 사법상의 고용관계라고 볼 수밖에 없다.

② 사립학교 교원에 대한 학교법인의 징계처분과 그 밖의 불이익처분은 행정청의 처분으로 볼 수 없다.

③ 사립학교 교원에 대한 징계처분 등에 대한 불복은 원칙적으로 민사소송절차에 의하되, 교원지위법이 제정된 후부터는 민사소송에 의하는 방법 이외에 동법 제7조 내지 제10조에 따라 교육부 내에 설치된 교원징계재심위원회에 재심청구를 하고, 동 결정에 불복하는 경우에는 행정소송을 제기할 수 있다.

④ 사립학교 교원이 청구한 재심사건(소청심사)에 대한 교원징계재

9) 대법원 1995.7.14. 선고 94누9689 판결; 대법원 1995.6.13. 선고 93누23046 판결; 대법원 1993.2.12. 선고 92누13707 판결; 대법원 1995.6.13. 선고 93부39 결정; 대법원 1995.7.12. 선고 95부15 결정. 이들 사건의 주된 쟁점은 징계처분을 받은 사립학교 교원이 그 징계처분이 위법·부당하다고 하여 교원지위법에 의한 교원소청위에서 구제를 받은 경우, 교원소청위의 결정에 불복하는 사립학교가 같은 법이 정하고 있는 '행정소송법이 정한 소송'을 제기할 원고적격을 가지느냐에 관한 것이었다.

심위원회의 결정은 행정심판 재결은 아니므로 교원징계재심위원회의 결정에 대하여 불복하여 교원이 행정소송을 제기하는 경우의 소송의 대상은 교원에 대한 징계처분 등이 아니고 교원징계재심위원회의 결정이어야 한다.

⑤ 교원지위법이 정하고 있는 교원징계재심위원회 결정에 대한 행정소송의 제기는 그 결정에 불복하는 교원만이 원고적격을 가질 뿐 결정에 불복하는 사립학교는 원고적격을 가지지 않는다.

그러나 판결문 상의 표현에 따라서는 前記한 입장과 다소간의 차이를 엿볼 수 있는 것들도 발견된다.[10)]

ⓐ 사립학교 교원은 학교법인 또는 사립학교 경영자에 의하여 임면되는 것으로서 사립학교 교원과 학교법인의 관계를 공법상의 권력관계라고 볼 수는 없다고 하더라도, 사립학교가 국가 공교육의 일익을 담당하는 교육기관으로서 교육법과 사립학교법 등에 의하여 그 설립과 운영 및 교원의 임면 등에 있어서 국가나 지방자치단체의 지도 감독과 지원 및 규제를 받고 사립학교 교원의 자격과 복무, 임면 및 신분보장 등에 있어서 국·공립학교 교원에 준하는 대우를 받도록 규정되어 있다.

ⓑ 교원지위법의 취지를 고려하건대, 교원징계재심위원회의 결정은 실질적으로는 행정처분에 대한 행정심판으로서의 재결에 유사한 것으로 기능한다.

ⓒ 따라서 사립학교 법인 등 징계처분권자가 교원징계재심위원회의 결정에 대하여 불복할 수 없도록 한 것은 합리적 근거가 있다.

대법원 판결문에 나타난 이러한 표현상의 변화를 두고 법적인 쟁점에 대한 근본적인 입장 변화라고 평가할 수는 없다. 오히려 사립학교 교원의 근무관계를 사법관계라고 보는 기본적인 입장은 견지하면서도 교원소청위의 결정을 행정심판 재결과 유사한 성격으로 파악한 것은 특

10) 대법원 1995.11.24. 선고 95누12934 판결; 대법원 1995.6.13. 선고 93누23046 판결.

정한 결론, 즉 교원징계재심위원회의 결정에 대한 학교법인 등의 불복을 불허하기 위한 논리 전개상의 부득이한 것이라고 평가함이 일반적이다.[11)]

징계처분권자의 징계 등의 처분성을 부인하고 교원징계재심위원회의 결정을 최초의 행정처분으로서 소송의 대상으로 삼아야 한다는 기존 판례의 입장에 전제할 때 교원의 재심청구를 행정심판법이 예정하고 있지 않은 당사자심판의 일환으로 해석할 수 있고 이때 재심청구의 쌍방 당사자는 교원징계재심위원회의 결정에 대해 각각 소송상 불복할 수 있다는 입론에 이른다. 그러나 대법원은 통상의 행정심판에 있어 피고 행정청(처분청)은 행정심판위원회의 인용결정에 대해 원고적격 흠결을 이유로 독립하여 소송상 불복할 수 없다는 기왕의 판례 입장[12)]을 교원의 재심청구의 경우에도 동일하게 적용하기 위해 불가피하게 교원징계재심위원회의 결정을 일종의 행정심판 재결과 유사한 성질의 것으로 간주하였다.

대법원의 이러한 고민은 판결 내 문장의 표현 형식에도 나타나는데, 교원징계재심위원회 결정의 재결성 여부에 관한 내용을 "실질적으로는 교원징계재심위원회의 결정으로 하여금 행정처분에 대한 행정심판으로서의 재결에 유사한 것으로 기능하도록 하겠다는 취지로 보인다."고 하면서, 이를 괄호 안에 넣어 처리한 데에서도 잘 나타난다.[13)] '행정심판으로서의 재결에 유사한 것으로 기능하도록 하겠다는 취지'의 법적 의미가 행정심판 재결이란 것인지, 혹은 엄격히 보아 행정심판 재결은 아니지만 이에 준하는 성질로 보는 것인지, 아니면 기존의 판례처

11) 양승두, 사립학교 교원에 대한 징계처분과 행정소송, 행정판례연구 Ⅳ, 1999, 234면.
12) 이러한 판례의 입장을 비판하면서, 특히 자치사무의 영역에서 처분청으로서의 지방자치단체의 장이 행정심판 인용재결을 대상으로 행정소송을 제기할 수 있음을 쟁점 별로 논증한 문헌으로는 박정훈, 지방자치단체의 자치권 보장을 위한 행정소송, 지방자치법연구 제1권 제2호, 2001, 22면 이하.
13) 예컨대, 대법원 1995.11.24. 선고 95누12934 판결.

럼 재결이 아니라는 뜻인지 반드시 명확하지는 않지만, 적어도 행정심판 재결의 성질을 가진 것으로 볼 수 있다는 의미가 강한 것으로 볼 수 있다. 왜냐하면, 교원징계재심위원회의 결정은 행정심판 재결이 아니라는 종래의 明言을 고려할 때 이런 논리 전개는 학교법인 등 징계처분권자는 원고적격이 부인되어 교원징계재심위원회의 인용결정에 대한 항고소송의 제기할 수 없다는 결론을 도출하기 위한 방책으로 평가되기 때문이다. 그러나 그러한 취지는 별론으로 하더라도, 교원소청위의 결정을 징계 등에 관한 최초의 처분이 아니라 행정심판 재결의 성질을 가지는 것으로 간주하는 한, 이는 소청심사를 항고심판으로 보는 것이고, 따라서 징계권자의 징계처분 등은 행정소송법상 처분에 해당한다는 일련의 논리적 흐름을 막을 수 없으며, 이는 곧 사립학교 교원의 근무관계를 사법관계로 보아 온 대법원 판례의 '붕괴'를 뜻하기도 한다.

나아가 같은 판결에서 대법원은 "사립학교 교원의 자격과 복무, 임면 및 신분보장 등에 있어서 국공립학교 교원에 준하는 대우를 받도록 규정되어 있는바"라고 설시하는데(위 Ⅲ. 2. 1) ⓐ 밑줄 참조), 이를 통해서도 '공법관계로서의 사립학교 교원의 근무관계'를 부지불식간에 인정한 것으로 해석 가능하다. 여기에서의 '대우'의 의미도 명확하지 않지만, 판결문의 문맥을 고려할 때 사립학교 교원의 경우에도 자격, 복무, 임면 및 신분보장 등에 있어서 국공립학교 교원, 즉 교육공무원에 준하는 대우를 받는 것으로 해석할 수 있다. 이는 곧 징계 등 불이익 처분에 대한 사립학교 교원의 쟁송 상 불복절차의 근간을 이루는 사립학교 교원과 학교법인의 관계를 단순한 사법관계라고 할 수는 없다는 의미이며, 종래의 대법원 견해와도 상치된다.

2) 교원소청심사의 법적 성격

전술하였듯이 공무원 신분인 국·공립학교 교원에 대한 징계 등 불리한 처분은 '행정청의 구체적 사실에 관한 법집행으로서의 공권력 행사'에 해당하므로 행정처분이며, 이에 대한 불복 쟁송으로서의 교원소청심사가 행정심판의 성격임에는 이론의 여지가 없다. 그러나 교원소청심사를 二元的으로 이해하는 전통적 입장에서는 사립학교 교원이 제기하는 소청심사를 '간이민사분쟁조정절차'라 함으로써 이를 법률관계의 형성·존부에 관한 대등한 당사자 간의 始審的 쟁송으로서의 당사자심판으로 이해한다.14) 여기에서는 사립학교 법인의 징계처분 등은 행정처분이 아니며, 그에 대한 소청결정이 비로소 행정처분이므로 소청결정을 대상으로 교원과 학교법인 양 당사자가 행정소송을 제기하는데 이론적 난점이 없다. 이런 점에서 – 후술하는 바와 같이 – 헌법재판소가 사립학교 교원에 대한 소청결정을 최초의 처분임을 전제로 하면서도 그 결정에 대한 학교법인 등의 제소권을 부인하던 구교원지위법 제10조 제3항을 위헌으로 결정한 점은 결론에 있어 타당성이 인정된다.

그러나 공교육의 담당자로서의 사립학교 교원의 복무에 대해 사립학교법은 교육공무원법 상의 국 · 공립학교 교원의 복무규정을 준용하며(사립학교법 제55조 제1항), 사립학교 교원에 대한 징계 등의 불이익처분도 복무에 있어서 그 직무상 의무를 이행하지 못한 것에 대한 제재로서 이루어지는 것이므로15) 그 한도 내에서는 국·공립학교 교원에 대한 징

14) 항고심판으로서의 취소심판, 무효확인 심판 및 의무이행심판 외의 당사자심판에 대해서는 현행 행정심판법이 예정하고 있지 않음으로 인해 신청인, 재결기관, 절차 및 효과 등은 개별법이 정하는 바에 따른다.

15) 사립학교법 제61조(징계의 사유 및 종류) ① 사립학교의 교원이 다음 각 호의 1에 해당하는 때에는 당해 교원의 임용권자는 징계의결의 요구를 하여야 하고, 징계의결의 결과에 따라 징계처분을 하여야 한다.
1. 이 법과 기타 교육관계법령에 위반하여 교원의 본분에 배치되는 행위를 한 때
2. 직무상의 의무에 위반하거나 직무를 태만히 한 때
3. 직무의 내외를 불문하고 교원으로서의 품위를 손상하는 행위를 한 때
② 징계는 파면 · 해임 · 정직 · 감봉 · 견책으로 한다.
③ 정직은 1월 이상 3월 이하의 기간으로 하고, 정직처분을 받은 자는 그 기간 중 신분은 보유하나 직무에 종사하지 못하며 보수의 3분의 2를 감한다.
④ 감봉은 1월 이상 3월 이하의 기간, 보수의 3분의 1을 감한다.

계와 근본적으로 다를 바 없다. 사립학교 교원에 대한 징계의 경우 징계권자가 사립학교라고 하여 행정처분이 아닌 사법상의 행위라고 할 수만은 없지 않은 이유가 여기에 있다.16) 동일하게 공교육의 담당자이고 임용자격에 있어서도 유의미한 차이가 없으며, 복무에 있어서 동일한 내용의 법 규정이 적용된다면 교원지위법의 적용에 있어 사립학교 교원이라고 하여 징계처분 등의 법적 성질을 단순히 사법상의 법률행위라고 해석할 수는 없다.

한편, 사법상 법률관계에 전제하는 기존의 견해는 징계 등에 대한 쟁송수단과 관련하여서도 간과할 수 없는 문제를 노정한다. 현행 「교원의 지위 향상 및 교육활동 보호를 위한 특별법」에서도 국·공립학교와 사립학교 교원을 막론하고 교원소청위의 소청심사청구와 행정소송을 통하여 구제를 규정하고 있음에도, 학설과 판례는 사립학교 교원에 대한 징계처분 등에 대해서는 징계처분무효확인소송, 교원지위확인소송 등 민사소송에 의한 구제를 허용하고 있다. 사립학교 교원이 교원소청위의 결정에 불복하여 소청결정을 대상으로 항고소송을 제기하면서 동시에 민사소송을 제기한다면, 내용적으로 균질한 두 개의 소송에 있어 원고가 동일함에도 피고가 달라지는 문제17)는 별론으로 하더라도 본질적으로 동일한 사건에 대해 서로 다른 소송의 대상 및 소송물임은 물론, 각각 공법원리 내지 사법원리가 적용됨으로 인해 법원의 판결내용이 상이할 수 있음으로부터 자유로울 수 없다.· 이러한 입론은 또한, 국·공립학교 교원과 사립학교 교원이 제기하는 교원소청심사의 법적 성격

---

⑤ 견책은 전과에 대하여 훈계하고 회개하게 한다.

16) 사립대학의 최근 현실을 보건대, 사립대학 재정의 근간을 이루는 등록금 수입이 교육부의 등록금 동결정책으로 물경 10년간 제자리를 맴돌면서, 건학 이념 등 사립대학의 자율성은 뒷전으로 밀려난 채 '울며 겨자 먹기 식'으로 정원 감축, 교원으로서의 강사 채용 등 정부의 정책 기조에 발맞추는 것을 전제로 각종 재정지원사업에 전적으로 의존할 수밖에 없는 점도 이를 잘 말해준다.

17) 소청결정취소소송 등 항고소송의 피고는 교원소청위가, 징계처분무효확인소송 등 민사소송에 있어서는 그 피고가 학교법인이 된다.

의 차이도 야기하는데, 전자에 의한 소청심사청구는 특별행정심판으로, 후자의 그것은 일종의 간이민사분쟁조정절차이고 그 결정은 행정심판의 재결이 아니라 사립학교가 행한 징계조치 등에 관한 최초의 행정처분으로 이해할 수밖에 없다.[18] 같은 법이 정하고 있는 교원소청심사의 기능과 적용 법 원리 등을 청구인이 누군가에 따라 달리 보아야 하는 현실을 법리적으로 어떻게 해석해야 할지 난감하다.

이러한 해석상의 난점을 고려하여 일부 판례가 교원소청위의 결정을 '실질적으로는 행정처분에 대한 행정심판으로서의 재결에 유사'한 것으로 간주했음은 전술한 바와 같다. 교원지위법 시절부터 사립학교 교원에 대한 불이익처분을 다투는 절차로 국·공립학교 교원에 대한 소청심사절차를 이용하게 한 것은 사립학교 교원의 신분보장을 국·공립학교 교원의 그것에 상응하는 정도로 강화하기 위한 것이다. 판단건대, 이는 곧 사립학교의 사법상 근무관계에 바탕하더라도 사립학교에 의한 징계처분 등의 사법행위를 적어도 행정처분과 동일하게 취급한 것을 의미한다. 소청결정에 처분권자로서 학교법인을 기속하게 한 것(교원의 지위 향상 및 교육활동 보호를 위한 특별법 제10조의3, 구교원지위법 제10조 제2항)도 교원의 신분보장의 목적에서 학교법인의 지위를 규율한 것이며, 그러한 기속력의 법적 근거가 관할 행정청의 감독권에서 비롯하는 점 역시 국·공립학교의 경우와 다르지 않다. 따라서 사립학교 교원이 제기하는 교원소청심사는 특별행정심판절차로, 이에 대한 교원소청위의 결정은 행정심판 재결 내지 행정심판 재결의 성질을 갖는 것으로 보는 것이 타당하다.

---

18) 이에 따르면 교원소청위는 국·공립학교 교원이 청구인이 되는 경우에는 행정심판법이 정하는 공법원칙에 따라 소청심사를 하고, 사립학교 교원의 경우에는 민사소송법에 따른 사익조정기구로서의 기능을 행할 수밖에 없다: 양승두, 전게논문, 240면.

3) 학교법인의 제소권

행정심판 인용재결에 불복하여 처분청이 항고소송을 제기할 수 있는가의 문제가 특히, 지방자치단체의 자치권 보장과 연관하여 논의된다. 이에 대해 판례는 국법질서의 통일성 차원에서 지방자치단체도 국가의 지도·감독 하에 놓일 수밖에 없고, 국가통제수단의 산물의 일환인 행정심판재결에 대해 제소를 허용하는 것은 행정통제 체계 전반을 흔드는 것이며, 이러한 점이 행정심판법상 재결의 기속력으로 표현되었다는 등의 이유를 들어 그 제소 가능성을 부인한다.[19] 그러나 필자는 이미 다른 지면을 통해 그 부당성을 지적한바 있다.[20]

19) 대법원 1998.5.8. 선고 97누15432 판결.

20) 국가적 차원의 지방분권 추진으로 지방자치권 확대가 다양하게 모색되는 상황에 비추어 볼 때, 국민의 권익구제라는 주관적 법치주의를 중심으로 전개되어 온 행정심판제도가 객관적 법치주의의 중요한 요소인 지방자치권 보장과의 체계정합성을 견지하지 못한다는 비판을 겸허히 수용할 필요가 있다. 일련의 행정심판법 개정을 통한 처분청으로부터 독립된 행정심판위원회의 의결 및 재결기구화, 심리구조의 사법절차화 강화 등은 행정심판제도의 외관상 권리구제적 기능의 무한 확대를 의미하였음에 반하여, 지방자치와 관련하여서는 지방자치단체의 자기책임성 보장과 자치권 침해 가능성을 높이는 부정적 측면을 노정하게 되었다. 현행 행정심판법은 심판대상인 처분이 지방자치단체의 사무 영역에 해당하는 경우에도 해당 사무의 성질(자치사무 혹은 위임사무)에 상관없이 모든 사무에 관한 처분에 대한 위법·부당성 심사라는 단일의 심리·재결절차를 채택하고 있다. 이런 제도적 상황 하에서는 행정심판을 통한 자치사무 관여의 한계 설정, 재결에 대한 불복 제소의 인정 등 자치권의 보장을 위한 방어 장치가 마련되어 있지 않음을 쉽게 알 수 있다. 지방자치법이 이원적 구분체계를 바탕으로 지방자치단체의 사무를 파악하고 있는 한 모든 법령상의 단위사무를 명확히 분석하여 자치사무와 위임사무에 대한 행정심판절차의 이원화라는 방향 전환을 시도할 필요가 있다. 한편, 자치사무 관련 처분에 대한 취소심판인용재결이 있고 나면 취소재결의 당부 여하와 상관없이 – 해석상 처분청의 제소 가능성 여부는 별론으로 하더라도 – 행정실무상 처분의 효력은 소멸하고 사실상 당해 분쟁은 종결되고 만다. 그러나 법에 관한 최종적 유권해석기관이 아닐뿐더러 정치적·행정적 책임을 부담하지 않는 행정심판위원회의 의결·재결이 분쟁을 종식시키는 종국적 결정이 되는 형상은 법치주의적 관점에서 결코 권장할 만한 일이 아니다. 지방자치법 제169조 제2항이 자치사

사립학교법은 학교법인의 설립허가(제10조[21])부터 해산명령(제47조[22])에 이르기까지 관할 행정청의 광범위한 지휘·감독권을 규정하고 있는데, 이는 공교육을 수행하는 사적 주체로서의 학교법인이 교육의 공공성을 유지할 수 있도록 하기 위함에 다름 아니다. 사립학교 교원에 대해 국·공립학교 교원, 즉 교육공무원의 복무에 관한 규정을 준용하고 있는 것도 궤를 같이 한다. 나아가 사립학교 교원에 대한 교원소청심사 제도도 교원의 신분보장과 함께 일종의 학교법인의 감독을 위한 제도적 장치로 기능하는 면이 있다. 그러나 여기에서의 감독을 행정조직 내부 상하기관 간의 감독 내지 행정주체가 설립한 공법인(특수법인)에 대한 그것과 동일시 할 수는 없다. 학교법인은 사립학교법에 의해 직접 설립된 협의의 특수법인이 아닐뿐더러 사립학교의 공공성이 곧 학교법인을

무에 대한 지방자치단체장의 제소권을 인정하고 있지만, 동 규정은 행정심판재결의 경우를 반드시 고려한 것으로 볼 수 없으며 15일이라는 단기 제소기간 하에 대법원에 제소하여야만 하는 필연성도 발견하기 어렵다. 즉, 동조를 자치권 보장을 위해 재결에 대한 처분청의 제소를 규정한 일반규정으로 볼 수 없으며, 결과적으로 재결에 의한 자치권 침해를 구제하기 위한 필요충분한 제도적 장치라고도 할 수 없다. 요컨대, 자치사무 관련 처분에 대한 행정심판의 재결에 대하여 피청구인인 처분청이 불복 제소할 수 있는 명문의 규정을 두는 것이 바람직하며, 이는 강화된 대심구조 하에 행정심판절차의 사법절차화에 박차를 가하려는 행정심판법의 최근 트렌드에도 부합하는 일이다. 拙稿, 행정개혁법제의 쟁점과 전망, 법제연구 제34호, 2008, 177면 이하.

21) 사립학교법 제10조(설립허가) ① 학교법인을 설립하고자 하는 자는 일정한 재산을 출연하고, 다음 각호의 사항을 기재한 정관을 작성하여 대통령령이 정하는 바에 의하여 교육부장관의 허가를 받아야 한다. 이 경우 기술대학을 설치 · 경영하는 학교법인을 설립하는 때에는 대통령령이 정하는 바에 의하여 미리 산업체가 일정한 재산을 출연하여야 한다. <각 호 생략>

22) 사립학교법 제47조(해산명령) ① 교육부장관은 학교법인에 다음 각호의 1에 해당하는 사유가 있다고 인정할 때에는 당해 학교법인에 대하여 해산을 명할 수 있다.
1. 설립허가조건에 위반한 때
2. 목적의 달성이 불가능한 때
② 제1항의 규정에 의한 학교법인의 해산명령은 다른 방법으로는 감독의 목적을 달성할 수 없을 때 또는 관할청이 시정 지시한 후 6월이 경과하여도 이에 응하지 아니한 때에 한하여야 한다.

행정조직 내부에 편입시키는 것은 아니기 때문이다.

생각건대 학교법인에 대한 감독은 '공적 임무를 수행하지만 광범위한 자치권이 보장되는 단체에 대한 감독'의 일환으로 파악하는 것이 타당하다.[23] 학교법인의 설립목적은 법률에서 직접 정한 공공성을 지향하고 그 목적달성을 위해 국가의 광범위한 지도·감독 하에 놓이도록 한 교육관계법령의 취지를 고려한다면 학교법인을 단순한 私人의 지위와 동일시 할 수는 없다. 이와 함께 '자주성 확보와 공공성 앙양'을 강조하는 사립학교법 제1조에 비추어 학교법인의 자율성도 간과해서는 안 된다. 이는 마치 국가사무를 단순히 위임받아 수행하는 내부관계(기관위임사무)의 경우에는 그 포괄적 지시권에 비추어 관할 행정청(시·도지사 내지 주무부장관)의 명령이나 감독처분을 소송을 다툴 수 없지만, 자치사무 영역에서는 위법한 처분에 대해 지방자치단체의 장이 소송상 다툴 수 있도록 규정한 지방자치법 제169조 제2항의 구조와 유사하다. 일부 판례처럼 교원소청위의 결정을 행정심판 재결로 보고, 피청구인인 학교법인에 대한 재결의 기속력을 들어 그의 불복 제소권을 부인하는 것은 지나치게 법 형식논리에 사로잡힌 愚를 범하는 것이다.

학교법인의 제소권 인정 여부는 교원소청심사가 항고심판인지 당사자심판인지, 혹은 교원소청위의 결정이 행정심판 재결인지 아니면 최초의 행정처분인지 여하에 따라 기계적으로 결정할 성질의 것이 아니다. 오히려 교원소청위 또는 감독청과 학교법인의 관계 및 학교법인의 지위를 종합적으로 고려하여 판단할 대상의 것이다. 이는 행정청의 감독 강도를 근거법규와 수행하는 업무의 성질, 관련 조직형식의 차이 등을 통합하여 가름하는 독일 행정조직법의 지배적 견해[24]와도 공통된다. 따라서 학교법인은 교원소청위의 결정에 대하여 행정소송으로 다툴만한 법적 지위에 있으며, 이를 인정한다고 하여 교원의 신분보장을 해하

23) 同旨 : 이경운, 전게논문, 386면 이하.

24) 예컨대, Kopp/Schenke, Verwaltungsgerichtsordnung, 24.Aufl., 2018, §42, Rn.141.

는 것도 아니다.[25] 이러한 점은 학교법인의 제소권을 부인하던 구교원지위법 제10조 제3항을 위헌이라 설시한 헌법재판소의 결정에 반영되어,[26] 현행의 「교원의 지위 향상 및 교육활동 보호를 위한 특별법」 제

---

25) 헌재결 2006. 2. 23, 2005헌가7 : 학교법인에게 재심결정에 불복할 제소권한을 부여한다고 하여 이 사건 법률조항이 추구하는 사립학교 교원의 신분보장에 특별한 장애사유가 생긴다든가 그 권리구제에 공백이 발생하는 것도 아니다. 즉, 학교법인이 재심결정을 다투는 행정소송을 제기하더라도 행정소송법 제23조 제1항에 따라 집행부정지원칙이 적용될 것이므로 재심결정의 효력에는 아무런 영향이 없고, 법원의 재판절차에 의한 교원의 신분보장이 재심위원회의 재심절차를 통하는 경우보다 교원에게 더 불리하다고 단정할 수도 없기 때문이다. 오히려 법원의 재판절차를 통하여 징계 등 불리한 처분을 둘러싼 법적 분쟁을 확정적·종국적으로 해결하고, 학교법인의 재판청구권을 보장함으로써 그 판결의 절차적 정당성을 확보하며, 이를 통하여 재심결정의 이행을 강제할 방법을 모색하고 판결의 집행력을 강화하는 것이 교원의 신분보장과 지위향상을 도모할 수 있는 유효적절한 권리구제수단이 될 것이다.

26) 헌재결 2006. 2. 23, 2005헌가7 등

: (2) 학교법인과 교원의 법률관계 및 재심결정의 법적 성격

(가) 학교법인과 교원의 법률관계 및 징계 등 불리한 처분의 법적 성격

사립학교 교원은 학교법인과의 사법상 고용계약에 의하여 임면(사립학교법 제53조, 제53조의2)되고, 학생을 교육하는 대가로서 학교법인으로부터 임금을 지급받으므로 학교법인과 교원의 관계는 원칙적으로 사법적 법률관계에 기초하고 있다. 비록 위에서 본 바와 같이 인사권의 행사에 대하여 관할청에 보고의무(사립학교법 제54조)가 부과되는 등 학교법인에 대하여 국가의 광범위한 감독 및 통제가 행해지고, 사립학교 교원의 자격, 복무 및 신분보장을 공무원인 국·공립학교 교원과 동일하게 보장하고 있지만, 이 역시 이들 사이의 법률관계가 사법관계임을 전제로 그 신분 등을 교육공무원의 그것과 동일하게 보장한다는 취지에 다름 아니다. 따라서 학교법인의 사립학교 교원에 대한 인사권의 행사로서 징계 등 불리한 처분 또한 사법적 법률행위로서의 성격을 가진다. 대법원도 일관하여 이들의 관계가 사법관계에 있음을 확인(대법원 1995.11.24. 선고 95누12934 판결 등)하고, 그 결과 학교법인의 교원에 대한 징계 등 불리한 처분에 대하여 직접 그 취소를 구하는 행정소송을 제기할 수 없고 민사소송으로 그 효력유무를 다투어야 한다고 한다.

(나) 사립학교 교원이 당사자인 재심절차 및 재심결정의 법적 성격

교원지위법이 재심위원회를 교육인적자원부 산하의 행정기관으로 설치하고(제7조), 그 결정에 처분권자가 기속되도록 하며(제10조 제2항), 교원만이 재심결정에 불복하여 행정소송을 제기할 수 있게 한 취지로 보아 입법자는 재심위원회에 특별행정심판기관 또는 특별행정쟁송기관으로서의 성격을 부여하였고, 그 결과 재

심결정은 행정심판의 재결에 해당한다고 볼 여지도 없지 아니하다(국·공립학교 교원이 당사자인 재심절차와 재심결정이 행정심판과 행정심판의 재결에 해당하다는 데는 이론이 없다). 그러나 행정심판이라 함은 행정청의 처분 등으로 인하여 침해된 국민의 기본권 등 권익을 구제하고, 행정의 자기통제 및 자기감독을 실현함으로써 행정의 적법성을 보장하는 권리구제절차이므로 학교법인과 그 소속 교원 사이의 사법적 고용관계에 기초한 교원에 대한 징계 등 불리한 처분을 그 심판대상으로 삼을 수는 없는 것이다. 따라서 입법자의 의도에도 불구하고 여전히 재심절차는 학교법인과 그 교원 사이의 사법적 분쟁을 해결하기 위한 간이분쟁해결절차로서의 성격을 갖는다고 할 것이므로, 재심결정은 특정한 법률관계에 대하여 의문이 있거나 다툼이 있는 경우에 행정청이 공적 권위를 가지고 판단·확정하는 행정처분에 해당한다고 봄이 상당하다. 대법원도 "사립학교 교원에 대한 해임처분에 대한 구제방법으로서는 학교법인을 상대로 한 민사소송 이외에도 교원지위향상을위한특별법 제7조 내지 제10조에 따라 교육부 내에 설치된 교원징계재심위원회에 재심청구를 하고 그 교원징계재심위원회의 결정에 불복하여 행정소송을 제기하는 방법도 있으나, 이 경우에도 행정소송의 대상이 되는 행정처분은 그 교원징계재심위원회의 결정이지 학교법인의 해임처분이 행정처분으로 의제되는 것이 아니며 또한 교원징계재심위원회의 결정을 이에 대한 행정심판으로서의 재결에 해당되는 것으로 볼 수는 없다 할 것이다(대법원 1993.2.21. 선고 92누13707 판결)."라고 판시함으로써 이 점을 분명히 하고 있다.

(3) 이 사건 법률조항이 입법형성권의 한계를 넘어 헌법에 위배되는지 여부

(가) ~ (나) <생략>

(다) 그러나 위에서 살핀 바와 같이 사립학교 교원에 대한 불리한 처분을 둘러싼 법률상 분쟁의 당사자로서 학교법인은 재심절차에서 피청구인의 지위에 있고, 이로 인하여 재심결정의 기속력을 직접 받게 되므로 교원과 마찬가지로 학교법인도 재심결정의 기속력에서 벗어날 수 있는 권리구제절차가 필연적으로 요청된다. 물론 그동안 열악한 상태에 놓여있던 사립학교 교원의 신분보장과 그 지위향상을 위하여 필요한 범위에서 재심결정에 대한 학교법인의 재판청구권을 제한할 필요성을 부인할 수는 없지만, 그러한 경우에도 권리 구제를 위한 학교법인의 법원에의 접근을 완전히 배제하는 것은 이를 정당화할 특별한 사정이 없는 한 허용되지 아니한다.

1) … 민사소송을 제기하는 방법으로 재심결정의 대상인 불리한 처분을 다툴 수 있으므로 가사 재심결정에 불복할 제소권한을 학교법인에게 부여하지 않더라도 학교법인에게 법원에의 접근이 완전히 봉쇄되었다고 단정할 수는 없다. 그러나 교원이 제기한 민사소송에 대하여 응소하거나 피고로서 재판절차에 참여함으로써 자신의 권리를 주장하는 것은 어디까지나 상대방인 교원이 교원지위법이 정하는 재심절차와 행정소송절차를 포기하고 민사소송을 제기하는 경우에 비로소 가능한 것이므로 이를 들어 학교법인에게 자신의 침해된 권익을 구제받을 수 있는 실효

10조 제3항은 교원소청위의 결정에 대하여 교원, 사립학교법 제2조에 따른 학교법인 또는 사립학교 경영자 등 당사자가 행정소송으로 다툴 수 있음을 규정하고 있다. 다만, 헌법재판소가 동 결정에서 학교법인의 제소권을 인정하는 결론에 이른 논거의 하나로서 사립학교교원의 근무관계를 여전히 사법관계로 간주한 것은 논란의 여지를 남긴다.

적인 권리구제절차가 제공되었다고 보기는 어렵다. 그리고 학교법인이 적극적으로 징계 등 처분이 유효함을 전제로 제기하는 교원지위부존재확인 등 민사소송절차도 교원이 처분의 취소를 구하는 재심을 따로 청구하거나 또는 재심결정에 불복하여 행정소송을 제기하는 경우에는 민사소송의 판결과 재심결정 또는 행정소송의 판결이 서로 모순·저촉될 가능성이 상존한다. 이러한 결과를 방지하기 위하여 민사법원이 선결문제로서 재심결정의 효력유무를 판단하기도 곤란하다. 재심결정도 행정처분인 이상 그것이 당연무효가 아닌 한 그 효력유무를 선결문제로서 판단할 수 있다고 보기 어렵기 때문이다. 따라서 이러한 민사소송절차는 학교법인의 권익을 구제할 실효적인 권리구제수단으로 보기 어렵고, 징계 등 처분이나 재심결정을 직접 소송대상으로 하여 그 효력유무를 다투는 것도 아니므로 간접적이고 우회적인 권리구제수단에 불과하다.

2) <생략>

3) 따라서 이 사건 법률조항은 사립학교 교원의 징계 등 불리한 처분에 대한 권리구제절차를 형성하면서 분쟁의 당사자이자 재심절차의 피청구인인 학교법인에게는 효율적인 권리구제절차를 제공하지 아니하므로 학교법인의 재판청구권을 침해한다.

(라) 또한 학교법인은 그 소속 교원과 사법상의 고용계약관계에 있고 재심절차에서 그 결정의 효력을 받는 일방 당사자의 지위에 있음에도 불구하고 이 사건 법률조항은 합리적인 이유 없이 학교법인의 제소권한을 부인함으로써 헌법 제11조의 평등원칙에 위배되고, 사립학교 교원에 대한 징계 등 불리한 처분의 적법 여부에 관하여 재심위원회의 재심결정이 최종적인 것이 되는 결과 일체의 법률적 쟁송에 대한 재판권능을 법원에 부여한 헌법 제101조 제1항에도 위배(헌재 1995. 9. 28. 92헌가11등, 판례집 7-2, 264, 280 참조)될 뿐 아니라, 행정처분인 재심결정의 적법 여부에 관하여 대법원을 최종심으로 하는 법원의 심사를 박탈함으로써 헌법 제107조 제2항에도 아울러 위배된다고 할 것이다.

Ⅳ. 교원소청심사위원회 결정의 기속력

1, 행정심판 재결의 기속력 일반론

1) 재결의 기속력의 의의

재결은 행정심판사건을 해결하기 위하여 행정심판위원회가 행하는 종국적 판단인 의사표시를 말한다. 준사법행위로서의 재결은 행정처분의 일종이기 때문에 일반적인 행정행위의 효력(불가쟁력, 공정력)을 가지며, 쟁송판단행위로서 기속력, 형성력 등의 효력을 발생한다.

재결의 기속력이란 심판청구의 당사자인 행정청과 관계 행정청이 재결의 취지에 따르도록 기속하는 효력을 말한다(행정심판법 제49조 제1항). 재결의 기속력은 인용재결의 효력이며, 기각재결이나 각하재결에는 인정되지 않으므로 기각재결에 의하여 처분의 효력이 유지된 경우에도 처분청은 처분을 직권으로 취소·변경할 수 있다. 이는 재결의 효력과는 무관하며, 독자적인 직권취소사유 충족 여부만을 기준으로 하는 것이다.

2) 재결의 기속력의 내용

(1) 소극적 효력(반복금지의무)

처분의 취소재결, 무효등확인재결이 있는 경우 처분청은 재결의 취지에 반하는 행위를 할 수 없다. 즉, 동일한 사실관계에서 동일한 당사자에 대하여 동일한 내용의 처분을 하여서는 아니 된다. 이러한 반복금지효에 위반하여 동일한 처분을 하는 경우, 그것은 당해 행위의 무효사유가 된다. 왜냐하면, 이 경우 단순히 취소 가능한 사유에 해당한다면 당해 처분이 제소기간의 경과 등으로 확정력을 발휘할 수도 있으며, 이는 행정심판법이 기속력을 인정한 취지에 반하기 때문이다.[27] 다만, 취소재결의 사유가 행정행위의 절차나 형식상의 하자인 경우에 그 확정재결이 행정청을 기속하는 효력은 취소사유로 된 절차나 형식상의 위법에 한하여 미친다 할 것이므로 행정청은 위법한 절차나 형식을 적법하게 갖추어 다시 동일 내용의 처분을 할 수 있다.[28] 또한 기속력은 구체적 위법사유에 대하여 생기는 것이므로, 처분이유에 하자가 있는 때에는 기본적 사실관계의 동일성이 인정되지 않는 – 따라서 심리절차에서 처분사유의 추가·변경이 불허된 – 다른 이유에 따라 재결에 적시된 위법사유를 보완하여 동일한 내용의 새로운 행정처분을 할 수 있음은 원칙적으로 판결의 기속력의 내용과 다르지 않다.

(2) 적극적 효력(의무이행재결에 따른 처분청의 재처분의무)[29]

행정심판위원회는 의무이행심판의 청구가 이유 있다고 인정한 때에는 재결로서 지체 없이 신청에 따른 처분을 하거나 행정청에게 이를 명한다(행정심판법 제43조 제5항). 의무이행재결에는 처분재결과 처분명령재결이 있으며, 전자는 행정심판위원회가 스스로 처분을 행하는 것이므로 형성재결이고, 후자는 처분청에게 처분을 명하는 재결이므로 이행재결이다. 처분명령재결의 경우 행정심판법은 그 기속력으로서 처분청에게 재결의 취지에 따라 이전의 신청에 대한 처분의 이행의무를 규정함으로써 재결의 실효성을 담보하고 있다(행정심판법 제49조 제2항).

이 경우 재결의 취지에 따라야 한다는 것이 언제나 청구인이 신청한 내용대로의 처분을 의미하는 것이 아님은 판결의 기속력에서의 논의와 동일하다. 또한, 의무이행심판의 위법성 판단의 시점이 재결시라 하

27) 대법원 1989.9.12. 선고 89누985 판결.

28) 대법원 1987.2.10. 선고 86누91 판결 : "과세의 절차 내지 형식에 위법이 있어 과세처분을 취소하는 판결이 확정되었을 때에는 그 확정판결의 기판력은 거기서 적시된 절차 내지 형식의 위법사유에 한하여 미치는 것으로서 과세관청은 그 위법사유를 보완하여 다시 새로운 과세처분을 할 수 있고, 그 새로운 과세처분은 확정판결에 의하여 취소된 종전의 과세처분과는 별개의 처분이라 할 것으로서 확정판결의 기속력에 저촉되는 것은 아니다."

29) 적극적 효력으로는 재처분의무 이외에 원상회복의무(결과제거의무)가 논의되지만, 여기에서는 그 설명을 略한다.

더라도[30] 일응 심리절차 종결 이전의 사유는 무엇이든지 절대로 내세울 수 없다는 의미는 아니다. 따라서 예컨대, 수익적 처분의 이행을 명하는 재결에도 불구하고 처분청은 처분 당시 내지 그 전에 존재하였지만 이전의 거부처분과는 다른 사유를 들어 – 또는 처분발령 이후 심리절차 종결 이전에 생긴 새로운, 법령 개정을 들어 – 재차 거부처분을 행하더라도 재결의 기속력 위반은 아니다.[31] 오히려 판례이론과 같이 이전의 거부처분사유와 '기본적 사실관계에 있어 동일성이 인정되는 사유'를 들어 동일한 거부처분을 행하는 것만 금지하는 것으로 보아야 한다. 왜냐하면, '기본적 사실관계에 있어 동일성이 인정되는 사유'는 쟁송법상 소위 처분사유의 추가·변경이 인정되므로 그 한도 내에서 재결의 기속력이 미치기 때문이다. 한편, 심리절차 진행 중에 법령개정 등으로 인하여 이전의 거부처분이 적법하게 변한 경우에는 의무이행심판의 위법성 판단시점이 재결시임을 고려하여[32] 기각재결을 내릴 것이므로 재결의 기속력 위반 여부는 원칙적으로 발생하지 않는다. 반대로 거부처

30) 의무이행심판은 행정청의 처분발급의무를 확정하는 것이므로 그 의무는 처분시를 기준으로 한 과거의 의무가 아니라 재결시 현재의 의무이기 때문이다.

31) 그렇지 않을 경우, 이들 사유에 대하여는 처분사유의 추가·변경이 불허되어 잠재적 심판대상에서 제외될 뿐만 아니라 새로운 처분을 위한 사유로도 삼을 수 없게 되므로 이는 논리적으로도 맞지 않고, 행정청에게 처분 당시 존재하는 처분사유를 빠짐없이 내세우도록 강요함으로써 지나친 부담을 줄 우려가 있기 때문이다. 결국, 재처분의무는 구체적으로 나타난 '당해 처분사유에 따른 처분'의 반복을 금지하는 것이지, 처분 결과가 같은 것은 어떠한 처분사유를 내세우더라도 안 된다는 의미는 아니라고 할 수 있다: 석호철, 기속력의 범위로서의 처분사유의 동일, 행정판례연구 V, 2000, 274면.

32) 독일의 경우에는 의무이행심판 뿐만 아니라 모든 행정심판의 위법성 판단시점을 재결시로 보고 있다. 따라서 재결청은 재결시점을 기준으로 처분당시와 변경된 모든 법률·사실관계의 변동을 고려하여야 한다(BVerwGE 2, 55(62); 49, 197(198)). 이는 행정심판을 행정절차의 일환으로 파악하여 재결(Widerspruchsbescheid)의 행정행위적 성격을 강조한데서 비롯하는 것으로서, 이러한 점은 특별한 규정이 없는 한 행정심판절차에 행정절차법 규정이 대폭 준용되고 처분청에 의한 즉시구제(Abhilfe)가 인정되는 것으로도 잘 나타난다.

분 이후 청구인에게 유리하고 행정청에게 불리한, 다시 말해 거부처분을 위법하게 만드는 사정변경 가능성에 관한 주장 또는 일건기록상의 현출이 있는 경우에는 인용재결이 내려지게 되고 그에 따른 재처분의무가 발생할 것이다.

다수설에 의하면, 재처분의무의 내용과 관련하여 기속행위의 경우에는 신청인의 신청대로의 처분을 하여야 하며, 재량행위인 경우에는 신청대로의 처분 또는 거부처분, 기타의 처분을 하여야 한다. 그러나 이러한 입론은 기속행위의 경우 거부처분사유가 하나이거나 존재하는 모든 거부처분사유가 기본적 사실관계에서 동일성이 인정되어 심판절차에서 전부 제출되었으나 받아들여지지 않은 경우만을 상정한 것이므로 예외 없이 타당한 것은 아니다. 복수의 처분 사유가 존재하는 경우, 재처분으로서 처분청에 의한 동일한 거부처분의 발령 가능성은 기속행위·재량행위 여부가 아니라 오히려 처분사유의 기본적 사실관계의 동일성 여부에 따라 달라지는 것이다.

(3) 직권심리주의와 재처분의무[33)]

거부처분 취소판결이나 취소재결과는 달리 의무이행재결로서 처분명령재결은 기속행위나 재량의 0으로의 수축의 경우 원칙적으로 특정처분의 발령을 명하는 것이므로, 이러한 이행재결에도 불구하고 처분청이 또 다른 사유를 내세워 거부처분을 행할 수 있음은 국민의 재결에 대한 신뢰보호 차원뿐만 아니라 의무이행심판의 제도적 존재의의를 해할 우려도 있다. 이러한 문제의 해결점은 행정심판의 심리에 관한 기본원칙인 직권심리주의에서 찾아야 한다.

---

33) 행정소송, 특히 의무이행소송에서 직권심리주의의 의미와 그에 따른 판결 내용에 대해서는 拙稿, 독일 행정소송상 의무이행소송의 이론과 실제 - 의무이행소송의 소송물과 판결성숙성 성취를 중심으로, 행정법학 제16호, 2019, 1면 이하 참조. 과거 행정소송법 개정안들은 의무이행소송의 심리범위에 대해 취소소송의 직권심리에 관한 규정(현행 행정소송법 제26조)을 그대로 준용하고 있는데, 이에 따르면

직권심리주의란 심리의 진행을 심리기관(행정심판위원회)의 직권으로 함과 동시에 심리에 필요한 자료를 당사자가 제출한 것에만 의존하지 아니하고 직권으로 수집 · 조사하는 제도를 말한다. 행정심판의 본질에 충실하려면, 행정심판법에 의한 직권심리는 단지 직권에 의한 심리의 진행만 차원을 넘어 직권탐지의 실질을 가져야 한다. 행정심판위원회는 심리과정에서 처분청에 의한 처분사유의 추가·변경을 사실관계의 동일성 여부에 한정하여 인정할 것이 아니라 이를 가능한 한 널리 인정하거나 직권으로 모든 처분사유를 검증함으로써 분쟁의 일회적 해결을 도모하여야 한다. 강화된 직권심리주의를 전제로 하여 의무이행재결이 내려진 때에는 처분청은 예외 없이 재결이 명하는 바에 따라 신청대로의 처분을 하여야 한다. 이러한 논의는 특히, 기속행위에 대하여 처분재결이 내려진 경우와 처분명령재결이 내려진 경우에 있어 재결 이후 상이한 법률관계가 발생하는 불합리를 방지할 수 있는 장점도 있다.

법원은 필요하다고 인정할 때에는 직권으로 증거조사를 할 수 있고 당사자가 주장하지 아니한 사실에 대해서도 판단할 수 있다. 의무이행소송의 심리범위는 소송물과 법원의 판결성숙성 성취 등과 직결되는데, 구체적으로는 기속행위 영역에서 행정청이 전혀 고려하지 않은 사실까지 법원이 조사하여 적극적으로 특정행위명령판결을 할 수 있는지의 문제로 나타나는 점에서 취소소송에서의 논의가 의무이행소송의 경우에도 적실한지는 의문의 여지가 있다. 선행된 처분의 위법성 여부를 후발적으로 심사하는 취소소송의 경우와는 달리, 의무이행소송은 판결시를 기준으로 원고의 소송상 청구권이 존재하는지 여부를 심사하여야만 청구의 인용 여부를 판단할 수 있는 점에서 직권심리주의의 요청이 상대적으로 강하다고 할 수 있기 때문이다. 독일의 경우처럼 직권심리주의 내지 직권조사원칙의 범위를 지나치게 확대하는 경우 일응 행정청의 선결권을 침해할 우려가 있는 것은 사실이다. 그러나 독일의 통설과 판례에 의할 때 기본법 제19조 제4항에 비추어 직권심리주의는 분쟁사안의 실체적 진실에 접근하기 위해 당사자가 제출하거나 주장하지 않은 사실관계나 증거까지도 법원이 직권으로 조사·심리하여야 한다는 것으로서, 이는 행정소송의 기능이 원고의 권리구제뿐만 아니라 판결을 통한 계고적 기능, 즉 객관적인 공법질서의 확립에도 있음을 대변해 준다. 바람직하기로는 직권심리주의의 진정한 의미는 소송당사자들의 소송절차법적 행위의 범위 내에서 당사자들이 제기하지 아니한 사항에 대해서도 법원이 직권으로 조사·심사하는데 있다. 또한 소송실무상 원고는 계쟁사실에 관한 주장이나 구체적인 내용의 청구를 적절히

그러나 행정심판위원회의 직권탐지는 필요한 경우에 재량으로 증거를 수집·조사할 수 있다는 의미이지 위원회가 증거의 수집·조사 의무를 지는 것은 아니다. 또한, 행정심판 실무상 상정 가능한 모든 거부처분사유에 대한 심도 있는 심사를 기대하기도 어려운 실정이다. 따라서 거부처분 사유에 대한 網羅的 심사가 이루어지지 않은 경우 실체적 적법성에 대한 법적 판단이 미진할 소지가 있고, 이 경우 재결의 강화된 기속력에 의하여 법령상 거부사유가 존재함에도 불구하고 신청대로의 인용처분을 할 수밖에 없다면, 이는 행정책임에 대한 위험부담을 처분청에게 전속적으로 부담시키는 결과가 되어 행정의 법률적합성의 원칙 및 행정을 통한 공익실현에 현저한 지장을 초래할 우려가 있는 것이다.[34] 또한 결과에 있어 판결의 기속력 보다 강한 기속력을 약식쟁송절차인 행정심판의 재결에 인정하는 것도 논란의 여지가 있다. 앞으로 학계의 논의를 통한 입법적 해결이 필요하다.

할 수 없는 경우가 많다는 점을 고려하면 법원은 원고의 제출 자료나 주장에 의해 현출되지 아니한, 더 나아가 피고 행정청이 고려하지 않은 사실도 조사·심리하여 행정행위 발급요건의 충족 여부에 관하여 망라적인 심사를 행하여야 한다. 우리의 행정소송제도 하에서는 판례가 직권심리주의의 의미를 변론주의 보충설, 즉 직권심리의 범위를 기록상 현출된 사실에 한정하는 입장으로 보는 것이 일반적인데, 향후 의무이행소송을 도입하면서 강화된 직권심리주의를 규정하지 않는다면, 적어도 판례를 통해 기존 조항(행정소송법 제26조)을 적극적으로 해석하여 법원의 심리범위를 확대하는 방향으로 진화해 나갈 것을 기대한다. 그렇지 않을 경우, 의무이행소송의 도입 취지와는 달리 법원의 심리범위의 축소 및 판결성숙성 성취 범위의 필연적 위축에 따라 재결정명령판결의 양산을 초래할지도 모르기 때문이다.

34) 행정심판 실무에 있어서도 처분명령재결에 불복하여 기초자치단체가 재차 거부처분을 하거나 부작위로 방치하는 경우를 흔히 찾아볼 수 있다. 또한 행정심판위원회가 처분재결을 하는 경우에도 처분청이 후속 허가절차 등을 해태하여 국민의 권익구제가 원만히 이루어지지 않고 기초자치단체와 광역자치단체 내지 소속 행정심판위원회 간의 갈등의 골만 깊어가는 사례가 빈번함은 문제라 아니할 수 없다. 더구나, 자치사무 영역에서의 갈등인 경우에는 그 심각성이 더하다 할 것이다.

2. 소청결정의 기속력

교원소청위는 교원소청심사를 위해 교육부에 특별히 설치된 합의제 행정기관으로서(제7조 제1항) 광의의 행정심판기관이고, 교원소청심사는 사안의 전문성과 특수성에 비추어 교원의 권리구제를 위한 이른바 특별행정심판으로서 동법에서 따로 규정하지 않은 사항은 행정심판법이 정하는 바에 따른다(행정심판법 제4조 제1항, 제2항). 「교원의 지위 향상 및 교육활동 보호를 위한 특별법」 제10조의3에 따른 교원소청위 결정의 기속력은 심사청구의 피청구인인 처분청이 결정의 취지에 따르도록 하는 것으로서, 기속력의 내용은 비록 명문의 규정은 없더라도 행정심판 재결의 기속력과 동일한 것으로 이해된다.[35] 동법에 나타난 소청결정의 유형에 비추어 볼 때 교원소청심사를 항고심판의 유형으로 단일하게 규율하면서 결정의 구분을 – 처분취소명령결정의 가능성을 인정한 것을 제외하고는 – 행정심판법상의 그것과 다르지 않은 점은 이를 잘 말해준다.[36] 따라서 소청결정이 처분의 취소를 내용으로 하는 경우 처분청은 동일인에 대하여 같은 이유로 동일한 내용의 처분을 하여서는 안 되며(반복금지효), 위법 부당한 거부처분이나 부작위에 대하여 청구에 따른 처분을 할 것을 명하는 결정이 있는 경우 처분청은 지체 없이 그

35) 이경운, 전게논문, 383면.

36) 제10조(소청심사 결정) ② 심사위원회는 다음 각 호의 구분에 따라 결정한다.

1. 심사 청구가 부적법한 경우에는 그 청구를 각하(각하)한다.
2. 심사 청구가 이유 없다고 인정하는 경우에는 그 청구를 기각(기각)한다.
3. 처분의 취소 또는 변경을 구하는 심사 청구가 이유 있다고 인정하는 경우에는 처분을 취소 또는 변경하거나 처분권자에게 그 처분을 취소 또는 변경할 것을 명한다.
4. 처분의 효력 유무 또는 존재 여부에 대한 확인을 구하는 심사 청구가 이유 있다고 인정하는 경우에는 처분의 효력 유무 또는 존재 여부를 확인한다.
5. 위법 또는 부당한 거부처분이나 부작위에 대하여 의무 이행을 구하는 심사 청구가 이유 있다고 인정하는 경우에는 지체 없이 청구에 따른 처분을 하거나 처분을 할 것을 명한다.

결정의 취지에 따라 이전의 신청에 대한 처분을 하여야 한다(재처분의무).[37] 또한, 재결의 기속력과 마찬가지로 소청결정의 기속력도 결정의 주문 및 그 전제가 되는 요건사실의 인정과 판단, 즉 처분 등의 구체적 위법사유에 관한 판단에 미친다.[38]

그러나 사립학교의 징계처분 등이 사법상의 법률행위에 불과하다는 견해에 실질적으로 근거하는 사립대학의 운영 현실을 고려할 때, 또한 소청결정이 행정심판 재결 내지 그 유사 성격의 것이라는 판례 입장에 터 잡더라도 교원이 제기한 소청심사청구에 대한 교원소청위의 인용결정이 학교법인을 어느 정도 기속할 수 있는가 내지 기속하였는가는 문제라 아니할 수 없다. 예컨대, 징계처분을 취소하거나 감경하는 소청결정에 대하여 학교법인이 동일한 사정 하에서 결정의 취지와 상이한 조치를 취하거나 복직 등 원상회복(결과제거)에 필요한 조치를 취하지 않는 경우, 소청결정에 의해 재임용거부처분이 취소되었음에도 재임용처분을 이행하지 않는 경우 등의 사례가 흔히 발견된다. 마치 헌법에서 유래하는 교원의 신분보장이 학교법인의 임의에 맡겨지거나 교육정책의 수행 과정에서 관할 행정청의 부수적인 고려사항으로 전락한 느낌마

37) 헌재결 1998.7.16, 95헌바19, 96헌마75(병합) : 교원지위법에 의한 재심위원회의 재심은 청구인들이 주장하는 바와 같이 징계처분 등을 한 학교법인 등과 교원 사이의 사법상 법률관계를 조정·해결하기 위한 것이 아니라, 국가가 교육기관에 대한 감독권에 기하여 사립학교 교원에 대하여도 국·공립학교 교원과 똑같이 신분보장을 해 주기 위하여 특별히 마련한 행정심판에 유사한 구제절차라고 할 것이다. 따라서 사립학교 교원에 대한 재심결정도 청구인들 주장과 같이 학교법인 등과 교원 사이의 대등한 사법상의 분쟁에 관한 일반적인 행정처분이 아니라, 국·공립학교 교원에 대한 재심결정과 마찬가지로 감독자인 국가의 감독대상자인 학교법인 등에 대한 감독권 행사로서의 처분으로서 행정심판의 재결에 유사한 것으로 보아야 할 것이다. … 재심위원회가 재심청구를 인용하여 이를 취소하는 경우에는 그 형성력으로 인하여 양 당사자 간의 법률관계가 직접 형성되고, 취소를 명하는 경우에는 그 기속력으로 인하여 학교법인은 그 결정의 취지대로 법률관계를 형성할 의무를 부담하게 된다.

38) 대법원 2005.12.9. 선고 2003두7705 판결.

저 든다. 이들 경우에 있어 관할 행정청이 감독권을 행사하는 것은 별론,[39] 결정의 기속력의 실효성 차원에서는 법적으로 감내할 수 없는 의문이 제기된다.

이런 문제 상황의 중심에 사립학교 교원의 근무관계, 그 교원에 대한 징계 등 불이익처분의 법적 성격, 사립학교 교원의 교원소청심사제도 및 그 결정의 법적 성격 등의 미해결 쟁점이 위치함은 다언을 요하지 않는다. 이에 더하여 행정심판 인용재결의 기속력, 특히 재처분의무의 실효성 확보를 위해 인정되는 행정심판위원회의 직접처분(제50조), 간접강제(제50조의2) 등의 제도적 장치가 교원소청심사의 경우에 인정되지 않음도 중요한 요인으로 작용한다.

한편, 사립학교 교원의 경우 교원소청위의 재결을 대상으로 하여서만 행정소송을 제기할 수 있음은 노동위원회의 구제명령과 그에 대한 중앙노동위원회의 재심판정을 행정소송으로 다투는 제도(이른바 재결주의를 취하는 경우)와 외관상 유사하다.[40] 그러나 노동위원회 결정의 기속력과 관련하여서는, 노동위원회의 구제명령 또는 재심판정의 확정에도 이에 따르지 않는 당사자에 대해서는 징역 또는 벌금 등의 형벌에 처하도록 규정하고(근로기준법 제111조, 노동조합 및 노사관계조정법 제89조), 노동위원회의 구제명령을 따르지 않는 사용자에 대해서는 이행강제금을 부과할 수 있도록 하여(근로기준법 제33조) 그 실효성 확보를 위한 제도적 장치를 마련하고 있다. 교원소청심사제도가 일반 노동자의 권리구제에 미치지 못하는 '허울 좋은 장식'으로 전락하고 말았다는 자조 섞인

39) 여기서의 감독권이 교원의 신분보장만을 위한 것이 아니라 오히려 학생의 교육받을 권리, 사학의 자율성 등을 종합적으로 고려하여 발동됨을 고려할 때 소청결정을 정형적인 실효성 확보수단으로 간주할 수는 없다.

40) 즉, 사법적 근로관계인 근로계약관계에서 사용자의 부당해고와 부당노동행위에 대하여 근로자 또는 노동조합은 노동위원회에 구제신청을 할 수 있고, 이에 불복하는 경우 중앙노동위원회에 재심을 신청할 수 있으며, 이에 대하여 불복하는 사용자와 근로자는 모두 행정소송을 제기할 수 있다(근로기준법 제31조, 노동조합 및 노사관계조정법 제82조 내지 제86조)

푸념[41]이 지나치지 않은 셈이다. 사립학교 교원의 근무관계를 사법상 법률관계라는 전제 하에 교원소청심사를 일종의 당사자심판으로 이해하는 전통적 견해를 극복하고 이를 항고심판으로 구성하면서, 인용재결 기속력의 실효성 확보를 위한 제도적 장치 마련이 시급하다.

V. 대상판결의 評釋

1. 교원소청심사절차와 소송절차에서의 주장 및 판단대상의 동일성 要否

사립학교 교원 관련 소청결정을 최초의 행정처분으로 보는 입장에서는 소청결정취소소송에서의 위법성 판단 시점은 처분시설에 따라 소청결정이 이루어진 시점이 된다. 이때 소청심사 단계에서 주장하지 않은 사유를 소청결정취소소송에서 주장할 수 있는지가 문제된다. 이에 대해 대상판결은 소청심사 단계에서 이미 주장된 사유만을 행정소송의 판단대상으로 삼을 것은 아니어서, 소청심사 결정 후에 생긴 사유가 아닌 이상 소청심사 단계에서 주장하지 아니한 사유도 행정소송에서 주장할 수 있고, 법원도 이에 대하여 심리·판단할 수 있다고 하였다.[42]

유사 판례에서처럼 대상판결도 그 논거에 대해서는 침묵하였지만, 이러한 판례 입장의 정당성은 처분사유의 추가·변경 법리를 통하여 뒷

41) 이경운, 전게논문, 394면.

42) 同旨: 부당노동행위구제신청에 관한 중앙노동위원회의 명령 또는 결정의 취소를 구하는 소송에 있어서 그 명령 또는 결정의 적부는 그것이 이루어진 시점을 기준으로 판단하여야 할 것이지만 노동위원회에서 이미 주장된 사유 만에 한정된다고 볼 근거는 없으므로, 중앙노동위원회의 명령 또는 결정 후에 생긴 사유가 아닌 이상 노동위원회에서 주장하지 아니한 사유도 행정소송에서 주장할 수 있다고 보아야 할 것이다(대법원 1990.8.10. 선고 89누8217 판결).

받침 할 수 있을 것이다. 판례는 행정처분의 상대방의 방어권을 보장함으로써 실질적 법치주의를 구현하고 처분의 상대방인 국민에 대한 신뢰보호 견지에서 원칙적으로 처분사유의 추가·변경은 허용되지 않지만, 당초의 처분사유와 기본적인 사실관계의 동일성이 인정되는 한도 내에서는 이를 사실심 변론종결시까지 추가하거나 변경할 수 있다고 보고 있다.[43)]

예컨대, 과세처분취소소송의 소송물은 정당한 세액의 객관적 존부이므로 과세관청으로서는 소송 도중이라도 사실심 변론종결시까지는 당해 처분에서 인정한 과세표준 또는 세액의 정당성을 뒷받침할 수 있는 새로운 자료를 제출하거나 처분의 동일성이 유지되는 범위 내에서 그 사유를 교환·변경할 수 있는 것이고, 반드시 처분 당시의 자료 만에 의하여 처분의 적법 여부를 판단하여야 하거나 당초의 처분사유만을 주장할 수 있는 것은 아니라고 할 것이므로 피고인 과세관청이 당초처분의 취소를 구하는 이 사건 소송 계속 중 법인세 면제세액의 계산에 관한 원고의 신고내용의 오류를 시정하여 정당한 면제세액을 다시 계산하여 당초의 결정세액을 일부 감액하는 감액경정처분을 한 것은 당초처분의 동일성이 유지되는 범위 내에서 그 처분사유를 교환·변경한 것이므로 적법하다.[44)] 따라서 소청심리절차에서 논의된 쟁점은 소청결정 사유로 현출되고 소청결정을 최초의 처분으로 본다면, 소청결정 시에 존재하였지만 소청심사 단계에서 주장하지 아니한 사유도 소청결정 사유와 기본적 사실관계의 동일성이 인정되는 범위 내에서는 행정소송에서 주장할 수 있고 법원으로서도 이에 대하여 심리·판단할 수 있다는 판례 입장은 타당하다. 이 사건 원심도 소청심사에서 판단한 '의료원겸임·겸무시행세칙' 제5조 제1항 제1호 및 제2호에 대하여 조항 자체를 판단의 대상으로 하여 그 적법성을 인정한 다음, 나아가 교원소청위가 소청심

43) 예컨대, 대법원 2004.2.13. 선고 2001두4030 판결.
44) 대법원 2002.9.24. 선고 2000두6657 판결.

사에서 판단하지 않은 동 시행세칙 제5조 제1항 제2호의 해지사유의 존재 여부까지 심리하여 그 위법성을 판단한바, 이상의 논의에 비추어 거기에 행정소송의 심판대상, 법원의 심판범위에 관한 오류를 인정할 수 없다.

이와 반대로 소청결정을 행정심판 재결에 상당한 것으로 보는 입장에서는 재결의 기판력 부인 법리를 원용하여 대상판결의 타당성을 논거 지을 수 있을 것이다. 재결에는 예컨대,「공익사업을 위한 토지 등의 취득 및 보상에 관한 법률」제86조 제1항[45]처럼 명문의 규정이 없는 한 판결에서와 같은 기판력이 인정되지 않는다.[46] 즉, 대상판결의 해당 부분은 "행정심판의 재결은 피청구인인 행정청을 기속하는 효력을 가지므로 재결청이 취소심판의 청구가 이유 있다고 인정하여 처분청에 처분을 취소할 것을 명하면 처분청으로서는 재결의 취지에 따라 처분을 취소하여야 하지만, 나아가 재결에 판결에서와 같은 기판력이 인정되는 것은 아니어서 재결이 확정된 경우에도 처분의 기초가 된 사실관계나 법률적 판단이 확정되고 당사자들이나 법원이 이에 기속되어 모순되는 주장이나 판단을 할 수 있는 것이 없게 되는 것은 아니"라는 판시[47]와 큰 틀에서 궤를 같이한다.

2. 소청결정이 판결에 의해 취소된 경우 재처분의무의 유무

대상판결의 사실관계를 고려할 때, 피고 교원소청위는 겸임·겸무 해지사유를 규정한 '의료원겸임 · 겸무시행세칙' 제5조 제1항 중 제1

45) "제85조제1항에 따른 기간 이내에 소송이 제기되지 아니하거나 그 밖의 사유로 이의신청에 대한 재결이 확정된 때에는「민사소송법」상의 확정판결이 있은 것으로 보며, 재결서 정본은 집행력 있는 판결의 정본과 동일한 효력을 가진다."

46) 박균성, 행정법강의 제16판, 2019, 679면.

47) 대법원 2015.11.27. 선고 2013다6759 판결.

호[48] 및 제2호[49] 규정 자체의 위법을 전제하여, 구체적으로 그에 해당하는 해지사유에 관하여는 아무런 판단을 하지 아니하고 해당 교원에 대한 겸임·겸무해지처분취소결정을 하였다. 환언하면, 소청결정의 취지는 "겸임·겸무 해지사유가 아예 인정되지 않는다"는 것이고, 원심은 "당초 원고 ○○대학교 총장이 내세운 해지사유 중 일부는 인정되지만(해지의 근거인 시행세칙의 해당 조항 일부가 적법하다는 측면에서) 소청결정은 위법하지 않다"는 것이다. 권력분립원칙에 비추어 행정소송에서 법원은 처분의 위법 여부를 사후적으로 판정하는 것을 넘어 그 처분의 내용을 적극적으로 변경하는 것은 허용되지 않는다. 결국, 법원으로서는 원고의 청구를 인용하여 소청결정을 취소하거나 원고의 청구를 기각할 수밖에 없다. 그런데 원심의 입장에 의할 경우 소청결정 이유 중의 판단, 즉 "해지사유가 아예 인정되지 않는다"는 부분은 잘못되었지만, "이 사건 해지처분의 취소"라는 소청결정의 주문 자체는 타당하다고 볼 여지가 있다. 이러한 경우 법원의 판결 내용이 어떠해야 하는지가 쟁점이 된다.

1) 원고청구기각설

우선, 소청결정의 결론 자체는 타당하므로 원고의 소청결정취소청구를 기각하여야 한다는 견해가 상정 가능하다. 원고의 청구를 인용하여 소청결정을 취소한 판결이 그대로 확정되면 그 형성력에 따라 소청결정은 소급하여 소멸하고 이 사건 해지처분의 효력은 부활한다. 이 경우 해지처분이 '당사자의 신청을 거부하는 것을 내용으로 하는 처분(거부처분)'에 해당하지 않으므로 피고 교원소청위에게는 재처분의무가 인

48) '제4조(진료실적 평가기준)에 따른 최근 3년간 진료실적 평균 취득점수가 50점에 미달하거나, 소속병원 진료과(분과로 분리된 경우에는 진료분과로 한다) 전체 교원 평균의 50%에 미달한 자'

49) '병원의 명예와 경영에 심대한 악영향을 끼진 자'

정되지 않는다. 결과적으로 이 사건 해지처분이 그대로 확정되고, 법원이 예컨대, 규정 위반사실은 인정되지만 해지처분이 그 양정에 있어 과하다는 판단을 하였더라도 해당 교원에 대한 적절한 조치를 법적으로 기대하기 어렵다. 반면에 원고의 소청결정취소청구를 기각하는 경우에는 예를 들어 징계 등 불이익처분의 양정을 통한 적정한 조치가 가능할 수 있다. 법원이 판결 이유에서 "징계사유는 인정되지만 해임이라는 양정이 과다하여 결과적으로 이 사건 소청결정(징계처분등의 취소결정)은 정당하다"는 취지의 기각판결을 행하는 것이 그것이다. 동설에 따를 경우 소청결정은 그대로 확정되고 처분청에 해당하는 학교법인 등은 해당 교원에 대하여 위 판결의 취지에 따라 다시 징계 등의 불이익처분을 하면 된다.

2) 소청결정취소설(대상판결의 기본 입장)

소청결정의 결론이 타당하더라도 결정 이유 중의 판단이 잘못된 이상 이 사건 해지처분을 취소하고 원고의 청구를 인용하여 소청결정을 취소해야 한다는 입장이다. 원고청구기각설에 따라 교원에 대한 적절한 재처분이 가능하다는 주장은 판결의 기속력을 오해한 소치로서 타당하지 않다. 소청결정취소소송에서의 기각판결에는 어떠한 형성력이나 기속력이 인정되지 않으므로 소청결정이 그대로 확정된다. 즉, 법원이 기각판결을 하면서 판결 이유에서 징계사유의 일부가 인정된다는 취지로 판단하였더라도, 이번에는 "이 사건 해지처분을 취소한다"는 소청결정의 주문뿐만 아니라 "해지사유가 인정되지 않는다"는 그 이유 중의 판단도 재결의 기속력에 의해 그대로 확정된다. 재결의 기속력이 미치는 주관적 범위 내에 위치하는 학교법인은 해지사유가 인정되지 않는다는 소청결정에 기속되어 해당 교원에 대해 해지처분보다 경한 징계처분 등 어떠한 재처분도 할 수 없게 된다. 비록 법원이 징계사유에는 해당하지만 그 양정이 과하다고 판단한 경우에도 기각판결에 의해 학교법인은 결국 아무런 징계처분도 할 수 없게 되는 것으로 확정된다. 이러한 논증 결과는 경우에 따라 법원에서 의도한 적정한 양정을 실현할 수 없게 되는 점에서 매우 불합리하다.

이에 반해 소청결정을 취소하는 청구인용판결이 내려지면 소청결정은 확정적으로 취소되고 소청심사청구만 남게 되므로 이에 대한 피고 교원소청위의 답변이 없는 상태가 된다. 따라서 관건은 재처분의무의 인정 범위에 있다. 현행 행정소송법 제30조 제2항에 의할 때 재처분의무는 거부처분을 취소하는 판결에만 인정되고 법문 상 이 사건처럼 재결은 포함하고 있지 않다. 그러나 이러한 엄격한 해석에 따라 인용판결에 따른 피고 교원소청위의 재처분의무를 부인하는 것은 논의의 조급함에서 비롯하는 것으로 동의하기 어렵다. 사립학교 교원의 경우에도 교원소청위 결정의 기속력에 의해 소청결정의 '재결성'이 인정되지만, 판례의 기본적인 인식에 의할 때에는 국·공립학교의 경우와는 달리 소청결정 자체가 '원처분'이 되는 구조라고 보아야 하므로 이를 재결과 전혀 동일하다고 볼 수는 없다. 또한, 소청심사청구를 인용하는 소청결정은 비록 교원의 소청심사청구에 대한 판단이고 학교법인이 청구인이 되는 것은 아니지만, 其實 교원의 징계를 유지해달라는 학교법인의 요구를 내용적으로 거부하는 것과 마찬가지라 할 것이므로 일종의 거부처분으로 간주하여 재처분의무가 인정된다고 볼 수 없는 것도 아니다.[50] 나아가, 소청결정취소판결과 함께 이제는 소청심사청구만 남게 되므로 소청심사청구 접수일부터 60일 이내에 소청결정을 하여야 한다는 「교원의

50) 사기업 노동자에 대한 부당해고 등의 구제신청과 관련하여, 노동위원회규칙(2019.4.1.)은 중앙노동위원회의 재심판정을 취소하는 법원의 판결이 확정된 때에는 중앙노동위원회가 일정 요건 하에 재처분을 하도록 규정하고 있다.
노동위원회규칙 제99조(재처분) ① 중앙노동위원회는 재심판정을 취소하는 법원의 판결이 확정된 때에는 심판위원회의 의결을 거쳐 해당 사건을 재처분하여야 한다. 다만, 법원의 확정 판결이 구제명령 등을 취소하는 내용인 경우에는 그러하지 아니하다.

지위 향상 및 교육활동 보호를 위한 특별법」 제10조 제1항의 규정도 교원소청위의 재처분의무를 위한 광의의 논거로 볼 여지가 있다.

생각건대, 소청결정취소판결을 통해 해당 교원의 소청심사청구는 여전히 유효하고 피고 교원소청위의 재처분의무가 인정된다고 보는 것이 타당하다. 따라서 피고 교원소청위는 예컨대, 양정 상의 이류로 소청결정을 취소한 확정판결의 기속력에 따라 판결의 취지에 따른 처분만을 할 수 있으며, 내용적으로는 징계사유 자체는 일부 인정된다는 전제 하에 이에 대한 적정한 양정을 하여 다시 판단하면 되는 것이다. 한편, 위에서 행한 다소 부자연스러운 논증은 국·공립학교 교원의 경우에는 원천적으로 발생할 여지가 없다. 즉, 거기에서는 징계처분 자체가 '원처분'이므로 교원의 소청심사청구에 대해 교원소청위가 기각결정을 하더라도 결정 자체의 고유한 위법이 없는 한 원처분인 징계처분이 행정소송의 대상이 되고, 교원소청위는 피고가 되지 아니한다. 나아가, 「교원의 지위 향상 및 교육활동 보호를 위한 특별법」에 따라 사립학교법인 또는 사립학교 경영자 등은 교원의 청구를 인용하는 소청결정에 대하여 행정소송상 불복할 수 있음에 비해(제10조 제3항), 국·공립학교가 원고가 되어 소청결정에 대한 행정소송을 제기하는 경우는 실질적으로 상정할 수 없으므로 피고로서의 교원소청위는 논의의 대상이 아니라 할 것이다.

3. 해지사유로서의 내부규칙 위반 자체가 부인되는 경우 : 원고청구기각설(대상판결의 종국적 입장)

대상판결은 교원소청위가 징계사유 자체가 인정되지 않는다는 이유로 학교법인의 징계처분 등을 취소하였지만 심리과정 중 처분사유 중 일부가 인정된다고 판단하는 경우에는 법원은 소청결정을 취소하여야 한다는 점을 이론적으로 전제하였지만, 최종적 판단에 있어서는 원고의 청구를 기각함으로써 이전의 유사사건에서의 판결[51]와 다른 결론을 택하였다. 즉, 대상판결의 사실관계를 고려하건대, 소청결정과는 달리 동 시행세칙 제5조 제1항 제2호상의 겸임·겸무해지사유의 내용적 적법성은 인정되지만 해당 교원이 동 시행세칙을 위반하여 제2호에 따른 해지사유의 구성요건을 충족하지 않는 경우에는, 비록 소청결정의 이유와 판결 이유가 다르다고 하더라도 소청결정을 취소하지 않고 원고인 학교법인의 청구를 기각할 수 있다고 판시하였다. 이럴 경우 소청결정은 유효한 것으로 확정되므로 소청결정 주문과 그 전제가 되는 이유에 관한 판단은 소청결정의 기속력에 의해 학교법인을 기속하지만, 결과에 있어 원고청구를 배척하는 기각판결이라는 점에서 판결 이유에서 소청결정과 달리 판단한 부분, 즉 동 '제2호의 적법성과 해지사유의 부재' 사유에는 판결의 기속력이 발생하지 않는다.

이러한 판결에 대해서는 학교법인의 입장에서 실질적으로 부당한 결과를 감내해야 하는 상황이 초래될 수 있다는 비판이 제기될 여지가 있지만, 법원은 이 점에 대해서도 이 사건 사실관계를 촘촘히 숙고하여 조화로운 결론에 이르렀다고 평가할 수 있다. 이전의 2012두12297 판결은 교원에 대한 "징계사유가 인정되지 않는다"는 이유로 학교법인의 해

---

51) 대법원 2013.7.25. 선고 2012두12297 판결. 동 판결의 사안 개요는 다음과 같다. 학교법인은 소속 교원에 대하여 "재학생, 조교, 교수 등 8명을 허위사실로 고소함으로써 학교의 명예와 교원으로서의 품위를 손상시켰다"는 징계사유로 해당 교원을 해임하였다. 해당 교원은 해임처분에 불복하여 교원소청위에 소청심사를 청구하였고, 교원소청위는 "징계사유가 인정되지 않는다(교원이 고소한 내용 중 일부는 허위사실이 아니고, 고소하였다가 무혐의로 된 부분에 있어서도 해당 교원이 자신을 방어하기 위한 행위이므로 교원으로서의 품위를 손상시킨 것으로 볼 수 없음)"는 이유로 해임처분을 취소하는 결정을 하였다. 이에 대하여 학교법인은 교원소청위를 피고로 하여 소청결정의 취소를 구하는 소송을 제기하였다. 제1심은 원고의 청구를 기각하였으나, 원심은 위 징계사유 중 일부(재학생 4인 및 조교 1인에 관한 부분)은 인정되는데도 피고가 징계사유 전부가 인정되지 않다고 하면서 해임처분을 취소한 것은 위법하므로 소청결정은 취소되어야 한다("이러한 판단이 확정되면, 피고는 이를 전제로 다시 해임처분의 징계양정이 적정한지를 심사하여야 할 것이다")는 이유로 원고의 청구를 인용하였고, 대법원도 원심의 판결을 유지하였다.

임처분을 취소하는 소청결정에 대해, 징계사유 중 일부는 인정됨에도 피고 교원소청위가 징계사유 전부가 인정되지 않는다고 하면서 해임처분을 취소한 것은 위법하므로 소청결정을 취소하였다. 해당 판결은 원고청구에 대한 인용판결을 통해 "일부 징계사유가 인정된다"는 판결 이유와 함께, - 비록 전술한 거부처분의 재처분의무를 인정하여 법리적으로 문제를 해결할 의도임을 명시하지는 않았더라도 - "징계사유는 인정되지만 해임처분은 과중하다"는 판단에 따라 해당 교원에 대한 적정한 징계양정이 구현되도록 하려는 점을 판결에 반영한 것으로 해석된다. 만약 이 경우 해임처분을 취소한 소청결정이 결론에 있어 타당하다고 하여 법원이 원고 학교법인의 청구를 기각하면 판결의 기속력의 적용 여지가 없으므로 당해 소청결정은 유효한 것으로 확정되고, 따라서 청구인(교원)의 소청심사청구에 대한 인용결정으로서의 소청결정의 기속력에 의해 학교법인은 일부 징계사유가 존재하는 해당 교원에 대해 이제는 더 이상 적절한 재징계를 할 수 없는 불합리한 결과에 이르는 점을 고려하였다.

그러나 대상판결에 있어서는 동 시행세칙 제5조 제1항 제2호가 적법하다는 전제 하에 이를 해지처분의 준거로 삼을 여지가 있더라도 해지사유를 인정할 증거가 없는 이상, 해당 해지처분의 정당성을 인정하기 어렵다고 본 소청결정의 결론은 정당하므로 소청결정의 취소를 구하는 원고의 청구를 결론에 있어 기각한 것이다. 결국, 해당 교원의 동 시행세칙 위반사실이 인정되지 않는 이상 ○○대학교 총장이 해당 교원에 대해 다시 불리한 처분을 하지 못하게 되더라도 이는 소청결정의 기속력에 따른 결과이며, 해지사유가 부존재하는 이상 내용적으로도 부당한 결과라고도 할 수 없다.

나아가, 소청결정의 기속력이 미치는 사항인 동 시행세칙 제5조 제1항 제2호의 위법에 대해 원고청구 기각판결에도 불구하고 법원이 판결이유에서 소청결정의 이유와는 달리 내용적으로 위법하지 않다는 판단을 하였더라도, 결론에 있어 기각판결인 이상 동 제2호가 적법하다는 점에 대한 판결의 기속력은 발생하지 않는다. 이에 따라 동 제2호가 위법하므로 무효라고 본 소청결정 이유에 재결의 기속력이 여전히 유지되어 해당 학교법인으로서는 향후 동 규정을 해지사유로 삼을 수 없는 것은 아닌가라는 의문이 제기된다. 대상판결은 이 점에 대해서도 친절한 답변을 제공하였다. 대상판결은 소청결정에서 판단한 사항과 다른 이유, 즉 동 제2호는 적법하지만 해지사유의 부존재를 들어 원고의 청구를 기각하였으므로 원칙적으로 제2호의 적법성에 대해서는 판결의 기속력이 미치지 아니 한다. 그러나 동 제2호가 위법하다는 전제 하에, 이전에 행해진 교원소청위의 결정이 유효하다는 점을 실질적 내용으로 하는 해당 소청결정의 기속력은 당해 사건에 한하여 미칠 뿐 다른 사건에는 미치지 않고, 따라서 학교법인 등은 다른 사건에서 이 사건 시행세칙을 적용할 수 있기 때문에 이 점을 들어 소청결정을 취소하여야 하는 것도 아니라고 한 것이다.

Ⅵ. 결어 : 대상판결의 의의

대상판결은 '사립학교 교원에 대한 학교법인 등의 징계처분 → 교원의 소청심사청구 → 교원소청위의 소청결정을 대상으로 한 학교법인의 소청결정취소소송 제기'라는 비교적 해묵은 쟁송구조에 관한 법원의 입장을 경우의 수를 나누어 법리적으로 정리한 것으로 총평할 수 있다.

사립학교 교원의 소청심사청구에 대하여 교원소청위가 징계사유 자체가 인정되지 않는다는 이유로 징계처분을 취소하는 결정을 한 경우, 그에 대하여 학교법인 등이 제기한 행정소송 절차에서의 심리 결과, 징계사유 중 일부 사유는 인정된다고 판단되면 법원으로서는 설령 그 징계처분을 취소한 소청결정이 결론에 있어서는 타당하더라도 그 소청결정을 취소하여야 한다는 대법원의 기존 입장은 대상판결을 통해서도 논의의 전제로서 견지되었다.[52] 비록, 이 경우 피고 교원소청위에 대해 재처분의무가 인정됨을 법리적으로 논증하지는 않았지만, 만약 법원이 소청결정의 결론이 타당하다고 하여 학교법인의 청구를 기각하게 되면 결국 행정소송의 대상이 소청결정이 유효한 것으로 확정되어 그 형성력에 의해 징계처분은 취소되며 학교법인은 이에 기속되므로, 그 결정의 잘못을 바로잡을 길이 없게 되고 학교법인도 해당 교원에 대하여 적절한 재처분을 할 수 없게 되는 점을 고려한 소치로서 매우 찬동할 만하다.

한편, 바로 위의 경우와는 달리, 징계 근거규정의 위법을 근거로 한 소청결정(징계처분취소결정)에 대해 – '징계사유의 부분적 인정 및 양정 과다'를 이유로 결론에 있어서 소청결정과 동일한 것이 아니라 – 원천적으로 징계사유 자체가 부인되는 경우에는, 교원소청위가 내린 결정의 전제가 되는 이유와 판결 이유가 다르다고 하더라도 법원은 교원소청위의 결정을 취소할 필요 없이 학교법인 등의 청구를 기각하는 것이 타당하다고 설시하였다. 이러한 결론은 해당 사안에서의 판결의 기속력 및 그에 따른 재처분의무의 실익, 소청결정의 기속력 등을 종합적으로 고려한 것으로서 법리적으로는 물론, 합목적성 견지에서도 그 타당성이 인정된다.

다만, 이 사안은 학교법인 등이 원고가 된 것이므로 사립학교 교원의 근무관계, 사립학교 교원의 소청심사의 법적 성질 등 이 글의 일반론에서 개진한 쟁점이 직접 거론되지는 않았지만, 오랜 세월동안 미해결 과제로 남겨진 교원의 신분보장 제고와 관련된 근본적인 문제에 대해 대상판결이 자신의 판결을 위한 구조적 전제로서 언급하였다면 錦上添花 격이 아니었을까 하는 아쉬움이 남는다. 즉, 사립학교 교원의 근무

52) 이는 대상판결이 유사사건에 대한 2012두12297 판결의 【판결요지】 전부를 자신의 '【판결요지】 [2]'에 이식한 것에서 잘 드러난다.

관계의 규명을 바탕으로, 해당 교원에 대한 징계처분 등의 불이익처분을 행정처분으로 보아 그에 대한 소청심사를 특별행정심판으로서의 항고심판으로 성격지우는 시도에 대해 판례는 여전히 주저하였다. 같은 법률에 근거한 교원소청심사를 이원적으로 파악하면서 사립학교 교원에 대한 소청결정을 처분 혹은 행정심판 재결과 유사한 것으로 판시한 판례의 불명확한 입장은 법적으로 쉽사리 이해하기 어려울 뿐만 아니라 소청결정의 기속력을 현실에 있어 형해화 하는 주된 요인임을 잊지 말아야 할 것이다.

여기에서의 직접적 논의 대상인 사립대학교 교원의 근무관계에 관한 것은 아니지만, 하급심 판결에 따라서는 사립초등학교 학생의 재학관계(학교폭력에 대한 조치에 따른 징계처분)를 공법관계로 보아 징계조치의 처분성을 인정한 경우가 있어 주목을 끈다. 즉, 갑 학교법인이 운영하는 을 초등학교에 재학하던 병이 학교 폭력을 행사하였다는 이유로 을 초등학교의 학교폭력대책자치위원회가 학교폭력예방 및 대책에 관한 법률(이하 '학교폭력예방법'이라 한다) 제17조 제1항 소정의 '학내외 전문가에 의한 특별 교육이수 또는 심리치료' 6시간(제5호), '학급교체'(제7호)의 조치를 의결하여 을 초등학교장이 병에게 통지하였는데, 병이 위와 같은 징계가 행정처분이 아니라 사법상의 행위라고 주장하며 무효확인을 구하는 민사소송을 제기한 사안에서, 관계 법령에 의하여 인정되는 초등학교 의무교육의 위탁관계,[53] 학교폭력예방법상의 조치를 받은

---

53) 중학교 의무교육의 사립학교에 대한 위탁관계와 관련하여 대법원도 이를 공법관계라고 이미 설시한 바 있다: "의무교육의 무상성과 그 비용 부담에 관한 법령의 내용과 취지, 체계를 종합하여 보면, 이 사건 법률조항들은, 헌법이 규정한 의무교육 무상의 원칙에 따라 경제적 능력에 관계없이 교육기회를 균등하게 보장하기 위하여 의무교육대상자의 학부모 등이 교직원의 보수 등 의무교육에 관련된 경비를 부담하지 않도록 국가와 지방자치단체에 교육재정을 형성·운영할 책임을 부여하고, 그 재원 형성의 구체적인 내용을 규정하고 있는 데 그칠 뿐, 더 나아가 의무교육을 위탁받은 사립학교를 설치·운영하는 학교법인 등과의 관계에서 관련 법령에 의하여 이미 학교법인이 부담하도록 규정되어 있는 경비까지 종국적으로 국가

학생과 학부모가 부담하는 의무, 위 조치에 대한 학생과 학부모의 불복절차, 학부모가 위 조치를 불이행할 경우 받는 행정벌 등을 종합적으로 고려하면, 갑 법인은 지방자치단체로부터 의무교육인 초등교육(교육에는 징계가 포함된다) 사무를 위탁받아 갑 법인이 임명한 을 초등학교의 교장에게 교육사무를 위임하여 교육사무를 수행하였으며, 위 징계는 갑 법인의 위임을 받은 을 초등학교의 교장이 교육사무를 수행하는 과정에서 우월적 지위에서 병에 대하여 구체적 사실에 관한 법집행으로 공권력을 행사한 것이어서 위 징계가 행정소송법 제2조 제2항 소정의 공무수탁사인인 갑 법인이 행한 같은 조 제1항 제1호 소정의 행정처분에 해당하므로, 징계의 무효확인을 구하는 소송은 행정소송이고, 따라서 제1심 전속관할법원으로 이송하여야 한다고 판시하였다.[54]

이제 이 글로 돌아와 논의를 맺건대 판례의 기본적 입장이, 사립학교 교원의 근무관계는 사법상 법률관계에 의율하고, 그의 소청심사청구에 대한 교원소청위의 결정은 그 법적 성질에 있어 행정심판 재결과 일부 유사하더라도 원칙적으로 행정처분이지 행정심판 재결은 아니라는 '傳家의 寶刀'에 머무르는 것이라면, "교원소청심사위원회의 결정은 처

나 지방자치단체의 부담으로 한다는 취지까지 규정한 것으로 볼 수 없다. 그리고 중학교 의무교육의 위탁관계는 초·중등교육법 제12조 제3항, 제4항 등 관련 법령에 의하여 정해지는 공법적 관계로서, 대등한 당사자 사이의 자유로운 의사를 전제로 사익 상호간의 조정을 목적으로 하는 민법 제688조의 수임인의 비용상환청구권에 관한 규정이 그대로 준용된다고 보기도 어렵다.

원심이 이와 같은 취지에서 의무교육을 위탁받은 사립학교를 설치·운영하는 학교법인이 사립학교교직원 연금법 제47조와 구 국민건강보험법 제67조 제1항에 의하여 부담한 법인부담금에 관하여, 이 사건 법률조항들이 지방자치단체가 이를 최종적으로 부담하여야 한다는 취지를 규정한 것이 아니고, 위 조항들로부터 위 학교법인이 지방자치단체를 상대로 의무교육 관련 경비의 상환을 구할 구체적인 공법상 권리가 도출되지도 않는다고 판단한 것은 정당하고, 거기에 이 사건 법률조항들의 해석에 관한 법리 등을 오해한 잘못이 없다(대법원 2015. 1. 29. 선고 2012두7387 판결)."

54) 대구고등법원 2017.11.10. 선고 2017나22439 판결(사립학교처분무효확인).

분권자를 기속한다."는 「교원의 지위 향상 및 교육활동 보호를 위한 특별법」 제10조의3 규정은 실질적으로 큰 의미가 없다.

참고문헌

김병기, 행정개혁법제의 쟁점과 전망, 법제연구 제34호, 2008.

김병기, 독일 행정소송상 의무이행소송의 이론과 실제 - 의무이행소송의 소송물과 판결성숙성 성취를 중심으로, 행정법학 제16호, 2019.

김용섭, 2013년 행정법 중요 판례, 인권과 정의 Vol.440, 2014.

김종철, 사립대학교수 재임용제의 헌법적 근거와 한계, 헌법실무연구 제2권, 2001.

박균성, 행정법강의 제16판, 박영사, 2019.

박정훈, 지방자치단체의 자치권 보장을 위한 행정소송, 지방자치법연구 제1권 제2호, 2001.

박정훈, 취소판결의 기판력과 기속력, 행정판례연구 IX, 2004.

석호철, 기속력의 범위로서의 처분사유의 동일, 행정판례연구 V, 2000.

양승두, 사립학교 교원에 대한 징계처분과 행정소송, 행정판례연구 IV, 1999.

윤영선, 항고소송 대상으로서의 행정심판 재결, 특별법연구 4, 1994.

이경운, 교원소청결정의 기속력, 행정법연구 제18호, 2007.

임기환, 사립학교 교원의 소청심사청구에 대한 교원소청심사위원회의 결정이 법원의 판결로 취소된 경우 재처분의무의 유무, 대법원판례해설, 제97호, 2013 하반기.

조용호, 교원의 징계에 대한 쟁송, 법조 제43권 제5호, 1994.

Kopp, Ferdinand O./Schenke, Wolf-Rüdiger, Verwaltungsgerichtsordnung, 24. Aufl., München 2018.

국문초록

사립학교 교원의 근무관계를 사법상의 고용관계로 보는 판례의 기본적 입장에 의할 때, 사립학교 교원에 대한 징계처분은 원칙적으로 행정처분이 아니고 그에 대한 간이민사분쟁조정절차로서의 소청심사 결정이 행정처분이므로 교원이나 학교법인 등은 최초의 행정처분에 해당하는 소청결정을 대상으로 행정소송을 제기하는 구조가 형성된다. 따라서 교원소청심사위원회가 소청심사청구에 대해 기각결정을 하는 경우 사립학교 교원은 교원소청심사위원회를 피고로 하여 소청결정을 대상으로 행정소송을 제기할 수 있다. 한편, 교원소청심사위원회가 인용결정을 하는 경우에는 징계권자는 소청결정의 기속력에 의해 이에 기속되는데, 다만 원 징계처분이 사립학교 교원에 대한 것이면 그 처분권자인 학교법인 등은 교원소청심사위원회의 결정에 불복하여 행정소송을 제기할 수 있다. 이 경우 법원이 교원소청심사위원회의 결정을 취소한 판결이 확정된다고 하더라도 교원소청심사위원회가 다시 그 소청심사청구사건을 재심사하게 될 뿐 학교법인 등이 곧바로 위 판결의 취지에 따라 재징계 등을 하여야 할 의무를 부담하는 것은 아니다. 그러나 판례에 따라서는 교원소청심사위원회의 결정을 근본에 있어서는 행정처분으로 보지만, 실질적 기능관계에 있어서 행정심판 재결과 유사한 것으로 보는 입장도 개진된다. 생각건대, 교원지위법이라는 같은 법률에 근거한 교원소청심사를 이원적으로 파악하면서 사립학교 교원에 대한 소청결정을 처분 혹은 행정심판 재결과 유사한 것으로 판시한 판례의 불명확한 입장은 법적으로 쉽사리 이해하기 어려울 뿐만 아니라 소청결정의 기속력을 현실에 있어 형해화할 우려가 있다.

사립학교 교원의 소청심사청구에 대하여 교원소청심사위원회가 징계사유 자체가 인정되지 않는다는 이유로 징계처분을 취소하는 결정을 한 경우, 그에 대하여 학교법인 등이 제기한 행정소송 절차에서의 심리 결과, 징계사유 중 일부 사유는 인정된다고 판단되면 법원으로서는 설령 그 징계처분을 취소한 소청결정이 결론에 있어서는 타당하더라도 그 소청결정을 취소하여야 한다는 대법원의 기존 입장은 대상판결을 통해서도 논의의 전제로서 견지되었다. 비록, 이 경우 피고 교원소청심사위원회에 대해 재처분의무가 인정됨을 법리적으로 논증하지는 않았지만, 만약 법원이 소청결정의 결론이 타당하다고 하여 학교법인의 청구를 기각하게 되면 결국 행정소송의 대상이 소청결정이 유효한 것으로 확정되어 그 형성력에 의해 징계처분은 취소되며 학교법인은 이에 기속되므로, 그 결정의 잘못을 바로잡을 길이 없게 되고 학교법인도 해당 교원에 대하여 적절한 재처분을 할 수 없게 되는 점을 고려한 판결로서 그 타당성이 인정된다.

한편, 이와는 달리 징계 근거규정의 위법을 근거로 한 소청결정(징계처분취소결정)에 대해 – '징계사유의 부분적 인정 및 양정 과다'를 이유로 결론에 있어서 소청결정과 동일한 것이 아니라 – 원천적으로 징계사유 자체가 부인되는 경우에는, 교원소청심사위원회가 내린 결정의 전제가 되는 이유와 판결 이유가 다르다고 하더라도 법원은 교원소청심사위원회의 결정을 취소할 필요 없이 학교법인 등의 청구를 기각하는 것이 타당하다고 설시하였다. 이러한 결론은 해당 사안에서의 판결의 기속력 및 그에 따른 재처분의무의 실익, 소청결정의 기속력 등을 종합적으로 고려한 것으로서 법리적으로는 물론, 합목적성 견지에서도 찬동할 만하다.

주제어: 교원의 지위 향상 및 교육활동 보호를 위한 특별법, 교원소청심사, 재결 및 판결의 기속력, 교원소청심사결정의 기속력, 사립학교교원, 교원소청심사위원회

Zusammenfassung

Rücknahme des Bescheides des Lehrerberufungsausschusses durch das Urteil und Pflicht zum Erlass einer neuen Verfügung

– KOG, Urteil vom 12.07.2018. 2017du65821 –

Prof. Dr. Byung–Ki Kim*

Nach § 7 Abs. 1 des Sondergesetzes zur Verbesserung der Stellung des Lehrers und zum Schutz der Bildungstätigkeit (LSVSG) wird der Lehrerberufungsausschuss (LBA) errichtet. Dem Lehrer wird auch nach § 9 Abs. 1 LSVSG das Recht eingeräumt, dem LBA innerhalb der 30 Tagen nach der Erkenntnis einer Disziplinarverfügung oder einer unrechten Verfügung die Beschwerde einzureichen. Ein Rechtsproblem ist jedoch, dass sich je nach Adressat der Disziplinarverfügung oder der unrechten Verfügung die nach dem Bescheid des LBA erhobene Verwaltungsklage vor dem Gericht unterschiedlich entwickelt.

Ob der Adressat ein Privatschul– oder ein Staatsschullehrer ist, spielt nämlich eine entscheidende Rolle für die Rechtsnatur des Bescheides des LBA auf die Beschwerde. Im ersten Fall wird der Bescheid des LBA als Verwaltungsverfügung, im zweiten Fall als Widerspruchsbescheid angesehen. Infolgedessen kann der Privatschullehrer gegen den Bescheid des LBA die Verwaltungsklage erheben, während der Beklagte und der Gegenstand bei der vom

* Chung–Ang Universatät

Staatsschullehrer erhobenen Verwaltungsklage jeweils der Verfügungsberechtigter und die ursprüngliche Verfügung sind. Gegen den Bescheid des LBA zur Rücknahme der Disziplinarverfügung, die gegen den Staatsschullehrer erlassen wird, kann die Schulstiftung außerdem keine Verwaltungsklage erheben.

Das vorliegende Oberste Gericht hat die Klage der Schulstiftung gegen den Bescheid des LBA zur Rücknahme der Disziplinarverfügung, die gegen den Privatschullehrer erlassen wird, in zwei möglichen Varianten rechtstheoretisch zusammengefasst. Erstens sollte nach seiner Ansicht den Bescheid des LBA anfochten werden, wenn der LBA nur wegen der Unbegründetheit der Verfügungsgründe an sich die Entscheidung zur Rücknahme der Disziplinarverfügung getroffen hätte, im Rahmen der nachfolgenden Verwaltungsklage aber ein Teil der Verfügungsgründe als begründet anerkennen würde. Im zweiten Fall, wenn der Bescheid des LBA und die Entscheidung des Gerichts zwar im Ergebnis gleich, aber deren Gründe nicht identisch wären, sollte danach die Klage der Schulstiftung gegen den Bescheid des LBA abgewiesen werden.

Beim ersten Fall würde die Abweisung der Klage des Berechtigten der Disziplinarverfügung, also Schulstiftung, dazu führen, dass der Bescheid des LBA als gültig festgestellt werden würde, danach die Disziplinarverfügung zurückgenommen werden müsste und die Schulstiftung daran gebunden wäre. Letztlich wäre der Erlass einer neuen angemessenen Verfügung von der Schulstiftung unmöglich. Deswegen wird der Ansicht des vorliegenden Obersten Gerichts zugestimmt. Mit der anderen Ansicht des vorliegenden Obersten Gericht für den zweiten Fall werden die Bindungswirkung des Urteils, das daraus folgende Interesse der Pflicht zum Neuerlass einer Verfügung und die Bindungswirkung des Bescheides des LBA in Betracht gezogen. Ihr ist ebenfalls sowohl rechtstheoretisch als auch hinsichtlich der

Zweckmäßigkeit zuzustimmen.

Es ist jedoch darauf hingewiesen, dass das Arbeitsverhältnis des Privatschullehrers, die Rechtsnatur des Bescheides des LBA auf die Beschwerde des Privatschullehrers usw., die die in dieser Arbeit aufgeworfenen allgemeinen Fragen sind, durch die vorliegende Rechtsprechung des Obersten Gerichts nicht beantwortet wurden. Zu beachten ist insbesondere, dass § 10–3 des LSVSG, nach welchem der Bescheid des LBA den Verfügungsberechtigten bindet, wirklich bedeutungslos ist, wenn und soweit der Bescheid des LBA auf die Beschwerde des Privatschullehrers, obwohl er als ein Widerspruchsbescheid charakterisiert werden könnte, durch die Rechtsprechung des Gerichts allein als eine Verwaltungsverfügung angesehen wird.

Schlüsselwörter: Lehrerberufungsausschuss(LBA), Widerspruchsbescheid, Schulstiftung, Rücknahme der Disziplinarverfügung, Bindungswirkung des Urteils, Sondergesetz zur Verbesserung der Stellung des Lehrers und zum Schutz der Bildungstätigkeit (LSVSG)

투고일 2019. 12. 13.
심사일 2019. 12. 23.
게재확정일 2019. 12. 30.

산재보험의 사업종류변경, 보험료 부과 및 납입고지의 처분성

최진수*

Ⅰ. 서론

「고용보험 및 산업재해보상보험의 보험료징수 등에 관한 법률」(이하 '보험료징수법'[1])에는, 근로복지공단(이하 '공단'[2])이 고용보험 · 산재보험료(이하 '산재보험료')를 부과하고, 국민건강보험공단(이하 '건강보험공단'이라 한다)이 이를 징수한다고 되어 있다(제16조의2 제1항). 산재보험료는 '보수총액 × 산재보험료율'로 결정되고(제13조 제5항), 산재보험료율은 사업종류에 따라 결정된다(제14조 제3항). 실무상 사업종류를 변경할 경우 공단에서 사업종류변경 및 산재보험료 추가부과 안내문을 발송하고,

* 연세대학교 법학전문대학원 부교수

1) '고용산재보험료징수법'으로 약칭되기도 하나, 산재보험료에 대해 다루는 이 글에서는 더 줄여서 '보험료징수법'으로 약칭하기로 한다.

2) 이 글에서 '근로복지공단' 외에 '(국민)건강보험공단'이 자주 등장하여 혼동의 우려가 없지 않지만, 법령의 약어례(보험료징수법 제4조 및 산재보험법 제10조)에 따라 전자를 '공단'이라 약칭한다.

이후 건강보험공단에서 4대 보험료 통합고지를 할 때 추가부과된 산재보험료를 함께 납입고지하고 있다.

여기서 ① '공단의 사업종류 변경 결정'과 ② '공단의 보험료 부과' 그리고 ③ '건강보험공단의 납입고지'가 항고소송이나 행정심판의 대상이 되는 처분인가? 이에 대해 법원의 판례와 행정심판위원회의 재결례가 엇갈리고 있어 실무상 혼란이 초래되고 있다. 하급심 법원의 판례는 '공단의 사업종류 변경 결정'의 처분성을 부정하는 것과 긍정하는 것으로 나뉘고 있고, 중앙행정심판위원회의 재결례는 '공단의 사업종류 변경 결정'과 '건강보험공단의 납입고지의 처분성'은 긍정하지만 '공단의 보험료 부과'의 처분성은 이를 부정하는 태도를 보이고 있다.

한편, 대법원은 '사업종류 변경거부'의 처분성을 긍정하고 있다. 먼저, 이 판례의 타당성 여부부터 검토되어야 할 것이다. 만약 '사업종류 변경거부'의 처분성을 긍정하는 위 대법원 판례의 타당성이 긍정되는 경우, 다음으로 공단이 사업주의 신청에 따라 하는 '사업종류 변경결정'의 처분성 여부와 사업주의 변경신청에 대한 '사업종류 변경거부'의 처분성 여부를 달리 볼 수 있는지를 살펴보아야 할 것이다. 나아가 '공단의 산재보험료 부과'와 '건강보험공단의 납입고지'가 항고소송이나 행정심판의 대상이 되는 처분에 해당하는지를 판단하기 위해서는 부과처분과 징수처분과의 관계가 검토되어야 할 것이다.

먼저 관련 판례 및 재결례부터 살펴본다.

Ⅱ. 관련 판례 및 재결례

(1) 항고소송의 대상이 되는 처분에 해당하는지 여부를 판단하는 기준에 관한 대법원의 가장 기본적인 태도부터 살펴보면, 대법원은 권리설정, 의무부담 기타 법적인 효과발생 등 '국민의 권리의무에 직접 영

향을 미치는 행위'라면 항고소송이나 행정심판의 대상이 되는 행정처분에 해당한다고 보고 있는 것으로 정리해볼 수 있다.[3] 즉, 판례상으로는 어떠한 행정작용이 항고소송의 대상이 되는 처분에 해당하는지 여부를 가리는 가장 중요한 기준은 그것이 ① '외부적 행위'이고, ② '법적 효과'를 가지며, ③ 그 법적 효과는 당해 행위 자체로써 '직접' 발생하는 것이어야 한다는 것이다. ④ 한편, 국민의 적극적 행위신청에 대하여 행정청이 그 신청에 따른 행위를 하지 않겠다고 거부한 행위가 항고소송의 대상이 되는 행정처분에 해당하는 것이라고 하려면, 그 거부행위가 신청인의 법률관계에 어떤 변동을 일으키는 것이어야 할 뿐 아니라, 나아가 그 국민에게 그 행위발동을 요구할 법규상 또는 조리상의 신청권이 있어야만 한다고 한다.[4]

(2) 대법원은 1995. 7. 28. 선고, 94누8853 판결(이하 '94누8853 판결'이라 한다)에서, '산업재해보상보험 적용사업 변경'의 처분성을 부정하였다. 그 논거는, 산업재해보상보험 적용사업 변경은 보험료 부과처분에 앞선 행위로서 보험가입자가 그로 인하여 구체적인 보험료 납부의무를 부담하게 된다거나 그 밖에 현실적으로 어떠한 권리침해 내지 불이익을 받는다고는 할 수 없다는 것이다.

(3) 그런데 그 뒤 대법원은 2008. 5. 8. 선고 2007두10488 판결(이하 '2007두10488 판결'이라 한다)에서, '사업종류변경신청 반려행위'의 처분성을 인정하였다. 그 논거는, 사업종류는 산재보험의 보험료 산정의 기

3) 항고소송의 대상적격에 관한 대법원 판례의 기본적 태도에 관하여는, 졸고, 성년 행정법원이 나아갈 길, 법조 제68권 제3호, 2019, 55~62쪽 참조. 한편, 대법원은 "국민의 권리의무에 직접적으로 영향을 미치는 행위라는 점을 염두에 두고, 관련 법령의 내용과 취지, 그 행위의 주체·내용·형식·절차, 그 행위와 상대방 등 이해관계인이 입는 불이익과의 실질적 견련성, 그리고 법치행정의 원리와 당해 행위에 관련한 행정청 및 이해관계인의 태도 등을 참작"하여 결정한다는 기준을 제시하기도 한다(대법원 2010. 11. 18. 선고 2008두167 전원합의체 판결 등).

4) 대법원 2003. 4. 11. 선고 2001두9929 판결; 대법원 2003. 9. 23. 선고 2001두10936 판결 등 참조. 졸고, 앞의 논문, 55쪽.

초가 되는 것인데, 사업주의 사업종류변경신청을 받아들이지 않는 거부행위는 사업주의 권리의무에 직접 영향을 미치는 행위라는 것이다.

그 논거를 자세히 살펴보면, 첫째, 공단(이 사건의 피고)이 사업주에게 통지한 사업종류에 대하여 사업주가 사업장의 사업실태 내지 현황에 대한 공단의 평가 잘못 등을 이유로 공단에 사업종류의 변경을 신청하였으나 공단이 이를 거부한 상황에서, 사업주가 자신이 적정하다고 보는 사업종류의 적용을 주장하면서 공단이 통지한 사업종류에 기초한 산재보험료를 납부하지 아니한 경우, 보험료징수법에 따라 사업주는 연체금이나 가산금을 징수당하게 됨은 물론(제24조, 제25조), 체납처분도 받게 되고(제28조), 산재보험료를 납부하지 아니한 기간 중에 재해가 발생한 경우 그 보험급여의 전부 또는 일부를 징수당할 수 있는(제26조 제1항 제2호) 등의 불이익이 있는 점을 감안해 보면, 사업주의 사업종류변경신청을 받아들이지 않는 공단의 거부행위는 사업주의 권리의무에 직접 영향을 미치는 행위라는 것이다. 둘째, 나아가 보험가입자인 사업주가 사업종류의 변경을 통하여 보험료율의 시정을 구하고자 하는 경우, 사업주는 공단이 통지한 사업종류에 따른 보험료를 신고납부하지 아니한 후 공단이 소정 절차에 따라 산정한 보험료 또는 차액의 납부를 명하는 징수통지를 받을 때까지 기다렸다가 비로소 그 징수처분에 불복하여 그 절차에서 사업종류의 변경 여부를 다툴 수 있다고 하면 앞서 본 바와 같은 불이익을 입을 수 있는 등 산재보험관계상의 불안정한 법률상 지위에 놓이게 되는데 이는 사업주의 권리보호에 미흡하며, 사업종류는 보험가입자인 사업주가 매 보험연도마다 계속 납부하여야 하는 산재보험료 산정에 있어 필수불가결한 기초가 되는 것이므로 사업종류 변경신청에 대한 거부행위가 있을 경우 바로 사업주로 하여금 이를 다툴 수 있게 하는 것이 분쟁을 조기에 발본적으로 해결할 수 있는 방안이기도 하다는 것이다.

2007두10488 판결은 "이와 같은 사정을 모두 고려하여 보면, 보험가입자인 사업주에게 보험료율의 산정의 기초가 되는 사업종류의 변경에 대한 조리상 신청권이 있다고 봄이 상당하다. 따라서 이 사건 사업종류변경신청 반려행위는 항고소송의 대상이 되는 행정처분에 해당한다."라고 판시하였다.

(4) 위 (2)와 (3)의 대법원 판례가 위 (1)에서 판시한 기본적인 태도에 대해 견해를 달리 한 것은 아니다. 두 대법원 판례 모두 위 (1)의 기본적인 태도에 입각하면서도, 94누8853 판결에서는 산업재해보상보험 적용사업 변경의 처분성을 부정한 반면, 2007두10488 판결에서는 사업종류변경신청 반려행위의 처분성을 인정하였다. 산재보험의 보험료율은 해당 사업장의 사업종류에 따라 다른바, 두 판례 모두 노동부장관이 사업종류별로 산업재해보상보험료율을 정하여 고시한 사업종류예시표상의 사업종류를 변경하는 사안이므로, 94누8853 판결에서의 '산업재해보상보험 적용사업 변경'은 2007두10488 판결에서의 '사업종류변경'과 같은 의미인 것으로 보인다. 만약 2007두10488 판결이 타당하다면, 공단이 사업주의 신청에 따라 하는 '사업종류 변경결정'의 처분성 여부와 사업주의 변경신청에 대한 '사업종류 변경거부'의 처분성 여부를 달리 볼 수 있는지가 문제될 것이다. 만약 달리 볼 수 있다면 위 두 판례는 양립 가능한 것이지만, 만약 달리 볼 수 없는 것이라면 전자의 판례는 후자의 판례에 의해서 사실상 변경된 것으로 보아야 할 것이다(이 점에 대해서는 아래 Ⅲ. 부분에서 살펴보기로 한다).

(5) 하급심 판례는, 2007두10488 판결에도 불구하고 여전히 94누8853 판결에 근거하여 사업종류변경의 처분성을 부정하는 판례(서울행정법원 2015. 3. 26 선고 2014구합60412 판결; 의정부지방법원 2016. 1. 19 선고 2015구합8355 판결)와, 그 처분성을 긍정하는 판례(전주지방법원 2008. 11. 20. 선고 2008구합690 판결)로 나뉘고 있다.

(6) 중앙행정심판위원회의 재결례(2018−20130, 2018−10812, 2019−05057 등)는 '공단의 사업종류 변경 결정'과 '건강보험공단의 납입고지의

처분성'도 긍정하지만 '공단의 보험료 부과'의 처분성은 이를 부정하는 태도에 입각하고 있다(이러한 태도가 타당한지에 대해서는 아래 Ⅳ. 부분에서 살펴보기로 한다).

Ⅲ. '근로복지공단의 사업종류 변경결정'의 처분성 여부

1. '사업종류 변경거부'의 처분성과 '사업종류 변경결정'의 처분성의 상호관계

행정소송법은 "처분"을 항고소송의 대상으로 규정하면서(제19조, 제38조) "처분"을 '행정청이 행하는 구체적 사실에 관한 법집행으로서의 공권력의 행사 또는 그 거부와 그 밖에 이에 준하는 행정작용'으로 정의하고 있다(제2조 제1항 제1호). 행정심판법 역시 "처분"을 행정심판의 대상으로 규정하면서(제3조 제1항) "처분"의 개념을 행정소송법상 처분과 동일하게 규정하고 있다(제2조 제1호). 즉, 행정소송법과 행정심판법은 모두 "그 거부"를 처분의 개념 속에 포함시키고 있다.

한편, 대법원은, 국민의 적극적 행위 신청에 대하여 행정청이 그 신청에 따른 행위를 하지 않겠다고 거부한 행위가 항고소송의 대상이 되는 행정처분에 해당하는 것이라고 하려면, 그 신청한 행위가 공권력의 행사 또는 이에 준하는 행정작용이어야 한다고 판시하고 있다(대법원 2008. 5. 8. 선고 2007두10488 판결; 2002. 11. 22. 선고 2000두9229 판결; 대법원 2007. 10. 11. 선고 2007두1316 판결 등 참조).

학설은, 행정소송법상 처분 개념으로서의 거부란 신청된 행정작용이 처분에 해당하는 경우의 거부만을 의미한다고 본다.[5] 행정소송법 제2조 제1항 제1호의 문언상 처분에 해당하게 되는 "그 거부"란 '행정청이 행하는 구체적 사실에 관한 법집행으로서의 공권력의 행사의 거부'를 의미하고 그 중 "행정청이 행하는 구체적 사실에 관한 법집행으로서의 공권력의 행사'란 위 정의 규정상 '처분'에 해당하므로, 결국 행정소송법상 처분 개념으로서의 거부란 신청된 행정작용이 처분에 해당하는 경우의 거부만을 의미하는 것이다. 행정심판법상 처분 개념으로서의 거부의 의미도 이와 같다.

행정소송법상 위와 같은 처분의 개념에 비추어보면, 판례가 말하는 "그 신청한 행위가 공권력의 행사 또는 이에 준하는 행정작용이어야"한다는 것은 곧, 그 신청한 행위가 처분에 해당하여야 한다는 의미인 것이므로, 판례의 태도 역시 위 학설과 같은 입장이라 할 것이다.

따라서 사업주의 변경신청에 대한 '사업종류 변경거부'의 처분성을 긍정한다는 것은 곧, 사업주의 신청행위인 '사업종류 변경결정'의 처분성을 긍정하는 전제에 선 것이라 할 것이다.

그런데 앞서 본 94누8853 판결은 산업재해보상보험 적용사업 변경처분(즉 사업종류변경처분)은 항고소송의 대상이 되는 행정처분이라고 할 수 없다고 한 반면, 2007두10488 판결은 사업종류변경신청 반려행위는 항고소송의 대상이 되는 행정처분에 해당한다고 보았다. 그렇다면 사업종류 변경행위의 처분성을 부정한 94누8853 판결과 사업종류변경신청 반려행위의 처분성을 긍정한 2007두10488 판결의 내용은 서로 모순된다. 앞서 본 바와 같이 행정소송법과 행정심판법상 처분 개념으로서의 거부란 신청된 행정작용이 처분에 해당하는 경우의 거부만을 의미하는 것이므로, 2007두10488 판결에서 사업종류 변경거부의 처분성을 긍정한다는 것은 곧 '사업종류 변경'의 처분성을 긍정하는 전제에 선 것인데, 94누8853 판결은 '사업종류 변경'의 처분성을 부정하고 있기 때문이다.

---

5) 김남철, 행정법강론, 박영사, 2019, 845쪽; 박균성, 행정법론(상), 박영사, 2019, 1226쪽; 홍정선, 행정법원론(상), 박영사, 2018, 1029쪽 등.

이런 점에서, 대법원은 2007두10488 판결로 94누8853 판결을 사실상 변경한 것으로 보인다. 다만, 94누8853 판결은 외형상으로는 「산업재해보상보험법」(이하 '산재보험법'이라 한다)에 따른 '산업재해보상보험 적용사업 변경처분'에 대한 것인 반면, 2007두10488 판결은 외형상으로는 '보험료징수법'에 따른 '사업종류변경신청 반려행위'에 대한 것이어서, 전원합의체 판결을 통해 94누8853 판결을 폐기하지 않은 것으로 보인다.

그렇다면 '사업종류 변경결정'의 처분성을 부정한 94누8853 판결과 이를 긍정한 2007두10488 판결 중 어느 쪽이 타당한가(다시 말해 판례를 변경한 것이 타당한가)? 이 점에 대해서는 항을 바꾸어 검토하기로 한다.

2. 근로복지공단의 '사업종류 변경거부'의 처분성 여부

(1) 앞서 본 바와 같이, 대법원의 가장 기본적인 태도에 따르면 '국민의 권리의무에 직접 영향을 미치는 행위'라야 항고소송의 대상인 처분에 해당하게 된다.

(2) 94누8853 판결과 2007두10488 판결 모두 이러한 기본적인 태도를 취하고 있는 점에서는 같다. 하지만 94누8853 판결에서는 '국민의 권리의무에 직접 영향을 미치는 행위'로서 오로지 '구체적인 보험료 납부의무'만을 상정하고 있다.[6] 반면, 2007두10488 판결에서는, '산재보험료를 납부하지 아니하는 경우 사업주가 받게 될 수 있는 가산금 징수,

---

6) "행정소송법상 항고소송의 대상이 되는 행정처분은 행정청이 공권력의 행사로서 행하는 처분 중 국민의 권리의무에 직접적으로 법률적 영향을 미치는 것에 한하는 것이므로, 그 상대방이나 관계인의 권리의무에 직접 법률상 변동을 가져오지 아니하는 처분은 이에 해당하지 아니하는바, 산업재해보상보험 적용사업 변경처분은 보험료 부과처분에 앞선 처분으로서 보험가입자가 그로 인하여 구체적인 보험료 납부의무를 부담하게 된다거나 그 밖에 현실적으로 어떠한 권리침해 내지 불이익을 받는다고는 할 수 없으므로 항고소송의 대상이 되는 행정처분이라고 할 수 없다."

체납처분, 보험급여 징수 등의 불이익'을 '사업주의 권리의무에 직접 영향을 미치는 행위'로 보고 있다.[7] 이러한 시각의 차이로 말미암아 같은 기준을 사용하고서도 서로 반대되는 결론이 도출된 것으로 볼 수 있다.

먼저, 94누8853 판결에서 말하는 '구체적인 보험료 납부의무'라는 것이 위 기본적인 판례의 태도에서 말하는 '국민의 권리의무에 직접 영향을 미치는 행위'에 해당함에는 의문이 없다. 하지만 사업종류가 변경되더라도 보험료 부과처분이 있을 때까지는 '구체적인 보험료 납부의무'가 발생하지는 않는다. 그렇다면 사업종류 변경으로 인하여 사업주가 현실적으로 어떠한 불이익을 받는가? 이에 대해 94누8853 판결은 "현실적으로 어떠한 권리침해 내지 불이익을 받는다고 볼 수 없다."는 결론을 내리고 있다. 이에 반해 2007두10488 판결은 '사업주가 자신이 적정하다고 보는 사업종류의 적용을 주장하면서 산재보험료를 납부하지 아니하는 경우 사업주가 받게 될 수 있는 가산금 징수, 체납처분, 보험급여 징수 등의 불이익'을 '사업주의 권리의무에 직접 영향을 미치는 행위'로 보고 있다. 상반되는 두 판례의 태도 중 어느 것이 옳은가?

(3) 예컨대 甲이 A사업종류를 B사업종류로 변경 신청하였는데 거부되었다고 하자. 산재보험료는 '보수총액 × 산재보험료율'로 결정되어 부과되는데, 여기서 산재보험료율은 사업종류에 따라 결정된다. 따라서 A사업종류에 따른 산재보험료율을 적용하여 계산된 산재보험료가 부과되었다고 하자. 이로써 甲은 위 산재보험료 부과처분이 무효가 아닌 한 공정력에 의하여 일응 유효한 것으로 통용되므로 해당 산재보험료를 납

7) "사업주가 자신이 적정하다고 보는 사업종류의 적용을 주장하면서 피고가 통지한 사업종류에 기초한 산재보험료를 납부하지 아니한 경우, 사업주는 연체금이나 가산금을 징수당하게 됨은 물론(법 제24조, 제25조), 체납처분도 받게 되고(법 제28조), 산재보험료를 납부하지 아니한 기간 중에 재해가 발생한 경우 그 보험급여의 전부 또는 일부를 징수당할 수 있는(법 제26조 제1항 제2호) 등의 불이익이 있는 점을 감안해 보면, 사업주의 사업종류변경신청을 받아들이지 않는 피고의 거부행위는 사업주의 권리의무에 직접 영향을 미치는 행위라고 할 것이다."

부할 의무가 있다. 그럼에도 2007두10488 판결의 판시 내용처럼 '사업주가 자신이 적정하다고 보는 사업종류의 적용을 주장하면서 산재보험료를 납부하지 아니하는 경우'에는, 당연히 가산금 징수, 체납처분, 보험급여 징수 등의 불이익을 받게 된다. 이러한 불이익은 甲이 납부의무를 이행하지 않은 데 따른 법정 제재의 효과인 것이지 사업종류 변경거부행위에 따른 효과가 아니다. 甲으로서는, 사업종류 변경거부행위가 있든 없든 상관없이, 해당 보험료 부과처분이 당연무효가 아닌 한 그 부과처분에 하자가 있다고 해서 보험료 납부의무를 면하게 되는 것은 아니다. 다시 말해, 사업종류 변경거부행위가 있든 없든 상관없이, 甲은 보험료를 납부할 의무가 있고, 다만 해당 보험료 부과처분에 대해 취소소송 등으로 다투면서 그 기준이 된 사업종류가 잘못되었음을 주장할 수 있을 뿐이다. 그럼에도 甲이 그 의무를 이행하지 않아 법률에 따라 받게 된 불이익을 사업종류 변경거부행위로 인한 불이익으로 볼 수는 없는 것이다. 따라서 2007두10488 판결이 이러한 불이익을 이유로 하여 사업종류 변경거부행위의 처분성을 긍정하는 것은 옳지 않다.

(4) 2007두10488 판결은 위에서 본 논거 외에도 "사업종류는 보험가입자인 사업주가 매 보험연도마다 계속 납부하여야 하는 산재보험료 산정에 있어 필수불가결한 기초가 되는 것이므로 사업종류 변경신청에 대한 거부행위가 있을 경우 바로 사업주로 하여금 이를 다툴 수 있게 하는 것이 분쟁을 조기에 발본적으로 해결할 수 있는 방안이기도 하다."라는 점을 처분성 긍정의 논거로 부가하고 있다. 이러한 논지는 매우 타당하다고 생각된다.

산재보험료율은 사업종류에 따라 결정되므로, 사업종류가 변경되면 기계적으로 산재보험료율이 달라지고, 이에 따라 산재보험료의 금액(=보수총액 × 산재보험료율) 역시 기계적으로 정해진다. 즉 산재보험료는 사업종류 변경 단계에서 이미 그 금액이 정해지는 것이다. 이것은 앞서 본 기본적인 판례의 태도에서 말하는 '국민의 권리의무에 직접 영향을 미치는 행위'에 해당한다고 보아야 한다. 국민의 입장에서는, 자신에게 부과될 보험료의 구체적 금액이 이미 산정되고 그 금액은 사업종류를 잘못 정한 잘못에서 기인한 것이라고 생각됨에도 즉시 그 시정을 구할 수는 없고 나중에 그 금액의 부과처분을 받을 때까지 기다렸다가 비로소 다툴 수밖에 없다고 하는 것은, 권리구제로서는 매우 미흡한 것이라 하지 않을 수 없다. 법치국가에서 행정은 법에 적합하고 공익에 맞게 행사되어야 하고, 만약 행정이 위법 또는 부당하게 행해짐으로써 국민의 권리나 이익이 침해되는 경우에 피해자를 효과적으로 구제할 수 있는 제도를 갖추는 것은 법치국가의 실현에 있어서 불가결한 전제조건이 된다는 점에서, 사업종류 변경거부 또는 사업종류 변경결정의 처분성을 긍정하는 것이 법치행정의 원리에 부합한다고 할 것이다.

이 점에 대해서는 개별공시지가의 처분성을 긍정한 대법원 판례가 시사하는 점이 크다. 개별공시지가는 각종 조세나 부담금 등의 산정기준일 뿐이고 그 자체로는 직접적으로 국민에 대하여 의무를 부과하지는 않는다. 그럼에도 대법원은 "개별토지가격결정은 관계법령에 의한 토지초과이득세, 택지초과소유부담금 또는 개발부담금 산정의 기준이 되어 국민의 권리나 의무 또는 법률상 이익에 직접적으로 관계되는 것"이라는 이유로 항고소송의 대상이 되는 행정처분에 해당한다고 판시하였다[8]. 개별공시지가를 기초로 하여 과세처분 등의 행정행위가 행해지므로 개별공시지가 그 자체만으로 국민의 권리의무에 직접 영향을 미치는 것으로 볼 수 있고, 또한 개별공시지가 결정단계에서 이를 다툴 수 있게 하여 법률관계를 조기에 확정하고 권익구제를 가능하게 해 줄 필요가 있다는 점에서, 이 판례는 법치행정의 원리에 매우 충실하다. 다만, 개별공시지가결정의 처분성을 긍정할 경우에는 개별공시지가결정에 취소사유인 흠이 있고 제소기간 도과로 불가쟁력이 발생하면 과세처분 등

8) 대법원 1993. 6. 11. 선고 92누16706 판결 등.

후행처분에 그 흠이 승계되지 않음으로써 가혹한 결과가 발생할 수 있지만, 이는 예측가능성, 수인가능성을 논거로 하여 예외적으로 흠의 승계를 긍정하는 일련의 판례들에 의해 극복되는 것으로 판단된다.[9)]

(5) 그렇다면 결국, 사업종류변경신청 반려행위(여기서의 '반려'는 '거부'의 의미라고 할 것이다)의 처분성을 긍정한 2007두10488 판결의 태도가 타당한 것이라 할 것이고, 이로써 사업종류변경의 처분성을 부정한 94누8853 판결을 사실상 변경한 것이라 할 것이다.

취소소송, 무효등확인소송의 처분성과 취소심판, 무효등확인심판의 처분성을 달리 볼 이유가 없으므로, 이상의 법리는 행정심판의 경우에도 같다.

(6) 한편, 보험료징수법과 관련 법령에는 사업종류의 결정 및 변경에 관한 규정이 없고, 고용노동부 '고시'에 공단의 이사장이 사업종류를 결정할 수 있다고 되어 있다. 하지만, "항고소송의 대상이 되는 행정처분이라 함은 원칙적으로 행정청의 공법상 행위로서 특정 사항에 대하여 법규에 의한 권리의 설정 또는 의무의 부담을 명하거나 기타 법률상 효과를 발생하게 하는 등으로 일반 국민의 권리 의무에 직접 영향을 미치

9) 대법원 판례는 원칙적으로 전통적인 하자의 승계론의 입장에 서있지만, ① 개별공시지가결정의 위법을 이유로 그에 기초하여 부과된 양도소득세부과처분의 취소를 구한 사건에서, 선행행위와 후행행위가 별개의 효과를 목적으로 하더라도 수인가능성과 예측가능성이 없는 경우에는 하자의 승계를 예외적으로 인정하고 있고(대법원 1994. 1. 25. 선고 93누8542 판결. 이 판결에 대한 평석으로는, 선정원, 행정행위의 흠의 승계, 행정판례평선, 한국행정판례연구회, 박영사, 2016, 311~321쪽 참조), ② 표준지공시지가결정의 위법이 수용재결에 승계되는지가 문제된 사안에서, 양자는 별개의 법률효과를 목적으로 하지만 수인한도를 넘는 불이익을 이유로 하자의 승계를 긍정하고 있으며(대법원 2008. 8. 21. 선고 2007두13845 판결. 이 판결에 대한 평석으로는, 최계영, 표준지공시자가결정과 흠의 승계, 행정판례평선, 한국행정판례연구회, 박영사, 2016, 1206~1214쪽 참조.), ③ 친일반민족행위자 결정의 위법이 독립유공자법 적용배제자 결정에 승계되는지가 문제된 사안에서, 수인한도를 넘는 불이익을 주고 그 결과가 예측가능한 것이라고 할 수 없다는 이유로 하자의 승계를 긍정하고 있다(대법원 2013. 3. 14. 선고 2012두6964 판결).

는 행위를 가리키는 것이지만, 어떠한 처분의 근거나 법적인 효과가 행정규칙에 규정되어 있다고 하더라도, 그 처분이 행정규칙의 내부적 구속력에 의하여 상대방에게 권리의 설정 또는 의무의 부담을 명하거나 기타 법적인 효과를 발생하게 하는 등으로 그 상대방의 권리 의무에 직접 영향을 미치는 행위라면, 이 경우에도 항고소송의 대상이 되는 행정처분에 해당한다."라고 보는 판례의 입장[10](이러한 입장은 매우 타당하다)에서 보면, 위 고용노동부 고시가 법규명령이든 행정규칙이든 가릴 것 없이, 사업종류의 결정 및 변경이 '고시'에 규정되어 있다고 하여 문제될 것은 없다.

(7) 그리고 실무상 공단에서 사업종류를 변경할 경우 이를 상대방에게 안내하고 있는바, 사업종류 변경결정을 처분으로 볼 경우 이는 단순한 안내에 그치지 않고 처분의 상대방에 대한 '통지'에 해당하게 될 것이다.

Ⅳ. '근로복지공단의 산재보험료 부과'와 '건강보험공단의 납입고지'의 처분성 여부

1. '근로복지공단의 산재보험료 부과'의 처분성 여부

산재보험법과 「고용보험법」에 각각 규정된 보험관계의 성립·소멸, 보험료의 납부 및 징수 등에 관한 사항을 통합규정하는 단일의 법률로서 보험료징수법이 제정되어 있는바, 산재보험법은 보험료의 징수와 납부에 관하여는 보험료징수법에 따르도록 규정하고 있다[11]. 보험료징수

10) 대법원 1993. 12. 10. 선고 93누12619 판결; 대법원 1984. 2. 14. 선고 82누370 판결; 대법원 2002. 7. 26. 선고 2001두3532 판결 등.

11) 동법 제4조, 제122조 제4항, 제123조 제5항, 제124조 제6항, 제125조 제7항 참조.

법에 따르면, 건설업과 벌목업의 경우를 제외한 보험료는 공단이 매월 부과하고, 건강보험공단이 이를 징수한다(제16조의2 제1항 및 동법 시행령 제19조의2).

여기서 '보험료 부과'란 사업주에게 구체적인 보험료 금액의 납부의무를 부담하게 하는 행위를 말한다고 할 것인바, 이로써 사업주는 (부과받은)12) 그 달의 월별보험료를 원칙적으로 다음 달 10일까지 납부하여야 한다(제16조의7 제1항).

그런데 보험료징수법은 건강보험공단의 보험료 징수에 관하여는 그 징수하고자 하는 보험료의 종류, 납부하여야할 보험료의 금액, 납부기한 및 장소 등을 기재하여 납입고지하도록 하는 규정을 두고 있지만, 공단의 부과에 있어서는 그 고지나 통지 등에 관한 규정을 두고 있지 않다. 하지만 보험료를 부과하려면 부과하고자 하는 보험료의 종류, 납부하여야할 보험료의 금액 등을 확정하여 이를 보험료납부의무자인 사업주에게 통지하여야 함은 당연히 부과의 의미 속에 포함된다고 할 것이다[실무상, 공단이 월보험료의 금액 등을 '안내' 등의 제목으로 사업주에게 알린 경우에 이는 부과처분의 통지에 해당한다고 할 것이다. 만약 공단이 월보험료의 금액 등을 사업주에게 통지하지 않고 건강보험공단에서 월별보험료 납입고지만 하는 경우라면, 이는 법문에 충실하지 못한 것이기는 하지만 후자의 납입고지가 공단의 부과고지(대행) 및 건강보험공단의 징수고지, 양자의 성질을 동시에 가진다고 볼 수 있을 것이다].

여기서, '공단의 보험료의 부과'는 이로써 사업주에게 구체적인 보험료 금액의 납부의무를 부담시키므로(이는 조세의 부과처분을 통해 조세채무가 확정되는 것과 마찬가지인바, 이 점은 보험료징수법 제27조의2의 "이미 납부의무가 확정된 보험료____를 징수할 수 있다"는 표현에 의해서도 뒷받침된다) 그 법적 성질은 행정행위 중 급부의무를 부담하게 하는 '급부하명'에 해

---

12) 제16조의7 제1항의 위치 및 부과의 의미에 비추어보면, 이 조항은 공단으로부터 부과받은 보험료의 납부기한을 규정한 것이라 할 것이다.

당하고, 금전급부의무의 부과는 당연히 국민의 의무에 직접 영향을 미치는 행위이므로, 항고소송이나 행정심판의 대상인 처분에 해당한다고 할 것이다. 이 점은 조세 부과처분이 처분인 것과 같다.

따라서 이를 행정심판의 대상인 처분으로 보고 있지 않는 행정심판 재결례들은 앞으로는 변경되어야 할 것으로 생각된다.

2. '건강보험공단의 납입고지'의 처분성 여부

보험료징수법상 산재보험료는 공단이 매월 부과하고, 건강보험공단이 이를 징수한다(제16조의2 제1항). 여기서 '보험료 징수'란 '보험료 부과'를 통해 구체적 보험료액의 납부의무가 확정된 것을 전제로 하여, 그럼에도 불구하고 사업주가 임의로 납부(의무이행)하지 않는 경우 그 보험료납부의무의 이행을 구하는 일련의 절차를 의미한다고 할 것이다.

그런데 보험료징수법령은, (가) 건강보험공단은 사업주에게 ① 징수하고자 하는 보험료 등의 종류, ② 납부하여야 할 보험료 등의 금액, ③ 납부기한 및 장소를 적은 문서로써 납부기한 10일 전까지 월별보험료의 납입을 고지하여야 한다고 규정(제16조의8 제1항, 제2항)하는 한편, (나) 건강보험공단이 보험료(제17조제1항 및 제19조제2항에 따른 보험료는 제외함)를 징수하는 경우에는 납부의무자에게 그 금액과 납부기한을 문서로 알려야하는데(제27조 제1항), 제27조 제1항에 따른 납입통지는 동법 시행규칙 별지 제37호서식의 '보험료 납입고지서'에 따른다고 되어 있고(동법 시행규칙 제31조), 시행규칙 별지 제37호서식의 '보험료 납입고지서'에는 그 명의자가 "근로복지공단 OO지역본부(지사)"로, 징수기관이 "근로복지공단,[13] 국민건강보험공단"으로 되어 있으며, "보험료징수법 제27조에 따라 내야 할 보험료 등을 자진납부하지 않아 납입고지한다."

13) 이는 공단이 예외적으로 징수를 하는 경우를 상정한 것으로 보이므로, 이 논의에서는 고려하지 않아도 될 것이다.

라는 내용의 문구와 "납부할 금액에는 납부기한까지의 연체금이 포함되었습니다."라는 문구 및 "이 고지서에 이의가 있는 경우 고지서를 받은 날부터 90일 이내에 「행정심판법」 제17조 및 제19조에 따라 행정심판을 청구하거나 「행정소송법」 제19조에 따른 행정소송을 제기할 수 있습니다."라는 문구 등이 기재되어 있다. 그리고 납입고지하는 보험료의 년도, 구분, 분기, 금액, 납부기한 등을 기재하도록 되어 있다.

정리하자면, 건강보험공단이 하는 징수고지는 (가) 보험료징수법 제16조의8에 따른 월별보험료의 납입고지와 (나) 보험료징수법 제27조에 따른 분기별 보험료 납입통지(양식의 명칭은 '보험료 납입고지서')의 두 가지 형태로 규정되어 있다.

먼저, (가) 건강보험공단이 하는 월별보험료의 납입고지에 관하여 보면, 만약 실제 운영에 있어서 공단이 보험료징수법 제16조의2 제1항에 따라 월별보험료 부과를 통지(고지)하고 건강보험공단이 법 제16조의8에 따라 월별보험료의 납입고지를 한 경우라면, 건강보험공단의 월별보험료 납입고지는 공단의 부과처분을 통해 이미 납부의무가 확정된 보험료의 납부를 구하는 행위에 불과하고 이로써 새로운 보험료 납부의무를 발생시키는 것이 아니어서 국민의 권리의무에 영향을 미치지 않으므로, 항고소송이나 행정심판의 대상인 처분에 해당한다고 보기 어렵다고 할 것이다. 이와는 달리 공단이 보험료 부과를 별도로 통지하지 않고 건강보험공단이 월별보험료 납입고지만 하는 경우라면, 이 경우의 납입고지는 부과고지와 납입고지(징수고지)의 성질을 동시에 가지는 것으로 볼 수 있을 것이다. 조세의 경우에는 부과고지와 징수고지를 하나의 납세고지서에 의하여 동시에 행하도록 규정되어 있어 납세고지서에 의한 납세고지는 부과고지와 징수고지의 성질을 동시에 가지게 되는데,[14] 보험료의 경우에는 부과고지와 납입고지(징수고지)를 하나의 고지

14) 대법원 1993. 12. 21. 선고 93누10316 전원합의체 판결. 임승순, 조세법, 박영사, 2018, 227쪽.

서에 의하여 동시에 행하도록 하는 규정은 없지만 하나의 서면으로 할 수 없다고 볼 이유는 없을 것이므로 하나의 서면으로 하는 경우에도 부과고지와 납입고지(징수고지)는 독립하여 있는 것이고[15] 결국 부과고지와 납입고지(징수고지)의 성질을 동시에 가지는 것으로 볼 수 있을 것이다. 이 경우엔 엄밀하게 보자면 부과고지만이 항고소송이나 행정심판의 대상이 된다고 할 것이다.

다음으로, (나) 건강보험공단이 보험료징수법 제27조에 따라 하는 분기별 보험료 납입통지(양식의 명칭은 '보험료 납입고지서')에 관하여 보면, 이는 납부의무자가 내야 할 보험료 등을 자진납부하지 않는 경우에 하는 것이고, 이로써 징수절차[독촉→체납처분(압류→매각→청산)절차]가 개시되며(보험료징수법 제27조 제2항, 제28조 제1항 등 참조), 그에 기재된 '납부할 금액'에는 납부기한까지의 연체금이 포함되므로, 이는 연체금 부과를 포함하는 보험료징수법상의 징수처분으로서의 성질을 가진다고 볼 수 있을 것이다. 위 서식에서 "이 고지서에 이의가 있는 경우 고지서를 받은 날부터 90일 이내에 「행정심판법」 제17조 및 제19조에 따라 행정심판을 청구하거나 「행정소송법」 제19조에 따른 행정소송을 제기할 수 있습니다."라는 문구가 기재되어 있는 것도 이를 행정심판법과 행정소송법상의 처분임을 전제로 한 것이다.

결국, 건강보험공단이 보험료징수법 제27조에 따라 하는 분기별 보험료 납입통지(서식의 명칭은 '보험료 납입고지서')는 항고소송과 행정심판의 대상인 처분에 해당한다고 할 것이다. 따라서 이를 행정심판의 대상인 처분으로 보는 일련의 재결례들은 타당한 것으로 생각된다.

---

15) 대법원은 '의무부과'와 '그 이행을 구하는 절차'를 하나의 서면으로 동시 발령할 수 있음을 인정하고 있다. 예를 들어, 행정대집행의 요건으로서 '작위의무의 부과'와 '대집행의 절차인 계고처분'은 별개로 독립하여 이루어져야 함이 원칙이지만, 판례는 계고서라는 명칭의 1장의 문서로써 하더라도 건축법상 철거명령(철거의무부과처분)과 행정대집행법상 계고처분은 독립하여 있는 것으로서 각 그 요건이 충족되었다고 판시하고 있다(대법원 1992. 4. 12. 선고 91누13564 판결).

3. 소결

이상과 같이 '공단의 산재보험료 부과'와 '건강보험공단의 납입고지'는 양자 모두 항고소송이나 행정심판의 대상이 되는 처분에 해당한다고 할 것이다. 이와 같이 양자를 모두 처분으로 볼 경우에는 전자에 있는 무효사유가 아닌 하자가 후자에 승계되는지가 문제될 수 있다. 대법원은 과세처분이 무효 또는 부존재가 아닌 한 그 과세처분에 있어서의 하자는 그 징수처분에 당연히 승계된다고는 할 수 없다고 판시하여 과세처분과 체납처분간의 흠의 승계를 부정하고 있는바,[16] 이러한 판례의 태도에 따른다면 산재보험료 부과처분이 당연무효가 아닌 한 그 흠이 납입고지(징수처분)에 승계되지 않는다고 할 것이다(보험료 부과와 징수 사이에 시간적 간격이 크지 않은 것이 통상적인 점 등을 고려하면, 흠의 승계가 부정된다고 하여 앞서 본 바와 같은 수인가능성이나 예측가능성이 없는 가혹함을 초래하지는 않을 것이다).

Ⅴ. 결론

보험료징수법에는, 공단이 산재보험료를 부과하고, 건강보험공단이 이를 징수한다고 되어 있다. 산재보험료는 '보수총액 × 산재보험료율'로 결정되고, 산재보험료율은 사업종류에 따라 결정된다. 실무상 사업종류를 변경할 경우 공단에서 사업종류변경 및 산재보험료 추가부과 안내문을 발송하고, 이후 건강보험공단에서 4대 보험료 통합고지를 할 때 추가 부과된 산재보험료를 함께 납입고지하고 있다.

하급심 법원의 판례는 '공단의 사업종류 변경 결정'의 처분성을 부

---

16) 대법원 2001. 11. 27. 선고 98두9530 판결; 대법원 2012. 1. 26. 선고 2009두14439 판결 등.

정하는 것과 긍정하는 것으로 나뉘고 있고, 중앙행정심판위원회는 '공단의 사업종류 변경 결정'과 '건강보험공단의 납입고지'의 처분성은 긍정하지만 '공단의 보험료 부과'의 처분성은 부정하고 있다.

한편, 대법원은 '사업종류 변경거부'의 처분성을 긍정하고 있는바, 필자는 이를 법치국가 원리에 충실한 타당한 판례라고 평가하였다. 그런데 행정소송법과 행정심판법상 처분 개념에 있어 "거부"란 신청된 행정작용이 처분에 해당하는 경우의 거부만을 의미하므로, 사업종류 변경 결정을 하여 달라는 신청에 대한 공단의 거부행위가 처분에 해당한다고 보는 것은 곧, 그 신청된 행위(=공단의 사업종류 변경 결정)의 처분성을 긍정하는 전제에 서있는 것을 의미한다. 따라서 공단의 사업종류 변경 결정의 처분성과 공단의 사업종류 변경 결정 거부의 처분성을 달리 볼 수는 없다고 할 것이므로, 공단의 사업종류 변경 결정의 처분성 역시 긍정되어야 한다.

그리고 '공단의 보험료 부과'의 성질은 '급부하명'으로서 사업주에게 구체적인 액수의 금전납부의무를 부담시키므로, 이 역시 조세 부과처분과 마찬가지로 처분성을 긍정하여야 할 것이다(즉, 공단의 보험료 부과는 '보험료 부과처분'이다).

또한 건강보험공단이 하는 '분기별 보험료 납입통지'(서식의 명칭은 '보험료 납입고지서')는 연체금 부과를 포함하는 '징수처분'으로서의 성질을 가지므로 건강보험공단의 납입통지(납입고지)의 처분성 역시 조세 징수처분과 마찬가지로 긍정되어야 할 것이다.

결국, '공단의 사업종류 변경'과 '공단의 보험료 부과', 그리고 '건강보험공단의 납입고지'는 모두 그 처분성이 긍정되어야 할 것이다.

참고문헌

김남철, 행정법강론, 박영사, 2019.

박균성, 행정법론(상), 박영사, 2019

박정훈, 행정소송의 구조와 기능, 박영사, 2006.

______, 행정법의 체계와 방법론, 박영사, 2005.

선정원, 행정행위의 흠의 승계, 행정판례평선, 한국행정판례연구회, 박영사, 2016.

임승순, 조세법, 박영사, 2018.

최계영, 표준지공시지가결정과 흠의 승계, 행정판례평선, 한국행정판례연구회, 박영사, 2016.

최진수, 성년 행정법원이 나아갈 길, 법조 제68권 제3호, 2019.

홍정선, 행정법원론(상), 박영사, 2018.

국문초록

보험료징수법에는, 근로복지공단(이하 '공단')이 고용보험·산재보험료(이하 '산재보험료')를 부과하고, 건강보험공단이 이를 징수한다고 되어 있다. 산재보험료는 '보수총액 × 산재보험료율'로 결정되고, 산재보험료율은 사업종류에 따라 결정된다. 실무상 사업종류를 변경할 경우 공단에서 사업종류변경 및 산재보험료 추가부과 안내문을 발송하고, 이후 건강보험공단에서 4대 보험료 통합고지를 할 때 추가부과된 산재보험료를 함께 납입고지하고 있다.

여기서 ① 공단의 사업종류 변경 결정과 ② 공단의 보험료 부과 그리고 ③ 건강보험공단의 납입고지가 항고소송이나 행정심판의 대상이 되는 처분인지 여부가 문제된다. 하급심 법원의 판례는 '공단의 사업종류 변경 결정'의 처분성을 부정하는 것과 긍정하는 것으로 나뉘고 있고, 중앙행정심판위원회는 공단의 사업종류 변경 결정과 건강보험공단의 납입고지의 처분성은 긍정하지만, 공단의 보험료 부과의 처분성은 부정하는 태도를 보이고 있다.

한편, 대법원은 '사업종류 변경거부'의 처분성을 긍정하고 있는바, 이러한 대법원의 태도는 타당하다. 그런데 행정소송법 및 행정심판법상 처분개념에 있어 "거부"란 신청된 행정작용이 처분에 해당하는 경우의 거부만을 의미하므로, 사업종류 변경 결정을 하여 달라는 신청에 대한 공단의 거부행위가 처분에 해당한다고 보는 것은 곧, 그 신청된 행위(=공단의 사업종류 변경 결정)의 처분성을 긍정하는 전제에 서있는 것을 의미한다. 따라서 공단의 사업종류 변경 결정의 처분성과 공단의 사업종류 변경 결정의 거부의 처분성을 달리 볼 수는 없다고 할 것이므로, 공단의 사업종류 변경 결정의 처분성 역시 긍정되어야 한다.

그리고 공단의 보험료 부과의 성질은 '급부하명'으로서 사업주에게 구체적인 액수의 금전납부의무를 부담시키므로, 공단의 보험료 부과 역시 처분성을 긍정하여야 할 것이다(즉, 공단의 보험료 부과는 '보험료 부과처분' 이다).

또한 건강보험공단이 하는 '분기별 보험료 납입통지'(서식의 명칭은 '보험료 납입고지서')는 연체금 부과를 포함하는 '징수처분'으로서의 성질을 가지므로 건강보험공단의 납입통지(납입고지)의 처분성 역시 긍정하여야 할 것이다.

주제어: 보험료징수법, 고용보험, 산재보험료, 근로복지공단, 건강보험공단, 사업종류변경, 행정소송, 처분성, 징수처분

Abstract

The Subject of Administrative Litigation
－With a Focus on the Change of Business Type, Insurance Charges, and Payment Notices Related to Industrial Accident Compensation Insurance －

Choi Jinsu*

The Act on the Collection of Insurance Premiums stipulates that the Korea Workers' Compensation and Welfare Service (hereafter "COMWEL") shall charge employment and industrial accident insurance premiums while the Health Insurance Corporation collects them. Industrial accident insurance premiums are the product of total wages and the industrial accident insurance rate. The industrial accident insurance rate differs by business type. If a business's type changes in practical terms, COMWEL sends a notification letter regarding this change and charges the new corresponding industrial accident insurance premium. Then notices about the payment of additional industrial accident insurance premiums are included in comprehensive notifications about the four major public insurance policies made by the Health Insurance Corporation.

This situation causes issues about whether ① COMWEL's business type change decisions, ② COMWEL's charging of insurance premiums, and ③ payment notices made by the Health Insurance Corporation

* Yonsei Law School.

are subject to administrative litigation. The Lower Court denied ① as the subject of administrative litigation, while the Central Administrative Appeals Commission acknowledged ① and ③ but denied ② as the subjects of administrative litigation.

The Supreme Court acknowledged that rejection of the change of business type is the subject of administrative litigation, which has been deemed to be a reasonable stance. However, "rejection" under the Administrative Litigation Act solely refers to rejections made when applied administrative actions are deemed to be the subject of administrative litigation. Therefore, rejecting ① as a subject of administrative litigation is based on the premise that ① is a subject of administrative litigation, and thus whether ① and its rejection are subjects of administrative litigation cannot be treated separately. The Supreme Court's ruling that acknowledged the rejection of ① as a subject of administrative litigation has been deemed reasonable, so ① should also be regarded as a subject of administrative litigation.

Moreover, as ② is considered to be a payment order that obliges a business owner to make a specified monetary payment, it should also be acknowledged as a subject of administrative litigation. This conclusion in turn means that ② is an administrative order charging an insurance premium.

Also, the quarterly notice about the payment of insurance premiums made by the Health Insurance Corporation, entitled "Payment Notice about Insurance Premiums," is an administrative order for collection that includes the charging of arrears, so ③ should also be regarded a subject of administrative litigation. This notice is also issued based on the premise that ③ is a subject of administrative litigation.

key words : The Act on the Collection of Insurance Premiums, employment and industrial accident insurance premiums, Korea

Workers' Compensation and Welfare Service, the Health Insurance Corporation, business type change decisions, administrative litigation, a subject of administrative litigation, payment notice

투고일 2019. 12. 13.
심사일 2019. 12. 23.
게재확정일 2019. 12. 30.

行政訴訟에 있어서의 訴의 利益

공사완료 후에 제기한 건축허가취소소송의 권리보호의 필요성의 문제점 (金重權)

공사완료 후에 제기한 건축허가취소소송의 권리보호의 필요성의 문제점

金重權*

대상판결: 대법원 2018.7.12. 선고 2015두3485판결

Ⅰ. 대상판결의 요지

[1] 행정처분의 직접 상대방이 아닌 자로서 처분에 의하여 자신의 환경상 이익을 침해받거나 침해받을 우려가 있다는 이유로 취소소송을

* 중앙대학교 법학전문대학원

제기하는 제3자는, 자신의 환경상 이익이 처분의 근거 법규 또는 관련 법규에 의하여 개별적·직접적·구체적으로 보호되는 이익, 즉 법률상 보호되는 이익임을 증명하여야 원고적격이 인정된다.

[2] 행정소송법 제12조 후문은 '처분 등의 효과가 기간의 경과, 처분 등의 집행 그 밖의 사유로 인하여 소멸된 뒤에도 그 처분 등의 취소로 인하여 회복되는 법률상 이익이 있는 자의 경우에는' 취소소송을 제기할 수 있다고 규정하여, 이미 효과가 소멸된 행정처분에 대해서도 권리보호의 필요성이 인정되는 경우에는 취소소송의 제기를 허용하고 있다. 구체적인 사안에서 권리보호의 필요성 유무를 판단할 때에는 국민의 재판청구권을 보장한 헌법 제27조 제1항의 취지와 행정처분으로 인한 권익침해를 효과적으로 구제하려는 행정소송법의 목적 등에 비추어 행정처분의 존재로 인하여 국민의 권익이 실제로 침해되고 있는 경우는 물론이고 권익침해의 구체적·현실적 위험이 있는 경우에도 이를 구제하는 소송이 허용되어야 한다는 요청을 고려하여야 한다. 따라서 처분이 유효하게 존속하는 경우에는 특별한 사정이 없는 한 그 처분의 존재로 인하여 실제로 침해되고 있거나 침해될 수 있는 현실적인 위험을 제거하기 위해 취소소송을 제기할 권리보호의 필요성이 인정된다고 보아야 한다.

[3] 구 산업집적활성화 및 공장설립에 관한 법률(2009.2.6. 법률 제9426호로 개정되기 전의 것) 제13조 제1항, 제13조의2 제1항 제16호, 제14조, 제50조, 제13조의5 제4호의 규정을 종합하면, 공장설립승인처분이 있고 난 뒤에 또는 그와 동시에 공장건축허가처분을 하는 것이 허용되므로, 공장설립승인처분이 취소된 경우에는 그 승인처분을 기초로 한 공장건축허가처분 역시 취소되어야 하고, 공장설립승인처분에 근거하여 토지의 형질변경이 이루어진 경우에는 원상회복을 해야 함이 원칙이다. 따라서 개발제한구역 안에서의 공장설립을 승인한 처분이 위법하다는 이유로 쟁송취소되었다고 하더라도 그 승인처분에 기초한 공장건축허

가처분이 잔존하는 이상, 공장설립승인처분이 취소되었다는 사정만으로 인근 주민들의 환경상 이익이 침해되는 상태나 침해될 위험이 종료되었다거나 이를 시정할 수 있는 단계가 지나버렸다고 단정할 수는 없고, 인근 주민들은 여전히 공장건축허가처분의 취소를 구할 법률상 이익이 있다고 보아야 한다.

[4] 피고보조참가인에 대한 공장설립승인처분을 취소하는 판결이 확정되었으므로, 피고가 피고보조참가인에 대하여 한 이 사건 공장건축허가처분은 그 처분의 기초를 상실한 것으로서 위법하다. 같은 취지에서 원심은 이 사건 공장건축허가처분이 위법하므로 취소되어야 한다고 판단하였다. 이러한 원심의 판단에 개발제한구역에서의 행위 제한, 공장건축허가의 요건, 공장설립면적, 하자의 승계, 수익적 행정행위의 취소 제한, 감사원 심사결정의 기속력, 석명권 행사 등에 관한 법리를 오해한 잘못이 없다. 이 부분 상고이유 주장들은 결국 실질적으로 이미 확정된 공장설립승인처분 취소판결을 비난하는 취지에 불과하므로 받아들일 수 없다.

Ⅱ. 사안과 경과

1. 사실관계

남양주시장이 2009.7.13. 쌍용양회공업에 대해 레미콘제조업 공장을 신설하는 것을 승인하였다('이 사건 공장설립승인처분'). 이 승인과정이 매우 복잡하다. 그 이전에 세 차례 반려되었다, 그 이유를 보면, 제1차 반려처분(2004.3.12.)은 '① 남양주시 고시 제2003－101호 제5조 제4호에 근거하여 이 사건 종전 신청부지를 중심으로 반경 500m 내 주택이 20호 이상 존재하고, ② 사전환경성검토사항이 반영되지 아니하였으며,

③ 개발제한구역의 지정 및 관리에 관한 특별조치법(이하 '개발제한구역법'이라 한다)상 개발제한구역 관리계획승인이 선행되어야 한다.'는 이유로, 제2차 반려처분(2005.3.10.)은 ① 한강유역환경청장과 사전환경성검토협의 결과 부정적 의견(이 사건 종전 신청부지가 조수보호구역 인근 및 상수원보호구역 상류지역에 위치하고 있어 공장신설에 따른 대기오염, 소음에 따른 조수보호에 악영향이 우려되고, 시설의 고장·사고 등으로 오·폐수 유출시 인근 잠실상수원보호구역에 악영향이 우려되므로 하수처리구역 편입 등의 대책마련이 필요하다는 견해)이 제시되었고, ② 이 사건 종전 신청부지 인근의 교통 혼잡이 심화될 것이 우려되므로 이에 대한 대책마련이 필요하며, ③ 개발제한구역 관리계획승인이 선행되어야 한다.'는 이유로, 제3차 반려처분(2007.2.2.)은 '기존 벽돌공장의 폐업으로 공장등록이 말소되어 용도변경의 대상 자체가 부존재한다.'는 이유로 이 사건 승인신청을 반려하였다.

쌍용양회공업은 제2차와 제3차 반려처분에 대해 감사원에 감사청구를 하였고, 감사원은 2006.6.8. "제2차 반려처분을 취소하고, 한강유역환경청장과 사전환경성검토에 관하여 다시 협의하여 처리하여야 한다."는 취지의 심사결정을 하였고, 2009.4.9. '기존 벽돌공장이 폐업되어 공장등록이 말소되었다고 할지라도 개발제한구역 건축물관리대장에 공장으로 등재되어 있고 해당 공장건축물이 존속하는 한 구 개발제한구역법(2008.3.21. 법률 제8975호로 전부개정되기 전의 것) 제11조 제1항 제8호 등의 규정에 따라 도시형 레미콘공장으로 용도변경이 가능한 데도 용도변경 대상 자체가 부존재한다는 사유를 들어 이 사건 승인신청을 거부한 것은 위법하다.'는 이유로 '제3차 반려처분이 취소되어야 한다.'는 취지의 심사결정을 하였다. 이에 기하여 2009.7.13. '이 사건 공장설립승인처분'이 내려졌다.

쌍용양회공업은 2009.7.24. 이 사건 공장설립승인 처분에 기하여 개발제한구역 행위(건축)허가신청을 하였고, 이에 대해 2012.2.3. 쌍용양회공업에게 공장 증·개축 목적의 개발제한구역 행위(건축)허가(이하 '이 사건 제1처분'이라 한다)를 하였고, 2012.4.4. 개발제한구역 행위(건축변경)허가(이하 '이 사건 제2처분'이라 한다)를 하였다(양자를 합해서 '이 사건 공장 건축허가처분'이라 한다). 원고가 2012.4.30. 제1차 처분에 대해 취소소송을 제기하였지만, 그 와중에 이 사건 공장은 2012.10. 초경 건축공사가 완료되어 피고보조참가인(쌍용레미콘)이 2012.10.8. 이 사건 공장에 대한 사용승인을 신청하여 남양주시장이 2012.12.31. 개발제한구역법(2013.5.28. 법률 제11838호로 개정되기 전의 것) 제12조 및 건축법(2013.3.23. 법률 제11690호로 개정되기 전의 것) 제22조에 따라 이 사건 공장에 대한 사용승인(이하 '이 사건 사용승인 처분'이라 한다)을 하였다.

2. 관련 소송의 경과

이 사건 공장설립승인처분에 대한 취소소송이 2009.10.21.에 제기되어, 제1심 의정부지방법원 2011.8.16. 선고 2009구합3373판결에서 원고패소판결이 내려졌으나, 항소심 서울고등법원 2012.9.28. 선고 2011누32326판결에서 원고승소판결이 내려졌고, 이에 불복한 피고가 상고하였으나, 대법원 2013.3.14. 선고 2012두24474판결에서 상고기각 판결이 내려졌다. 이 사건 공장설립승인처분이 관련 법령상의 성립요건에 합치하지 않는다는 것이다.[1]

---

1) ⅰ) 이 사건 공장의 건축면적은 제조시설의 설치를 위한 건축물의 바닥면적과 그 수평투영면적을 합한 1,865.1㎡로서 1,000㎡를 초과하므로, 이 사건 공장은 과밀억제지역 내에 있는 이 사건 부지 위에, 구 공장설립법 제20조 제1항, 제2항, 구 산업집적활성화 및 공장설립에 관한 법률 시행령(2009. 8. 5. 대통령령 제21665호로 개정되기 전의 것) 제26조 제1호 [별표 1] 제3호 (나)목에 따라, 신설할 수 있는 공장에 해당하지 아니하고, 나아가 이 사건 공장은 구 공장설립법 제8조의 위임에 따른 지식경제부장관의 공장입지기준고시 제7조 [별표 2] 제1항에 의해 자연녹지지역에서 허용되는 공익사업 및 도시개발사업으로 인하여 당해 시·군 지역으로 이전하는 레미콘 공장에도 해당하지 아니한다. ⅱ) 이 사건 공장의 신설은, 이 사건 부

이 사건 사용승인처분에 대한 취소소송이 2013.1.경 제기되어, 제1심 의정부지방법원 2013.6.25. 선고 2013구합302판결에서는 원고들에게 이 사건 사용승인처분의 취소를 구할 법률상 이익이 없다는 이유로 소각하 판결을 하였고, 항소심인 서울고등법원 2013.11.21. 선고 2013누45425판결도 같은 이유로 항소기각 판결을 하였으며, 대법원 2015 1.29. 선고 2013두35167판결에서도 마찬가지 이유로 상고기각 판결을 하였다.[2)]

이 사건 공장건축허가처분을 대상으로 취소소송이 제기되어 제1심 의정부지방법원 2013.6.25. 선고 2012구합1643판결은 각하판결을 내렸다. 동 판결은, "건축허가에 기하여 이미 건축공사를 완료하였다면 그 건축허가처분의 취소를 구할 이익이 없다 할 것이고, 이와 같이 건축허가처분의 취소를 구할 이익이 없게 되는 것은 건축허가처분의 취소를 구하는 소를 제기하기 전에 건축공사가 완료된 경우뿐 아니라 소를 제

지 중 일부 위에 면적 합계 2,063.78㎡의 규모로 건축되어 있던 공장등록이 말소된 기존 벽돌공장을 모두 철거하고 위 벽돌공장이 건축되어 있지 아니한 부분까지 포함한 이 사건 부지 중 일부 위에 건축물 연면적 합계 1,056㎡, 공작물 연면적 합계 1,901.76㎡의 규모로 레미콘 공장을 신축하는 것을 내용으로 하는 것으로, 구 개발제한구역의 지정 및 관리에 관한 특별조치법(2009. 2. 6. 법률 제9436호로 개정되기 전의 것, 이하 '구 개발제한구역법'이라 한다) 제12조 제1항 제8호, 제13조, 구 개발제한구역의 지정 및 관리에 관한 특별조치법 시행령(2009. 8. 5. 대통령령 제21670호로 개정되기 전의 것) 제18조 제1항 제5호, 제23조 제2항 제1호에 따라 개발제한구역 내에서 예외적으로 허용되는 '공장을 도시형공장으로 업종을 변경하기 위하여 용도변경을 하는 행위'나 '존속 중인 건축물의 개축'에 해당하지 않는다.

2) 판례의 이런 태도는 준공처분에 대한 기왕의 판례의 태도와 일치한다. 판례는 확인적 행정행위에 해당하는 건물의 준공처분(사용승인처분; 사용검사처분)의 경우, 그것을 취소하더라도 해당 건축물의 하자가 제거되지 않는다는 점, 쟁송취소하지 않고서도 인근주민은 물론 입주자(및 입주예정자)는 민사소송을 통하여 소정의 권리구제를 받을 수 있다는 점을 들어 시종 소의 이익을 부인한다(대법원 93누13988판결; 2013두24976판결 등). 하지만 이는 문제가 있다. 준공처분에 대한 취소소송은 위법사유만으로 충분하여 인인이나 입주자는 용이하게 자신의 이익보호를 도모할 수 있다. 민사구제가능성이 존재함을 기화로 본안심리에 들어가는 것조차 원천적으로 봉쇄하는 판례의 태도는 공법적 권리보호를 무시하는 것이다.

기한 후 사실심 변론종결일 전에 건축공사가 완료된 경우에도 마찬가지이다(대법원 2007.4.26. 선고 2006두18409판결 등 참조).”는 전제에서 “피고보조참가인이 이 사건 각 처분에 기하여 이미 이 사건 변론종결일 전에 이 사건 공장의 건축공사를 마쳤음은 앞서 본 바와 같으므로, 원고들이 이 사건 각 처분의 취소를 구할 이익은 소멸하였다고 보아야 한다.”고 판시하였다. 동 판결은 대법원 2013.3.14. 선고 2012두24474판결에 기하여 이 사건 공장설립 승인처분이 취소됨으로써 참가인이 공장설립법에 따른 공장설립 완료신고 등의 후속절차를 마치고 이 사건 공장을 가동할 여지도 사라져 버렸다고 하여 소의 이익이 없다고 하였다. 그 결과 이 사건 개발제한구역행위(건축)허가는 공식적으로 여전히 존재하여 유효한 셈이 되는 점이 문제되어, 서울고등법원 2015.8.20. 선고 2013누20594판결은 대법원 2013.3.14. 선고 2012두24474판결에 의한 이 사건 공장설립승인처분의 위법성 확인과는 별도로, 이 사건 공장건축허가처분의 위법성을 적극적으로 논증하여 제1심판결을 취소하고 이 사건 공장건축허가처분을 취소하였다.[3] 대상판결은 대법원 2013.3.14. 선고 2012두24474판결에 기하여 이 사건 공장건축허가처분은 그 처분의 기초를 상실한 것으로서 위법하다고 보아 원심의 판단을 그대로 수긍하였다.

3. 관련 규정

구 산업집적활성화 및 공장설립에 관한 법률(2009. 2. 6. 법률 제9426호로 개정되기 전의 것, 이하 ‘구 산업집적법’이라고 한다)에 따르면, 공장건축면적이 500㎡ 이상인 공장의 신설·증설 또는 업종 변경(이하 ‘공장설립

3) 대법원 2013.3.14. 선고 2012두24474판결에 기하여 이 사건 공장설립 승인처분이 취소됨으로써 참가인이 공장설립법에 따른 공장설립 완료신고 등의 후속절차를 마치고 이 사건 공장을 가동할 여지도 사라져 버렸다는 제1심 의정부지방법원 2013.6.25. 선고 2012구합1643판결의 지적은 기본적으로 공장가동은 공장설립승인처분과 독립된 것임을 간과하였다.

등'이라고 한다)을 하려면 대통령령이 정하는 바에 따라 관할 관청의 승인을 받아야 하고(제13조 제1항), 공장설립 등의 승인을 받은 자는 별도로 건축법령에 따른 건축허가 또는 건축신고를 거치거나 건축허가 또는 건축신고가 의제되어야 공장건축물을 신축할 수 있다(제13조의2 제1항 제16호, 제14조). 나아가 관할 관청은 공장설립 등의 승인을 받지 않은 자에 대하여는 관계 법령에 의한 공장의 건축허가·영업 등 허가를 하여서는 아니 되고(제50조), 공장설립 등의 승인을 받은 자가 그 부지 또는 건축물을 정당한 사유 없이 승인을 받은 내용과 다른 용도로 활용하는 등의 사유로 사업시행이 곤란하다고 인정하는 경우에는 공장설립 등의 승인을 취소하고 그 토지의 원상회복을 명할 수 있다(제13조의5 제4호).

Ⅲ. 문제의 제기

먼저 쟁점은 이 사건 공장건축허가처분을 대상으로 한 취소소송이 권리보호의 필요성이 인정되느냐 이다. 대상판결과 원심은 공장설립승인처분이 위법하다는 대법원 2013.3.14. 선고 2012두24474판결을 바탕으로 권리보호의 필요성을 적극적으로 논증하였다. 그런데 일찍이 대법원 2007.4.26. 선고 2006두18409판결은 건축공사가 완료된 상황에서는 건축허가처분취소소송이 허용되지 않는다고 보았다. 치명적인 부조화가 존재한다.[4] 대상판결은 계쟁처분이 유효하게 존속하는 것을 출발점으로 삼았지만, 이미 공사가 2012.10. 완료된 이상, 권리보호의 필요성의 문제는 다투어질 수 있다.

피고보조참가인은 사후 재판으로 통해 위법한 것으로 된 공장설립승인처분과 관련해서 자신에게 귀책사유가 없음에도 불구하고 특히 이

4) 이런 부조화를 낳은 대법원 2013.3.14. 선고 2012두24474판결이 기왕의 판례의 기조와 다른 데 대해서 아무런 언급을 하지 않은 것은 문제라 여겨진다.

미 공사가 완료된 상황에서 결과적으로 기왕의 투자에 대해 막대한 손실을 입는 셈이 되는데, 두 번째로 과연 제3자 취소소송에서 처분의 상대방은 아무런 보호를 받지 못하는가의 물음이 제기된다. 종래 제3자효 행정행위와[5] 관련해서 제3자의 원고적격 문제에 논의의 초점이 모아지고, 처분의 상대방인 수범자(수익자)의 법적 지위에 관한 논의는 상대적으로 빈약하였다. 특히 행정행위의 위법성에 대해 아무런 책임이 없는 원래의 수범자는 위법한 행정행위의 취소(폐지)원칙을 그대로 전면적으로 대입하면 제3자의 고양된 권리보호와 비교해서 법적으로 매우 열악한 처지로 전락하게 된다.[6]

세 번째로 비록 법치국가원리의 측면에서 어울리지 않지만, 기성사실의 존중이 그 본질인 사정판결의 허용성에 관해 아무런 언급이 없는 것이 의아스럽다.

Ⅳ. 권리보호의 필요(협의의 소이익)의 차원의 문제점

1. 대법원 2007.4.26. 선고 2006두18409판결과의 상치 문제

대상판결이 공장설립승인처분을 취소하는 판결로 인해 이 사건 공장건축허가처분은 그 처분의 기초를 상실하여 위법하다는 지적은 타당

5) 여기서 복효적(제3자효) 행정행위는 상대방(수범자)에게는 수익적이나 제3자에게는 침익적인 경우를 말하기로 한다. 명칭은 통일되게 사용되지 않는다. 복효적 행정행위(VA mit Doppelwirkung), 제3자효 행정행위(VA mit Drittwirkung), 야누스 행정행위(januskopfiger VA) 등이 사용되는데, 독일 행정절차법 제80조 a는 '복효적 행정행위'를 제도화하였다.

6) 이 문제에 대해 필자는 다루었지만(제3자 취소소송에서 처분상대방의 권리보호에 관한 소고, 사법 제43호(2018.3.15.), 187면 이하), 아직 활발히 논의되고 있지 않다. 이 글을 통해 공론화를 강구하고자 한다.

하다.[7] 문제는 원심과 대상판결이 건축공사가 완료된 상황에서는 건축허가처분취소소송이 허용되지 않는다는 대법원 2007.4.26. 선고 2006두18409판결과 정면으로 배치된다는 것이다. 여기서 먼저 해명되어야 할 물음은 사안에서 공장건축이 완료되었는데, 과연 대법원 2007.4.26. 선고 2006두18409판결을 어떻게 극복할 것인지의 물음이다. 원심은 나름의 이유로 사안이 다르다고 지적한다.[8] 공장설립승인처분에 기초하여 이 사건 공장건축허가처분이 행해졌지만 양자는 독립적이라는 점에서 사안의 본질은 다르지 않다고 할 수 있다. 그래도 원심은 대법원 2007.4.26. 선고 2006두18409판결의 존재를 의식하여 사안의 다름을 위한 나름의 논거를 제시한 데 대해 대상판결은 대법원 2007.4.26. 선고 2006두18409판결을 전혀 언급하지 않은 채 권리보호의 필요에 관한 일반론을 제시하면서 권리보호의 필요성을 긍정하였다. 따라서 향후 건축공사가 완료된 때 건축허가취소소송이 제기될 경우에 권리보호의 필요와 관련해서 대법원 2007.4.26. 선고 2006두18409판결의 입장과 대상판

7) 사용승인처분은 공장건축허가처분을 전제로 하는데, 공장설립승인처분의 위법성이 최종 확인되기 전에 사용승인처분이 내려졌기에, 공장설립승인처분의 위법성이 이 사건 사용승인처분에 대해서는 영향을 미치지 않는다. 따라서 행정청이 사용승인처분에 대해 직권취소나 정지처분을 행하지 않는 이상, 이 사건 사용승인처분은 유효하고 그에 따라 공장을 가동할 수 있다.

8) 위 법리는 건축허가의 상대방이 아닌 제3자가 건축허가로 인하여 민법 및 건축법상의 권리나 이익을 침해당하였음을 이유로 건축허가의 취소를 구하는 경우 사실심 변론종결일 전에 건축공사가 완료된 때에는 원상회복이 불가능하여 그 건축허가처분의 취소를 구할 이익이 없게 된다는 것으로 보임에 반하여, 이 사건은 앞서 본 바와 같이 개발제한구역법의 제한 하에 쌍용양회공업이 피고로부터 공장설립법에 기한 이 사건 공장설립승인 처분을 받은 다음에 이를 기초로 이 사건 각 처분을 받았다가 그 후 이 사건 공장설립승인 처분에 대한 취소소송을 거쳐 이 사건 공장설립승인 처분이 확정적으로 취소된 사안으로 위 법리가 적용되는 사건들과 사안을 달리할 뿐만 아니라, 개발제한구역법 제30조 제1항에 의하면 이 사건 각 처분이 취소될 경우 이 사건 공장은 개발제한구역법 제12조 제1항 단서 등에 따른 허가를 받지 아니한 건축물이 되어 피고가 참가인에 대하여 이 사건 공장의 철거 등을 명할 수도 있으므로 이 사건 공장의 건축이 완료되었다고 하더라도 그 원상회복이 불가능하다고 단정할 수도 없다.

결의 입장이 병립하는 상황이 빚어졌다. 행정법도그마틱의 핵심기능은 관련 논의를 집약하고 쟁점거리를 줄이는 데 있다. 혼란상황을 낳은 대상판결은 행정법도그마틱의 이런 부담경감기능에 역행한다.

대상판결이 지적한 대로, 처분이 유효하게 존속하는 경우에는 특별한 사정이 없는 한 그 처분의 존재로 인하여 실제로 침해되고 있거나 침해될 수 있는 현실적인 위험을 제거하기 위해 취소소송을 제기할 권리보호의 필요성이 인정된다고 보아야 한다. 따라서 사안에서 권리보호의 필요를 인정하기 위해서는, 판례가 행정처분의 존재로 인하여 국민의 권익이 실제로 침해되고 있는지, 또는 권익침해의 구체적·현실적 위험이 있는지에 관한 설득력 있는 논증이 행해져야 한다.

2. 소결

소송을 통한 목적달성의 전망이 없을 때 권리보호의 필요성이 부인된다. 원고의 청구취지는 이론적인 의미만을 가져서는 아니 되고, 실제적인 효용 내지 실익이 있어야 한다. 따라서 목적이 사실적, 법적 이유에서 실현불가능하거나 소송의 결과가 실제적 의의가 없어서 소송을 이용하더라도 원상회복이 불가능한 경우처럼 목적을 달성할 수 없는 경우에는 그 소송은 의미가 없다. 제3자효 행정행위에 대해 취소판결이 내려진 경우 비록 취소판결의 제3자효가 인정되더라도, 피침익자인 제3자는 적법한 상태의 회복을 위해 원래의 상대방(수익자)에 대해 행정적 조치를 취해 줄 것에 관해 원칙적으로 청구권을 가지지 않는다.[9] 즉, 현행법질서에 의하면 위법한 행위가 결코 결과제거의무를 객관법적으로 자동적으로 낳지 않는다.[10] 결국 취소판결의 제3자효가 인정되더라

9) Gerhardt, in: Schoch/Schneider/Bier, VwGO, vormerkung §113 Rn.11.

10) 물론 재량이어서 행정 당국이 위법한 상태를 적극적으로 제거하고자 나선다면 그 것 자체는 아무런 문제가 없다. 하지만 이 경우에도 이미 원상회복이 불가능한 기

도, 원고가 수범자를 상대로 자신의 권리보호를 강구하는 것은 결정적인 장애에 봉착한다. 즉, 결코 쟁송취소와 원상회복을 곧바로 연결시킬 수는 없다.

대상판결은, "개발제한구역 안에서의 공장설립을 승인한 처분이 위법하다는 이유로 쟁송취소되었다고 하더라도 그 승인처분에 기초한 공장건축허가처분이 잔존하는 이상, 공장설립승인처분이 취소되었다는 사정만으로 인근 주민들의 환경상 이익이 침해되는 상태나 침해될 위험이 종료되었다거나 이를 시정할 수 있는 단계가 지나버렸다고 단정할 수는 없고, 인근 주민들은 여전히 공장건축허가처분의 취소를 구할 법률상 이익이 있다고 보아야 한다."고 지적하지만, 이런 논거는 해당 공장이 아직 완공되지 않은 경우에나 통할 수 있다.

요컨대 사안처럼 이미 공장공사가 완료된 이상, 이 사건 공장건축허가처분에 대한 취소소송은 권리보호의 필요성이 부인된다고 하겠다. 물론 이것이 다른 구제수단의 부정을 의미하지는 않는다. 해당 공장의 가동으로 인한 상린관계에서의 민사적 책임은 여전하다는 점 역시 고려했어야 한다.[11] 한편 이런 권리보호의 필요성의 문제를 행정행위의 실효의 차원에서 접근하는 것이 강구될 수 있겠지만, 행정행위의 집행 그 자체가 실효를 낳지 않으므로,[12] 그런 접근은 타당하지 않다. 건축허가가 건축의 적법성에 관한 확인적 효과를 가지기에,[13] 건축이 완료된 후에도 건축허가의 존재는 수허가자를 위법건축물이라는 주장으로부터

성사실이 존재하면 원상회복명령은 기대가능성의 원칙에 위배하게 된다. 사인에 의해 조성된 기성사실과 관련해서는 향후 행정소송법개정에서 취소판결의 구속력의 일환으로 결과제거의무가 제도화되더라도 다르지 않다.

11) 여기서 사용승인처분취소소송에서의 대법원 2015 1.29. 선고 2013두35167판결이 취소소송에 갈음하는 권리구제를 잘 지적하고 있다.

12) Kopp/Ramsauer, VwVfG, 17.Aufl., 2016. §43 Rn.41b. 물론 병역처분에 따라 병역의무를 이행한 경우처럼, 행정행위의 나름의 목적달성이 있으면 그 행정행위는 실효한다.

13) 김중권, 행정법 제3판, 2019, 253면.

보호한다.

Ⅴ. 처분상대방의 신뢰보호의 차원에서의 문제점

1. 제3자 취소소송에서 수범자의 신뢰보호의 문제

제3자 취소소송의 상황은 결국 원래의 수범자의 이익과 제3자의 이익이 충돌하는 상황이다. 제3자 취소소송의 이런 구조적 특별함에서 행정법의 여러 상이한 원칙이 상충하는 양상이 빚어진다. 수범자는 수익적 행정행위에 대한 법적 안정성 및 신뢰보호의 원칙이 자신에게 유리하게 작용할 것을 요구하는 데 대해서, 제3자는 자신의 법률상 이익을 위하여 행정의 법률적합성의 원칙의 관철할 것을 요구한다.

2. 독일에서의 논의현황

독일의 과거 논의를[14] 보면, 일부 문헌은 행정의 법률적합성을 우위에 두고서 3자보호규범의 위반을 수익자의 이익과의 관계에서 절대적 우위에 두는 데 대해서,[15] 반대로 일부 문헌은 수익자가 자본과 노력을 투입하였기에 재산권과 유사한 지위를 누린다는 점에 의거하여 수익자의 이익을 절대적 우위에 둔다.[16] 전자의 입장을 대변하는 Laubinger는 행정소송상 제3자 취소소송에서 계쟁처분이 위법하면 행정법원은 폐지(취소판결)로 수익자의 이익이나 권리가 훼손될 수 있는지

14) Buhren, Der gerichtliche Rechtsschutz gegen Verwaltungskate mit drittbelastender Doppelwirkung, 1973, 78ff.

15) BVerwG urt.v.9.9.1965, DVBl 1966, 272; Ossenbühl, “Die Rückmahme fehlerhafter begünstigender Verwaltungsakte”, 1965, S.125.

16) Erning DVBl 1960, 467.

여부나 수익자가 행위의 존속을 신뢰하였는지 여부에 관계없이 폐지할 의무가 있음을 지적하면서 행정행위의 불가쟁력이 발생하기 전에는 수익자의 이익을 고려하지 않더라도 전적으로 타당하다고 주장하였다.[17] 제3자효 행정행위의 직권취소·철회와 관련한 Laubinger의 이런 주장은 쟁송취소에도 그대로 통용되어 통설적 지지를 받고 있다. 그런데 Buhren은 제3자효 행정행위로 인해 수익과 침익은 상호관계성을 지니기에 어느 일방을 절대적 우위에 두는 접근은 바람직하지 않다고 하면서, 이런 상호관계성에서 참여자의 이익의 형량이 강구될 필요가 있다고 강조한다. 즉, 수범자의 신뢰보호의 원칙을 전제로 이런 상충된 이익의 형량이 취소소송에서 강구되어야 한다고 한다.[18]

3. 소결

제3자 취소소송에서 수범자의 신뢰보호의 차원에서 접근하지 않으려는 독일의 다수의 입장을 우리 상황에 바로 대입하는 것은 바람직하지 않고, 균형적 자세를 취할 필요가 있다. 최근 판례는 사회보장행정에서 부당이득징수처분 사건에서 신뢰보호의 원칙을 두드러지게 강조하여 부당이득징수처분의 위법성을 적극적으로 확인하고 있는데,[19] 제3자 취소소송에서도 고양된 신뢰보호의 원칙에 의거하여 수범자의 권리보호를 강구할 필요가 있다. 대상판결에서 수범자의 이익이 비중 있게 다루어지지 않은 점이 아쉽다.

---

17) ders., Der Verwaltungsakt mit Doppelwirkung, 1967, S.185.

18) 동지: VG Koblenz Urt.19.4.1966, DVBl 68, 50; Peters, DÖV 1965, 753, 1968, 553f.; Bernhardt, JZ 1963, 308; Evers, JuS 1962, 90(Buhre, Der gerichtliche Rechtsschutz gegen Verwaltungskate mit drittbelastender Doppelwirkung, 1973, 78 Fn.5 재인용).

19) 대법원 2014.10.27. 선고 2012두17186판결; 2014.7.24. 선고 2013두27159판결; 2014.4.10. 선고 2011두31697판결 등.

Ⅵ. 사정판결제도의 차원에서의 문제점

1. 사정판결제도의 의의

사정판결제도는 우리나 일본의 특유의 제도이다.[20] 공법제도의 많은 내용이 독일이나 프랑스에서 연유하였는데, 사정판결제도는 이들 나라에 없는 일본의 특유한 제도이고[21] 우리 역시 그러하다. 일찍이 Ule 교수는 "일반적으로 규정하는 것은 법치국가의 제도로서는 생각되지 않는 권력국가의 제도"라 혹평하였다고 하며,[22] 프랑스에서도 이런 제도는 존재하지 않고 '법치주의에 반하는 제도라고 비평을 받고 있다고 한다.[23] 한편 아베 교수는 먼저 기성사실의 존중의 법리는 어느 나라에도 타당하게 여겨지고 있음을 전제로, 사정판결과 결과적으로 유사한 기능을 가지는 제도가 형태를 바꾸어 존재한다고 지적하였다.[24]

---

20) 일본의 영향을 받은 대만의 경우에도 일본 현행 행정사건소송법과 동일한 내용으로 사정판결제도를 규정하고 있다(제198조).

21) 일본에서 그것의 도입의 역사를 간략히 살펴보면, 일본 명치헌법시대인 1890년에 제정된 행정재판법에는 사정판결제도에 관한 규정을 두지 않았지만 그것의 필요성은 일찍부터 주장되어 1932년 행정재판법 및 소원법의 개정논의에서 행정소송법안 제174조에서 그런 규정을 두었다. 동 규정은 행정사건에 일반적으로 적용되지는 않고, 기성의 시설 등이 없어지는 것이 적당하지 않는 것으로 정해졌다. 그런데 동 개정안은 대륙과 같이 행정재판소를 전제로 만들어진 것이다. 결국 동법안 제174조는 태평양전쟁의 종전 이전에는 빛을 보지 못하고, 종전 후에 1948년 행정사건소송특별법과 1961년 행정사건소송법에 받아들여졌다.

22) 市原昌三郎 発言, "行政事件訴訟特例法改正要綱試案(小委員会案)をめぐる諸問題(下)", ジュ…リスト 210号(60年)30頁。

23) 早川光郎 発言, "行政事件訴訟法施行二五年をふりかえって", ジュ…リスト925号(89年) 92頁.

24) 阿部泰隆, 行政救済の実効性(1985), 293－297. 독일의 경우 계쟁처분의 위법성을 인정하는 데 특히 절차하자나 재량하자와 관련해서 나름 엄격한 과정을 거치며, 원고의 권리침해와 계쟁처분의 위법성이 존재하더라도, 원고가 (예외적이지만) 행정행위의 제거에 관한 법적 청구권을 가지지 않는 경우에는 취소판결은 배제되고 단지 계쟁처분의 위법성을 확인에 그친다. Kopp/Schenke, VwGO, §113 Rn.6.

2. 사정판결의 허용성 여부

사정판결이 내려지기 위해서는 청구인용판결이 현저히 공공복리에 적합하지 아니하다고 인정되어야 한다. 현저히 공공복리에 적합하지 아니한가의 여부를 판단함에 있어서는 위법·부당한 행정처분을 취소·변경해야 할 필요성과 그로 인하여 발생할 수 있는 공공복리에 반하는 사태 등을 비교·교량하여야 하는데,[25] 최근 대법원은 바람직하게도 나름의 사정판결의 판단기준을 제시하였다: 요건에 해당하는지는 위법·부당한 행정처분을 취소·변경하여야 할 필요와 취소·변경으로 발생할 수 있는 공공복리에 반하는 사태 등을 비교·교량하여 엄격하게 판단하되, 처분에 이르기까지의 경과 및 처분 상대방의 관여 정도, 위법사유의 내용과 발생원인 및 전체 처분에서 위법사유가 관련된 부분이 차지하는 비중, 처분을 취소할 경우 예상되는 결과, 특히 처분을 기초로 새로운 법률관계나 사실상태가 형성되어 다수 이해관계인의 신뢰 보호 등 처분의 효력을 존속시킬 공익적 필요성이 있는지 여부 및 정도, 처분의 위법으로 인해 처분 상대방이 입게 된 손해 등 권익 침해의 내용, 행정청의 보완조치 등으로 위법상태의 해소 및 처분 상대방의 피해 전보가 가능한지 여부, 처분 이후 처분청이 위법상태의 해소를 위해 취한 조치 및 적극성의 정도와 처분 상대방의 태도 등 제반 사정을 종합적으로 고려하여야 한다.[26]

사안에서 사정판결이 전혀 논의되지 않은 점이 궁금하다. 사안에서 공장설립승인처분이 내려지는 과정에서 감사원의 적극적인 개입이 작용하였고, 동 처분의 위법성에 수범자의 귀책사유가 보이지 않는 점에

25) 대법원 2009.12.10. 선고 2009두8359판결 등.

26) 대법원 2016.7.14. 선고 2015두4167판결. 이에 관한 평석으로 이상덕, 기반시설부담금과 사정판결, 법과 정의 그리고 사람(박병대 대법관 재임기념논문집)(2017), 505면 이하 참조.

서 이미 공사완료가 된 상황에서 사정판결은 나름 타당할 수 있다고 여겨진다.

Ⅶ. 맺으면서

제3자 취소소송에서 소를 제기하는 제3자의 권리보호는 행정의 법률적합성의 요청에 따른다. 그런데 행정의 법률적합성의 요청에 반하는 상황을 유발하는 데 원래의 수범자에게 아무런 귀책사유가 없다면, 신뢰보호의 원칙에 터 잡은 그의 권리보호는 제3자의 권리보호에 못지않게 중요하다. 법질서의 신뢰성은 자유행사의 기본적 전제요건에 해당한다. 자신의 행위가 나중에 불이익한 결과에 연계되지 않으리라고 믿을 수 있는 者만이 자신의 자유권을 행사한다.[27] 비록 우리의 사정판결제도와 같은 타협적 해결제도가 없는 독일의 경우 판례는 재량하자에 관한 심사에서 하자용인(결함감내)의 법리(Fault Tolerance, fehlertoleranz)와[28] 같은 나름의 숙고적 접근을 강구한다. 절차하자에 관한 엄격한 입법 역시 다른 의미에서 기성사실의 존중에 이바지한다. 사안에서 공장설립승인처분과 이 사건 공장건축허가처분은 처음에는 관할청이 주저함에도 불구하고 전적으로 감사원의 권고에 따라 발해졌다. 이런 상황에서 수범자에게 회복할 수 없는 손해를 야기하는 것은 바람직하지 않다. 귀책사유가 없는 수범자의 신뢰보호의 차원에서 대상판결은 문제가 있다. 이미 공장의 공사가 완료된 이상, 사정판결을 내리는 것이 나름

---

27) Voßkuhle/Kaufhold, Grundwissen – Öffentliches Recht: Vertrauensschutz, JuS 2011, S.794.

28) 이는 기계시스템, 특히 데이터처리자시스템에서 예기치 않은 자료의 입력이나 예상하지 못한 오작동이나 고장이 발생하더라도 나름 정상기능을 발휘할 수 있게 하는 것을 의미하는데, 물론 용인할 수 없는 치명적인 결함이 발생하면 시스템은 더 이상 작동하지 않는다.

타당할 수 있으며, 나아가 2차적 권리보호수단으로서 국가배상책임을 적극적으로 강구하게 하는 것이 바람직하다. 물론 해당 공장의 가동으로 인한 상린관계에서의 민사적 책임은 별개이다.

참고문헌

김중권, 행정법 제3판, 2019.

_____, 행정판례의 분석과 비판, 2019.

김중권, 제3자 취소소송에서 처분상대방의 권리보호에 관한 소고, 사법 제43호(2018.3.15.), 187면 이하.

이상덕, 기반시설부담금과 사정판결, 법과 정의 그리고 사람(박병대 대법관 재임기념논문집)(2017), 505면 이하.

Ehlers/Pünder(Hrsg.), Allg. VerwR, 15.Aufl., 2015.

Buhren, Der gerichtliche Rechtsschutz gegen Verwaltungskate mit drittbelastender Doppelwirkung, 1973.

Laubinger, Der Verwaltungsakt mit Doppelwirkung, 1967.

Maurer, Allg. VerwR, 19.Aufl., 2017.

Kopp/Ramsauer, VwVfG, 17.Aufl., 2016.

Schoch/Schneider/Bier, VwGO, 32. EL Oktober 2016,

Voßkuhle/Kaufhold, "Grundwissen – Öffentliches Recht: Vertrauensschutz", JuS 2011, 794ff.

「行政事件訴訟特例法改正要綱試案(小委員会案)をめぐる諸問題(下)」, ジュ…リスト 210号(1960).

阿部泰隆, 行政救済の実効性(1985).

국문초록

제3자 취소소송에서 소를 제기하는 제3자의 권리보호는 행정의 법률적합성의 요청에 따른다. 그런데 행정의 법률적합성의 요청에 반하는 상황을 유발하는 데 원래의 수범자에게 아무런 귀책사유가 없다면, 신뢰보호의 원칙에 터 잡은 그의 권리보호는 제3자의 권리보호에 못지않게 중요하다. 법질서의 신뢰성은 자유행사의 기본적 전제요건에 해당한다. 자신의 행위가 나중에 불이익한 결과에 연계되지 않으리라고 믿을 수 있는 者만이 자신의 자유권을 행사한다. 사안에서 공장설립승인처분과 이 사건 공장건축허가처분은 처음에는 관할청이 주저함에도 불구하고 전적으로 감사원의 권고에 따라 발해졌다. 이런 상황에서 귀책사유가 없는 수범자에게 회복할 수 없는 손해를 발생시키는 것은 바람직하지 않다. 귀책사유가 없는 수범자의 신뢰보호의 차원에서 대상판결은 문제가 있다. 이미 공장의 공사가 완료된 이상, 판결을 이를 고려에 해야 하고, 따라서 사정판결을 내리는 것이 타당할 수 있다, 나아가 2차적 권리보호수단으로서 국가배상책임을 적극적으로 강구하는 것이 바람직하다.

주제어: 제3자 취소소송, 제3자효 행정행위, 권리보호의 필요성, 신뢰보호의 원칙, 사정판결제도, 하자용인(결함감내)의 법리

Zusammenfassung

Rechtschutzbedürfnissprobleme der Anfechtungsklage auf Baugenehmigung nach der Baufertigstellung

Kim, Jung-Kwon*

Nur wer darauf vertrauen kann, dass an seine Handlungen nachträglich ungünstige Folgen nicht geknüpft werden, wird von seinen Freiheitsrechten Gebraucht machen (Voßhuhle/ Kaufhold). Trotz des Zögerns der zuständigen Behörde wurden die Genehmigung für Fabrikeinrichtung und die Baugenehmigung ausschließlich auf Empfehlung des Rechnungshofs getroffen. In dieser Situation ist es nicht wünschenswert, dem Adressanten ohne Verschulden irreparablen Schaden zuzufügen. Das Urteil ist problematisch im Sinne des Vertrauensschutzes des schuldlosen Adressanten. Soweit die Bauarbeiten für Fabrik bereits abgeschlossen sind, sollte das Gericht diese Umstände berücksichtigen. Es ist wünschenswert, die Staatshaftung als sekundäres Rechtsschutz aktiv anzustreben.

Schlüsselwörter: Drittanfechtungsklage, Verwaltungsakte mit Drittwirkung, Rechtschutzbedürfniss, Vertrauensschutz, situationsgebundes Urteil, Fault Tolerance, fehlertoleranz

* Chung-Ang University, College of Law

투고일 2019. 12. 13.
심사일 2019. 12. 23.
게재확정일 2019. 12. 30.

損害塡補

도시계획과 수용토지의 보상
-건축허용성, 건축단위를 중심으로- (박건우)

도시계획과 수용토지의 보상
-건축허용성, 건축단위를 중심으로-

박건우*

대법원 2018. 1. 25. 선고 2017두61799 판결 [보상금 증액]

* 법무부 국가송무과 사무관, 변호사

Ⅰ. 서론

1. 사안의 개요

(1) 피고(대전광역시 유성구)는 1995. 10. 소외인으로부터 자연녹지지역으로서 개발제한구역에 속한 대전 유성구 소재 전 1,471㎡(이하 이 사건 토지)를 청소년 수련원의 공중화장실 및 휴게소 신축 부지로 활용할 목적으로 임대기간을 10년 3개월로 정하여 임차하였다. 피고는 개발제한구역 내 건축협의를 거쳐 이 사건 토지상에 연면적 130.51㎡의 공공화장실과 공공휴게실(이하 이 사건 건물)을 신축한 뒤 1998. 1. 피고 앞으로 건물 소유권보존등기를 마쳤다.

(2) 원고는 2009. 11. 소외인으로부터 이 사건 토지를 매수하여 소유권이전등기를 마쳤다. 원고는 이 사건 토지를 매수한 후 토지분할 및 지목변경신청을 하여 2012. 1. 이 사건 토지는 이 사건 대지(260㎡)와 이 사건 주차장(1,211㎡)으로 분할되었고, 지목도 전에서 각각 대와 주차장으로 변경되었다.

[그림] 이 사건 토지 [토지분할 전(좌), 후(우)]

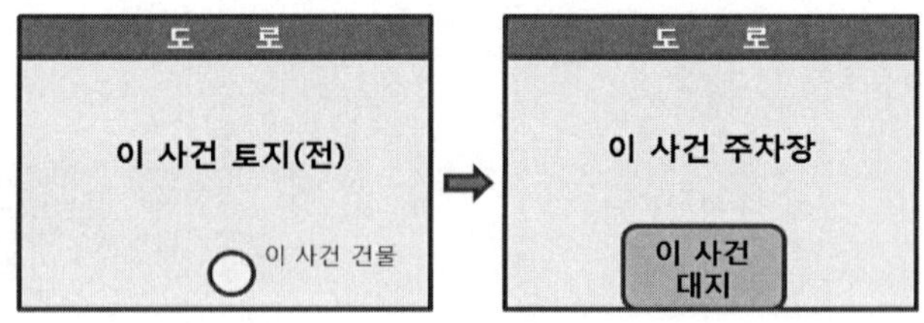

(3) 피고는 자신을 사업시행자로 하여 이 사건 토지상에 수통골 주차장 조성공사를 시행하는 도시계획시설사업(이하 이 사건 공익사업)의 실

시계획을 인가하고 2014. 12. 18. 이를 고시하였다. 대전광역시토지수용위원회는 2015. 3. 이 사건 토지 및 지장물을 보상금액 679,263,100원으로 수용재결하였다.[1] 원고가 이의재결을 신청하자, 중앙토지수용위원회는 2016. 2. 보상금액을 702,770,050원으로 증액하였다.[2]

(4) 원고는 ① 이 사건 토지는 피고의 건물 신축으로 이미 개발이 허용된 바 있고, 수용을 하는 이유도 이 사건 대지는 등산객을 위한 화장실과 휴게실로, 이 사건 주차장은 주차장으로 사용하는 것이므로 개발제한구역에서 해제되었음을 전제로 평가가 이루어져야 하고, ② 이 사건 대지와 이 사건 주차장은 2012. 1.까지 한 필지였고 수용될 때까지 동일 용도로 사용되었으므로 용도상 불가분의 관계에 있어 일괄 평가되어야 한다고 주장하면서,[3] 이 사건 토지가 개발제한구역에서 해제되었음을 전제로 일괄 평가하여 산정한 정당한 보상금과 피고가 이 사건 토지의 보상금으로 공탁한 금원의 차액의 지급을 청구하는 소를 제기하였다.

2. 판결요지

(1) 1심 법원의 판단(청구일부인용)[4]

1) 이 사건 토지는 이 사건 공익사업 시행 이전에 이미 개발제한구

---

1) 이 사건 대지(128,908,000원), 이 사건 주차장(513,585,100원)
2) 이 사건 대지(133,887,000원), 이 사건 주차장(531,084,050원)
3) 이하의 논의상 편의를 위해 원고의 주장 순서를 변경하였다. 1심법원과 원심법원의 판단 순서도 또한 같다.
4) 대전지방법원 2017. 5. 4. 선고 2016구합101449 판결; 판결 주문은 다음과 같다: 1. 피고는 원고에게 369,141,950원 및 이에 대하여 2015. 4. 24.부터 2017. 5. 4.까지는 연 5%의, 그 다음날부터 다 갚는 날까지는 연 15%의 각 비율로 계산한 돈을 지급하라. 2. 원고의 나머지 청구를 기각한다. 3. 소송비용 중 2/3는 원고가, 나머지는 피고가 각 부담한다. 4. 제1항은 가집행할 수 있다.

역으로 지정되어 있었으므로 수용보상액을 산정함에 있어 공법상 제한을 받는 상태 그대로 평가하여야 할 것이고, 피고가 이 사건 토지에서 개발행위를 할 수 있도록 허가받아 화장실 및 휴게소 등을 건축하였다고 하더라도 이 사건 토지의 개발제한구역 지정이 해제되었다고 볼 수 없다. 개발제한구역이 해제된 것을 전제로 이 사건 토지의 가격을 평가하여야 한다는 원고의 주장은 이유 없다.

2) 피고가 이 사건 건물을 신축한 이후 이 사건 토지는 이 사건 건물을 위한 대지와 주차장으로 이용되었다. 건축물의 대지는 2m 이상을 도로에 접하여야 하는 바, 피고가 이 사건 건물을 신축할 당시에 이 사건 토지가 전체로서 도로에 2m 이상 접하여야 한다는 요건을 충족하였던 것으로 보이고, 원고가 이 사건 토지를 매수한 후 이를 이 사건 대지와 이 사건 주차장으로 분필하였다고 하더라도 분필 전후로 계속 수통골 이용 시민들을 위한 간이휴게소, 화장실과 그에 부속한 주차장으로 사용되고 있었다면, 양자를 용도상 별개의 토지라고 볼 수 없다. 이 사건 토지는 용도상 불가분의 관계에 있어 일괄 평가함이 상당하다.

(2) 원심법원의 판단(항소기각)[5]

1) 원심법원은 이 사건 토지가 개발제한구역에서 해제되었음을 전제로 평가하여야 하는지 여부, 이 사건 토지를 일괄평가하여야 하는지 여부에 대하여는 1심 법원의 판단을 그대로 판결이유로 인용하였다.

2) 원심법원은 1심의 판단에 추가하여, 다음과 같은 이유에서 피고가 이 사건 토지에 대하여 개발제한구역의 지정을 해제하지 않은 것이

5) 대전고등법원 2017. 8. 30. 선고 2017누11501 판결.

계획재량권의 일탈·남용에 해당함이 객관적으로 명백한 경우라고 볼 수 없으므로 개발제한구역의 해제가 이루어진 상태로 토지가격이 평가될 수는 없다고 판단하였다.[6)]

① 이 사건 토지는 1973. 6. 27. 개발제한구역으로 지정된 이래 현재까지 그 지정이 유지되고 있다.

② 이 사건 공익사업은 수통골 주차장 조성공사로 행정청의 허가를 얻어서 설치하는 것이 가능하고 개발제한구역의 지정을 별도로 해제할 필요는 없다.

③ 이 사건 토지가 이 사건 공익사업 시행 이전부터 개발제한구역으로 지정되어 온 이상, 손실보상금이 줄어들 가능성이 있다는 사정만으로, 이 사건 토지 인근의 개발제한구역이 아닌 토지의 소유자들에 비해 원고가 불합리한 차별을 받고 있다고는 보기 어렵다.

(3) 대법원의 판단(파기환송)

1) 공법상 제한을 받는 토지에 대한 보상액을 산정할 때에 해당 공법상 제한이 구 도시계획법 등에 따른 용도지역 등의 지정 또는 변경과 같이 그 자체로 제한목적이 달성되는 일반적 계획제한으로서 구체적 도시계획사업과 직접 관련되지 아니한 경우에는 그러한 제한을 받는 상태 그대로 평가하여야 한다. 반면 도로·공원 등 특정 도시계획시설의 설치를 위한 계획결정과 같이 구체적 사업이 따르는 개별적 계획제한이거나, 일반적 계획제한에 해당하는 용도지역 등의 지정 또는 변경에 따른 제한이더라도 그 용도지역 등의 지정 또는 변경이 특정 공익사업의 시행을 위한 것일 때에는, 그 공익사업의 시행을 직접 목적으로 하는 제한으로 보아 그 제한을 받지 아니하는 상태를 상정하여 평가하여야 한

---

6) 원고가 항소심에서 청구원인을 추가한 것인지, 또는 1심 법원이 판단을 누락한 것을 원심 법원이 추가로 판단한 것인지는 명확하지 않다.

다. 이 사건 토지는 1973. 6. 27. 개발제한구역으로 지정된 이래 현재까지 그 지정이 유지되고 있는 바, 이 사건 토지를 개발제한구역에서 해제된 상태로 평가하지 않은 원심의 판단에 위법이 없다.

2) 어느 수용대상 토지에 관하여 특정 시점에서 용도지역 등을 지정 또는 변경하지 않은 것이 특정 공익사업의 시행을 위한 것일 경우 이는 해당 공익사업의 시행을 직접 목적으로 하는 제한이라고 보아 용도지역 등의 지정 또는 변경이 이루어진 상태를 상정하여 토지가격을 평가하여야 한다. 여기에서 특정 공익사업의 시행을 위하여 용도지역 등을 지정 또는 변경하지 않았다고 볼 수 있으려면, 토지가 특정 공익사업에 제공된다는 사정을 배제할 경우 용도지역 등을 지정 또는 변경하지 않은 행위가 계획재량권의 일탈·남용에 해당함이 객관적으로 명백하여야만 한다.

원심은, 개발제한구역 내 주차장을 조성하는 이 사건 공익사업은 관련 법령 규정상 개발제한구역 지정을 별도로 해제할 필요 없이 행정청의 허가를 받아 시행할 수 있다는 점을 근거로 하여 원고 주장을 배척하였다. 이러한 원심의 판단에는 계획재량권의 일탈·남용에 관한 법리를 오해한 잘못이 없다.

3) 2개 이상의 토지 등에 대한 감정평가는 개별평가를 원칙으로 하되, 예외적으로 2개 이상의 토지 등에 거래상 일체성 또는 용도상 불가분의 관계가 인정되는 경우에 일괄평가가 허용된다. 여기에서 '용도상 불가분의 관계'에 있다는 것은 일단의 토지로 이용되고 있는 상황이 사회적·경제적·행정적 측면에서 합리적이고 그 토지의 가치 형성적 측면에서도 타당하다고 인정되는 관계에 있는 경우를 뜻한다.

원심은, 이 사건 대지와 이 사건 주차장을 합한 이 사건 토지가 용도상 불가분의 관계에 있어 일단의 토지로 평가함이 상당하다고 판단하였다.

그러나 다음과 같은 이유에서 원심 판단에는 2개 이상의 토지 등을 일괄평가할 수 있는 요건에 관한 법리를 오해하여 판결에 영향을 미친 잘못이 있고, 이 점을 지적하는 상고이유 주장은 이유 있다(파기환송).[7]

① 이 사건 대지는 지목이 대이고, 이 사건 주차장은 지목이 주차장으로 서로 다르다. ② 피고가 2012. 3. 21.경 이 사건 건물을 철거함으로써 이 사건 대지는 주차장 부속시설인 이 사건 건물 부지로서의 역할을 상실하였고, 그때부터 수용재결일까지 약 3년 동안 나대지 상태로 있었다. ③ 원고는 이 사건 대지에 대하여 개발행위허가를 받아 건물을 신축하기 위하여 토지분할과 지목 변경 절차를 진행하였고, 대지의 형상을 변경한 것으로 보인다. 반면 이 사건 주차장은 아스팔트로 포장되고 주차구획선이 그려진 상태로 수용개시일까지 계속해서 주차장으로 사용되었다. ④ 결국 토지 분할 및 지목 변경, 이 사건 건물의 철거, 이 사건 대지의 형상변경 등 일련의 사정변경으로 인하여 이 사건 대지와 이 사건 주차장이 주차장과 그 부속시설의 부지로서 일체로 사용되던 관계가 종료되었다고 봄이 타당하다.

---

7) 환송심(대전고등법원 2018. 8. 29. 선고 2018누10284 판결)은 대상판결의 취지에 따라 이 사건 대지와 주차장을 개별 평가하여 정당한 보상액을 산정하였다. 이 판결에 원고가 재상고하였으나, 심리불속행 기각(대법원 2018. 11. 15. 선고 2018두56923 판결)됨으로써 그대로 확정되었다.

3. 쟁점의 정리

대상판결은 공익사업의 시행을 위하여 토지를 수용하는 경우 그 토지 보상금 산정에 있어 (i) 현존하고 있거나 또는 (ii) 마땅히 존재하여야 하는 도시계획을 고려하는 방식에 관한 중요한 물음들을 제기하고 있다. 이 사건에서 수용대상이 된 토지는 공공주차장을 설치하기 위한 도시계획시설사업의 시행을 위하여 수용되었다. 이 사건 토지는 개발제한구역에 속한 농지로 원칙적으로 개발가능성이 없는, 다시 말하면 건축허가가 나지 않는 토지인데, 이 사건 공익사업의 사업인정 이전에 행정청인 피고가 이 사건 토지상에 공공용시설을 신축하기 위하여 임대차계약을 체결하여 빌렸고, 건축협의를 거쳐 그 지상에 건물을 건축한 바 있다는 특수한 사정이 있다.

대상판결의 전면에 드러나는 표면적 쟁점은 세 가지이다. 첫째, 우선 원고는 이 사건 토지가 개발제한구역이기는 하지만 행정청인 피고에 의하여 그 지상에 이 사건 건축물이 건축된 바 있으므로 이미 개발이 허용된 것이고, 따라서 건물을 지을 수 있는 상태로 평가하여 보상금을 산정하여야 한다고 주장하였다. 둘째, 원고는 피고가 이 사건 수용토지에 대하여 개발제한구역의 지정을 해제하지 않은 것은 이 사건 공익사업의 시행을 위한 것이므로(이 사건 토지가 이 사건 공익사업에 제공된다는 사정을 배제할 경우 개발제한구역을 해제하지 않은 피고의 행위는 계획재량권의 일탈·남용에 해당함이 객관적으로 명백한 경우이므로), 이 사건 수용토지는 개발제한구역의 해제가 이루어진 상태로 토지가격이 평가되어야 한다고 주장하였다. 셋째, 원고는 이 사건 대지와 이 사건 주차장은 2012. 1.까지 한 필지였고 수용될 때까지 동일 용도로 사용되었으므로 용도상 불가분의 관계에 있어 일괄 평가되어야 한다고 주장하였다. 원고가 제기한 주장의 결론은 이 사건 토지가 개발제한구역에서 해제되었음을 전제로 일괄 평가하여 보상금을 산정하여야 한다는 것이다.

첫 번째와 두 번째 쟁점은 이 사건 토지를 건축허용성이 있는 상태로 평가할 것인지의 문제로서 본질적으로는 같은 쟁점이라 할 수 있다. 다만 첫 번째 주장은 피고 행정청의 적극적 언동(건축협의를 통하여 건축물 건축)에 의하여 이 사건 토지가 개발제한구역에서 해제된 것으로 보아야 한다는 것이고, 두 번째 주장은 이 사건 토지를 개발제한구역에서 해제하지 않은 피고의 부작위가 명백히 위법하여 개발제한구역에서 해제된 상태로 평가하여야 한다는 것이므로 법리적으로는 서로 다른 논리구성이다. 세 번째 쟁점은 토지의 거래상 단위인 필지와 다르게 설정된 건축단위의 문제이다.

원고의 첫 번째 주장은 모든 심급에서 배척되었고, 두 번째 주장에 대하여 1심 법원은 판단을 하지 않았으나 원심법원과 대법원은 일치하여 원고의 주장을 배척했다. 세 번째 주장은 1심과 원심법원에서 받아들여진 반면, 대법원은 이를 받아들인원심을 파기하고 이 사건 대지와 이 사건 주차장은 서로 별개로 각각 평가되어야 한다고 판단하였다.

[표] 각 쟁점에 대한 심급별 판단

쟁 점	1심	원심	대법원
개발제한구역에서 해제된 것으로 보아 평가해야 하는지 여부	소극	소극	소극
개발제한구역에서 해제하지 않은 것이 재량권의 명백한 일탈·남용인지 여부	-	소극	소극
이 사건 토지 전체를 일괄평가하여야 하는지 여부	적극	적극	소극

Ⅱ. 도시계획과 수용토지의 보상

1. 도시계획과 토지보상의 관계

(1) 토지보상법의 기능

공공필요에 의한 재산권의 수용·사용 또는 제한 및 그에 대한 보상은 법률로써 하되, 정당한 보상을 지급하여야 한다(헌법 제23조 제3항). 기반시설의 설치 등 각종 공익사업의 시행을 위한 토지의 수용에 따른 보상을 규율하는 일반법은 「공익사업을 위한 토지 등의 취득 및 보상에 관한 법률」(이하 토지보상법)이다.[8] 토지보상법은 공익사업의 시행 그 자체에 관하여는 규정하고 있지 않고, 각각의 공익사업은 「국토의 계획 및 이용에 관한 법률」(이하 국토계획법), 「도시개발법」, 「택지개발촉진법」, 「산업입지 및 개발에 관한 법률」 등 개별 개발사업법에 따라 시행된다.

이때 토지보상법은 각종 공익사업의 근거가 되는 개별 법률의 구역지정, 실시계획의 인가, 사업시행인가 등을 사업인정(토지보상법 제20조)으로 의제하는 조항[9]을 매개로 토지 수용의 근거를 제공하고 그 절차와 보상 문제를 규율하는 방식으로 역할을 분담하게 된다. 이 점에서 토지보상법은 각종 개발사업법에 따른 특별도시계획에 수반하여 수용절차 및 보상을 규율하는 역할을 담당한다.[10]

---

8) 다만, 토지보상법은 손실보상의 원인으로 토지의 수용을 전제로 하는 것이기 때문에 계획제한에 따라 단지 건축자유권을 제한하는 경우에는 아무런 기준이 될 수 없다는 한계를 갖고 있다. 김종보, "계획제한과 손실보상논의의 재검토", 「행정법연구」 제2호, 1998.4. 209면.

9) 국토계획법 제96조 제2항, 도시개발법 제22조 제3항, 택지개발촉진법 제12조 제2항, 산업입지 및 개발에 관한 법률 제22조 제2항.

10) 김종보, 『건설법의 이해』, 피데스, 2018. 340면 참조.

(2) 토지보상에 반영되어야 하는 도시계획

그런데 토지보상법에 따른 보상을 위해 수용 토지의 현재 가치를 평가하기 위해서는 역으로 다시 토지상에 존재하고 있는 도시계획을 반영하여 평가할 수밖에 없다. 도시계획은 토지의 건축가능성과 한계를 규율하는 가장 대표적인 －사실상 거의 대부분을 차지하는－ 규제이기 때문이다.

구체적으로 ① 해당 토지가 개발될 수 있는 토지인지(건축이 허용되는 토지와 금지된 토지), ② 개발이 가능하다면 어느 정도의 규모와 주거/상업용 등 어떤 용도로 개발이 허용되는지(허용 건축물의 규모와 용도), ③ 보상의 대상이 되는 토지는 어떤 단위로 평가·보상하여야 하는지는 토지의 수익력과 현존가치에 가장 중요한 영향을 미치는 요소이고, 이들 각 요소를 규율하는 도시계획은 토지의 보상금 산정에 결정적인 영향을 미친다.

다만, 토지보상법이 어떠한 방식으로 수용토지상에 존재하는 도시계획을 반영하도록 규정하고 있는가에 따라 토지이용에 관한 규범적 상태가 보상금 산정에 적확하게 반영될 수도 있고, 그렇지 못할 수도 있다.

2. 도시계획의 반영

(1) 현행 토지보상법상 도시계획의 반영방식

1) 토지보상법 시행규칙 제23조

현행 보상법령상 수용대상이 된 토지상에 존재하는 도시계획을 보상에 어떻게 반영할 것인가는 토지보상법 시행규칙이 '공법상 제한을 받는 토지의 평가'라는 표제의 조문으로 규정하고 있다(제23조).

제23조(공법상 제한을 받는 토지의 평가) ①공법상 제한을 받는 토지에 대하여는 제한받는 상태대로 평가한다. 다만, 그 공법상 제한이 당해 공익사업의 시행을 직접 목적으로 하여 가하여진 경우에는 제한이 없는 상태를 상정하여 평가한다.
②당해 공익사업의 시행을 직접 목적으로 하여 용도지역 또는 용도지구 등이 변경된 토지에 대하여는 변경되기 전의 용도지역 또는 용도지구 등을 기준으로 평가한다.

공법상 제한이란 공익목적을 위하여 공법상 토지 등 재산권에 대해 가해지는 토지 등 재산권의 사용·수익·처분에 대한 제한을 뜻한다.[11] 현행법상 도시계획은 전국의 모든 토지를 대상으로 수립되고 있으므로,[12] 이는 원칙적으로 모든 수용토지의 보상에 관하여 그 지상에 현존하고 있는 도시계획의 상태를 그대로 반영하겠다는 것을 의미한다. 바꾸어 말하면, 일반적인 도시계획에 따른 건축제한은 토지재산권에 내재한 사회적 제약이므로 보상금 산정에 있어서도 제한이 있는 그대로 평가하고 따로 보상하지 않으나, 수용의 원인이 된 당해 공익사업의 시행을 목적으로 가하여진 공법상 제한은 특별한 희생에 해당하므로, 그 제한이 없는 상태를 상정하여 토지가치를 보상한다는 의미로 해석된다. 그리고 당연하지만 공법상 제한은 법상 제한이라는 점에서 사실문제가 아니라 법률의 문제이다.[13]

11) 박균성/도승하, 『토지보상행정법』, 박영사, 2014. 988면.
12) 김종보, 앞의 책, 200면~201면. 이는 2003년 국토계획법이 종래의 국토이용관리법을 흡수함으로써 용도지역으로 관리지역, 농림지역, 자연환경보존지역 등을 포함시키면서 발생한 현상이다.
13) 林護貞, "公法上 制限을 받는 土地의 報償評價方法", 「토지보상법 연구」, 제4집, 2004. 31면.

2) 대법원 판례의 해석론

판례는 토지보상법 시행규칙 제23조의 공법상 제한을 계획제한과 동일한 개념으로 이해하고,[14] 이를 일반적 계획제한과 개별적 계획제한으로 분류하여 달리 취급하고 있다. 당해 공공사업의 시행 이전에 이미 도시계획법에 의한 이용제한이 가하여진 경우에는 그 제한이 구 도시계획법에 의한 용도지역, 지구, 구역 등의 지정 또는 변경으로 인한 제한의 경우 그 자체로 제한목적이 완성되는 일반적 계획제한으로 보고 그러한 제한을 받는 상태 그대로 재결 당시의 토지의 형태 및 이용상황 등에 따라 평가한 가격을 기준으로 적정한 보상가액을 정하여야 하고, 도로, 공원 등 특정 도시계획시설의 설치를 위한 계획 결정과 같이 구체적 사업이 수반되는 개별적 계획제한은 그러한 제한이 없는 것으로 평가하여야 한다.[15] 제한이 없는 상태로 평가한다는 것은 계획결정 고시로 인하여 하락된 가격으로 수용한다면 국가가 공익사업을 핑계로 사권을 부당하게 침해하는 결과가 되므로 하락된 가격은 고려하지 않고 결정 이전의 상태로 평가하여야 한다는 뜻이다.[16]

3) 일반적 계획제한과 개별적 계획제한의 구별에 대한 검토

판례 법리에 따른 개념구별은 전문계획(Fachplanung)이 존재하는 독일법제의 영향으로 볼 여지도 있으나, 이는 우리의 도시계획체계와 정확히 일치하지는 않는다. 대법원 판례에서 말하는 일반적 계획제한은 주로 도시 내 모든 토지를 대상으로 수립되는 용도지역제 도시계획을, 개별적 계획제한은 기반시설을 설치하기 위한 도시계획시설계획과 각

14) 배명호/신봉기. "공법상 제한을 받는 토지에 대한 손실보상-대법원 판례의 동향을 중심으로-", 「토지공법연구」, 제79집, 2018. 8. 95면.

15) 대법원 1992. 3. 13. 선고 91누4324 판결; 대법원 1998. 9. 18. 선고 98두4498 판결; 대법원 2002. 12. 10. 선고 2001두5422 판결; 대법원 2005. 2. 18. 선고 2003두1422 판결; 대법원 2012. 5. 24. 선고 2012두1020판결; 대법원 2017. 7. 11. 선고 2016두35144 판결 등

16) 법무법인 강산, 『實務 토지수용보상』, 2019. 421면.

종 개발사업계획을 겨냥한 개념으로 보인다. 토지수용은 후자의 영역에서 발생하고 그 밖에 용도지역제 도시계획과 같이 따로 시설설치사업을 요하지 않는 도시계획 영역에서는 발생하지 않는다. 이러한 의미에서 판례의 분류방법은 토지보상법 시행규칙의 적용범위를 타당하게 구획하고 있다.

그런데 보상을 필요로 하는 특별한 희생이라는 관점에서 보면, 구체적 사업이 수반되지 않는 일반적 도시계획이라고 해서 전부 특별한 희생이 아니라고 단정하기는 어렵다.[17)] 실무 관행은 도시계획시설을 설치하기 위해 도시계획시설결정을 하는 외에 별도로 해당 시설이 허용되는 용도로 용도지역까지 함께 변경하고 있다.[18)] 토지보상법 시행규칙 제23조 제2항과 대법원 판례는[19)] 일반적 도시계획이라 하더라도 당해 공익사업을 직접 목적으로 하는 계획변경은 그 변경이 이루어지지 않은 것으로 간주하고 평가하므로, 당해 공익사업 시행을 직접 목적으로 용도지역이 불리하게 변경되더라도 특별한 문제가 없다.[20)] 또한 판례는 개별적 계획제한에 관하여도 법 시행규칙이 정하고 있는 원칙에서 한

17) 林護貞, 앞의 논문, 30면.

18) 도시계획시설계획은 용도지역과 논리적으로 양립하는 계획이 아니고 건축허용성을 부인하는 도시계획시설 부지에 건축허용을 전제로 하는 용도가 존재할 필요도 없으므로, 이는 잘못된 관행이다.

19) 대법원 2012. 5. 24. 선고 2012두1020 판결.

20) 예를 들어, 공원조성사업의 시행을 직접 목적으로 일반주거지역에서 자연녹지지역으로 변경된 토지에 대한 수용보상액을 산정하는 경우 그 대상 토지의 용도지역은 일반주거지역으로 평가한다(대법원 2007. 7. 12. 선고 2006두11507 판결). 이처럼 당해 공익사업의 시행을 목적으로 한 용도지역변경을 고려하지 않는다는 것은 용도지역이 불리하게 변경될 경우 당해 사업의 영향을 배제하여 피수용자에 대한 정당보상을 실현하는 측면이 있는 반면, 사업 시행을 위하여 용도지역을 유리하게 변경하는 경우(예컨대 택지개발사업을 위해 자연녹지지역을 주거지역으로 변경하는 경우)에는 사업시행으로 인한 개발이익을 보상에서 배제하는 효과로 나타난다(대법원 1995. 11. 7. 선고 94누13725 판결). 이에 대한 설명으로는 석종현, 『신토지공법론』, 삼영사, 2016. 224면 참조.

걸음 더 나아가서 당해 공익사업을 직접 목적으로 하지 않는 다른 공익사업을 위한 개별적 계획제한도 존재하지 않는 것으로 보고 보상하여야 한다고 판시하여 보상의 범위를 넓히고 있다.21)

남은 문제는 당해 공익사업과 무관하게 이루어진 일반적 계획제한까지도 존재하지 않는 것으로 평가함으로써 보상의 범위에 포함시킬 수 있는지 여부이다. 대상판결에서 원고 주장의 실질은 일반적 계획제한인 개발제한구역지정으로 장기간 토지의 건축허용성이 부인됨으로 인하여 개발 또는 지가상승의 기회를 상실하였는데, 공익사업 시행의 계기에 그로 인한 손실의 전부 또는 일부를 전보하여 달라는 것이다.

현재의 토지보상법 시행규칙 및 판례 법리에 따르면 당해 공익사업을 목적으로 하는 계획제한이 아닌 이상 일반적 계획제한을 그대로 반영하여 토지의 가치를 평가하여야 하므로, 공익사업 시행과 무관하게 개발제한구역으로 장기간 지정되어 입고 있는 손실은 보상의 범위에 포함되지 않는다.

행정주체가 가한 재산권 제한으로 입은 특별한 희생을 빠짐없이 보상받도록 하는 것(정당보상의 원리)은 헌법적으로 요청되는 중요한 입법목적이다. 그러나 토지상에 설정된 일반적 계획제한(개발제한구역 지정)의 계획 주체는 당해 공익사업의 시행자와 서로 다른 경우가 많고, 사인이 사업시행자가 되어 공익사업을 시행하는 경우도 많아서,22) 수용

21) 대법원 1989. 7. 11. 선고 88누11797 판결(예술의 전당 건립사업 승인 전에 이미 공원용지로 지정고시된 경우); 판례는 이처럼 "당해 사업을 직접목적으로 공법상 제한이 가해진 경우"를 확장해석하는 이유를 당초의 목적사업과 다른 공공사업에 편입되는 경우 토지소유자의 불이익을 막고 사업시행자가 보상액을 적게 하기 위하여 고의적으로 다른 목적의 사업을 이유로 공법상의 제한을 가한 다음에 그와 다른 목적의 사업을 시행하여 보상액을 적게 함으로 인한 토지소유자의 불이익을 방지하기 위함"이라고 설명하고 있다. 이 판결에 대한 해설은 李東洽, "公法上 制限을 받는 土地의 評價", 「대법원 판례해설」, 제12호, 1990. 11. 531면 이하 참조.

22) 사인이 공익사업의 사업시행자가 되는 경우의 수용 문제에 관하여는 안동인, "私

대상 토지상에 존재하고 있던 모든 계획제한으로 인하여 토지소유자가 입은 손실을 공익사업의 시행자가 전부 부담하라고 요구하기는 어렵다. 또한 입법적 결단 없이 장기간 개발제한구역에 묶여 있음으로 인해 토지소유자가 입은 기회이익 상실 내지 손실을 어느 범위에서 특별한 희생으로 인정하고 어떤 방식으로 보상하여야 하는지를 객관적으로 판단하기도 어렵다.[23] 비교법적으로 미국 연방대법원은 Tahoe-Sierra 판결에서 토지에 대한 3년간의 일체의 개발금지가 재산의 사실상 수용에 해당하지 않는다고 판결한 반면,[24] 독일은 4년을 넘어서는 건축금지는 원칙적으로 보상을 요하는 특별한 희생으로 보고 있다.[25] 일본은 건축제한에 대한 금전보상을 인정하는 데 소극적이고 매수청구권을 인정하는 방법을 택하고 있다.[26]

바꾸어 말하면, 토지보상법령을 개정하여 수용대상 토지상에 존재하였거나 존재하고 있는 일반적 계획제한으로 인한 모든 손실을, 당해 공익사업의 시행으로 인한 것인지 여부와 무관하게 사업시행자가 전부 보상하라고 규정할 경우에도 위헌성 문제가 야기될 수 있다는 의미이

人의 公用收用과 公·私益의 調和"「행정법연구」 제46호, 2016. 8. 305면 이하 참조.

23) 김종보, 주 8)의 논문, 228면 이하 참조. 헌법재판소 1998. 12. 24. 89헌마214 결정에서도 입법자는 개발제한구역의 지정으로 인한 국민의 재산권을 합헌적으로 제한하기 위해서는 반드시 금전보상만을 하여야 하는 것은 아니고, 지정의 해제나 기타 손실을 완화할 수 있는 제도를 보완하는 등 여러 가지 다른 방법을 강구할 수 있다고 하였다.

24) 535 U.S. 302(2002). 122 S. Ct. 1465(2002). 이 판결에 대한 상세한 평석은 김동건, "공용제한의 법리와 손실보상", 「공법학연구」, 제7권 제3호, 2006. 8. 91면 이하 참조. 공용제한에 대한 미국 판례 법리의 추이는 수용이 아닌 재산권에 대한 각종 제한은 원칙적으로 수인하여야 할 규제이지만, 이른바 본질상 수용(per se taking)에 해당하는 경우 보상을 요한다고 한다.

25) BauGB §18. 원래 독일 연방대법원은 "3년을 넘는 모든 건축금지는 3년에 도달하는 시점부터 자동으로 수용으로 된다"고 판결하였으나[BGHZ 30(1960), 338], 많은 반발에 부딪혀 연방건설법전 개정을 통해 현재와 같이 규정되었다.

26) 일본 건축기준법 제52조의4, 제56조, 제57조의5.

다. 결국 대상판결 사안에서 문제되고 있는 것은 공익사업의 시행으로 인한 토지수용에 대한 보상규정의 문제라기보다는 개발제한구역제도 자체가 내포하고 있는 위헌성[27]의 문제라고 보아야 한다. 개별적 계획제한에 대하여는 최대한 보상 범주를 넓히지만, 일반적 계획제한으로 인한 손실은 당해 공익사업과 관련성이 있는 경우에 한정하여 보상의 범주에 포함시키는 판례의 입장은 현행법 체계에서는 불가피한 해석론인 것으로 판단된다.[28]

4) 현황평가주의와의 관계

보상에 있어서 도시계획의 반영은 토지보상법이 규정하고 있는 현황평가주의와의 관계에서도 살펴볼 필요가 있다. 토지에 대한 보상액은 가격시점에 있어서의 현실적인 이용상황과 일반적인 이용방법에 의한 객관적 상황을 고려하여 산정하되, 일시적인 이용상황과 토지소유자 또는 관계인이 갖는 주관적 가치 및 특별한 용도에 사용할 것을 전제로 한 경우 등을 고려하지 아니한다(토지보상법 제70조 제2항). 이를 통상 현황평가주의라고 부른다.

토지의 현실적인 이용상황 그 자체는 사실인정의 문제라 할 수 있으므로 법적 논의에서 중요하게 다루어지지는 않는다. 문제는 도시계획을 현실적 이용상황의 한 요소에 포함할 것인가의 문제이다. 보상 실무는 대체로 현실적 이용상황에는 공법상 제한이 포함된다고 보아 도시계획(규범)과 토지의 이용상태(사실)의 요소를 절충 내지 혼용하고 있다.[29] 감정평가협회가 제정한 실무 기준인 「토지보상평가지침」도 현실적인 이용상황이란 "지적공부상의 지목에 불구하고 가격시점에서의 실제 이용상황으로서, 주위환경이나 대상토지의 공법상 규제 정도 등으로 보아

27) 헌법재판소 1998. 12. 24. 89헌바214등 결정 참조.

28) 반대: 林護貞, 앞의 논문, 47면.

29) 한국감정평가협회/한국감정원, 『감정평가 실무기준 해설(I)』, 2014. 109면; 법무법인 강산, 앞의 책, 379면.

인정가능한 범위의 이용상황을 말한다."라고 한다.30) 이에 따라 도시계획은 시행규칙 제23조에 따라 "공법상 제한을 받는 상태대로 평가한다"는 원칙의 적용을 위한 대전제가 됨과 동시에 법 제70조 제2항에 따른 현실적 이용상황의 고려요소 중 하나로 격하된 모습으로 재등장하게 된다.

도시계획을 현실적인 이용상황의 한 요소로 파악하여야 하는지 아니면 별개의 독자적 영역으로 보아야 하는지의 문제는 보상액 산정의 체계 및 제도의 효율성에 관련될 뿐만 아니라 소송에서는 법률심인 대법원의 판단 범위에 관한 실천적인 의미를 갖는다. 이 점에 대해서는 뒤에서 자세히 검토하기로 한다(V).

(2) 불완전한 도시계획과 토지보상

도시계획을 토지 보상에 반영하는 규범이 이처럼 혼란스러운 형태로 나타나게 된 배경에는 현행 도시계획의 불완전성이라는 근본 원인이 자리하고 있다.

도시계획은 토지상의 건축행위를 규제하기 위하여 발전된 행정작용의 일종으로서, 도시 내 토지의 합리적 사용을 위해 규율대상지역의 ① 법적 성격을 확정하고 ② 도시계획시설, ③ 건축단위, ④ 건축허용성, ⑤ 건축허가요건을 정하는 행정계획으로 정의할 수 있다.31) 도시를 계획ㆍ관리하는 수단으로서 도시계획은 건축단위와 건축허용성을 정하는 기능을 불가결의 요소로 한다. 건축단위는 곧 개발단위로서 대상지역 거주 인구를 확정하고 그에 따른 기반시설 용량을 산정하여 설치하게 되므로 도시계획의 핵심 기능에 속한다. 건축허용성은 어떠한 곳에

30) 동 지침 제5조 제2항. 참고로 감정평가협회의 자체 규범인 토지보상평가지침은 일반 국민이나 법원을 기속하는 효력은 없다(대법원 2007. 7. 12. 선고 2006두11507 판결).

31) 김종보, 앞의 책, 196면.

서 건축물이 건축될 것인지를 정하는 것이므로 역시 도시계획의 핵심기능에 속한다.32)

앞에서 토지 보상에 결정적인 영향을 미치는 요소로 예를 든 ① 해당 토지가 개발될 수 있는 토지인지(건축이 허용되는 토지와 금지된 토지), ② 개발이 가능하다면 어느 정도의 규모와 주거/상업용 등 어떤 용도로 개발이 허용되는지(허용 건축물의 규모와 용도), ③ 보상의 대상이 되는 토지는 어떤 단위로 평가·보상하여야 하는지는 이상적인 도시계획이라면 스스로 완결적으로 규율하여야 하는 내용이다.

특히 ①은 건축허용성의 문제, ③은 건축단위와 관련된 문제이나, 현행 도시계획법은 이들의 결정기능을 완결적으로 수행하지 못하고 있는 한계가 있다. 예를 들면 우리나라에서 가장 흔히 사용되는 도시계획인 용도지역제 도시계획은 일정한 구역 50 필지를 상업지역이라는 용도지역으로 지정하고, 이것으로 만족한다. 그런데 상업지역으로 지정되어 있다는 것만으로 해당 지역 내 특정 토지소유자가 상업용 건물을 건축할 수 있다는 지위를 표시하고 있지 못하다. 실제로는 지목이 대(垈)인 경우에만 한하여 건축허가가 발급되고 있기 때문이다.

도시계획이라는 실정법상의 제도가 그 기능을 수행하지 못하면 다른 유사한 제도나 심지어 민사상의 제도가 도시계획의 기능을 떠맡게 된다. 실제 우리 법제에서는 건축허용성은 「공간정보의 구축 및 관리 등에 관한 법률」(구 지적법)상의 지목에 의존하거나 국토계획법상 토지형질변경을 통해 비로소 도시계획적 판단을 하는 방식으로, 건축단위는 도시계획적 고려를 하지 못한 채 원칙적으로 민사상 거래 단위인 필지에 의존하여 이를 거의 그대로 받아들이는 방식으로 규율된다.

이처럼 우리나라의 현행 도시계획이 불완전한 형태이기 때문에 토

32) 김종보, "도시계획의 핵심기능과 지적제도의 충돌", 「행정법연구」, 제16호, 2006. 10. 61면 참조.

지보상에 있어서도 해당 토지상에 존재하고 있는 용도지역제 도시계획만을 확인하여서는 그 토지에 대한 공법상 규제로서 건축이 허용되는지 여부와 건축단위 등을 확정할 수 없고, 실제로 도시계획의 역할을 떠안고 있는 필지, 지목, 형질변경 여부 등을 종합적으로 참조할 수밖에 없게 된다.

Ⅲ. 건축허용성과 손실보상

1. 건축허용성이 부여되어 있었는가?

(1) 건축이 금지된 이 사건 토지

건축허용성이란 개별 필지 또는 일단의 토지를 하나의 토지단위로 상정할 때 그 지상에 건축물을 건축할 수 있는 공법적 지위로서 이를 승인하는 행정청의 공적인 견해표명에 의해 확정된다.[33] 통상 건축물의 건축에 대한 공법적 규제로는 「건축법」에 따른 건축허가[34]의 문제를 생각할 수 있지만, 건축허가를 위해서는 당해 토지에서 건축이 허용된다는 도시계획법적인 판단(건축허용성의 결정)이 선행해야 한다. 건축이 허용되어야 비로소 건축허가요건도 존재할 수 있다. 도시계획에 의해 건축물의 용적률, 건폐율, 허용되는 용도 등 건축허가요건이 정해지는 것은 당해 필지에서 건축이 허용된다는 전제에서만 의미를 갖는다.

개발제한구역에서는 건축물의 건축 및 용도변경, 공작물의 설치, 토지의 형질변경 등 개발행위가 금지된다(「개발제한구역의 지정 및 관리에 관한 특별조치법」 제12조 제1항, 이하 개발제한구역법). 개발제한구역의 지정

33) 김종보, 앞의 책, 219면; 김종보, "건축허용성의 부여와 반영", 「서울대학교 법학」, 제53권 제3호, 2012. 8. 148면.

34) 건축법 제11조.

은 대상지역의 건축허용성을 봉쇄하는 도시계획적 결정이다. 개발제한제 도시계획이 수립되어 있는 지역에서는 현재의 법률상태 그대로 건축허용성의 변화가 허용되지 않는다. 즉 건축허용성이 이미 부여되어 있는 토지(대지)에서는 개축ㆍ증축, 경우에 따라 신축이 허용되지만 그 밖의 필지에 대해서는 건축이 금지된다.[35] 이 사건 토지(지정당시 전)는 1973. 6. 27. 개발제한구역으로 지정된 이래 지정이 해제되지 않은 현재까지 도시계획법적으로 건축허용성이 부인되어 있는 상태이다. 이 사건 토지에 대한 개발제한구역 지정은 도시의 무질서한 확산을 방지하고 도시 주변의 자연환경을 보전하기 위한 계획목적[36]에 따라 이루어진 것이고, 공용주차장을 설치하기 위한 이 사건 공익사업시행을 위하여 지정된 것이 아니므로 이 사건 토지의 보상금 산정에 있어서도 건축이 금지된 도시계획의 상태를 그대로 반영하여 토지가치를 평가하는 것이 원칙이다(토지보상법 시행규칙 제23조 제1항 본문).

(2) 건축허용성을 부여하는 방식

그런데 원고는 이 사건 토지는 피고의 건물 신축으로 이미 개발이 허용된 바 있으므로, 이 사건 토지 전체에 대하여 개발제한구역에서 해제되었음을 전제로 평가가 이루어져야 한다고 주장하고 있다. 이 사건 토지에 대하여 건축허용성을 부여하는 공적인 견해표명이 있었다고 보아야 한다는 의미이다.

행정주체가 건축허용성을 부여하는 모습은 도시관리계획의 결정이라는 형태일 수도 있고, 다른 형태를 띠는 경우도 있다. 원칙적으로 도시관리계획의 결정이라는 형태로 건축허용성의 부여 여부를 결정하는 것이 이상적이겠지만 현행 도시계획의 한계 때문에 그 밖의 형태로 건축허용성을 결정하는 계기도 상당히 많다. 도시계획결정 그 자체로 건

35) 대법원 2004. 7. 22. 선고 2003두706 판결; 김종보, 앞의 책, 220면, 221면.
36) 구 도시계획법(1976. 12. 31. 법률 제2988호로 개정되기 전의 것) 제21조.

축허용성을 부여하는 전형적인 예는 택지개발사업, 도시개발사업, 산업단지개발사업 등 행정주체의 의도에 따라 신도시를 새롭게 건설하는 경우이다. 이 경우 계획 주체는 구역 내 개별 토지단위를 획지하고 각각의 토지 별로 건축허용성을 부여할지 여부를 결정하는 도시계획적 권능을 행사하게 된다.[37] 그 밖에 일정한 기반시설을 설치하기 위한 도시계획시설결정과 일반적으로 건축을 금지하는 개발제한구역 지정은 구역 내 건축허용성을 명시적으로 부인(건축금지)하는 도시계획적 결정이다.

반면, 도시관리계획의 결정이 아닌 다른 방식으로 건축허용성을 부여하는 예로는 토지형질변경허가[38]를 들 수 있다. 비록 도시계획에 의해 결정된 것은 아니지만, 기성시가지 등에서는 각 필지의 지목이 토지의 건축허용성을 판단함에 있어 매우 중요한 기능을 한다. 법률상으로 건축허가의 발급과정에서 명시적으로 지목이 대지일 것을 요구하는 조항을 두고 있지는 않지만, 건축허가의 신청 단계에서 지목을 확인하도록 하고 있고,[39] 행정실무는 지목이 대지가 아닌 경우 의문 없이 건축허가를 거부해왔다.[40]

이처럼 사실상의 도시계획 기능이 지목에 의해 사실상 수행되고 있으므로 지목이 대지로 정해진 필지는 행정청에 의해 건축허용성이 승인된 법적 지위를 확보한 것으로 해석해야 한다.[41] 전, 답, 임야 등 지

37) 김종보, 앞의 책, 225면.

38) 국토계획법 제56조 제1항 제2호.

39) 건축법 시행규칙 별지 제1호 서식. 국토계획법도 도시계획시설부지의 매수청구권을 인정함에 있어 그 지목이 대지인가를 중요한 기준으로 삼는다(제47조 제1항).

40) 일제 식민당국에 의한 지적 도입 과정에서 건축물이 있거나 들어설 수 있는 땅을 대지라고 지정하고 전, 답 등에 비하여 높은 세금을 부과하던 실무가 변형되어 대지가 아니면 그 위에 건축물을 세울 수 없다는 규범이 형성된 것으로 보인다(이종준, 「개발제한구역의 법적 성질에 관한 연구」, 서울대학교 대학원 법학석사논문, 2018. 46면).

41) 김종보, "토지형질변경허가의 법적 성질", 「행정판례연구」 제11집, 2006. 6. 383면~421면 참조. 지목의 건축단위 기능에 대하여 상세히는 김종보, 주 32)의 논문, 62면 이하 참조; 개발제한구역 제도의 위헌성을 지적한 헌법재판소 1998. 12. 24.

목이 대지가 아닌 토지소유자는 그 토지의 지목을 대로 바꾸는 형질변경허가를 신청하여 허가를 득하여야[42] 비로소 건축허가를 신청할 수 있다. 이처럼 용도지역제 도시계획이 수립된 지역에서 지목이 대지가 아닌 경우에는 형질변경허가를 통해 비로소 개별 필지별로 건축허용성을 부여할지 여부에 관한 결정이 이루어지게 된다.

(3) 이 사건 토지에 대한 건축허용성 부여 여부

대상판결의 사안에서, 피고 행정청이 이 사건 토지를 임차한 후 개발제한구역 내 건축협의를 거쳐 이 사건 건물을 신축한 것을 건축허용성을 부여하는 공적 견해의 표명으로 해석할 수 있는지가 검토되어야 한다.

행정청이 건축협의[43]를 통하여 건축물을 건축한 것은 어떤 방식으로든 행정 주체 스스로 해당 토지에 대한 개발가능성을 시인한 것이라고 생각할 여지가 없지 않다.

그러나 개발제한구역제도의 계획적 특성을 고려하면 피고가 건축협의를 거쳐 이 사건 건물을 건축한 것을 이 사건 토지에 대한 건축허용성의 부여라고 해석하기 어렵다. 우선 주체의 측면에서, 구청장인 피고는 스스로 이 사건 토지를 개발제한구역에서 해제할 수 있는 계획법적 권한이 없다.[44] 개발제한제 도시계획은 관할 광역자치단체장·시장 또는

89헌바214등 결정도 지목이 대지인 토지의 손실보상 필요성을 지적하고 있다.

42) 이때 행정청은 해당 필지에 대한 형질변경허가를 통하여 비로소 건축허용성을 부여할지 여부를 판단하는 계획재량을 행사하여야 하므로, 이는 일반적인 건축허가와 달리 재량행위이다(대법원 2001. 9. 28. 선고 2000두8684 판결; 대법원 2001. 1. 16. 선고 99두8886 판결; 대법원 2000. 7. 7. 선고 99두66 판결; 대법원 2005. 7. 14. 선고 2004두6181 판결 등).

43) 건축법 제29조. 국가나 지방자치단체가 공용건축물을 건축할 경우에는 건축허가를 받는 대신 허가권자와 건축협의를 거치도록 하고 있다.

44) 피고는 용도지역제 도시계획 등 일반적인 도시계획에 관한 입안권도 가지고 있지

군수가 입안(立案)하는 것이 원칙이고(개발제한구역법 제4조 제1항),[45] 계획결정권자는 국토교통부장관이다(동법 제8조 제1항).

개발제한구역에서는 건축물의 건축 및 용도변경, 공작물의 설치, 토지의 형질변경, 죽목(竹木)의 벌채, 토지의 분할, 물건을 쌓아놓는 행위 또는 도시계획시설사업의 시행이 일반적으로 금지된다(동법 제20조 제1항). 다만, 법이 열거하고 있는 일정한 건축물은 예외적으로 허가를 받아 건축할 수 있다.[46] 여기에서 개발행위 금지의 의미는 건축물의 건축에 따른 위험을 방지하기 위하여 본래 국민의 자유에 속하는 건축물의 건축을 일반적으로 금지하고 위험방지요건을 갖춘 경우에 한하여 예외적으로 금지를 해제한다는 뜻의 건축허가에서와 같은 금지가 아니다. 개발제한구역의 지정은 도시구역의 무분별한 확산 방지라는 도시계획적 판단에 따라 건축의 허가요건을 따지기 전에 구역 내 토지의 건축허용성을 봉쇄하는 계획 결정이고, 이에 따라서 새로운 건축 및 건축허용성을 부여하는 형질변경[47]이 전면적으로 금지되는 것이다. 예외적으로 구역 지정 목적을 침해하지 않는 특권적 건축물의 건축이 개별적 허가를 받아 가능할 뿐이다. 물론 그 허가는 일반적 건축허가와 달리 재량행위이다.[48]

않다(국토계획법 제24조). 대도시인 광역시는 광역자치단체이지만 통일적 공간을 구성하므로 공간형성에 관한 주도권을 광역자치단체장에게 부여하고, 기초자치단체장 중 구청장에게는 계획 입안권을 부여하지 않고 있다. 김종보, 앞의 책, 269면.

45) 다만, 국토계획법상 국가계획이나 광역도시계획에 관련된 경우 예외적으로 국토교통부장관이나 도지사가 입안할 수 있다.

46) 공원, 녹지, 실외체육시설 등 개발제한구역의 보전관리에 도움이 될 수 있는 시설, 개발제한구역이 아닌 지역에 입지가 곤란한 지역공공시설, 주민들의 생활편익시설 등이다(개발제한구역법 제12조 제1항, 동법 시행령 제13조). 개발제한구역의 특권적 건축물에 대하여 상세히는 이종준, 앞의 논문, 51면 이하 참조.

47) 다만, 개발제한구역 지정 당시 지목이 대(垈)인 토지가 개발제한구역 지정 이후 지목이 변경된 경우로서 대통령령으로 정하는 건축물의 건축과 이에 따르는 토지의 형질변경이 허용되는데, 이는 구역 지정 당시 본래 건축허용성을 표상하고 있던 토지라는 점을 고려한 것이다.

48) 대법원 2003. 3. 28. 선고 2002두11905 판결; 대법원 1998. 9. 8. 선고 98두8759 판결.

따라서 법이 정하고 있는 특권적 건축물은 개발제한구역을 해제하지 않고 구역 내 건축금지를 유지하고 있는 상태 그대로 예외적 허가(행정청이 설치하는 경우에는 건축협의)를 통하여 설치할 수 있고, 청소년수련원에 부대한 공공화장실과 휴게소로 지어진 이 사건 건물은 바로 그 예외에 해당한다.[49] 또한 토지 임대차계약을 통한 이 사건 건축물의 건축은 영구적인 건축물을 예정한 것이 아니라, 임차기간 만료 후 철거를 예정한 기한부건축물에 가까운 것으로 보인다. 그러므로 피고가 이 사건 토지상에 이 사건 건물을 건축하였다고 하여 이 사건 토지상의 일반적인 건축금지가 해제되었다거나 건축허용성이 부여되었다고 볼 수는 없다.[50]

---

49) 개발제한구역법 제12조 제1항 제1호 가목, 동법 시행령 제13조 제1항 및 별표 1. 제1항 자목(청소년수련시설). 1심 판결에서는 이 부분에 대한 판단이유를 "피고가 이 사건 토지에서 개발행위를 할 수 있도록 허가받아 화장실 및 휴게소 등을 건축하였다고 하더라도 이는 피고가 지방자치단체로서 개발제한구역법에 따른 절차에 따라 적법하게 개발행위허가를 받은 것에 불과하고, 위와 같은 사정이 인정된다고 하여 원고가 개발제한구역법에 따라 이 사건 토지에서 개발행위허가에 필요한 법령상의 요건을 모두 구비하였다거나 이 사건 토지의 개발제한구역 지정이 해제되었다고 볼 수 없다."라고 설시하고 있다.

50) 이 사건 토지 중 일부인 이 사건 대지(이 사건 건물의 부지)는 이 사건 건물이 철거된 이후에 지목이 대지로 변경되었는데, 판결 이유에 나타나 있지 않아 명확하지 않지만 이미 건축물이 존재한 대지의 형상이라는 점에서 성질변경허가로서 형질변경허가를 누락하고 지목변경절차만을 거쳤거나, 또는 개발제한구역에서 예외적으로 허용되는 형질변경허가 절차를 거친 것으로 추측된다. 그러나 만약 형질변경을 거쳤다고 하더라도 이 경우는 앞서 언급한 일반적인 용도지역제 아래에서 대지로의 형질변경보다는 현저히 축소된 의미를 갖는다. 개발제한구역 지정을 해제하지 않는 한 여전히 일반적인 건축이 금지되고, 특권적 건축물의 범위 내에서만 예외적인 허가를 받을 가능성이 있는 정도이기 때문이다. 때문에 이 경우는 일반적으로 건축금지를 해제하고 건축허용성을 부여한 것이 아니라, 극도로 좁은 범위에서 예외적으로 건축허가를 받을 수 있는 가능성을 회복시킨 정도의 의미밖에 없다고 해석하여야 한다.

2. 건축허용성을 부여하지 않은 것이 재량권의 명백한 일탈·남용인가?

(1) 판례 법리에 의한 보상범위의 확장

토지보상법 시행규칙 제23조 제2항은 공익사업의 시행을 직접 목적으로 하여 용도지역 또는 용도지구 등이 변경된 토지에 대하여는 변경되기 전의 용도지역 또는 용도지구 등을 기준으로 평가한다고 규정하고 있다. 대법원 판례는 여기에서 더 나아가서 어느 수용대상 토지에 관하여 특정 시점에서 용도지역·지구·구역을 지정 또는 변경하지 않은 것이 특정 공익사업의 시행을 위한 것일 경우 이는 해당 공익사업의 시행을 직접 목적으로 하는 제한이라고 보아 용도지역 등의 지정 또는 변경이 이루어진 상태를 상정하여 토지가격을 평가하여야 한다고 판시하여[51] 보상범위를 확대하고 있다. 해당 공익사업의 시행을 위해 마땅히 있어야 할 용도지역 지정을 해주고 있지 않은 경우에는 적극적으로 용도지역의 변경이 이루어진 가정의 상태를 상정하여 적정 범위에서 보상을 받을 수 있도록 하여야 한다는 것이다. 판례에 따르면 특정 공익사업의 시행을 위하여 용도지역 등을 지정 또는 변경하지 않았다고 볼 수 있으려면, 토지가 특정 공익사업에 제공된다는 사정을 배제할 경우 용도지역 등을 지정 또는 변경하지 않은 행위가 계획재량권의 일탈·남용에 해당함이 객관적으로 명백하여야만 한다.

(2) 대법원 2012두7950 판결에 대한 검토

위 법리를 선언한 대법원 2015. 8. 27. 선고 2012두7950 판결의 사안은 전형적인 도시계획시설계획의 장기미집행 사례에 해당한다. 이 사건에서 피고인 서울시 강남구는 도시계획시설인 근린공원을 설치하기

51) 대법원 2015. 8. 27. 선고 2012두7950 판결.

위하여 2002. 9. 사업인정을 고시하고 2009.경 서울 강남구 도곡동에 소재한 원고의 토지를 수용하였다. 문제는 원고의 토지가 도시계획시설의 부지로 결정된 것은 이미 1977년경이라는 점이다. 도시계획시설결정이 있으면 그 때부터 그 부지상의 건축이 금지된다.[52] 원고는 해당 토지를 1971년경 매입하였는데 당시에는 일반주거지역으로 지정된 토지였고, 지목은 임야이다. 1980년대 들어 근처의 농지가 대지로 변경되기 시작하였고 주변 토지는 본격적으로 개발되어 상업용 부지 또는 대규모 아파트 부지(제3종 일반주거지역)가 되었다. 반면 해당 토지는 2003. 10. 서울특별시의 일반주거지역 종세분화 조치에 따라 제1종 일반주거지역으로 지정되었다.

이 사건에서 당해 공익사업을 위한 개별적 계획제한인 도시계획시설결정은 고려하지 않으므로(토지보상법 시행규칙 제23조 제2항), 수용 대상토지에 도시계획시설 설치를 위한 건축금지는 없는 것으로 간주하여 보상하게 된다. 다만 지목이 임야이므로, 건축허용성이 부여되기 위해서는 따로 형질변경허가가 필요하다. 원고는 이 사건 토지는 (형질변경을 전제한다면) 인근 토지와 마찬가지로 상업용 건물을 지을 수 있고 고밀도 개발이 가능한 제3종 일반주거지역으로 지정하여야 함에도, 저밀도 주택만 건축할 수 있는 제1종 일반주거지역으로 지정한 것은 공원설치라는 당해 공익사업을 목적으로 가한 일반적 계획제한에 해당한다고 주장하였다. 원심 법원은 수용 대상 토지 중 일부는 제3종 일반주거지역으로 지정될 고도의 개연성이 있다는 이유로 원고의 주장을 받아들여 제3종 일반주거지역으로 지정된 상태를 상정하여 토지 가치를 평가하였다.[53] 반면, 대법원은 특정 공익사업의 시행을 위하여 용도지역 등을 지정 또는 변경하지 않았다고 볼 수 있으려면, 토지가 특정 공익사업에

52) 국토계획법 제64조. 도시계획시설결정이 있으면 예정된 기반시설의 설치에 저촉되는 모든 건축물의 출현을 막기 위하여 건축허용성이 부정되는 효과가 발생한다.
53) 서울고등법원 2012. 2. 14. 선고 2010누22643 판결.

제공된다는 사정을 배제할 경우 용도지역 등을 지정 또는 변경하지 않은 행위가 계획재량권의 일탈·남용에 해당함이 객관적으로 명백하여야만 한다고 판시하면서, 원심이 계획재량권 행사의 요소들을 충분히 심리하지 않았다는 이유로 피고 패소부분을 파기하였다.

위 판결에 대해서는 당연히 변경하였을 용도지역을 특정 공익사업의 시행을 위하여 변경하지 않은 경우에도 재산권의 보장이라는 측면에서 보호의 필요성이 있다고 지적하면서 그 결론에 찬성하면서도, 다만 논리구성에서 이는 정당한 보상금을 산정하기 위한 것일 뿐 실제로 용도지역을 지정하거나 변경하는 것이 아니므로, 계획재량권의 통제법리인 형량명령(Abwägungsgebot)이론을[54] 적용하는 것은 타당하지 않다는 평석이 있다.[55]

그런데 구속적 행정계획으로서 도시관리계획은 처분성이 인정되므로,[56] 보상액을 산정하는 단계에 있어서도 원칙적으로 현재 존재하고 있는 도시계획의 효력이 부정될 수는 없고, 그 계획의 효력을 부정하기 위해서는 권한 있는 기관에 의하여 취소되거나 무효사유에 이르러야 한다. 실제로 토지보상이 문제되는 것은 쟁송취소가 가능한 기간(도시관리계획 고시일로부터 90일)을 도과한 경우일 것이므로 이런 관점에서 처분의 무효사유에 준하여 계획재량권의 일탈·남용에 해당함이 객관적으로 명백하여야만 한다고 본 판례의 입장은 이해될 수 있다고 생각된다. 또

54) 계획재량에 대한 통제로서 형량명령이론에 대하여 상세히는 강현호, "계획적 형성의 자유의 통제수단으로서 형량명령", 「토지공법연구」, 제66호, 2014. 203면 이하 참조.

55) 박균성, "공법상 제한을 받는 토지에 대한 손실보상", 「행정판례연구」, 제21권 1호, 2016. 110면.

56) 대법원 1982. 3. 9. 선고 80누105 판결; 대법원 1992. 8. 14. 선고 91누11582 판결; 대법원 1994. 5. 24. 선고 93누24230 판결; 대법원 1995. 12. 8. 선고 93누9927 판결; 대법원 2005. 3. 10. 선고 2002두5474 판결; 대법원 1995. 12. 22. 선고 95누3831 판결 등.

한 현재 존재하고 있는 것과 다른 내용의 도시계획을 쉽게 가정하여 그에 따라 보상금을 산정할 경우 법원에 의하여 행정의 계획고권이 침해될 수 있으므로, 원심과 달리 계획재량권의 행사요소를 면밀하고 구체적으로 따져 명백한 위법이 있는지 여부를 판단해 보아야 한다고 한 판시내용도 타당하다고 생각한다.

(3) 대상판결 사안에 대한 검토

원고는 대법원 2012두7950 판결의 법리를 인용하면서 이 사건 토지에 대하여 개발제한구역의 지정을 해제하지 않은 것은 이 사건 공익사업의 시행을 위한 것이므로 (즉, 이 사건 토지가 이 사건 공익사업에 제공된다는 사정을 배제할 경우 개발제한구역을 해제하지 않은 행위는 계획재량권의 일탈·남용에 해당함이 객관적으로 명백한 경우이므로), 개발제한구역의 해제가 이루어진 상태로 토지가격이 평가되어야 한다고 주장하고 있다.

이에 대하여 원심법원은 ① 이 사건 토지는 1973. 6. 27. 개발제한구역으로 지정된 이래 현재까지 그 지정이 유지되고 있는 점, ② 이 사건 공익사업은 수통골 주차장 조성공사로, 개발제한구역 내 주차장은 개발제한구역법 제12조, 동법 시행령 제13조 제1항, 별표 1, 제3항 라목에 따라[57] 행정청의 허가를 얻어서 설치하는 것이 가능하고 개발제한구역의 지정을 별도로 해제할 필요는 없는 점을 근거로 원고의 주장을 배척하였고, 대법원은 원심의 판단을 적법한 것으로 수긍하였다.

우선, 피고는 이 사건 토지를 개발제한구역에서 해제하지 않고도 해당 공익사업(주차장 설치)을 시행할 수 있으므로 공익사업을 시행하기 위하여 이 사건 개발제한구역을 해제하지 않은 것으로 평가하기는 어렵다. 이 사건 토지가 공익사업에 제공된다는 사정을 배제하더라도 개발

---

57) 개발제한구역 내 주차수요가 있는 경우로서 국가 또는 지방자치단체가 설치하거나 도시계획시설로 설치하는 경우이다.

제한구역에 포함된 지역인 이 사건 토지에 특별히 계획고권을 행사하여 건축허용성을 부여하여야 할 이유가 발견되지도 않는다. 따라서 이 사건 토지를 개발제한구역에서 해제하지 않은 것은 이 사건 공익사업의 시행을 직접 목적으로 하는 제한에 해당하지 않는다고 본 대상판결의 결론은 타당하다.

대상판결은 현재 존재하는 일반적 계획제한을 부정하고 규범적으로 마땅히 존재하여야 하는 일반적 계획에 따른 제한상태를 상정하여 그에 따른 보상을 해 줄 수 있다는 법적 가능성을 확인하였을 뿐 결론적으로 사업시행자에게 그와 같은 보상을 해 줄 것을 명하지는 않았다. 이는 법원 역시 개발제한구역제도의 위헌성은 공익사업을 시행하는 계기에 수용대상 토지에 대한 금전보상액을 늘리는 방식으로 쉽게 해결할 수 있는 문제가 아님을 인식한 결과로 생각된다.[58)]

Ⅳ. 건축단위와 손실보상

1. 개별평가의 원칙과 예외로서 일괄평가

수용대상 토지의 보상의 단위는 원칙적으로 토지의 거래상 단위인 필지를 기준으로 한다. 「감정평가에 관한 규칙」(국토교통부령) 제7조는 "감정평가는 대상물건마다 개별로 하여야 한다. 둘 이상의 대상물건이 일체로 거래되거나 대상물건 상호 간에 용도상 불가분의 관계가 있는 경우에는 일괄하여 감정평가할 수 있다."라고 하고 있다. 이는 보상평가의 일반원칙으로서 개별평가를, 원칙에 대한 예외로서 일괄평가를 규정한 것이다.

---

58) 사견으로는 개발제한구역으로 지정된 토지에 대하여는 금전보상은 적절하지 않고, 건축가능성을 확대하는 방안이 바람직하다고 생각된다.

「감정평가실무기준」(국토교통부고시)은 수 개의 토지에 대한 일괄평가의 요건을 구체화하여 “2필지 이상의 토지가 일단으로 이용중이고 그 이용상황이 사회적·경제적·행정적 측면에서 합리적이고 대상토지의 가치형성 측면에서 타당하다고 인정되는 등 용도상 불가분의 관계에 있는 경우”에는 일괄평가를 할 수 있다고 한다.[59]

대상판결도 마찬가지로 수 개의 토지의 일괄평가 요건에 관하여 “용도상 불가분의 관계에 있다는 것은 일단의 토지로 이용되고 있는 상황이 사회적·경제적·행정적 측면에서 합리적이고 그 토지의 가치 형성적 측면에서도 타당하다고 인정되는 관계에 있는 경우를 뜻한다”라고 판시하고 있다.

2. 필지와 별개의 건축단위가 설정된 경우

(1) 건축단위

건축단위는 공법적 의미에서 건축허가의 기준이 되는 토지의 단위이다. 건축단위는 시가지에 수용될 인구를 결정하고 기반시설의 수요를 계산하는 기준이 되므로 그 설정은 본래 도시계획이 수행하여야 할 핵심적 기능이다. 도시계획이 그 기능을 감당하지 못하면 건축허가를 담당하는 건축법이 스스로 건축단위를 만들어 내거나 기존의 토지단위들 중 가장 적합한 토지단위에 의존하는 방식을 취하게 된다.[60]

(2) 건축법상 대지

현행 용도지역제 도시계획은 선제적으로 건축단위를 설정하지 못하고 있으므로, 건축법이 건축허가의 계기를 통하여 만들어내고 있는 건축단위가 대지이다(건축법 제2조 제1항 제1호). 비록 표기는 지목으로서

59) 610. 1. 7. 6. 일단으로 이용중인 토지
60) 김종보, 주 32)의 논문, 67면.

대지와 같지만 여기에서의 대지는 건축허가요건을 판단하고 건축허가가 발급되는 토지의 단위를 뜻한다.

현행 건축법은 건축허가의 기준단위를 「공간정보의 구축 및 관리 등에 관한 법률」(구 지적법)에 원칙적으로 의존하면서 보충적으로 건축법이 스스로 건축단위를 설정할 수 있도록 하고 있다. 건축법은 대지를 "「공간정보의 구축 및 관리 등에 관한 법률」에 따라 각 필지(筆地)로 나눈 토지를 말한다"라고 정의함으로써(건축법 제2조 제1항 제1호 본문), 과세의 표준이 되는 필지를 원칙적 건축단위로 삼고 있다. 건축허가를 담당하는 건축법이 지적법상의 필지를 원칙적인 건축단위로 의제함으로써 필지는 단순히 과세나 민사상 거래의 기본단위가 되는 기능을 넘어 일정한 공법적 기능까지 담당하게 된다.[61]

건축법은 보충적으로 "대통령령이 정하는 토지에 대하여는 2 이상의 필지를 하나의 대지로 하거나 1 이상의 필지의 일부를 하나의 대지로 할 수 있다"고 규정한다(같은 호 단서). 이에 따라 건축허가권자가 필지와 별개로 건축단위를 정할 수 있는"대통령령이 정하는 토지"란 도시계획시설이 설치되는 경우, 주택법상 아파트가 건설되는 경우 등 국토계획법이나 주택법 등 공법에 의해 건축단위가 설정될 필요가 있거나, 2필지 이상의 토지에 건축물이 건축되는 경우이다(건축법 시행령 제3조 제1항). 법은 2개 이상의 필지 또는 필지의 일부를 대지로 인정할 수 있다는 포괄조항을 둠으로써, 건축허가권자의 판단에 따라 필지를 초월한 하나의 건축단위를 정할 수 있도록 하고 있다. 이 규정을 통해 건축허가권자가 독자적으로 건축단위를 지정하면 민사상 거래단위인 필지와 건축법상의 건축단위가 불일치하는 현상을 보이게 된다.[62]

61) 김종보, 주 32)의 논문, 68면.
62) *ibid.*

(3) 대상판결 사안에 대한 검토

감정평가 법령에 따르면 수용 토지를 필지 단위로 평가하지 않고 이를 초월하여 평가할 수 있는 경우는 "2필지 이상의 토지가 일체로 거래되거나 그 토지 상호 간에 용도상 불가분의 관계가 있는 경우"이고, 판례상 그 구체적인 의미는 "일단의 토지로 이용되고 있는 상황이 사회적·경제적·행정적 측면에서 합리적이고 그 토지의 가치 형성적 측면에서도 타당하다고 인정되는 관계"이다. 이는 순수한 사실의 영역인 것처럼 보인다.

대상판결의 사안을 살펴보면, 법원이 일괄평가의 대상인지 여부를 판별함에 있어서 건축법에 의하여 설정된 건축단위를 중요하게 다루고 있는 모습을 발견할 수 있다. 1심 판결은 이 사건 대지와 이 사건 주차장은 2개의 토지이지만 용도상 불가분의 관계에 있어 일괄 평가되어야 한다는 원고의 주장을 받아들이면서 그 판단의 중요한 논거로 피고가 이 사건 건물을 신축할 당시에 이 사건 토지가 전체로서 건축허가를 위한 접도요건을 충족하였던 것으로 보인다는 점을 들고 있다. 건축단위로서 건축법상의 대지가 이 사건 토지 전체였다는 점에 주목하여 2개의 필지임에도 불구하고 일체이거나 용도상 불가분이라고 보아야 한다는 것이다.

건축법 제57조는 건축물이 있는 대지는 접도요건,[63] 건폐율,[64] 용적률,[65] 대지안의 공지,[66] 건축물의 높이 제한[67] 등에 따른 기준에 못 미치게 분할하지 못하도록 제한하고 있다. 가령 건축허가권자가 A, B

63) 건축법 제44조.
64) 동법 제55조.
65) 동법 제56조.
66) 동법 제58조.
67) 동법 제60조.

필지를 합하여 하나의 건축단위(대지)로 지정하고 그 건축단위를 기준으로 해당 용도지역에서 허용되는 한도인 건폐율 50%의 건축물을 짓는 건축허가를 발급한 경우, 토지소유자가 A 필지상에 건축물을 건축한 후에 다시 B 토지를 따로 떼어내어 B 필지상에 추가로 건폐율 50%의 건축물을 건축하는 것이 허용될 수는 없다. 이렇게 건축법상 대지를 임의로 분할하여 개발하지 못하는 것은 건축단위를 지정한 행정주체의 결정에 따르는 당연한 효력이라고 할 수 있다.

문제는 건축물이 멸실되면 발급된 건축허가의 효력도 상실되고,[68] 건축허가를 전제로 하는 건축단위의 지정도 효력을 상실한다고 보아야 하는 점이다. 대법원은 피고가 2012. 3. 경 이 사건 건물을 철거함으로써 이 사건 대지는 주차장 부속시설인 이 사건 건물 부지로서의 역할을 상실하였다는 점을 주된 근거로 하여 1심과 원심의 판단을 파기하였다. 건축물이 멸실되면 건축허가에 수반하여 지정된 건축단위도 더 이상 효력을 존속할 근거가 없으므로, 대법원이 판시한 결론은 정당하다.

그런데 결론에 이르는 논리에 있어 1심, 원심을 비롯해 대법원도 이 사건 건물이 존속하더라도 이 사건 대지와 이 사건 주차장은 보상단위에 있어 2개의 토지에 해당한다고 보는 전제 하에 토지의 이용현황 등 그 밖의 요소를 종합적으로 고려하여 일괄평가의 대상이 되는지 여부를 판단하고 있다. 그러나 건축물이 존속하여 건축허가의 효력이 유지되는 한 이 사건 토지를 2개의 토지로 보고 일괄평가의 대상이 되는지 여부를 판단하는 것은 타당하지 않다고 생각한다.

건축물의 부지는 건축물이 존속하는 한 다른 방법으로 이용할 수 없고, 임의로 분할하여 새로운 건축을 할 수 있는 것도 아니다. 건축단위의 지정에 따른 분할 제한은 토지상에 존재하는 공법상의 제한이고,

68) 동일한 대지에서 철거 또는 멸실된 건축물과 동일한 건축물을 새로 지을 경우에도 다시 새로운 건축(신축 또는 개축)허가를 받아야 하기 때문이다(건축법 시행령 제2조 제1항).

이는 판례 법리에 따르면 구체적인 공익사업 시행을 위한 개별적 계획제한이 아니라 토지 재산권의 내용을 형성하는 일반적 계획제한에 해당하므로, 해당 토지를 평가할 때에는 그 제한을 받는 상태대로 평가하여야 한다(토지보상법 시행규칙 제23조 제1항 본문). 따라서 수 개의 필지 상에 공법상 하나의 건축단위(건축법상 대지)를 설정한 경우에는 건축물이 존속하고 있는 한, 개별평가원칙의 예외에 해당하는지 여부를 판단하기 위하여 다른 부수적인 사정들을 심리할 필요 없이 하나의 토지로 평가하는 것이 옳다고 생각된다.

V. 도시계획을 반영하는 근거법조

1. 현실적 이용상황 또는 공법상 제한

「토지보상법」 제70조 제1항에서는 토지보상의 일반원칙을 규정하면서, '관계 법령에 따른 토지의 이용계획'을 하나의 고려 요소로 들고 있다. 같은 조 제2항에서는 현실적 이용상황을 기준으로 하는 현황평가주의를 규정하고 있고, 제6항은 구체적인 보상액 산정 및 평가방법은 국토교통부령으로 정하도록 위임하고 있다.

현행 보상법령 체계는 사실영역인 현실적 이용상황은 직접 법률(법 제70조 제2항)에서 규정하면서도, 규범인 도시계획을 반영하는 방식은 부령인 법 시행규칙(제23조)에 이르러서야 비로소 공법상 제한을 받는 토지라는 표제 하에 규정하고 있다. 이러한 규범 체계 하에서 보상 실무는 토지의 이용현황에 공법상 제한이 포함된다고 보아 도시계획과 현실적 이용상황의 요소를 혼용하고 있다. 그러나 실무의 이러한 입장에는 동의하기 어렵다. 도시계획 또는 공법상 제한은 토지상에 존재하고 있는 규범 자체이고, 현재의 토지이용상황은 사실인정의 문제이다.[69]

양자는 개념상 구별되는 것이므로 공법상 제한을 현실적 이용상황의 구체적인 한 예로 보는 것은 타당하지 않다.[70] 용도지역에 따른 건축허가요건(용도 및 형태 제한)뿐 아니라 지금까지 살펴본 바와 같이 실질적으로 도시계획의 기능을 하는 건축허용성, 건축단위는 모두 규범의 영역으로 순화하여 판단되어야 한다. 현실적 이용상황은 실제로 그 토지를 어떻게 활용하고 있느냐의 문제로서, 대전제로서의 공법상 규제가 확정된 후에야 비로소 그 공법상 제한에 저촉되는 이용상황인지 여부를 판단할 수 있다. 토지상에 존재하는 규범 자체의 상태를 정확하게 확정하지 않고 현실적 이용상황과 혼화하여 보상 가치를 산정하는 경우 수용을 당하는 토지소유자의 입장에서 보상평가의 근거를 더욱 이해하기 어렵고, 자의적인 보상 판단을 효과적으로 배제하기도 어렵다.

현행법의 해석론으로서는 도시계획을 수용토지에 대한 보상에 반영하는 법률상 근거는 현황평가주의를 규정한 「토지보상법」 제70조 제2항이 아니라, 토지보상의 일반원칙을 규정한 동법 제70조 제1항과 구체적 평가방법을 하위 법규에 위임한 같은 조 제6항으로 보아야 한다고 생각한다. 앞서 소개한 대법원 2015. 8. 27. 선고 2012두7950 판결도 공법상 제한을 받는 토지에 관한 보상을 규정한 토지보상법 시행규칙 제23조의 법률상 근거 규정을 토지보상법 제70조 제2항이 아니라 같은 조 제6항에서 찾고 있다.[71]

---

69) 토지의 현실적인 이용상황은 객관적 자료에 의하여 판단할 것이지, 법령의 규정에 의하여 의제되어서는 안 된다고 판시한 대법원 판결(대법원 1998. 9. 18. 선고 97누13375 판결)은 사실인정 문제로서 현실적 이용상황의 본질을 잘 지적하고 있다고 생각한다.

70) 박균성, 앞의 논문, 105면도 같은 취지; 다만, 이 견해에서는 현실적 이용상황을 공법상 제한의 한계 내에서 현실적으로 이용되는 상황을 말하는 것으로 이해하는 태도 자체는 긍정하고 있다.

71) 박균성, 앞의 논문, 104면에서도 이 판결이 토지보상법 시행규칙 제23조 제1항의 수권법률을 토지보상법 제70조 제6항으로 보고 토지의 이용상황을 규율하는 토지

덧붙여 입법론을 간략히 지적하고자 한다. 현행 토지보상법이 현실적 이용상황을 보상에 반영하는 방식에 관하여는 직접 법률에서 규정하면서, 공법상 규제를 보상에 반영하는 방식은 시행규칙에서 규정하고 있는 것은 타당하지 않다.72) 공법상 규제를 보상에 어떻게 반영할 것인가는 현황평가주의의 구체적인 내용도 아닐 뿐더러, 국민의 권리·의무에 관한 중요한 내용이므로 시행규칙이 아니라 별도의 법률조항으로 상향하여 보다 섬세한 내용으로 입법하여야 한다.

2. 사실문제 또는 법률문제

토지보상에 있어서 고려되어야 하는 도시계획은 사실인정의 문제가 아닌 법률문제이다. 대상판결의 사실심인 1심과 원심에서는 피고가 2012. 3. 경 이 사건 건물을 철거함으로써 이 사건 대지는 이 사건 건물부지로서의 역할을 상실하였다는 사실이 언급되지 않았으나, 대법원은 이 사실을 처음으로 판시하면서, 원심의 판단이 일괄평가에 관한 법리를 오해하였다는 이유로 파기하였다. 피상적으로 접근하면 이는 법률심인 대법원이 관여할 수 있는 범위를 넘은 것이 아닌가라는 의문이 있을 수 있다.

그러나 건축단위 역시 공법에 따른 도시계획의 기능으로서 규범의 문제이고, 건축단위 지정의 효력이 상실되었는가의 문제는 토지이용상황의 일체성이라는 단순한 사실인정의 문제가 아니라 법률문제를 포함하고 있는 것이다. 도시관리계획의 형태로 존재하고 있는 용도지역제 도시계획 뿐 아니라, 실질적으로 도시계획의 기능을 하는 건축허용성, 건축단위의 효력은 토지상에 존재하는 공법상 제한의 문제로서 모두 법률문제로 보아야 할 것이라고 생각한다.

보상법 제70조 제2항으로 보지 않은 점은 주목할 점이라고 지적하고 있다.

72) 박균성, 앞의 논문, 98면도 같은 취지이다.

Ⅵ. 결론

건축허용성과 건축단위는 도시계획의 핵심 기능으로서 토지의 수익력과 현존가치평가에 가장 중요한 영향을 미치는 요소에 속한다. 정당보상의 원리를 구현하기 위하여서는 이들 요소가 수용되는 토지의 보상평가에 정확하게 반영되어야 한다. 현행 토지보상법은 토지의 현황 또는 사실적 이용 상태를 보상에 반영하는 방식에는 세심한 관심을 기울이고 있는 반면, 수용 토지상의 공법상 제한 또는 도시계획을 보상에 반영하는 방식은 사실상 하위 규범에 전적으로 맡겨 두고 있다. 실무에서는 공법상 제한과 현실적 이용상태를 구별하지 않고 혼용하고 있다. 보상 실무의 혼선은 현행 도시계획의 불완전성으로부터 많은 부분 기인하고 있다.

대상판결에는 공익사업의 시행을 위하여 토지를 수용하는 경우 그 토지 보상 평가에 있어 ① 건축허용성과 ② 건축단위를 고려하는 방식에 관한 중요한 판단이 포함되어 있다. 이 판결에서 법원은 계획법적 개념을 명시적으로 언급하고 있지 않지만, 실제 판단에 있어서는 공법상 제한 또는 현실적 이용상황을 평가하는 과정에서 중요한 비중을 두고 다루고 있다.

이 사건 토지상에 피고가 공공용시설로 사용하기 위하여 건축하였던 건물은 법이 정하고 있는 특권적 건축물로서, 개발제한구역을 해제하지 않고 구역 내 건축금지를 유지하고 있는 상태에서 설치할 수 있다. 그러므로 피고가 이 사건 토지상에 이 사건 건물을 건축하였다고 하여 건축허용성을 부여하는 행정청의 공적인 견해 표명이 있었다고 볼 수는 없다. 또한, 피고는 이 사건 토지에 대하여 일반적인 건축허용성을 회복시키는 계획 결정을 하지 않고도 주차장 설치를 위한 공익사업을 시행할 수 있으므로, 이 사건 공익사업을 시행하기 위한 목적으로 개발제한구역을 해제하지 않은 것으로 평가하기도 어렵다. 따라서 이 사건의 첫 번째 쟁점과 두 번째 쟁점에 대한 대상판결의 결론은 모두 정당하다.

건축단위와 관련한 쟁점에 있어서도 법원이 일괄평가의 대상인지 여부를 판별함에 있어서 건축법에 의하여 설정된 건축단위(대지)를 중요하게 고려하고 있는 모습을 발견할 수 있었다. 1심과 원심 판결은 이 사건 토지가 2필지이기는 하지만 전체로서 건축법상의 대지에 해당한다는 점을 주된 논거로 용도상 불가분이라고 보아 일괄평가의 대상이 된다고 판단하였다. 대법원은 건축법상 대지 지정을 중요한 요소로 고려하면서도 해당 건축물이 존속하고 있지 않다는 점에 주목하여 원심의 판단을 파기하였다. 건축물이 멸실되면 건축허가를 전제로 하는 건축단위의 지정도 효력을 상실한다고 보아야 하므로 대법원의 결론이 설득력을 갖는다. 다만, 건축법상 필지를 초월하여 지정된 건축단위를 임의로 분할하여 개발하지 못하는 것은 공법상 제한에 해당하므로, 건축물이 존속하고 있는 한 일괄평가의 대상이 되는지 여부를 심리하기 위하여 다른 사실적 요소를 고려할 필요 없이 1개의 토지로 평가하여야 한다고 생각된다.

대상판결은 도시계획의 기능을 현실적 이용상황과 혼재된 형태로 고려하고 있기는 하지만, 실제 판단에 있어서는 도시계획의 규범적 요소에 중요한 비중을 두고 있는 것으로 보여진다. 또한 대상판결은 건축단위의 효력을 평가함에 있어서 토지이용상황의 양태라는 단순한 사실인정의 문제가 아니라 법률문제를 포함하고 있다는 점을 시사하고 있는 점에서도 의미를 갖는다고 본다. 향후 판례 법리는 보상법의 영역에 있어서도 용도지역에 따른 건축허가요건 뿐 아니라 실질적으로 도시계획의 기능을 담당하는 각종 공법상 제한을 사실문제와 구별하여 보다 체계적으로 반영하는 방향으로 전개될 것으로 기대한다.

참고법령

공익사업을 위한 토지 등의 취득 및 보상에 관한 법률

제70조(취득하는 토지의 보상)

① 협의나 재결에 의하여 취득하는 토지에 대하여는 「부동산 가격공시에 관한 법률」에 따른 공시지가를 기준으로 하여 보상하되, 그 공시기준일부터 가격시점까지의 관계 법령에 따른 그 토지의 이용계획, 해당 공익사업으로 인한 지가의 영향을 받지 아니하는 지역의 대통령령으로 정하는 지가변동률, 생산자물가상승률(「한국은행법」 제86조에 따라 한국은행이 조사·발표하는 생산자물가지수에 따라 산정된 비율을 말한다)과 그 밖에 그 토지의 위치·형상·환경·이용상황 등을 고려하여 평가한 적정가격으로 보상하여야 한다.

② 토지에 대한 보상액은 가격시점에서의 현실적인 이용상황과 일반적인 이용방법에 의한 객관적 상황을 고려하여 산정하되, 일시적인 이용상황과 토지소유자나 관계인이 갖는 주관적 가치 및 특별한 용도에 사용할 것을 전제로 한 경우 등은 고려하지 아니한다.

③, ④, ⑤ 생략

⑥ 취득하는 토지와 이에 관한 소유권 외의 권리에 대한 구체적인 보상액 산정 및 평가방법은 투자비용, 예상수익 및 거래가격 등을 고려하여 국토교통부령으로 정한다.

공익사업을 위한 토지 등의 취득 및 보상에 관한 법률 시행규칙

제23조(공법상 제한을 받는 토지의 평가)

① 공법상 제한을 받는 토지에 대하여는 제한받는 상태대로 평가한다. 다만, 그 공법상 제한이 당해 공익사업의 시행을 직접 목적으로 하여 가하여진 경우에는 제한이 없는 상태를 상정하여 평가한다.

② 당해 공익사업의 시행을 직접 목적으로 하여 용도지역 또는 용도지구 등이 변경된 토지에 대하여는 변경되기 전의 용도지역 또는 용도지구 등을 기준으로 평가한다

건축법

제2조(정의)

① 이 법에서 사용하는 용어의 뜻은 다음과 같다.

1. “대지(垈地)”란 「공간정보의 구축 및 관리 등에 관한 법률」에 따라 각 필지(筆地)로 나눈 토지를 말한다. 다만, 대통령령으로 정하는 토지는 둘 이상의 필지를 하나의 대지로 하거나 하나 이상의 필지의 일부를 하나의 대지로 할 수 있다.

참고문헌

단행본

김종보, 『건설법의 이해』, 피데스, 2018.

박균성/도승하, 『토지보상행정법』, 박영사, 2014.

석종현, 『신토지공법론』, 삼영사, 2016.

이종준, 「개발제한구역의 법적 성질에 관한 연구」, 서울대학교 대학원 법학석사논문, 2018.

법무법인 강산, 『實務 토지수용보상』, 2019.

한국감정평가협회/한국감정원, 『감정평가 실무기준 해설(I)』, 2014.

학술논문

강현호, “계획적 형성의 자유의 통제수단으로서 형량명령”, 「토지공법연구」, 제66호, 2014.

김동건, “공용제한의 법리와 손실보상”, 「공법학연구」, 제7권 제3호, 2006. 8.

김종보, “건축허용성의 부여와 반영”, 「서울대학교 법학」, 제53권 제3호, 2012. 8.

김종보, “계획제한과 손실보상논의의 재검토”, 「행정법연구」 제2호, 1998.4.

김종보, “도시계획의 핵심기능과 지적제도의 충돌”, 「행정법연구」, 제16호, 2006. 10.

김종보, “토지형질변경허가의 법적 성질”, 「행정판례연구」 제11집, 2006. 6.

박균성, “공법상 제한을 받는 토지에 대한 손실보상”, 「행정판례연구」, 제21권 1호, 2016.

배명호/신봉기. “공법상 제한을 받는 토지에 대한 손실보상-대법원 판례의 동향을 중심으로-”, 「토지공법연구」, 제79집, 2018. 8.

안동인, "私人의 公用收用과 公、私益의 調和" 「행정법연구」 제46호, 2016. 8.

李東洽, "公法上 制限을 받는 土地의 評價", 「대법원 판례해설」, 제12호, 1990. 11.

林護貞, "公法上 制限을 받는 土地의 報償評價方法", 「토지보상법 연구」, 제4집, 2004.

국문초록

건축허용성과 건축단위는 도시계획의 핵심 기능으로서 토지의 수익력과 현존가치평가에 가장 중요한 영향을 미치는 요소에 속한다. 정당보상의 원리를 구현하기 위하여서는 이들 요소가 토지의 보상평가에 정확하게 반영되어야 함에도 현재 보상실무는 공법상 제한과 현실적 이용상태를 구별하지 않고 혼용하고 있다. 보상 실무의 혼선은 현행 토지보상법령의 규범 자체에 내재하는 문제점과 함께 우리 도시계획의 불완전성으로부터 많은 부분 기인하고 있다.

대상판결에는 공익사업의 시행을 위하여 토지를 수용하는 경우 그 토지 보상 평가에 있어 ① 건축허용성과 ② 건축단위를 고려하는 방식에 관한 중요한 판단이 포함되어 있다. 이 사건 토지상에 피고가 건축하였던 건물은 법이 정하고 있는 특권적 건축물로서, 개발제한구역을 해제하지 않고 구역 내 건축금지를 유지하고 있는 상태에서 설치할 수 있다. 피고가 이 사건 토지상에 이 사건 건물을 건축하였다고 하여 건축허용성을 부여하는 행정청의 공적인 견해 표명이 있었다고 볼 수는 없으므로 건축허용성과 관련한 대상판결의 결론은 정당하다.

건축단위와 관련하여, 1심과 원심 판결은 이 사건 토지가 2필지이기는 하지만 전체로서 건축법상의 대지에 해당한다는 점을 주된 논거로 일괄평가의 대상이 된다고 보았다. 대법원은 건축법상 대지 지정을 중요한 요소로 고려하면서도 해당 건축물이 존속하고 있지 않다는 점에 주목하여 원심의 판단을 파기하였다. 건축물이 멸실되면 건축허가를 전제로 하는 건축단위의 지정도 효력을 상실한다고 보아야 하므로 대법원의 결론이 설득력을 갖는다. 다만, 건축법상 필지를 초월하여 지정된 건축단위를 임의로 분할하여 개발하지 못하는 것은 공법상 제한에 해당하므로, 건축물이 존속하고 있는 한 다른 사실적 요소를 고려할 필요 없이 1개의 토지로 평가하여야 한다고 생각된다.

대상판결은 도시계획의 기능을 현실적 이용상황과 혼재된 형태로 고려하고 있기는 하지만, 실제 판단에 있어서는 도시계획의 규범적 요소에 중요한 비중을 두고 있는 것으로 보인다. 또한 대상판결은 건축단위의 효력이 단순한 사실인정의 문제가 아니라 법률문제를 포함하고 있다는 점을 시사하고 있는 점에서도 의미를 갖는다.

주제어: 도시계획, 건축허용성, 건축단위, 토지보상법, 공익사업, 토지수용

Abstract

Urban Planning and Compensation for expropriation of land
−Focusing on development permission, development units−

Park Kun Woo*

The development permission and the development unit is key function of urban planning and is among the most important factors affecting land's profitability and existing valuation. In order to implement the principle of just compensation, these factors must be accurately reflected in the compensation evaluation of land, but the current compensation practice does not distinguish between the public law restrictions and the actual use status. Confusion in compensation practices stems largely from the imperfections of our urban planning, together with the problems inherent in the norms of current land compensation legislation.

In this case the court made important judgments regarding ① development permission and ② the way in which development unit is considered in evaluating land compensation for expropriation of land for the implementation of public works. The building, which the defendant built on the land of this case, is a privileged building prescribed by law, and can be installed while maintaining the building

* Office of Litigation Division, Ministry of Justice

ban in the area without lifting the restricted area. The conclusion of the ruling regarding development permission is justified because the defendant's construction of this building on the land of the case does not constitute an official view of the administration granting development permit.

Regarding the development unit, the Supreme Court broke an appeal judgment, noting that the building did not exist while considering the designation of the 'site' as an important factor in the Building Act. If the building is destroyed, the designation of the site on the premise of the building permit will be considered to be ineffective. Therefore, the conclusion of the Supreme Court is convincing. However, it is considered to be a limitation on the public law that it is not possible to divide and develop a designated site under the Building Act.

Although the court considers the function of urban planning in the form of mixed use with the actual use situation, it seems to place an important weight on the normative elements of urban planning in actual judgment. In addition, the ruling is meaningful in that it suggests that the validity of the development unit is not just a matter of fact recognition but includes a legal matter.

Keywords: urban planning, development permission, development unit, land compensation law, public works, expropriation of land

투고일 2019. 12. 13.
심사일 2019. 12. 23.
게재확정일 2019. 12. 30.

地方自治法

수익적 조례에 관한 법적 고찰 (선정원)

수익적 조례에 관한 법적 고찰
- 보조금관리조례에 관한 대법원 2018. 8. 30. 선고 2017두56193 판결을 중심으로 -

선정원*

Ⅰ. 서

1. 수익적 조례에 대한 적용법리의 명확화

지방자치법상 위임사무와 자치사무의 구별이 명확하지 않고 위임

* 명지대학교 법학과 교수

조례도 여전히 많다. 이러한 상황에서 수익적 조례는 침익적 조례와 달리 엄격한 법률유보로부터 벗어나 자치입법권의 신장을 위해 중대한 기여를 하고 있다. 최근 우리 사회에서 정치사회적으로 주목을 받은 조례들, 즉, 학생인권조례, 저출산대책지원조례, 무상급식지원조례 등은 모두 수익적 조례들이었다. 이러한 조례들 이외에 감면조례, 보조금조례, 다양한 사회복지조례 그리고 개인정보보호조례 등 다른 수익적 조례들의 제정움직임에서도 지방자치단체들과 주민들의 적극적인 자치입법의지가 확인되고 있다.

이와 같이 우리나라에서 활발하게 전개되고 있는 수익적 조례제정 운동은 우리 지방자치단체들에게 요구되어 오던 상위법령에 대한 자주적 법해석권의 발현으로서 주목할 만하다고 하겠다.[1)]

하지만, 다른 한편으로는 우리나라 지방자치단체장이나 지방의회가 주도하는 수익적 조례에 대하여 지방재정능력의 취약성을 무시한 무책임한 선심정치나 선심행정의 발로라는 비판도 제기되어 왔다. 특히, 정치권의 좌우대립 속에 등장했던 학생인권조례, 무상급식지원조례 및 저출산대책지원조례와 같은 사회복지조례, 감면조례 그리고 보조금조례 등은 제정여부를 놓고 사회적으로도 심각한 갈등을 일으킨 경우도 많았다.

문제가 된 수익적 조례들에 대한 법령의 근거 또는 기준이 불명확하거나 상위법령의 규율밀도가 낮은 상태에서 지방자치단체가 상당한 입법재량을 행사함으로써 그 갈등이 증폭된 측면도 있었다.

지방자치법분야에서 수익적 조례에 관한 법해석론은 학계는 물론

1) 지방자치단체의 해석권이란 지방자치단체가 사무를 집행함에 있어 헌법과 합헌적인 법령에는 구속되지만 그 법령은 법치행정과 지방자치의 취지에 맞게 해석되고 운용되어야 하며 그에 관한 1차적 해석권은 집행담당자인 당해 지방자치단체 자신에게 있다는 것을 말한다. 문상덕, 지방자치단체의 자주적 법해석권 - 한일비교를 중심으로-, 행정법연구 제5호, 1999.11, 157면. 조성규, 행정법령의 해석과 지방자치권, 행정법연구 제32호, 2012.4, 10면 이하.

재판실무에서도 아직 확실하게 정립되지 않았다고 할 수 있는데,[2] 지방행정실무에서 혼란을 완화시키고 법치행정을 정착시키기 위해서는 수익적 조례의 입법재량에 적용되는 법리의 내용과 한계 등을 명확하게 할 필요가 있다 할 것이다.

2018년 대법원은 수익적 조례의 일종인 보조금조례를 위임조례로 보면서도 침익적 조례에 대해서 요구하던 엄격한 법률유보와 엄격해석론으로부터 벗어나 법률유보의 요구를 완화하는 판결을 하였다.[3] 이 글은 보조금조례에 관한 이 대상판결을 중심으로 우리 지방자치법의 영역에서 적용되는 수익적 조례론을 구체화하고 명확하게 하는데 기여하고자 작성되었다.

2. 대상판결(홍성군 보조금관리조례 판결)의 경과와 개요

홍성군수는 기능성 양념압축 건조두부 상품화사업을 위해 생활개선홍성군연합회영농조합법인에 2016. 1. 19.자로 지급한 보조금 1,750,040,320원에 대해 지원받은 사업의 실패를 이유로 보조금의 반환하도록 환수처분을 내렸다. 이에 대에 영농조합법인은 환수처분의 취소소송을 제기했다.

대전지방법원은 2017년 1월 18일 판결을 통해 이 사건 환수처분은 횡성군 보조금관리조례에 근거한 것으로 적법하다고 판결했다.[4] 지방

---

2) 조성규, 법치행정의 원리와 조례제정권의 관계 – 조례에 대한 법률유보의 문제를 중심으로 –, 공법연구 제33집 제3호, 2005, 394면은, “주민의 권리제한이나 의무부과(고권적 침해유보)와 직접 관련되지 않은 경우의 조례제정 가능성에 대해서는 지방자치의 헌법적 보장의 관점에서 보다 구체적인 검토가 필요한 것이 아닌가 생각된다”고 하고 있다.

3) 대법원 2018. 8. 30. 선고 2017두56193 판결.

4) 대전지방법원 2017. 1. 18. 선고 2016구합101340 판결.

법원에서는 횡성군보조금관리조례가 위임한계를 벗어나 무효인가 하는 점은 쟁점으로 등장하지 않았다.

원고가 항소를 제기한 대전고등법원에서는 횡성군수의 보조금환수처분의 직접적 근거규정인 횡성군 보조금관리조례 제20조가 상위법령인 구 지방재정법 시행령 제29조 제5항, “법 제17조 제1항의 규정에 의한 지방자치단체의 보조금 또는 그 밖의 공금의 지출에 대한 교부신청, 교부결정 및 사용 등에 관하여 필요한 사항은 당해 지방자치단체의 조례로 정한다.”라는 규정의 유보범위를 벗어나 무효라고 판결하였다.[5] 대전고등법원은 보조금환수처분을 정한 조례규정은 침익적 조례규정이므로 상위법령으로부터 개별적인 명시적 위임이 없다면 무효라는 침익적 위임조례론의 논리를 사용하였다.

대전고등법원의 판결에 대해 홍성군수는 상고를 하였는데, 이 사건에서 대법원은 다음과 같은 논리로 횡성군 보조금관리조례 제20조는 위임한계내에 있어 적법유효하다고 판시하면서 대전고등법원으로 파기환송하였다.

“보조금 교부는 수익적 행정행위로서 교부대상의 선정과 취소, 기준과 범위 등에 관하여 교부기관에 상당히 폭넓은 재량이 부여되어 있다. 또한 보조금 지출을 건전하고 효율적으로 운용하기 위해서는, 보조금 교부기관이 보조금 지급목적에 맞게 보조사업이 진행되는지 또는 보조사업의 성공가능성이 있는지에 관하여 사후적으로 감독하여 경우에 따라 교부결정을 취소하고 보조금을 반환받을 필요도 있다. 그리고 법령의 위임에 따라 교부기관이 보조금의 교부 및 사후 감독 등에 관한 업무를 수행할 수 있는 이상, 그 교부결정을 취소하고 보조금을 반환받는 업무도 교부기관의 업무에 포함된다고 볼 수 있다.”(대법원 2018. 8. 30. 선고 2017두56193 판결)

---

5) 대전고등법원 2017. 7. 13. 선고 2017누10607 판결.

Ⅱ. 수익적 조례의 의의와 유형

1. 수익적 조례의 의의

수익적 조례는 주민의 권리를 확대하고 의무를 감면하는 조례를 말하고, 침익적 조례는 "주민의 권리 제한 또는 의무 부과에 관한 사항이나 벌칙"을 정하는 조례(지방자치법 제22조 단서)를 말한다.

2. 수익적 조례의 유형

(1) 금전적 조례와 비금전적 조례

금전적 조례는 주민들에게 금전의 지급이나 금전지급의무의 감면과 같은 수익적 조치를 내용으로 규정한 조례이다. 비금전적 조례는 주민들에게 수익적 효과를 미치지만 금전의 지급이나 금전지급의무의 감면 등을 내용으로 하지 않은 조례이다. 우리나라에서 널리 이용되고 있는 수익적인 비금전적 조례들로는 학생인권조례나 개인정보보호조례 등이 여기에 속한다.

(2) 수익적 위임조례와 수익적 자치조례

수익적 위임조례는 보조금조례나 지방세감면조례와 같이 수익적인 사무이지만 상위법령에서 그 대상에 관해 규정하면서 일정한 사항을 조례로 제정하도록 위임한 경우 위임사무에 대해 제정된다. 수익적 자치조례는 지방자치단체가 상위법령으로부터 위임없이 자치사무에 대해 제정하는 수익적 조례를 말하는데, 지방자치법 제136조와 제137조에서 지방자치단체가 사용료와 수수료를 자치사무로서 규정할 수 있게 한 것을 근거로 규정한 사용료감면조례나 수수료감면조례 등이 여기에 해당된다.

헌법에서 국회입법원칙을 선언하고 있는 경우, 예를 들어, 조세법률주의(헌법 제59조)나 행정조직법정주의(헌법 제96조) 또는 국민의 기본권보호의 필요나 전국적 통일성을 보호할 필요 등을 고려하여 법령의 입법자는 지방자치단체가 처리하여야 할 수익적 사무임에도 법령에서 상세한 내용을 규정하고 일정한 사항을 조례로 규정하도록 함으로써 수익적 위임조례를 이용하도록 하고 있다.

판례도 위임사무와 자치사무의 구별은 물론 위임조례와 자치조례의 개념을 알고 있다. 즉, 대법원은 "지방자치단체는 그 고유사무인 자치사무와 개별법령에 의하여 지방자치단체에 위임된 단체위임사무에 관하여 자치조례를 제정"할 수 있다고 하면서, "기관위임사무에 관하여 제정되는 이른바 위임조례는 개별법령에서 일정한 사항을 조례로 정하도록 위임하고 있는 경우에 한하여 제정"할 수 있다고 하여 위임조례와 자치조례를 구별하고 있다.[6)]

(3) 금전적 조례의 유형

금전적 조례로서 우리나라에서 널리 이용되고 있는 수익적 조례들로는 감면조례, 보조금조례, 사회복지조례(예, 저출산대책지원조례, 무상급식지원조례) 등이다.

1) 감면조례

금전지급의무를 감면시키는 감면조례로는 지방세감면조례, 부담금감면조례, 사용료·수수료 감면조례 등이 있다.

2) 보조금조례

지방자치단체가 일정한 사업자에게 해당 사업이나 활동의 촉진목적으로 금전의 지급을 내용으로 하는 조례를 말한다. 보조금조례는 지방재정법 등의 위임을 받아 제정되는 금전적 조례이자 수익적 위임조례

---

6) 대법원 2000. 11. 24. 선고 2000추29 판결 ; 대법원 2007. 12. 13. 선고 2006추52 판결.

이다.

3) 사회복지조례

저출산대책지원조례나 무상급식지원조례와 같이 사회복지목적으로 금전이나 현물 등을 지급하는 것을 내용으로 하는 조례를 말한다.

Ⅲ. 수익적 조례론의 개념과 등장배경

1. 수익적 조례론의 개념

수익적 조례론이란 수익적 조례에 대해 적용되는 법도그마틱 또는 법해석론이다. 우리 실정법과 판례에 나타난 수익적 조례론에 따를 때, 주민의 권리를 확대하고 의무를 감면하는 사무에 관해서는 법률의 구체적 위임이 없더라도 조례를 제정할 수 있다.

우리 법과 판례는 침익적 조례와 수익적 조례를 나누어 조례의 제정가능성과 제정방법을 다르게 취급하고 있다. 지방자치법 제22조 단서에서는 "주민의 권리 제한 또는 의무 부과에 관한 사항이나 벌칙을 정할 때에는 법률의 위임이 있어야 한다."고 일반적 유보규정을 도입하고 있어 지방자치단체가 침익적 조례를 제정하기 위해서는 법률의 위임이 있어야 한다. 하지만, 지방자치법이나 다른 법률에서 수익적 조례의 제정시 법률의 유보를 요구하는 일반적 유보규정을 두고 있지는 않다.

법률의 유보문제와 달리 우리 헌법 제117조 제1항은 지방자치단체가 "법령의 범위 안에서 자치에 관한 규정을 제정할 수 있다"고만 하여 침익적 조례와 수익적 조례를 구별하지 않고 법의 우위원칙이 적용됨을 명확히 하고 있다.

한편, 우리 판례는 엄격하게 법령으로부터 개별적 위임을 요구하는 침익적 조례와 달리 수익적 조례와 관련하여 지방자치단체의 자치권을 매우 넓게 인정하고 있다. 대법원은 '정선군세자녀이상세대양육비등지원에관한조례안'의 무효소송에서 "지방자치단체는 그 내용이 주민의 권리의 제한 또는 의무의 부과에 관한 사항이거나 벌칙에 관한 사항이 아닌 한 법률의 위임이 없더라도 그의 사무에 관하여 조례를 제정"할 수 있다고 반복하여 판시하여 침익적 조례와 수익적 조례에 대해 법률의 유보가 달리 적용됨을 명확히 했다.7)

하지만, 수익적 조례도 엄밀히 분석하면 수익적 자치조례와 수익적 위임조례로 구별할 수 있는데, 두 조례사이에 어떤 차이가 있는지, 수익적 위임조례의 경우 침익적 위임조례에 인정되는 자치입법권의 한계와 어떤 차이가 있는지, 그리고 수익적 위임조례에 있어 확장된 입법재량의 한계가 어디까지인지는 기존 판례나 학설들에 의해 구체화되거나 명확하게 설명되어지지 않았다.

2. 법치행정의 관점에서 본 수익적 조례론의 등장배경

(1) 우리 법에 있어 침해행정과 급부행정의 구별에 따른 법률의 규율밀도의 차이

수익적 조례론과 침익적 조례론의 차이를 가져온 직접적인 근거조문은 지방자치법 제22조 단서, 즉, "주민의 권리 제한 또는 의무 부과에 관한 사항이나 벌칙을 정할 때에는 법률의 위임이 있어야 한다."는 문장이라 할 수 있지만, 법률유보원칙이 침해행정과 급부행정에 적용되는 과정에서 보여주는 실질적인 차이도 양 조례론의 차이를 가져온 또 다른 중요한 원인이라고 볼 수 있을 것이다.

오늘날 우리나라에서 행정작용의 법률유보와 관련하여 통설과 판

7) 대법원 2006. 10. 12. 선고 2006추38 판결 ; 대법원 2009. 10. 15. 선고 2008추32 판결.

례는 본질성설을 따르고 있다.[8] 이에 따르면 급부행정의 영역에서도 본질적이고 중요한 사항은 법률에서 사전에 근거가 마련되어 있어야 하는데 기본권관련사항이 중요한 사항의 예로 제시되고 있으나 침해행정의 경우보다 급부행정에서 법률유보의 강도는 더 낮게 요구되고 있다.[9] 또, 입법사항들 중에는 헌법에서 조세법률주의나 행정조직법정주의처럼 국회입법원칙을 선언한 경우도 있어 중요도에도 정도의 차이가 있어서 어떤 사항은 국회가 보다 세밀하게 법률로 규정해야 할 사항도 존재한다.

법률유보에 관한 본질성설에 따를 때 급부행정의 영역에서도 본질적인 사항에 관한 법률의 규율은 포기될 수 없기 때문에 법률에 규정되어 있어야 할 사항들이 존재한다. 이에 관하여 우리 헌법재판소는 조세감면에 관한 다음의 결정에서 매우 중요한 기준을 제시하고 있다.

"조세의 감면에 관한 규정은 조세의 부과·징수의 요건이나 절차와 직접 관련되는 것은 아니지만, 조세란 공공경비를 국민에게 강제적으로 배분하는 것으로서 납세의무자 상호간에는 조세의 전가관계가 있으므로 특정인이나 특정계층에 대하여 정당한 이유없이 조세감면의 우대조치를 하는 것은 특정한 납세자군이 조세의 부담을 다른 납세자군의 부담으로 떠맡기는 것에 다름 아니므로 조세감면의 근거 역시 법률로 정하여야만 하는 것이 국민주권주의나 법치주의의 원리에 부응하는 것이다."[10]

"조세감면의 우대조치는 조세평등주의에 반하고 국가나 지방자치단체의 재원의 포기이기도 하여 가급적 억제되어야 하고 그 범위를 확대하는 것은 결코 바람직하지 못하므로 특히 정책목표달성에 필요한 경우에 그 면제혜택을 받는 자의 요건을 엄격히 하여 극히 한정된 범위

---

8) 헌재 1999.5.27., 98헌바70 ; 대법원 2007.10.12., 2006두14476.

9) 김철용, 행정법 제8판, 2019, 110면. 홍정선, 행정법론(상), 2010 제18판, 58－59면. 박균성, 행정법론(상) 제16판, 2017, 28면.

10) 헌재 1996. 6. 26. 93헌바2, 조세감면규제법 제74조 제1항 제1호 위헌소원.

내에서 예외적으로 허용되어야 한다."[11]

그럼에도 불구하고 판례는 법률유보이론의 적용에 있어 침해행정과 급부행정의 영역을 구별하여 유보의 정도를 달리 요구하고 있다. 엄격하게 법치행정의 원칙을 적용하는 침해행정과 달리 급부행정의 영역에서는 상위법으로부터 자유로운 재량영역을 하위법제정자에게 넓게 인정하고 있다.

예를 들어, 대표적인 침익적 처분의 일종인 조세처분을 규정하는 조세법에는 조세법률주의가 적용되어 조세처분의 요건을 법률에 엄격하게 규정하여야 하고 이를 위반한 법률이나 조례는 위법하다. 하지만 조세감면처분에 대해서는 법률유보의 요건이 완화되어 적용되고 있다.

"조세법률주의를 규정한 헌법 제38조, 제59조의 취지에 의하면 국민에게 새로운 납세의무나 종전보다 가중된 납세의무를 부과하는 규정은 그 시행 이후에 부과요건이 충족되는 경우만을 적용대상으로 삼을 수 있음이 원칙이므로, 법률에서 특별히 예외규정을 두지 아니하였음에도 하위 법령인 조례에서 새로운 납세의무를 부과하는 요건에 관한 규정을 신설하면서 그 시행시기 이전에 이미 종결한 과세요건사실에 소급하여 이를 적용하도록 하는 것은 허용될 수 없다."[12]

하지만, 대법원은 "조세의무를 감경하는 세법조항에 대하여는 조세공평의 원칙에 어긋나지 않는 한 소급효가 허용됨이 명백하고, 과세단위가 시간적으로 정해지는 조세에 있어서 과세표준기간인 과세년도 진행 중에 세율인상 등 납세의무를 가중하는 세법의 제정이 있는 경우에는 이미 충족되지 아니한 과세요건을 대상으로 하는, 강학상 이른바 부진정소급효의 경우이므로 그 과세년도 개시시에 소급적용이 허용"된다고 한다.[13]

---

11) 헌재 1996. 6. 26. 93헌바2, 조세감면규제법 제74조 제1항 제1호 위헌소원.
12) 대법원 2011. 9. 2. 선고 2008두17363 전원합의체 판결 [지역개발세부과처분취소].
13) 대법원 1983. 4. 26. 선고 81누423 판결 [법인세부과처분취소].

대상판결에 관련된 법령과 조례들의 관계를 살펴보면, 구 지방재정법(2014. 5. 28. 법률 제12687호로 개정되기 전의 것) 제17조 제1항 및 구 지방재정법 시행령(2014. 11. 28. 대통령령 제25781호로 개정되기 전의 것) 제29조 제5항에서 대강과 개요를 정하고 2013년 홍성군 보조금관리조례 제20조는 이 법령들로부터 위임을 받아 제정되었다.

대상사례에서는 보조금교부라는 급부행정과 수익적 처분에 관한 업무를 처리함에 있어 급부행정에도 법률유보의 원칙이 적용되어 법령에서 본질적인 사항에 관한 대강과 개요를 규정하고 상세한 것은 조례에 위임하여 조례제정권자는 상당한 입법재량을 가지고 법령에서 맡겨진 임무의 수행을 위해 필요한 것들을 추가로 규정하였다. 지방세감면조례의 경우도 지방세법 등을 통해 법률의 위임을 받아 조례로 감면범위가 정해지고 있다. 이와 같이 제정된 조례들이 수익적 위임조례인 것이다.

위와 같이 우리나라의 급부행정의 영역에서도 법치행정의 원칙이 통설인 본질성설에 따라 이해되고 있지만, 급부행정에서는 상대방에게 수익적 효과를 미치므로 법률의 규율밀도를 완화하거나 소급적용을 인정하는 방식으로 법률의 유보와 법의 우위를 엄격하게 적용하는 침해행정과 다르게 법치행정의 원칙을 적용해왔다. 이 점이 침익적 조례와 다른 수익적 조례론의 등장에 중대한 영향을 미쳤다고 할 수 있을 것이다.

(2) 침익적 처분과 수익적 처분에 대한 해석론의 차이

우리 판례는 특별한 규정이 없는 한 침익적 행정행위는 기속행위로 보면서 "침익적 행정행위의 근거가 되는 행정법규는 엄격하게 해석·적용하여야" 한다고 하고 있다.14)

하지만, "특정인에게 권리나 이익을 부여하는 이른바 수익적 행정

14) 대법원 2013. 12. 12. 선고 2011두3388.

처분은 법령에 특별한 규정이 없는 한 재량행위"라고 하면서,[15] "수익적, 재량적 행정처분에 있어서는 그 처분에 관한 근거법령에 특별한 규정이 없더라도 일반적으로 조건이나 부담 등의 부관을 붙일 수 있는 것"이라고 한다.[16] 그리고 "수익적 행정처분으로서 법령에 행정처분의 요건에 관하여 일의적으로 규정되어 있지 아니한 이상 행정청의 재량행위에 속한다 할 것이고, 이러한 승인을 받으려는 주택건설사업계획이 관계 법령이 정하는 제한에 배치되는 경우는 물론이고 그러한 제한사유가 없는 경우에도 공익상 필요가 있으면 처분권자는 그 승인신청에 대하여 불허가 결정을 할 수 있다"고 하여 처분청은 공익상 필요가 있으면 법령에 명시되지 않은 다른 사유로 처분을 할 수 있다고 한다.[17]

대법원은 대상판결의 이유에서 "보조금 교부는 수익적 행정행위로서 교부대상의 선정과 취소, 기준과 범위 등에 관하여 교부기관에 상당히 폭넓은 재량이 부여되어 있다."는 점을 강조하면서 수익적 위임조례에 있어 위임한계에 관한 위법심사론을 전개하였다. 대상판결에 나타난 대법원의 논리에서도 드러나듯이 그 동안 판례가 침익적 처분과 수익적 처분에 대해서 정립해온 해석론의 차이가 침익적 조례론과 다른 수익적 조례론의 형성에 중대한 영향을 미쳤다고 할 수 있을 것이다.

Ⅳ. 수익적 조례론의 구체화와 명확화

1. 조례에의 위임한계에 관한 헌법재판소의 위헌심사원칙

지방자치법에 근거를 두고 제정되는 자치조례는 법률의 우위원칙

15) 대법원 2014. 5. 16. 선고 2014두274 판결.
16) 대법원 1992. 2. 14. 선고 91다36062 판결.
17) 대법원 2005. 4. 15. 선고 2004두10883 판결.

을 준수하는 한 개별법령으로부터 위임이 없더라도 제정될 수 있지만, 법령의 제정자는 침익적 조례인 경우는 물론 수익적인 조례의 경우도 위임조례형식을 이용하게 할 수도 있다.

위임조례에 대한 위헌심사와 관련하여 헌법재판소는 다음과 같이 유명한 포괄적 위임의 원칙을 해석론으로 제시하였다. 즉, 헌법재판소는 "조례의 제정권자인 지방의회는 선거를 통해서 그 지역적인 민주적 정당성을 지니고 있는 주민의 대표기관이고, 헌법이 지방자치단체에 대해 포괄적인 자치권을 보장하고 있는 취지로 볼 때 조례제정권에 대한 지나친 제약은 바람직하지 않으므로 조례에 대한 법률의 위임은 법규명령에 대한 법률의 위임과 같이 반드시 구체적으로 범위를 정하여 할 필요가 없으며 포괄적인 것으로 족하다고 할 것이다."고 했다.[18]

이하에서는 우리나라 위임조례의 위법심사를 위한 법원의 해석론을 엄격해석론과 합리적 해석론으로 분류하여 설명해갈 것이다. 수익적 위임조례의 경우 대상판결에서 대법원은 합리적 해석론을 전개하여 헌법재판소의 포괄적 위임론의 취지를 따르고 있는 것을 확인할 것이다. 하지만, 법원은 침익적 위임조례에 있어서는 여전히 엄격해석론을 따르고 있는 것으로 보인다.

2. 침익적 위임조례에 대한 위법심사와 엄격해석론

침익적 조례는 '주민의 권리 제한 또는 의무 부과에 관한 사항이나 벌칙'(지방자치법 제22조 단서)을 정한 조례를 말한다.

자치사무에 대해 침익적 자치조례를 제정하는 경우, 예를 들어 지방자치법 제27조 제1항에 따라 과태료조례를 제정하거나[19], 지방자치

18) 헌재 1995. 4. 20. 92헌마264,279(병합).

19) 예를 들어, 지방자치법 제27조 제1항은 조례위반에 대한 과태료에 관하여, "지방자치단체는 조례를 위반한 행위에 대하여 조례로써 1천만원 이하의 과태료를 정할

법 제136조에 근거를 두고 사용료조례를 제정하거나, 또는 지방자치법 제137조에 따라 수수료징수조례를 제정하는 경우 상위법령으로부터 위임을 받을 필요는 없다.

하지만, 지방자치법을 제외한 다른 법령들을 근거로 하여 침익적 조례를 제정할 때, 즉, 침익적 위임조례와 관련하여 대법원은 "주민의 권리제한 또는 의무부과에 관한 사항이나 벌칙에 해당하는 조례를 제정할 경우에는 그 조례의 성질을 묻지 아니하고 법률의 위임이 있어야 하고 그러한 위임 없이 제정된 조례는 효력이 없다"고 하고 있다.[20] 또, 대법원은 "제주특별자치도가 아닌 다른 곳에 등록을 한 사업자 및 자동차는 제주특별자치도에서 영업을 하지 못하도록 함으로써 헌법 제15조가 보장하는 영업장소의 제한을 받지 아니하고 자유롭게 영업할 자유를 제한하는 내용으로서 조례안의 적용을 받는 사람에 대하여 권리제한 또는 의무부과에 관한 사항을 규정하고 있다. 따라서 위 조례안 조항은 법률의 위임이 있어야 비로소 유효하게 된다"고도 했다.[21] 위와 같은 대법원의 판결로부터 알 수 있듯이 대법원은 침익적 조례에의 위임에 있어서는 그 위임을 완화하는 기준이나 문언을 제시한 바 없이 개별적 위임을 요구하고 있다.[22]

수 있다."고 규정하고 있다. 이 조문에 근거를 둔 자치조례로서 과태료조례는 침익적 조례이지만 상위법령으로부터 개별적 위임을 요하지 않는다.

20) 대법원 2007. 12. 13. 선고 2006추52. 대법원 2007. 12. 13. 선고 2006추52 ; 대법원 2009. 5. 28. 선고 2007추134 ; 대법원 2014. 12. 24. 선고 2013추81 ; 대법원 2014. 2. 27. 선고 2012두15005 ; 대법원 2012. 11. 22. 선고 2010두19270 전원합의체 판결.

21) 대법원 2007. 12. 13. 선고 2006추52 판결.

22) 다만, 대법원판례중에는 침익적 조례에 대한 상위법령의 위임문언이 포괄적인 경우라 하더라도 자주법으로서 조례의 특성을 고려하여 넓게 조례제정권을 인정한 예는 있다.

"법률이 주민의 권리의무에 관한 사항에 관하여 구체적으로 아무런 범위도 정하지 아니한 채 조례로 정하도록 포괄적으로 위임하였다고 하더라도, 행정관청의 명령과는 달라, 조례도 주민의 대표기관인 지방의회의 의결로 제정되는 지방자치단체의 자주법인 만큼, 지방자치단체가 법령에 위반되지 않는 범위 내에서 주민하지만, 법제처는 지방자치법을 제외한 다른 법률에서 "'과태료에 대한 별도의 법률 위임'이 없다고 할지라도 법률에서 '과태료 부과원인이 되는 의무'의 부과를 '조례로 위임'한 경우에 과태료 부과에 관한 사항을 조례로 정할 수 있다고 할 것"이라고 하여,[23] 위임조례로서 과태료를 규정하는 경우 위임의 구체성의 정도를 완화하는 독자적 해석론을 제시하고 있다.[24] 이 해석론을 통해 법제처는 대상판결에서 대법원이 전개한 합리적 해석론, 위임받은 업무의 실효적 수행을 위해 필수적인 업무는 위임의 한계내에 있다는 것과 비슷한 논거를 제시했었다.[25] 즉, 상위법령에서 과태료부과원인이 되는 의무를 이행하도록 위임한 경우 그 의무이행을 확보하기 위해 과태료를 정한 조례는 위임문언에서 과태료가 직접 명시되지 않았더라도 위법하지 않다는 것이었다.

이상으로부터 침익적 위임조례의 허용여부의 심사에 있어 법제처의 '의무이행 과태료조례'의 예외가 있지만, 법원과 행정실무는 ① 원칙적으로 개별적 위임문언을 요구하고 ② 위임문언에 엄격히 구속될 것을

의 권리의무에 관한 사항을 조례로 제정할 수 있는 것이다."(대법원 1991. 8. 27. 선고 90누6613 판결)

하지만, 이 판례가 침익적 위임조례의 제정시 개별적 위임을 요구하고 그것에 엄격한 구속을 요구하는 엄격해석론을 수정한 것으로 이해하기는 어려울 것이다. 이 조례는 서울특별시 공유수면점용료등징수조례에 관한 것이었는데 공유수면관리법과 동 시행령의 입법자와 대법원은 지방자치법 제136조에서 사용료징수조례를 자치조례로 규정하고 있는 것(1991년 판례에서도 점용료를 사용료라고 표현하고 있는 것을 볼 때 점용료는 사용료의 성격을 갖는 것이다)에서 일정 정도 영향을 받지 않았을까 생각한다.

23) 법제처 2009. 6. 15. 회신 해석09-0135.

24) 이에 관한 소개 및 분석은, 선정원, 침익적 위임조례에 있어 위임의 포괄성과 그 한계 - 과태료조례를 중심으로 -, 지방자치법연구 제60호, 2018.12, 3-27면 참조. 이 글에서는 이러한 조례를 '의무이행 과태료조례'로 불렀다. 이 사례를 제외하고 침익적 조례에 있어 위임의 정도를 완화한 다른 사례는 찾지 못했다.

25) 대법원은 대상판결에서 "법령의 위임에 따라 교부기관이 보조금의 교부 및 사후감독 등에 관한 업무를 수행할 수 있는 이상, 그 교부결정을 취소하고 보조금을 반환받는 업무도 교부기관의 업무에 포함된다고 볼 수 있다"고 했다. 대법원 2018. 8. 30. 선고 2017두56193 판결.

요구하는 '엄격해석론'을 취하고 있는 것으로 보여진다.[26)]

우리 법원이 향후 침익적 위임조례의 경우 상위법령의 개별적 위임에의 엄격한 구속을 요구하는 엄격해석론을 완화해갈 것인지는 지켜보아야 할 것이다.[27)]

3. 수익적 자치조례에 대한 위법심사의 방법

수익적 자치조례는 지방자치단체가 상위법령으로부터 위임없이 자치사무에 관해 제정하는 수익적 조례를 말한다.

지방자치법 제22조는 "지방자치단체는 법령의 범위 안에서 그 사무에 관하여 조례를 제정할 수 있다."고 규정하고 있고, 동법 제9조 제1항은 "지방자치단체는 관할 구역의 자치사무와 법령에 따라 지방자치단체에 속하는 사무를 처리한다."고 하고 있으므로 이 규정들에 따라 지방자치단체는 수익적 자치사무에 대해 자치조례를 제정할 수 있다.

또, 지방자치법 제136조와 제137조에서 지방자치단체가 사용료와 수수료를 자치사무로서 규정할 수 있게 하고 있으므로 사용료징수조례나 수수료징수조례를 자치조례로서 규정할 수 있는데, 이 조례중에 사용료의 감면이나 수수료의 감면을 내용으로 하는 규정을 도입할 수도

26) 대법원은 침익적 처분의 위법심사에서도 엄격해석론을 견지하고 있다. 즉, "침익적 행정처분의 근거가 되는 행정법규는 엄격하게 해석·적용하여야 하고 행정처분의 상대방에게 불리한 방향으로 지나치게 확장해석하거나 유추해석하여서는 안되며"라고 한다. 대법원 2008. 2. 28. 선고 2007두13791,13807 판결.

27) 침익적 위임조례에 대해 상위법령으로부터 엄격한 위임을 요구하는 우리 법제와 판례의 태도에 대한 비판은, 문상덕, 조례와 법률유보 재론 - 지방자치법 제22조 단서를 중심으로 -, 행정법연구 제19호, 2007.12, 14면 참조. 문상덕 교수는 "권리를 제한하고 의무를 부과할 수 있는 법규로서의 실질을, 항상 별개의 법주체인 국가로부터의 법률적 위임이라는 단초에 의해서만 비로소 형성가능하도록 하는 것은, '자치' 입법권으로서의 본질을 왜곡시키고 그 헌법적 보장정신을 훼손하는 결과로 이어질 수밖에 없다"고 비판한다.

있다.

조례를 제정하는 지방자치단체들은 수익적 위임조례사항인지 아니면 수익적 자치조례사항인지에 따라 입법재량이 크게 달라진다. 수익적 위임조례에 있어서는 위임규정을 둔 상위법령의 문언을 살펴 그것을 위반하지 않고 위임된 범위 내에서 조례를 제정해야 한다. 법률의 우위원칙을 준수해야 할 뿐만 아니라 법률유보의 한계를 넘어서는 안된다. 이와 달리 수익적 자치조례를 제정할 때에는 개별적 법령유보의 제한을 받지 않고 법령을 위반하지 않는 범위 내에서 자치조례를 제정할 수 있으므로 지방자치단체의 자치입법권이 넓게 인정되고 위임의 한계에 관한 문제는 제기되지 않는다.

우리 판례가 위임조례와 자치조례의 구별을 알고 있듯이,[28] 법제처도 자치법규에 관한 의견제시사례에서 수익적 자치조례와 그의 넓은 입법재량을 인정하고 있다.

예를 들어, 부안군이 부안군과 자매결연이 체결되어 있는 다른 지방자치단체의 주민에 대하여 부안군의 시설 방문 시 부안군민의 감면율을 적용하는 내용을 조례에 규정할 수 있는지 문의한 사안에서 법제처는 다음과 같이 의견제시하고 있다.

"부안군의 시설 방문 시 부안군민의 감면율을 적용하는 것은 부안군 시설의 관람료 또는 사용료의 감면과 관련한 것으로", 위와 같은 사무는 부안군의 자치사무로 볼 수 있을 것입니다.

또한, "부안군 조례안에서 규정하고자 하는 내용은 부안군 시설의 감면율 적용에 관한 것으로, 이는 주민의 권리 제한 또는 의무 부과에 관한 사항이 아니기 때문에 법률의 위임이 없더라도 조례에 규정할 수 있다고 할 것입니다. 따라서, 부안군과 자매결연이 체결되어 있는 다른 지방자치단체의 주민에 대하여 부안군의 시설 방문 시 부안군민의 감면

---

28) 대법원 2000. 11. 24. 선고 2000추29 판결 ; 대법원 2007. 12. 13. 선고 2006추52 판결.

율을 적용하는 것은 부안군의 자치사무에 해당하여 조례에 규정하는 것이 가능할 것으로 보입니다.”.29)

4. 대상판결의 분석
– 수익적 위임조례에 대한 위법심사와 합리적 해석론

(1) 관련 실정법령과 조례의 내용

2013년 홍성군 보조금관리조례 제20조는 구 지방재정법(2014. 5. 28. 법률 제12687호로 개정되기 전의 것) 제17조 제1항 및 구 지방재정법 시행령(2014. 11. 28. 대통령령 제25781호로 개정되기 전의 것) 제29조 제5항을 모법으로 하여 그의 위임을 받아 제정되었다.

구 지방재정법 제17조 제1항은 단서 및 각 호에서 지방자치단체의 소관에 속하는 사무와 관련하여 보조금 또는 그 밖의 공금 지출을 할 수 있도록 하는 예외 규정을 두고 있었는데, 특히, 동법 제17조 제1항 제4호는 “보조금을 지출하지 아니하면 사업을 수행할 수 없는 경우로서 지방자치단체가 권장하는 사업을 위하여 필요하다고 인정되는 경우”라고 규정하고 있었다.

구 지방재정법시행령 제29조 제5항은 “법 제17조 제1항의 규정에 의한 지방자치단체의 보조금 또는 그 밖의 공금의 지출에 대한 교부신청, 교부결정 및 사용 등에 관하여 필요한 사항은 당해 지방자치단체의 조례로 정한다.”라고 규정하였다.

홍성군수는 군비를 재원으로 하는 보조금의 교부대상, 교부방법 및 사용 등에 관하여 필요한 사항을 규정하기 위하여 홍성군 보조금관리조례(시행 2013. 12. 12. 충청남도홍성군조례 제2090호)를 제정하였다. 이 조례 제20조에서는 구 지방재정법시행령 제29조 제5항의 위임을 받아 “군수

29) [의견16-0186, 2016. 8. 24., 전라북도 부안군].

는 보조금을 교부받은 자가 다음 각 호의 어느 하나에 해당한다고 인정될 때는 보조금의 교부를 중지하거나 이미 교부한 보조금의 전부 또는 일부의 반환을 명할 수 있다."라고 하면서 제1호에서 "보조사업의 성공가능성이 없을 때", 제2호에서 "사업의 전부 또는 일부를 정지하였을 때"를 들고 있었다.

(2) 대전고등법원의 판결내용

원심인 대전고등법원은 이 사건 조례 제20조의 효력유무를 평가하기 위해 법률유보원칙의 위배 여부를 다음과 같이 판단하였다.

첫째, 대전고등법원은 아래 내용과 같이 이 조례 제20조에서 규정한 보조금환수처분은 침익적 처분으로서 침익적 조례에 대하여 확립된 법해석론에 따라 판단하였음을 명확히 했다.

"지방자치법 제22조, 행정규제기본법 제4조 제3항에 의하면 지방자치단체가 조례를 제정함에 있어 그 내용이 주민의 권리제한 또는 의무부과에 관한 사항이나 벌칙인 경우에는 법률의 위임이 있어야 하므로, 법률의 위임 없이 주민의 권리제한 또는 의무부과에 관한 사항을 정한 조례는 효력이 없다(대법원 2012. 11. 22. 선고 2010두19270 전원합의체 판결 등 참조)."

둘째, 대전고등법원은 침익적 위임조례에 대해 대법원이 제시한 법해석론에 따라 횡성군 보조금관리조례 제20조가 규정한 보조금환수처분은 구 지방재정법시행령 제29조 제5항의 위임의 한계를 벗어나 제정된 것으로 아래 설명과 같이 무효라고 판단했다.

"구 지방재정법 및 같은 법 시행령은 보조금의 교부신청, 교부결정 및 사용 등에 관한 사항만을 조례에 위임하고 있을 뿐, 보조금 반환에 관한 사항까지 조례에 위임하고 있지 아니하다. 그럼에도 불구하고 이 사건 조례 제20조는 그 위임의 범위를 벗어나 일정한 사유에 해당하는 경우 보조금의 반환을 명할 수 있음을 창설적으로 규정하고 있는바, 이는 상위법령에서 위임하지 않은 사항을 제정한 것이어서 무효이다. 따라서 무효인 이 사건 조례 제20조에 근거한 피고 홍성군수의 이 사건 환수처분은 위법하다 할 것이다."

이상의 설명에서 알 수 있듯이 원심인 대전고등법원은 횡성군 보조금관리조례 제20조에서 규정한 보조금환수처분은 침익적 처분으로서 침익적 조례규정이므로 상위법령으로부터 개별적이고 명시적인 위임이 있어야 제정가능하다고 하였는데, 이는 대법원이 고수해왔던 침익적 위임조례의 위임문언에 관한 엄격해석론을 충실히 따른 것이었다. 그런데 놀랍게도 대법원은 이 판결을 파기환송하였다.

(3) 대법원판결내용의 검토

1) 대법원판결의 내용

대법원은 홍성군 보조금관리조례 제20조가 구 지방재정법시행령 제29조 제5항의 위임의 한계를 벗어난 것인지 여부를 판단하기 위하여 침익적 위임조례론을 전개한 자신의 판결들을 인용하지 않고 다른 접근방법을 취하였다.

첫째, 대법원은 대상판결에서 다음의 판결들을 인용하면서,[30] 아래와 같은 법논리를 전개하였다.

"특정 사안과 관련하여 법령에서 조례에 위임을 한 경우 조례가 위임의 한계를 준수하고 있는지 여부를 판단할 때는 당해 법령 규정의 입법 목적과 규정 내용, 규정의 체계, 다른 규정과의 관계 등을 종합적으로 살펴야 하고, 수권 규정에서 사용하고 있는 용어의 의미를 넘어 그 범위를 확장하거나 축소하여 위임 내용을 구체화하는 단계를 벗어나 새로운 입법을 하였는지 여부 등도 아울러 고려하여야 한다."

그런데 2009두17797판결은 조례에 관한 판결이 아니라 구 기반시

30) 대법원 2010. 4. 29. 선고 2009두17797 판결 ; 대법원 2017. 4. 7. 선고 2014두37122 판결.

설부담금에 관한 법률 시행령 제5조가 상위 법률을 위반한 것인지가 문제되어 내려진 판결이었다. 2014두37122 판결에서는 조례가 위임의 한계를 벗어난 것인지가 문제되었다.

여기서 주목해야 할 문언은 "조례가 위임의 한계를 준수하고 있는지 여부를 판단할 때는 당해 법령 규정의 입법 목적과 규정 내용, 규정의 체계, 다른 규정과의 관계 등을 종합적으로 살펴야" 한다는 것이다.

둘째, 대법원은 수익적 행정행위에 대한 위법심사에서 이용되는 해석방법론을 대상 조례의 위법판단에서도 활용하였다.

"보조금 교부는 수익적 행정행위로서 교부대상의 선정과 취소, 기준과 범위 등에 관하여 교부기관에 상당히 폭넓은 재량이 부여되어 있다. 또한 보조금 지출을 건전하고 효율적으로 운용하기 위해서는, 보조금 교부기관이 보조금 지급목적에 맞게 보조사업이 진행되는지 또는 보조사업의 성공가능성이 있는지에 관하여 사후적으로 감독하여 경우에 따라 교부결정을 취소하고 보조금을 반환받을 필요도 있다. 그리고 법령의 위임에 따라 교부기관이 보조금의 교부 및 사후 감독 등에 관한 업무를 수행할 수 있는 이상, 그 교부결정을 취소하고 보조금을 반환받는 업무도 교부기관의 업무에 포함된다고 볼 수 있다."

셋째, 대법원은 구 지방재정법 시행령 제29조 제5항에서 '보조금에 대한 교부신청, 교부결정 및 사용 등에 관하여 필요한 사항'을 조례에 위임하고 있는데, 이 위임문언에 '보조금 반환'과 관련한 사항이 여기에 포함되는 것으로 본다고 하여 이 문언의 통상적인 의미에 따른 위임의 한계를 벗어난 것으로 단정할 수 없다고 했다. 이러한 결론을 위해, 대법원은 보조금 지출을 건전하고 효율적으로 운용하기 위하여 보조금의 반환조치가 필요하다는 점을 고려했고, 국고보조금을 규율한 '보조금 관리에 관한 법률' 제1조는 '교부신청, 교부결정 및 사용 등'에 관한 기본적인 사항을 규정한다고 하고 있는데, 이 법률 제5장에서는 '보조금의 반환 및 제재'를 규정하고 있다는 점도 고려했다.

2) 대법원판결의 검토 - 수익적 위임조례의 위법심사에 있어 합리적 해석론의 전개

대법원은 원심인 대전고등법원의 판결이유를 받아들이지 않고 다른 법논리를 전개했다. 몇 가지로 요약해보고 검토하기로 한다.

첫째, 원심은 홍성군 보조금관리조례 제20조에 대한 위법심사에 있어 침익적 위임조례에 대하여 확립된 법해석론을 원용하였으나 대법원은 그것을 받아들이지 않았다.[31] 대법원은 "보조금 교부는 수익적 행정행위로서 교부대상의 선정과 취소, 기준과 범위 등에 관하여 교부기관에 상당히 폭넓은 재량이 부여되어 있다."고 하면서 개별적이고 명시적인 위임을 요구하지 않음으로써, 이 사안을 수익적 조례의 문제로 보고 있음을 시사하였다.

개별행위로서 환수처분 자체가 침익적 처분이라는 점은 명백하지만, 대법원은 이 환수처분은 보조금의 교부처분에 부수되고 필수적인 사후감독업무의 일종이므로 별개로 그 법적 성질을 따져 위임의 한계를 논할 수는 없다고 본 것이라고 할 수 있다. 즉, 상식적이고 합리적인 판단에 따를 때, 보조금의 교부처분이라는 수익적 처분에 부수적인 처분이라는 것이다.[32] 보조금 지출을 건전하고 효율적으로 운용하기 위하여

---

31) 임성훈, 지방보조금 환수에 관한 법률의 위임 여부, 대법원판례해설 제118호, 2019, 17면 이하에서는 대상사건을 검토하는 과정에서 고려되었던 두 견해를 소개하고 있다. 원심의 입장에 서는 입장을 위임범위 일탈설로 소개하고 대상판결에서의 대법원의 입장을 위임범위 포함설로 나누었다. 위임범위 일탈설은 보조금반환처분은 침익적 처분으로서 구 지방재정법 시행령 제29조 제5항에서 '보조금에 대한 교부신청, 교부결정 및 사용 등에 관하여 필요한 사항'의 문언속에 보조금반환은 포함되지 않으므로 위임범위를 벗었다는 견해이다. 위임범위 포함설은 구 지방재정법 제17조의2 제5항 소정의 "보조금 지출을 건전하고 효율적으로 운용하기 위하여 필요한 사항"과 연관지어 생각하고, 국고보조금을 규율한 '보조금관리에 관한 법률' 제1조는 '교부신청, 교부결정 및 사용 등'에 관한 기본적인 사항을 규정한다고 하고 있는데, 이 법률 제5장에서는 '보조금의 반환 및 제재'를 규정하고 있다는 점을 고려할 때 보조금의 반환조치가 위임범위에 포함되는 것으로 보아야 한다는 입장이었다.

보조금의 반환조치는 반드시 필요하다는 점도 대법원은 강조하고 있다.

이것은 예를 들어, 공동주택건축허가처분을 하면서 일정 토지의 기부채납의 부담을 부과하였을 때와 유사한 상황이라 할 수 있다. 이 때 공동주택건축허가처분은 수익적 처분으로서 재량행위라 할 수 있고 부수적인 기부채납의 부담 자체는 침익적 처분이지만 행정청은 공동주택건축허가처분으로 누리는 수익의 범위내에 있는 한 기부채납의 부담 정도를 달리할 수 있으므로 기부채납의 부담은 재량행위라고 볼 수 있을 것이다.

둘째, 대상판결에서 대법원은 보조금의 환수처분을 규정한 횡성군 보조금관리조례 제20조의 위법심사를 하면서, "법령의 위임에 따라 교부기관이 보조금의 교부 및 사후 감독 등에 관한 업무를 수행할 수 있는 이상, 그 교부결정을 취소하고 보조금을 반환받는 업무도 교부기관의 업무에 포함된다고 볼 수 있다."고 해석했다.

위와 같은 판단을 지지하기 위하여 대법원은 "조례가 위임의 한계를 준수하고 있는지 여부를 판단할 때는 당해 법령 규정의 입법 목적과 규정 내용, 규정의 체계, 다른 규정과의 관계 등을 종합적으로 살펴야" 한다고 했다. 대법원은 이 기준을 제시하면서 조례에의 위임문언의 해석과 관련하여 동일한 표현을 사용한 것으로 인용한 참조판례는 대법원 2017. 4. 7. 선고 2014두37122 판결이었는데, 이 판결은 조례제정권자에게 상위법법령에서 상당한 입법재량을 주고 있는 경우에 관한 것이다. 즉, "가축사육 제한구역 지정으로 인한 지역주민의 재산권 제약 등

32) "보조금 반환의 근거가 되는 교부결정의 취소는 교부결정에 관한 사항으로써, 교부결정에 관한 위임이 있으면 교부결정 취소에 관한 위임도 인정될 수 있다"고 보아야 한다. 임성훈, 위의 논문, 19면. 행정법학의 일반해석론에 따를 때에도 수익적 처분은 상대방에게 귀책사유가 있는 경우 신뢰보호원칙의 보호를 받을 수 없으므로 철회를 위한 별도의 법적 근거가 없더라도 직권으로 철회될 수 있으므로 이 견해는 타당하다고 본다. 대상사건에서는 사업자가 보조금 지급목적에 맞게 보조사업을 진행하지 않은 경우이었다.

을 고려하여 법률에서 지정기준의 대강과 한계를 설정하되, 구체적인 세부기준은 각 지방자치단체의 실정 등에 맞게 전문적·기술적 판단과 정책적 고려에 따라 합리적으로 정하도록 한" 경우에 관한 것이었다.[33]

셋째, 보조금에 관한 입법기술상으로도 이러한 해석은 합리적이라고 보았다. 즉, 대법원은 국고보조금을 규율한 '보조금 관리에 관한 법률' 제1조는 '교부신청, 교부결정 및 사용 등'에 관한 기본적인 사항을 규정한다고 하고 있는데, 이 법률 제5장에서는 '보조금의 반환 및 제재'를 규정하고 있다는 점도 그 논거로서 지적하고 있다.

사견으로는 이상과 같이 대법원이 대상판결을 통해 제시한 법논리는 수익적 조례에 관한 위법심사의 해석론의 정립을 위해 중요한 의미를 가진다고 본다. 이하에서는 침익적 조례에 대한 엄격해석론에 대비하여 수익적 조례와 관련하여 대법원이 정립한 법해석론을 '합리적 해석론'으로 부르고 그 법논리의 내용을 요약하고 구체화해보고자 한다.[34]

수익적 위임조례가 상위법령의 위임한계를 벗어났는가를 판단함에 있어서는 직접적인 위임이 없더라도 "당해 법령 규정의 입법 목적과 규

---

33) 대법원 2017. 4. 7. 선고 2014두37122 판결.

34) 대법원 자신은 합리적 해석론이라는 용어는 사용하지 않는다. 미국 지방자치법학에서 주의 선점과 관련하여 엄격해석론, 합리적 해석론, 자유주의적 해석론으로 학설과 판례가 나뉘어 논의가 진행되고 있는 것에서 시사점을 얻었다.
미국에서는 주법률과 지방자치단체의 자치입법사이에 충돌이 발생할 때, 엄격해석론(strict construction), 합리적 해석론(reasonable construction)과 자유주의적 해석론(liberal construction)이 등장하였다. 이에 관해서는, 송시강, 미국의 지방자치제도 개관, 행정법연구 제19호, 2017.12, 73-74면 참조 및 박민영, 미국 지방자치법상 Dillon의 원칙과 선점주의의 조화, 지방자치법연구 제32호, 2011, 351면 참조.
하지만, 이 글에서 사용한 합리적 해석론의 의미는 우리 대법원이 보조금조례에 관한 대상판례에서 전개한 해석론을 지칭하는 것으로 미국 지방자치법학에서 사용하는 개념과 동일하지는 않다. 자치입법재량을 조금 더 확장하는 방향으로 상위법을 해석한다는 공통점은 갖는다고 할 수 있을 것이다.

정 내용, 규정의 체계, 다른 규정과의 관계 등을 종합적으로 살펴" 자치입법권자에게 입법재량이 부여되어 있는지, 그리고 어느 범위까지인지 살펴야 한다.[35]

특히, 법령에서 조례에 위임하는 주된 업무의 성격이 수익적일 때에는, 그 업무와 관련된 부수적이고 필수적인 업무가 침익적이고 명시적인 위임문언이 없더라도, 주된 업무와 부수적 업무를 전체로 보아 수익적 업무로 보고 수익적 위임조례론을 적용해 위임여부를 판단해야 한다. 이때, 이 침익적 처분은 주된 수익적 처분을 통해 추구하는 행정목적의 실효적 이행을 위해 꼭 필요한 것이어야 하고 부수적 처분에 의한 침익의 정도가 주된 처분에 의한 수익의 범위내에 있어야 한다.

이러한 해석은 헌법재판소가 자치입법권자에게 인정한 '포괄적' 입법재량, 그리고 특별한 규정이 없는 한 수익적 처분을 원칙적으로 재량행위로 파악하는 우리 판례의 입장 등과 그 흐름을 같이 하는 것이다. 또, 수익적 처분에 부가된 부담의 해석론에서 우리 판례가 취하는 입장[36]과 그 맥락을 같이 하는 것이다.

수익적 위임 조례의 위법심사에 관한 '합리적 해석론'에 따를 때 수익적 위임조례에 있어 법률유보요청은 상당히 완화된다고 할 수 있을 것이다.

---

35) 수익적 처분 및 재량행위에 대한 위법심사에 있어서도 법원은 처분청의 재량권의 일탈과 남용여부만을 심사하며 처분청은 공익상 필요하다면 법령에 명시되지 않은 사유로도 자신의 처분을 정당화할 수 있다고 한다. 대법원 2007. 5. 10. 선고 2005두13315.

36) 판례는 기부채납의 부담에 대해서는 재량행위임을 전제로 부당결부금지원칙과 비례원칙이 적용된다고 하고 있다. 대법원 1997. 3. 11. 선고 96다49650. 대법원 2009.2.12. 선고 2005다65500.

5. 수익적 위임조례의 위법심사에 있어 초과조례론·추가조례론의 적용가능성

초과조례 또는 내용초과조례는 법령과 조례가 규율대상은 동일하지만 조례에서 법령이 정한 기준보다 초과하여 정한 조례를 말한다. 수익적 초과조례는 법령보다 조례에서 주민의 권익을 보다 강하게 보장하는 조례를 말한다.

한편, 추가조례 또는 대상추가조례는 법령과 조례가 규율목적은 동일하지만 적용대상을 추가하여 규정한 조례를 말한다. 수익적 추가조례는 법령과 동일한 목적을 규정하면서도 규율대상을 추가하여 주민의 권리를 확대하거나 부담을 감경하는 내용을 담은 조례이다.

대법원은 아래와 같이 초과조례론 또는 추가조례론을 전개하여 자치입법재량을 확대하려 했다. "지방자치단체는 법령에 위반되지 아니하는 범위 내에서 그 사무에 관하여 조례를 제정할 수 있는 것이고, 조례가 규율하는 특정사항에 관하여 그것을 규율하는 국가의 법령이 이미 존재하는 경우에도 조례가 법령과 별도의 목적에 기하여 규율함을 의도하는 것으로서 그 적용에 의하여 법령의 규정이 의도하는 목적과 효과를 전혀 저해하는 바가 없는 때, 또는 양자가 동일한 목적에서 출발한 것이라고 할지라도 국가의 법령이 반드시 그 규정에 의하여 전국 또는 광역지방자치단체 관할구역 단위로 일률적으로 동일한 내용을 규율하려는 취지가 아니고 각 지방자치단체가 그 지방의 실정에 맞게 별도로 규율하는 것을 용인하는 취지라고 해석되는 때에는 그 조례가 국가의 법령에 위반되는 것은 아니라 할 것입니다".[37]

추가조례론과 초과조례론은 이상에서 보았듯이 우리 판례도 수용한 해석론이지만, 이 해석론이 탄생했던 일본에서 이 논의는 환경보호

37) 대법원 1997. 4. 25. 선고 96추244 판결.

등의 영역에서 법률의 우위의 엄격한 구속으로부터 벗어나기 위하여 전개되었었다.[38] 대상판결에서 문제된 위임조례에 있어 조례가 위임의 한계를 벗어났는가의 문제는 법률의 우위원칙의 적용문제가 아니라 법률의 유보원칙의 적용에 관한 문제이기 때문에 추과조례론과 초과조례론을 대상판결의 이해를 위해 원용하는 것은 부적절한 것으로 보여진다.[39]

Ⅴ. 결어

헌법재판소가 조례에 대한 위임의 한계를 심사하면서 포괄적 위임의 원칙을 선언했으나 자치입법권의 신장은 매우 더디게 진행되었다. 마침내 2018년 대상판결을 통해 대법원은 수익적 위임조례에 있어 법령으로부터 직접적이고 명시적인 위임문언이 없는 경우에도 다른 규정들을 종합적으로 살펴 위임범위내에 포함되는 것으로 해석할 수 있다는 판결을 내림으로써 엄격한 위임문언에의 구속이라는 족쇄를 완화하였다.

그동안 수익적 자치조례는 침익적 조례와 달리 엄격한 법률유보로부터 벗어나 자치입법권의 신장을 위해 중대한 기여를 하고 있었지만, 수익적 위임조례에 관한 법해석론은 학계는 물론 재판실무에서도 아직 확실하게 정립되지 않았었다.

대법원은 대상판결에서 수익적 위임조례의 위법을 심사하면서 상위법령의 위임한계를 벗어났는가를 판단함에 있어서는 직접적인 위임이 없더라도 "당해 법령 규정의 입법 목적과 규정 내용, 규정의 체계,

38) 조정환, 자치입법권 특히 조례제정권과 법률우위와의 관계문제, 공법연구 제29집 제1호, 2000, 384면 이하 참조.

39) 다만, 위임문언에의 조례의 구속이라는 측면에서는 상위법령에의 구속이라는 점에서 '유보'의 문제이외에 '우위'의 문제로서 파악할 수 있는 측면이 있을 것이지만 그러한 접근의 유용성은 한계가 있을 것이다.

다른 규정과의 관계 등을 종합적으로 살펴" 위임의 한계를 벗어났는지를 판단해야 한다고 했다.

또, 대법원은 원심이 원용한 침익적 조례론을 배척하고 수익적 행정행위에 관한 법이론을 판결이유에서 거론했는데, 이것의 의미는 법령에서 조례에 위임하는 주된 업무의 성격이 수익적일 때에는 그 업무와 관련된 부수적이고 필수적인 업무가 침익적이고 명시적인 위임문언이 없더라도, 주된 업무와 부수적 업무를 전체로 보아 수익적 업무로 보고 수익적 위임조례론을 적용해 위임여부를 평가해야 한다고 본 것으로 생각할 수 있을 것이다.

필자는 이것을 침익적 위임조례에 대한 '엄격해석론'과 대비하여 '합리적 해석론'이라고 불렀다.

참고문헌

1. 논문

문상덕, 지방자치단체의 자주적 법해석권 - 한일비교를 중심으로-, 행정법연구 제5호, 1999.11.

문상덕, 조례와 법률유보 재론 - 지방자치법 제22조 단서를 중심으로 -, 행정법연구 제19호, 2007.12.

박민영, 미국 지방자치법상 Dillon의 원칙과 선점주의의 조화, 지방자치법연구 제32호, 2011.

선정원, 침익적 위임조례에 있어 위임의 포괄성과 그 한계 - 과태료조례를 중심으로 -, 지방자치법연구 제60호, 2018.12.

송시강, 미국의 지방자치제도 개관, 행정법연구 제19호, 2017.12.

임성훈, 지방보조금 환수에 관한 법률의 위임 여부, 대법원판례해설 제118호, 2019.

조성규, 법치행정의 원리와 조례제정권의 관계 - 조례에 대한 법률유보의 문제를 중심으로 -, 공법연구 제33집 제3호, 2005.

조성규, 행정법령의 해석과 지방자치권, 행정법연구 제32호, 2012.4.

조정환, 자치입법권 특히 조례제정권과 법률우위와의 관계문제, 공법연구 제29집 제1호, 2000.

2. 단행본

김철용, 행정법 제8판, 2019.

박균성, 행정법론(상) 제16판, 2017.

홍정선, 행정법론(상) 제18판, 2010.

국문초록

2018년 대법원은 수익적 조례의 일종인 홍성군 보조금관리조례를 위임조례로 보면서도 침익적 조례에 대해서 요구하던 엄격한 법률유보와 엄격해석론으로부터 벗어나 법률유보의 요구를 완화하는 판결을 하였다(대법원 2018. 8. 30. 선고 2017두56193 판결). 이 글은 보조금조례에 관한 이 대상판결을 중심으로 우리 지방자치법의 영역에서 적용되는 수익적 조례론을 구체화하고 명확하게 하는데 기여하고자 작성되었다.

헌법재판소가 조례에 대한 위임의 한계를 심사하면서 포괄적 위임의 원칙을 선언했으나 자치입법권의 신장은 매우 더디게 진행되었다. 마침내 2018년 대상판결을 통해 대법원은 수익적 위임조례에 있어 법령으로부터 직접적이고 명시적인 위임문언이 없는 경우에도 다른 규정들을 종합적으로 살펴 위임범위내에 포함되는 것으로 해석할 수 있다는 판결을 내림으로써 엄격한 위임문언에의 구속이라는 족쇄를 완화하였다.

그동안 수익적 자치조례는 침익적 조례와 달리 엄격한 법률유보로부터 벗어나 자치입법권의 신장을 위해 중대한 기여를 하고 있었지만, 수익적 위임조례에 관한 법해석론은 학계는 물론 재판실무에서도 아직 확실하게 정립되지 않았었다.

대법원은 대상판결에서 수익적 위임조례의 위법을 심사하면서 상위법령의 위임한계를 벗어났는가를 판단함에 있어서는 직접적인 위임이 없더라도, “당해 법령 규정의 입법 목적과 규정 내용, 규정의 체계, 다른 규정과의 관계 등을 종합적으로 살펴” 위임의 한계를 벗어났는지를 판단해야 한다고 했다.

또, 대법원은 원심이 원용한 침익적 조례론을 배척하고 수익적 행정행위에 관한 법이론을 판결이유에서 거론했는데, 이것의 의미는 법령에서 조례에 위임하는 주된 업무의 성격이 수익적일 때에는 그 업무와 관련된 부수적이고 필수적인 업무가 침익적이고 명시적인 위임문언이 없더라도, 주된 업무와 부수적 업무를 전체로 보아 수익적 업무로 보고 수익적 위임조례론을 적용해 위임여부를 평가해야 한다고 본 것으로 생각할 수 있을 것이다.

필자는 이것을 침익적 위임조례에 대한 '엄격해석론'과 대비하여 '합리적 해석론'이라고 불렀다.

주제어: 수익적 위임조례, 보조금관리조례, 위임문언의 해석, 법률유보의 완화, 합리적 해석론

Abstract

A Legal Study on subsidizing and benefiting Ordinances
– Focused on the Supreme Court's ruling on the 2018. Aug. 30, 2017 du 56193 on the subsidy management ordinance –

Jeong-won, Sun*

In 2018, the Supreme Court considered the Hongsunggun subsidy management ordinance as a mandatory ordinance, but ruled that it would mitigate demands for legal delegation, breaking away from the strict interpretation that required for intrusive ordinances.(Supreme Court's ruling on the 2018. Aug. 30, 2017 du 56193.)

Grounding the judgment of the Supreme Court on the subsidy ordinance, this article was prepared to contribute to clarifying the theory of subsidizing and benefiting ordinances applied in the areas of our local administrative law.

Although the Constitutional Court declared the principle of comprehensive mandate in reviewing the limits of the mandate to the ordinance, the extension of the self-governing authority was very slow. Finally, in 2018, the Supreme Court mitigated the shackle of binding strict mandate statements by ruling that other regulations can be comprehensively examined and interpreted as being within the scope of delegation even if there is no direct and explicit delegation statement in the absence of a written statement from the Act.

* Professor, College of law, Myongji University

While benefiting autonomous ordinances have made significant contributions to the promotion of local legislation, as opposed to intrusive laws, legal interpretation of subsidizing and benefiting mandated ordinances had yet to be clearly established in the academic community as well as in the judicial practice.

The Supreme Court said in the target judgment, "The Court should comprehensively examine the legislative purpose and the contents of the regulation, the structure of the regulation, and its relationship with other regulations.", even if there is no direct mandate, in determining whether a local ordinance has passed the mandate limit of a higher statute while reviewing the violation of a subsidizing delegation ordinance.

In addition, the Supreme Court mentioned the legal theory on benefiting administrative actions in the reason of the ruling. It may be thought that the Supreme Court intended, when the nature of the main task delegated to an ordinance in the statute is benefiting, the court should consider the related, incidental, but necessary tasks as a whole as benefiting and subsidizing, even though the tasks are intrusive and without explicit delegation.

I called this the 'rational interpretation theory' of subsidizing and benefiting mandated ordinances, in contrast to the 'strict interpretation theory' of the intrusive mandated ordinances.

KeyWords: Subsidizing and benefiting Delegation Ordinance, Subsidies Management Ordinance, interpretation of a delegation statement, mitigation of statutory reservation, rational interpretation theory

투고일 2019. 12. 13.
심사일 2019. 12. 23.
게재확정일 2019. 12. 30.

憲法裁判

決定 基準을 委任하는 施行令 및 隨意契約 排除事由를 規定한 例規의 憲法訴願 對象性 (裵柄皓)

행정법규의 헌법합치적 법률해석 (허이훈)

決定 基準을 委任하는 施行令 및 隨意契約 排除事由를 規定한 例規의 憲法訴願 對象性

裵柄皓*

憲法裁判所 2018.5.31.宣告 2015헌마853決定

Ⅰ. 사실관계

1. 사실관계

환경설비의 공정개발, 제작 및 판매업을 영위하는 주식회사인 청구

* 성균관대학교 법학전문대학원 교수

인은 2012. 4. 30. A시장 등이 발주한 '주덕총인처리시설 탈수 및 배수장치 구매설치'와 관련하여 수의계약을 체결하였다. 이후 A시장은 2015. 5. 22. 청구인의 대표이사가 위 계약의 체결 등과 관련하여 관계 공무원에게 뇌물을 공여하였다는 이유로, '지방자치단체를 당사자로 하는 계약에 관한 법률(약칭; 지방계약법)' 제31조 및 같은 법 시행령 제92조 제1항 제10호[1] 등에 따라 청구인에게 3개월의 입찰참가자격 제한처분을 하였다.

이에 청구인은 2015. 8. 20. 지방자치단체가 체결하는 수의계약과 관련하여 견적제출자의 견적가격과 계약이행능력 등 행정자치부장관이 정하는 기준에 따라 계약상대자를 결정하도록 규정한 '지방계약법 시행령' 제30조 제5항[2] 및 당시 행정자치부 예규인 '지방자치단체 입찰 및

---

1) 지방자치단체를 당사자로 하는 계약에 관한 법률 시행령(2014. 11. 19. 대통령령 제25751호로 개정된 것) 제92조(부정당업자의 입찰 참가자격 제한) ① 지방자치단체의 장은 다음 각 호의 어느 하나에 해당하는 계약상대자, 입찰자 또는 제30조 제2항에 따라 지정정보처리장치를 이용한 견적서 제출자(계약상대자, 입찰자 또는 지정정보처리장치를 이용한 견적서 제출자의 대리인, 지배인, 그 밖의 사용인을 포함한다)에 대해서는 법 제31조에 따라 해당 사실(고용계약, 하도급계약 등을 체결한 자의 행위에 기인하는 경우에는 그의 위반행위를 방지하기 위한 의무 이행을 게을리한 것을 탓할 수 없는 정당한 사유가 있는 경우는 제외한다)이 있은 후 지체 없이 법 제32조에 따른 계약심의위원회의 심의를 거쳐 1개월 이상 2년 이하의 범위에서 입찰 참가자격을 제한하여야 한다. 다만, 제2호, 제3호, 제6호 또는 제11호부터 제15호까지의 어느 하나에 해당하는 자의 경우에는 계약심의위원회의 심의를 거치지 아니하고 입찰 참가자격을 제한할 수 있다.

10. 입찰·낙찰 또는 계약의 체결·이행과 관련하여 관계 공무원(법 제7조제1항에 따른 전문기관의 계약담당자, 법 제16조제2항에 따른 주민참여감독자, 법 제32조에 따른 계약심의위원회의 위원, 법 제35조에 따른 지방자치단체 계약분쟁조정위원회의 위원, 지방건설기술심의위원회 및 기술자문위원회의 위원, 제42조의2제2항에 따른 입찰금액적정성심사위원회 위원, 제43조제9항에 따른 제안서평가위원회 위원을 포함한다)에게 금품 또는 그 밖의 재산상 이익을 제공한 자

2) 지방계약법 시행령 제30조(수의계약대상자의 선정절차 등) ⑤ 지방자치단체의 장 또는 계약담당자는 견적제출자의 견적가격과 계약이행능력 등 행정자치부장관이 정하는 기준에 따라 수의계약대상자를 결정한다.

계약집행 기준' 제5장 <별표 1> 수의계약 배제사유 ③ 중 "부정당업자 제재 처분을 받고 그 종료일로부터 6개월이 지나지 아니한 자" 부분의 위헌확인을 구하는 이 사건 헌법소원심판을 청구하였다. 청구인은 2015년 이 대상사건을 본안으로 하여 헌법재판소에 효력정지가처분신청을 하였으나, 헌법재판소는 대상결정 선고일인 2018.5.31. 이유 없다고 하면서 가처분신청을 기각하였다.[3]

2. 심판대상

청구인은 '지방자치단체 입찰 및 계약집행 기준' 제5장 <별표 1> ③ 중 "부정당업자 제재 처분을 받고 그 종료일로부터 6개월이 지나지 아니한 자" 부분 전부에 대하여 이 사건 헌법소원심판을 청구하였으나, 헌법재판소는 심판대상을 구 '지방계약법 시행령'(2014. 11. 19. 대통령령 제25751호로 개정되고, 2017. 7. 26. 대통령령 제28211호로 개정되기 전의 것) 제30조 제5항(이하 '이 사건 시행령조항'이라 한다) 및 구 '지방자치단체 입찰 및 계약 집행기준'(2016. 11. 14. 행정자치부예규 제70호로 개정되고, 2017. 7. 26. 행정안전부예규 제1호로 개정되기 전의 것, 이하 '이 사건 예규'라 한다) 제5장 <별표 1> ③ 중 '지방자치단체를 당사자로 하는 계약에 관한 법률 시행령 제92조 제1항 제10호에 따라 부정당업자 제재 처분을 받고 그 종료일로부터 6개월이 지나지 아니한 자'에 관한 부분(이하 '이 사건 예규조항'이라 한다)이 청구인의 기본권을 침해하는지 여부로 한정하였다. 왜냐하면 지방계약법 시행령 제92조 제1항의 부정당업자 제재처분의 사유가 제1호부터 제21호까지 있기 때문이다.

---

3) 헌재 2018.5.31. 2015헌사969 [효력정지가처분신청].

3. 청구인의 주장 요지

이 사건 시행령조항이 수의계약상대자의 선정 기준을 행정자치부장관이 정하도록 한 것은 기본권 제한에 관한 사항을 행정규칙으로 정하도록 위임한 것이므로, 법률유보원칙 내지 포괄위임금지원칙에 위반된다. 또한 이 사건 예규조항이 '부정당업자 제재 처분을 받고 그 종료일로부터 6개월이 지나지 아니한 자'를 수의계약상대자의 배제사유로 규정한 것은 모법에 근거가 없거나 모법의 위임 범위를 벗어난 것으로 법률유보원칙에 위반되고, 위 조항이 계약의 목적·성질·규모 등과 관계없이 일률적으로 6개월간 수의계약의 체결을 금지하는 것은 과잉금지원칙에 위반하여 청구인의 영업의 자유를 침해한다.

Ⅱ. 헌법재판소의 결정이유의 요지

헌법재판소는 이 사건 시행령조항은 기본권침해의 직접성이 인정되지 않으므로 각하하고, 이 사건 예규조항은 헌법소원의 대상이 되나 법률유보원칙과 과잉금지원칙에 반하지 않으므로 기각하였다.[4] 그러나 이 사건 시행령조항에 대하여 각하사유를 달리하는 재판관 4인[5]의 별개의견이 있고, 이 사건 예규조항에 대하여 법정의견과 달리 각하되어야 한다는 위 4인의 반대의견이 있고, 법정의견에 대한 재판관 3인[6]의 보충의견과 재판관1인[7]의 별개의 보충의견 및 반대의견에 대한 재판관

---

4) 주문은 "1. 구 '지방자치단체를 당사자로 하는 계약에 관한 법률 시행령'(2014. 11. 19. 대통령령 제25751호로 개정되고, 2017. 7. 26. 대통령령 제28211호로 개정되기 전의 것) 제30조 제5항에 대한 심판청구를 각하한다. 2. 나머지 심판청구를 기각한다."이다.

5) 재판관 김창종, 재판관 강일원, 재판관 서기석, 재판관 유남석.

6) 재판관 김이수, 재판관 조용호, 재판관 이선애.

1인[8]의 보충의견이 있다.

1. 법정의견의 요지

(1) 이 사건 시행령조항에 대한 법정의견

이 사건 시행령조항은 행정자치부장관에게 하위규범을 제정·시행할 권한을 부여하고 있을 뿐 청구인에 대하여 법적 효과를 발생시키는 내용을 직접 규정하고 있지 아니하므로 기본권 침해의 직접성이 인정되지 아니한다.

(2) 이 사건 예규조항에 대한 법정의견

1) 이 사건 예규조항은 상위법령의 위임에 따라 지방계약법상 수의계약의 계약상대자 선정 기준을 구체화한 것이고, 국가가 일방적으로 정한 기준에 따라 지방자치단체와 수의계약을 체결할 자격을 박탈하는 것은 상대방의 법적 지위에 영향을 미치므로, 이 사건 예규조항은 헌법소원의 대상이 되는 공권력의 행사에 해당한다.

2) 지방계약법 제9조 제3항[9]의 위임에 따라 이 사건 시행령조항이 행정자치부장관이 정하도록 이 사건 예규조항에 위임하고 있는 '계약이행능력'에는 계약질서의 준수 정도, 성실도 등이 포함된다고 볼 수 있으므로, 이 사건 예규조항이 계약의 체결·이행 등과 관련한 금품 제공 등으로 부정당업자 제재 처분을 받은 자를 일정 기간 수의계약상대자에서 배제한 것이 모법의 위임한계를 일탈하여 법률유보원칙에 위배된다고 볼 수 없다.

---

7) 재판관 안창호.

8) 재판관 강일원.

9) 제9조(계약의 방법) ③ 제1항 단서에 따른 지명기준 및 지명절차, 수의계약의 대상범위 및 수의계약상대자의 선정절차, 그 밖에 필요한 사항은 대통령령으로 정한다.

3) 이 사건 예규조항은 지방계약법상 수의계약 체결의 공정성과 충실한 이행을 확보하기 위한 것으로 입법목적의 정당성이 인정되고, 계약의 체결·이행 등과 관련한 금품 제공 등으로 제재 처분을 받은 자를 일정 기간 계약상대자에서 배제하는 것은 입법목적 달성을 위한 효과적인 수단에 해당한다. 계약의 체결·이행 등과 관련한 금품 제공 등은 계약업무의 공정성 및 신뢰성을 중대하게 침해하는 것이고, 이 사건 예규조항은 새로운 수의계약을 체결할 자격만 일시적으로 제한하며, 지방계약법상 수의계약의 체결·이행과정에서의 공정성과 적정성의 확보는 중대한 공익이므로, 이 사건 예규조항은 침해의 최소성 및 법익의 균형성에도 위반되지 아니한다. 따라서 이 사건 예규조항은 청구인의 직업수행의 자유를 침해하지 아니한다.

2. 별개의견과 반대의견 및 보충의견의 요지

(1) 재판관 4인의 이 사건 시행령조항에 대한 별개의견 및 이 사건 예규조항에 대한 반대의견

이 사건 시행령조항 및 이 사건 예규조항은 지방자치단체가 사인과의 사법상 계약관계를 공정하고 합리적·효율적으로 처리할 수 있도록 관계 공무원이 지켜야 할 계약사무 처리에 관한 필요한 사항을 정한 지방자치단체의 내부규정에 불과하고, 계약의 상대방이나 상대방이 되고자 하는 사인의 권리·의무를 규율하는 것이 아니다. 그러므로 이 사건 시행령조항에 대한 심판청구는 기본권침해 가능성이 없다는 이유로 각하하여야 하고, 대외적 구속력을 가지는 행정규칙에 해당하지 않는 이 사건 예규조항에 대한 심판청구는 헌법소원 대상성이 없어 부적법하므로 각하하여야 한다.

(2) 재판관 3인의 이 사건 예규조항에 대한 법정의견에 대한 보충의견

'행정규칙의 헌법소원 대상성 여부'와 '행정규칙의 법규성 여부'는 헌법소원과 행정소송의 고유한 목적·구조·기능에 따라 독자적인 기준에 의하여 판단되어야 한다. 국가작용은 그 형식을 불문하고 헌법상 원리 또는 기본권에 구속되어야 하는 점과 국가나 지방자치단체가 체결하는 입찰·수의계약의 공공성을 고려하면, 이러한 입찰·수의계약에 대한 법적 규율을 일반적인 사경제주체의 내부적 기준과 전적으로 동일한 것으로 볼 수는 없다. 이 사건 예규조항은 지방자치단체가 일방적으로 일정한 자들에게 일정 기간 수의계약을 체결하지 못하는 불이익을 가하는 행정권의 입법 작용으로서 헌법소원의 대상이 되는 공권력의 행사에 해당한다.

(3) 재판관 1인의 이 사건 예규조항에 대한 법정의견에 대한 별개의 보충의견

헌법재판소는 행정규칙은 원칙적으로 대외적 구속력이 인정되지 않는다는 이유로 헌법소원의 대상인 '공권력의 행사'가 아니라고 하여 왔다. 그러나 행정규칙은 비록 법률 · 대법원규칙 · 법규명령 등과 그 형성주체, 절차, 형식, 방법 등이 다르기는 하나, 일반적 · 추상적 성격을 가지는 고권적 작용임을 부인할 수 없다. 또한, 행정규칙이 단순히 내부적인 효력만 가지는 경우라고 하더라도 그 소속 공무원의 기본권을 제한할 수도 있으므로 이에 대한 통제가 필요하고, 나아가 행정규칙이 외관상 대외적 구속력이 인정되지 않는 경우에도 실질적으로는 국민의 기본권을 제한하는 경우도 있다. 이러한 사정 등을 종합하면, 행정규칙은 대외적 구속력이 있는지 여부를 불문하고 행정권의 고권적 작용으로서 헌법소원의 대상이 된다고 하는 것이 타당하다. 이와 같이 행정규칙에 대한 헌법소원 대상성을 확대하더라도, 그에 대한 헌법소원도 헌법재판소법 제68조 제1항이 정한 요건을 충족하여야 하므로, 헌법소원심판의 범위가 지나치게 넓어지는 문제는 발생하지 않는다.

이 사건과 같이 행정규칙을 근거로 한 구체적인 행정작용이 공권력의 행사에 해당하지 아니하거나, 다른 구제절차로써 다툴 수 없는 경우에는 행정규칙을 직접 대상으로 한 헌법소원심판 청구는 직접성 요건을 충족한 것으로 봄이 타당하다.

(4) 재판관 1인의 이 사건 예규조항에 대한 반대의견에 대한 보충의견

지방계약법 제9조 제3항 및 이 사건 시행령조항은 포괄적이고 일반적인 위임 규정에 불과하여 이 사건 예규조항과 같이 실질적으로 제재 처분의 효력을 연장하는 행정규칙의 근거 규정이 될 수 없다. 따라서 이 사건 예규조항을 수의계약 체결과 관련한 지방자치단체 내부의 업무처리지침에 불과하고 공권력의 행사가 아니라고 보아야만 이를 상위 법령과 모순되지 않게 이해할 수 있고, 법정의견과 같이 이 사건 예규조항이 공권력의 행사라고 본다면, 이는 법률에 근거 없이 국민의 권리·의무를 제한하는 규정으로 법률유보원칙 또는 포괄위임금지원칙에 위반된다고 보는 것이 합리적이다.

Ⅲ. 판례연구

1. 문제의 제기

이 사건의 주요 쟁점은 헌법소원심판의 가장 기본적인 적법요건 중 하나인 대상성 인정 여부이다. 헌법소원 대상성 문제는 기본적인 것이므로 정리가 되었다고 생각할 수 있으나, 법정의견 외에 다른 의견들이 강하게 나타나 있는 바와 같이 간명하게 해결된 것은 아니다. 소수의견이 다수의견으로 변경될 수 있고 그 결정 이유도 구체적인 사건과 사회의 변화에 따라 변화하므로 그 내용을 검토할 필요가 있다. 헌법재판관들의 다양한 의견은 헌법 질서 내에서 기존의 판례에 대한 새로운 의견을 제시하는 것으로 국민의 기본권보장 또는 권리구제를 위한 부단한 노력의 일환이며, 헌법 개정 연구나 비교법적 연구를 통한 학설의 흐름과도 무관하지 않으므로 그 의미는 작지 않다.

헌법재판소 출범 이후 헌법소원에 관한 헌법재판소의 판례의 흐름에 대한 비판적 고찰[10]과 행정소송법의 항고소송과 헌법소원의 관계 재정립에 대한 연구[11]도 적지 않다. 공법소송이란 틀 안에서 헌법재판소법 제68조 제1항의 헌법소원의 도입과 항고소송의 대상의 확대 및 헌법소원의 대상에의 영향에 관한 연구에서 행정작용에 대한 통제를 위하여 제도개선을 하여야 한다는 주장[12]도 관계 재정립 주장 중의 하나라고 할 것이다. 이에 반하여 명령・규칙에 대한 규범통제기관 이원화의 부작용을 줄이기 위하여 모든 종류의 법규범에 대한 위헌통제기관을 헌

---

10) 이노홍, “헌법소원의 대상으로서 공권력의 행사와 행정청의 행위－헌재결정을 중심으로－,” 세계헌법연구 제17권 제2호, 2011. 503－530면; 이부하, “헌법소원심판에 있어서 기본권침해의 직접성 요건,” 법학논고 제41집, 경북대학교, 2013.2. 453－476면; 최진수, “행정규칙에 대한 헌법소원‘, 공법연구 제41집 제3호, 2013.2. 497－526면; 최희수, “법령헌법소원의 직접성요건에 관한 헌법재판소 판례 경향,” 강원법학 제45권, 2015.6. 1－27면; 정호경, “법령소원의 요건에 관한 연구－직접성 요건을 중심으로”, 사법 제38호, 2016.12. 583－619면; 정광현, “직접 관련성 요건의 본질과 그 심사척도,” 공법학연구, 제19권 제1호, 2018.2.187－225면.

11) 이상덕, “항고소송과 헌법소원의 관계 재정립,”공법연구 제44집 제1호, 2015.10. 227－274면; 김현준, “행정입법의 법규성과 규범통제－행정입법 변종대응의 도그마틱－,”, 공법연구 제47집 제2호, 2018.12. 1－28면; 정남철, “항고소송과 헌법소원의 대상－공법소송 대상 재구성을 위한 시론을 중심으로－,” 법조 제68권 제2호, 2019.4. 7－34면.

12) 최계영, “헌법소원에 의한 행정작용의 통제”, 공법연구 제37집 제2호, 2008.12. 230－231면.

법재판소로 일원화하는 것이 바람직하다는 주장도 있다.13)

이 사건 대상결정에서 법정의견 외에 별개의견 및 반대의견 그리고 보충의견 등 다양한 의견이 제시되는 것은 변화와 발전을 위한 과정이라고 할 수 있으나, 적지 않은 시간이 흘렀음에도 불구하고 헌법소원의 대상성에 대하여 다양한 의견이 존재하는 것은 국민의 권리구제 측면에서 비판적인 입장도 있다. 헌법소원의 대상성에 관하여 예측가능성이 없어 항고소송과 헌법소원을 병행하여 제기하는 사례가 있다는 것은 제도의 취지에 반하는 것이다.14) 즉 '건강보험요양급여행위 상대가치점수 고시'사건에서 항고소송과 헌법소원이 동시에 제기되었고, 항고소송의 1심, 2심 법원이 고시의 처분성을 인정하여 본안판단을 하였고15) 특히 항고소송의 피고인 보건복지부장관과 헌법소원의 피청구인인 보건복지부장관과 그 대리인이 동일하였음에도 불구하고 헌법소원이 그대로 진행되어, 헌법재판소는 헌법소원 외에는 달리 효과적인 구제방법이 없다면서 본안판단을 하여 청구인들의 심판청구를 기각하였다.16) 법원과 헌법재판소의 결론이 같았기에 다행이나 다른 경우였다면 위 고시는 효력을 잃는 사태가 발생하여 양 국가기관의 신뢰를 상실하는 문제가 발생하였을 것이다.17)

여기서는 이 사건 시행령조항과 이 사건 예규조항에 관한 법정의견의 타당성을 중심으로 검토하면서 다른 의견 등을 살펴보고자 한다.

---

13) 정태호, "명령·규칙에 대한 규범통제기관 이원화의 부작용과 헌법 제107조 제2항의 개정방향," 헌법재판연구 창간호, 2014.11. 75면.

14) 이상덕, 앞의 글, 243면.

15) 서울행정법원 2003.1.15. 선고 2001구25610 [건강보험요양급여행위등처분취소] 원고 (사)대한의사협회 외 393인, 피고 보건복지부장관, 국민건강보험공단; 서울고등법원 2003. 9. 19. 선고 2003누3019 판결; 대법원 2006. 5. 25. 선고 2003두11988 판결.

16) 헌재 2003. 12. 18. 2001헌마543 [보건복지부 고시 제2001-32호 위헌확인] 청구인 (의사) 4인, 피청구인 보건복지부방관.

17) 김국현, "우리나라 공법상 쟁송에서의 위헌·위법통제", 공법연구 제38집 제4호, 2010.6. 72면.

이를 위하여 헌법소원의 대상성을 중심으로 헌법재판소법의 관련 규정과 기존의 논의를 먼저 살펴보고 대상결정의 각 의견의 차이를 검토하기로 한다.

2. 헌법재판소법 제68조 제1항에 의한 헌법소원

(1) 헌법재판소법 제68조 제1항

헌법재판소법 제68조 제1항은 "공권력의 행사 또는 불행사로 인하여 헌법상 보장된 기본권을 침해받은 자는 법원의 재판을 제외하고는 헌법재판소에 헌법소원을 청구할 수 있다. 다만, 다른 법률에 구제절차가 있는 경우에는 그 절차를 모두 거친 후에 청구할 수 있다"고 규정하고 있을 뿐 공권력의 행사 또는 불행사에 대한 구체적인 규정을 하고 있지 않다. 공권력은 대한민국 국가기관의 공권력을 의미하고 외국이나 국제기관의 공권력작용은 해당되지 않는다.[18]

(2) 헌법소원심판 청구 요건

헌법재판소가 1993년 발간한 헌법소원심판개요는 제1장 헌법재판소와 헌법소원, 제2장 헌법소원의 대상[19], 제3장 헌법소원의 요건,[20] 제4장 헌법소원의 청구, 제5장 헌법소원의 심판, 제6장 제68조 제2항의 헌법소원 등으로 구성되어 있다.[21] 이후 1998년 헌법재판소가 발간한 후 헌법재판소의 판례를 반영한 실무지침서인 헌법재판실무제요(제2개정판)에서는 헌법소원의 대상과 적법요건 및 종국결정으로 나누어 설명

---

18) 헌재 1997.9.25. 96헌마159[여권압수 등 위헌확인]

19) 입법작용, 행정작용, 사법작용, 기타 공권력의 행사가 아닌 것으로 구성되어 있다.

20) 요건은 공권력의 행사 또는 불행사의 존재, 기본권침해(자기관련성, 현재관련성, 직접관련성), 보충성, 청구기간, 변호사강제주의, 권리보호이익, 일사부재리 등으로 구성되어 있다.

21) 헌법재판소, 헌법소원심판개요, 1993. 1－77면.

하면서, 대상을 국회의 공권력작용, 행정작용, 사법작용, 그 밖의 공권력의 행사 또는 불행사가 아닌 것으로 구분하고, 적법요건을 청구권자, 공권력의 행사 또는 불행사의 존재, 기본권침해, 법적 관련성, 보충성, 청구기간, 권리보호이익, 일사부재리로 구분하고 있다.[22] 헌법재판연구원이 발간한 '주석 헌법재판소법'에서도 헌법재판소법 제68조 제1항의 주석으로 입법연혁과 관련법령에 이어 헌법소원의 대상[23], 청구인능력, 법적 관련성[24], 보충성, 권리보호이익 순으로 설명하고 있다.[25]

김철수 교수는 헌법소원심판의 대상, 청구요건, 심리의 원칙 등으로 나누어 설명하고 있는데, 청구요건은 청구인적격과 보충성의 원칙과 예외, 청구기간, 대리인소송의 원칙 등으로 되어 있다.[26] 허영 교수는 헌법소원심판청구절차를 청구인, 제출, 헌법소원심판청구의 대상과 보충성의 요건 및 청구기간의 준수로 대별한 후 헌법소원심판청구의 대상을 공권력의 작용,[27] 기본권침해, 법적 관련성[28]으로 나누어 설명하고 있다.[29] 이동흡 전 헌법재판관은 제1절 총설에 이어 제2절 헌법소원심판의 대상, 제3절 헌법소원심판의 요건,[30] 제4절 헌법소원심판청구의 절차, 제5절 헌법소원심판의 절차로 나누어 기술하고 있다.[31] 정재황 교수는 헌법소원심판의 대상을 먼저 설명하고 청구요건에 대상, 청구인능력, 청구인적격(기본권의 침해요건[32]), 권리보호의 이익, 보충성의 원칙,

22) 헌법재판소, 헌법재판실무제요, 2015. 231-382면.
23) 공권력의 행사 또는 불행사, 입법작용, 행정작용, 사법작용으로 나누어 설명하고 있다.
24) 기본권의 침해, 자기관련성, 현재성, 직접성으로 구성되어 있다.
25) 헌법재판연구원, 주석 헌법재판소법, 2015. 981-1134면.
26) 김철수, 헌법학개론, 박영사, 1999. 1331-1357면
27) 입법작용, 입법기관의 기타 공권력작용, 행정작용, 자치입법작용, 검찰작용, 사법작용으로 구분하고 있다.
28) 자기관련성, 직접성, 현재성, 법적 관련성과 권리보호이익으로 구분하고 있다.
29) 허영, 헌법소송법론, 박영사, 2019. 368-436면.
30) 청구권자, 공권력의 행사 또는 불행사의 존재, 기본권의 침해, 법적 관련성, 보충성, 청구기간, 변호사강제주의, 권리보호이익, 일사부재리로 되어 있다.
31) 이동흡, 헌법소송법, 박영사, 2018. 319-640면.

청구기간 등으로 나누어 기술하고 있다.[33] 김현철 교수는 대상요건과 기타 적법요건 및 종국결정으로 나누고 있는데, 대상요건은 법령소원, 처분소원, 재판소원으로 구분하여 설명하고, 기타 적법요건은 공권력의 행사 또는 불행사, 기본권 침해, 기본권을 침해받은 자, 보충성, 청구기간, 권리보호이익, 일사부재리 등으로 구성되어 있다.[34]

생각건대 여러 책에서 기술의 차이는 있지만 헌법소원심판의 대상이 청구요건에 따로 포함되어 있지 않다고 하더라도 청구요건의 하나임을 전제로 하고 있다. 헌법소원의 대상이 되지 않으면 본안판단에 들어가지 않고 각하결정을 하게 된다.[35]

(3) 헌법소원의 대상성

대상성의 표지인 공권력의 행사 또는 불행사에 해당하지 않는 행위를 대상으로 한 헌법소원청구는 각하된다. 이는 사법서사법시행규칙에 관한 헌법소원사건[36]에서 "법원행정처장의 소위 민원인에 대한 법령 질의회신이란 한낱 법령해석에 관한 의견진술에 지나지 않고, 그것이 법규나 행정처분과 같은 법적 구속력을 갖는 것이라고는 보여지지 아니하며, 기록에 의하면 문제된 질의회신은 청구인에 대한 것도 아님이 명백하므로 이를 소원의 대상으로 삼아 심판을 구하는 부분 역시 부적법함을 면치 못할 것'이라고 한 이래 확립된 판례다. 대상결정을 참조판례로 하고 있는 '기본권 침해 위헌 확인'사건[37]에서도 헌법재판소는, 재외국민에게 사건·사고 등이 발생하는 경우 관할 재외공관이 재외국민들을 보호하기 위하여 행하는 영사업무에 관한 사항을 규정하는 것을

32) 침해되는 기본권의 존재와 침해의 실제성, 기본권 침해의 관련성(자기관련성, 직접성, 현재성)으로 되어 있다.
33) 정재황, 헌법재판개론, 박영사, 2001. 538면 이하.
34) 김현철, 판례 헌법소송법, 전남대학교출판부, 2012. 286면 이하.
35) 김철수, 앞의 책, 1333면.; 정재황, 앞의 책, 344면.
36) 헌재 1989. 7. 28. 89헌마1 [사법서사법시행규칙에 관한 헌법소원].
37) 헌재 2018.9.14. 2018헌마921 [기본권 침해 위헌 확인].

목적으로 하는 '재외국민보호를 위한 재외공관의 영사업무 처리지침'에서 재외국민의 보호를 위하여 통역인 명단을 제공하도록 규정하고 있는 것은 청구인에 대하여 어떠한 법적 불이익이 발생한다거나 법적 지위에 영향을 미친다고 할 수 없고, 재외국민이 통역으로 소요되는 비용을 자비로 부담하고 있다 하더라도 이는 간접적·사실적·경제적 불이익에 불과하므로, 위 조항은 헌법소원의 대상이 되는 공권력의 행사에 해당하지 아니한다고 하면서 각하하였다. 대상 결정과 같은 날 선고된 '전자발찌 부착 등 위헌확인 등' 사건[38]에서도 법정의견은 교도소·구치소의 수용자가 교정시설 외부로 나갈 경우 도주 방지를 위하여 해당 수용자의 발목에 전자장치를 부착하도록 한 '수용자 도주방지를 위한 위치추적전자장치 운영방안(교정본부 2015. 11. 13.자 공문)' V. 수용자 위치추적 전자장치 운영계획 중 부착대상 수용자 가운데 2단계 출정수용자 관련 부분은 행정기관 내부의 행위 또는 단순한 시행 방침에 불과하고, 대외적인 효력이 있는 명령이나 지시가 아니므로 헌법소원의 대상인 공권력의 행사에 해당하지 않는다는 것이다. 이에 대하여 행정규칙은 대외적 구속력 유무를 떠나 행정권의 고권적 작용으로 헌법소원의 대상성을 인정하고 그로 인한 적법요건 완화문제는 기본권 침해의 직접성 요건으로 해결하여야 한다는 재판관 1인의 별개의견[39]이 있다.

(4) 헌법소원청구요건 판단

1) 헌법소원청구요건 판단 순서

헌법소원심판대상과 적법(심판, 청구)요건으로 구분하고 있는 상황에서 대상과 적법요건의 '공권력의 행사 또는 불행사의 존재'의 관계가 문제된다. 만약에 양자가 다르다면 대상에 해당되는지 먼저 판단해야

38) 헌재 2018. 5. 31. 2016헌마191·330, 2017헌마171(병합)[전자발찌 부착 등 위헌확인 등]

39) 재판관 안창호의 별개의견은 이사건 대상결정에서의 의견과 같다.

하는 것이고, 같은 것이라면 기본권의 침해, 법적 관련성 등보다 우선적으로 판단해야 할 것이다. 청구요건의 불비를 이유로 한 각하사유는 일반적으로 기본권침해가능성 등 실질적인 내용 분석보다 형식적인 판단이 우선되어야 할 것이다.

2) '공권력의 행사'와 '기본권침해의 가능성'의 관계

국가기관간의 내부적 행위나 행정청의 지침, 의견진술, 행정규칙 등은 기본권의 보호법익이나 행사에 대하여 불리한 효과(직접적인 외부효과)를 발생시키지 않기 때문에 '공권력의 행사'에 해당하지 않는다. 이에 대하여 헌법재판소는 헌법소원의 대상인 공권력의 행사는 국민의 권리와 의무에 대하여 직접적인 법률효과를 발생시켜야 하고 청구인의 법적 지위를 그에게 불리하게 변화시키기에 적합해야 한다고 판시함으로써,[40] '공권력의 행사 또는 불행사'를 '기본권 침해의 가능성이 있는 공권력의 행사 또는 불행사'로 이해하여 '공권력의 행사 또는 불행사'를 판단하는 단계에서 이미 '기본권 침해의 가능성'을 함께 판단하는 경우가 있다. 이에 대해 '공권력의 행사 또는 불행사' 요건은 헌법소원의 대상성 여부의 문제이고 '기본권 침해의 가능성' 문제는 헌법소원의 대상에 의하여 개인의 기본권이 침해될 가능성이 있는지의 문제이므로 구분되어야 견해가 있다.[41]

생각건대 헌법소원심판의 청구는 기본권침해를 전제로 하므로 대상성을 판단하면서 공권력 행사와 분리하기가 어려운 경우가 많아 함께 검토하는 것이 자연스러울 수 있으나, 가능하면 공권력의 행사라는 대상성을 먼저 판단하는 것이 헌법재판소법 제61조 제1항 해석론에 부합

40) 헌재 1997.10.30. 95헌마124 [정기간행물의등록등에관한법률 제2조 제6호 위헌확인] 이 사건 공보처장관의 통보는 지역신문 발행인의 질의에 따라 보낸 단순한 회신으로서 법률적 문제를 안내한 것에 불과하고, 어떠한 법적 권리의무를 부과하거나 일정한 작위나 부작위를 구체적으로 지시하는 내용이라고 볼 수 없으므로, 헌법소원심판청구의 대상이 될 수 없다.

41) 한수웅, 주석 헌법재판소법, 헌법재판연구원, 983면.

하고 이론적으로도 타당하다고 할 것이다.

3. 이 사건 시행령조항에 대한 법정의견과 별개의견의 검토

(1) 각하사유의 차이

이 사건 시행령조항에 대한 각하는 다툼이 없으나, 법정의견은 각하사유로 기본권침해의 직접성이 인정되지 않는다는 것이고, 4인의 별개의견은 기본권침해의 가능성이 없다는 것이다.

(2) 법령소원 중 행정입법에 대한 헌법소원과 직접성요건

이는 법령소원의 하나로 '직접성' 요건과 문제된다.[42] 법령소원의 직접성에 관한 연구가 많이 있지만, 대상결정과 같은 법규명령의 경우에는 그 관할에 관하여 헌법 제107조 제2항의 해석과 관련하여 논의가 있다. 특히 다른 집행행위의 매개 없이 시행령 자체로 직접 국민의 기본권을 침해하면, 헌법소원에 의하여야 한다는 견해와 항고소송에 의하여야 한다는 견해가 대립되고 있다.[43] 현실적으로 항고소송과 헌법소원의 제기가 가능하다면 자신과 관련된 범위를 '초과하여' 헌법소원심판대상을 설정하는 것은 허용되지 않는다는 청구인적격론에 의하여야 한다는 견해도 있다.[44] 또한 행정입법의 법규성과 규범통제라는 차원에서 법규성 유무의 판단기준과 법규라는 개념의 인정의 실효성 및 행정규칙 형식의 법규명령 등의 변종에 대한 대응을 논하기도 하고,[45] 행정규칙의 헌법소원 대상성을 판단하는 직접적인 기준으로 '자기구속의 원칙'이

---

42) 김현철, 앞의 책, 287면.
43) 정호경, 앞의 글, 589면.
44) 정광현, 앞의 글, 209면.
45) 김현준, 앞의 글, 10면.

나 '대외적 구속력'이 아니라 '기본권 침해 가능성'을 제시하는 견해도 있다.[46] 이 견해는 행정규칙의 헌법소원 대상성 문제와 행정규칙의 법규성 인정 문제는 헌법소원과 행정소송의 고유한 목적·구조·기능에 따라 독자적으로 판단되어야 하면서 행정규칙의 대상성을 인정하자는 헌법재판관의 의견과 유사하다.

헌법재판소는 헌법소원의 직접성 요건의 예외를 넓게 인정하고 있다.[47] 집행행위가 예정되어 있어도 법령에 따라 일정한 집행행위를 하여야 하는 경우, 법규범의 내용이 이미 국민의 권리관계를 확정한 상태인 경우, 집행행위를 대상으로 한 구제절차가 없거나 권리구제의 기대가능성이 없는 경우, 법령의 집행행위를 기다렸다가 그에 대한 권리구제절차를 밟을 것을 국민에게 요구할 수 없는 경우 등이다. 이는 국민의 기본권보호의 공백을 방지하고 우회적인 방법보다 근원적이고 직접적으로 기본권보장수단을 제공하려는 것이다.

(3) 법령의 하위 규범에의 위임과 각하사유

법령이 헌법소원의 대상이 되려면 구체적인 집행행위 없이 직접 기본권을 침해해야 하고, 여기의 집행행위에는 입법행위도 포함된다.[48] 하위규범에 구체적인 입법규율을 위임하는 법령조항은 직접성이 없고, 법률의 경우에는 하위규범에 명령·규칙뿐 아니라 행정규칙, 조례도 포

---

46) 최진수, 앞의 글, 517면.

47) 이부하, 앞의 글, 462-463면.

48) 김하열, 헌법소송법, 박영사, 2018. 474면; 헌재 2008.4.24. 2004헌마440[복권 및 복권기금법 제11조 위헌확인] ; 헌재2011.11.24. 2009헌마415[의료급여법 제7조 제2항 후문 등 위헌확인]"의료수가기준과 그 계산방법 등에 관하여는 보건복지가족부장관이 정한다."고 규정한 구 의료급여법(2008. 2. 29. 법률 제8852호로 개정되고, 2010. 1. 18. 법률 제9932호로 개정되기 전의 것) 제7조 제2항 후문은 보건복지가족부장관의 고시라는 구체적인 하위 규범의 시행을 예정하고 있을 뿐, 위 법률조항이 직접적으로 청구인의 기본권을 침해하고 있다고 볼 수 없어, 위 법률조항에 대한 심판청구는 직접성을 결여하여 부적법하다.

함되고, 시행령의 경우에는 부령, 행정규칙, 조례도 포함된다. 시행령, 시행규칙 및 행정규칙 등 행정입법은 행정기관이 법률에서 위임받은 사항과 법률을 집행하기 위하여 필요한 사항을 제정하는 행위를 말하고, 법률하위규범의 구체적 규범통제권은 대법원의 관할로 규정하고 있으므로 예외적인 경우에만 헌법소원의 대상이 된다. 직접성이 요구되는 법령에는 형식적인 의미의 법률 뿐 아니라 조약, 명령·규칙, 헌법소원의 대상성이 인정되는 행정규칙, 조례 등이 모두 포함된다.[49)]

(4) 각하 사유의 검토

법정의견은 이 사건 시행령조항은 지방자치단체가 지방계약법에 따라 당사자로서 체결하는 수의계약의 계약상대자를 선정하는 기준과 관련하여 행정자치부장관에게 하위규범을 제정·시행할 권한을 부여하고 있을 뿐, 지방계약법상 수의계약의 체결을 통하여 업무를 수행하고자 하는 청구인에 대하여 자유의 제한, 의무의 부과, 권리 또는 법적 지위의 박탈이라는 법적 효과를 발생시키는 내용을 직접 규정하고 있지 아니하므로 이 사건 시행령조항에 대한 심판청구는 기본권 침해의 직접성이 인정되지 아니하여 부적법하다는 것이다.

이에 대하여 4인의 별개의견은 지방계약법에 따라 지방자치단체를 당사자로 하는 이른바 공공계약은 지방자치단체가 사경제의 주체로서 상대방과 대등한 지위에서 체결하는 사법상의 계약으로서 그 본질적인 내용은 사인 간의 계약과 다를 바가 없으므로, 법령에 특별한 정함이 있는 경우를 제외하고는 상호 대등한 입장에서 당사자의 합의에 따라 계약을 체결하여야 하고 당사자는 계약의 내용을 신의성실의 원칙에 따라 이행하여야 하는 등(지방계약법 제6조 제1항) 사적 자치와 계약자유의 원칙을 비롯한 사법의 원리가 원칙적으로 적용된다는 것이다. 즉 이 사

49) 이동흡, 앞의 책, 466면.; 허영, 앞의 책, 405면.; 이준일, 헌법학강의, 홍문사, 2019.1120면.

건 시행령조항은 지방자치단체가 사인과의 사법상 계약관계를 공정하고 합리적·효율적으로 처리할 수 있도록 계약담당공무원이 지켜야 할 계약사무 처리에 관한 사항을 정한 지방자치단체의 내부규정에 불과하고, 그 자체로 인해 수의계약의 상대방이 되고자 하는 청구인의 계약체결에 관한 자유 또는 권리가 박탈·제한되거나 그 법적 지위에 불리한 영향을 미친다고 볼 수는 없으므로 애당초 청구인에 대한 기본권침해의 가능성이나 위험성이 없다는 것이다.

(5) 소결

각하사유의 우선적 판단 기준은 형식성과 간명성에 두는 것이 타당하다고 할 것이다. 법령이 그 규정의 구체화를 위하여 하위규범의 시행을 예정하고 있는 경우에는 당해 법령의 직접성은 원칙적으로 부인된다는 법정의견이 이 사건 시행령조항은 계약담당공무원이 지켜야 할 계약사무 처리에 관한 사항을 정한 지방자치단체의 내부규정에 불과하므로, 애당초 청구인에 대한 기본권침해의 가능성이나 위험성이 없다는 별개의견보다 더 간명하다. 법정의견은 기존의 헌법재판소의 판례에 따른 것으로 이후로도 유지되고 있다.[50] 즉 법령이 헌법소원의 대상이 되려면 구체적인 집행행위 없이 직접 기본권을 침해하여야 하고, 여기의

---

50) 헌재 2013.6.27. 2011헌마475 [병역법 시행령 제146조 제2항 등 위헌확인] 법률조항 자체가 헌법재판소법 제68조 제1항의 헌법소원의 대상이 될 수 있으려면 그 법률조항에 의하여 구체적인 집행행위를 기다리지 아니하고 직접 자기의 기본권을 침해받아야 한다. 집행행위에는 입법행위도 포함되므로 법률규정이 그 규정의 구체화를 위하여 하위규범의 시행을 예정하고 있는 경우에는 원칙적으로 당해 법률의 직접성은 부인된다. ; 헌재 2019. 11.12. 2019헌마1242 [기본권 침해 위헌확인] 형사소송법 제59조의3 제6항은 판결서등의 열람 등에 관한 사항을 하위규범인 대법원규칙에 위임하고 있으므로, 형사소송법 제59조의3 제6항이 직접 청구인의 기본권을 침해한다고 볼 수 없다. 따라서 이 사건 심판청구는 청구인의 기본권 침해에 대한 직접성을 갖추지 못하였다. ; 헌재 2019. 9.10. 2019헌마902 [도시 및 주거환경정비법 제36조 제4항 등 위헌확인]

집행행위에는 입법행위도 포함되므로 법령이 그 규정의 구체화를 위하여 하위규범의 시행을 예정하고 있는 경우에는 당해 법령의 직접성은 원칙적으로 부인된다는 것이다.

4. 이 사건 예규조항에 대한 법정의견과 반대의견 및 여러 의견의 검토

(1) 의견의 차이

기각해야 한다는 법정의견은 이 사건 예규조항이 상대방의 법적 지위에 영향을 미치므로 헌법소원의 대상이 되는 공권력의 행사에 해당하나 법률유보원칙과 과잉금지원칙에 반하지 않으므로 기각이라는 것이고, 3인의 보충의견은 지방자치단체가 일방적으로 일정한 자들에게 일정 기간 수의계약을 체결하지 못하는 불이익을 가하는 행정권의 입법작용으로서 헌법소원의 대상이 되는 공권력의 행사에 해당한다는 것이고, 1인의 보충의견은 행정규칙은 대외적 구속력이 있는지 여부를 불문하고 행정권의 고권적 작용으로서 헌법소원의 대상이 되고 직접성도 갖추었다는 것이다.

4인의 각하의견은 이 사건 예규조항이 대외적 구속력이 없으므로 대상성이 없어 각하해야 한다는 것이며, 1인의 보충의견은 이 사건 예규조항이 수의계약 체결과 관련한 지방자치단체 내부의 업무처리지침에 불과하므로 각하되어야 한다는 것이다.

(2) 이사건 예규조항의 법적 성질

1) '공권력 행사' 해당 유무

이사건 예규조항은 시행령에서 위임받은 행정자치부 예규로서 뇌물죄로 부정당업자 제재처분을 받은 자는 그 제재처분 종료일로부터 6개월간 수의계약에서 배제된다는 것이다. 예규의 법적 성질은 행정규칙으로 원칙적으로 법규성이 인정되지 않고 대외적 구속력이 없다. 종래 통설과 판례에 의하면 행정입법 아래 법규명령과 행정규칙 또는 행정명령이란 분류를 하고, 법규명령은 헌법에 규정된 대통령령, 총리령, 부령을 말하고 행정규칙 또는 행정명령은 행정기관 내부에서만 효력을 가지는 일반적·추상적 규범을 말한다.[51] 법규명령과 행정규칙의 차이는 법규성과 대외적 구속력의 유무이나, 변하는 행정환경에 따라 입법형식과 규율사항의 불일치가 인정되면서 학설과 판례도 변하고 있다. 이를 해결하기 위하여 법규개념 해체를 통한 재구성론도 주장되고 있다. 그러나 헌법상 근거를 가지고 있는 대통령령, 총리령, 부령과 그러하지 않은 규칙, 훈령, 예규 등이 존재하고 앞으로도 존재할 것으로 예상되므로 양자의 구분은 필요하다고 할 것이다.[52] 양자의 구별을 전제로 한 바탕위에 문제의 해결을 강구하는 것이 바람직하다고 할 것이다.

그러면 이사건 예규조항에 '공권력 행사'를 인정할 수 있는가가 문제된다. 이 조항으로 인하여 청구인은 부정당업자 제재처분 종료일로부터 6개월간 수의계약의 당사자 자격에서 배제되므로 청구인에게는 헌법소원의 대상인 공권력 행사라고 아니할 수 없다. 위 규정으로 인하여 청구인은 다른 집행행위의 개입 없이 그 자체로 수의계약 당사자 자격이 일정기간 상실되므로 공권력의 행사라고 할 것이다.

2) 항고소송 제기 가능성

이 경우 이 사건 예규 조항을 대상으로 항고소송을 제기할 수 있는지가 문제된다. 행정소송법 제1조는 행정청의 위법한 처분 그 밖에 공권력의 행사 또는 불행사 등으로 인한 권리구제를 천명하고 있으나, 항고소송은 행정청의 처분등에 대하여 제기하여야 하고(동법 제3조 제1항), 처분등은 행정청이 행하는 구체적 사실에 관한 법집행으로서의 공권력의 행사 또는 그 거부 등을 말하는바(동법 제2조 제1호), 이사건 예규조항

51) 배병호, 일반행정법강의, 동방문화사, 2019. 154, 160-163면.
52) 김현준, 앞의 글, 13면.

은 구체적 사실에 관한 법집행이라고 볼 수 없으므로 항고소송의 대상이 되기는 어렵다.

이에 대하여 고시의 일반성·추상성과 개별성·구체성을 기준으로 규범과 처분으로 양분하는 엄격한 이분론을 탈피하여 고시의 내용에 따른 중요도에 따라 그 통제방법을 달리하여야 한다는 견해가 있다.[53] 이 사건 예규조항의 경우 규범적 형식의 고시로서 처분 형식의 고시가 아니라고 할 것인바, 현재의 방법으로 구별이 예측가능하다면 구별하는 것이 타당하다고 할 것이다.

3) 법령보충적 행정규칙의 허용가능성

법령보충적 행정규칙 또는 행정규칙형식의 법규명령이란 법규의 위임을 받아 그 구체적인 내용을 고시·훈령의 형식으로 규정한 것으로 '법규적 성질을 갖는 행정규칙'으로 부르기도 한다. 이 사건 예규조항과 같이 청구인의 수의계약 참여권을 박탈하는 내용은 대외적 구속력을 갖는 법규로서 기능한다. 이러한 형식의 행정규칙의 인정여부에 관하여 학설은 법규명령설, 행정규칙설, 규범구체화 행정규칙설, 위헌무효설이 있고, 대법원은 헌법 제40조의 국회입법원칙에서 헌법 제75조, 제95조 등의 관계를 예시적인 것으로 보면서 법률이 일정한 사항을 행정규칙에 위임하는 것을 허용하고 있다.[54] 대법원은 행정규칙이 당해 법령의 위

---

53) 정호경, "고시의 법적 성격과 쟁송 방법", 행정법연구 제55호, 2018.11. 101면.

54) 대법원 2017.5.30. 선고 2014다61340판결[조합총회결의무효확인] 구 도시 및 주거환경정비법(2013. 3. 23. 법률 제11690호로 개정되기 전의 것) 제11조 제1항 본문은 계약 상대방 선정의 절차와 방법에 관하여 조합총회에서 '경쟁입찰'의 방법으로 하도록 규정함으로써, 계약 상대방 선정의 방법을 법률에서 직접 제한하고 제한의 내용을 구체화하고 있다. 다만 경쟁입찰의 실시를 위한 절차 등 세부적 내용만을 국토해양부장관이 정하도록 규정하고 있을 뿐이고, 이것이 계약의 자유를 본질적으로 제한하는 사항으로서 입법자가 반드시 법률로써 규율하여야 하는 사항이라고 보기 어렵다. 또한 '경쟁입찰'은 경쟁의 공정성을 유지하는 가운데 입찰자 중 입찰 시행자에게 가장 유리한 입찰참가인을 낙찰자로 하는 것까지를 포괄하는 개념이므로 위 규정이 낙찰자 선정 기준을 전혀 규정하지 않고 있다고 볼 수

임한계를 벗어나지 않는 한 수권법령과 결합하여 대외적 효력을 갖는다고 하면서 법규성을 인정하고 있다. 헌법재판소도 2004.10.28. 법률이 입법사항을 한정된 범위에서 행정규칙에 위임할 수 있다고 한 이래 일관되게 허용된다는 입장을 취하고 있다[55].

따라서 이 사건 예규조항이 법률유보원칙에 반한다는 반대의견이나 그 보충의견을 찬성하기는 어렵다고 할 것이다.

4) 보충의견에 대한 평가

이 사건 예규조항은 지방자치단체가 일방적으로 일정한 자들에게 일정 기간 수의계약을 체결하지 못하는 불이익을 가하는 행정권의 입법작용으로서 헌법소원의 대상이 되는 공권력의 행사에 해당한다는 3인의 보충의견은 행정입법성을 부각하는 것으로 인정되나, 행정규칙은 대외적 구속력이 있는지 여부를 불문하고 행정권의 고권적 작용으로서 헌법소원의 대상이 된다는 1인의 별개 보충의견은 종래의 판례와 다수 학

없다. 따라서 위 규정은 법률유보의 원칙에 반하지 않는다.

55) 헌재 2004.10.28. 99헌바91[금융산업의구조개선에관한법률 제2조 제3호 가목 등 위헌소원]오늘날 의회의 입법독점주의에서 입법중심주의로 전환하여 일정한 범위 내에서 행정입법을 허용하게 된 동기가 사회적 변화에 대응한 입법수요의 급증과 종래의 형식적 권력분립주의로는 현대사회에 대응할 수 없다는 기능적 권력분립론에 있다는 점 등을 감안하여 헌법 제40조와 헌법 제75조, 제95조의 의미를 살펴보면, 국회입법에 의한 수권이 입법기관이 아닌 행정기관에게 법률 등으로 구체적인 범위를 정하여 위임한 사항에 관하여는 당해 행정기관에게 법정립의 권한을 갖게 되고, 입법자가 규율의 형식도 선택할 수도 있다 할 것이므로, 헌법이 인정하고 있는 위임입법의 형식은 예시적인 것으로 보아야 할 것이고, 그것은 법률이 행정규칙에 위임하더라도 그 행정규칙은 위임된 사항만을 규율할 수 있으므로, 국회입법의 원칙과 상치되지도 않는다. 다만, 형식의 선택에 있어서 규율의 밀도와 규율영역의 특성이 개별적으로 고찰되어야 할 것이고, 그에 따라 입법자에게 상세한 규율이 불가능한 것으로 보이는 영역이라면 행정부에게 필요한 보충을 할 책임이 인정되고 극히 전문적인 식견에 좌우되는 영역에서는 행정기관에 의한 구체화의 우위가 불가피하게 있을 수 있다. 그러한 영역에서 행정규칙에 대한 위임입법이 제한적으로 인정될 수 있다. ; 헌재 2017.9.28. 2016헌바140[축산물 위생관리법 제45조 제4항 제1호 등 위헌소원] 등.

설과는 다른 새로운 주장으로 충분한 시간을 두고 평가해야 할 것이다.

(3) 소결

그러므로 이 사건 예규조항은 청구인의 수의계약 참여권을 일정 기간 박탈하여 기본권을 제한하므로 헌법소원의 공권력의 행사에 해당하고, 이러한 법규적 성질을 갖는 행정규칙 형식이 헌법상 허용된다는 것이 대법원과 헌법재판소의 입장을 감안하면 법정의견인 기각의견이 타당하고 각하의견은 받아들이기 어렵다고 할 것이다.

반대의견(각하의견)은 헌법재판소가 이 사건 예규조항과 유사한 법적 성질을 가지는 낙찰자의 계약이행능력의 심사기준인 방위사업청 지침이 국가가 사인과의 사이의 계약관계를 공정하고 합리적·효율적으로 처리할 수 있도록 관계 공무원이 지켜야 할 계약사무처리에 관한 필요한 사항을 규정한 것으로서 국가의 내부규정에 불과하여 '공권력의 행사'에 해당하지 아니한다고 한 입장[56]과 배치된다고 한다. 그러나 이

---

56) 헌재 2013. 11. 28. 2012헌마763 [방위사업청물품적격심사기준부칙제2조등 위헌확인] '국가를 당사자로 하는 계약에 관한 법률'은 국가가 계약을 체결하는 경우 원칙적으로 경쟁입찰에 의하도록 하는 한편(제7조 제1항), 국고의 부담이 되는 경쟁입찰에 있어서 충분한 계약이행 능력이 있다고 인정되는 자로서 최저가격으로 입찰한 자, 입찰공고 또는 입찰설명서에 명기된 평가기준에 따라 국가에 가장 유리하게 입찰한 자 등을 낙찰자로 정하도록 하고 있다(제10조 제2항). 한편, 같은 법 시행령은, 계약이행능력심사는 입찰자의 이행실적, 기술능력, 재무상태, 과거 계약이행 성실도, 자재 및 인력조달가격의 적정성, 계약질서의 준수정도, 과거공사의 품질정도 및 입찰가격 등을 종합적으로 고려하여 기획재정부장관이 정하는 심사기준에 따라 세부심사기준을 정하여 적격여부를 심사하도록 하고 있다(제42조 제5항). 또 '중소기업제품 구매촉진 및 판로지원에 관한 법률' 제7조는 중소기업자간 경쟁입찰에서 중소기업자의 계약이행능력을 심사하여 계약상대자를 결정하도록 하면서, 중소기업청장이 계약이행능력에 대한 세부심사기준을 정하여 고시하도록 하고 있을 뿐 관계 기관의 장 등이 심사기준을 정할 수 있도록 위임하고 있지는 아니하다. 이러한 법령의 규정이나 낙찰자 결정에 적용할 계약이행능력의 심사에 관한 세부적인 사항을 정하고 있는 이 사건 지침들은, 국가가 사인과의 사이의 계약관계를 공정하고 합리적·효율적으로 처리할 수 있도록 관계 공무원이 지

사건 지침들은 계약담당공무원이 계약의 특성·목적 및 내용 등을 종합 고려하여 심사분야별 배점한도(입찰가격은 제외)를 20% 범위 내에서 가감 조정할 수 있도록 규정하고 있는 것으로(이 사건 지침 1 제3조 제2항, 이 사건 지침 2 제4조 제2항), 심판대상조항들에 의한 감점이 확정적이고 반복적인 것으로서 방위사업청에 대하여 자기구속력을 가지게 되어 대외적인 구속력이 인정되는 경우라 보기도 어려울 뿐만 아니라 이 사건 예규조항과 같이 '지방자치단체를 당사자로 하는 계약에 관한 법률 시행령 제92조 제1항 제10호에 따라 부정당업자 제재 처분을 받고 그 종료일로부터 6개월이 지나지 아니한 자'에 대하여 수의계약을 체결할 자격을 박탈하는 것이 아니므로 사안이 다르다.

켜야 할 계약사무처리에 관한 필요한 사항을 규정한 것으로, 이 사건 지침들은 국가의 내부규정에 불과하고, 법령의 규정에 의하여 행정관청에 법령의 구체적 내용을 보충할 권한을 부여한 경우에 해당하지 아니한다. 또한, 이 사건 지침들은 계약담당공무원이 계약의 특성·목적 및 내용 등을 종합 고려하여 심사분야별 배점한도(입찰가격은 제외)를 20% 범위 내에서 가감 조정할 수 있도록 규정하고 있으므로(이 사건 지침 1 제3조 제2항, 이 사건 지침 2 제4조 제2항), 심판대상조항들에 의한 감점이 확정적이고 반복적인 것으로서 방위사업청에 대하여 자기구속력을 가지게 되어 대외적인 구속력이 인정되는 경우라 보기도 어렵다. 더구나 심판대상조항들은 청구인 회사들의 입찰참가의 기회나 자격 자체를 제한하는 것이 아니다. 심판대상조항들로 인하여 청구인 회사들이 입는 불이익은 계약이행능력 심사를 받음에 있어 다른 감점 요인을 줄이고, 가점요소를 갖추기 위한 경영상 노력을 이 사건 지침들의 개정 이전보다 조금 더 하여야 한다는 것에 불과하다. 즉 심판대상조항들이 청구인 회사들을 비롯하여 입찰에 참가하는 자들에게 미치는 영향은 한시적·간접적·사실적 이해관계에 관한 것일 뿐, 그 자체로 국민에 대해 어떤 권리를 설정하거나 의무를 부과하는 등 법률상 지위를 변동시키거나 영향을 주는 것으로 볼 수는 없다 할 것이다. 결국 심판대상조항들은 행정기관 내부의 업무처리지침 내지 사무처리준칙으로서, 청구인 회사들의 권리·의무에 직접 영향을 미치는 것이 아니므로 헌법소원의 대상이 되는 공권력 행사에 해당하지 아니하여, 그 위헌확인을 구하는 헌법소원 심판청구는 부적법하다

5. 결론

청구인의 입장에서는 부정당업자 처분 외에 처분 종료일로부터 6개월간의 수의계약 배제규정이 가혹하다고 느껴질 수 있으나, 법정의견이 이 사건 예규조항이 과잉금지원칙에 반하지 않는다고 설시한 바와 같이 이유 없다고 할 것이다. 대상결정에서 헌법재판소는 종래의 입장을 고수하고 있다. 이 사건 시행령조항에 대한 법정의견의 각하사유는 위임규정으로 직접성이 없다는 것으로 종래의 판례에 따른 것으로 판단의 간명성과 실질에 부합하고, 이사건 예규조항은 법령보충적 행정규칙으로 헌법소원 대상성이 인정되고 모법의 위임한계를 일탈하지 않았으므로 법률유보의 원칙에 반하지 않고, 또한 헌법 제37조 제2항에서 정하고 있는 기본권제한의 한계인 과잉금지원칙에 반하지 않아 청구인의 직업의 자유를 침해하지 않는다는 법정의견이 타당하다고 할 것이다.

대상결정에 나타난 다양한 의견은 국민의 권리구제를 위한 노력의 일환으로 평가된다. 행정규칙의 성질과 관련한 항고소송과 헌법소원의 관계 재정립에 대한 논의가 있고 나아가 헌법 제107조 제2항의 개정안까지 제안된 상태이므로 헌법재판관들의 다양한 의견 제시는 법학 발전과 새로운 입법의 단초가 될 수 있다.

행정규칙의 기능과 항고소송과 헌법소원의 관계 정립에 관한 논의가 계속 되고 있지만, 대상결정에 대한 판례연구자 입장에서는 기존의 틀을 유지하면서 헌법소원제도와 항고소송의 취지를 살려나가는 것이 타당하다고 할 것이다. 헌법재판관들의 대상결정에 대한 다양한 의견 제시와 치밀한 이론 구성은 국민의 권리구제에 이바지하고 나아가 법학의 발전에 이바지할 것이다.

참고문헌

김철수, 헌법학개론, 박영사, 1999.
김하열, 헌법소송법, 박영사, 2018.
김현철, 판례 헌법소송법, 전남대학교출판부, 2012.
배병호, 일반행정법강의, 동방문화사, 2019.
성낙인 외, 헌법소송론, 법문사, 2012.
오승철, 헌법소송이야기, 태윤당, 2011.
이동흡, 헌법소송법, 박영사, 2018.
이준일, 헌법학강의, 홍문사, 2019.
장영수, 헌법학, 홍문사, 2017.
정재황, 헌법재판개론, 박영사, 2001.
한수웅, 헌법학, 법문사, 2017.
허영, 헌법소송법론, 박영사, 2019.
헌법재판소, 헌법소원심판개요, 1993.
헌법재판소, 헌법재판실무제요, 2015.
헌법재판연구원, 주석 헌법재판소법, 2015.

김국현, "우리나라 공법상 쟁송에서의 위헌・위법통제", 공법연구 제38집 제4호, 2010.6.
김현준, "행정입법의 법규성과 규범통제－행정입법 변종대응의 도그마틱－,", 공법연구 제47집 제2호, 2018.12.
이노홍, "헌법소원의 대상으로서 공권력의 행사와 행정청의 행위－헌재결정을 중심으로－," 세계헌법연구 제17권 제2호, 2011,
이부하, "헌법소원심판에 있어서 기본권침해의 직접성 요건," 법학논고 제41집, 경북대학교, 2013.2.
이상덕, "항고소송과 헌법소원의 관계 재정립,"공법연구 제44집 제1호,

2015.10.

정광현, "직접 관련성 요건의 본질과 그 심사척도," 공법학연구, 제19권 제1호, 2018.2.

정남철, "항고소송과 헌법소원의 대상-공법소송 대상 재구성을 위한 시론을 중심으로-," 법조 제68권 제2호, 2019.4.

정태호, "명령·규칙에 대한 규범통제기관 이원화의 부작용과 헌법 제107조 제2항의 개정방향," 헌법재판연구 창간호, 2014.11.

정호경, "법령소원의 요건에 관한 연구-직접성 요건을 중심으로", 사법 제38호, 2016.12.

정호경, "고시의 법적 성격과 쟁송 방법", 행정법연구 제55호, 2018.11.

최계영, "헌법소원에 의한 행정작용의 통제", 공법연구 제37집 제2호, 2008.12.

최진수, "행정규칙에 대한 헌법소원', 공법연구 제41집 제3호, 2013.2.

최희수, "법령헌법소원의 직접성요건에 관한 헌법재판소 판례 경향," 강원법학 제45권, 2015. 6.

국문초록

주식회사인 청구인이 지방자치단체와 수의계약을 체결하였으나 청구인의 대표이사가 위 계약의 체결 등과 관련하여 관계 공무원에게 뇌물을 공여하였다는 이유로, 당해 지방자치단체장이 지방계약법 제31조 및 같은 법 시행령 제92조 제1항 제10호 등에 따라 청구인에게 3개월의 입찰참가자격 제한처분을 하였다. 이에 따라 청구인이 '지방계약법 시행령' 제30조 제5항 및 당시 행정자치부 예규인 '지방자치단체 입찰 및 계약집행 기준' 제5장 <별표 1> 수의계약 배제사유 ③ 중 "부정당업자 제재 처분을 받고 그 종료일로부터 6개월이 지나지 아니한 자"에 해당되어 이 규정들의 위헌확인을 구하는 헌법소원을 청구하였다.

대상결정의 법정의견은 이 사건 시행령조항에 대해서는 위임규정으로 직접성이 없다는 이유로 각하하고, 이사건 예규조항에 대해서는 헌법소원 대상성이 인정되나 모법의 위임한계를 일탈하지 않았으므로 법률유보의 원칙에 반하지 않고, 또한 헌법 제37조 제2항에서 정하고 있는 기본권제한의 한계인 과잉금지원칙에 반하지 않아 청구인의 직업의 자유를 침해하지 않는다고 하면서 기각하였다. 법정의견이 종래의 판례에 따른 것으로 타당하다고 할 것이다. 법정의견에 대하여 다양한 의견이 제시되었다. 이 사건 시행령조항에 대하여 법정의견과 달리 기본권침해가능성이 없다는 별개의견이 있으나, 판례와 형식성에 비추어 법정의견이 타당하다는 것과, 이사건 예규조항에 대하여 각하되어야 한다는 반대의견과 보충의견이 있으나, 시행령의 위임을 받은 예규의 수의계약 배제조항은 헌법소원의 공권력 행사성이 인정되므로 각하사유가 아니라고 할 것이다.

청구인의 주장에 대한 헌법재판관들의 다양한 의견 제시와 치밀한 이론 구성은 국민의 권리구제에 이바지하고 나아가 법학의 발전에 이바지할 것이다.

주제어: 지방계약법, 지방자치단체 입찰 및 계약집행 기준, 부정당업자의 입찰참가제한, 수의계약 배제사유, 헌법소원의 대상성, 위임규정의 직접성, 법률유보원칙, 과잉금지원칙,

Abstract

Review on the objectness of constitutional complaint about the Enforcement Decree that delegates decision standard and the Regulation that provides exclusionary causes of free contract

The Constitutional Court Decision No. 2015 Hun-Ma 853, dated May 31,2018

Bae, Byung Ho*

The beginning of this case is as follows. The complainant corporation made free contract with local autonomous entity but the representative director of the complainant corporation had given a bribe to the relevant public official. For that bribery, the local government head made the dispose of qualification for bidding in 3 months based on the Article 31 of Act on Contracts to which a Local Government is a Party and the Article 92 section 1 Item 10 of the Enforcement Decree of the same Act to the complainant corporation.

The complainant filed this constitutional complaint in 2015, arguing that the Article 30 section 5 of the enforcement decree of the Act on Contracts to which a Local Government is a Party and exclusionary causes of free contract established rule, the standard of bidding and contract enforcement of the local autonomous entity infringe on the complainant's occupational freedom.

The Constitutional Court held that the clause of the enforcement

* Professor at Sungkyunkwan University Law School

decree of the Act on Contracts to which a Local Government is a Party had not the objectness of constitutional complaint and the clause of the exclusionary causes of free contract established rule had not infringed the complainant's fundamental rights. So the former was rejected and the latter was dismissed. But with regard to the former part, there is a separate opinion, and with regard to the latter part there are Dissenting Opinion and Concurring Opinion of Dissenting Opinion, and 2 Concurring Opinions of the Majority Opinion.

After I examined these Opinions, I agree with Majority Opinion. But other various perspectives shall contribute to the development of Law.

Keywords: Act on Contracts to which a Local Government is a Party, the standard of bidding and contract enforcement of the local autonomous entity, Restrictions on Qualifications for Participation of Unjust Enterprisers in Bidding, exclusionary causes of free contract, the objectness of constitutional complaint, directness of delegation provisions, the principle of statutory reservation, the Rule against Excessive Restriction,

투고일 2019. 12. 13.

심사일 2019. 12. 23.

게재확정일 2019. 12. 30.

행정법규의 헌법합치적 법률해석

허이훈*

대상판결 : 2019. 2. 21. 선고 2014두12697 전원합의체 판결

[사실관계 및 판결요지]

Ⅰ. 사안의 개요

1. 사건의 경과

– 「구 쌀소득 등의 보전에 관한 법률」(2009. 3. 25. 법률 제9531호로 개정되어 2013. 3. 23. 법률 제11690호로 개정되기 전의 것, 2015. 1. 1. 시행된 「농업소득의 보전에 관한 법률」 부칙 제2조에 의하여 폐지, 이하 '구 쌀소득보전법'으로 약칭)에 의하면, 농림수산식품부장관은 「세계무역기구 설립을 위한 마라케쉬협정」에 따른 국내보조 감축약속 면제기준과 범위에서 농

---

* 대법원 재판연구관, 변호사

업인 등의 소득안정을 위하여 매년 농업인 등에게 '소득보조금'(이하 '직불금')을 지급하여야 한다(제4조).

– 같은 법에 의하면, 농림수산식품부장관은 직불금 등록자 또는 수령자가 거짓이나 그 밖의 부정한 방법으로 등록 또는 수령을 한 경우 '등록된 모든 농지'에 대하여 직불금 전부를 지급하지 아니하고(제13조 제1항 제1호), 위와 같은 사유에도 불구하고 직불금을 이미 지급한 경우에는 이를 돌려받아야 하며(제13조의2 제1항 전문), 이 경우 제13조 제1항 제1호에 해당하는 경우에는 지급한 금액의 2배를 추가로 징수하여야 한다(제13조의2 제1항 후문, 이하 '이 사건 조항').

■ **구 쌀소득 등의 보전에 관한 법률**(2013. 3. 23. 법률 제11690호로 개정되기 전의 것)

제13조(쌀소득등보전직접지불금의 감액지급 또는 등록제한) ① 농림수산식품부장관은 쌀소득등직불금 등록자 또는 수령자가 제1호 또는 제2호에 해당하면 **등록된 모든 농지의 고정직접지불금 및 변동직접지불금 전부**를 지급하지 아니하고, 제3호 또는 제4호에 해당하면 해당 농지의 고정직접지불금 또는 변동직접지불금 전부 또는 일부를 지급하지 아니한다.

1. 거짓이나 그 밖의 부정한 방법으로 등록 또는 수령을 한 경우

제13조의2(부당이득금 및 가산금) ① 농림수산식품부장관은 제13조 제1항 각 호에 해당하는 사유에도 불구하고 쌀소득등보전직접지불금을 이미 지급한 경우에는 **이**를 돌려받아야 한다. 이 경우 제13조 제1항 제1호에 해당하는 경우에는 **지급한 금액**의 2배를 추가로 징수하여야 한다.

– 원고는 2005년부터 2010년까지 피고 옥천군수로부터 충북 옥천군 소재 다수의 농지에 관하여 직불금 합계 11,295,100원을 수령하였다. 그중 2009년도 직불금은 2,828,440원이다.

– 피고는, 원고가 직불금을 지급받은 농지 중 일부 농지와 관련하여, 농지의 형상을 유지하지 못하고 있고 농사를 실제로 짓지 아니하였음에도 거짓·부정한 방법으로 직불금 지급대상 농지로 등록하고 직불금을 수령하였다는 이유로, 2011. 6. 27. 원고에게 부당이득금 15,773,080원[= 2005년부터 2010년까지 받은 직불금 합계액 11,295,110원 + 2009년도 직불금 2,828,440원에 대한 추가징수금 5,656,880원(= 2,828,440원 × 2) – 자진 반납액 1,178,910원]의 부과처분을 하였다(이하 '이 사건 처분').

– 한편 원고가 구 쌀소득보전법의 시행일인 2009. 6. 26. 이후 지급받은 2009년 직불금 중 지급요건을 갖추지 못한 농지와 관련하여 부정하게 지급받은 금액은 1,525,410원이다.

– 원심은, 직불금이 지급된 농지 중 일부 농지에 관하여 거짓ㆍ부정이 있는 경우 전체 농지에 대하여 지급한 직불금 전액을 반환하도록 하는 것에서 더 나아가 그 2배에 대하여 추가징수까지 하게 되면 상황에 따라 가혹한 결과가 초래될 수도 있다는 등의 이유로, 이 사건 조항에 따라 추가징수할 금액은 지급한 직불금 전액의 2배가 아니라 부정수령한 직불금의 2배라고 보아, 추가징수금 5,656,880원(= 2,828,440원 × 2배) 중 3,050,820원(= 1,525,410원 × 2배)을 초과하는 부분, 즉 이 사건 처분 중 13,167,020원[= 15,773,080원 – (5,656,880원 – 3,050,820원)]을 초과하는 부분은 위법하다고 판단하였다.

– 이에 피고가 불복하여 상고를 제기하였는데, 상고이유로 이 사건 조항의 문언상 2배 추가징수의 기준액은 등록된 모든 농지에 관하여 지급받은 직불금 전액이라고 주장하였다.

2. 쟁점의 정리

구 쌀소득보전법 제13조 제1항 각호에 따라 지급이 제한되는 직불금을 이미 지급한 경우에는 같은 법 제13조의2 제1항 전문에 따라 이를 반환하도록 하여야 한다. 구 쌀소득보전법 제13조 제1항 제1호 사유가 있는 경우에 지급이 제한되는 직불금은 '등록된 모든 농지에 대한 직불금 전액'이므로, 이 경우 이미 지급된 직불금이 있다면 그 전액이 반환 대상이라고 해석되고 대상판결에서도 이 부분 해석에 관하여는 이견이 없었다. 다만 구 쌀소득보전법 제13조의2 제1항 후문, 즉 이 사건 조항의 해석에 관하여 대상판결의 다수의견과 반대의견은 견해를 달리하는바, 다수의 농지 중 일부 농지에 관하여만 거짓·부정이 있는 경우 2배의 추가징수 기준인 '지급한 금액'은 '등록된 모든 농지에 대한 직불금 전액'인지(이하 '**전액설**') 아니면 '거짓이나 그 밖의 부정한 방법으로 수령한 직불금액'인지(이하 '**부정수령액설**') 여부가 쟁점이다.

Ⅱ. 대상판결의 판단

"[다수의견] 구 쌀소득보전법 제13조 제1항 각호에 따라 지급이 제한되는 직불금을 이미 지급한 경우에는 같은 법 제13조의2 제1항 전문에 따라 이를 반환하도록 하여야 한다. 구 쌀소득보전법 제13조 제1항 제1호 사유가 있는 경우에 지급이 제한되는 직불금은 '등록된 모든 농지에 대한 직불금 전액'이므로, 이 경우 이미 지급된 직불금이 있다면 그 전액이 반환 대상이 된다.

이와 달리 같은 법 제13조의2 제1항 후문에 따른 2배의 추가징수 기준인 '지급한 금액'은 '거짓이나 그 밖의 부정한 방법으로 수령한 직불금'에 한정된다고 새겨야 한다. 그 이유는 다음과 같다.

① 위 조항에 따른 2배의 추가징수 기준인 '지급한 금액'이 해당 농업인 등이 등록된 모든 농지에 관하여 수령한 직불금 전액인지 아니면 거짓이나 그 밖의 부정한 방법으로 수령한 직불금액으로 한정되는

것인지가 위 조항의 문언만으로는 명확하지 않다.

거짓·부정을 이유로 하는 직불금 추가징수는 침익적 행정처분이고, 침익적 행정처분의 근거가 되는 행정법규는 엄격하게 해석·적용하여야 하며, 그 의미가 불명확한 경우 행정처분의 상대방에게 불리한 방향으로 해석·적용하여서는 아니 된다. 따라서 위와 같이 이 사건 조항에서 말하는 '지급한 금액'의 의미가 명확하지 않은 이상, 이것이 '지급한 직불금 전액'을 의미한다고 함부로 단정할 수 없다.

② 추가징수제도를 도입할 당시의 입법 의도에 등록된 복수의 농지 중 일부 농지에 관하여만 거짓､부정이 있는 경우에도 전체 농지에 관하여 지급한 직불금 전액의 2배를 추가징수하겠다는 취지가 포함되었다고 볼 만한 근거는 찾기 어렵다.

따라서 추가징수제도가 도입된 경위나 도입 취지를 고려하더라도 위 조항에 따른 2배의 추가징수 기준인 '지급한 금액'이 지급한 직불금 전액으로 당연히 해석되는 것은 아니다.

③ 등록된 농지 중 일부 농지에 관하여 거짓·부정이 있는 경우에도 등록된 모든 농지에 관한 직불금 전액의 2배를 추가징수하여야 한다고 해석하게 되면, 그 자체로 지나치게 가혹할 뿐 아니라 제재를 함에 있어 위반행위의 경중이 전혀 고려되지 않게 되므로, 비례의 원칙이나 책임의 원칙에 부합하지 않게 된다. 이러한 결론은 추가징수제도 도입 취지나 이에 의하여 달성되는 공익을 고려하더라도 정당화되기 어렵다."

"**[대법관 김재형, 대법관 박정화의 반대의견]** 구 쌀소득보전법 제13조의2 제1항 후문의 '지급한 금액' 앞에 아무런 수식어가 없으므로 이를 부정수령액으로 제한해서 해석할 근거가 없다. 위 조항의 '지급한 금액' 앞에 별다른 수식어가 없는데도, 다수의견과 같이 같은 항 안에서 전문에 따른 회수액은 직불금 전액으로, 후문에 따른 추가징수 기준액은 부정수령액으로 서로 다르게 해석하는 것은 자연스럽지 못하다.

2009. 3. 25. 법률 제9531호로 개정된 구 쌀소득보전법의 개정이유에 비추어 보더라도 위 조항에 따른 2배의 추가징수 기준인 '지급한 금액'을 부정수령액으로 한정하는 등 제한을 두려고 한 것으로는 보이지 않는다.

위 조항의 '지급한 금액'을 부정수령액으로 해석해야만 비례원칙에 어긋나지 않고, 직불금 전액으로 해석하면 비례원칙 위반이 된다고 보기도 어렵다.

위 조항의 문언이나 입법 취지에 비추어 위 조항에 따른 2배의 추가징수 기준인 '지급한 금액'은 등록된 모든 농지에 관하여 지급한 직불금 전액으로 해석하여야 하고, 이와 같이 새기더라도 비례원칙 등에 반한다고 볼 수도 없다."

◇ 관련 판례 : 대법원 2016. 2. 18. 선고 2014두43707 판결

"1. 어떤 법률조항에 대하여 여러 갈래의 해석이 가능할 때에는 원칙적으로 그 법률조항의 문언과 목적에 비추어 가능한 범위 내에서 헌법에 합치되는 해석을 하여야지 위헌으로 판단하여서는 아니 되고(헌법재판소 1989. 7. 14. 선고 88헌가5 결정, 헌법재판소 1989. 7. 21. 선고 89헌마38 결정 등 참조), 이와 같은 합헌적 법률해석을 포함하는 법령의 해석·적용 권한은 대법원을 최고법원으로 하는 법원에 전속한다(대법원 2008. 10. 23. 선고 2006다66272 판결 등 참조).

2. 원심판결과 원심이 인용한 제1심판결의 이유에 의하면, 원심은 그 판시와 같은 사정을 종합하여, 2013. 5. 22. 법률 제11787호로 개정되면서 비로소 신설된 국민건강보험법 제57조 제2항은 "공단은 제1항에 따라 속임수나 그 밖의 부당한 방법으로 보험급여 비용을 받은 요양기관이 다음 각 호의 어느 하나에 해당하는 경우에는 해당 요양기관을 개설한 자(이하 '개설자'라 한다)에게 그 요양기관과 연대하여 같은 항에

따른 징수금을 납부하게 할 수 있다."고 규정하면서 제1호로 "의료법 제33조 제2항을 위반하여 의료기관을 개설할 수 없는 자가 의료인의 면허나 의료법인 등의 명의를 대여받아 개설·운영하는 의료기관"을 규정하고 있고(이하 '이 사건 개정규정'이라 한다), 같은 법 부칙(2013. 5. 22.) 제2조는 '이 사건 개정규정은 이 법 시행 후 최초로 부당이득을 징수하는 경우부터 적용한다'고 규정(이하 '이 사건 부칙규정'이라 한다)하고 있는바, 이 사건 개정규정은 개정된 국민건강보험법의 시행일인 2013. 5. 22. 이후 최초로 발생한 부당이득을 징수하는 경우부터 적용되는 것으로 이 사건 부칙규정을 해석함이 타당하다고 판단하였다.

위 법리와 기록에 비추어 살펴보면, 원심의 위와 같은 판단은 정당한 것으로 수긍이 가고, 거기에 합헌적 법률해석에 관한 법리를 오해하여 판결결과에 영향을 미친 잘못이 없다."

[판례연구]

Ⅰ. 서론

대상판결의 다수의견은 부정수령액설이 타당하다고 본 논거로 먼저 이 사건 조항의 '문언 의미'와 '입법 취지'를 들고 있다. 그러나 "① 관련 조항의 문언만으로는 추가징수의 범위가 명확하지는 않아, 이러한 상황에서 추가징수액이 직불금 전액의 2배라고 함부로 단정할 수는 없고, ② 추가징수제도가 직불금을 부정하게 수령한 자에 대한 제재를 강화하기 위하여 도입된 것이기는 하나, 당시의 입법 의도에 여러 필지의 농지 중 일부 농지에 관하여만 거짓·부정이 있는 경우에도 전체 농지에 관하여 지급한 직불금 전액의 2배를 추가징수하겠다는 취지가 포함되었다고 볼 만한 근거는 찾기 어렵다"는 것이어서, 반드시 전액설을 취하여야 하는 것은 아니라는 '소극적 논거'로 볼 수 있다.

대상판결의 다수의견이 부정수령액설이 타당하다고 본 핵심적인 논거는 "비례의 원칙(과잉금지의 원칙)상 행정 목적을 달성하기 위한 수단은 목적달성에 유효·적절하고, 또한 가능한 한 최소침해를 가져오는 것이어야 하며, 아울러 그 수단의 도입으로 인한 침해가 의도하는 공익을 능가하여서는 안 되는데(대법원 1997. 9. 26. 선고 96누10096 판결, 대법원 1998. 4. 24. 선고 97누1501 판결 등 참조)", 전액설에 의할 경우 비례의 원칙이나 책임의 원칙에 부합하지 않게 된다는 것이다. 나아가 다수의견은 "어떤 법률조항에 대하여 여러 갈래의 해석이 가능할 때에는 원칙적으로 그 법률조항의 문언과 목적에 비추어 가능한 범위 내에서 헌법에 합치되도록 해석하여야 함(대법원 2016. 2. 18. 선고 2014두43707 판결 참조)에 비추어 보더라도" 추가징수액을 부정수령액의 2배로 제한하는 것으로 해석하는 것이 타당하다고 하였다.

민사법, 형사법 영역에서는 헌법합치적 법률해석이 적극적으로 활용되어 다수의 판례가 축적되었음에 반하여, 행정법 영역에서 헌법합치적 법률해석에 터 잡아 처분의 근거가 되는 행정법규를 해석한 사례는 상대적으로 눈에 띄지 않았었다. 대상판결이 참조판례로 인용한 관련 판례인 대법원 2014두43707 판결 정도를 행정법규 해석에 있어 헌법합치적 법률해석을 명시적으로 채택한 판결로 볼 수 있는데, 대상판결의 다수의견 또한 헌법합치적 법률해석에 입각하여 부정수령액설을 채택한 것으로 이해된다. 이 사건 조항의 문언만을 놓고 보았을 때 전액설에 좀 더 무게가 실린다고 볼 수 있으나, 전액설을 취할 경우 처분 상대방에게 가혹한 결과를 가져올 수 있다는 인식을 바탕으로 적극적 해석론을 전개하였는데 그 근거로 헌법합치적 법률해석을 활용한 것으로 볼 수 있다.

본고에서는 대상판결의 다수의견과 반대의견을 헌법합치적 법률해석 측면에서 분석, 평가하고 이를 바탕으로 행정법규 해석에 있어서의 헌법합치적 법률해석의 가능성을 모색해보고자 한다. 이를 위하여, 먼저 행정법규 해석의 측면에 주안점을 두어 헌법합치적 법률해석의 의의, 기능 및 한계에 관하여 살펴보도록 하겠으며(Ⅱ 내지 Ⅳ), 이를 바탕으로 대상판결의 정당성과 타당성을 검토하고자 한다(Ⅴ).

Ⅱ. 헌법합치적 법률해석의 의의

1. 헌법합치적 법률해석의 의미

헌법합치적 법률해석(憲法合致的 法律解釋: Verfassungskonforme Gesetzesauslegung)이란 "법률문언이 다의적이어서 위헌적으로도 합헌적으로도 해석될 여지가 있으면, 합헌적 해석의 여지가 있는 한 이를 위헌이라고 판단하여서는 안 된다는 법률해석원칙"이라고 정의하는 것이 일반적이다.[1] 법원은 국가 사법작용을 담당하는 국가기관으로서 다른 국가기관과 마찬가지로 개인의 기본권을 보장할 의무(헌법 제10조 후문)를 포함하여 마땅히 헌법을 준수하여야 할 의무가 있으므로, 구체적 사건의 해결에서 적용할 법률을 헌법에 부합되도록 해석하여야 할 권한과 의무가 인정된다.

헌법합치적 법률해석의 원칙은 미국과 독일에서 판례상 발전되어 왔는데,[2] 우리 헌법재판소와 대법원 모두 받아들여 원용하고 있다. 헌

1) 한수웅, 헌법학(제8판), 박영사, 2018, 56면 참조.

2) 법원이 당해 사건을 심리함에 있어 적용 규범에 대한 위헌 여부를 판단하지 않고 그 사건을 해결하는 것이 가능하다면 그 판단방법을 선택하여야 한다는 이론은 미국, 독일 등에서 이미 확립되었다. 미국에서는 헌법합치적 법률해석(interpreting a statute to make it constitutional)을 법률조항에 대한 위헌판단을 회피하는 방법 가운데 하나로 활용하여 왔으며, 독일에서도 이러한 미국의 이론을 대체로 수용

법재판소는 "일반적으로 어떤 법률에 대한 여러 갈래의 해석이 가능할 때에는 원칙적으로 헌법에 합치되는 해석 즉 합헌해석을 하여야 하지 위헌으로 판단하여서는 안 된다(헌법재판소 1989. 7. 21. 선고 89헌마38 결정)"고, 대법원은 "어떤 법률조항에 대하여 여러 갈래의 해석이 가능할 때에는 원칙적으로 그 법률조항의 문언과 목적에 비추어 가능한 범위 내에서 헌법에 합치되는 해석을 하여야지 위헌으로 판단하여서는 안 된다(대법원 2016. 2. 18. 선고 2014두43707 판결)"고 각 판시하여 헌법합치적 법률해석의 원칙을 명시적으로 채택하고 있다.[3)]

대상판결의 다수의견이 이 사건 조항을 헌법에 합치되도록 해석하여야 한다고 판시하면서 참조판례로 인용한 대법원 2016. 2. 18. 선고 2014두43707 판결은 행정법규의 내용을 해석함에 있어 명시적으로 헌법합치적 법률해석을 적용한 최초의 대법원 판결로 볼 수 있다.[4)] 위 대

하고 있다고 한다(김시철, "우리 위헌법률심판제도와 헌법재판소 결정의 효력", 저스티스 통권 제90호, 2006. 4., 53-54면 참조).

3) 대표적인 사례로 노조원인 피고인들이 사전신고 없이 회사 구내의 옥외 주차장에서 집회를 열자 집시법상 사전신고대상인 '옥외집회'를 사전신고 없이 개최한 행위에 해당한다고 하여 기소된 사안인 대법원 2013. 10. 24. 선고 2012도11518 판결은 헌법합치적 법률해석에 기하여 형벌 조항의 구성요건을 목적론적으로 축소해석하였다. 대법원은 위 옥외주차장 집회가 집시법상의 '옥외집회'에는 해당된다고 보면서도, 헌법이 집회의 자유를 보장하는 근본이념과 앞서 본 집시법의 규정 내용 및 입법취지 등을 종합하여 볼 때, "집회의 목적, 방법 및 형태, 참가자의 인원 및 구성, 집회 장소의 개방성 및 접근성, 주변 환경 등에 비추어 집회 과정에서 불특정 다수나 일반 공중 등 외부와 접촉하여 제3자의 법익과 충돌하거나 공공의 안녕질서에 해를 끼칠 수 있는 상황에 대한 예견가능성조차 없거나 일반적인 사회생활질서의 범위 안에 있는 것으로 볼 수 있는 경우"에는 집시법상 미신고 옥외집회의 개최행위로 보아 처벌할 수는 없다고 판단하였다. '옥외집회'라는 문언 자체를 축소하여 해석하였다기보다, 거기에 '공중과의 접촉가능성' 등의 추가적인 구성요건을 설정함으로써 구성요건해당 범위를 축소하여 헌법과 입법취지에 합치되도록 해석하였다.

4) 그에 앞서 화물자동차운수사업법위반 사안(형사사건)인 대법원 2011. 4. 14. 선고 2008도6693 판결에서는 헌법합치적 법률해석의 적용 가능성을 긍정하면서도, 헌법합치적 법률해석에 의한다 할지라도 피고인들의 행위가 법규위반에 해당하지

법원 2014두43707 판결은 먼저 앞서 본 헌법재판소 89헌마38 결정 등의 헌법합치적 법률해석에 관한 법리를 판시하였다. 그 법리를 바탕으로 의료인의 명의를 대여받아 요양기관을 개설한 자에 대하여도 요양기관과 연대하여 부당이득을 징수할 수 있도록 신설된 국민건강보험법 제57조 제2항을 개정법 시행일 이후 '최초로 부당이득을 징수하는 경우'부터 적용하도록 규정한 개정 국민건강보험법 부칙 제2조 중 '최초로 부당이득을 징수하는 경우'의 의미가 개정법 시행일 이후 최초로 '발생한' 부당이득을 징수하는 경우를 의미하는 것으로 해석한 원심의 판단에 합헌적 법률해석에 관한 법리오해의 위법이 없다고 판단하였다. 개정법 시행일 이전에 부당이득의 사유가 발생한 경우에도 부당이득을 징수할 수 있다고 해석하는 경우 개정 법령이 시행되기 이전에 이미 완성 또는 종결된 사실관계 또는 법률관계에 부당이득징수권을 인정하는 것이어서 '진정소급입법'에 해당[5]하여 위헌이라고 볼 여지가 있다는 사정을 고려한 것으로 판단된다.

헌법합치적 법률해석의 근거는 헌법의 최고규범성과 권력분립, 국민의 대표인 입법자에 대한 존중에서 찾을 수 있다. 법률을 가급적 헌법에 합치도록 해석함으로써 헌법을 최고규범으로 하는 통일적인 법질서 형성이 가능하게 된다. 아울러 권력분립의 원칙에 근거하여 입법자가 제정한 법률의 효력이 가급적 유지될 수 있도록 하고 이를 통해 민주주의적 입법기능이 존중될 수 있다. 성전환자의 호적상 성별 정정신청이 허용된다고 판단한 대법원 2006. 6. 22.자 2004스42 전원합의체

않는 것으로 해석할 여지가 없다고 판시하기도 하였다.

5) 대법원은 소급입법은 새로운 입법으로 이미 종료된 사실관계 또는 법률관계에 적용케 하는 진정소급입법과 현재 진행 중인 사실관계 또는 법률관계에 적용케 하는 부진정소급입법으로 나눌 수 있는데, 이 중에서 기존의 법에 의하여 이미 형성된 개인의 법적 지위를 사후입법을 통하여 박탈하는 것을 내용으로 하는 진정소급입법은 개인의 신뢰보호와 법적 안정성을 내용으로 하는 법치국가 원리에 의하여 허용되지 아니하는 것이 원칙이라고 본다(대법원 2007. 10. 11. 선고 2005두5390 판결 등 참조).

결정의 다수의견에 대한 대법관 김지형의 보충의견은 “헌법합치적 법률해석은 국가의 최고규범인 헌법을 법률해석의 기준으로 삼아 법질서의 통일을 기하여야 한다는 법원리에 그 기초를 두고 있는 것”임을 밝힌 바 있다.

한편 전통적이고 일반적인 법률해석의 기준, 방법(즉 문언해석, 논리적·체계적 해석, 역사적 해석, 목적론적 해석)과의 관계에서 헌법합치적 법률해석의 위치에 관하여 기존의 법률해석과 다른 특별한 해석원리라기보다는, 상위법규인 헌법의 가치와 내용이 하위규범에 투사하고 관철되도록 해석하여야 한다는 것으로 이해하는 것이 타당하다는 견해가 있다.[6] 즉, 문리해석, 목적론적 해석 등 종래의 전통적 법률해석 방법을 통해 얻은 의미 내용 중 합헌적 의미를 선택하는 ‘보완적·보충적 해석방법’으로 파악하여야 한다는 것이다. 이와 달리, 헌법합치적 법률해석이 규범의 일부를 구성하며 분리가 가능한 어떤 의미 단위를 배제한다는 측면에서 이를 체계적·목적론적 해석방법의 한 하부유형으로 파악할 수 없는 독자성이 있다는 견해도 있다.[7]

2. 헌법합치적 법률해석의 구별개념 - 헌법정향적 해석과의 관계

독일에서는 헌법정향적 해석(*憲法定向的 解釋*: Verfassungsorientierte Auslegung)과 헌법합치적 법률해석을 구분하는 논의가 있고 그 영향을 받아 우리 학설에서도 양자를 구분하여 설명하기도 한다.[8] 헌법정향적

6) 정계선, “법원의 헌법적 판단”, 헌법학연구 제21권 제4호, 2005. 12., 112-113면 참조.
7) 조동은, “헌법합치적 법률해석과 법원의 기본적 보장의무 -대법원과 하급심의 기본권 영역에 대한 최근 판례를 중심으로-”, 헌법학연구 제23권 제3호, 2017. 9., 398면 참조.
8) 계희열, 헌법론(상) 신정2판, 박영사, 2005, 85-86면; 조동은, “헌법합치적 법률해석과 법원의 기본적 보장의무 -대법원과 하급심의 기본권 영역에 대한 최근 판

해석은 헌법의 기본적 결정을 존중하여 법규범을 해석·적용하는 것으로서, 법규범의 위헌적 요소를 배제하는 것을 요소로 하지 않는다는 점에서 헌법합치적 법률해석과 개념적인 차이가 있다고 볼 수 있다. 즉, 헌법합치적 법률해석은 위헌적 요소의 소극적 배제에 중점을 둠에 반하여, 헌법정향적 해석은 가능한 해석 중 헌법원칙들을 규범조화적으로 최적화시키는 것까지 포함하는 것으로 이해할 수 있다.[9]

그런데 '법률 해석의 방법과 한계'에 관하여 대법원 2009. 4. 23. 선고 2006다81035 판결[10]은 "법률의 문언 자체가 비교적 명확한 개념으로 구성되어 있다면 원칙적으로 더 이상 다른 해석방법은 활용할 필요가 없거나 제한될 수밖에 없고, 어떠한 법률의 규정에서 사용된 용어에 관하여 그 법률 및 규정의 입법 취지와 목적을 중시하여 문언의 통상적 의미와 다르게 해석하려 하더라도 당해 법률 내의 다른 규정들 및 다른 법률과의 체계적 관련성 내지 전체 법체계와의 조화를 무시할 수 없으므로, 거기에는 일정한 한계가 있을 수밖에 없다."라고 판시하였다. 이때 체계적 해석의 기준인 '전체 법체계와의 조화'에 헌법의 기본적 결정, 헌법원칙이 포함된다고 보아야 함에 비추어, 헌법정향적 해석의 개념을 독립적으로 인정할 실익이 없거나 크지 않다는 문제제기도 가능할 수 있다.

다만 헌법정향적 해석과 헌법합치적 법률해석은 개념적으로는 구

례를 중심으로-", 헌법학연구 제23권 제3호, 2017. 9., 399면 참조.

9) 조동은, "헌법합치적 법률해석과 법원의 기본적 보장의무 -대법원과 하급심의 기본권 영역에 대한 최근 판례를 중심으로-", 헌법학연구 제23권 제3호, 2017. 9., 399면 참조.

10) 임대주택법상의 '임차인'은 임대차계약에서 목적물의 사용수익권을 가짐과 동시에 차임지급의무를 부담하는 측의 일방당사자를 의미한다고 보는 것이 문언에 충실하면서도 가장 보편타당한 해석이라고 한 사례(이와 달리 당사자 일방의 계약 목적, 경제적 부담이나 실제 거주사실 등을 고려한 '실질적 의미의 임차인'까지 포함한다고 변경, 확장 해석하는 것은 본 법률 해석의 원칙과 기준에 어긋나는 것으로서 받아들일 수 없다고 봄)

별할 수 있지만, 개별 사안에서 헌법정향적 해석과 헌법합치적 법률해석의 경계를 명확하게 설정하는 것은 현실적·규범적으로도 가능하지 않다. 위헌과 합헌의 명확한 경계를 설정하는 것이 가능하지 않기 때문이다. 앞서 각주 3)의 대법원 2012도11518 판결 사안의 경우 집시법상 미신고 옥외집회의 구성요건 해석에 있어 옥외집회의 개념에 '공중과의 접촉가능성' 등의 추가적 구성요건 설정을 통해 축소해석하지 않았다면 곧바로 헌법상 집회의 자유 침해에 따른 위헌 여부가 문제된다고 볼 있을 것이다. 그러나 대법원 2004스42 전원합의체 결정 사안의 경우 김지형 대법관의 보충의견은 성전환자의 호적상 성별 정정이 허용된다는 근거로 헌법합치적 법률해석을 제시하였으나,[11] 구 호적법 제120조의 규정해석상 성별 정정신청이 허용되지 않는 것으로 해석할 경우 위 조항이 "성전환자의 호적상 성별란 기재를 수정하는 절차규정을 두지 않은 것이 헌법상 입법의무를 위반한 '부진정입법부작위'에 해당"하여 위헌이라고 단언하기 쉽지 않다.

전통적인 체계적 해석은 주로 논리적 해석의 연장선상에서 법체계에 일관된 원리를 통하여 법규와 무질서의 모순을 방지[12]한다는 '소극적' 측면이 강조되었다. 행정법규의 해석에서도 헌법원칙에 저촉되어서는 안 된다는 점이 강조되었고, 위헌적 해석 부분을 해석 가능 범주에

---

11) 대법원 2006. 6. 22. 자 2004스42 전원합의체 결정에서 대법관 김지형의 다수의견에 대한 보충의견은 "성전환자의 성별 정정에 관한 절차적 규정을 입법적으로 신설하는 것이 이상적임은 두말할 필요도 없지만, 아직까지 어떠한 형태로든 그에 관한 가시적인 입법조치를 예상하기 힘든 현재의 시점에서 본다면 완전한 입법공백에 따른 위헌적인 상황이 계속되는 것보다는 법원이 구체적·개별적 사안의 심리를 거쳐 성전환자로 확인된 사람에 대해서는 호적법상 정정의 의미에 대한 헌법합치적 법률해석을 통하여 성별 정정을 허용하는 사법적 구제수단의 길을 터놓는 것이 미흡하나마 성전환자의 고통을 덜어 줄 수 있는 최선의 선택일 것이라고 믿어 의심치 않기 때문이다."라고 하였다.

12) 김유환, "행정법 해석의 원리와 해석상의 제문제", 법철학연구 제6권 제1호, 2003, 247면 참조.

서 제외하는 본래의 의미의 헌법합치적 법률해석 또한 그 연장선상에서 이해할 수 있다. 이에 반하여 헌법정향적 해석은 위헌이라고까지 볼 수 없는 법률규정의 해석에서도 '적극적'으로 헌법원칙의 구현을 요구한다는 점에서 체계적 해석과는 다른 독자적인 의의가 있다.[13] 전통적인 체계적 해석에 터 잡은 설명만으로는 이러한 함의(含意)가 제대로 드러나지 않게 된다.

헌법합치적 법률해석과 헌법정향적 해석은 법규의 해석수단으로 헌법원칙을 활용한다는 점에서, 핵심적인 가치를 공유한다. 이에 더하여 헌법정향적 해석과 헌법합치적 법률해석의 구별이 용이하지 않다는 사정까지 고려하였을 때, 넓은 의미의 헌법합치적 법률해석은 본래의 의미의 헌법합치적 법률해석과 헌법정향적 해석을 포괄하는 개념으로 파악할 수 있다.

Ⅲ. 헌법합치적 법률해석의 기능

1. 헌법합치적 법률해석을 통한 규범통제

헌법합치적 법률해석은 단순히 법률해석에 그치는 것이 아니라 이를 통해 실질적으로 규범통제 기능을 하게 된다.[14] 헌법합치적 법률해석에 기한 규범통제의 구체적인 방법으로는 법률규범 안의 위헌적 내용을 축소, 배제하는 '헌법합치적 축소해석'과 위헌적 흠결을 보충하는 '헌법합치적 흠결보충'이 있다. 그중 후자인 헌법합치적 흠결보충의 경우

13) 사법철학과 헌법합치적 법률해석과의 관계에서 사법적극주의 입장에 설 경우 특히 그러할 것이다(뒤의 Ⅳ.의 1. '권력분립과 민주주의원리에 의한 한계' 부분 참조).

14) 김하열, "법원의 규범통제와 헌법재판소의 법률해석", 저스티스, 2008. 12., 19-20면; 정계선, "법원의 헌법적 판단", 헌법학연구 제21권 제4호, 2015. 12., 103면 참조.

그 허용 여부에 관하여 논란의 여지가 있을 수 있으나, '법형성'(Rechtsfortbildung)의 일환으로서 법치국가의 원리가 허용하는 범위 내에서 법률내용의 보충이 가능하다고 볼 수 있을 것이다. 기존의 전통적인 해석방법인 3단 논법을 통해 포섭·적용하는 일반적인 법해석과 달리, 법형성은 전통적인 해석방법을 적용하기 곤란하여 목적론적 축소해석 내지 유추해석 등의 방법으로 법률내용을 보충하는 경우를 의미하는 것으로 볼 수 있다.[15] 다만 이와 같은 헌법합치적 흠결보충은, 법적 안정성을 저해할 우려가 있고 또한 재정상 예상하지 못한 부담을 초래하는 경우도 있을 수 있다는 점을 고려하였을 때, 헌법합치적 축소해석과 비교하여 제한적으로 허용된다.

헌법합치적 흠결보충에서 나아가 헌법합치적 법률수정까지 가능하다고 볼 것인지 여부가 문제 되나, 헌법합치적 법률수정은 '법창조'(Rechtsschöpfung)로서 원칙적으로 법원에 그에 관한 권한까지 인정된다고 볼 수 없다.[16] 즉, 헌법합치적 법률해석을 통해 법률규범 자체를

15) '법형성'(Rechtsfortbildung)의 의미에 관한 설명도 흠결보충 이외에 법률수정까지 포함하여 설명하는 견해를 비롯하여 다양하다. 본고에서는 '법해석'(Rechtsauslegung)과 '법창조'(Rechtsschöpfung)의 중간 의미를 갖는 절충적 의미로 사용하겠다. 즉, 법형성이란 존재하는 법을 해석하는 것도, 존재하지 않는 법을 새롭게 창조하는 것도 아닌, 존재하지만 불완전한 법을 보충하여 발전시킨다는 의미로 사용하겠다(박정훈, "행정법과 법해석 －법률유보와 법형성의 한계－", 행정법연구 제43호, 2015. 11., 26면; 서보국, "조세법상 법관의 법발견과 법형성", 충남대학교 법학연구 제26권 제3호, 2015. 12., 13－14면 참조).

16) 박정훈, "행정법과 법해석 －법률유보와 법형성의 한계－", 행정법연구 제43호, 2015. 11., 26면 참조.
이와 관련하여 일반적인 법률해석에 관한 것이기는 하지만, 김재형 대법관도 같은 취지에서 "법률의 문언을 넘는 해석(praeter legem)과 법률의 문언에 반하는 해석(contra legem)을 구분할 필요가 있다. 법률의 문언을 넘는 해석은 법률에 공백 또는 흠결이 있는 경우에 이를 보충하는 해석이다. 이에 해당하는 예로는 유추 또는 유추해석을 들 수 있다. 법률의 문언에 반하는 해석은 문언의 의미와는 달리 해석하는 것을 가리킨다. 법률의 문언을 넘는 해석은 매우 빈번하게 행해지는 데 반하여, 법률의 문언에 반하는 해석은 극히 예외적인 경우에 한하여 인정된다."고 설명한다(김재형, "황금들녘의 아름다움: 법해석의 한 단면 －임대주택법상의 임차

수정하는 것은 원칙적으로 허용되지 않고, 다만 예외적으로 해석상 명백한 규범의 내용이 법률조항에 잘못 기재됨에 따라 - 이른바 서기(書記)의 실수 - 이를 수정하는 법률정정이 허용될 여지가 있을 뿐이다.

한편 법해석과 법형성의 구별 및 법형성의 정당화 한계의 문제는 권력분립의 관점에서 문제영역별로 구분하여 고찰하여야 한다. 민사법과 형사법 영역에서는 입법과 사법의 관계만이 문제 됨에 반하여, 행정법 영역의 경우 입법, 행정, 사법 상호 간의 관계가 문제 된다. 민사법 영역에서는 헌법합치적 흠결보충이 상대적으로 넓게 정당화될 수 있음에 반하여, 형사법 영역에서는 피고인에 대한 유불리에 따라 달라진다. 피고인에게 유리한 유추는 허용됨에 반하여 불리한 유추는 엄격히 금지되어 법률의 흠결이 발견된다 할지라도 유추를 통한 보충은 허용되지 않는 것이 원칙이다.[17]

행정법 영역의 경우 입법, 사법 이외에 추가로 행정과의 관계도 고려하여야 한다는 특성이 있는데 행정법상 침익적 유추의 허용 여부에 관하여 독일에서는 침익적 유추는 금지된다는 견해(침익유추금지설)가 절대적으로 금지되는 것은 아니며 구체적 사정에 비추어 공익상 필요성이 강하게 인정되고 법적 안정성이 해치지 않는 경우라면 침익적 유추도 허용된다고 하는 견해(절충설)와 비교하여 더 많은 지지를 받고 있다고 한다.[18] 우리 대법원도 침익적 행정처분의 근거가 되는 행정법규는 엄격하게 해석·적용하여야 하고 그 행정행위의 상대방에게 불리한 방향으로 지나치게 확장해석하거나 유추해석하는 것은 허용되지 않는다고

인에 관한 해석 문제-", 법학평론 창간호, 2010, 90면 참조).

17) 조동은, "헌법합치적 법률해석과 법원의 기본적 보장의무 -대법원과 하급심의 기본권 영역에 대한 최근 판례를 중심으로-", 헌법학연구 제23권 제3호, 2017. 9., 412면 참조.

18) 박정훈, "행정법과 법해석 -법률유보와 법형성의 한계-", 행정법연구 제43호, 2015. 11., 31면 참조. 박정훈 교수의 설명에 의하면 우리나라에서는 학설상 이에 관한 논의를 찾기 어렵다고 한다.

하여(대법원 2013. 12. 12. 선고 2011두3388 판결 참조), 독일의 다수설과 유사한 입장으로 이해된다. 따라서 침익적 행정처분의 근거가 되는 행정법규의 해석에 있어 처분 상대방에 불리한 방향으로의 헌법합치적 흠결 보충은 원칙적으로 허용되지 않는다고 볼 것이다.[19]

헌법재판소의 위헌법률이 있으면 당해 법률조항의 효력이 상실되는 것처럼, 법원의 헌법합치적 법률해석을 통해 헌법에 반하는 해석의 가능성이 배제되고 이를 통해 규범통제가 이루어진다. 다만 이와 헌법합치적 법률해석에 의한 규범통제의 효력은 헌법재판소에 의하여 이루어지는 위헌결정에 의한 규범통제와는 그 효력에 있어 차이가 있다. 법원이 헌법합치적 법률해석을 한다 할지라도 당해 사건에 한하여 적용될 뿐, 그 해석에 다른 국가기관을 기속하는 일반적인 효력이 인정되지는 않는다. 그렇지만 실질적으로 대법원에 의한 헌법합치적 법률해석은 하나의 법리(法理)로서 당해 사건뿐만 아니라 하급심 법원의 법률해석 기준으로서의 구속력을 가진다.

2. 헌법재판소 규범통제와의 관계

헌법합치적 법률해석은 법률해석 작용에 해당하기 때문에 그 권한은 대법원을 비롯한 법원에 귀속된다.[20] 대법원 또한 "구체적 분쟁사건의 재판에 즈음하여 법률 또는 법률조항의 의미·내용과 적용 범위가 어떠한 것인지를 정하는 권한, 곧 법령의 해석·적용 권한은 사법권의 본질적 내용을 이루는 것이고, 법률이 헌법규범과 조화되도록 해석하는 것은 법령의 해석·적용상 대원칙이므로, 합헌적 법률해석을 포함하는

19) 실제 형사법, 행정법 영역에서 법원이 헌법합치적 법률해석을 시도한 사안은 대부분 피고인(형사법) 내지 처분 상대방(행정법)에게 유리한 방향의 해석인 것으로서, 앞서 본 대법원 2012도11518 판결, 대법원 2014두43707 판결 사안 등도 이에 해당한다.

20) 김하열, "법원의 규범통제와 헌법재판소의 법률해석", 저스티스, 2008. 12., 7면 참조.

법령의 해석·적용 권한은 대법원을 최고법원으로 하는 법원에 전속하는 것(대법원 2001. 4. 27. 선고 95재다14 판결)"이라고 판시하였다.[21)]

그런데 헌법합치적 법률해석은 법원의 권한인 동시에 의무이기도 하다. 같은 취지에서 대법원 2007. 05. 17. 선고 2006다19054 전원합의체 판결의 다수의견에 대한 대법관 김황식, 박일환의 보충의견은 "헌법은 국가의 최고규범으로서 법률해석의 기준이 되므로 어떠한 법률조항에 대하여 그 문언상 위헌적인 해석과 합헌적인 해석의 가능성이 모두 열려 있는 경우 법원으로서는 마땅히 위헌적인 해석을 배제하고 합헌적인 해석을 함으로써 가능한 한 법률조항을 유효하게 유지할 의무가 있다는 사실이다."라고 하였다. 법원은 헌법재판소에 법률에 대한 위헌제청을 하기 전 위헌의 의심이 있는 법률을 합헌적으로 해석하여 법률의 위헌성이 제거될 수 있는가를 우선 검토하여야 하며, 이러한 헌법합치적 법률해석의 방법을 통해 당해 법률을 적용하고자 하는 시도에도 불구하고 위헌의 의심이 해소되지 않는 경우 비로소 법원은 위헌제청을 하여야 하는 것이다.[22)]

법원이 선제적으로 헌법합치적 법률해석에 기하여 위헌성을 제거한 경우, 헌법재판소는 당해 법률에 대한 법원의 해석을 바탕으로 위헌여부를 판단하게 된다. 구 지방공무원법 제29조의3은 "지방자치단체의 장은 다른 지방자치단체의 장의 동의를 얻어 그 소속 공무원을 전입할 수 있다."고 규정하고 있었는데, 대법원 2001. 12. 11. 선고 99두1823 판결은 "위 규정에 의하여 동의를 한 지방자치단체의 장이 소속 공무원

21) 법률의 헌법합치적 해석·적용은 사법작용의 일부이므로 '합헌적 법률의 위헌적 해석·적용'에 대한 시정(是正)은 재판소원이 금지된 우리나라 법제에서 대법원을 최고법원으로 하는 법원의 심급제도, 최고법원의 판례변경 등의 절차에 의하여 이루어질 수 있을 뿐이어서, 법률조항을 "…하는 것으로 해석적용하는 한 위헌"이라는 취지의 위헌제청신청은 그 법률조항에 대한 법원의 해석을 다투는 것에 불과하여 적법하지 않다는 것이 대법원의 입장이다(대법원 2005. 7. 14.자 2003카기110 결정 등 참조).

22) 헌법재판소, 헌법재판실무제요 제2개정판, 헌법재판소, 2015, 193면 참조.

을 전출하는 것은 임명권자를 달리하는 지방자치단체로의 이동인 점에 비추어 반드시 당해 공무원 본인의 동의를 전제로 하는 것이고, 위 법 규정도 본인의 동의를 배제하는 취지의 규정은 아니어서 위헌·무효의 규정은 아니다."고 판단하였다. 명시적으로 밝히지는 않았으나, 헌법 제7조에 규정된 공무원의 신분보장, 헌법 제15조에서 보장하는 직업선택의 자유, 과잉금지원칙 등에 합치되도록 해석함으로써 '당해 공무원 본인의 동의' 요건을 설정한 것으로 볼 수 있다. 이후 위 조항의 위헌 여부가 쟁점이 된 헌법재판소 2002. 11. 28. 선고 98헌바101 결정의 다수의견은 위와 같은 대법원의 해석을 전제로 위 조항에 대하여 합헌결정을 하였다.

법원이 헌법합치적 법률해석에 관한 의무를 다하지 않아 위헌적인 해석을 배제하는 것이 아니라 그와 같은 위헌적인 해석을 바탕으로 판단하는 경우, 당해 사건 당사자의 헌법상 기본권이 침해된다. 이 경우 헌법재판소가 법원의 법률에 대한 해석、적용을 심판대상으로 삼는 계기가 될 수 있다. 만일 위 대법원 99두1823 판결 사안에서 대법원이 공무원 본인의 동의를 전제로 한다고 판단하지 않았다면, 헌법재판소는 본인의 동의 없이 다른 지방자치단체의 장의 동의만을 근거로 그 소속 공무원의 전입이 가능하다는 해석을 전제로, 위 구 지방공무원법 제29조의3 조항에 대하여 위헌결정을 하였을 것이다.

대법원이 나름의 헌법합치적 법률해석을 하였음에도 헌법재판소가 대상 조항에 대하여 헌법불합치 결정 등 위헌결정을 하는 경우도 상정할 수 있는데, 그 경우에는 결과적으로 대법원의 헌법합치적 법률해석이 사실상 번복된 것으로 볼 수 있다.

Ⅳ. 헌법합치적 법률해석의 한계

1. 권력분립과 민주주의원리에 의한 한계

법률의 위헌심사 및 헌법합치적 법률해석은 의회민주주의(= 다수결 원리)의 남용을 방지하는 데 그 존재 의의가 있다. 이를 통해 법의 지배를 확립함으로써 법원은 실질적으로 그 민주적 정당성을 획득하고 민주주의의 유지, 발전에 기여할 수 있다.

그러나 다른 한편으로 헌법재판소의 위헌결정뿐만 아니라 법원의 법률에 대한 헌법합치적 해석·적용 작용 역시 법률의 의미를 축소, 배제 내지 보충함으로써 실질적인 입법적 기능을 하게 되고, 이는 권력분립, 민주주의원리와의 충돌을 초래한다. 이에 따른 헌법합치적 법률해석의 한계는 입법자의 입법권에 대한 존중으로부터 도출된다.[23] 권력분립과 민주주의원리는 헌법합치적 법률해석의 한계의 이론적인 근거에 해당하고 실천적으로 다음 항의 해석상 한계를 통해 한계의 내용, 범위가 구체화된다고 볼 수 있다.

헌법합치적 법률해석은 법관이 법률의 문언에 충실할 것을 요구하는 이른바 문언주의(textualism)와 긴장관계에 있을 수밖에 없어, 결국 헌법합치적 법률해석의 한계 문제는 근본적으로 사법적극주의와 사법소극주의의 대립문제와도 밀접하게 관련된다. 미국에서의 논의로 치환하면 전통적인 문언주의가 진화하여 연방대법원의 Antonin Scalia 대법관 등에 의하여 제창된 신문언주의(new textualism)는 입법자의 의사를 확인할 수 없으므로 문언에 따라 법률을 해석하여야 한다고 한다.[24] 그

23) 한수웅, 헌법학(제8판), 박영사, 2018, 59면 참조.

24) 미국의 신문언주의 해석방법론을 체계적으로 분석·소개한 문헌으로는 이상윤, “미국 제정법 해석에서의 신문언주의 방법론에 관한 고찰 －John F. Manning의 법이론을 중심으로－”, 서울대학교 대학원 석사학위논문, 2016 참조.

러나 이러한 입장에 대하여는 다수 국민의 의사와 괴리가 일어나기 쉬운 현대 대의민주주의 하에서 과도한 문언주의적 해석은 시간이 갈수록 기득권층의 질서만을 옹호하는 역사주의로 전락할 우려가 크다는 비판이 제기되어 왔고, 이에 연방대법원의 Stephen Breyer 대법관은 '국민의 민주적 자기통치'라는 헌법의 민주·공화적 원리와 그 자기통치에 참여하는 개인들의 권리(active liberty, 역동적 자유)에 중점을 두어 헌법을 이해하고, 이를 법해석의 핵심 지도원리로 제시하기도 하였다. 단순한 정책적 논거를 이유로 한 법률해석을 지향하기보다 헌법과 법률해석의 대전제로서 헌법의 민주적 목적을 강조하여 더 바람직한 법을 발견하고자 하는 것으로 평가할 수 있다.

법관이 가지고 있는 사법철학은 헌법합치적 법률해석의 한계에 관한 판단에 영향을 미칠 수밖에 없다. 먼저 '법문의 가능한 의미'라는 경계 자체가 다시 해석의 대상일 수밖에 없는데 그에 관한 판단에 영향을 미치게 된다. 대상판결에서도 다수의견과 반대의견은 이른바 불확정 개념, 일반조항으로 되어 있지도 아니한 이 사건 조항 문언의 의미에 관하여 달리 해석하였다. 반대의견은 이 사건 조항의 문언상 전액설로 해석된다고 본 반면, 다수의견은 위 조항의 문언만으로는 명확하지 않아 여러 가지 해석이 가능하다고 본 것이다. 헌법합치적 법률해석의 한계에 있어 사법철학이 특히 영향을 미칠 수 있는 지점은 '법형성'(Rechtsfortbildung)의 영역에 해당하는 헌법합치적 흠결보충의 한계이다.[25)]

---

25) 앞서 본 성전환자에 대한 호적상 성별 기재의 정정 허용 여부가 문제 된 대법원 2004스42 전원합의체 결정의 다수의견과 반대의견에서 이에 관한 견해 차이가 여실히 드러난다.

다수의견은 "구 호적법 제120조가 성전환자의 호적상 성별란 기재를 수정하는 절차규정을 두지 않은 이유는 성전환자의 호적상 성별 정정신청이 허용하지 않기 때문이 아니라 입법 당시에는 미처 그 가능성과 필요성을 상정하지 못하였기 때문"이라고 하여 입법의 흠결을 인정한 다음, 구 호적법 제120조의 정정사유에 성정환자의 성별 정정이 포함된다고 하였다. 반면 대법관 손지열, 윤재윤의 반대의

2. 해석상 한계

헌법합치적 법률해석은 어디까지나 법률해석의 한 방법이라는 점에서, 일반적인 법률해석의 한계 범위 안에서 이루어져야 한다. 원칙적으로 해석의 대상이 되는 법문이 담고 있는 의미의 한계를 벗어나서는 안 되고, 입법의 목적이 근본적으로 변질되어서는 안 된다는 것이다.[26] 이와 같은 해석상 한계의 취지에 관하여 헌법재판소 1989. 7. 14. 선고 88헌가5 결정은 “법률의 합헌적 해석은 헌법의 최고규범성에서 나오는 법질서의 통일성에 바탕을 두고, 법률이 헌법에 조화하여 해석될 수 있는 경우에는 위헌으로 판단하여서는 안 된다는 것을 뜻하는 것으로서 권력분립과 입법권을 존중하는 정신에 그 뿌리를 두고 있다. 따라서 법률 또는 법률의 위 조항은 원칙적으로 가능한 범위 안에서 합헌적으로 해석함이 마땅하나 그 해석은 법의 문구와 목적에 따른 한계가 있다. 즉, 법률의 조항의 문구가 간직하고 있는 말의 뜻을 넘어서 말의 뜻이 완전히 다른 의미로 변질되지 아니하는 범위 내이어야 한다는 문의적 한계와 입법권자가 그 법률의 제정으로써 추구하고자 하는 입법자의 명백한 의지와 입법의 목적을 헛되게 하는 내용으로 해석할 수 없다는 법목적에 따른 한계가 바로 그것이다. 왜냐하면, 그러한 범위를 벗어난 합헌적 해석은 그것이 바로 실질적 의미에서의 입법작용을 뜻하게 되어

견은 “호적법 제120조에 규정된 ‘착오’, ‘호적의 정정’이라는 문구 등은 그 객관적 의미와 내용이 명확하여 해석상 의문의 여지가 없고, 호적법을 제정할 당시의 입법 취지도 그 내용이 처음 호적에 기재된 시점부터 존재하는 착오나 유루를 정정하고자 하는 것으로서 만일 호적기재가 기재 당시의 진정한 신분관계에 부합되게 적법하게 이루어졌다면 정정의 대상이 될 수 없는 것이었음이 명백하므로, 다수의견의 견해는 호적법 제120조에 대한 문리해석이나 입법 취지 등과 관계없이, 객관적으로 명백한 호적법 제120조의 규정내용에 일부 내용을 추가·제거 또는 변경하는 것과 동일한 효과를 가져오는 것으로서 정당한 유추해석의 한계를 벗어나는 것”이고, 권력분립의 견지에서 법원의 권한을 넘어서는 것이라고 하였다.

26) 한수웅, 헌법학(제8판), 박영사, 2018, 59－60면 참조.

결과적으로 입법권자의 입법권을 침해하는 것이 되기 때문이다."라고 하였다.[27]

따라서 법원의 헌법합치적 법률해석이 법률해석의 한계를 벗어나 새로운 법을 창설하는 결과에 이르게 되는 경우 법원은 더 이상 헌법합치적 법률해석으로 당사자의 헌법상 기본권 구제를 시도할 것이 아니라, 당해 법률 또는 법률조항에 대하여 위헌법률심판제청을 하여야 한다. 이러한 점에서 법률해석상의 한계는 위헌심판제청 의무와 헌법합치적 법률해석의 경계를 설정하는 것으로도 볼 수 있다. 법원과 헌법재판소로 이원화된 방법이 헌법이 예정하고 있는 법률 또는 법률조항에 대한 규범통제구조라 할 것이다.[28]

Ⅴ. 대상판결의 의의

과잉금지의 원칙이란 행정목적을 달성하기 위한 수단은 목적달성

27) 앞서 본 대법원 2004스42 전원합의체 결정의 다수의견에 대한 대법관 김지형의 보충의견에서도 당해 사안에서 헌법합치적 법률해석이 가능하다고 보면서도, "헌법합치적 법률해석은 국가의 최고규범인 헌법을 법률해석의 기준으로 삼아 법질서의 통일을 기하여야 한다는 법원리에 그 기초를 두고 있는 것으로서, 어느 법률규정에 대하여 합헌적 법률해석이라는 이름 아래 그 법률규정의 문언이 갖는 일반적인 의미를 뛰어 넘어서거나 그 법률규정의 입법목적에 비추어 입법자가 금지하고 있는 방향으로까지 무리하게 해석하거나 헌법의 의미를 지나치게 확대함으로써 입법자의 입법형성권의 범주에 속하는 사항 등에 이르기까지 함부로 간섭해서는 안 된다."고 하였다.

28) 다만 헌법재판소법 제68조 제2항은 법원이 위와 같은 규범통제 권한을 수행하여 법률이 합헌이라고 판단한 경우에도 당사자가 다시 헌법재판소에 그 법률 또는 법률조항에 대하여 헌법소원을 구하는 규범통제형 헌법소원 제도를 마련함으로써 법률에 대한 위헌심판의 계기를 법원의 권한에 전속시키지 않고 있다. 이는 위헌제청신청이 기각되더라도 당사자에게 연방헌법재판소에 위헌심사를 독자적으로 신청할 권리를 인정하지 않는 대신, 그 법률이 적용된 법원의 종국 재판에 대하여 헌법소원을 제기할 수 있도록 한 독일의 경우와 대비된다.

에 유효·적절하고 또한 가능한 한 최소침해를 가져오는 것이어야 하며 아울러 그 수단의 도입으로 인한 침해가 의도하는 공익을 능가하여서는 안 된다는 것이다(대법원 2013. 5. 9. 선고 2013다200438 판결 참조). 등록된 농지 중 일부 농지에 관하여 거짓、부정이 있는 경우에도 등록된 모든 농지에 관한 직불금 전액의 2배를 추가징수하여야 한다고 해석하게 되면, 그 자체로 지나치게 가혹할 뿐 아니라 제재를 함에 있어 위반행위의 경중이 전혀 고려되지 않게 된다는 다수의견의 판시 자체는 타당하다고 볼 수 있다.

그렇지만 그러한 사정이 있다고 하여 과연 전액설에 의할 경우 이 사건 조항이 비례원칙에 위반된다고 볼 것인지는 별개의 문제라고 볼 수 있다. 행정법규 위반에 대한 제재의 방법과 정도를 선택함에 있어 입법자에게 재량이 인정된다(헌법재판소 2011. 2. 24. 선고 2008헌바87 결정 참조). 헌법재판소 2004. 10. 28. 선고 2003헌바70 결정은 "어떠한 행위를 법률로 금지하고 그 위반을 어떻게 제재할 것인가 하는 문제는 원칙적으로 보호법익의 침해 정도, 위반행위의 성질, 위반이 초래하는 사회적 경제적 해악의 정도, 제재로 인한 예방효과, 기타 사회적 경제적 현실과 그 행위에 대한 국민의 일반적 인식이나 법감정 등을 종합적으로 고려하여 의회가 결정하여야 할 국가의 입법정책문제이므로 광범위한 입법재량이 인정되어야 (한다)."고 판시하였다. 이러한 전제에서 헌법재판소 2017. 1. 12. 선고 2001헌가25 결정은 공정거래위원회로 하여금 부당내부거래를 한 사업자에 대하여 그 매출액의 2% 범위 내에서 과징금을 부과할 수 있도록 한 독점규제 및 공정거래에 관한 법률 조항에 대하여 이중처벌금지원칙, 적법절차원칙, 비례성원칙 등에 위반되지 않는다고 판단하였다.

구 쌀소득보전법 제13조의2 제1항 전문의 환수처분의 경우 부당이득 환수적 성격과 제재적 성격을 겸유[29]하고 있으나, 같은 항 후문인 이 사건 조항의 추가징수처분의 경우 온전히 행정상의 제재적 성격의 처분이라는 점에서 비례원칙 준수 여부를 판단함에 있어 상대적으로 엄격한 심사가 이루어져야 한다. 대법원은 보조금 부정수급을 이유로 한 추가징수처분의 요건에 관하여 엄격하게 해석하여야 한다는 입장을 견지하여 왔다. 대법원 2003. 9. 5. 선고 2001두2270 판결은 '직업안정기관의 장은 허위 기타 부정한 방법으로 구직급여를 지급받은 자에 대하여는 지급받은 전체 구직급여의 전부 또는 일부의 반환을 명할 수 있고, 이에 추가하여 노동부령이 정하는 기준에 따라 당해 허위 기타 부정한 방법에 의하여 지급받은 구직급여액에 상당하는 금액 이하의 금액을 징수할 수 있다'고 규정하고 있던 고용보험법 조항의 해석과 관련하여, 그 전문에 의한 반환징수와 그 후문에 의한 추가징수의 요건을 달리 볼 것은 아니라고 하면서도, 당해 사안에서 추가징수권을 행사하는 것이 부정행위의 정도에 비하여 균형을 잃은 과중한 제재에 해당하여 비례의 원칙을 위반한 경우 재량권의 한계를 벗어난 추가징수처분으로 위법하다고 판시[30]한 이후, 당해 사안에서 반환징수권 외에 추가징수권

29) '등록된 모든 농지에 대한 직불금 전액'을 환수하도록 하고 있는데 그 중 '거짓이나 그 밖의 부정한 방법으로 수령한 직불금액'의 부분은 부당이득 환수적 성격, 나머지 부분은 제재적 성격이 강하다고 볼 수 있다.

30) 위 대법원 2003. 9. 5. 선고 2001두2270 판결은 "추가징수를 할 것인지의 여부를 행정청의 재량에 맡긴 취지와 더불어, 부정수급의 경우 부정행위의 형태, 방법, 정도 등이 매우 다양한 점, 추가징수는 허위 기타 부정한 방법으로 구직급여를 받은 자에 대한 징벌적인 처분인 점, 경미한 부정수급의 경우에도 부정수급된 보험급여의 반환 이외에 추가징수까지 하게 된다면 근로자의 생활 안정과 구직활동을 촉진하여 경제·사회발전에 이바지한다는 고용보험법의 목적에 비추어 지나치게 가혹한 점, 통상적으로는 부정수급된 보험급여의 반환만으로도 보험재정상의 손실은 회복될 수 있는 점 등을 종합하여 볼 때, 추가징수권을 행사하는 것이 부정행위의 정도에 비하여 균형을 잃은 과중한 제재에 해당하여 비례의 원칙에 위반하거나, 또는 합리적인 사유 없이 같은 정도의 부정행위에 대하여 일반적으로 적용하여 온 기준과 어긋나게 무거운 추가징수권을 행사함으로써 평등의 원칙에 위반한 경우 등에는, 재량권의 한계를 벗어난 추가징수처분으로서 위법하다고 할 것이다."라고 판시하였다. 위 사안의 경우 추가징수처분이 재량행위로 되어 있었다는 점에서 기속행위로 되어 있는 대상판결 사안과는 차이가 있다.

까지 행사하는 것은 위법하다고 판단하였다. 같은 취지에서 대법원 2017. 8. 23. 선고 2015두51651 판결은 육아휴직 급여의 지급 제한, 반환명령 및 추가징수의 요건인 고용보험법상 '거짓이나 그 밖의 부정한 방법으로 급여를 지급받은 경우'에 해당한다고 보기 위한 요건의 해석에 관하여 엄격해석의 원칙이 적용되어야 한다고 보아, '거짓이나 그 밖의 부정한 방법으로 급여를 지급받은 경우'에 해당한다고 보기 위해서는 허위, 기만, 은폐 등 사회통념상 부정이라고 인정되는 행위가 있어야 하고, 단순히 요건이 갖추어지지 아니하였음에도 급여를 수령한 경우까지 이에 해당한다고 볼 수는 없다고 판단하였다.

다만 이 사건 조항은 직불금 부정수급자에 대한 제재 수준 강화를 위하여 「쌀소득 등의 보전에 관한 법률」이 2009. 3. 25. 법률 제9531호로 개정되면서 신설되었는바,[31] 이러한 입법목적과 함께, ① 추가징수 사유인 '거짓이나 그 밖의 부정한 방법'의 요건에 관하여 대법원 2015두51165 판결 법리에 의하면 은폐 등 소극적 행위에 의한 부정수급의 경우 위 요건에 해당하지 않는 것으로 해석되는 점, ② 결국 적극적 행위에 기한 직불금의 부정수급에 한하여 추가징수가 가능하다 할 것인데 이러한 행위는 대개 비난가능성이 큰 점, ③ 엄중한 제재를 통한 직불금 부정수급 근절의 '정책적 필요성'이 인정된다고 볼 수 있는 점 등의 사정을 더하여 볼 때, <u>이 사건 조항을 전액설과 같이 해석한다고 하여 위헌이라고 단정하기 어렵다.</u> 즉, 입법자가 "거짓이나 그 밖의 부정한 방법으로 직불금을 등록 또는 수령한 경우 등록된 모든 농지에 대한 직불금의 2배를 추가로 징수하여야 한다"고 규정하는 등 보다 명확하게

31) 「쌀소득 등의 보전에 관한 법률」 2009. 3. 25. 법률 제9531호 개정이유 중 이 사건 조항(신설)에 관한 부분을 보면 '개정이유'를 "… 직접지불금 부당수령자에 대하여는 지급금액 외에도 그 금액의 2배를 추가하여 징수하는 등 현행 제도의 운영상 나타난 미비점을 개선·보완하려는 것임.", '주요내용'을 "부당수령자에 대한 제재 수준 강화를 위해 거짓이나 그 밖의 부정한 방법으로 등록 또는 수령한 자에 대하여는 지급한 금액의 2배를 추가로 징수함."이라고 설명하였다.

전액설의 내용으로 입법화하였을 경우를 상정하였을 때, 그 조항이 입법재량의 범위를 벗어나 위헌이라고 보기는 쉽지 않다. 이러한 측면에서 "부정수령액설에 의할 경우 비례원칙에 어긋나지 않고, 전액설에 의할 경우 비례원칙 위반이 된다고 보기 어렵다."거나 "이 사건 조항의 '지급한 금액'을 직불금 전액으로 해석하는 것이 비례의 원칙에 반한다고 단정할 수 없(다)."는 반대의견 판시는 일면 타당하다고 볼 수 있다.

그러나 전액설에 의할 경우 이 사건 조항이 비례의 원칙에 위배되어 위헌이라고 단정하기 쉽지 않다 할지라도, 부정수령액설의 해석이 전액설의 해석과 비교하였을 때 헌법상 비례원칙 등에 보다 부합한다는 점까지 부정하기는 어렵다. 다수의견과 같이 문언상 다소 불명확한 측면이 있다고 보면 이 사건 조항이 침익적 제재처분의 근거조항이라는 점을 고려하였을 때 보다 법익침해의 정도가 중하지 않은 방향으로 해석하는 것이 헌법상 비례의 원칙에 부합한다. 이분법적으로 "직불금 전액의 2배를 추가징수하는 것은 위헌, 부정수령액의 2배를 추가징수하는 것은 합헌"이라고 볼 수는 없다 할지라도, 지급액 전액의 2배를 추가징수하는 것보다 부정수령액의 2배를 추가징수하는 것이 더 합헌적이라고는 볼 수 있는 것이다.

이 사건 조항의 문언해석에 천착하였다면 반대의견과 같이 전액설로 귀결되었을 것이나, 대상판결의 다수의견은 비례의 원칙, 과잉금지의 원칙과 같은 헌법원리와의 규범조화적 해석을 시도하였다. 대상판결의 다수의견은 '전액설 = 위헌'임을 전제로 좁은 의미의 헌법합치적 법률해석에 따라 부정수령액설의 결론을 도출하였다기보다는, 헌법정향적 해석을 포괄하는 넓은 의미의 헌법합치적 법률해석에 기초한 적극적 해석론을 전개함으로써 구체적 타당성 있는 사안해결을 시도하였다는 점에서 그 의의가 있다.[32] 대상판결의 다수의견과 반대의견의 논증은 헌

32) 행정법 전반에 걸친 행정법원칙으로서의 '행정법의 일반원칙'도 행정법의 해석원리로서의 성격을 가진다고 볼 수 있는데(김유환, "행정법 해석의 원리와 해석상의

법합치적 법률해석의 측면에서 시사하는 바가 크다 할 것인바, 대상판결은 행정법규 해석에서의 헌법합치적 법률해석의 역할과 그 한계에 관한 논의의 단초를 제공한 것으로 볼 수 있다.

제문제", 법철학연구 제6권 제1호, 2003, 252면 참조), 대상판결 사안에서도 헌법합치적 법률해석을 원용할 필요 없이 행정법의 일반원칙인 비례의 원칙에 근거한 해석을 통해 마찬가지 결론을 도출하는 것이 타당하였다는 문제제기도 가능할 수 있다. 그러나 '행정법의 일반원칙'은 주로 시행령, 시행규칙 등과 같은 하위법규 해석이 문제되는 사안에서 해석원리로 기능하는 것으로 볼 수 있다. 행정법의 일반원칙으로서의 비례의 원칙은 그에 관한 헌법원칙에서 파생되었다 할 것인데, 법률, 특히 축소해석, 흠결보충과 같은 적극적인 해석에 있어서는 해석원리로서의 역할이 제한된다고 보아야 한다. 대상판결의 다수의견과 같이 헌법원리로서의 비례의 원칙 등에 근거하여 법률규정인 이 사건 조항을 해석하는 것이 타당하다.

참고문헌

[단행본]

계희열, 헌법론(상) 신정2판, 박영사, 2005.

박균성, 행정법론(상) 제18판(2019년판), 박영사, 2019.

박정훈, 행정법의 체계와 방법론, 박영사, 2005.

이상윤, 미국 제정법 해석에서의 신문언주의 방법론에 관한 고찰 -John F. Manning의 법이론을 중심으로-, 서울대학교 대학원 석사학위논문, 2016.

한수웅, 헌법학(제8판), 박영사, 2018.

헌법재판소, 헌법재판실무제요 제2개정판, 헌법재판소, 2015.

John Hart Ely, Democracy and Distrust: A Theory of Judicial Review, Harvard University Press, 1980.

[논문]

김도균, "우리 대법원 법해석론의 전환: 로널드 드워킨의 눈으로 읽기 - 법의 통일성(Law's Integrity)을 향하여-", 법철학연구 제13권 제1호, 2010.

김시철, "우리 위헌법률심판제도와 헌법재판소 결정의 효력", 저스티스 통권 제90호, 2006. 4.

김유환, "행정법 해석의 원리와 해석상의 제문제", 법철학연구 제6권 제1호, 2003.

김재형, "황금들녘의 아름다움: 법해석의 한 단면 -임대주택법상의 임차인에 관한 해석 문제-", 법학평론 창간호, 2010.

김하열, "법원의 규범통제와 헌법재판소의 법률해석", 저스티스, 2008. 12.

박정훈, "행정법과 법해석 -법률유보와 법형성의 한계-", 행정법연구

第43호, 2015. 11.
서보국, “조세법상 법관의 법발견과 법형성”, 충남대학교 법학연구 제26권 제3호, 2015. 12.
이원우, “판례연구방법론”, 행정판례와 공익: 청담 최송화 교수 희수 기념 논문집, 2018.
장철준, “역동적 자유 개념의 사법적 실현 －미 연방대법원 스티븐 브라이어(Stephen Breyer) 대법관의 헌법해석 연구－”, 헌법학연구 제19권 제2호, 2013.
정계선, “법원의 헌법적 판단”, 헌법학연구 제21권 제4호, 2005. 12.
조동은, “헌법합치적 법률해석과 법원의 기본적 보장의무－대법원과 하급심의 기본권 영역에 대한 최근 판례를 중심으로－”, 헌법학연구 제23권 제3호, 2017. 9.

국문초록

헌법합치적 법률해석은 법률 문언이 다의적이어서 위헌으로도 합헌적으로 해석될 수 있으면 헌법에 합치되도록 해당 법률규정을 해석하여야 한다는 '법률'의 해석원칙이다. 헌법합치적 법률해석은 오랫동안 헌법, 법이론 및 공법 이론과 관련을 맺으며 발전하여 왔으며, 그 정당성은 헌법 해석의 범위에서 헌법 우위와 법질서의 통일성에 근거하고 있다.

우리 대법원도 일찍이 명시적으로 헌법합치적 법률해석의 원칙을 채택하였으나 헌법합치적 법률해석이 부각되었던 것은 민사법, 형사법 영역의 사례였고 행정법 영역에서 정면으로 헌법합치적 법률해석에 근거하여 법률규정의 의미를 해석한 사례는 눈에 띄지 않았다. 그런데 부정수급 보조금의 환수 및 추가징수 범위에 관하여 다양한 분쟁이 제기되고 대법원 판례가 축적되어 가는 상황에서, 대법원 2019. 2. 21. 선고 2014두12697 전원합의체 판결의 다수의견은 부정수급 쌀소득직불금의 추가징수 범위가 지급받은 직불금 전액이 아닌 부정수령액을 기준으로 제한되어야 하는 것으로 해석하면서 그 논거로서 헌법적 법률해석을 제시하였다. 법원의 헌법합치적 법률해석에 대한 요구가 점차 커지고 있으나 다른 한편으로 권력분립과의 관계에서 헌법합치적 법률해석 권한이 남용되지 않도록 경계하는 것이 필요하다. 대상판결은 행정법규 해석에서의 헌법합치적 법률해석의 역할과 그 한계에 관한 논의의 단초를 제공한 것으로 볼 수 있다.

이 논문에서는 먼저 법률규정, 특히 행정법규에 대한 법원의 헌법합치적 법률해석의 의의에 관하여 검토하고 특히 헌법정향적 해석 개념과의 관계를 살펴봄으로써 그 의미를 보다 명확하게 하고자 하였다. 그리고 나서 헌법합치적 법률해석을 통한 규범통제의 구체적인 방식, 헌법재판소의 규범통제와의 관계 및 헌법합치적 법률해석의 한계에 관하여 검토하였다. 이를 바탕으로 헌법적 법률해석의 관점에서 대상판결의 다수의견과 소수의견이 결론에 이르게 된 논증의 구조 및 그 의미에 관하여 고찰하였다.

주제어: 헌법합치적 법률해석, 헌법정향적 해석. 법원과 헌법재판소의 규범통제 역할 분담, 헌법합치적 법률해석의 한계

Abstract

Constitution－conforming Interpretation of Administrative Statutes

Her, Ihoon*

Constitution－conforming interpretation refers to a principle of statutory interpretation in which provisions of a law shall be construed in conformity with the constitution if the wording of the law is ambiguous and thus may be construed as either unconstitutional or constitutional. The constitution－conforming interpretation has been developed for a long time in connection with the constitution, legal theories, and theories of public law, and its legitimacy is based on the constitutional superiority and the uniformity of the legal order within the scope of constitutional interpretation.

Although the Supreme Court expressly adopted the principle of constitution－conforming interpretation earlier, the constitution－confirming interpretation of statutes has been mainly applied to civil and criminal cases, rather than administrative cases. In terms of the administrative law, it is viewed that there has been no noticeable case in which statutory provisions are construed directly based on the principle of constitution－confirming interpretation. Recently, in connection with the recovery and additional collection of fraudulent subsidies, various disputes have occurred and the legal precedents

* Supreme Court of Korea

rendered by the Supreme Court have been on the increase. In such a circumstance, as the majority opinion in the Supreme Court's full bench decision no. 2014Du12697 rendered on February 21, 2019, the Supreme Court held that the scope of additional collection for fraudulent subsidies of direct rice income compensation shall be limited to the amount of the subsidies fraudulently received, rather than the total amount of direct rice income compensation received, based on the constitution–conforming interpretation. The demands by the courts for constitution–conforming interpretation are growing, but on the other hand, it is necessary to guard against the abuse of constitution–confronting interpretation in light of the separation of powers. In this regard, the aforementioned ruling can be viewed as the beginning of discussions on roles and limit of the constitutional–confronting interpretation in interpreting the administrative laws and regulations.

Firstly, this paper tries to clarify the meaning of the constitution–conforming interpretation by reviewing the significance of the constitution–conforming interpretation applicable to statutory provisions, inter alia, the administrative laws and regulations, and further, by examining its relationship with the concept of constitution–orienting interpretation. Then, this paper also examines the specific ways of normative control through the constitution–conforming interpretation, the relationship between the constitution–conforming interpretation and the normative control of the Constitutional Court, and the limitation of the constitution–conforming interpretation. On the basis of the foregoing, the structure and meaning of arguments that lead to the conclusion of the majority opinion and the minority opinion subject to the relevant ruling are examined in a perspective of the constitution–conforming interpretation.

Keywords: Constitution-conforming statutory interpretation, Constitution-oriented interpretation, division of roles of the Court and the Constitutional Court, normative control through the constitution-conforming interpretation, limits of constitution-conforming interpretation

투고일 2019. 12. 13.

심사일 2019. 12. 23.

게재확정일 2019. 12. 30.

外國判例 및 外國法制 研究

역수용 소송의 주법원소송요건에 관한 미국연방대법원 판결례

鄭夏明*

대상판결: 미국 연방대법원 2019. 6. 21. 선고
139 S. Ct. 2162 (2019) 판결

Ⅰ. 들어가며

미국은 연방수정헌법 제1조, 연방수정헌법 제5조 및 연방수정헌법 제14조에서 재산권과 관련한 규정을 두고 있다. 연방수정헌법 제1조 10항의 1은 "어떠한 주든지 계약상의 채무를 손상하는 법률을 제정할 수 없다"라고 하여, 계약상의 권리를 규정하고 있다. 연방수정헌법 제5조에서는 정당한 보상이 없는 사유재산권의 공용수용금지 등의 재산권의 보호규정을 두고 있다. 이와 더불어 연방수정헌법 제14조에서는 "어떤 주든지 적법절차에 의하지 아니하고는 생명·자유 또는 재산을 박탈할 수 없다"라고 하여, 적법절차에 의하지 아니한 주에 의한 재산권박탈의 금지를 규정하고 있다.1)

* 경북대학교 법학전문대학원 교수, 법학박사(S.J.D.)

1) the 14th Amendment "... nor shall any State deprive any person of life, liberty, or property, without due process of law; nor deny to any person within its

미국 연방수정헌법 제5조 “누구도 정당보상 없이는 공공사용을 위한 수용을 당하지 아니한다.”라고 규정하고 있다.[2] 이 규정은 수용의 목적으로서 공공사용(public use)과 피수용자에 대한 정당보상(just compensation)을 규정하고 있다. 이것은 토지수용권의 근거조항이면서 동시에 한계를 설정한 것이고 연방헌법상 권리장전 중에서 개별 주에 적용된 최초의 규정이다.[3] 더불어 연방수정헌법 제5조 및 연방수정헌법 제14조는 공용수용의 형식 내지 방법으로서 적법절차(due process of law)에 의할 것을 규정하고 있다. 이와 같이 미국헌법은 개개인의 재산권에 대한 국가개입의 한계로서, 공공사용의 목적과 형식 및 방법적 요소로서 적법절차 그리고 사인의 손실에 대한 정당보상의 지급을 규정함으로써 이를 통하여 재산권의 보장을 실현하고 있다. 이와 같이 미국헌법상 재산권 보호를 위한 규정들 중에서도 연방수정헌법 제5조의 규정이 재산권보장의 핵심이라고 할 것이다.[4]

한편, 미국에서 정부의 규제권 행사와 관련해서는 州정부가 일반적 규제권(general police power)을 가지고 연방정부는 외교권, 통상규제권, 화폐권 등 제한된 권리(limited power)를 가지는 것으로 알려져 있다. 이렇게 정부의 규제권의 행사로 재산권이 침해받아 재산권의 경제적 이용가치가 박탈되는 경우, 전통적 물리적 수용(physical takings)과 더불어 손실보상의 대상이 되는 규제적 수용(regulatory takings)이라는 개념을 1920년대부터 미국 연방대법원의 판례를 통하여 고안하여 정부의 규제권 행사로부터 재산권을 보장받을 수 있는 길을 열어왔다.[5]

---

jurisdiction the equal protection of the laws.”

2) the Fifth Amendment “..., nor shall private property be taken for public use, without just compensation.”

3) Erwin Chemerinsky, Constitutional Law, Principles and Policies (2nd ed. 2002) 615.

4) 표명환, 미국연방헌법상의 재산권보장에 관한 고찰, 미국헌법연구 제23권 제1호 2012, 300면 참조.

5) 김성배, 우리나라 토지수용법제와 간접수용 : 한미FTA의 간접수용을 중심으로, 土地法學 제28권 제2호 2012. 140면 참조.

규제적 수용(regulatory takings)의 경우는 물리적 수용(physical takings)과는 달리 일반적으로 재산권자가 먼저 규제를 시행하는 정부기관을 대상으로 역수용소송(inverse condemnation proceedings)을 제기하여야 하는데 토지에 관한 규제의 주체가 주로 주정부 이하의 지방자치단체인 경우가 많아서 기본권이 주정부 이하의 자치단체에 의해 침해되는 경우에 통상적으로 적용되는 연방법률 제42장 제1983조 소송의 형식으로 제기하는 경우가 많았다.

이 경우 미국 연방대법원은 州法院(the state courts)이 연방법원(the federal courts)보다 해당토지에 대해 쟁점이 되는 주정부의 규제나 지방정부의 규제의 내용과 복잡성에 대해 전문성을 가지고 있다는 것 등을 근거로 Williamson County Regional Planning Commission v. Hamilton Bank of Johnson City판결[6]에서 州法院 訴訟要件(the state－litigation requirement)을 확립하여 왔다. 따라서 주정부 이하 지방자치단체의 규제에 의해 자신의 재산권에 대한 규제적 수용이 일어났다고 주장하는 재산권자는 연방법원에 소송을 제기하기 전에 먼저 주법원에서의 구제절차를 밟아야 했다.

이러한 州法院 訴訟要件(the state－litigation requirement)은 재산권자에게 불리하게 작용한다는 등 여러 가지 비판의 대상이 되어왔고 연방항소법원들의 판결들에서도 서로 배치되는 현상 등이 나타났다. 이에 미국 연방대법원은 2019년 6월 21일 Knick v. Township of Scott 판결에서 州法院 訴訟要件(the state－litigation requirement)을 폐기하는 판결을 하였다. 따라서 본고에서는 이 판결에 대해서 알아보고자 한다.

---

6) 473 U.S. 172 (1985).

Ⅱ. 사례의 분석

1. 사건의 개요

이 사건의 원고 Rose Mary Knick은 펜실베이니아(Pennsylvania)주 스콧타운쉽(Scott Township)의 주민이다. 원고 Knick은 가족묘원이 조성되어 있는 토지를 보유하고 있었는데 가족묘원은 사적 공간이었고 일반 공중에게는 공개되어 있지 않았다. 이 사건 피고 스콧타운쉽(Scott Township)은 2012년에 규정(ordinance)을 제정하여 묘지들은 그것이 공유이든 사유이든 가리지 않고 일광시간 동안은 개방하여 일반 공중에 공개할 것을 강제했고 시청직원에게 묘지의 존재와 위치를 확인하기 위하여 해당 토지를 출입할 수 있는 권한을 부여하였다. 이에 따라 시청직원이 Knick의 토지를 조사하여 2012년의 규정(ordinance)을 위반했다는 통지를 발하였다. Knick은 주법원에 스콧타운쉽(Scott Township)의 규정에 대한 선언적 구제(declaratory relief)와 금지명령구제를 구하는 소송을 제기하였다. Knick은 수용(takings)이 일어났는지, 수용(takings)이 일어났다면 손실보상금은 얼마할지 등을 구하는 역수용소송(inverse condemnation proceeding)은 제기하지 않았다. 스콧타운쉽(Scott Township) 당국은 소송이 제기되자 Knick에 대한 집행절차를 더 이상 진행하지 않았다. 주법원에서는 Knick에 대한 시 당국의 집행이 정지되었으므로 형평법상 구제(equitable relief)를 요하는 회복할 수 없는 손해(irreparable harm)가 발생했다는 것을 Knick이 입증하지 못하였다고 판단하여 원고의 청구를 기각하였다.[7]

Knick은 이러한 주법원의 판결이 있은 후에 연방제1심법원에 연방수정헌법 제5조의 위반한 수용으로 인한 손실보상소송을 제기하였지만

7) 139 S. Ct. 2162, 2168 (2019).

연방제1심법원의 카퓨터 판사(Judge Caputo)는 Knick의 청구를 기각하였다. 그 근거로 연방대법원 Williamson County 판결을 언급하면서 주법원에서 먼저 역수용소송(inverse condemnation proceeding)을 진행하고 난 후에 연방법원에 소송을 제기하여야 한다고 하였다.8)

연방항소법원도 연방제1심법원의 판결을 인용하였다.9) 연방항소법원장인 스미스 판사(Chief Judge Smith)는 문제의 2012년 규정(ordinance)이 이례적이고 헌법적으로 의심이 간다고 하면서도 연방대법원 Williamson County 판결에 따라야 하므로 각하한다는 판결을 하였다.10)

연방대법원에 상고되었는데 연방대법원은 사건이송명령을 발한 후에 이 사건을 심리하여 파기환송하는 판결을 하였다.11)

2. 판례의 요지

(1) 정부가 지나치게 규제권을 행사하여 보상없이 개인의 재산권을 수용함으로써 연방수정헌법 제5조를 위반하는 경우에는 재산권자는 제1983조에 따라 역수용소송을 그 규제권행사 당시에 제기할 수 있다.

(2) Williamson County 판결에서 선언하고 있는 주법원 소송요건은 위헌이고 효력이 없다. 이에 따라 원심법원의 판결(862 F. 3d 310)의 파기하고 환송한다.

3. 사례의 쟁점

본 사례에서 쟁점은 주정부 이하의 미국 지방자치단체가 규제권을

---

8) Knick v. Township of Scott, No. 3:14−CV−2223, 2015 WL 6360647, 8−12 (M.D. Pa. Oct. 29, 2013).

9) Knick v. Township of Scott, 862 F.3d 310, 314 (3d Cir, 2017).

10) Ibid, 326.

11) Knick v. Township of Scott, 139 S. Ct. 2162, 2168 (2019).

행사하여 주민의 재산권을 침해하여 규제적 수용에 해당하는 경우에는 재산권자가 연방수정헌법 제5조에 근거한 역수용 소송을 제기할 수 있는데 이때 이러한 소송을 주법원에 먼저 제기하여 판단을 받고 난 이후에 연방법원에 소송을 제기할 수 있는지 혹은 연방 수정헌법 제5조에 근거한 소송이니 바로 연방법원에 소송을 제기할 수 있는 지가 문제된다할 것이다. 미국은 개별 주에 따라서 재산권의 구체적 한계와 범위가 다르고 주정부 이하의 지방자치단체의 규제가 문제가 되는 경우에는 그러한 문제가 발생한 주의 법원이 연방법원보다 훨씬 잘 해결할 수 있는 문제로 여겨졌다. 그리고 이러한 경우 연방헌법만이 아니라 개별 주 헌법에서도 공용수용에 관한 규정을 가지고 있는 것이 대부분이어서 연방수정헌법 제5조의 위반은 동시에 주헌법상 수용조항 위반으로 이어지는 경우가 많았다. 따라서 연방법원보다 주법원에서 이러한 문제를 먼저 다루는 것이 마땅하다는 이론적 근거를 바탕으로 Williamson County 판결이라는 연방대법원의 선례가 있고 이것을 이른바 州法院訴訟要件(the state-litigation requirement)이라고 하는데 이러한 법리를 폐기할 것인가가 본 판결의 가장 핵심적 쟁점이라고 할 것이다.

Ⅲ. 평석

1. 미국의 규제적 수용의 법리

미국에서 수용은 원래 정부의 직접적 침해와 관련이 있거나 사적 재산에 대한 물리적 침해와 관련된 것이었다. 사인인 재산권자의 의사에 반하여 그 사람의 재산권을 박탈할 수 있는 공용수용권(eminent domain)은 연방정부 뿐만 아니라 주정부, 지방정부, 혹은 공익단체에 의해서도 행사된다고 하겠다. 이러한 경우는 물리적 수용(physical takings)

에 해당한다고 한다.[12)]

미국에서의 공용수용은 연방수정헌법 제5조와 제14조의 통합을 통하여 정부가 공적 사용을 위해 사적 재산을 공용수용할 수 있는 묵시적인 권한과 정당보상지급의무를 결합한 것이라고 할 수 있겠다. 연방헌법상 수용조항은 원래 재산권의 직접적 수용(direct appropriation of property)에 적용되었지만 규제적 수용(regulatory takings)이 인정된 이후에는 소유자 점유권의 실질적 박탈과 기능적 동일상태(the functional equivalent of a 'practical outer of [the owner's] possession')에도 적용하게 되었다.[13)]

미국에서는 정부의 규제권이 방대하게 행사되기 시작한 19세기 말이나 20세기 초에 이미 정부규제가 부당하고 위헌적으로 재산권자의 권리에 손해를 주는 경우에는 수용(takings)으로 보아야한다는 주장들이 널리 펴져 있었다.[14)]

1922년 연방대법원은 Pennsylvania Coal Co. v. Mahon 판결을 하였는데 이 판결에서 홈즈(Holmes) 대법관에 의해서 규제적 수용(regulatory takings)이라는 개념이 고안되었다. 이 판결은 펜실베니아 州法에서 지표면의 붕괴를 방지하기 위하여 광산회사가 소유한 석탄의 일

---

12) 김성배, 우리나라 토지수용법제와 간접수용 : 한미FTA의 간접수용을 중심으로, 土地法學 제28권 제2호 2012. 135면－136면 참조. 특히 김성배 교수는 미국의 재산권은 우리 헌법과 같은 형성적 법률유보로 규정되어 있지 않으며, 미국법상 공용수용은 우리법상 공용제한으로 공용수용, 공용제한, 공용사용을 포괄하는 개념으로 파악하고 있다.

13) Elissa Zlatkovich, The Constitutionality of Sex Offender Restrictions: A Takings Analysis, 29 REVLITIG 219, 244 (2009).

14) Dan Herber, Surviving the View through the Lochner Looking Glass: Tahoe－Sierra and the Case for Upholding Development Moratoria, 86 Minn. L. Rev. 913, 921 (2002). 1922년 이전에 이미 미국에서 정부가 개인의 재산을 영구·물리적으로 점유하거나 침해하는 경우(a permanent physical occupation or invasion)에 정부규제는 연방헌법 제5조 수용조항의 위반으로 위헌이라고 보아야 한다는 견해들이 널리 펴져있었던 것이었다.

부분을 지하갱도에 둘 것을 요구한 것에 대한 것이었다. 홈즈(Holmes) 대법관은 "이 규정은 광산회사의 석탄을 더 이상 상업적으로 이용할 수 없게 만들었다. 이것은 헌법적 견지에서 보면 석탄을 전유(appropriating)하거나 파괴하는 것과 거의 동일한 효과를 가지는 것이다"[15]라고 하면서 "재산은 어느 정도는 규제되는 것이지만 만약 그 규제가 과도하게 ("too far") 되면 이것은 수용으로 보아야 한다."[16]고 하였다. 이러한 연방대법원의 판결에 의해서 미국에서 규제적 수용(regulatory takings)이라는 개념이 새롭게 창안되었고 그 후 판례법에 의해 계속 발전해오고 있다.

1922년 이후 연방대법원은 이른바 규제적 수용(regulatory takings)을 인정하여 개인 부동산권(fee)에 대한 정부규제가 너무 지나쳐서 그 효과가 직접 전용이나 점유박탈과 동일한 것으로 나타나는 경우에는 정당보상을 받을 권리를 인정하고 있다.[17]

그러다가 1978년에는 이른바 Penn Central 판결을 하게 된다.[18] 연방대법원은 이 판결에서 어떤 정부규제가 ① 재산에 대한 영구·물리적 침해(permanent physical takings)를 가져오고 ② 정부규제가 재산권자의 재산의 모든 유익한 사용을 박탈하는 경우에는 규제적 수용에 해당하는 것으로 인정하고 있다.[19]

규제적 수용이 인정되는 경우에도 이에 대한 구제수단은 애초에는

---

15) Pennsylvania Coal Co. v. Mahon, 260 U.S. 393. 414 (1922) "To make it commercially impracticable to mine certain coal has very nearly the same effect for constitutional purposes as appropriating or destroying it."

16) Id. 415. "The general rule at least is that while property may be regulated to a certain extent, if regulation goes too far it will be recognized as a taking."

17) Lingle v. Chevron U.S.A. Inc., 544 U.S. 528, 537 (2005).

18) 438 U.S. 104 (1978).

19) 김재선, 규제적 수용 인정여부와 손실보상액 산정에서 토지의 경제적 효용 평가기준에 관한 최근 미국 판례의 재평가 논의－Braggs v. EAA 판례분석을 중심으로, 토지보상법연구 제18권, 2018. 146면－147면 참조.

규제적 수용에 해당하는 법령, 조례 등의 무효를 구하는 방법만이 인정되었으며 직접 금전적 손실보상을 청구하는 것은 인정되지 않았지만 1987년 First English Evangelical Lutheran Church v. Los Angeles County 판결[20]에서 미국연방대법원은 규제적 수용에 대한 구제수단으로 금전적 손실보상을 직접 청구할 수 권리로 인정하였다.

결과적으로 미국에서 수용소송은 결국 물리적 수용소송이든 규제적 수용소송이든 자신의 자산에 대한 "공정시장가격"(fair market value)을 구하는 소송이라고 할 것이다. 공정시장가격은 손실보상액 산정의 일반적 기준이다.[21] "공정시장가격"(fair market value)을 완벽하게 측정할 수 있는 방법은 없겠지만 주정부 등에서는 가능하면 객관적 표준을 사용하여 공적자금으로 일반국민이 사용할 수 있는 토지를 획득하는 것으로 협의 매수가 우선하고 협의가 이루어지지 않으면 토지수용절차에 들어가는데 수용보상가를 정하는 것은 주별로 서로 다르지만 재판을 통하여 주로 배심원에 의해 결정된다.[22] 정당보상(just compensation)을 받을 권리는 연방헌법상 보장되는 재산권의 하나로 공용수용이 이루어졌을 당시의 공정한 시장가격에 의한 보상을 의미한다는 것은 연방대법원의 판결에 의해서도 확인되었다.[23]

미국에서 공용수용에 대한 사법적 심사의 첫 번째 단계는 재산권(property)을 침해하는 것인가에서 출발한다고 할 수 있을 것이다.[24] 연방수정헌법 제5조 수용조항에서 말하는 재산권은 법에 의해서 부여되는 유형적인 권리로 그것을 소유하고 사용·수익·처분할 수 있는 권리

20) 482 U.S. 304 (1987).

21) 김재선, 규제적 수용 인정여부와 손실보상액 산정에서 토지의 경제적 효용 평가기준에 관한 최근 미국 판례의 재평가 논의－Braggs v. EAA 판례분석을 중심으로, 토지보상법연구 제18권, 2018. 150면 참조.

22) 김성배, 우리나라 토지수용법제와 간접수용 : 한미FTA의 간접수용을 중심으로, 土地法學 제28권 제2호 2012. 137면 참조.

23) United States v. Miller, 317 U.S. 369, 373 (1943).

24) Robert Meltz, Dwight H. Merriam, Richard M. Frank, The Takings Issue, 25 (1999).

를 비롯하여 유형적인 것으로 개인의 관계에 포함할 수 있는 이익과 무형적 이익을 포함한 모든 권리의 총체라고 할 수 있다. 미국 연방대법원은 재산권(property)의 범위를 확정할 때 주법 등 다른 법률에 근거하여 재산권의 범위를 확정하고 있다.[25)]

재산권에 대한 각각 분리된 권능에 대한 침해현상이 잘 나타나는 것이 1982년의 Loretto v. Teleprompter Manhattan CATV Corp. 판결[26)]이다. 연방대법원은 유선방송회사가 아파트 건물에 지름 ½인치 이하인 유선케이블을 설치하는 것을 재산권자가 용인할 것을 요구하는 뉴욕주의 법률은 위헌이라고 판결하였다. 해당 뉴욕주 법률은 재산권의 영구적 물리적 점유에 해당한다고 하면서 비록 부분적이지만 영구적 물리적 침해를 하는 것은 재산권의 내용을 침해하는 것으로 재산권자는 케이블선과 케이블상자가 설치된 자기 재산의 일부분을 점유, 사용 또는 처분할 수 없기 때문에 명백한 수용(par se takings)에 해당한다는 것이다.[27)]

규제적 수용에서 수용조항의 적용을 받기 위해서 정부규제가 재산권의 전체적 내용을 모두 침해할 필요는 없다. 재산권 전체 내용 중 일부를 침해하는 경우라고 하더라도 재산권의 본질적 내용을 침해하는 경우에는 충분히 수용에 해당한다고 할 것이다. 이러한 본질적 내용 중 하나가 사적 배타적 점유권(the right of exclusive possession)이다. 이러한 사적 배타적 이용권을 박탈하는 경우에는 수용에 해당한다고 할 것이다.[28)] 재산에 대한 처분권(the right of disposition)도 배타적 점유권과 같

25) 김성배, 우리나라 토지수용법제와 간접수용 : 한미FTA의 간접수용을 중심으로, 土地法學 제28권 제2호 2012. 137면 참조.

26) 458 U.S. 419 (1982).

27) Erica Chee, Property Rights: Substantive Due Process and the "Shocks Conscience" Standard, 31 Uni. of Hawaii L. Rev. 577, 580 (2009).

28) Marla E. Mansfield, 2004-2005 Supreme Court Review: Takings and Threes: The Supreme Court's 2004-2005 Term, 41 Tulsa L. Rev. 243, 268 (2005).

은 정도로 재산권의 본질직 내용을 이루는 것으로 정부의 규제가 배타적 처분권을 일부나 전부 침해하는 경우에는 재산권자는 충분히 규제적 수용소송을 제기할 수 있을 것이다.[29] 재산에 대한 여러 가지 사용권(right to use his property)을 규제하는 정부의 규제 또한 규제적 수용의 대상이 될 것이다. 특히 정부의 환경이나 토지규제가 과도하여 재산권자의 재산 사용권을 침해하는 경우에는 수용에 해당하게 되어 정당보상을 지급해야하는 경우가 된다.[30]

2. 사인의 역수용소송

소송절차의 측면에서 보면 직접·물리적 소송의 경우와 규제적 수용의 경우는 많은 차이가 있다. 직접·물리적 소송의 경우에는 정부가 공용수용권(eminent domain)을 발동하여 공식적으로 사인의 재산권을 침해하는 경우에 재산권자가 정부의 수용절차에 이의를 제기하는 방식이라고 할 수 있을 것이다. 전형적인 사례로 미국 연방대법원에서 2005년 6월 23일에 선고한 Kelo v. City of New London 판결[31]이라고 할 것이다. 이 사건은 낙후지역을 개발하여 대기업을 유치하려고 했던 City of New London이 Kelo 부인이 보유하였던 토지권에 대한 공용수용을 결정하여 2000년 11월에 통지하였는데 이에 대항하여 Kelo 부인이 자신이 거주하였던 코네티컷 주 법원에 소송을 제기하면서 시작된 사건이다.[32]

---

29) Carol Necole Brown, Taking the Takings Claim: A Policy and Economic Analysis of the Survival of Takings Claims after Property Transfers, 36 Conn. L. Rev. 7, 72 (2003).

30) Rebecca Lubens, The Social Obligation of Property Ownership: A Comparison of German and U.S. Law, 24 Ariz. J. Int'l &Comp. Law 389, 391 (2007).

31) 545 U.S. 469 (2005).

32) 정하명, 미국토지법상 사인의 역수용소송, 공법학연구 제6권 제3호, 한국비교공법학회 2005, 305면 참조.

규제적 수용의 경우는 정부의 규제행위가 물리적 침해로 이어지지 않고 토지권을 지나치게 침해하여 토지권의 가치가 사실상 상실된 때에 토지권의 보유자가 규제권 행사 주체에 대하여 역수용소송(inverse condemnation action)을 제기하여 정당보상을 받으려고 하는 것이다. 역수용소송(inverse condemnation action)에서는 두 가지 주요문제들이 해결되어야 한다. 첫째, 정부의 규제행위가 수용에 해당하는가 하는 문제이다. 이 단계에서는 정부의 규제행위가 토지권에 미치는 영향을 분석하는 단계라고 할 수 있을 것이다. 둘째, 정부의 규제행위가 사실상 수용에 해당한다고 판단되는 경우에 그 보상은 어떻게 할 것인가를 결정하는 단계라고 할 것이다.

역수용소송(inverse condemnation action)은 정부의 규제행위를 대상으로 한다는 측면에서 미국에서 행정법령 등에 대한 행정소송과 비슷한 측면도 있다. 미국에서 행정소송을 제기하는 경우는 연방행정절차법(A.P.A)에 따라 행정법령 등에 의하여 자신의 법익이 침해당하는 경우에 행정법령 등의 효력을 부정하는 것을 그 내용으로 하는 소송이라면 역수용소송(inverse condemnation action)은 토지권자가 규제권의 행사주체에 대하여 손실보상을 구하는 소송이라는 측면에서 차이가 있다.

역수용소송(inverse condemnation action)이 제기되는 경우 피고가 주정부 등 지방자치단체인 경우에는 주정부 등의 규제행위를 포함한 행위로 인하여 연방헌법에서 보장받은 권리, 면책 등이 침해받는 경우에는 주정부, 관련공무원 등을 피고로 연방법률 제42장 제1983조[33]에 의

33) 42 U.S. Code § 1983. Civil action for deprivation of rights
Every person who, under color of any statute, ordinance, regulation, custom, or usage, of any State or Territory or the District of Columbia, subjects, or causes to be subjected, any citizen of the United States or other person within the jurisdiction thereof to the deprivation of any rights, privileges, or immunities secured by the Constitution and laws, shall be liable to the party injured in an action at law, suit in equity, or other proper proceeding for redress, except that in any action brought against a judicial officer for an act or omission taken in such

한 소송을 제기하여야 한다.

3. 州法院 訴訟要件(the state-litigation requirement)

역수용소송(inverse condemnation action)에서 고려해야할 사항 중 하나는 과연 어느 법원에 재산권보유자가 소송을 제기하여야 하는가하는 문제일 것이다. 미국에는 개별 주마다 州大法院(the state supreme court)이 있고 州抗訴法院(the state appellate court), 州第一審法院(the state district court)이 있다. 그와 동시에 聯邦大法院(the Supreme Court)을 비롯하여 聯邦抗訴法院(the federal circuit court), 聯邦第一審法院(the federal district court)으로 나누어진다. 연방헌법, 연방법률, 연방법령 등 연방법위반이 문제되는 경우에는 원칙적으로 연방법원에 소송을 제기하여야 한다.

역수용소송(inverse condemnation action)에서 규제의 주체가 연방정부의 기관에 해당하는 경우에는 연방정부기관을 피고로 연방법원에 소송을 제기하여야 한다. 주헌법, 주법률, 주법령 등 개별 주법 위반이 문제되는 경우에는 주법원에 소송을 제기하는 것이 원칙이라고 할 것이다. 주정부 이하의 지방자치단체가 주법률, 주법령을 제정하여 국민의 재산권 등을 침해하는 경우에는 역수용소송(inverse condemnation action)을 주법원에 제기하여야 하는 것이 원칙이라고 할 것이다.

문제는 주나 지방정부의 규제가 역수용소송(inverse condemnation action)의 대상이 되고 재산권자인 원고가 주헌법, 주법률 등과 더불어 연방수정헌법 제5조 위반을 그 내용으로 하는 역수용소송을 제기하는

---

officer's judicial capacity, injunctive relief shall not be granted unless a declaratory decree was violated or declaratory relief was unavailable. For the purposes of this section, any Act of Congress applicable exclusively to the District of Columbia shall be considered to be a statute of the District of Columbia.

경우라고 할 것이다. 이러한 소송에서 피고가 되는 주정부나 기타 지방정부는 그들이 익숙한 법원인 주법원에서 역수용소송이 계속되기를 바랄 것이고, 재산권보유자들은 자신들에게 보다 호의적인 연방법원에 역수용소송(inverse condemnation action)을 제기하기 원할 것이다.

이러한 문제에 대해 미국 연방대법원에서 다룬 것이 바로 Williamson County Regional Planning Commission v. Hamilton Bank of Johnson City판결[34)]이다.

이 사건에서 문제된 것은 미국 테네시주 법률(Tennessee law)에 따라 개발업자가 1973년에 지역도시계획위원회(Williamson County Regional Planning Commission)에 의하여 예비개발계획(a preliminary plat for development)의 승인을 받았는데 해당 토지는 지역지구규정(zoning ordinance)에 의하여 주거지역(residential area)으로 개발할 예정이었다. 1977년 지역지구규정(zoning ordinance)이 변경되어 고밀도를 조정하는 새로운 규정이 만들어졌지만 개발업자의 토지에 대해서는 1973년 규정이 적용되는 것으로 보았다. 1979년 지역도시계획위원회에서는 해당 토지에 대한 새로운 개발행위는 새로운 법령에 따라야 한다고 결정하고 더 이상의 개발은 고밀도 제한규정 위반 등 여러 가지 근거에 의하여 불허한다는 결정을 내렸다. 이에 개발업자는 해당 도시계획위원회, 해당 도시계획위원회 위원과 관련 공무원들을 피고로 연방제1심법원에 연방법률 제42장 제1983조(42 U.S.C. § 1983)에 따른 소송을 제기하여 해당 도시계획위원회가 자신의 토지에 대한 개발행위를 금지하는 것은 연방수정헌법 제5조의 수용에 해당하며 정당보상을 요한다는 주장을 하였다. 연방제1심법원의 배심원들은 피고 도시계획위원회가 해당토지에 대한 개발행위를 금지하는 것은 연방수정헌법 제5조의 위반에 해당하지만 경제적으로 가능한 이용권을 임시적으로 침해하는 것은 법적으로

34) 473 U.S. 172 (1985).

수용에 해당하지는 않는다고 하여 원고의 청구를 받아들이지 않았다. 이에 원고는 연방항소법원에 항소하였고 연방항소법원에서는 연방제1심법원의 판결을 파기하여 해당 토지에 대해 경제적으로 가능한 이용권을 배심원들의 평결이 있을 때까지 금지하는 도시계획위원회의 행위는 수용에 해당한다는 판결을 내렸다.[35] 이에 해당 도시계획위원회가 상고하여 연방대법원의 심리를 받게 되었다.

연방대법원에서는 1. 이 사건에서 원고가 주장하는 바와 같이 새로운 규제행위가 연방수정헌법 제5조를 위반하여 정당보상을 요하는 수용에 해당한다고 하더라도 원고들의 주장을 받아들인 배심원의 평결을 받아들일 수 없다. 원고의 주장들은 아직 성숙하지 않았기 때문이다. 원고는 연방법원에 소송을 제기하지 전에 미국 테네시주 당국에 해당 도시계획위원회의 결정에 대한 최종적인 판단이 어떤 것인지에 대한 절차도 밟지 않았고, 테네시주 법원의 판단도 받지 않았다. 따라서 원고들의 주장은 연방법원의 심사대상이 될 정도로 성숙하지 않았다. 또한 해당 토지에 대한 손실보상의 범위를 확정하기 위해서도 테네시주 당국이 관련 규정을 어떻게 적용할 것인지를 결정하여 그 효과가 최종적으로 어떻게 해당토지에 미치는지가 명확하게 되는 경우에만 평가가능한데 이 사건에서는 테네시주의 최종결정을 알 수 없기에 수용주장은 시기상조라고 할 것이다. 연방항소법원 판결을 파기·환송한다.[36]

이 사건에서 문제되는 것은 과연 연방수용청구(federal takings claim)가 성숙했느냐 하는 것이다. 이 문제에 대해서는 먼저 정부의 기관에 의한 규제가 최종적이어야 한다는 것이 첫 단계 심사라고 할 것이다. 이 단계에서는 앞의 사건을 예로 든다면 단순히 토지계획위원회에서 토지개발허가를 불허했다는 사실만이 아니라 그러한 불허결정에 대한 행정심판청구 등을 통해서 최종적으로 테네시 주정부의 방침이 어떤

35) 729 F.2d 402.
36) 473 U. S. 197–200.

것인지가 명확해져야 한다는 것이다. 이렇게 주정부의 방침이 최종적으로 명확해졌더라도 주법원에 다시 이에 대한 소송을 제기하여 주법원에서 판단을 먼저 받아보아야 한다는 것이 두 번째 단계이다. 즉 원고가 연방법원에서 연방수용청구(federal takings claim)를 제기하기 전에 개별 州法院에서 구제절차를 먼저 진행했는가 하는 문제이다. 이를 원고가 연방법원에 연방수용소송(federal takings claim)을 제기하기에 앞서 먼저 州法院의 심사를 받아보아야 한다는 州法院 訴訟要件(the state-litigation requirement)이라고 한다. 역수용소송에서 이렇게 州法院 訴訟要件을 강제하게 되면 연방법원에서 규제적 수용소송을 담당해야 하는 부담은 상당히 감소하는 효과가 있다고 하겠다.[37]

州法院訴訟要件(the state-litigation requirement)은 연방국가체계를 가지고 있는 미국에서 특히 주정부 이하 개별지방단체의 규제행위로 인하여 주민의 재산권에 대한 침해가 발행하는 경우, 그 규제행위의 구체적 내용과 효과에 대해서는 연방법원보다 주법원이 훨씬 잘 알 수 있고 재산권의 구체적 내용조차도 개별 주에 따라서 다르다는 미국의 현실을 잘 반영하고 있는 측면이 있다고 할 것이다.[38]

---

37) Keller. Scott A, Judicial Jurisdiction Stripping Masquerading Ripeness: Elimination William County State Litigation Requirement for Regulatory Takings Claims, 85 Texas Law Review 199, 210 (2006).

38) 그 대표적인 사건은 San Remo Hotel, L.P. v. City County of San Francisco 545 U.S. 323 (2005) 판결이다. 연방대법원은 "주법원이 연방법원보다 용도지구규정이나 토지이용관련 규정에 관련한 복잡한 사실적, 기술적, 법적 문제의 해결에 훨씬 많은 경험이 있다"는 것에 주법원 소송요건의 한계가 근거한다. The limitation imposed by the state-litigation requirement is grounded on the idea that "state courts undoubtedly have more experience than federal courts do in resolving the complex factual, technical, and legal questions related to zoning and land-use regulations." 545 U.S. 323, 347 (2005).

4. 州法院 訴訟要件(the state-litigation requirement)의 문제점

주법원 소송요건을 역수용소송에서 반드시 적용하는 것에 많은 문제점이 제기되었다. 첫째, 미국 전역에 걸쳐 공용수용의 법리가 다르게 적용되어 어떤 주에서는 손실보상을 받는데 어떤 주에서는 손실보상을 받지 못하는 경우가 생길 수 있다는 우려가 있다. 재산권의 구체적 내용도 개별 주에 따라 다르고 주정부 이하 지방정부의 규제정책에 대해 연방법원보다 주법원이 좀 더 전문성을 가지고 있다는 것은 사실이다. 그럼에도 불구하고 연방법원이 연방헌법에 대한 종국적 해석권을 가지고 있다고 할 수 있기 때문에 연방헌법에 규정하고 있는 평등보호조항(the equal protection clause) 차원에서도 주법원이 아닌 연방법원에 역수용소송을 바로 제기할 수 있도록 하여야 한다는 비판이 있다.[39]

이러한 우려는 실제 사건에는 나타나고 있다. 오하이오 주법원에서는 공용수용의 정당한 근거가 되는 공공사용(public use)을 협의로 해석하여 경제개발은 이에 해당하지 않는다고 판결하였다.[40] 뉴욕 주법원에서는 공공사용(public use)의 개념을 좀 더 확대하여 해석하여 경제개발도 여기에 해당한다고 판결한 경우가 있다.[41] 이러한 주법원들 사이에 나타나는 공용수용에 관한 서로 다른 판결은 물론 연방대법원에서 최종적으로 해결할 문제이기는 하나 현실적으로 해당 사건이 연방대법원까지 상고되어야 하고, 연방대법원에서도 사건이송명령(cert.)을 발효하는 경우에만 심리대상이 되므로 정부기관의 규제에 따른 공용수용과 재산권보호의 법리가 미국 전역에서 동일하게 적용된다고 보기는 어렵다고

39) Raymond J. Nhan, Minimalist Solution to Williamson County, Duke Environmental Law & Policy Forum, 28 Duke Environmental Law & Policy Forum 73, 86 (2017).
40) Norwood v. Horney, 110 Ohio St.3d 353, 356 (2006).
41) Kaufmann's Carousel v. City of Syracuse Indus. Dev. Agency, 301 A.D.2d 292, 294 (N.Y. App. Div. 4th Dep't 2002).

할 것이다.

둘째, 공용수용에 따른 손실보상권에 대해서만 州法院 訴訟要件(the state-litigation requirement)을 요구하는 것은 미국 헌법상 다른 기본권에서는 찾아볼 수 없는 부담이 된다는 것이다. 미국 헌법에서는 공용수용에 따른 손실보상만이 아니라 다양한 기본권들이 보장되고 있는데 그러한 기본권들에 대한 권리구제를 위해서 먼저 주법원에 소송을 제기할 것을 요구하는 것은 상상도 할 수 없는 경우라고 할 것이다. 표현의 자유(freedom of expression)가 미국 헌법에서 보장하고 있는 대표적인 기본권 중 하나인데 외설적 작품은 표현의 자유에 의해 보호되지 않는다고 보고 있다.[42] 어떤 작품의 표현이 외적인가 아닌가의 판단은 연방법원이 아닌 주법원에서 그 지방의 법령과 정서를 고려하여 먼저 판단해야한다고 연방대법원에서 요구한다면 이상한 결과를 낳을 것이다. 어떤 작품의 예술적 가치는 전국적으로 단일한 기준에 의해서 판단되는 것이 바람직하고 따라서 연방법원에서 표현의 자유 침해여부를 다루고 있다고 할 것이다. 만약 표현의 자유를 침해했다고 주장하는 사건은 주법원에서 먼저 다루라는 요건을 연방대법원에서 설정했다면 이는 강한 비판의 대상이 되었을 것이다.[43]

셋째, 州法院 訴訟要件(the state-litigation requirement)을 요구하는 것은 부자와 빈자를 차별하는 결과를 낳을 수 있다. 정부의 규제가 자신의 재산권을 침해했다는 이유로 역수용소송을 연방법원에 제기하는 경우, 연방법원은 州法院 訴訟要件(the state-litigation requirement)에 따라 주법원에서 먼저 이 사건을 다툴 것을 지시하게 될 것이다. 주법원에서의 소송절차를 다 마치고 난 후에 다시 연방법원에서 다투도록 하

---

42) Miller v. California, 413 U.S. 15 (1973).

43) Michael Kent Curtis, The Fraying Fabric of Freedom: Crisis & Criminal Law in Struggles for Democracy & Freedom of Expression, 44 TEX. TECH L. REV. 89, 94 (2011).

는 것은 너무나 많은 비용이 소요된다고 할 것이다. 따라서 부자인 자산가는 자신의 재산권을 보호하기 위해 정부의 규제에 대해 역수용소송을 제기하겠지만 가난한 사람은 자신의 재산권을 침해하는 정부의 규제에 대해 역수용소송을 제기하지 않는 현상으로 나타날 수 있다. 특히 정부기관은 정치적, 경제적으로 취약한 소수자들이나 빈자들을 대상으로 강한 규제정책을 시행하는 현상이 나타날 수도 있다고 하겠다.[44] 역수용소송에서의 州法院 訴訟要件(the state－litigation requirement)은 미국 연방헌법에서 규정된 것이 아니라 연방대법원의 판결에 의해 확립된 것이므로 몇몇 연방법원들은 포기하기도 했다. 재산권자가 처음에 역수용소송이 주법원에 제기되자, 규제당국에서 그 사건을 연방법원으로 이송해서 판단할 것을 요구한 사건이 있었다. 그 후 약1년이 경과한 뒤에 규제당국에서 재산권자가 주법원에서 먼저 손실보상을 청구하지 않았기 때문에 연방대법원의 William County 판결에 따라 성숙하지 않았다고 주장한 사건이 있었다. 이에 연방항소법원은 규제당국에서 먼저 연방법원으로 역수용사건의 이송을 청구하였기 때문에 州法院 訴訟要件(the state－litigation requirement)은 포기한 것이 되었다고 판단하였다.[45] 또 다른 연방항소법원에서도 이러한 포기를

44) Ryan Merriman, Closing Pandora's Box: Proposing a Statutory Solution to the Supreme Court's Failure to Adequately Protect Private Property, 2012 B.Y.U. L. Rev. 1331, 1345-46 (2012).

45) Sansotta v. Town of Nags Head, 724 F.3d 533, 544－45 (4th Cir. 2013).
이 사건의 발단은 1991년 Leslie와 Ben 부부가 미국 인디아나주 Pawnee市에 결혼하여 정착하였는데 그들은 자신의 집 근처에 있는 부동산을 1994년 투자의 목적으로 구입하였다. 그 후 약 20년이 지난 후에 이들 부부는 문제의 토지를 매도하기로 하면서 Pawnee市가 법령 제30호(Ordinance 30)를 제정하여 투자 목적으로 구입한 부동산에 대해 개발행위를 금지하였다는 것을 알게 되었다. 법령 제30호(Ordinance 30)로 인하여 그 토지에 대한 경제적으로 혜택이 있는 모든 사용이 금지된 것이었다. Pawnee市 도시계획위원회(Pawnee's planning commission)에는 주민들이 규제적 수용을 주장하여 손실보상을 받을 수 있는 절차가 마련되어 있었다. Leslie와 Ben 부부는 손실보상을 청구했지만 도시계획위원회는 이를 거부하였다.

확인하는 판결을 하였다.[46] 이렇게 항소법원들 사이에서도 州法院 訴訟要件(the state-litigation requirement)에 대한 일관된 견해가 없었던 것으로 알려져 있다.

이러한 州法院 訴訟要件(the state-litigation requirement)의 가장 큰 문제점으로 지적되는 것은 재산권자들이 연방법원에 역수용소송을 제기할 수 있는 기회가 박탈된다는 것이었다.[47] 이러한 문제점을 해결하고자 연방대법원은 2019년 6월 21일 Knick v. Township of Scott 판결[48]에서 州法院 訴訟要件(the state-litigation requirement)을 폐기하는 판결을 하였다.

로버트 연방대법원장(Chief Justice Roberts)에 의해 다수의견이 작성되었는데 Williamson County판결에서 확립된 주법원 소송요건은 수용소송의 원고들에게 부당한 부담을 전가하고 수용에 관련한 여러 법원칙들과도 일치하지 않기 때문에 파기한다고 판시하고 있다.[49] 지방정부와 관련된 수용소송도 지방정부에 의한 다른 기본권침해와 동일하게 다루어져야하는데 Williamson County판결은 이점에서 잘못되었다고 할 것이다.[50]

반대의견은 케이건 대법관(Justice Kagan)에 의하여 작성되었고 긴스버그 대법관(Justice Ginsburg), 브라이어 대법관(Justice Breyer), 소토마이어 대법관(Justice Sotomayor)이 찬성하였다. 그 주요 논지 중의 하나는

46) Lilly Investments v. City of Rochester, 2017 WL 56753 (6th Cir. 2017).

47) Fifth Amendment-Takings Clause-State Litigation Requirement-Knick v. Township of Scott, 133 Harv. L. Rev. 322, 322 (2019).

48) 588 U. S. 1 (2019).

49) 588 U. S. 1, 2 (2019) "We now conclude that the state-litigation requirement imposes an unjustifiable burden on takings plaintiffs, conflicts with the rest of our takings jurisprudence, and must be overruled."

50) 588 U. S. 1, 20 (2019) "Takings claims against local governments should be handled the same as other claims under the Bill of Rights. Williamson County erred in holding otherwise."

다수의견과 같이 역수용소송에서 Williamson County판결에서 확립하고 있는 주법원소송요건을 폐기할 경우 복잡한 주법과 관련된 지방색이 짙은 지역적 토지규제 관련사건들이 대량으로 연방법원에 유입되는 결과가 될 것이라는 우려가 있다는 것이다.[51)]

Ⅳ. 맺으며

미국 연방대법원은 2019년 6월 21일 Knick v. Township of Scott 판결[52)]을 하였는데 이것은 약 34년 전 Williamson County Regional Planning Commission v. Hamilton Bank of Johnson City판결[53)]에서 확립한 역수용소송을 제기하는 경우에, 적용되는 州法院 訴訟要件(the state-litigation requirement)을 폐기하는 판결이었다.

Williamson County판결에서 확립한 州法院 訴訟要件(the state-litigation requirement)은 지방정부의 규제정책으로 인하여 자신의 토지권에 대한 침해가 발생했다는 규제적 수용(regulatory takings)을 주장하는 역수용소송(inverse condemnation proceeding)을 연방법률 제42장 제1983조에 따라 제기하는 경우에는 연방법원에 그 소송을 제기하기에 앞서 지방정부의 규제에 관련한 분쟁에 보다 많은 경험이 있는 주법원(the state court)에서의 구제절차를 밟을 것을 요구하는 것이었다.

州法院 訴訟要件(the state-litigation requirement)은 개별토지의 구체적인 개발계획이나 이용에 관한 규제는 연방법 차원에서 이루어지는 경우보다는 주정부 이하 지방정부에서 이루어지는 경우가 많고, 재산권

51) 588 U. S. 1, (2019) "Its consequence is to channel a mass of quintessentially local cases involving complex state-law issues into federal courts."

52) 588 U. S. 1 (2019).

53) 473 U.S. 172 (1985).

(property)의 구체적 내용이 부동산권(fee)도 50개 주에 따라 각각 다르다는 연방국가체계를 구성하고 있는 미국의 법현실을 반영한 제도라는 평가 속에서 이를 비판하는 견해들도 많았던 것이 사실이다. 특히 미국 헌법상 재산권(property) 보장의 핵심이 연방수정헌법 제5조와 연방수정헌법 제14조에 따른 공공사용(public use)과 정당보상(just compensation) 규정인데 다른 기본권조항의 침해와는 달리 유독 수용관련소송에서만 주법원 소송요건을 요구하는 것은 재산권자의 연방법원에의 소송청구권을 부당하게 제한한다는 우려가 제시되기도 하였다.

이러한 우려 속에 연방대법원에서 34년간 지속되었던 州法院 訴訟要件(the state-litigation requirement)을 폐기하는 판결을 하여 이제는 지방정부의 규제로 인하여 자신의 재산권이 침해받았다고 주장하는 재산권자는 주법원의 소송절차를 먼저 거칠 필요 없이 바로 연방법원에 역수용소송(inverse condemnation proceeding)을 제기할 수 있는 길이 열렸다고 할 것이다. 이러한 연방 대법원의 판결은 재산권자의 이익을 좀 더 보호하고 수용관련소송도 다른 기본권침해와 관련한 소송과 동일하게 취급하는 긍정적인 효과를 기대할 수도 있겠지만 지방정부의 규제권이 위축되는 것은 아닌가하는 우려도 있다.[54]

54) Fifth Amendment-Takings Clause-State Litigation Requirement-Knick v. Township of Scott, 133 Harv. L. Rev. 322, 331 (2019). "In so doing, the Knick ruling saddles takings jurisprudence with concerning ambiguities that restrict local government regulatory authority, potentially at the expense of property rights overall."

참고문헌

김성배, 우리나라 토지수용법제와 간접수용 : 한미FTA의 간접수용을 중심으로, 土地法學 제28권 제2호 2012.

김재선, 규제적 수용 인정여부와 손실보상액 산정에서 토지의 경제적 효용 평가기준에 관한 최근 미국 판례의 재평가 논의－Braggs v. EAA 판례분석을 중심으로, 토지보상법연구 제18권, 토지보상법연구 2018

정하명, 미국토지법상 사인의 역수용소송, 공법학연구 제6권 제3호, 한국비교공법학회 2005

표명환, 미국연방헌법상의 재산권보장에 관한 고찰, 미국헌법연구 제23권 제1호 2012

Erwin Chemerinsky, Constitutional Law, Principles and Policies (2nd ed. 2002)

Robert Meltz, Dwight H. Merriam, Richard M. Frank, The Takings Issue, 25 (1999)

Carol Necole Brown, Taking the Takings Claim: A Policy and Economic Analysis of the Survival of Takings Claims after Property Transfers, 36 Conn. L. Rev. 7 (2003)

Dan Herber, Surviving the View through the Lochner Looking Glass: Tahoe－Sierra and the Case for Upholding Development Moratoria, 86 Minn. L. Rev. 913 (2002)

Elissa Zlatkovich, The Constitutionality of Sex Offender Restrictions: A Takings Analysis, 29 REVLITIG 219 (2009)

Erica Chee, Property Rights: Substantive Due Process and the “Shocks Conscience” Standard, 31 Uni. of Hawaii L. Rev. 577 (2009)

Keller. Scott A, Judicial Jurisdiction Stripping Masquerading Ripeness: Elimination William County State Litigation Requirement for

Regulatory Takings Claims, 85 Texas Law Review 199 (2006)

Marla E. Mansfield, 2004-2005 Supreme Court Review: Takings and Threes: The Supreme Court's 2004-2005 Term, 41 Tulsa L. Rev. 243 (2005).

Michael Kent Curtis, The Fraying Fabric of Freedom: Crisis & Criminal Law in Struggles for Democracy & Freedom of Expression, 44 TEX. TECH L. REV. 89 (2011)

Raymond J. Nhan, Minimalist Solution to Williamson County, Duke Environmental Law & Policy Forum, 28 Duke Environmental Law & Policy Forum 73 (2017)

Rebecca Lubens, The Social Obligation of Property Ownership: A Comparison of German and U.S. Law, 24 Ariz. J. Int'l &Comp. Law 389 (2007)

Ryan Merriman, Closing Pandora's Box: Proposing a Statutory Solution to the Supreme Court's Failure to Adequately Protect Private Property, 2012 B.Y.U. L. Rev. 1331 (2012)

Fifth Amendment-Takings Clause-State Litigation Requirement-Knick v. Township of Scott, 133 Harv. L. Rev. 322 (2019)

외 미국 연방법원의 판례

국문초록

약 34년 전 Williamson County Regional Planning Commission v. Hamilton Bank of Johnson City(473 U.S. 172 (1985))에서 확립한 역수용 소송을 제기하는 경우에 적용되는 州法院 訴訟要件(the state-litigation requirement)은 지방정부의 규제정책으로 인하여 자신의 재산권에 대한 침해가 발생했다는 규제적 수용(regulatory takings)을 주장하는 역수용소송(inverse condemnation proceeding)을 연방법률 제42장 제1983조에 따라 제기하는 경우에는 연방법원에 그 소송을 제기하기에 앞서 지방정부의 규제에 관련한 분쟁에 보다 많은 경험이 있는 주법원(the state court)에서의 구제절차를 밟을 것을 요구하는 것이었다.

州法院 訴訟要件(the state-litigation requirement)은 개별토지의 구체적인 개발계획이나 이용에 관한 규제는 연방법 차원에서 이루어지는 경우보다는 주정부 이하 지방정부에서 이루어지는 경우가 많고, 재산권(property)의 구체적 내용이 부동산권(fee)도 50개 주에 따라 각각 다르다는 연방국가체계를 구성하고 있는 미국의 법현실을 반영한 제도라는 평가 속에 이를 비판하는 견해들도 많았던 것이 사실이다. 특히 미국 헌법상 재산권(property) 보장의 핵심이 연방수정헌법 제5조와 연방수정헌법 제14조에 따른 공공사용(public use)과 정당보상(just compensation) 규정인데 다른 기본권 침해인 경우와 달리 유독 수용에 관련한 소송에서 주법원 소송요건을 요구하는 것은 재산권자의 연방법원에의 소송청구권을 부당하게 제한한다는 우려가 제시되기도 하였다.

미국 연방대법원은 2019년 6월 21일 Knick v. Township of Scott 판결(588 U. S. 1 (2019))을 하였는데 이것은 州法院 訴訟要件(the state-litigation requirement)을 폐기하는 판결이었다. 이제는 지방정부의 규제로 인하여 자신의 재산권이 침해받았다고 주장하는 재산권자는 주법원의 소송절차를 먼저 거칠 필요없이 바로 연방법원에 역수용소송(inverse condemnation proceeding)을 제기할 수 있는 길이 열렸다고 할 것이다. 이러한 연방 대법원의 판결은 재산권자의 이익을 좀 더 보호하고 수용관련소송도 다른 기본권침해와 관련한 소송과 동일하게 취급하는 긍정적인 효과를 기대할 수도 있겠지만 지방정부의 규제권이 위축되는 것은 아닌가하는 우려도 있다고 하겠다.

주제어: 공용수용규정, 정당보상, 규제적 수용, 역수용소송, 주법원 소송요건

Abstract

The state−litigation requirement for inverse condemnation proceedings: Knick v. Township of Scott

Jeong, Ha Myoung*

The Takings Clause of the Fifth Amendment allows federal and local government to take private property for public use under eminent domain, as long as the private landowner is justly compensated for the takings of their property in the U.S.

The U.S. Supreme Court ruled that the state−litigation requirement for inverse condemnation proceedings. It was ripeness doctrine that requires the takings claims should be heard at first in state court before the case could be heard by a federal court in William County Regional Planning Commission v. Hamilton Bank of Johnson City(473 U.S. 172 (1985)).

The state−litigation requirement is, such cases must be at first challenged at all appropriate local and state levels, and only after these challenges have failed, the takings claim can be heard in federal district courts. This requirement puts a lots of costs on private property owners who challenged local regulation un−constitutionary taken the private property. The state litigation requirement has resulted in several split decisions among the federal circuit courts and the Supreme Court finally ruled these requirement un−constitutional in Knick v. Township

* Professor, Kyungpook National University Law School

of Scott(588 U.S. 1(2019)).

In June 2019, the U.S. Supreme Court ruled to overturn part of Williamson County that required state venue action be taken first, allowing taking-compensation cases to be brought directly to federal court in Knick v. Township of Scott, Pennsylvania(588 U.S. 1(2019)).

Keywords: Takings Clause, Just Compensation, Regulatory Takings, Inverse Condemnation Proceedings, The state-litigation requirement

투고일 2019. 12. 13.

심사일 2019. 12. 23.

게재확정일 2019. 12. 30.

유럽연합의 위임입법에 대한 일고찰
-위임적 법적행위를 중심으로-

이재훈*

대상판결: 유럽연합법원 2016년 3월 17일자 C-286/14 (유럽의회 vs. 집행위원회) 판결

Ⅰ. 들어가며

법은 역동적 성격(dynamischer Charakter des Rechts)을 갖고 있으며, 이는 다른 법의 근거가 되는 법과 이러한 법에 근거하여 이를 구체화하는 법이 존재하고 이들 간의 관계가 상위-하위 질서(Über- und Unterordnung)를 갖고 있다는 점에서 드러난다.[1] 순수법학적 방법론에

* 법학박사, 한국법제연구원 부연구위원

1) Kelsen, Reine Rechtslehre, 1. Aufl.(1934), Studienausgabe hersg. v. Matthias Jestaedt, Mohr Siebeck, 2008, 84쪽 이하; Kelsen, Reine Rechtslehre, 2. Aufl.(1960), Studienausgabe hersg. v. Matthias Jestaedt, Mohr Siebeck, 2017, 399쪽 참조.

동조하는 입장을 취하든, 순수법학적 방법론을 비판하는 입장을 취하든, 현대의 법질서를 탐구함에 있어 각 법질서들이 나름대로의 단계적 구조(Stufenbau der Rechtsordnung)[2]를 갖고 이러한 구조 하에서 역동적으로 구성되고 있다는 점은 쉽게 부정하기 힘든 사실이다. 실제로 대한민국 헌법도 규범구조가 헌법－법률－대통령령－총리령/부령이라는 상하위 질서체계를 갖고 있음을 직·간접적으로 규율하고 있다. 독일의 헌법인 기본법 또한 기본법을 중심으로 한 기본법－법률－법규명령의 관계에서 법의 상하위 질서체계가 반영되어 있음을 직·간접적으로 규율하고 있다.[3]

이와 같은 규범질서의 상하위 질서체계는 유럽연합법 차원에서도 발견된다. 유럽연합법의 상하위 질서체계는 유럽연합과 관련된 헌법적 성격을 갖고 있는 최상위 규범들을 제1차법으로, 제1차법에 근거하여 발령된 법적행위(Rechtsakt)를 제2차법으로, 그리고 제2차법에 근거하여 발령된 법적행위를 제3차법으로 분류하여 설명된다.[4] 이와 같은 분류방식이 예전부터 존재했음에도 불구하고 현행 유럽연합법의 제1차법에 해당하는 유럽연합에 관한 조약(Vertrag über die Europäische Union)과 유

---

2) 법질서의 단계적 구조에 대해서는 Kelsen, Reine Rechtslehre, 1. Aufl.(1934), Studienausgabe hersg. v. Matthias Jestaedt, Mohr Siebeck, 2008, 84쪽 이하; Kelsen, Hans, Reine Rechtslehre, 2. Aufl.(1960), Studienausgabe hersg. v. Matthias Jestaedt, Mohr Siebeck, 2017, 398쪽 이하. 법질서의 단계적 구조에 대한 논의는 메르클의 관점을 켈젠이 수용한 것이라고 평가된다. 이에 대해서는 Koller, Zur Theorie des rechtlichen Stufenbaues, in: Paulson/Stolleis(Hsrg.), Hans Kelsen, Mohr Siebeck, 2005, 106쪽. 메르클의 법단계론에 대해서는 Borowski, Die Lehre vom Stufenbau des Rechts nach Adolf Julius Merkl, in: Paulson/Stolleis(Hsrg.), Hans Kelsen, Mohr Siebeck, 2005, 121쪽 이하. 이들의 법단계설에 관한 국내 문헌으로는 윤재왕, "한스 켈젠의 법해석이론", 『고려법학』 제74호, 고려대학교 법학연구원(2014.9), 534－535쪽.

3) Gröpl, Staatsrecht Ⅰ, 9. Aufl., Beck, 2017, 33쪽, 113쪽, 316쪽 참조.

4) 유럽연합 규범체계에 대한 선행 연구로는, 김중권, 『EU行政法硏究』, 법문사, 2018, 44~65쪽; 이재훈, "유럽연합 규범체계에 대한 체계적 고찰을 위한 소고", 『성균관법학』 제30권 제4호, 성균관대학교 법학연구소(2018.12), 582~597쪽.

럽연합의 기능에 관한 조약(Vertrag über die Arbeitsweise der Europäischen Union, 이하 유럽연합기능조약이라 함) 등을 포함하고 있는 리스본조약이 체결되기 전까지 유럽연합의 규범체계의 계서관계는 체계적이지 못하게 규율되고 있었고, 이러한 비체계성에 대한 지속적인 비판의 결과 유럽헌법초안은 유럽연합의 법질서를 엄격하게 체계화 하는 시도를 포함하고 있었다.[5] 하지만 유럽헌법초안은 몇몇 회원국의 반대로 인해 부결되었고, 유럽헌법초안 대신 유럽연합의 새로운 법질서로서 체결된 리스본조약은 유럽헌법초안만큼 확고하지는 않지만, 입법행위(Gesetzgebungsakt)[6]와 함께 위임적 법적행위(delegierter Rechtsakt, 유럽연합기능조약 제290조)와 실행적 법적행위(Durchführungsakt, 유럽연합기능조약 제291조 제2항)라는 두 가지 유형의 비입법적 법적행위(Rechtsakte ohne Gesetzescharakter)[7]를 명시적으로 규정함으로써 유럽연합 규범체계의 계서화 및 체계화를 실현하였다.[8]

리스본조약을 통해 계서적으로 체계화된 유럽연합법의 규범질서

---

5) 이광윤, "유럽헌법안의 법적행위 형식", 『유럽헌법연구』 창간호(유럽헌법학회, 2007), 203쪽 이하 참조.

6) 유럽연합법에서의 입법행위란 유럽연합기능조약 제289조에 따라 유럽연합의 입법자인 유럽의회와 이사회가 일반입법절차와 특별입법절차를 통해 발령한 명령(Verordnung; regulation), 지침(Richtlinie; directive)과 결정(Beschluss; decision)을 의미 한다. 이에 대해서는 이재훈, "유럽연합 규범체계에 대한 체계적 고찰을 위한 소고", 『성균관법학』 제30권 제4호, 성균관대학교 법학연구소(2018.12), 602쪽.

7) 비입법적 법적행위는 유럽연합의 법적행위 중 입법행위에 해당하지 않는 나머지 법적행위를 칭하는 개념으로서, 제1차법에 근거하고 있기 때문에 제2차법의 성격을 갖는 비입법적 법적행위(예: 유럽연합 경쟁법 차원에서 유럽연합기능조약 제105조 제2항에 따라 집행위원회가 발령하는 결정)와 제2차법에 근거하고 있기 때문에 제3차법의 성격을 갖는 위임적 법적행위와 실행적 법적행위가 이에 포함된다. 이러한 규범구조로 인해 유럽연합법의 규범구조는 여전히 복잡성이 높다고 할 수 있다. 비입법적 법적행위에 대한 보다 자세한 내용은 이재훈, "유럽연합 규범체계에 대한 체계적 고찰을 위한 소고", 『성균관법학』 제30권 제4호, 성균관대학교 법학연구소(2018.12), 610쪽 이하를 참조할 것.

8) Ruffert, in: Calliess/ders.(Hrsg.), EUV/AEUV, 5. Aufl., Beck, 2016, Art. 290 AEUV Rn. 1.

내에서 유럽연합기능조약 제290조에 따른 위임적 법적행위와 유럽연합기능조약 제291조 제2항에 따른 실행적 법적행위는 유럽연합의 입법자인 유럽의회(Europäisches Parlament) 및 이사회(Rat)가 아닌 유럽연합의 집행기관인 유럽연합 집행위원회(Europäische Kommission, 이하 집행위원회라 함)가 발령하는 행정입법(exekutivische Rechtsetzung)의 성격을 갖고 있다.9)

다만, 유럽연합실행조약을 통해 도입된 위임적 법적행위와 실행적 법적행위는 기존의 유럽연합 규범체계에서는 생경한 면이 있을 뿐 아니라 행정입법의 유형을 두 가지로 설정하고 있기 때문에 이들 간의 관계를 어떻게 정립할 것인지, 유럽연합의 입법자는 집행위원회에게 행정입법 발령 권한을 수여할 때 양자 중 어떠한 작용을 어떠한 방식으로 수여해야하는 것인지, 수여된 권한을 행사할 때 집행위원회가 준수해야할 사항은 무엇인지 등에 대해서 불분명한 측면이 많았다. 그리고 이러한 사항들과 관련한 유럽연합 입법자와 집행위원회 간의 법적 견해 차이가 노정되어 다수의 분쟁사례가 발생하였다. 이처럼 유럽연합의 행정입법과 관련된 유럽연합법원의 주요 판례는 위임적 법적행위와 실행적 법적행위의 관계성과 관련된 사안이 다수를 차지한다.10)

반면 본고의 글감이 되는 대상판결인 유럽연합법원의 2016년 3월 17일자 C-286/14 판결11)은 기존 유럽연합법원의 판례에서 다루어지

9) Haltern, Europarecht, Bd. I, 3. Aufl., Mohr Siebeck, 2017, 412쪽.

10) 위임적 법적행위와 실행적 법적행위 간의 규범적 관계가 사안의 주요 논점이 되었던 유럽연합법원의 판례 및 유럽연합법적 논의는 별도의 지면을 통해 소개할 예정이다. 유럽연합기능조약 제291조 제2항 및 제290조에 대한 체계적 해석 및 역사적 해석을 통한 실행적 법적행위의 '실행'(Durchführung) 개념 해석에 대해서는 Lee, Demokratische Legitimation der Vollzugsstruktur der sektorspezifischen Regulierungsverwaltung, Nomos, 2017, 243~246쪽. 이에 서적에 대한 긍정적 서평으로는 Fetzer, Buchbesprechung: Lee, Jae-Hoon, Demokratische Legitimation der Vollzugsstruktur der sektorspezifischen Regulierungsverwaltung, Die Verwaltung 52(2019), 456~459쪽.

11) EuGH, Rs. C-286/14, ECLI:EU:C:2016:183 = BeckRS 2016, 80496 -

고 있던 이들 양자의 비교 및 구분이라는 전통적인 논점에서 벗어나 위임적 법적행위를 통해 집행위원회가 행사할 수 있는 권한 유형과 관련된 논점 및 위임적 법적행위를 통해서 집행위원회가 입법행위의 비본질적인 부분을 보충하도록 위임이 되어 있는 경우 집행위원회가 당해 권한을 행사하기 위해서 위임적 법적행위를 발령할 때 고려해야할 형식과 관련된 논점이 다루어지고 있으며, 이와 관련한 구체적인 법리가 제시되고 있다. 이러한 점에서 본고의 글감이 되는 2016년 3월 17일자 C−286/14판결은 유럽연합법상 집행위원회의 행정입법과 관련된 리딩 케이스라고 할 수 있으며, 유럽연합법상 집행위원회의 위임적 법적행위와 관련된 법리 검토가 집중적으로 이루어지고 있는 독특한 판례라고 할 수 있다.

이하에서는 유럽연합법상 행정입법론의 양대 축 중 하나라고 할 수 있는 위임적 법적행위와 관련된 다양한 법리가 구체적 사례를 통해 조명되어 유럽연합의 행정입법에 대한 체계적 검토 및 (부분적) 조망의 기회를 제공하는 유럽연합법원의 2016년 3월 17일자 C−286/14 판결을 검토하여 유럽연합기능조약을 통해 규율된 위임적 법적행위의 실체법적 특징, 그리고 우리의 행정법제에서는 일반적이지 않는 입법자에 의한 행정입법 직접적 통제[12]와 입법자에 의한 소제기 및 이에 기반한 법원에 의한 사후적 통제 메커니즘을 직·간접적으로 살펴봄으로써 유럽연합법이 갖고 있는 행정입법(거버넌스)의 특수성을 살펴보도록 한다.

EP/Kommission.

12) 김남진/김연태, 『행정법 I』(제22판), 법문사, 2018, 172~173쪽; 김남철, 『행정법 강론』(제5판), 박영사, 2019, 296쪽; 김동희, 『행정법 I』(제24판), 박영사, 2018, 151쪽; 류지태/박종수, 『행정법신론』(제17판), 박영사, 2019, 316쪽; 박균성, 『행정법론(상)』, 박영사, 2018, 215~216쪽; 홍정선, 『행정법원론(상)』(제27판), 박영사, 2019, 256~257쪽. 독일에 있어서 의회의 행정입법에 대한 관여에 대하여 유의미한 국내 선행연구로는 김현준, "법률과 행정입법의 관계", 『공법연구』 제45집 제1호, 한국공법학회(2016.10), 107~135쪽.

Ⅱ. 대상판례 검토

1. 사건의 개요

유럽의회는 '유럽연결기금(Connecting Europe Facility) 설립을 위한 유럽의회와 이사회의 명령 제1316/2013호'[13](이하 근거명령이라 함)에 근거하여 집행위원회가 발령한 '유럽연결기금 설립을 위한 유럽의회와 이사회의 명령 제1316/2013호의 부록 I 을 수정하기 위한 집행위원회의 2014년 1월 7일자 위임명령 제275/2014호'[14](이하 특별한 사유가 없는 한 계쟁명령이라 함)가 무효임을 선고해달라고 유럽연합법원(Gericht der Europäischen Union)에 소를 제기하였다.[15]

(1) 사안 검토

본 사안에서 유럽의회와 집행위원회간의 분쟁이 발생하게 된 계기는 집행위원회가 제 I 장부터 제 V 장으로 구성된 근거명령의 부록 I 에 부록 I 을 수정하기 위해 발령한 계쟁명령을 통해 제 VI 장을 추가하려 하였기 때문이다. 이를 보다 상세히 살펴보면 다음과 같다.

우선 집행위원회가 계쟁명령을 발령하게 된 법적 근거는 근거명령 제21조 제3항이다. 이에 따르면 집행위원회는 교통 분야와 관련하여 위

---

13) Verordnung (EU) Nr. 1316/2013 des Europäischen Parlaments und des Rates vom 11. Dezember 2013 zur Schaffung der Fazilität „Connecting Europe" , zur Änderung der Verordnung (EU) Nr. 913/2010 und zur Aufhebung der Verordnungen (EG) Nr. 680/2007 und (EG) Nr. 67/2010 Text von Bedeutung für den EWR, ABl. L 348 vom 20.12.2013, 129~171쪽.

14) Delegierte Verordnung (EU) Nr. 275/2014 der Kommission vom 7. Januar 2014 zur Änderung des Anhangs I der Verordnung (EU) Nr. 1316/2013 des Europäischen Parlaments und des Rates zur Schaffung der Fazilität „Connecting Europe" Text von Bedeutung für den EWR, ABl. L 80 vom 19.3.2014, 1~4쪽.

15) EuGH, Rs. C-286/14, ECLI:EU:C:2016:183 = BeckRS 2016, 80496 - EP/Kommission, Rn. 1.

임적 법적행위를 통해 자금지원우선순위를 상세화(Festlegung im Einzelnen; detailing) 할 수 있는 권한을 수여받는다. 그리고 집행위원회가 발령한 위임적 법적행위를 통해 상세화 된 자금지원우선순위는 실행적 법적행위의 성격을 갖고 있는 유럽연결기금 운용 기간을 위한 업무프로그램에 반영되어야만 한다.

이러한 규범적 배경에 기반하여 집행위원회는 부록 I 을 수정하기 위한 계쟁명령을 발령하였다. 계쟁명령의 부록은 '다년차 및 연차 업무프로그램을 위한 교통분야 자금지원우선순위'라는 제목과 함께 약 2페이지에 걸쳐 이에 대한 상세한 사항을 규정하고 있으며, 계쟁명령 제1조는 당해 부록을 근거명령 부록 I 제Ⅵ장으로 첨부한다고 규정하고 있다.

(2) 유럽의회의 논리

집행위원회의 이와 같은 형태의 위임권한 행사와 관련하여 유럽의회는 ① 근거명령 제21조의 다른 항들이 명시적으로 수정 권한을 위임한 것을 체계적 관점에서 고려해 본다면, 근거명령 제21조 제3항이 자금지원우선순위를 집행위원회가 상세화하도록 권한을 위임한 것은 위임적 법적행위를 통해 근거명령을 보충하도록 한 것임에도 불구하고 집행위원회가 근거명령을 수정하는 위임적 법적행위를 발령하였다는 점,[16] ② 계쟁명령을 통해 자금지원우선순위를 근거명령의 부록으로 추가하게 되면 집행위원회는 근거명령의 수정권한이 없기 때문에 향후 위임적 법적행위를 통해 근거명령에 추가된 부록의 내용을 수정할 수 없으며, 따라서 정치적 우선순위의 변화, 기술적 가능성 및 교통 흐름을 반영하여 계쟁명령을 통해 추가된 부록을 수정할 수 없게 되어 근거명령 입법이유(59)에서 요청하는 제도적 유연성에 반하게

16) EuGH, Rs. C−286/14, ECLI:EU:C:2016:183 = BeckRS 2016, 80496 - EP/Kommission, Rn. 20 재구성.

되는 점[17]을 지적하였다.

(3) 집행위원회의 반박

이와 같은 유럽의회의 주장에 대해 집행위원회는 ① 근거명령 제21조 제3항이 유럽연합기능조약 제290조 제1항에서 규정하고 있는 권한의 유형인 수정 또는 보충이라는 법문을 직접적으로 사용하지 않고 상세화라고 표현을 하고 있기 때문에 근거명령의 본질적 내용을 수정하지 않고 부록의 내용을 추가하는 방식을 활용할 수 있으므로 이는 위임된 권한의 범위를 일탈한 것이 아니고,[18] ② 근거명령 제21조 제3항이 상세화라는 표현을 한 것은 집행위원회에게 위임된 권한을 선택할 수 있게 하려는 입법기술적 사항이라고[19]을 유럽의회의 논리를 반박하였다.

(4) 유럽연합법원의 판단

본 사안과 관련하여 유럽연합법원은 계쟁명령의 무효를 선고하였다.[20]

---

17) EuGH, Rs. C-286/14, ECLI:EU:C:2016:183 = BeckRS 2016, 80496 - EP/Kommission, Rn. 22 재구성.

18) EuGH, Rs. C-286/14, ECLI:EU:C:2016:183 = BeckRS 2016, 80496 - EP/Kommission, Rn. 23~25 재구성.

19) EuGH, Rs. C-286/14, ECLI:EU:C:2016:183 = BeckRS 2016, 80496 - EP/Kommission, Rn. 27.

20) 유럽연합기능조약 제264조 제1항에 따라서 무효소송의 적법요건이 충족되고 청구의 이유가 있는 경우 유럽법원은 대상작용의 무효를 선고하고 이를 통해 대상작용의 적법성 추정이 박탈된다. 따라서 유럽연합기능조약 제264조에 의해 규율되는 무효소송은 형성소송이라고 할 수 있다(Pache, in: Vedder/Heintschel von Heinegg(Hrsg.), Europarecht, Art. 264 AEUV Rn. 2). 따라서 유럽연합의 무효소송을 파악할 때, 우리 행정소송법상 항고소송의 유형 중 하나인 무효등 확인소송이 처분등의 효력 유무 또는 존재여부를 확인하는 소송으로 정의되어 확인소송의 성격을 갖고 있다는 점과는 달리 형성소송임을 유의할 필요가 있다(同旨: 김중권, 『EU行政法研究』, 법문사, 2018, 142쪽).

2. 관련 규정

이하에서는 앞서 살펴본 사안과 관련된 각종 규범들을 유럽연합이 갖고 있는 규범체계의 층위인 제1차법-제2차법-제3차법에 맞추어 살펴보도록 한다.[21] 이를 간략히 일별하면, 제1차법 차원에서는 유럽연합의 행정입법으로서의 성격을 갖고 있는 집행위원회의 법적행위[22] 채택에 대한 규정이 소개된다. 제2차법적 차원에서는 계쟁명령의 근거규정과 함께 당해 근거규정이 담고 있는 규범적 내용을 체계적으로 해석하기 위해 고려되어야 할 입법이유 및 관계 규정들이 소개된다. 제3차법적 차원에서는 계쟁명령의 입법이유 및 문제의 소재가 되는 규정이 소개된다. 다만, 근거명령과 계쟁명령의 부록에 담겨 있는 세부적인 사항들은 본고의 지면의 한계 상 생략하도록 한다.

(1) 제1차법 차원에서의 관련 규정

유럽연합기능조약 제290조 (1) 입법행위는 <u>집행위원회에게 당해 입법행위의 비본질적 사항을 ***보충***하거나 ***수정***하기 위해 일반적인 효력을 갖고 있는 비입법적 법적행위를 발령할 수 있는 권한을 수여할 수 있다. 당해 입법행위에 권한위임의 목적, 내용, 효력범위 및 기한이 명확히 확정되어 있어야 한다. 본질적인 사항은 입법자에게 유보되어 있고 따라서 본질적인 사항의 위임은 금지된다.</u>

<u>(2) 위임이 이루어지는 조건들은 입법행위에 명시적으로 규정되어야 하며 이러한 조건의 내용은 각호와 같을 수 있다.</u>

---

21) 이하의 규정에 추가된 밑줄, 강조 등의 편집은 본 사안 및 본고에서 다루어질 논점과 직접적인 연관성을 갖고 있는 부분이며, 독자들의 이해의 편의를 위해 필자가 별도로 표기한 것이다.

22) 유럽연합기능조약 제290조 및 제291조에 따라 집행위원회가 채택하는 법적행위는 행정입법(exekutivische Rechtsetzung)의 성격을 갖는다. 이에 대해서는 Haltern, Europarecht, Bd. I, 3. Aufl., Mohr Siebeck, 2017, 412쪽.

a. 유럽의회 또는 이사회가 위임의 철회를 결정할 수 있다.

b. 위임적 법적행위는 입법행위에서 규정하고 있는 기간 내에 유럽의회 또는 이사회가 이의를 제기하지 않는 경우에만 효력을 갖는다.

a호에 따른 철회 또는 b호의 이의제기는 유럽의회는 의회구성원의 다수로, 이사회는 구성원의 가중다수로 결정한다.

(3) 위임적 법적행위의 제명에는 "위임"이라는 표현을 붙인다.

유럽연합기능조약 제291조 (1) 회원국은 회원국 법에 따라 유럽연합의 구속적 법적행위의 실행을 위해 필요한 모든 조치를 취한다.

(2) 유럽연합의 구속적 법적행위의 실행을 위해 통일된 조건이 필요한 경우 당해 법적행위로 집행위원회에게 [...] 실행권한이 수여된다.

(3) 제2항과 관련하여 유럽의회와 이사회는 일반 입법절차를 거쳐 명령(Verordnung; Regulation)을 통해 사전에 회원국들이 실행권한 행사를 감독할 수 있는 일반 규정과 원칙을 확정한다.

(4) 실행적 법적행위의 제명에는 "실행"이라는 표현을 붙인다.

(2) 제2차법 차원에서의 관련 규정

근거명령 입법이유(59) 제2문 교통분야와 관련하여, 정치적 우선순위의 변화, 기술적 가능성 및 교통 흐름을 고려할 수 있도록 집행위원회에게 유럽연합기능조약 제290조에 따라 부록 I 의 제 I 장을 수정하는 법적행위(Rechtsakt) 발령 권한과 제7조 제2항에 따라 지원될 수 있는 조치에 대한 자금지원우선순위를 업무프로그램에 구체화하는 권한을 수여한다.

근거명령 제17조(다년차 업무프로그램 및 연차 업무프로그램) (1) 집행위원회는 교통, 통신 및 에너지 분야와 관련하여 각각 실행적 법적행위(Durchführungsrechtsakten)로 다년차 ***업무프로그램***과 연차 ***업무프로그램***을 채택한다. 집행위원회는 복수 분야와 관련된 다년차 ***업무프로그램***과 연차 ***업무프로그램***도 채택할 수 있다.

근거명령 제21조(위임적 법적행위) (1) 관련 회원국의 승인 유보 하에 [...] 유럽연합기능조약 제172조 제2항에 따라 집행위원회는 근거명령 제26조에 따라 근거명령 부록Ⅰ 제Ⅰ장의 ***수정***과 관련하여 위임적 법적행위를 발령할 권한을 수여 받는데, 이는 유럽횡단 네트워크와 관련된 재정우선순위의 변화와 공동의 이익을 위한 프로젝트의 변경을 고려하기 위한 것이다.

(2) 중간점검 결과 및 '유럽－2020－프로젝트 차관' 이니셔티브의 파일럿 단계에 대한 독립적이고 광범위한 평가에 대응하고 재정수단 형성 및 집행의 최적화와 관련하여 지속적으로 변화하는 시장상황을 고려하기 위해서, 집행위원회에게 근거명령 제26조에 따라 부록Ⅰ 제Ⅲ장의 외부자금 프레임 및 참여 프레임에 대응한 유럽연합의 재정수단에 대한 유럽연합의 기여금(Beitrag; contribution)과 관련된 주요 규정, 조건 및 절차의 ***수정***과 관련하여 위임적 법적행위를 발령할 수 있는 권한을 수여 된다.

(3) 교통분야에 대해서 집행위원회는 제3조의 일반 목적 또는 제4조 제2항의 특수 목적에 따라 제26조에 따른 위임적 법적행위를 발령할 권한을 갖는데, 이 위임적 법적행위를 통해 자금지원우선순위가 ***상세화되며***(Förderprioritäten im Einzelnen festgelegt werden; detailing the funding priorities), 이 자금지원우선순위는 제7조 제2항에 따라 지원대상조치와 관련하여 제17조에서 언급된 유럽연결기금 운용 기간을 위한 ***업무프로그램***에 반영되어야만 한다. 집행위원회는 2014년 12월 22일까지 이에 상응하는 위임적 법적행위를 발령한다.

<중략>

(5) 운송관련 목적에 대한 할당으로부터 5% 이상 달라질 필요가 있다고 인정되는 경우, 집행위원회는 부록Ⅰ 제Ⅳ장에서 확정된 지표 비율의 ***수정***하기 위해 제26조에 따라 위임적 법적행위를 발령할 권한을 갖는다.

(6) 이 명령의 중간점검 또는 이 명령의 적용으로부터 도출된 결과를 고려하기 위해서, 유럽연합 집행위위원회는 제26조에 따라 부록Ⅰ 제Ⅴ장상의 수여범위 확정을 위해 고려되는 일반규정 리스트를 ***수정***하는 위임적 법적행위를 발령한 권한을 갖는다. 이는 각 영역별 가이드라인에 부합하는 방식으로 이루어져야 한다.

근거명령 제26조(위임권한의 행사) (1) 위임적 법적행위 발령 권한은 이하에서 규정하고 있는 조건 하에 위임된다.

(2) 제21조에 따른 위임적 법적행위 발령 권한은 2014년 1월 1일부터 2020년 12월 31일까지 집행위원회에 위임된다.

(3) 제21조에 따른 권한위임은 유럽의회 또는 이사회에 의해 언제든지 철회될 수 있다. 철회결정은 이 결정에서 언급된 권한의 위임을 종료시킨다. 이 결정은 유럽연합 관보에 고시된 다음 날 또는 결정의 내용에 제시된 이보다 더 늦은 시점에 효력이 발생한다. 이러한 철회 결정은 이미 실행된 위임적 법적행위의 효력에 영향을 미치지 않는다.

(4) 집행위원회가 위임적 법적행위를 발령하는 즉시, 집행위원회는 이를 동시에 유럽의회와 이사회에 전달한다.

(5) 제21조에 따라 발령된 위임적 법적행위는 당해 법적행위가 유럽의회 또는 이사회에 전달된 후 2개월 내에 유럽의회와 이사회로부터 이의제기가 이루어지지 않거나 이러한 기간이 도과하기 전에 유럽의회와 이사회 양자가 유럽연합집행위원회에게 이의를 제기하지 않겠다는 의견을 전달하면 효력이 발생한다. 유럽의회 또는 이사회의 주도

로 이 기간은 2개월 연장된다.

(3) 제3차법 차원에서의 관련 규정

계쟁명령의 제명은 '유럽연결기금 설립을 위한 유럽의회와 이사회의 명령 제1316/2013호의 부록Ⅰ을 ***수정***하기 위한 집행위원회의 2014년 1월 7일자 위임명령 제275/2014호'라고 되어 있어 위임적 법적행위와 관련된 집행위원회의 권한이 근거명령의 비본질적 부분의 수정인 것과 같은 외관을 갖고 있다. 그리고 계쟁명령의 주요 내용은 이하와 같다.

계쟁명령 제1조 이 명령의 부록의 본문은 근거명령 부록Ⅰ 제Ⅵ장으로 ***첨부***된다(wird...angefügt; is added).

계쟁명령에 의해 근거명령에 첨부될 부록Ⅰ 제Ⅵ장의 제목은 '다년차 및 연차 업무프로그램을 위한 교통분야 자금지원우선순위'이고 약 2페이지에 걸쳐 다년차 업무프로그램을 위한 자금지원우선순위와 연차 업무프로그램을 위한 자금지원우선순위을 규정하고 있다.

Ⅲ. 대상판례의 주요 논점 분석 및 평가

1. 논점 정리

본 사안에서의 위임적 법적행위와 관련된 논점은 크게 두 가지로 나누어진다. 우선 근거명령 제21조 제3항을 통해 수여된 집행위원회의 권한이 무엇인지 여부이다. 근거명령 제21조 제3항 법문에 따르면 당해 조항을 통해 집행위원회에게 수여된 권한은 위임적 법적행위를 통해 자금지원우선순위를 상세화하는 것이다. 이에 근거하여 계쟁명령은 제명에 수정이라는 표현을 사용하면서 제1조에서는 부록인 '다년차 및 연차 업무프로그램을 위한 교통분야 자금지원우선순위'가 근거명령의 부록 I에 '첨부 된다'는 법문을 활용하고 있다. 따라서 근거명령에서 사용된 법문인 상세화가 과연 무엇인지, 집행위원회가 발령한 계쟁명령 제1조의 첨부의 방식이 근거명령이 집행위원회에게 요청한 상세화에 해당하는지, 그리고 이러한 법문은 유럽연합기능조약 제290조상의 '수정'과 '보충'이라는 법문과는 어떠한 관계를 갖고 있는지 문제가 된다.

이상의 논점이 집행위원회에게 수여된 위임적 법적행위 발령과 관련된 실체적 권한에 대한 사항이라면, 또 다른 논점은 권한 행사의 형식에 대한 사항이다. 이는 집행위원회가 위임적 법적행위를 통해 수정권한을 행사하도록 권한을 위임 받았을 때 집행위원회는 입법행위와는 별도로 독립되어 있는 위임적 법적행위를 발령해야하는지 아니면 보충권한 행사를 통해 위임적 법적행위의 내용을 입법행위에 통합시킬 수 있는지 여부로 정리될 수 있다. 그리고 이 논의는 입법자가 근거명령을 통해 취하고 있는 3단계 규율체계(① 입법행위: 자금지원프로그램 관련 본질적 사항 규율, ② 위임적 입법행위: 자금자원우선순위 상세화를 통한 정치적 우선순위의 변화, 기술적 가능성 및 교통 흐름 반영, ③ 실행적 법적행위[업무프로그램]: 정치적 우선순위의 변화, 기술적 가능성 및 교통 흐름이 고려된 자금지원우선순위를 반영)와 이에 담겨 있는 유럽연결기금 자금지원 제도의 유연성 확보라는 입법목적을 계쟁명령이 위배하고 있는 것인지 여부와도 관련된다.

2. 위임적 법적행위 발령 시 위임 권한의 문제

유럽연합기능조약 제290조 제1항은 위임적 법적행위를 통해 집행위원회가 수행할 수 있는 권한을 '비본질적 사항'에 대한 '보충' 및 '수정'이라고 규정하고 있다. 그리고 근거명령의 경우 집행위원회에게 위임적 법적행위를 통해 자금지원우선순위를 '상세화'하도록 권한을 위임하고 있다. 그런데 계쟁명령의 경우 제명에 수정이라는 표현을 활용하면서 제1조에서 근거명령에 자금지원우선순위를 첨부하도록 규정하고 있다. 이러한 법문들을 어떻게 이해하는지에 따라 계쟁명령이 근거명령을 위반한 것인지 아닌지에 대한 평가가 이루어질 수 있다.

이하에서는 위임적 법적행위를 통해 집행위원회가 행사할 수 있는 권한에 대한 유럽연합법상 주요 법리와 이와 관련하여 대상판결에서 문제된 사항을 검토하여 유럽연합의 행정입법 중 하나인 위임적 법적행위와 관련된 실체법적 사항들을 살펴보도록 하며, 본 판결을 통해 보다 확장된 위임적 법적행위의 법리를 살펴보도록 한다.

(1) 비본질적 사항의 보충 및 수정 관련 법리 일반

가. 비본질적 사항의 의미

유럽연합기능조약 제290조 제1항은 유럽연합의 입법자가 집행위원회에게 위임적 법적행위를 통해 해당 위임적 법적행위의 법적 근거가 되는 입법행위의 비본질적 사항을 보충하거나 변경할 수 있는 권한을 수여할 수 있음을 규정하고 있다. 따라서 본질적인 사항을 위임적 법적행위를 통해 보충 또는 수정할 수 있도록 한 경우 이는 무효인 권한 위임이라고 할 수 있다.[23]

이와 같은 맥락에서 검토되어야 할 것은 -비록 당해 논점이 본 사안에서는 문제되지 않았지만- 집행위원회가 수정 또는 보충할 수 있는 대상인 비본질적인 것은 무엇인지, 이를 역으로 서술하면, 집행위원회에게 수정 또는 보충할 수 있는 권한이 위임되어서는 안 되는 본질적인

23) Gundel, in: Pechstein/Nowak/Häde(Hrsg.), Frankfurter Kommentar EUV/GRC/AEUV, Bd. 4, Mohr Siebek, 2017, Art. 290 AEUV Rn. 8.

것이 무엇인지에 대한 논점이다.

이와 관련하여 유럽연합적 관점에서 정치적인 결정이 이루어져야 하거나 유럽연합정책과 관련하여 중요한 방향성을 제시하는 사항을 주로 본질적인 것이라고 평가되기도 하며, 경우에 따라서는 유럽연합 차원에서도 시민의 기본권 관련성이 있는 것이 본질적인 것이라는 논의가 이루어지고 있다는 견해가 존재한다.24) 이와는 달리 유럽연합기능조약 제290조에서 논의하는 본질적이라는 것은 유럽연합의 정책과 관련된 부분에 한정되는 것이며, 독일의 본질성설과 같이 시민의 기본권과 관련된 중대한 사항이 본질적이라는 논의는 유럽연합기본권헌장 제52조 제1항 차원의 논의이므로 이에 해당하지 않는다는 논리도 존재한다.25) 이와 같은 상황을 종합해 보면 아직까지도 위임적 법적행위의 대상이 되는 비본질적인 사항이 유럽연합법적으로 아직까지도 명확히 규명된 것은 아닌 것으로 보인다.26)

나. 보충의 의미

입법행위가 집행위원회에게 위임적 법적행위를 통해 당해 입법행위의 비본질적 사항을 보충할 수 있는 권한을 규정하고 있는 경우, 집행위원회가 행사할 수 있는 권한은 전체 입법행위의 규율 내용을 고려하여 입법행위가 규율하지 않은 비본질적인 사항을 구체화하고 그 내용을 덧붙이는 것에 한정된다.27) 이러한 대표적인 유형으로는 입법행위에

---

24) Gellermann, in: Streinz(Hrsg.), EUV/AEUV, 3. Aufl., Beck, 2018, Art. 290 AEUV Rn. 7; Gundel, in: Pechstein/Nowak/Häde(Hrsg.), Frankfurter Kommentar EUV/GRC/AEUV, Bd. 4, Mohr Siebek, 2017, Art. 290 AEUV Rn. 8.

25) Vedder, in: ders./Heintschel von Heinegg(Hrsg.), Europäisches Unionsrecht, Nomos, 2012, Art. 290 AEUV Rn. 3.

26) 입법행위의 비본질적 사항이 무엇인지는 C-286/14 판결에서 다루어진 핵심 논점은 아니었으므로 본고에서는 위에 대한 논의를 간략하게 소개하는 수준에서 당해 논점의 검토를 마치도록 한다.

27) EuGH, Rs. C-286/14, ECLI:EU:C:2016:183 = BeckRS 2016, 80496-EP/Kommission, Rn. 41.

사용된 불확정 법개념을 개별적으로 유형화하여 구체화하는 것을 생각해볼 수 있다.[28] 이와 같은 보충 권한 수여는 기술 발전 등과 같이 변화하는 외적 상황을 시의적절하게 반영하여 규율하는 경우 사용된다.[29]

다. 수정의 의미

이와 달리 입법행위를 통해 집행위원회에게 위임적 법적행위를 통해 당해 입법행위의 비본질적 사항을 수정하는 권한이 위임되어 있는 경우, 집행위원회는 입법자에 의해 수정 대상으로 확정된 비본질적 요소를 변경하거나 삭제하는 것이 허용되며,[30] 이때는 집행위원회가 권한을 행사함에 있어 대상 조항의 내용을 준수하거나 고려할 의무가 보충 권한 수여의 경우와는 달리 존재하지 않는다.[31] 다만 집행위원회가 위임적 법적행위를 발령할 수 있는 권한을 입법행위를 통해 수여받은 경우 집행위원회가 당해 입법행위를 전적으로 변경하거나 입법행위를 통해서 설정하지 않았던 새로운 입법목적을 설정하는 것과 같은 형태의 권한행사는 허용되지 않는다.[32]

(2) 계쟁명령 제21조 제3항의 상세화의 의미 및 유럽연합법원을 통한 법리 발전

가. 논의의 전제

앞서 살펴본 바와 같이 유럽연합기능조약 제290조는 집행위원회가 위임적 법적행위를 통해 행사할 수 있는 권한의 유형을 ① 입법행위의

---

28) Gellermann, in: Streinz(Hrsg.), EUV/AEUV, 3. Aufl., Beck, 2018, Art. 290 AEUV Rn. 6.
29) Schoo, in: Schwarze, EU−Kommentar, 4. Aufl., Nomos, 2019, Art. 290 AEUV Rn. 13 참조.
30) Gellermann, in: Streinz(Hrsg.), EUV/AEUV, 3. Aufl., Beck, 2018, Art. 290 AEUV Rn. 6.
31) EuGH, Rs. C−286/14, ECLI:EU:C:2016:183 = BeckRS 2016, 80496 - EP/Kommission, Rn. 42.
32) Schoo, in: Schwarze, EU−Kommentar, 4. Aufl., Nomos, 2019, Art. 290 AEUV Rn. 12.

비본질적 사항의 구체화 내지 그 내용을 덧붙이는 수준의 보충과 ②입법행위의 비본질적 사항을 변경 또는 삭제할 수 있는 변경으로 규정하고 있다. 그런데 근거명령 제21조 제3항의 명문 규정은 유럽연합집행위원회에게 자금지원우선순위를 상세화하도록 하는 법문을 사용하고 있다. 따라서 근거명령 제21조 제3항이 집행위원회에게 수여한 권한인 위임적 법적행위를 통한 자금지원우선순위의 상세화가 어떠한 권한인지 그 성격 규명 여부에 따라 집행위원회가 계쟁명령 제1조를 통해 근거명령의 부록 I 제VI장으로 '다년차 및 연차 업무프로그램을 위한 교통분야 자금지원우선순위'를 첨부한 것이 근거명령이 수여한 권한의 범위에 속하는 것인지 아닌지가 결정된다.

나. 집행위원회의 논리 - 상세화 법문을 통한 선택재량의 존재

이와 관련하여 집행위원회는 상세화라는 법문으로 인해 근거명령을 수정하지는 않았고 새로운 부록을 근거명령에 첨부하였기 때문에 이는 자신에게 수여된 권한 범위 내의 작용방식이라고 하였으며, 특히 수정 또는 보충이라는 유럽연합기능조약 제290조의 법문이 근거명령 제21조 제3항에 명시적으로 사용되지 않았기 때문에 위임적 법적행위를 발령할 때 행사할 수 있는 권한은 집행위원회가 스스로 선택할 수 있다는 취지의 논의를 전개했다.[33] 집행위원회의 견해는 결국 근거명령에서 사용하고 있는 '상세화'라는 법문은 유럽연합기능조약 제290조에서 사용하고 있는 '수정' 및 '보충' 모두를 포섭할 수 있는 법문이며, 따라서 집행위원회가 위임된 권한을 행사함에 있어 위임적 법적행위를 통해 행사 할 수 있는 권한 유형인 '수정' 및 '보충' 중 적절한 권한을 선택할 수 있는 재량을 갖고 있다는 취지라고 평가할 수 있다.

---

33) EuGH, Rs. C-286/14, ECLI:EU:C:2016:183 = BeckRS 2016, 80496-EP/Kommission, Rn. 27.

다. 유럽연합법원의 판단1 – 상세화 개념의 해석 및 범위 제한

이와 관련하여 유럽연합법원은 근거명령 제21조 제3항을 단순히 문리적으로만 해석하지 않고, 근거명령 제21조 제1항, 제2항, 제5항 및 제6항은 집행위원회에게 위임적 법적행위 발령 권한을 수여함에 있어 수정이라는 유럽연합기능조약 제290조 제1항의 개념을 명시적으로 활용하고 있다는 점, 그리고 근거명령 제21조 제1항, 제2항, 제5항 및 제6항 뿐 아니라 계쟁명령의 근거가 되는 근거명령 제21조 제3항 모두 공히 근거명령 제26조에 따라 위임적 법적행위가 발령된다고 규정하고 있는 점, 근거명령 제26조는 유럽연합기능조약 제290조에서 요청하는 바에 따라 위임명령과 관련된 조건 및 유럽의회와 이사회의 위임적 법적행위에 대한 통제권을 정한 규정이라는 점들을 종합적으로 고려하여, 근거명령 제21조 제3항에서 상세화는 결국 유럽연합기능조약 제290조에서 위임적 법적행위를 통해 집행위원회에게 위임될 수 있는 권한과는 다른 별도의 새로운 또 다른 권한일 수 없다고 하였다.[34] 즉, 유럽연합법원은 근거명령 제21조 제3항이 비록 '상세화'라는 법문을 사용하고는 있지만, 이것이 유럽연합기능조약 제290조에서 규율하고 있는 집행위원회에 대해 입법자가 수여할 수 있는 권한 형태인 '수정' 및 '보충' 이외의 제3의 권한 수여는 아니라는 점을 명시적으로 밝힘과 동시에, 유럽연합법상 입법행위의 비본질적 사항과 관련하여 위임적 법적행위를 통해 집행위원회가 행사할 수 있는 권한은 이 두 가지 유형에 한정된다는 점을 명시적으로 제시하였다.

이와 같은 판단에 근거하여 유럽연합법원은 근거명령 제21조 제1항, 제2항, 제5항 및 제6항의 경우 수정 대상이 되는 내용들은 입법자가 근거명령을 통해서 결정하고 있는 반면, 근거명령 제21조 제3항의 자금

34) EuGH, Rs. C–286/14, ECLI:EU:C:2016:183 = BeckRS 2016, 80496 – EP/Kommission, Rn. 30~38.

지원우선순위는 입법자가 근거명령을 통해 규정하고 있지 않은 채 이를 상세화할 권한만을 집행위원회에게 위임한 것으로, 입법자가 입법행위를 통해 구체적으로 규정하지 않은 사항을 세부적으로 작성하여 구체화하도록 한 것이라 판단하여 결국 상세화는 유럽연합기능조약 제290조상의 보충에 해당하는 것이라고 판단하였다.[35)]

라. 유럽연합법원의 판단2 - 수정/보충 준별 및 입법자의 의무

그리고 이러한 논의의 연장선상에서 유럽연합법원은 유럽연합기능조약 제290조에서 규정하고 있는 집행위원회의 수정 권한 및 보충 권한의 내용은 상호 중첩되지 않고 준별되는 것이므로 집행위원회가 위임적 법적행위를 발령함에 있어 당해 위임적 법적행위 발령을 통해 행사하는 권한의 유형을 선택하는 것은 타당하지 않다는 법리를 전개하였으며, 특히 집행위원회에게 위임적 법적행위를 발령할 수 있도록 권한을 수여하는 경우 입법자가 입법행위를 통해 해당 권한의 유형이 무엇인지 명확하게 확정해야 한다고도 하여, 위임적 법적행위와 관련된 입법자의 명확한 권한 제시가 필요하다는 법리를 제시하기도 하였다.[36)]

(3) 소결

근거명령 제21조 제3항에 대한 문리적 해석에만 국한된 집행위원회의 논리보다는, 근거명령 21조 전체 및 근거명령 제26조와 근거명령 제21조 제3항의 체계적 관계를 검토하고 있다는 점, 유럽연합기능조약 제290조와의 관계에서 근거명령 제21조 제3호를 제1차법 합치적 해석[37)]방식을 통해 해석하고 있다는 점, 이 뿐 아니라 유럽연합기능조약

---

35) EuGH, Rs. C-286/14, ECLI:EU:C:2016:183 = BeckRS 2016, 80496-EP/Kommission, Rn. 39~51.

36) EuGH, Rs. C-286/14, ECLI:EU:C:2016:183 = BeckRS 2016, 80496-EP/Kommission, Rn. 46.

37) 제1차법 합치적 해석은 헌법합치적 해석과 같은 형태의 규범해석방식을 유럽연합 법적 체계에 맞추어 변용한 개념이라고 할 수 있다. 제1차법 합치적 해석은 조약

제290조와 관련된 보다 발전된 법리를 제시하고 있다는 점 등을 종합적으로 고려하면 유럽연합법원의 근거명령 제21조 제3항 상세화에 대한 해석이 타당한 것으로 보인다. 그리고 집행위원회가 위임적 법적행위를 통해 행사 할 수 있는 권한의 준별 필요성 및 이러한 준별론에 기반하여 유럽연합의 입법자가 집행위원회에게 위임적 법적행위를 발령할 수 있는 권한을 수여할 때 집행위원회가 수행할 수 있는 권한의 유형을 명시적으로 제시하여 위임적 법적행위를 발령함에 있어 집행위원회의 선택재량을 배제시키도록 하는 유럽연합법원의 법리는 비록 위임적 법적행위의 대상이 입법행위의 비본질적인 사항과 관련되어 있지만 강한 민주적 정당성을 갖고 있는 입법자가 정립한 규범을 민주적 정당성이 약한 집행위원회가 수정할 수 있도록 허용하는 권한을 허용할 것인지 말 것인지를 민주적 정당성이 약한 집행위원회가 재량에 의해 선택할 수 있도록 하지 않고 강한 민주적 정당성을 갖고 있는 입법자가 직접 결정하도록 함으로써 유럽연합의 규범질서의 민주적 정당성 구조를 확보하는데 일조하는 법리라고 평가할 수 있다.[38]

규범해석론적 방법론 체계성 및 다양성, 또한 민주적 정당성 등의 관점을 종합적으로 살펴보았을 때 유럽연합법원의 근거명령의 상세화에 대한 해석 및 이러한 해석을 기반으로 하여 전개한 법리가 타당하다고 평가할 수 있다. 따라서 근거명령 제21조 제3항의 상세화가 위임적 법적행위의 보충에 해당하는 것으로 성격이 규명되었다면, 본 사안에서

합치적 해석이라고 불리기도 한다. 이에 대해서는 이재훈, “유럽연합 규범체계에 대한 체계적 고찰을 위한 소고”, 『성균관법학』 제30권 제4호, 성균관대학교 법학연구소(2018.12), 598쪽.

38) 집행위원회의 위임적 법적행위와 유럽연합법 법질서에 있어서 민주적 정당성간의 관계에 대한 일반적 논의는 Lee, Demokratische Legitimation der Vollzugsstruktur der sektorspezifischen Regulierungsverwaltung, Nomos, 2017, 113~115쪽. 이에 서적에 대한 긍정적 서평으로는 Fetzer, Buchbesprechung: Lee, Jae-Hoon, Demokratische Legitimation der Vollzugsstruktur der sektorspezifischen Regulierungsverwaltung, Die Verwaltung 52(2019), 456~459쪽.

집행위원회가 행사할 수 있는 권한은 자금지원우선순위를 구체화하고 그 내용을 덧붙이는 것에 한정된다.

이와 같은 일반적 법리와는 별개로, 개별적인 작용의 양태를 중심으로 살펴보면, 집행위원회가 계쟁명령을 통해 '다년차 및 연차 업무프로그램을 위한 교통분야 자금지원우선순위'를 근거명령의 부록으로 첨부하는 것, 즉 입법행위에 새로운 사항을 첨부하는 것이 입법행위를 수정한 것인지 아니면 입법행위를 구체화하고 그 내용을 덧붙이는 것에 해당하는지 여부에 대한 평가는 당해 작용을 바라보는 관점에 따라 이를 전자로 판단할 수도 혹은 후자로 판단할 수도 있는 애매한 측면이 없지 않은 것으로 판단된다. 다만 이와 같은 판단을 차치하더라도, 계쟁명령의 제명이 '유럽연결기금 설립을 위한 유럽의회와 이사회의 명령 제1316/2013호의 <u>부록 I 을 ***수정***하기 위한</u> 집행위원회의 2014년 1월 7일자 <u>위임명령</u> 제275/2014호'라는 점은 집행위원회가 상세화 권한을 수정 권한으로 인식하고 행사했다는 것을 나타내는 것일 뿐 아니라 법형식적으로 수정 권한을 행사한 것이므로 이와 같은 집행위원회의 권한행사는 적합한 권한 행사였다고 판단하기 어려운 점이 있다.39)

3. 위임적 법적행위를 통한 보충 권한 행사의 형식

C-286/14 판결을 통해 위임적 법적행위와 관련하여 다루어진 또 다른 법리적 논점은 위임적 법적행위를 통해 입법행위를 보충할 수 있는 권한을 집행위원회가 수여받은 경우, 집행위원회는 별도의 법적행위를 발령하는 방식, 즉 보충하는 내용을 담고 있는 별도의 법적행위를 발령하고 그 규율 내용이 입법행위와는 절연된 별도의 형태로 존재하도록 해야만 하는 것인지, 아니면 위임적 법적행위를 발령하면서 입법행

39) EuGH, Rs. C-286/14, ECLI:EU:C:2016:183 = BeckRS 2016, 80496-EP/Kommission, Rn. 60.

위의 내용을 보충할 때 보충하고자 하는 내용을 입법행위에 직접 결합시키는 방식, 즉 첨부하는 방식을 활용할 수도 있는지 여부이다.

(1) 유럽연합법원에 의한 법리 발전

위임적 법적행위에 대한 유럽연합기능조약 제290조와 관련하여 본 판결에서 다루어지고 있는 논점인 입법행위 자체에 새로운 내용을 첨부하는 것이 유럽연합기능조약 제290조의 보충의 방식으로서 허용될 수 있는지 여부는, 본 판결 이전 유럽연합법 관련 문헌에서 크게 주목받지 못했던 논점인 것으로 보인다. 따라서 본 판결에서는 집행위원회가 위임적 법적행위를 통한 권한 행사의 일환으로 위임적 법적행위의 근거가 되는 입법행위에 일정한 내용을 첨부하는 것이 다루어지고 있다는 점에 위임적 법적행위의 법리와 관련한 본 판결의 의의가 존재한다.

앞서도 언급된 바와 같이 위임적 법적행위를 통해 그 입법행위에 새로운 사항을 첨부하는 것은 대상 행위를 바라보는 시각에 따라 입법행위를 수정하는 것으로 판단될 수도 있고, 입법행위를 보충하는 것으로도 판단될 수도 있다. 이러한 문제점과 관련하여 유럽연합법원은 본 사안을 통해 위임적 법적행위를 통해 입법행위에 새로운 사항을 첨부하는 것은 유럽연합기능조약 제290조상의 보충이 아닌 수정에 해당하는 것으로 판단하였다.[40] 이와 같은 유럽연합법원의 판단은 수정 권한의 경우 위임적 법적행위의 근거가 되는 입법행위 그 자체에 대한 변경이나 삭제가 허용되는 것과 달리 보충은 입법자가 온전히 규율하지 않은 사항을 집행위원회가 구체화하는 것으로 보는 법리에 기반한 것으로 보인다.

그리고 이와 관련하여 유럽연합법원은 집행위원회가 위임적 법적행위를 통한 보충 권한 행사를 통해 입법행위에 새로운 내용을 첨부한

---

40) EuGH, Rs. C－286/14, ECLI:EU:C:2016:183 = BeckRS 2016, 80496－EP/Kommission, Rn. 53.

후 당해 내용을 변경하거나 삭제하고자 하는 경우 입법행위의 일부가 된 해당 내용을 더 이상 집행위원회가 보충 권한을 갖고 변경·삭제하지 못하는 상황이 발생하기 때문에, 집행위원회에 위임적 법적행위로 입법행위를 보충할 권한이 수여된 경우 집행위원회는 보충하고자 하는 내용을 입법행위에 첨부 또는 결합시키는 방식이 아닌 입법행위 그 자체와는 절연된 별도의 법적행위 형식으로 발령해야 한다는 법리를 발전시켰다.[41)]

(2) 소결

가. 보충 권한을 통한 입법행위의 내용 첨부 금지

앞서 살펴본 법리들을 기준으로 본 사안을 살펴본다면 계쟁명령 제1조를 통해서 근거명령의 부록Ⅰ 제Ⅵ장으로 계쟁명령의 부록인 '다년차 및 연차 업무프로그램을 위한 교통분야 자금지원우선순위'를 첨부한 것은 위임적 법적행위를 통한 수정 권한의 행사로서, 상세화라는 법문을 통해 위임적 법적행위를 통한 보충 권한을 수여한 근거명령 제21조 제3항에 위배되는 것이라고 판단할 수 있다.[42)] 즉, 집행위원회가 보충 권한을 수여받은 상태에서 보충하고자 하는 내용을 입법행위 자체에 첨부하는 것은 입법행위 그 자체를 수정하는 권한을 행사한 것으로 집행위원회가 수여받은 권한을 유월하여 위임적 법적행위를 발령한 것으로 판단할 수 있다. 그리고 권한의 유월 여부는 유럽연합기능조약 제263조에 따라 유럽연합법원에 의해 감독되고,[43)] 이것이 인정되면 유럽

41) EuGH, Rs. C-286/14, ECLI:EU:C:2016:183 = BeckRS 2016, 80496-EP/Kommission, Rn. 56.

42) EuGH, Rs. C-286/14, ECLI:EU:C:2016:183 = BeckRS 2016, 80496-EP/Kommission, Rn. 59.

43) **유럽연합기능조약 제263조** 유럽법원은 입법행위, 권고와 의견을 제외한 이사회·집행위원회 및 유럽중앙은행의 작용 그리고 제3자에게 법적 효력을 미치는 유럽의회 및 유럽이사회의 작용의 적법성을 감독한다. 유럽법원은 또한 제3자에게 법적 효력을 미치는 유럽연합의 조직 및 기타 부서의 작용의 적법성을 감독한다.

연합법원에 의해 무효소송이 인용되므로,[44] 이와 같은 유럽연합법원의 판단은 타당한 것으로 보인다.

나. 제도적 유연성 보장을 위한 법리 전개

유럽연합법원이 본 사안을 통해 새롭게 제시한 법리는 집행위원회가 위임적 법적행위를 통해 입법행위의 비본질적 사항을 보충하는 권한을 행사하는 경우 입법행위와는 절연된 별도의 법적행위로써 위임권한을 행사해야 한다는 것이다. 이와 같은 법리는 위임적 법적행위를 통해 비본질적 사항을 보충하는 내용을 입법행위와 결합시키게 되면 이처럼 입법행위와 결합하게 된 내용은 입법행위의 일부로 성립하게 되고 따라서 집행위원회에게 수여된 보충 권한만으로는 이를 더 이상 수정(변경 또는 삭제)하지 못하게 되기 때문이다(보충/수정 준별). 이와 같은 유럽연합법원의 법리는 구체적 사태의 변화에 대응하여 입법행위의 비본질적 사항을 시의적절 하게 구체화하기 위해 집행위원회에게 수여된 보충 권한이 시의적절 하게 행사되지 못하는 사태를 방지하기 위한 것이라고 할 수 있다.

그리고 본 사안의 근거명령의 경우 두 가지 유형의 집행위원회의 행정입법(위임적 법적행위 및 실행적 법적행위)을 동시에 활용하여 제도적 유연성을 확보하는 독특한 규범체계를 갖추고 있다. 즉, 제2차법적 성격을 입법행위인 근거명령에서는 자금지원프로그램 관련 본질적 사항 규율하고, 제3차법적 성격을 갖고 있는 위임적 입법행위에서 정치적 우선순위의 변화, 기술적 가능성 및 교통 흐름 반영하여 자금자원우선순위를 상세화하도록 한 후, 다시 한 번 제3차법적 성격을 갖고 있는 실

이를 위해 유럽법원은 회원국, 유럽의회, 이사회 또는 집행위원회가 관할 위반, 본질적인 형식조항 위반, 유럽연합조약 및 유럽연합기능조약 또는 이들을 실행하기 위해 적용되는 규정의 위반, 재량남용을 근거로 제기한 소송을 관할한다. <이하 생략>

44) 김중권, 『EU行政法研究』, 법문사, 2018, 156쪽.

행적 법적행위인 집행위원회의 업무프로그램에 위임적 법적행위를 통해 상세화 된 자금지원순위가 반영되도록 함으로써 자금지원프로그램 전반에 있어 정치적 우선순위의 변화, 기술적 가능성 및 교통 흐름이 고려되도록 제도가 설계되어 있다.[45] 그리고 이러한 제도적 유연성은 근거명령의 입법이유(59) 제2문도 명시적으로 요청하고 있는 사항이다.

따라서 시의적절한 상황 변화에 대처할 수 있는 법적 제도로서의 위임적 법적행위의 본질과 제도적 유연성의 요청이라는 관점에서 살펴본다면, 집행위원회가 위임적 법적행위를 통해 입법행위의 비본질적 사항을 보충하는 경우에는 보충하고자 하는 내용을 입법행위에 첨부하는 방식이 아닌 입법행위와는 절연된 별도의 법적행위를 존속시키며 상황에 따라 수여된 보충 권한을 갖고 적절한 시점에 대상이 되는 비본질적 사항의 내용을 새롭게 구체화하는 별도의 법적행위를 발령하는 형태로 위임 권한을 행사하는 것이 타당한 것으로 볼 수 있으며,[46] 이러한 점을 종합적으로 검토한다면, 본 사안에서 문제된 집행위원회의 작용은 이와 같은 법리에 부합하지 못하는 것이라고 판단할 수 있다.

Ⅳ. 나가며

지금까지 유럽연합법원의 C-286/14 판결을 구체적 소재로 삼아 유럽연합의 행정입법 중 하나인 위임적 입법행위와 관련한 다양한 법적 논점들을 살펴보았다. 유럽연합법원의 C-256/14 판결은 위임적 입법행위와 관련된 기존 법리에 기반하여 새로운 법리를 제시하고 있다는

45) EuGH, Rs. C-286/14, ECLI:EU:C:2016:183 = BeckRS 2016, 80496 - EP/Kommission, Rn. 21 참조.

46) EuGH, Rs. C-286/14, ECLI:EU:C:2016:183 = BeckRS 2016, 80496 - EP/Kommission, Rn. 63 참조.

점에서 유럽연합의 행정입법 이론 및 법제·법조실무와 관련하여 매우 유의미한 판결이라고 할 수 있다. 한편 보론적 관점에서는, C-286/14 판결의 배경이 되는 사실관계는 유럽연합 행정입법과 관련된 거버넌스가 유기적으로 작동하지 못했던 것으로 보이는, 어찌 보면 유럽연합의 행정입법인 위임적 법적행위와 관련된 다양한 주체들 간의 의사소통 및 각 제도적 메커니즘이 원활히 수행되지 못했던 케이스라는 점에서 유럽연합 행정법적 관점에서는 유럽연합 행정법 실무상 발생한 제도적 기능부전의 사례, 특히 집행위원회의 행정입법에 대한 입법자의 사전적 직접통제의 실패 사례로서 유의미한 사례라고 평가할 수 있다.

1. 유럽연합 위임입법 관련 대상판결의 법리적 의의

대상판결은 유럽연합의 행정입법이라 할 수 있는 집행위원회의 위임적 법적행위에 관한 유럽연합기능조약 제290조의 해석 및 집행위원회가 위임적 법적행위를 발령함에 있어서 유의해야 할 주요 사항들을 다루고 있다. 따라서 대상판결은, 기존 유럽연합법원 선례들이 위임적 법적행위와 관련한 사안에서 주로 리스본조약을 통해 유럽연합기능조약에 자리 잡게 된 두 가지 유형의 제3차법적 성격을 갖고 있는 비입법적 법적행위, 즉 위임적 법적행위와 실행적 법적행위 간의 규범적 관계를 규명하는데 집중하고 있다는 점[47]과 비교했을 때, 집행위원회의 위

47) 위임적 법적행위와 실행적 법적행위 간의 규범적 관계가 사안의 주요 논점이 되었던 유럽연합법원의 판례 및 유럽연합법적 논의는 별도의 지면을 통해 소개할 예정이다. 유럽연합기능조약 제291조 제2항 및 제290조에 대한 체계적 해석 및 역사적 해석을 통한 실행적 법적행위의 '실행'(Durchführung) 개념 해석에 대해서는 Lee, Demokratische Legitimation der Vollzugsstruktur der sektorspezifischen Regulierungsverwaltung, Nomos, 2017, 243~246쪽. 이에 서적에 대한 긍정적 서평으로는 Fetzer, Buchbesprechung: Lee, Jae-Hoon, Demokratische Legitimation der Vollzugsstruktur der sektorspezifischen Regulierungsverwaltung, Die Verwaltung 52(2019), 456~459쪽.

임적 법적행위와 관련된 논점을 보다 심화시킨 유의미한 판례라고 할 수 있다.

본 사안과 관련하여 유럽연합법원은 유럽연합기능조약 제290조에서 규정하고 있는 위임적 법적행위와 관련된 집행위원회의 보충 및 수정 권한의 구체적이 내용이 무엇인지에 대한 법리를 다시금 확인하고 있다. 또한 이와 동시에 양자의 준별 필요성과 양자 이외의 권한이 위임적 법적행위의 형식으로 행사되는 것은 타당하지 않다는 점, 즉 위임적 법적행위를 통해 집행위원회는 입법행위를 보충하거나 수정하는 권한 이외의 제3의 형태의 권한을 행사하지 못한다는 법리를 제시하고 있고, 또한 위임적 법적행위 발령에 대한 권한 수여 시 입법자가 집행위원회에게 수여할 권한의 유형을 명시적으로 선택해야 할 뿐 아니라 집행위원회는 위임적 법적행위를 발령할 때 행사할 수 있는 권한을 스스로 선택할 수 있는 재량이 존재하지 않는다는 점 등을 명시적으로 제시하였다. 이와 같은 유럽연합법원의 법리는 위임적 법적행위와 관련된 집행위원회의 권한 명시를 통한 법질서의 예측가능성 확보라는 법치주의적 요청과 함께 유럽연합 법질서 체계의 민주적 정당성을 보장하기 위한 법리를 전개하고 있다는 점에서 그 유의미성을 찾아볼 수 있다.

또한 유럽연합법원이 유럽연합기능조약 제290조에 따른 위임적 법적행위와 관련하여 입법행위의 보충 권한 수여에 따른 집행위원회의 작용 양태에 대한 법리를 명시적으로 제시하고 있는 점은 눈여겨 볼 필요가 있다. 유럽연합법원은 본 판결을 통해 집행위원회가 위임적 법적행위를 통해 입법행위를 보충하는 권한을 행사하는 경우 입법행위 그 자체에 보충 내용을 첨부시키지 못하고 입법행위와는 절연된 별도의 법적행위를 발령하는 형태로 자신의 권한을 행사해야한다고 밝히고 있다. 특히 이와 관련하여 집행위원회에게 보충 권한이 수여된 때 입법행위 그 자체를 보충하는 형태로 위임적 법적행위가 발령되어 당해 내용이 입법행위의 일부로서 결합하는 경우, 집행위원회는 보충 권한 근거 규정을 갖고 자신이 발령한 내용을 또다시 수정하는 것이 불가능하다는 문제점을 제시한 점 또한 눈여겨 볼 사항이다.[48)]

2. 보론: 유럽연합 행정입법 거버넌스 및 지속적 연구의 필요성

본 사안은 유럽연합법 체계에서의 행정입법 중 하나인 위임적 법적행위, 특히 보충적 권한의 위임과 관련하여 법리적 관점에서 지금까지 구명되지 않았던 사항을 다수 담고 있다는 점에서 유럽연합의 위임입법과 관련된 법리적 유의미성을 찾을 수 있다. 다만 법리적 발전이라는 관점에서 한 발자국 물러나서 이 사안을 살펴보면 유럽연합의 행정입법 거버넌스와 관련하여 본질적인 의문점이 제시될 수 있다. 이 의문점은 왜 유럽의회나 이사회가 계쟁명령이 담고 있는 문제점을 사전에 발견하여 통제하지 못하고 유럽의회에 무효소송을 하게 되었는가이다.

유럽연합기능조약 제290조 제2항은 집행위원회가 위임적 법적행위를 발령하기 이전에 유럽의회나 이사회가 위임적 법적행위의 실행을 사전에 차단할 수 있는 조건을 위임적 법적행위의 근거인 입법행위에 담을 수 있음을 규정하고 있기 때문이다. 유럽연합기능조약 제290조 제2항 b호에 따르면 위임적 법적행위는 입법행위에서 규정하고 있는 기간 내에 유럽의회 구성원 다수의 결정 또는 이사회 구성원 가중다수의 결정을 통해 위임적 법적행위에 대한 이의를 제기할 수 있고 이러한 이의가 제기되는 경우 해당 위임적 법적행위는 효력을 발생할 수 없다. 그리고 본 사안의 근거명령은 실제로 제26조에서 위임적 법적행위의 발령

48) 이러한 논의의 연결선상에서 본 사안의 근거명령에서 유럽연합 입법자가 구현하고 있는 위임적 법적행위와 실행적 법적행위를 통한 제도적 유연성 확보 방식은 변화하는 사회적 사항을 시의적절하게 반영할 수 있는 탄력성 있는 법제도 확보 방안이라는 관점에서 향후 비교법적으로 주의 깊게 살펴볼 필요가 있는 제도라고 평가할 수 있다.

과 관련된 조건을 규정하고 있다. 특히 근거명령 제26조 제4항은 집행위원회가 위임적 법적행위를 발령하는 즉시, 집행위원회는 이를 유럽의회와 이사회에게 동시에 전달하도록 규정하고 있으며, 제5항에서는 발령된 위임적 법적행위는 당해 법적행위가 유럽의회 또는 이사회에 전달된 후 2개월 내에 유럽의회와 이사회로부터 이의제기가 이루어지지 않거나 이러한 기간이 도과하기 전에 유럽의회와 이사회 양자가 유럽연합 집행위원회에게 이의를 제기하지 않겠다는 의견을 전달하는 경우에 효력이 발생한다고 규정하고 있으며, 유럽의회 또는 이사회의 주도로 이 기간은 2개월 연장될 수 있는 가능성까지도 규정하고 있다. 따라서 이러한 규범적 체계를 고려하면 유럽의회나 이사회가 사전에 계쟁명령에 대한 이의제기를 통해서 그 내용을 통제할 수 있는 가능성이 충분히 존재했는데도 불구하고 이와 같은 통제 권한을 행사하지 않고 계쟁명령의 효력이 발생한 후 뒤늦게 무효소송을 제기한 것으로 파악될 수 있다.

그리고 실제로 계쟁명령과 관련된 사실관계를 보다 자세히 살펴보면 유럽의회와 집행위원회 간에 계쟁명령의 발령 과정에서 지속적인 의사소통을 하였음에도 불구하고 본 사안의 계쟁명령의 형태로 집행위원회가 위임적 법적행위를 발령을 하였고 유럽의회와 이사회에 발령된 계쟁명령이 전달되었음에도 불구하고 근거명령 제26조의 기한 내에 유럽의회나 이사회 모두 이의를 제기하지 않고 효력이 발생하게 되었음을 확인할 수 있다.[49] 문헌상의 간략한 기술이 계쟁명령의 발령 과정을 세세하게 묘사하고 있지 않기 때문에 일정 부분 사실관계의 파악에 한계가 있지만, 이러한 발령 과정을 살펴보면 위임적 법적행위의 발령과 관련한 유럽연합의 주요 기관의 협업 및 통제의 메커니즘이 본 사안과 관련해서는 유기적이지 못했던 것으로 추측된다.

다만 본 판결을 기점으로 유럽법원 판례의 동향과 관련하여 한 가

49) SCHLUSSANTRÄGE DES GENERALANWALTS NIILO JÄÄSKINEN vom 1. Oktober 2015, Rs. C-286/14(1), ECLI:EU:C:2015:645 - EP/Kommission, Rn. 15-17.

지 생각해 볼 점은, 본 판결이 선고된 2016년 3월 이후 본고가 집필되고 있는 2019년 12월 현재까지 집행위원회의 행정입법과 관련하여 집행위원회와 유럽연합의 입법자 간의 분쟁이 주된 논점인 판례가 등장하고 있지는 않다는 점이다. 다만, 이와 같은 현상의 배경이 본 사안을 통해 불거진 유럽연합 기관 간 유기적이지 못했던 행정입법 관련 거버넌스 운용에 대한 반성 때문인 것인지, 아니면 유럽연합의 행정입법과 관련된 법적 쟁점이 유럽법원의 판례들을 통해 대부분 해소되었기 때문인지는 지금으로써는 단정하기 어려운 측면이 있다. 따라서 이와 같은 현상의 배경은 무엇인지는 향후 다양한 연구 방식을 활용하여 고찰해볼 필요성이 있는 것으로 판단되며, 보다 지속적으로 유럽연합 행정입법과 관련된 개별 사안 연구 및 유럽법원의 관련 판례들을 면밀하게 검토함으로써 이에 대한 실마리를 찾는 것도 필요할 것으로 판단된다. 이와 같은 작업은 향후 우리에게는 비교적 생경한 유럽연합 행정입법의 법리를 통해 우리의 행정입법과 관련된 새로운 법리적 착안점들(예를 들어 입법자에 의한 법규명령 직접통제제도 법제화, 행정입법 유형의 다양화 및 유연화, 행정입법에 대한 소송 유형의 다변화 등)을 검토해 볼 수 있는 이론적 기회를 제공할 수 있을 것으로 판단된다.

참고문헌

[국내문헌]

김남진/김연태, 『행정법 I』(제22판), 법문사, 2018.

김남철, 『행정법 강론』(제5판), 박영사, 2019.

김동희, 『행정법 I』(제24판), 박영사, 2018.

김중권, 『EU행정법연구』, 법문사, 2018.

김현준, "법률과 행정입법의 관계", 『공법연구』 제45집 제1호, 한국공법학회(2016.10).

류지태/박종수, 『행정법신론』(제17판), 박영사, 2019.

박균성, 『행정법론(상)』(제17판), 박영사, 2018.

윤재왕, "한스 켈젠의 법해석이론", 『고려법학』 제74호, 고려대학교 법학연구원(2014.9).

이광윤, "유럽헌법안의 법적행위 형식", 『유럽헌법연구』 창간호, 유럽헌법학회(2007).

이재훈, "유럽연합 규범체계에 대한 체계적 고찰을 위한 소고", 『성균관법학』 제30권 제4호, 성균관대학교 법학연구소(2018.12).

홍정선, 『행정법원론(상)』(제27판), 박영사, 2019.

[해외문헌]

Calliess, Christian/Ruffert, Matthias(Hrsg.), EUV/AEUV, 5. Aufl., Beck, 2016.

Fetzer, Thomas, Buchbesprechung: Lee, Jae-Hoon, Demokratische Legitimation der Vollzugsstruktur der sektorspezifischen Regulierungsverwaltung, Die Verwaltung 52(2019), S. 456 ff.

Gröpl, Christoph, Staatsrecht I, 9. Aufl., Beck, 2017.

Kelsen, Hans, Reine Rechtslehre, 1. Aufl.(1934), Studienausgabe hersg. v. Matthias Jestaedt, Mohr Siebeck, 2008.

Kelsen, Hans, Reine Rechtslehre, 2. Aufl.(1960), Studienausgabe hersg. v. Matthias Jestaedt, Mohr Siebeck, 2017.

Haltern, Europarecht, Bd. I, 3. Aufl., Mohr Siebeck, 2017.

Lee, Jae−Hoon, Demokratische Legitimation der Vollzugsstruktur der sektorspezifischen Regulierungsverwaltung, Nomos, 2017.

Oppermann, Thomas/Classen, Dieter/Nettesheim, Martin, Europarecht, 6. Aufl., Beck, 2014.

Paulson, Stanley L./Stolleis, Michael(Hrsg.), Hans Kelsen - Staatsrechtslehrer und Rechtstheoretiker des 20. Jahrhunderts, Mohr Siebeck, 2005.

Pechstein, Matthias/Nowak, Carsten/Häde, Ulrich(Hrsg.), Frankfurter Kommentar EUV/GRC/AEUV, Bd. 4, Mohr Siebeck, 2017.

Vedder, Christoph/Heintschel von Heinegg, Wolff(Hrsg.), Europäisches Unionsrecht, Nomos, 2012.

Schroeder, Werner, Grundkurs Europarecht, 5. Aufl., Beck, 2017.

Schwarze, Jürgen, EU−Kommentar, 4. Aufl., hrsg. v. Ulrich Becker/Armin Hatje/Johann Schoo/Jürgen Schwarze, Nomos, 2019.

Streinz, Rudolf(Hrsg.), EUV/AEUV, 3. Aufl., Beck, 2018.

국문초록

순수법학적 방법론을 비판하는 입장을 취하든, 법이론적 토대를 어디에 두고 있는지 와는 상관없이 현대의 법질서를 탐구함에 있어 각 법질서들이 나름대로의 단계적 구조를 갖고 이러한 구조 하에서 법질서가 역동적으로 구성되고 있다는 점은 쉽게 부정하기 힘든 사실일 것이다. 이와 같은 규범질서의 상하위 질서체계는 유럽연합법 차원에서도 발견되며 리스본조약으로 인해 입법행위(Gesetzgebungsakt)와 함께 유럽연합기능조약 제290조와 제291조에서 각각 비입법적 법적행위(Rechtsakte ohne Gesetzescharakter)인 위임적 법적행위(delegierter Rechtsakt)와 실행적 법적행위(Durchführungsakt)에 대한 명시적 규정이 마련되어 규범체계의 계서화 및 체계화가 실현되었다. 하지만 유럽연합의 행정입법에 해당하는 위임적 법적행위와 실행적 법적행위와 관련해서는 법리적으로 다양한 논점이 존재할 뿐 아니라 아직까지 규명되지 않은 다양한 논점들이 존재한다. 본고는 유럽연합의 행정입법이라 할 수 있는 집행위원회의 위임적 법적행위에 관한 유럽연합기능조약 제290조의 해석 및 집행위원회가 위임적 법적행위를 발령함에 있어서 유의해야 할 주요 논점 등을 다루고 있는 유럽연합법원 2016년 3월 17일자 C-286/14(유럽의회 vs. 집행위원회) 판결을 주된 글감으로 삼아 유럽연합의 행정입법 중 하나인 위임적 법적행위와 관련된 다양한 법적 논점들을 소개한다.

주제어: 유럽연합법, 행정입법, 유럽연합기능조약 290조, 위임적 법적행위, 유럽연합법원, 유럽연합행정법

Abstract

A Study on Delegated Acts of European Commission

ECJ, Judgment of the Court of 17 March 2016, C－286/14 －
Parliament v Commission －

Jae－Hoon Lee*

In Case C-286/14, the European Parliament seeks the annulment of Commission Delegated Regulation (EU) No 275/2014 of 7 January 2014 amending Annex I to Regulation (EU) No 1316/2013 of the European Parliament and of the European Council establishing the Connecting Europe Facility. The European Parliament raises a single plea in law, alleging, in essence, that the European Commission exceeded the power conferred on it by Article 21(3) of Regulation No 1316/2013 in so far as it, by Article 1 of the contested regulation, added a Part VI to Annex I to Regulation No 1316/2013 instead of adopting a separate delegated act. The European Parliament claims that the European Court of Justice(ECJ) should annul the contested regulation. On the other hand, the European Commission contends that ECJ should rule that the effects of the contested regulation are considered to be definitive and dismiss the action as inadmissible, or in the alternative, as unfounded. ECJ decided that the single plea in law raised by the Parliament must be upheld and, therefore, the contested regulation must be annulled. This case deals with various issues of European law with delegated

* Dr. jur., Research Fellow, Korea Legislation Research Institute

acts. This essay deals with the European law discussions on the delegated acts, and their legal-dogmatic meaning is explored.

Keywords: EU Law, administrative legislation, delegated act, Art. 290 TFEU, European Court of Justice(ECJ), EU Administrative Law

투고일 2019. 12. 13.

심사일 2019. 12. 23.

게재확정일 2019. 12. 30.

最近(2018) 獨逸 行政判例 動向과 分析*

계인국**

I. 연구의 목적과 방법

본 연구는 최근 독일 연방행정법원(Bundesverwaltungsgericht) 선고 판결의 동향을 개관하고 분석하는 데에 있다. 분석 대상 판결은 주로 2018년 판결을 대상으로 할 것이나 추가적으로 2017년 판결도 일부 소개할 것이다. 기본적으로는 종전의 방식과 같이 독일 연방행정법원의 연차보고서(Jahresbericht)에 수록된 주요 판례를 소개하고, 추가로 원심 및 연방행정법원의 판결문을 중심으로 주요판결요지와 사실관계 및 이유를 정리하고 분석하도록 한다.

해외 판례의 동향 분석이 단순한 해외 사건의 나열이 되지 않기 위하여 다음과 같은 대강의 분류가 필요하다. 첫 번째 범주는 독일 연방행정법원의 판결이 그 자체로 법리적으로나 사실관계에 있어서 공히 국

---

* 본 논문은 2019년도 고려대학교 공공정책대학 교내지원연구비(K1829841)에 의해 연구되었다. 또한 2018, 2019년 한국행정판례연구회·사법정책연구원 공동학술대회 발제문의 내용을 수정 · 보완한 것임을 아울러 밝혀둔다.

** 고려대학교 정부행정학부 조교수, 법학박사(Dr. jur.)

내 문제에 직접적인 시사점을 제공할 수 있는 경우이다. 이러한 경우에는 해당 사건의 사실관계도 어느 정도 상세히 소개할 필요가 있다. 다음으로 국내의 관련 법령이나 제도가 일치하지는 않더라도 유사하여 향후 시사점을 제공하는 경우이다. 끝으로 이러한 동질성이나 유사성은 다소 낮은 경우더라도 향후 논의가능성이나 비교법적 연구필요성을 가지는 경우이다. 그럼에도 불구하고 대상 판결의 선정에 있어 소위 객관적인 지표를 정한다는 것은 어려운 일이며 또한 해외 판례의 경우에는 해당 국가에서의 시사점이나 의미가 비교법적으로 이를 분석하는 입장에서 볼 때에 중량감이 다를 수도 있다. 결국 각각 분석의 강약이 발생할 수밖에 없고 각자의 관점에 따라 중요한 판결이 이하에서는 간략히 다뤄질 수도 있게 된다는 문제가 남게 된다. 그러나 다행히도 다년간 기획연구로서 진행되어온 만큼, 해당 영역별로 해외 판례소개 및 분석이 지속적으로 누적되고 있고, 소개된 판결에서 착안하여 후속 연구로 진행된 바도 있으며[1] 이하 판례 분석에서 나타나듯, 이전에 다루었던 해외 판례 동향분석에서 분석된 내용이 최근 판결에서 인용되는 경우도 있다는 점에서 해외 판례법 축적의 의미를 가질 수 있으리라 생각된다.

또한 예년의 연구방향에 맞추어 독일 연방행정법원의 주요 판결과 함께 독일 연방행정법원의 업무수행 현황을 아울러 살펴보도록 할 것이다. 그 내용이 다소 한정된 것이긴 하나 최소한이라도 독일 연방행정법원의 재판사무 동향을 파악하는 데에 기여할 수 있음은 물론, 다년간 이를 지속적으로 축적할 경우에는 국내의 업무현황에 대한 시사점을 제공해줄 수 있는 성과가 될 것으로 기대된다. 이하에서는 순서대로 독일 연방행정법원의 업무수행현황을 먼저 살펴보고 이어서 주요 판결을 살펴보기로 한다.[2]

1) 예를 들어, 拙稿, "공무원의 정치적 표현에 대한 법적 판단", 고려법학, 제94호, 207면 이하.

2) 이하 인용되는 판결은 특기하지 않는 한 연방행정법원의 판결이 인용하고 있는 판

Ⅱ. 독일연방행정법원의 업무수행 현황

1. 개 관

2015년에서 2016년까지 증가 추세를 보여왔으며 또한 2016년 큰 폭으로 증가하였던 독일연방행정법원의 접수사건은 2017년에는 2015년 수준으로 감소하였고 2018년 1344건으로 최근 5년간 최저 수준으로 감소하였다. 2016년의 1,658건에 비하여 2017년도는 1,459건이 접수되었으며 이는 전년 대비 약 12%가량의 감소율을 나타내는 것이며 2018년 1344건의 접수로 다시 7.9% 감소율을 보였다. 2016년의 대폭 증가 이후 2017년과 2018년 감소추세를 보이고 있음이 감지된다.

처리사건과 계류건수를 보면 2017년은 접수사건 1,459건 중 1,407건이 처리되어 연말까지 계류 중인 사건은 782건으로 2018년 처리사건수에 영향을 미칠 것으로 예측되었으며 2018년은 이에 따라 처리사건수가 1441건으로 다소간 증가하였다. 2016년 1,658건으로 크게 접수사건이 늘어났음에도 처리사건이 1,664건으로 최근 처리사건 중에 월등한 수치를 기록한 반면, 2017년에는 처리사건이 1,407건으로 2014년 이후

[표] 최근 독일연방행정법원 업무현황

해당연도	접 수	처 리	계 류
2013	1,458	1,523	721
2014	1,372	1,405	688
2015	1,459	1,412	733
2016	1,658	1,664	727
2017	1,459	1,407	782
2018	1,344	1,441	685

결이며 중요한 논점에 관계된 경우 이를 그대로 적시하도록 할 것이다.

최저의 처리건수를 기록하게 되었다. 이로서 계류사건 수 역시 최근 가장 높은 782건을 기록하게 되었다. 2018년 처리사건을 2016년 이후 두 번째로 많은 1441건에 이르게 되면서 계류사건의 수는 최근 가장 낮은 685건을 기록하였다.

2. 상고절차와 재항고절차에서의 처리기간

종국절차기간은 2016년 대폭적 감축 이후 다시 연장되는 추세를 보인다. 2017년은 2016년의 대폭적인 감축에 비해 약 1개월 가량 연장되었을 뿐 2016년 이전에 비하면 여전히 1개월 이상의 기간이 줄어든 수치를 보이고 있었으나, 2018년은 오히려 최근 6년간의 기간에 비추어 최장기간을 기록한 14개월 16일이 소요되었다.

[표] 최근 판결에 의한 종국절차기간

해당연도	절차기간(판결에 의한 종국절차)
2013	13개월 9일
2014	13개월 25일
2015	13개월 23일
2016	11개월 27일
2017	12개월 9일
2018	14개월 16일

재항고절차기간은 2017년의 경우 2016년과 동일한 수치를 기록하여 평균 5개월이 소요되었다. 그러나 2018년이 경우 평균 3개월 29일로 소요기간이 단축되었다. 2017년 재항고절차의 43. 61%는 접수 후 3개월 이내에, 58.56 %는 6개월 안에 종결되었으며 2018년 재항고절차는 56. 23%가 접수 후 3개월 이내에, 70.77%가 6개월 안에 종결되었다.

3. 인프라시설 프로젝트에 대한 시심절차

연방행정법원은 인프라시설 프로젝트에 대한 법적 분쟁에 대해 시심이자 종심으로서 관할하고 있다. 2017년도 소제기 건수는 42건으로 전년도 43건과 비슷한 수준이며 2015년 49건보다는 감소세를 유지하고 있었다. 2018년은 47건으로 2017년도에 비해 상승하였다. 임시적 권리구제절차의 접수는 2016년도 21건의 대폭 증가 이후 2017년도 11건, 2018년 7건으로 역시 감소 추세를 보이고 있다. 이는 2014년 12건보다 더욱 낮은 수이다. 영역별로 살펴보면 2017년의 경우 도로법에서는 13건, 철도법은 6건, 에너지설비구축법에서는 12건, 수로법에서는 10건, 공항부지법에서는 1건이 제기되었고, 2018년에는 도로법 사건이 27건으로 대폭 증가하였으며, 철도법은 4건, 에너지설비구축법에서는 14건, 수로법에서는 2건으로 감소하였다. 2018년에는 공항부지법에서는 제기된 건이 없다.

인프라시설 프로젝트에 대한 소송절차기간은 2015년 대폭 줄어들었다가 2016년 다시 그 이전 수준으로 증가하였으며 2017년에도 2016년과 유사한 수준을 유지하고 있다. 2016년 평균 11개월 6일이 소요되었으며 2017년에는 평균 11개월 10일이 소요되었다. 그러나 2018년에는 12개월 23일로 최근 기록 중 절차기간이 최대로 연장된 양상을 보였다.

Ⅲ. 주요 행정판례의 분석

1. 외국에서 확정된 형사재판의 징계절차상 기속력 (BVerwG 2 C 59. 16 - Urteil vom 19. April 2018)

(1) 요지

연방징계법 제57조 제1항은 외국에서 확정된 형사재판에도 해당된다. 이 기속력은 연방징계법 제57조 제1항 2문에 의하여 형사재판상 확정이 명백히 잘못된 경우에는 인정되지 않는다. 이러한 경우는 형사재판절차에서 법치국가적 최소기준이 유지되지 않은 경우라 할 수 있다. 헌법과 유럽연합법 및 유럽연합협약은 이 해석에 반하지 아니한다.

(2) 사실관계 및 경과

1951년생인 피고는 2000년 조기퇴직하였다. 피고는 슬로바키아 법원에서 1999년 발생한 미성년자 성폭력사건으로 인해 5년의 자유형을 선고받고 2006년 확정되었다. 형은 1차적으로 슬로바키아에서 집행된 이후 다시 독일 국내에서 집행되었다.

동일 사안에 대한 징계절차에서 제1심 Freiburg 행정법원은 피고에게 연금수급권을 박탈하였다.[3] 이에 대한 항소심에서 Mannheim 행정법원은 외국의 형사법원에 확정판결은 원칙적으로 독일연방 내의 징계절차에 기속력을 가진다고 보아 이를 기각하였다.[4] Mannheim 행정법원은 기초가 되는 슬로바키아 형사법원의 재판절차에서 법치국가적 최소기준이 유지되었다고 보았다. 이에 피고는 상고하였고 연방행정법원을 상고를 받아들였으나, 이를 기각하였다.

3) VG Freiburg vom 22. März 2013 (Az: VG DB 8 K 1252/12)
4) VGH Mannheim vom 15. Dez 2015 (Az: VGH DB 13 S 1634/15)

(3) 연방행정법원의 판단

연방행정법원은 피고의 상고를 기각하였다. 연방징계법 제57조 제1항은 원칙적으로 외국에서 확정된 형사판결도 해당된다. 즉, 연방징계법 해당 조항이 정하고 있는 기속력은 외국 법원의 형사판결에서 사실관계의 확정에까지 미친다.

가) 근거 법규정의 해석

법문의 표현상 절차가 독일 국내의 재판절차에 한정된다함이 없으며 이는 효력을 국내에 한정시키는 다른 공무원법 등의 규정을 비교해 볼 때에 그러하다. 표현상으로는 물론 다른 공무원법 등의 규정과 달리 연방징계법 제57조는 형사판결의 징계적 결과가 법원의 징계재판절차에 자동적으로 이어지는 것이 아니라 개별사례의 경중에 좌우되는 징계처분의 결과를 가진다. 연방징계법 제57조에 의한 형사판결에의 구속은 그러므로, 형사판결이 명백히 잘못된 것이 아니라서 징계법원이 어떤 새로운 결정을 내리지 않은 경우라면 징계처분의 기초가 될 수 있다는 것이다. 다른 법조항에서는 이러한 교정수단이 발견되지 않는다.

나) 규정의 목적

다음으로 징계법원을 형사재판의 사실관계 확정에 구속시키는 연방징계법 규정의 목적을 살펴보면, 이는 징계절차에서 일차적으로 동일사안에 대해 다른 사실관계의 확정을 내리지 못하도록 저지하려는 것이다.[5] 기속력을 통해 법적 안정성과 신뢰보호, 그리고 동일사안에 대해 상이한 결정이 내려지는 것을 방지하는 것이며 이러한 규정의 목적을 통해 볼 때, 외국 형사법원의 판결 역시 기속력이 미쳐야 한다는 것이다.

연방징계법 제57조 제1항의 또 다른 목적은 형사재판 결과에서의

---

5) 같은 해석으로는 BVerwG 2 C 3.12 – Urteil vom 28. Feb 2013.

고양된 진실보장이 징계절차에서도 법치국가적 보호를 통해 고려되어야 한다는 데에 있다.[6] 따라서 형사재판은 그것이 독일 법원이든 외국 법원이든 차이가 없으며, 다만 형사재판이 법치국가적 최소기준을 충족하고 있으며 명백히 잘못된 것이 아니어야 한다.

다) 법치국가적 최소기준의 심사가능성

그렇다면, 외국 형사법원에 의한 사실관계의 확정이 독일 연방징계법상 기속력을 인정받기 위해서는 먼저 법치국가적 최고기준을 충족해야 한다. 그러나 적절히 지적되는 바와 같이,[7] 외국 형사재판절차의 법치국가적 기준을 이론적으로나 실무적으로 충분히 판단하는 것과 그 기준을 독일 형사법원의 법치국가적 기준에 면밀하게 비교하여 평가하는 것은 개별적인 사안에서 별로 가능하지가 않다. 연방행정법원은 이러한 법치국가적 기준의 비교 불가의 견해를 망명자보호법 및 외국인거주법상의 각 절차에서 나타나는 비교가능한 심사프로그램을 들어 배척하였다. 즉, 외국 형사법원의 재판절차에서 관련법규나 형벌 등에서 나타나는 법치국가적 최소기준은 독일 연방의 그것에 대해 심사될 수 있다는 것이다.

라) 법치국가적 최소기준의 판단기준

연방행정법원은 이에 따라 징계법원을 외국 형사재판의 사실관계 확정에 구속시키는 연방징계법 제57조를 연방기본법과 유럽연합법, 그리고 유럽연합 인권협약과 조화를 이루는지를 통해 판단하였다. 만약 법치국가적 최소기준이 침해된 채 형사법원의 사실관계가 확정되는 등 명백히 잘못된 경우에는 징계법원(Disziplinargericht)이 사실관계를 직접 조사하여야 한다고 보았다. 이는 헌법과 유럽연합인권협약이 정하고 있는(특히, 법률유보, 법적 청문, 공정한 절차) 절차보장의 준수에 따른 관련

---

6) BVerwG 2 B 60.14 – Beschlüsse vom 9. Okt 2014; BVerwG 2 B 14.17 – vom 18. September 2017.

7) *Gansen*, in: *ders.*, Disziplinarrecht in Bund und Länder, § 23 BDG, Rn. 11.

규정 – 여기에서는 연방징계법 제57조 제1항– 의 해석에 의한 것이다.

먼저 연방기본법에 있어서, 연방행정법원은 연방기본법이 연방징계법 제57조를 헌법합치적 축소해석을 하도록 명하고 있다고 볼 수 없다고 하였다. 법률유보의 원칙에서든 헌법상 재판청구권이든 이를 통해 외국 형사법원의 사실관계 확정의 기속력을 금지시키도록 할 수 없다는 것이다. 법률유보의 원칙과 이른바 "본질성 이론"은 특정 대상이 법률로서 규율되었는지의 문제 뿐만 아니라 개별적으로 얼마나 정확한가의 문제여야 한다.[8] 연방징계법이 외국 형사재판의 사실관계 확정에 기속력을 부여할 수 있는지 문제는 앞서 살펴본 법규정 및 규정의 목적 해석을 통해 확인되었다. 헌법상 재판청구권과 절차의 보장에 대해서는, 만약 해당 형사재판의 사실관계 확정이 명백히 잘못된 경우에는 징계법원이 새로이 이를 확정하여 결정하도록 하고 있다. "명백히 잘못된 경우"란, 여기에 구속되는 징계법원의 관점에서 법치국가적 근거를 토대로 하여 적용될 수 없는 사안에 따라 결정이 되었을 경우로, 예를 들어 결정에 있어 중요한 요점에서 본질적인 절차규정을 현저히 위반한 채로 확정되는 경우가 이에 속한다.[9] 따라서 법관에 의해 충분한 사실인정이 선행되어야 하며 분쟁대상이 최소한 1회 이상 법치국가적 보장을 통해 허용된 법원의 절차를 통해 심사되어야 한다.[10]

유럽연합법 및 유럽연합인권협약과 관련하여 연방행정법원은 연방징계법 제57조에 대한 위의 해석이 연합법과 협약에 합치된다고 보았다. 외국 법원의 판결의 국내 징계절차에 사실관계 확정에 미치는 기속력은 유럽연합법상 "상호신뢰"[11] 및 "상호승인"[12]의 원칙에 해당한다

8) BVerfGE 139, 19 (54)

9) BVerwG 2 B 45.14 – Beschluss vom 7. November 2014; BVerwG 1 D 13.99 – Urteil vom 29. November 2000; BVerwG 2 WD 18.10 – Beschluss vom 28. September 2011.

10) BVerwGE 48, 271 (277).

11) 유럽연합기능조약 제2조, 제3조 및 제67조 제1항, 제82조 제1항 (Art. 2 und 3 EUV

는 것이다. 특히 유럽연합기능조약 제82조 제1항의 형사사건에서의 사법적 협력과 판결과 결정에 대한 상호승인이 주된 근거가 된다.[13] 유럽연합인권협약에 있어서는 협약 제6조의 일반적 사법절차보상권이 근거가 된다. 여기에서는 공정한 절차와 청문에 대한 권리 및 법률이 정하는 법관에 의한 재판의 보장, 신속한 재판, 이해가능한 언어 등이 규정되어 있다. 외국 법원에서의 공정한 절차에서 특히 문제되는 것은 언어적 문제, 즉 이해가능한 언어의 문제이다. 이에 따라 공판절차에서 이해 및 발언을 할 수 없는 피고인에게 무상으로 통역인이 조력되어야 한다.[14]

구체적 사안에서 슬로바키아 형사법원의 사실관계 확정은 명백하게 잘못된 것이 아님이 입증되었다. 연방행정법원은 연방징계법의 해석, 헌법상의 근거, 유럽연합법 및 유럽연합인권협약 상의 해석과 제반원칙, 즉 공정한 절차에 대한 핵심적인 요구사항, 예를 들어 통역이나 충분한 사실관계의 설명, 책임능력해명을 위한 의학적 감정 등이 슬로바키아 형사법정에 의해 준수되었다고 보아, 피고의 상고를 이유없음으로 보고 기각하였다.

2. 토지소유자에게 부과되는 도로증설부담금 (BVerwG 9 C 2.17 - Urteil vom 21. Juni 2018)

(1) 주요 요지

공용도로의 증개축을 위해 도로의 이용으로 이익을 받는 토지소유

---

sowie Art. 67 Abs. 1 und 82 Abs. 1 AEUV)

12) 유럽연합기능조약 제67조 제3항, 제82조 제1항 (Art. 67 Abs. 3 und Art. 82 Abs. 1 AEUV hergeleitet. Gemäß Art. 67 Abs. 3 AEUV)

13) 유럽연합법원 역시 상호신뢰와 상호승인의 원칙을 지지하고 있다. EuGH, Urteile vom 30. Mai 2013 – C–168/13 PPU – EuGRZ 2013, 417 Rn. 50, vom 5. April 2016 – C–404/15 und C–659/15 PPU – NJW 2016, 1709 Rn. 77 und vom 1. Juni 2016 – C–241/15 – NJW 2017, 49 Rn. 33

14) EGMR, Urteil vom 19. Dezember 1989 – 9783/82 – EGMR–E 4, 450 Rn. 74

자에게 건설부담금이 부과될 수 있다. 개별적으로 형평처분을 준수하여 합헌성은 그러나 입법자가 일반적인 상한선을 확정하였는지에 좌우되는 것은 아니다.

(2) 사실관계 및 경과

2013년 피고 시는 1966년 건설된 도로의 보수와 증설을 위한 개발공사를 결정하고 공사를 개시하였으며 2016년 공사를 완료하였다. 피고 시는 도로공사의 재정을 위하여 대지소유자들에게 선이행금 1,700유로, 전체 2천8백만 유로의 도로건설비용부담금 부과하는 처분을 내렸다. 원고는 이에 따라 약 3,400유로의 부담금을 납부할 의무를 지게 되었다. 행정심판에서 원고의 청구는 기각되었고 이에 제1심 Frankfurt am Main 행정법원에 소를 제기하였다.

제1심 행정법원은 도로건설비용 부담금의 부과는 대지에 관련된 특별이익을 통해 정당화될 수 있다고 보았다. 또한 비례성 원칙이 도로건설비용 부담금의 절대적 또는 상대적인 상한선을 요구하는 것은 아니라고 하였다. 이에 원고는 비약상고하였다, 연방행정법원은 이유없음으로 기각하였다.

(3) 연방행정법원의 판단

가) 근거법령의 해석

근거법령인 Hessen 주 지방부담금기본법 제11조 제1항은 지방자치단체의 공용도로 등의 증개축공사를 위한 부담금을 부과할 수 있다는 것과 그 사용으로 인한 이익을 받을 토지소유자가 의무를 진다. 부담금은 이익에 따라 산정되어야 하므로 주 지방부담금기본법은 이에 대해 각각 비율을 정해두고 있다. 이렇게 산정되어 부과되는 부담금은 조세가 아닌 반대급부성격을 통한 성격을 가진다. 조세와 달리 지방자치단체의 부담은 특별이익을 통해 조정된다.

나) 평등원칙의 위반 여부

이러한 부담금규정의 원용은 헌법상 평등원칙에 반하지 않는다. 부담금의 대상이나 기준의 선택에 있어 입법자는 광범위한 형성의 여지를 가진다. 물론 부담의무자의 형평부담을 위하여 수입목표를 넘어 특별한 객관적인 정당성이 요구된다. 그러므로 부담금이 부과되면 헌법상 평등원칙에 의해 이익의 척도에 따른 부담금의무자와 비의무자 사이에 차이가 요구된다. 도로의 증개축공사는 토지에 관련된 것이므로 이 토지를 원용하여 그 소유자가 건설된 도로를 이용하고 특별이익을 얻어낼 수 있는 가능성, 일반에 대한 유용성이 구별되어야 한다. 도로 이용으로 인한 이익의 문제는 공공 교통로를 이용하는 가능성을 통해 나타나는 것이며 이는 토지소유자에 대해 긍정적인 이용가치로 볼 수 있다. 그렇다면 이로서 이미 토지이용가치의 상승에 특별이익이 존재할 수 있는 것이며 여기에 거래가치의 산정가능한 상승이 요구되는 것은 아니다.[15] 부담금의무를 근거짓는 이러한 이익은 – 원고가 주장하는 바와 반대로 – 각각의 개별적인 사례에 따라 구체적으로 정해져야만 하는 것은 아니며[16] 오히려 입법자에게 주어진 광범위한 형성의 여지에 속하는 것이다.

다) 과잉금지원칙의 위배 여부

Hessen주 지방부담금기본법 제11조 제1항이 정하고 있는 부담금이 일반적 법률상 부담금의 상한선을 두고 있지 않음으로 인해 헌법상 과잉금지원칙에 반할 것인지 문제된다. 이러한 상한선이 없더라도 부담금은 원칙적으로는 – 원고가 주장하는 바와 같이 – 상한선이 없는 부담금으로 인해 토지소유자의 "압살적" 효과를 가져오지는 않는다는 것이다. 부담금이 당사자의 기타 조세 및 부담금의 부담을 고려하여 토지

15) BVerfG, Beschluss vom 25. Juni 2014 – 1 BvR 668/10 – BVerfGE 137, 1 (51 ff.).

16) 같은 취지의 판결로는, OVG Lüneburg, Urteil vom 27. März 2017 – 9 LC 180/15 – KStZ 2017, 136

재산권의 포기하게끔 강제하는 경우에 토지에 관련된 도로건설비용 부담금의 범위가 압살적 효과를 가진다고 할 것이다. 부담금이 단지 당사자에게 강하게 부담되었다는 것만으로는 압살적 효과가 인정되지 않으며 이러한 효과가 반복적으로 나타날 때에 생각해볼 수 있는 것이다.[17] 연방행정법원은 Hessen주 지방부담금기본법의 위 규정에 근거한 부담금을 통해 압살적 효과가 발생한 선례가 발견되지 않음을 들어 압살적 효과의 반복적인 등장을 부정하였다.

라) 형평처분의 문제

형평처분[18]은 특별한 근거를 전제로 하는 바, 객관적인 이익근거 이외에 특수한 토지의 이익관계에 관련하여 개별적인 형평근거가 나타나야 한다. 부담금의무자의 경제적 존립 지속이 위태로워질 수도 있다면 개별적인 사유에 의한 부담금의 부과는 불형평(unbillig)한 것이다. 개별적 형평근거는 개별적 상황에 따라 특히 다음과 같은 경우에 인정될 수 있는 바, 재산권자의 재산의 본질적인 부분을 형성하는 그의 주거대지를 부담금의 부과로 부당하게 포기해야만 할 경우라 할 것이다.[19] 이러한 개별적 형평근거가 존재한다면 우선적으로 다른 처분이 고려되어야 한다.

부담금의무의 원칙적인 경우와 예외적인 경우의 형평면제처분에 의한 전체 체계는 그러므로 결함이 있는 것으로 볼 수 없다. 원고는 젊은 신혼부부나 은퇴한 노령층, 적은 가치의 토지소유자를 예로 들어 토지소유자에 대한 부담금 부과의 부당함을 주장하고 있으나 연방행정법

17) BVerfGE 95, 267 (300 f.); BVerfGE 115, 97 (113, 115).

18) 형평면제처분에 대한 연구로는, 서보국, "합헌적 조세법률을 적법 적용한 과세처분의 위헌적 결과에 대한 납세자의 권리보호 근거로서 헌법 제107조 제2항", 조세법연구 제16집 제1호, 2010, 212면 이하 참조; "조세법상 형평면제처분제도의 도입에 관한 연구", 세무학연구, 제29권 제1호, 2012, 73면 이하; "허용되지 않는 형평과세판결과 헌법상 요구되는 형평면제판결", 조세법연구 19-2, 2013, 57면 이하

19) BVerfGE 102, 1 (21 f.).

원은 이들이 충분히 동질적인 집단으로 보기 어렵고 다른 집단들도 마찬가지로 불명확하다고 보았다.

3. 명확한 시간적 제한 없는 개발부담금의 위헌성 (BVerwG 9 C 5.17 - Urteil vom 6. September 2018)

(1) 주요 요지

[1] 부담금의 부과로 인한 일반의 이익과 부담금부담자의 시간적으로 제한되는 이익 사이의 조정은 입법자의 광범위한 형성의 여지의 수행에 있으며 이는 법원의 임무가 아닌 입법자의 임무이다.

[2] 부담의 명확성과 예측가능성에 대한 원칙을 정하는 행정절차법 제53조 제2항으로부터 유추적용의 방법이든 신의성실의 원칙을 수단으로 하든 개발부담금 부과의 시간적 제한이 도출되지는 않는다.

[3] 개발부담금법에서 이익상황은 개발시설이 지방자치단체의 건설프로그램에 상응하는 것이다.

(2) 대상판결의 개요

원고가 소유하고 있는 여러 토지에 걸쳐 1986년 4차선 도로가 건설되었고 원고는 1991년 개발부담금의 사전이행금을 부담하였다. 이후 2003/2004년 2차선 도로의 증설이 이어졌으며 2007년 전체 노선이 지방도로로 공용지정되었다. 이후 2011년 원고는 개발부담금의 부과통지를 받게 되었다. 원고는 도로가 개설되고 난 후 25년이 지났으므로 추가적인 개발부담금부과처분이 무효임을 확인하는 소를 제기하였다. 제1심 Koblenz 행정법원은 원고 소유의 대지 일부에 대한 부담금의 부과가 가능하며 시효의 소멸이나 신의성실의 원칙을 원용하여 이를 무효라고 할 수는 없다고 보았다.[20] 항소심 Koblenz 고등행정법원 역시 부담금의 부과처분이 적법함을 인정하였다. Koblenz 고등법원은 행정절차법 제53조 제2항을 근거로 하여 불가쟁력이 발생한 행정행위의 소멸시효는 30년이라고 보았다. 즉, 1986년 개발과 1991년 이익상황이 발생하여 부담금부과처분을 받은 이후 25년이 경과하였을 뿐이므로 부과처분은 유효하다는 것이다.[21] 이에 원고는 연방행정법원에 상고하였다.

(3) 연방행정법원의 판단

가) 법적 안정성과 부담금의 부과

연방행정법원은 개발부담금을 규율하고 있는 주 법이 헌법상 법적 안정성의 원칙에 합치되는지를 판단하기 위하여 개발부담금법에 대한 적용문제를 판단하였다. 먼저 헌법상 법적 안정성의 원칙은, 개발 결정을 통한 이익획득을 일회적으로 조정하는 부담금이 수익자의 신뢰에 독립하여 그리고 이익의 계속에도 불구하고 시간적으로 제한되지 않고 확정될 수는 없다는 것을 보호하는 의무를 지운다. 물론 부담금의 부과에 대한 일반의 이익과 부담금의무자간에 이뤄지는 조정의 영역에서 부담금이 고려될 것인지 여부와 정도에 대해 광범위한 형성의 여지가 존재한다. 그러나 법적 안정성의 원칙은 시민의 이익이 완전히 고려되지 않은 채 방치되고 부담금의 부과에 특정한 시간적 제한을 두는 규정을 간과하는 것을 금지한다.[22] 이러한 원칙은 이익상황에 대한 모든 사례군에 적용되며 결국 개발부담금에 대해서도 적용된다.[23]

그러나 연방행정법원의 이와 같은 해석에 반대되는 일부 하급심

20) VG Koblenz 4 K 41/15. vom 25. Februar 2016

21) OVG Koblenz 6 A 11831/16. vom 6. November 2017

22) BVerfG, Beschluss vom 5. März 2013 – 1 BvR 2457/08; BVerwG, 9 C 19.14 – Urteil vom 15. April 2015.

23) BVerwG 4 C 11.13 – Urteile vom 20. März 2014; 9 C 19.14 – vom 15. April 2015

판결이 발견된다. 이들 반대되는 하급심판결은 보호할 가치가 있는 신뢰에 부담금의무의 발생이 기초하는가에 의해 판단하고 있다.[24] 연방행정법원은 이러한 견해에 대해, 법치국가원리는 특별한 신뢰의 계기를 주는 규정이 존재하지 않거나 심지어 이러한 신뢰에 반하는 경우 법적 안정성을 보장한다는 것임을 간과하였다고 비판한다. 부담명확성 및 예측가능성의 명령은 전면적인 금전의무의 이행에 대한 국가의 이익의 형량 하에서, 신뢰를 보호하는 것이 아니라 시민의 이익을 보호한다는 것이다. 부담금부과의 헌법적 한계는 그러므로 신뢰요건을 전제하는 것이 아니라 이익상황 발생이래로 경과된 시기에만 연결된다고 하였다.[25]

나) 입법자에 의한 규율의 필요

연방행정법원은 동 법원과 연방헌법재판소 및 하급심의 판결을 인용하여, 부담금의 부과로 인한 일반의 이익과 부담금부담자의 시간적으로 제한되는 이익 사이의 조정은 입법자의 광범위한 형성의 여지의 수행에 있으며 이는 법원의 임무가 아닌 입법자의 임무라고 보았다.[26] 그러므로 부담금에 의한 부담은 시간적 제한뿐만 아니라 이와 관련된 규율이 강조되며 이는 입법자에게 의무로 주어지는 것이다.

4. 휴일 상점영업허용의 적법성 (BVerwG 8 CN 1.17 - Urteil vom 12. Dezember 2018)

(1) 주요 요지

[1] 행사를 이유로 한 상점의 일요일 영업은 이러한 행사가 일요일

24) 연방행정법원은 특히 다음의 판결을 예시를 들고 있다. VGH Mannheim 2 S 2228/13 – Urteile vom 10. Juli 2014 – BWGZ 2014, 1308.

25) BVerfG 1 BvR 2457/08 – Beschluss vom 5. März 2013

26) BVerwG 9 C 19.14 – Urteil vom 15. April 2015; BVerfG 1 BvR 2457/08 – Beschluss vom 5. März 2013; VGH Mannheim 2 S 143/18 – Urteil vom 12. Juli 2018.

의 공적 형상을 형성하고 상점의 개장이 이에 연결된 것으로 표현될 경우에 인정된다.

[2] 개업규칙에 근거가 되는 방문자수요예측은 단지 논리적 근거와 정당성에 대해 사법적 판단이 될 수 있을 뿐이다

(2) 사실관계 및 경과

Leipzig 시는 2017년 시에서 개최되는 특별한 행사를 계기로 행사에 맞추어 해당 주 일요일에 상점영업을 허용하는 명령을 정하였다. 이에 노동조합은 고등행정법원에 규범통제절차를 제기하며 이는 연방기본법 제140조에 의해 바이마르 헌법 제139조를 받아들인 일요일 휴일보장에 반하는 것이라고 하였다. Bautzen 고등행정법원은 원고의 청구를 일부 인용하여 대강절(Advent) 첫째와 셋째 일요일의 영업만을, 크리스마스 시장이 열리는 시 중심지역에 대해서 인정하도록 하였다.[27] 원고는 이에 대강절 일요일의 상점영업도 위법함을 주장하여 상고하였다. 연방행정법원은 원고의 상고를 받아들였으나 이유없음으로 기각하였다.

(3) 연방행정법원의 판단

가) 헌법상 일요일 휴일보장과 예외

연방행정법원은 주의 입법자가 연방기본법 제140조와 바이마르 헌법 139조에 의한 일요일 휴일보장의 헌법적 최소기준을 준수할 의무가 있으며 일요일 상점영업 등은 충분한 예외가 존재하며 객관적으로 정당화될 수 있는 사유를 요한다고 하였다. 이에 대해 연방행정법원은 점주의 단순한 경제적인 추가이익이나 잠재적 고객의 일상적인 영업이익으

---

27) OVG Bautzen 3 C 9/17 vom 31. August 2017.

로는 충분하지 않다는 이전 연방행정법원과 연방헌법재판소의 판결을 기준으로 제시하였다.[28] 그러므로 적어도 일요일 영업을 위한 특별한 계기라는 것은 계기를 제공하는 행사가 해당 일요일의 공적 형상을 형성해내야만 하는 것이다. 일요일 개업은 이러한 행사에 대하여 단지 부속적으로 비춰져야 한다는 것이다.[29]

나) 입법자의 수요예측에 대한 사법적 판단

원심이 적절히 파악한 바와 같이 지방자치단체의 비교예측 및 이에 기초한 데이터는 과장된 것은 아니어야 한다. 지방자치단체가 이용하는 데이터를 위한 기초로서 기대방문인수는 조악한 평가일 것이다. 그러나 지방자치잔체의 입법자의 예측은 법률상 위임된 평가의 여지로 사법심사에 있어서는 논리적 근거 및 정당성에 대해서만 판단될 수 있을 뿐이다. 논리적 근거와 정당성은 입법자가 규정을 정하는데 기초한 정황에 따라 판단될 수 있는데 이들은 대개 해당 서류 등으로부터 나타나는 것이다. 이에 따라 원심은 일요일 영업규정을 정당화하는 방문자수 예측에 하자가 없음을 인정하였던 것이다.

5. 장애인의 영업활동에 대한 보조 (BVerwG 5 C 9.16 - Urteil vom 9. August 2018)

(1) 주요 요지

비상근직의 수행은 다른 영업행위 수행을 위한 사회법전 제9권 제102조 4항에 따른 필수적 근로보조비용의 청구에 반하지 않는다.

---

28) BVerfG, Urteil vom 1. Dezember 2009 – 1 BvR 2857, 2858/07 – BVerfGE 125, 39 (87 f., 90 f.); BVerwG, Urteile vom 11. November 2015 – 8 CN 2.14 – BVerwGE 153, 183 Rn. 22 und vom 17. Mai 2017 – 8 CN 1.16 – BVerwGE 159, 27 Rn. 16).

29) BVerfG, Urteil vom 1. Dezember 2009 – 1 BvR 2857, 2858/07 – BVerfGE 125, 39 (99 f.); BVerwG, Urteil vom 11. November 2015 – 8 CN 2.14 – BVerwGE 153, 183 Rn. 23 f.).

(2) 사실관계 및 경과

원고는 맹인으로 기준치 100의 장애인으로 인정된 자이며 2000년부터 룩셈부르크 공무원으로 일하고 있다.[30] 2013년부터 원고는 2008년 그가 설립한 매니지먼트 회사를 운영하기 위해 룩셈부르크 공무원 업무활동을 50%로 낮추었다. 2014년 1월 원고는 사회법전 제9권 제102조 제4항에 따라 그의 자영업 활동을 위한 비용부담을 신청하였다. 피고 행정청은 원고의 신청을 거부하였다. 이러한 비용부담은 장애인의 취업에 도움을 주려는 것인데, 원고는 무직자도 아니며 공무원으로서 그의 직업행위를 통해 이미 근로생활에 편입되었다는 것이다. 제1심 Schleswig 행정법원과 항소심 Schleswig 고등행정법원에서 원고의 청구는 기각되었다. 항소심은, 사회법전 제9권의 급부는 일반적인 노동시장에서 근로생활로의 참여를 가능하게 하고 용이하게 하고 보호하려는 것이며 원고의 경우 이미 룩셈부르크 공무원으로서 충분히 근로생활에 편입되었으며 이 직업활동의 자유의사에 기한 축소가 사후적으로 근로생활의 편입으로부터 이탈하는 것은 아니라고 보았다. 이에 원고는 상고하였으며 연방행정법원은 원고의 청구를 인용하였다.

(3) 연방행정법원의 판단

연방행정법원은 원고의 비용신청의 근거가 되는 사회법전 제9권 제102조 제4항 및 제185조을 해석함에 있어, 중증 장애인이 근로생활에서의 조력을 위하여 필수적 근로보조비용의 지원에 대한 청구권을 가진다는 위 규정에서 나타난 “필수적 근로보조”는 판단여지가 주어지지 않은 불확정 개념으로 전면적인 사법심사의 대상에 놓인다고 보았다. 원심 역시 근로보조를 위한 비용의 지원이 장애인의 자영업 활동에 대해

---

30) 룩셈부르크는 외국인을 공무원이나 정부기관 직원으로 임용할 수 있다.

서 영속적으로 영업하고 경제적 생활기반의 보호에 기여하기에 적합하도록 고려된다고 보았다. 사회법전 제9권 제73조 제1항 등이 근로장소를 종속적인 활동으로 정의하고 있긴 하나, 그렇다고 해서 장애인의 자영업 활동이 근로보조를 위한 비용의 지원으로 지지될 수 없다는 것을 의미하지는 않는다는 것이다. 그러므로 임박한 또는 이미 발생한 실직이 비용지원의 필수적인 조건이 되는 것은 아니다.

비장애인과 마찬가지로, 어떤 직업에 종사하며 그의 노동력을 전범위에서 혹은 부분적으로 여러 영업활동에 투입할 것인지, 상근직으로 일할 것인지 비상근으로 일할 것인지 원칙적으로 결정할 수 있는 것이다. 이러한 관점은 유엔 장애인 권리협약 제27조에서 표현된 인간상에 부합하며, 동 협약은 독일 국내법에 적용가능하며 기본권의 내용과 확정을 위한 해석수단으로 원용될 수 있다. 이러한 배경에서 나타나는 필수적 근로보조를 위한 비용지원의 의미와 목적은, 이미 수행중인 비상근 업무가 다른 영업활동을 위한 비용지원에 모순되지 않는다는 점에 있어 중요한 의미를 가진다.

6. 임시설치된 주차금지표시에 따른 비용부담부 견인조치 (BVerwG 3 C 25.16 - Urteil vom 24. Mai 2018)

(1) 요지

이전에 허용되는 주차차량이 사후에 설치된 주차금지로 견인된 경우 비용에 대한 책임은 주차금지 이전 최소 3일 이전에 알려져야 한다.

(2) 사실관계 및 경과

원고는 2013년 8월 19일 뒤셀도르프 시에 있는 그의 주거 이웃집 앞에 차량을 주차하고 휴가를 떠났다. 다음날 오전 인근 주거의 이사작업으로 8월 23일부터 24일 오전 7시부터 오후 6시까지 주차를 금지하는 임시 안내판이 설치되었다. 8월 23일 오후 원고의 차량은 주차금지로 인해 견인조치되었다. 원고에게는 9월 5일 176.98유로의 비용이 청구되었고 행정비용으로 62유로가 청구되었다. 비용청구 및 비용부과처분에 대해 원고가 제기한 소에 대해 제1심 Düsseldorf 행정법원과 항소심에서 원고의 청구는 기각되었다. 주차금지표지판은 인식할 수 있는 방식으로 설치되었으므로 주차금지는 유효하게 통지된 것이며, 이사를 위해 정해진 임시적 교통규칙에 따라 견인조치는 필요적이었다는 점, 그리고 다른 경미한 수단으로 이를 해소할 수 없었다는 점을 들었다. 임시로 설치된 주차표지판은 48시간 이전에 설치되어 갑작스러운 견인으로부터 차량을 이동시킬 시간은 충분하였다고 보았다. 이는 이전 연방행정법원의 판결에 의해서도 문제되지 않는다는 것이었다. 그러나 연방행정법원은 원고의 청구를 인용하였다.

(3) 연방행정법원의 판단

가) 이동식 임시교통표지판의 법적 성격

연방행정법원은 이동식 임시교통표지판의 법적 성격에 대해 다른 교통표지와 마찬가지로 행정절차법 제35조 2문에서의 일반처분으로서 행정행위라는 것을 확인하였다. 따라서 이동식 임시교통표지판은 해당 지역에 대한 주차의 금지뿐만 아니라 이를 기초로 하여 주차거 허용되지 않은 차량에 대해 즉시 견인하는 집행이 가능하다는 내용을 담고 있는 것이라고 하였다. 다만 이러한 임시교통표지판의 경우 유효한 법적 효과를 가지기 위해서는 소위 가시성의 원칙(Sichtbarkeitsgrundsatz)를 충족시켜야 한다.[31)]

---

31) 가시성의 원칙은, 교통표지판은 평균적인 운전자가 필요한 주의력에 따른 준수를 위해 빠르게 대강 보아도 이해할 수 있도록 설치되어야 한다는 원칙으로 이러한 조건 하에서 교통표지판은 그 표지판을 실제로 인지했거나 하지 못한 것에 대해 동등한 법적 효과를 가져오게 된다. 이에 대해서는, 계인국, 최근(2016) 독일 행정판례의 동향과 분석, 행정판례연구 제23-1집 (2018), 439면 (452면 이하).

나) 견인조치의 비례성 원칙 충족 여부

원심이 확정한 사실관계에 의할 경우 임시적으로 설정된 주차금지 처분의 목적을 감안할 때, 원고의 차량이 해당 이사작업이 진행되는 지역에 구체적인 교통의 장애를 가져왔다고 한다. 차주와의 연락을 시도하였으나 연락이 되지 않은 이후로는 견인 이외에 이보다 더 경미한 수단으로는 임시적 주차금지의 목적을 달성할 수 없었을 것이다.[32)]

다) 사후적 법적상황의 변동과 법적 결과의 귀속

원칙적으로는 견인조치의 적법성으로부터 책임자에 대한 비용의 의무부담가능성이 도출된다.[33)] 그러나 이에 대한 예외가 주어져야할 것인 바, 본래 규칙에 합치되며 또한 허용된 차량의 주차이고, 새로운 교통표지의 설치를 통해 교통상황이 사후적으로 변경된 때가 문제된다. 법질서는 원칙적으로 현행 법상황이 장래에도 불변으로 지속될 것이라는 것에 대한 일반적인 기대까지 보호하는 것은 아니다. 그러나 장래 법적 결과가 과거의 사실에 연결되는 경우라면 법적 상황의 지속에 대한 개인의 신뢰는 비례의 원칙의 준수 하에 고려되어야만 하는 것이다.[34)]

이러한 형량은 한편으로는 차주의 정당한 이익이 한편에서 고려되어야 한다. 원칙적으로 허용되고 운행되고 있는 차량의 주차는 공공도로의 토지에 장기간 허용되는 것이다.[35)] 다른 한편 교통상황에 참여하는 자는 상시 현재의 교통규칙이 단기적으로 변동될 수 있다는 상황을 염두에 두어야만 한다. 장기적인 주차 가능성에 대한 신뢰는 도로교통에서 반대되는 상황의 참작에 의해 사전적으로 제한된다. 이러한 점에

---

32) 이에 유사한 사안으로는, BVerwG 3 C 5.13 – Urteil vom 9. April 2014이 제시되고 있다.

33) BGH, Urteil vom 26. Januar 2006 – I ZR 83/03 – NVwZ 2006, 964 Rn. 16 f.

34) BVerfG 1 BvL 6/07 – Beschluss vom 10. Oktober 2012

35) BVerfGE 67, 299 (326).

서 연방행정법원은 과거에 3일의 사전기간을 허용하였고 제4일부터 교통표지설치에 따른 견인조치에 대한 비용부담을 허용한 바 있다.[36)]

7. 직무위반행위의 정도에 따른 징계 양형 (BVerwG 2 WD 10. 18 – Urteil vom 5. Juni 2018)

(1) 요지

군인이 2000건 이상의 아동 및 청소년을 대상으로 한 불법음란물을 소지하였다면, 특별한 감경사유가 없는 한 최고 수위의 처분이 행위 및 책임에 상응하다.

(2) 사실관계 및 경과

피징계인은 2011년부터 소아성애적 성향 없이 아동음란물을 구하여 이를 저장해두었다. 2015년 9월 피징계인의 가택수사를 통해 1978건의 아동음란물 및 603건의 청소년음란물 도화 및 동영상이 컴퓨터와 저장매체에서 발견되었다. 이 중에는 불과 3세에 불과한 유아의 사진도 발견되었다. 그러나 피징계인은 이러한 데이터를 대량으로 저장한 것은 성적 충동을 목적으로 한 것이 아니라 금지된 것을 행함으로 인한 “스릴”을 느끼기 위한 것뿐이었다고 주장하였다. 동시에 진행된 형사재판에서 피징계인은 형법 제184b조 제3항에 의거하여 9개월의 자유형과 최고 4000유로의 벌금형을 선고받았다. 이에 따라 2018년 남부 군사법원은 직무위반을 이유로 상사로 강등조치하는 판결을 내렸다. 위 판결에 대해 연방군징계검사는 피징계인의 직무위반이 더욱 중대한 사안이며 이러한 행위가 장차 성범죄로 부지불식간에 연결될 것이라는 점, 형사재판에서 유죄판결을 받았다는 점 등을 들어 최고 수준의 징계가 내

---

36) BVerwGE 102, 316 (320).

려져야 할 것이라는 이유를 들어 연방행정법원에 항소하였다. 마찬가지로 피징계인인 군인 역시 이러한 행위가 성적 충동이 아닌 위반심리에 기한 것이며 그의 어려웠던 유년시절 및 2011년 주변인물의 상실로 인한 것이라는 점, 심리적 문제로 인한 조력과 이러한 심리치료를 마쳤다는 점, 심리치료사가 피징계인이 미성년자에 대한 위험성이 없음을 확인하였다는 점 등을 들어 징계경감사유를 고려해야 함, 형사재판과 징계재판이 동일하지 않음 등을 이유로 항소하였다. 연방행정법원은 양측 항소를 받아들였으나 연방군징계검사의 항소만을 이유있다고 판시하였다

(3) 연방행정법원의 판단

가) 징계처분의 판단기준

먼저 연방행정법원은 징계처분을 가져오는 직무위반행위의 성격과 정도는 위반된 직무의무행위의 불법성에 의해 판단되는 것이라고 보았다. 입법자는 아동 및 청소년을 대상으로 하는 불법음란물의 소지를 형법 제184b조 제2항 및 제184c조 제3항에 각각 규정해두고 있다. 입법자는 이런 불법음란물의 "소비자"에 대해서도 문제삼고 있으며 이는 헌법상 인간의 존엄에 반하는 것으로 보았다. 결국 아동 및 청소년을 대상으로 하는 불법음란물은 높은 수준의 인격 및 사회성을 해치는 것으로, 청소년의 건전한 성장과 전체 인격 및 공동체의 질서와 조화를 이루는 성장을 침해하는 것이기 때문이다. 군사법상의 의무는 헌법에 합하는 임무의 이행을 단순히 부수적 의무가 아니라 군사적 직무수행의 기능적 관련성으로 보고 있다.

직무위반의 성격과 정도를 확정함에 있어 피징계인이 이른바 "강한" 혹은 "경미한" 내용의 음란물을 보유하였는가는 중요하지 않다. 그러나 처벌대상이 되는 데이터를 대량으로 보유하고 있었다는 것은 중요한 정황이 된다. 이는 일회적으로 음란물을 인터넷에서 다운받는 것

을 넘어 그의 생활의 여러 단계에서 반복적으로 행위가 발생한 것이기 때문이다. 또한 집중적인 소비는 해당 "시장"에서 아동 및 청소년 불법음란물을 유포하는 것과 동등하게 평가되는 것으로 중한 사유로 판단하였다.

나) 직무 영향성

해당 직무위반행위는 아동과 청소년에 대해 명확히 부정적인 영향을 보인다. 군인으로서 아동 및 청소년 음란물을 소유하는 것은 해당 시장이 존재함을 통해 피해자를 간접적으로 성적 학대하는 것에 그치지 않는다. 이는 연방기본법 제1조 제1항과 제2조 제1항에 따라 관련 당사자의 인격권을 침해하는 것이다. 그런데 이러한 직무위반은 직무수행에 대해 큰 영향을 미치는 바, 피징계인은 더 이상 안전에 민감한 직무를 맡길 수 없을 것이며 나아가 구체적인 범죄를 특정한 방식으로 행하였다는 점은 동료와의 협업, 특히 아이를 가진 동료에 대해 부담으로 작용할 수 있으며, 이미 이는 증인의 증언을 통해 나타난 바 있다.

다) 징계처분평가의 2단계 심사공식

해당 징계처분의 양형에 대한 구체적인 평가에 대해서는 연방행정법원의 판례로서 확립된 2단계 심사공식[37]에 의하여 판단하였다.

먼저 제1단계에서는 비교가능한 사례와의 평등원칙, 법치국가적 원칙의 이해에 의한 법적 안정성과 징계처분에 대한 예견가능성을 고려하여 "양형판단의 출발점"으로서 문제가 되는 집단에 대한 원칙적 조치를 확정한다. 이에 따라 위반행위의 경중과 징계단계를 고려하여 아동 및 청소년 불법음란물의 소지를 대상으로 하고, 양형판단의 출발점을 외부로부터 나타나는 징계처분으로 형성하였다. 이 경우 원칙적으로 직무계급의 강등이 존재한다.

제2단계에서는 구체적인 개별사안에서 영형기준과 징계법의 목표

37) BVerwG, 2 WD 9.09 – Urteil vom 10. Feb. 2010.

설정을 고려하여 제1단계에서 도출된 원칙적 처분에 대해 감경가능성 또는 가중의 필요성을 인정할 정황이 존재하는 지를 심사한다. 여기에서 특히 문제되는 것은 바로 앞서 언급한 직무위반행위의 성격과 정도 및 직무영향성이다. 직무의무에 대한 책임있는 위반이 중하거나 경미하게 하는 정황에 따라 양평판단이 높게 혹은 낮게 조정될 수 있다. 다만 여기에서 상급자가 주관적으로 면직이 필요하다고 주장하였는지는 중요하지 않다.[38] 즉 군인으로서 신뢰성과 인격적 고결성에 대한 신임이 동요되었는지는 객관적 기준에 따라, 즉 객관적이고 선입견 없이 제3자가 사안을 심사하고 평가해야 한다.[39] 연방행정법원은 2단계 심사공식에 따른 전체적인 판단에 따라 피징계인 군인의 직무위반행위의 중대함과 명백함이 강등조치를 넘어 면직대상이라는 것을 밝혔다.

라) 직무능력과의 관련성

직무위반이 중대할수록 허용되는 최고조치를 면하게 할 수 있는 감형사유도 더 중요해진다.[40] 그러나 연방행정법원은 이러한 경우 군인의 직무능력에 의해 얻어지는 것이 아니라고 보았다. 왜냐하면 군인의 인격적 고결성은 전문적 자격의 요청 외에 동등한 정도로 요청되는 것이므로 객관적 판단에 의해 종국적인 신뢰의 상실로 이르게 할 수 있는 인격적 고결성에 대한 명백한 흠결이 직업적 능력과 동일하게 평가될 수는 없다고 보았다.[41]

---

38) BVerwG, 2 WD 7.13 – Urteil vom 21. Mai 2014.

39) BVerwG, 2 WD 28.11 – Urteil vom 30. Okt 2012.

40) BVerwG 2 WD 15.11 – Urteil 15. März 2013

41) BVerwG 2 WD 11. 10 – Urteil vom 16. Juni 2011

8. 자살을 목적으로 한 마취제 구입 허가 (BVerwG 3 C 19.15 - Urteil vom 2. März 2017)

(1) 주요 요지

[1] 자살을 목적으로 한 마취제의 구입은 원칙적으로 허가되지 않는다.

[2] 연방기본법 제2조 1항 및 제1조 1항에 의한 일반적 인격권은 중대하며 불치의 질병을 앓는 인간에 대한 권리 역시 포함하는 바, 이는 그의 삶을 언제 어떤 식으로 마칠 것인지를 결정하는 것이며 이를 위해 그가 그의 의사를 자유로이 형성하고 이에 따라 행동할 수 있을 것을 전제한다.

[3] 위 기본권을 고려하여 볼 때, 마취제법 제5조 제1항 제6호는 자살을 위한 마취제의 매매는 법률의 목적상 예외적으로 인정될 수 있으며 이는 자살의사 있는 매수인이 중대하고 불치의 질병으로 인해 극히 긴급한 상황에 처해있는 경우로 해석되어야 한다.

[4] 극히 긴급한 상황이란 먼저 중대하고 불치의 질병으로 심한 신체적 고통, 특히 강한 통증으로 당사자가 참을 수 없는 고통을 겪고 있으며 충분히 완화될 수 없는 경우이며 둘째로는 당사자가 결정능력을 가지고 있으며 자유롭고 진지하게 그의 삶을 마치기를 원하고 있음을 결정하였고, 셋째로는 안락사를 실현할 다른 가능성이 없는 경우이다.

(2) 사실관계 및 경과

원고의 아내는 2002년 4월 발생한 사고로 인해 고도의 중추신경

마비를 입게 되었고 이로서 경추 이하가 마비되어 인공적으로 호흡을 이어가고 있으며 지속적인 의학적 치료에 의존하고 있다. 또한 잦은 경련은 강한 통증을 야기하고 있다. 의학적 소견상으로는 현 상황에서 증상이 나아질 것으로 예측되지 않고 있다. 이로서 원고의 아내는 현재의 상황을 더 이상 견딜 수 없으며 그의 삶을 종결하기를 원하고 있다. 원고의 아내는 2004년 11월 연방의약품 및 의료기기 연구소(Bundesinstitut für Arzneimittel und Medizinprodukte: BfArM)에 서신을 보내어 자살을 위하여 15그램의 나트륨-펜토바비탈을 구입할 것을 허가해달라고 요청하였다. 그녀의 안락사요청에 대해 원고와 딸, 주치의, 심리치료사, 간병인 및 사제의 요청을 함께 보냈다.

BfArM은 2004년 12월 해당 신청을 거부하였다. 마취제법 제5조 제1항 제6호에 의하면 국민의 필수적인 의료적 치료를 보장한다는 법률의 목적상 자살을 목적으로 한 마취제의 구입은 이에 합치되지 않는다는 것이다. 의료적 치료는 이 규정의 의미에 따르면 생명을 유지하고 지탱하기 위한 사용목적에 한정되는 것으로 보아야 한다는 것이다. 2005년 행정심판에서도 BfArM은 원고의 주장이 이유없다고 보아 기각재결을 내렸다. 재결이 내려진 이후 며칠 뒤에 원고와 원고의 딸은 원고의 아내와 함께 이미 나트륨-펜토바비탈의 구입이 가능하고 이를 통해 안락사가 가능한 스위스에서 안락사 지원단체의 지원 하에 안락사를 실현하였다.

이후 원고는 2005년 행정심판의 재결이 위법하며 피고에게 허가를 발령할 의무가 있었음을 확인하는 소를 제기하였다. 쾰른 행정법원은 원고적격이 없음을 들어 이를 부적법 각하하였다. 원고는 연방기본법 제6조 제1항으로부터 그의 권리가 침해되었다고 주장할 수도 없고 유럽연합인권협약 제8조의 권리가 침해되었다고 주장할 수도 없으며, 거부처분으로 다만 원고의 아내의 권리가 관련되어있을 뿐이라는 것이다. 원고는 이에 항소하였으나 2007년 고등행정법원은 이를 기각하였다.

원고에 의해 유럽연합인권법원에 제기된 소에 대하여 해당 법원은 2012년 판결을 통해 원고가 회원국 법원이 이유존부를 심사하기를 거절함을 통해 유럽연합인권협약 제8조의 권리가 침해되었음을 판시하였다. 이에 따라 원고는 2013년 행정법원의 재심을 청구하였으며 그의 확인요청을 재차 소구하였다. 행정법원은 2014년 판결을 통해 2006년 내려진 판결을 재심을 통해 파기하였으며 행정법원법 제153조 제1항과 민사소송법 제580조 제8호에 의한 원상회복의 소를 적법하게 받아들였으나 이유없음을 들어 기각하였다. BfArM이 원고의 아내가 신청한 약물 구입허가 신청에 대해 마취제법 제5조 제1항 제6호에 따라 거부한 것은 해당 조항의 해석상 이러한 마취제의 사용이 치료목적을 위한 것으로 이해해야 한다는 것이다. 물론 여기에는 사망 시점에 고통을 제거하기 위한 약물의 사용 역시 포함되긴 하지만, 이 사용목적이 치명적인 약물의 투여를 통해 자살을 하려는 목적과 동일시할 수는 없으며 의료적으로나 윤리적으로 엄격히 제한되어야 한다는 것이다.

원고는 이에 항소하였으나 고등행정법원은 원고의 항소를 기각하였다. 고등행정법원 역시 자살을 목적으로 하여 신청한 마취제의 구입허가 거부는 근거 법률의 해석상 치료목적의 마취제 사용에 합치될 수 없다고 보았다. 특히 2012년 개정법률에서 마취제에 의한 진정적 의료처방을 간소화시키는 규정에서, 만약 입법자가 종전의 규정을 자살 목적으로 마취제의 처방을 가능하게 하려는 것이었다면 개정 과정에서 규율했을 것이다. 또한 이러한 해석은 유럽연합인권법원의 판결에서도 다르지 않다고 보았다. 인간이 언제, 어떻게 자신의 삶을 마칠 것인지를 결정함에 있어서 전제되어야 하는 것은 그가 그의 의사를 자유로이 형성하고 그에 따라 행위할 수 있어야 한다는 것이다. 이에 대해 회원국의 입법자는 광범위한 형성의 여지를 가지며 생명과 신체에 대한 국가의 보호의무가 이에 형량되어야 한다. 이를 통해 국가는 개인이 자살을 방지할 의무를 도출할 수 있으며 자살을 목적으로 하는 마취제에 대한 접근을 예외 없이 금지하는 것을 받아들일 수 있다고 보았다. 그러나 연방행정법원은 원심과 다른 해석을 취하였다.

(3) 연방행정법원의 판단

가) 마취제법의 목적에 따른 허가

일단 연방행정법원 역시 마취제법의 규정에 대하여 자살을 목적으로 마취제 구입허가를 구하는 신청은 원칙적으로 배척되는 것임을 밝히고 있다. 즉 마취제법의 목적이나 체계상 이러한 허가는 원칙적으로 받아들여질 수 없다. 동법의 규정은 필수적인 의료처방 이외에는 마취제의 남용이나 남용적인 마취제의 제조 및 마취제 의존증의 발생 등을 가능한 한 막아야 함을 밝히는 것이다. 그러므로 이러한 자살을 목적으로 한 마취제의 구입허가는 마취제의 오남용을 막으려는 목적에 배치된다. 다만 이러한 마취제법의 규정은 마취제가 단지 인체에 유해한 효과를 가진다는 것 이외에도 인간의 건강을 위하여 특정한 경우에는 유용할 수 있다는 데에 기초하고 있다. 그러므로 마취제법은 그 사용을 금지하면서도 다만 마취제 사용이 의료적 목적을 위해 필요한 경우 허용하는 것이다. 법체계상 치료 또는 증세의 완화를 위한 마취제의 사용에 대해 허가된다.

나) 자기운명에 대한 결정권

이러한 법의 취지와 기본권적으로 보호되는 환자의 권리에 의거하여 볼 때, 연방행정법원은 자살을 목적으로 한 나트륨-펜토바비탈의 구입을 예외없이 금지함은, 중대하고 불치의 질병을 앓고 있는 자의 기본권적으로 보호되는 권리, 즉 그의 인생을 언제 어떻게 종결할 것인지 결정할 권리를 침해하는 것이라고 보았다. 연방행정법원은 먼저 연방기본법 제2조 제1항 및 제1조 제1항에 의한 인격의 자유로운 발현에 대한 권리와 인간 존엄의 존중과 보호에 대한 권리는 각 개인의 자유로운 사적 생활형성의 영역에서 스스로 그의 인격을 발전시키고 보존할 수 있도록 보장하는 것이며 여기에는 인간이 스스로를 직접 결정하고 그의 운명을 자기 책임 하에 형성할 수 있음이 포함된다. 인격적 자치라는 표현은 질병의 대처에 대해서도 마찬가지이므로 기본권적으로 보호되는 자유는 의료적인 처치 또는 그 외의 치료적인 처분을 거절하는 것도 포함되고[42] 생명을 연장하는 조치의 거절 역시 이에 해당한다.[43] 환자의 결정에 대한 규정은 개별법 즉 민법 제1901a조 이하에서 찾아볼 수 있으며 동의능력 있는 환자의 동의 또는 동의능력 없는 환자가 실제 언급하였거나 추정가능한 의사에 의한 동의가 없이는 생명유지 또는 생명연장 조치가 시작되어서도 계속되어서도 안 될 것이다.[44] 또한 불치의 질병을 앓는 환자가 그의 삶을 언제, 어떻게 끝맺을 것인지를 정할 수 있는 권리는,[45] 그가 그의 의지를 자유로이 형성하고 그에 따라 행위할 수 있다는 것을 전제하는데 이로서 기본권적 보호가 치명적인 질병의 최종단계로 인해 사망의 진전이 이미 시작되었거나 직접적으로 임박한 경우로 한정되는 것은 아니다.

마취제유통법(BtMG)[46] 제5조 제1항 제6호는 마취자의 유통에 제한을 두고 있다. 동법의 규정에 의해 유통허가의 발령이 금지되며 이로서 원고의 아내는 자살을 위한 약물을 구입할 수 없었기에 원고의 아내가 언제, 어떻게 그의 삶을 마감할 것인지를 정하는 권리가 제한된 것이다. 이를 전통적인 기본권의 침해로 볼 수 있을 것인지가 문제된다. 전통적 기본권 침해라면 기본권적 자유권이 직접적이고 의도적으로 축

---

42) 이는 최근 독일연방헌법재판소에 의해 내려진 판결의 내용이기도 하다. BVerfG, Urteil vom 26. Juli 2016 - 1BvL 8/15 - NJW 2017, 53, Rn. 74 f.

43) BGH, Urteil. vom 25. Juni 2010 - 2StR 454/09 - BGHSt 55, 191, Rn. 23.

44) BGH, Urteil vom 25. Juni 2010 - 2StR 454/09 - BGHSt 55, 191, Rn. 14 ff.

45) 연방행정법원은 자살을 통해 중환자의 죽음에 대한 자기결정이 기본권적으로 보호받는다는 것을 유럽연합인권법원의 판결로도 확인하였다. EGMR, Urteil vom 29. Apr. 2002 - Nr. 2346/02 - NJW 2002, 2851.

46) Gesetz über den Verkehr mit Betäubungsmitteln

소되는 것이 전제되어야 할 것인데, 마취제유통법이 연방기본법 제2조 제1항 및 제1조 제1항에 근거하는 권리로서 그의 삶의 마감에 대한 결정 권리를 제한함에 직접적으로 지향되는 것은 아니다. 그러나 기본권의 방어적 내용은 간접적인 침해의 경우에도 그 목적이나 효과가 침해와 같이 보게 되는 경우에는 적용될 수 있다.[47] 마취제의 치료적 목적의 적용을 위한 부칙을 예외없는 금지로 좁게 이해하여 나트륨-펜토바비탈과 같은 수단으로 자살을 하려는 것이 저지하게 된다. 심각한 고통으로부터 해방되는 것을 진지하게 결정하여 그의 삶을 고통없고 확실하게 자살로서 마감하기 위하여 이러한 약물을 이용하고자 하는 중하며 불치의 질병을 앓는 환자들에게 이러한 예외없는 금지가 적용된다. 이는 일반적 인격권에 대한 간접적 침해에 해당한다.

종합하여, 연방행정법원은 자살목적의 마취제의 매매는 원칙적으로 허가의 대상이 아니라고 보았다. 그러나 예외적으로 중대하며 불치의 질병으로 인한 긴급한 상황으로 인한 환자의 자살의사가 인정될 수 있다면 그 구매여부를 허가의 대상이 될 수 있다고 본 것이다.

9. 표절을 이유로 한 박사학위의 사후적 박탈 (BVerwG 6.C 3.16 - Urteil vom 21. Juni 2017)

(1) 사실관계 및 경과

원고는 1980년 정치학과를 졸업하고 1986년 11월 동대학원에서 박사학위를 취득하였다. 원고는 당시의 박사학위절차규정에서 정해둔 법정 선서를 대신하는 절차를 완료하였다. 그러나 이후 원고의 박사학위 논문이 표절되었다는 의혹이 공개적으로 언급되기 시작하자, 해당 대학교는 1990년 위원회를 조직하여 해당 문제를 조사하기 시작했다. 위원

47) BVerfG, Urteil vom 17. 3. 2004 - 1 BvR 1266/00 - BVerfGE 110, 177 (191).

회의 최종보고서는 원고의 박사학위논문이 인용방식이 적지 않은 정도로 위반되었음을 통해 방법론적으로 중대한 결합이 있음을 확인하였다. 원고는 논문 작성 시의 고의가 아닌 과실로 인하여 이러한 문제가 발생하였다고 소명하였으며 그럼에도 불구하고 위 논문이 인정가치 있는 주제를 다루고 있다고 하였다. 위원회의 보고를 고려하여 학과회의는 1991년 원고의 박사학위를 박탈하는 목적의 비판에 대해 이유없다고 정하였고 학장은 이를 원고에게 서면으로 통지하였다.

그러나 2011년 인터넷 플랫폼 "VroniPlag"는 해당 학위논문을 전자적으로 평가한 결과 약 47%의 내용이 타 저작물을 도용하였으며 여기에 적절한 인용이 없는 표절임을 밝혀냈다. 이에 따라 해당 대학학과는 재차 이를 조사한 결과, 1991년 보고서를 제출한 위원회가 불과 44건의 표절의혹부분을 발견한 것에 비해 재조사에 의하여서는 40% 가량, 327건의 표절의혹부분을 확인하였다. 이에 따라 재조사위원회는 2012년 4월 원고의 박사학위논문을 박탈하는 결정을 내렸다. 위원회는 원고의 표절은 그 숫자로 미루어볼 때 당시 박사학위절차규정을 고의로 위반하였음이 인정된다고 보았으며 따라서 1991년 당시 학장의 박사학위유지 결정이 위법한 것이라고 하였다.

원고는 박사학위 박탈결정의 취소를 구하는 소를 제기하였다. 원고는 법적 안정성과 신뢰보호를 주장하였다. 1991년 박사학위를 박탈하지 않는다는 결정은 대학 학과의 학장이 구속적으로 확인한 것이라는 것이다. 이 행정행위는 위원회의 사후적 전면적인 조사를 통해 표절이 아니라는 것을 확인하는 것으로 적법하게 발령되었다는 것이다. 또한 박사학위의 박탈을 정하고 있는 박사학위절차규정은 헌법에 합치되지 않는다고 보았다. 해당 박탈규정에 대한 주 법상의 위임은 법치국가적인 명확성을 충족시키지 못하고 있으며 법률유보에도 위반되는, 다시 말해 대학교에 백지 및 포괄위임된 것이므로 위헌적이며 따라서 무효라고 주장하였다. 나아가 주의 입법자는 박사학위과정생의 기본권을 보호하기 위한 내용적인 규정을 두었어야 한다고 주장하였다. 특히 시간적으로 기간이 제한이 없는 박탈가능성을 인정하는 것은 여타의 다른 학문적 지위와 비교하여 볼 때 평등원칙에 위배된다고 보았다.

원심은 1991년 원고의 박사학위가 표절이 아님을 확인하는 결정이 행정행위가 아니라고 보았다. 다음으로 피고가 원고의 박사학위라는 지위를 박탈하는 근거인 박사학위절차규정(Promotionsordnung)은 해당 주(노르트라인-베스트팔렌 주)의 고등교육법에 따른 것으로 학문적으로 중대한 위반을 규율하기 위한 것이다.

주 입법자는 박사학위 박탈에 대한 법제를 직접 확인하여야 하는 것도 아니며 내용적인 범위를 정해두어야만 하는 것도 아니다. 왜냐하면 박사학위과정은 연방기본법에 의해 보장되는 대학의 자율행정의 핵심적인 영역에 속하기 때문이라는 것이다. 해당 박사학위절차규정이 정하고 있는 고의적인 표절방지의 문제는 학문적인 핵심의무에 속한다. 즉 박사학위논문이 독자적으로 작성되어야 한다는 것인데, 원고는 타인의 저작물 상당한 분량을 적절한 인용표시 없이 도용하였고 이로서 독자적 저작품으로 인정되지 않는다. 제반 사정을 고려하여 원심은 원고의 주장은 이유없다고 보았다. 원고는 상고하였으나, 연방행정법원은 원고의 상고를 이유없다고 보아 기각하였다.

(2) 연방행정법원의 판단

가) 대학장 결정의 행정행위성

먼저 원고의 박사학위를 박탈하지 않는다는 1991년의 피고 대학의 학장이 내린 결정이 행정행위인가에 대하여 연방행정법원은 이를 부정하였다. 노르트라인-베스트팔렌 주 행정절차법 제35조 제1문은 연방행정절차법 제35조 제1문과 마찬가지로 행정행위에 대한 규정을 두고 있으며 여기에서는 동일하게 행정행위는 규율(Regelung)로서의 성격이 강조되고 있다. 규율로서의 성격은 그의 객관적인 내용이 법적 효과를 정하고 있는 경우에 주어진다. 그러므로 규율은 당사자에게 구속적인 권리나 의무를 창설하고 내용적으로 형성, 변경, 폐지, 확인 혹은 이를 거부하는 것이다. 확인적 행정행위는 행정청의 구속적인 법적용의 결과를 확인하는 것인데 행정청의 행위가 규율로서의 성격을 가지는지와 이에 따라 확인적 행정행위로 인정될 것인지 여부에 대해서는 해석을 통해 확정되어야 한다. 이에 따라 객관적인 진술내용이 확정되어야만 한다.[48] 이는 그 내용이 수범자에게 있어 객관적 관점에 의해 이해될 수 있는가에 달려있는 것이다. 이 점에 대해서 연방행정법원은 원심의 판단으로부터 독자적으로 다시 해석을 시도하였다. 연방행정법원은 객관적 수범자의 관점에서 볼 때에 1991년 당시 학장의 서면통지는 원고의 박사학위를 영속적으로 지속한다는 것을 구속적으로 확인하고 확약을 하는 것이 아니라고 보았다. 오히려 이 통지는 원고의 박사학위논문에 대한 심사와 심사절차에 대한 의견의 결과를 단지 알려주는 것이다.

또한 학과는 박사학위를 박탈하지 않는다고 한 것을 법적으로 확인할 의무가 없다고 보았다. 행정행위를 통해 부여된 법적 지위를 심사하는 행정절차는 이를 통해 법적 지위의 폐지를 가져오는 것이 아닌 경우 법구속적인 확인을 하여야 할 일반적 법원칙의 내용을 발견할 수 없다고 하였다.

나) 규범의 명확성 여부

규범의 명확성에 대해서는 먼저 해당 규범에 대해 법치국가 원리에 기반하는 명확성이 요구됨을 전제하였다. 특정한 법적 효과를 위해 어떤 사실적 전제가 충족되어야만 할 것인지에 대해 해당 규범의 해석을 통해 확인할 수 있을 것을 요구하는 것이다. 불확정 법개념의 의미내용을 명백하게 구체화하기 위해서는 문구나 규범의 목적으로부터, 그리고 체계적 관련성으로부터 충분한 근거(Anhaltspunkt)가 나타나야만

48) BVerwG, Urteile vom 25. Mai 1984 – 8 C 100.83

한다.

이 사건 대상 규범인 대학의 박사학위절차규정의 문언은 박사학위를 위한 시험 및 평가에 의무규정으로서의 문구를 두고 있으며 그 "결과"로서 시험규정이나 박사학위 절차규정에 위배된다는 것은 결국 불이익을 말하는 것이다. 그렇다면 법치국가적 명확성의 원칙에 의하여도 주의 입법자가 확정적인 의무위반에 대한 불이익을 명백하게 언급해야만 할 것을 요구하는 것은 아니라고 하였다.

10. 음주운전 이후 신규 운전면허 발급 (BVerwG 3 C 24.15 – Urteil vom 6. Apr. 2017)

(1) 주요 요지

혈중알콜농도 0.016% 이하 상태로 음주운전을 하여 운전면허를 취소당한 경우, 해당 관청은 신규 면허발급에 있어 위 면허취소로 인해서 의학적－심리학적 소견의 제시에 좌우되어서는 안 된다. 그러나 향후 알콜남용이 추론되는 추가적인 사실이 입증될 경우에는 그렇지 않다.

(2) 사실관계 및 경과

원고는 혈중알콜농도 0.128%인 상태로 운전을 하다가 적발되어 형법 제316조에 의거하여 벌금형을 부과받게 되었고 이와 함께 도로교통법 제69조에 따라 음주운전행위로 인해 자동차를 운행하기에 적절하지 않다고 판단되어 그의 운전면허를 취소당하였으며 3개월 내에 신규 면허발급 신청을 할 수 없도록 차단기간을 정하였다.

원고가 이후 신규로 운전면허 발급을 신청하자 피고 행정청은 신청요건 이외에 공적으로 인정될 수 있는 의료적－심리적 소견서를 추가로 제출할 것을 요구하였다. 이 소견서는 원고가 이후에도 여전히 알콜의 영향 하에 운전을 하게 될 우려가 있는지와 통제할 수 없는 알콜소

비가 일어나고 이에 따른 운전을 하게 될 것인지에 대한 소견을 담도록 하였다. 원고는 이러한 소견서 없이 신규로 운전면허를 발급해 줄 것을 구하는 소를 제기하였다.

제1심 레겐스부르크 행정법원은 원고의 소를 기각하였다. 원고는 이전에 0.16% 이하 혈중 알콜 농도를 기록한 음주운전의 경력이 있는데, 이러한 음주운전은 운전면허발급 시행령(Fahrerlaubnis Verordnung: FeV)의 취지와 목적 및 동 시행령 제13조 제1문 제2호와의 연관성에서 살펴보면 의학적-심리학적 소견서의 요청을 요하지 않을 수 있다. 그러나 법원은 원고의 경우에는 소견서를 통해 운행적합성을 설명해야 할 중대한 이유가 있다고 보았다. 이는 음주운전이 발생한 시점과 음주 시점, 음주습관 및 주류소비량 등을 감안한 것으로, 특히 원고가 음주시 함께 복용할 경우 극적으로 알콜 효과를 증대시키는 것으로 알려진 허브진정제("Klosterfrau Melissengeist")를 음주 시 생산자가 밝힌 용량을 초과하여 단기간에 대량으로 함께 남용한 것이 밝혀졌기 때문이다. 그럼에도 불구하고 원고가 신규 면허발급을 위해 운전적합성을 입증하기 위해서는 의학적-심리학적 소견서를 통해 위와 같은 의문들을 해소해야 한다는 것이다.

원고의 항소에 대해 바이에른 행정법원은 다음과 같은 이유로 이를 기각하였다. 피고 행정청은 신규 운전면허의 발급을 위하여 의학적-심리학적 소견서에 좌우되도록 부담부로 발령하였다. 그 근거에 대해서는 제1심 법원과 달리 판단하였다. 즉 원고가 대량의 허브진정제를 사용하는 등의 음주습관 등이 문제되는 것이 아니라 원고의 운전면허 취소가 형사절차에 의한 것이라는 점을 근거로 하였다. 형사처벌의 병과로 면허가 취소되고 다시 면허를 발급받고자 하는 경우에는 의학적-심리학적 소견서를 요구하는 것으로 근거 법령을 해석하여야 한다.

(3) 연방행정법원의 판단

연방행정법원은 원심을 파기하고 피고 행정청이 원고에게 의학적-심리학적 소견서 제출의무를 부담시킴이 없이 신규로 면허를 발급할 의무가 있다고 보았다. 원심과 같이 형사절차에 의하여 운전면허가 취소되었다는 것으로 곧바로 의학적-심리학적 소견서를 요구하여야 한다고 관련 법령을 해석할 수 없다는 것이다. 혈중 알콜 농도 0.16% 이상의 음주운전자가 신규 운전면허를 발령받기 위해 의학적-심리학적 소견서를 추가하여야 하는 관련 규정은 여타의 상황과 독립적이라는 것이다.

11. 전투폭격기 저공비행에 의한 촬영
(BVerwG 6 C 45.16 und 46.16 - Urteile vom 25 Okt 2017)

2007년 6월 메켈렌부르크-포어포메른 주 하일리겐담에서 G8 정상회담이 개최되었다. 정상회담이 개최되기 이전 연방 국방장관은 지방경찰청에 대한 직무지원을 위해 회담 개최지 인근에 대한 정찰비행을 명령하였다. 이를 위하여 2007년 6월 5일 독일연방공군 소속의 저공전투폭격기 토네이도는 레데리히 지역을 저공비행으로 통과하여 항공사진을 촬영할 임무로 출격하였다. 당시 레데리히 지역은 G8 회담에 대한 반대시위자 약 5천여 명이 캠프를 치고 농성 중이었다. 소위 "레데리히 캠프(Camp Reddelich)" 지역의 항공촬영을 위하여 저공폭격기 토네이도는 고도 약 114m로 저공비행하며 해당 지역을 정찰 비행하여 항공사진을 촬영하였다. 당시 레데리히 캠프에서 농성 중이었던 원고는 연방공군소속 토네이도 전투기의 정찰비행이 위법하였음을 확인하는 소를 제기하였다.

연방행정법원은 관할 지방경찰을 위한 직무지원을 위해 이뤄진 전투기 비행과 사진촬영을 단일의 위험확인조치(Gerahrerforschungsmaßnahme)의 부분행위로 볼 수 있다고 보았으며 여기에서 발생한 저공비행은 비록 목적한 바는 아니었으나 사실상 연방기본법 제8조 제1항의 집회의 자유에 대한 침해가 된다고 보았다. 또한 이 비행이 집회 시점에 한정되는 것이 아니라 그 이전 시점에 대해서도 영향을 미치게 된다고 하였다.

어떤 경우에 사실상의 침해(faktischer Eingriff)가 발생할 것인지에 대해 연방행정법원은, 국가작용이 위협적이거나 겁박하여 잠재적인 시위자로 하여금 자유로운 의사결정권과 결사의 자유에 영향을 미치는 경우에 발생한다고 하였다. 이를 판단하기 위해 연방행정법원이 제시한 객관적인 판단척도는, 저공폭격기가 고도 114m에 불과한 저공비행을 감행하게 되면 평균적인 집회참가자의 관점에서 보면 강력한 소음, 공포를 불러일으키는 광경, 놀라게 만드는 영향력 등이 G8 회담 반대집회를 준비를 위축시키는 효과를 일으킬 것이며 집회에 참석하려던 사람들로 하여금 이를 하지 못하게 만든다는 것이다.

다만 연방행정법원은 연방공군소속의 전투폭격기를 국토 내에 출격시키는 것이 연방기본법상 금지되는 것은 아니라고 보았고 이러한 이유로 위법한 것은 아니라고 판단하였다. 정찰비행은 구체적인 위험의 확인 이전에 항공사진을 통해 사태를 파악하는 것뿐이기 때문에 정찰비행은 연방공군이 직무지원의 일환으로 수행하는 기술적인 지원이다. 정찰비행이 지방경찰법상 위험확인을 위한 조치로서 정당한 것인지 여부에 대해서는 특히 비례성의 원칙에 부합해야 할 것이라고 보았다.

Ⅳ. 결어

지금까지 2018년 판결을 중심으로 하여 최근 독일 연방행정법원의 판결 동향을 살펴보았다. 이 연구의 기획목적이 본래 선별된 판결들을 소개함으로써 비교법적 판례연구를 계속하고 데이터베이스를 확보한다는 데에 있음을 고려하여, 각각의 판결을 충분한 정도로 평석하는 수준에 이르기는 어렵다. 선별된 판결의 소개를 통한 해외 판례의 분석과 동향 파악은 그 필요성과 장점만큼 분명한 단점도 함께 가지고 있음을 부정할 수 없다. 때문에, 다수의 사건을 소개하는 것과 개별 사건에 대한 배경과 법리를 설명하는 것 중 어느 방법을 택하느냐에 대한 문제는 계속될 것으로 보인다. 세부적인 내용에 있어 국내의 법령이나 제도와 상이한 점이 있음에도 불구하고 시사하는 바가 크다고 여겨지는 만큼, 대상판결은 물론 관련 사건을 다른 연구기회를 통해 보다 세밀히 분석함으로서 각 영역에서의 법적 논의를 더욱 풍요롭게 만들 수 있기를 기대해본다.

참고문헌

Bundesverwaltungsgericht, Jahresbericht 2018.

Bundesverwaltungsgericht, Jahresbericht 2017.

서보국, "합헌적 조세법률을 적법 적용한 과세처분의 위헌적 결과에 대한 납세자의 권리보호 근거로서 헌법 제107조 제2항", 조세법연구 제16집 제1호, 2010, 212면 이하.

______, "조세법상 형평면제처분제도의 도입에 관한 연구", 세무학연구, 제29권 제1호, 2012, 73면 이하

______, "허용되지 않는 형평과세판결과 헌법상 요구되는 형평면제판결", 조세법연구 19-2, 2013, 57면 이하

국문초록

본 연구는 2018년도와 2017년도 독일 연방행정법원의 업무현황과 함께 연차보고서에서 선별된 판례를 중심으로 주요 행정판례를 소개하고 그 동향을 분석하였다. 선정된 판례로는 자살을 목적으로 한 마취제 구입 허가, 표절을 이유로 한 박사학위의 사후적 박탈, 음주운전 이후 신규 운전면허 발급, 전투폭격기에 의한 시위대 저공촬영, 외국에서 확정된 형사재판의 징계절차상 기속력, 토지소유자에게 부과되는 도로증설부담금, 명확한 시간적 제한 없는 개발부담금의 위헌성, 장애인의 영업활동에 대한 보조, 휴일상점영업허용의 적법성, 임시설치된 주차금지표시에 따른 비용부담부 견인조치 등이다.

주제어: 독일연방행정법원, 부담금, 기속력, 규율성, 가시성의 원칙, 징계 양형, 규범통제

Zusammenfassung

Rechtsprechungsübersicht des aktuellen Deutschen Bundesverwaltungsgerichts

Prof. Dr. jur. Inkook Kay*

Die vorliegende Arbeit führt die wichtigen Entscheidungen und der Geschäftslage des deutschen Bundesverwaltungsgerichts im Jahr 2017–18 ein. Der Gegenstand dieser Arbeit sind die Entscheidungen des Bundesverwaltungsgerichts, die in der Jahrebericht 2017 und 2018 ausgewählt haben. Hier wurden folgenden Entscheidungen aufgenommen und kurz analysiert:

- Ausnahme vom Verbot des Erwerbs eines Betäubungsmittels zur Selbsttätung
- Entziehung des Doktorgrades
- Neuerteilung der Fahrerlaubnis nach Trunkenheit im Verkehr
- Kampfjetüberflug über Demonstraten–Camp
- Bindungswirkung eines ausländischen Strafurteils im Disziplinarverfahren
- Straßenbaubeitrag
- Erhebung von Erschließungsbeiträgen ohne klaren zeitliche Grenze
- Arbeitsassistenz für eine Erwerbstätigkeit eines

* Korea University, College of Public Policy, Public Law Major

schwerbehinderten Menschen trotz anderweitiger Beschäftigung
- Kostenpflichtige Abschleppmaßnahme bei kurzfristig aufgestellten Haltverbotsschildern
- Verordnung zur Ladenöffnung am Advent für den Ortsteil Zentrum
- Zumessungserwägungen der Disziplinarmaßnahme

Schlüsselwörter: Bundesverwaltungsrecht, Beiträge, Bindungswirkung, Regelung, Sichtbarkeitsgrundsatz, Zumessungserwägungen der Disziplinarmaßnahme, Normkontrolle

투고일 2019. 12. 13.

심사일 2019. 12. 23.

게재확정일 2019. 12. 30.

附　　錄

研究倫理委員會 規程

제1장 총　　칙

제 1 조 (목적)

이 규정은 사단법인 한국행정판례연구회(이하 "학회"라 한다) 정관 제26조에 의하여 연구의 진실성을 확보하기 위하여 설치하는 연구윤리위원회(이하 "위원회"라 한다)의 구성 및 운영에 관한 기본적인 사항을 정함을 목적으로 한다.

제 2 조 (적용대상)

이 규정은 학회의 정회원·준회원 및 특별회원(이하 "회원"이라 한다)에 대하여 적용한다.

제 3 조 (적용범위)

연구윤리의 확립 및 연구진실성의 검증과 관련하여 다른 특별한 규정이 없는 한 이 규정에 따른다.

제 4 조 (용어의 정의)

이 규정에서 사용하는 용어의 정의는 다음과 같다.

1. "연구부정행위"는 연구를 제안, 수행, 발표하는 과정에서 연구목적과 무관하게 고의 또는 중대한 과실로 행하여진 위조·변조·표절·부당한 저자표시 등 연구의 진실성을 심각하게 해치는 행위를 말한다.
2. "위조"는 존재하지 않는 자료나 연구결과를 허위로 만들고 이를 기록하거나 보고하는 행위를 말한다.
3. "변조"는 연구와 관련된 자료, 과정, 결과를 사실과 다르게

변경하거나 누락시켜 연구가 진실에 부합하지 않도록 하는 행위를 말한다.

4. "표절"은 타인의 아이디어, 연구 과정 및 연구결과 등을 정당한 승인 또는 적절한 인용표시 없이 연구에 사용하는 행위를 말한다.
5. "부당한 저자 표시"는 연구내용 또는 결과에 대하여 학술적 공헌 또는 기여를 한 자에게 정당한 이유 없이 저자 자격을 부여하지 않거나, 학술적 공헌 또는 기여를 하지 않은 자에게 감사의 표시 또는 예우 등을 이유로 저자 자격을 부여하는 행위를 말한다.

제2장 연구윤리위원회의 구성 및 운영

제5조 (기능)

위원회는 학회 회원의 연구윤리와 관련된 다음 각 호의 사항을 심의 · 의결한다.

1. 연구윤리 · 진실성 관련 제도의 수립 및 운영 등 연구윤리확립에 관한 사항
2. 연구윤리 · 진실성 관련 규정의 제·개정에 관한 사항
3. 연구부정행위의 예방 · 조사에 관한 사항
4. 제보자 및 피조사자 보호에 관한 사항
5. 연구진실성의 검증·결과처리 및 후속조치에 관한 사항
6. 기타 위원장이 부의하는 사항

제6조 (구성)

① 위원회는 위원장과 부위원장 각 1인을 포함하여 7인 이내의 위원으로 구성한다.

② 위원장은 부회장 중에서, 부위원장은 위원 중에서 회장이 지명

한다.

③ 부위원장은 위원장을 보좌하고 위원장의 유고시에 위원장의 직무를 대행한다.

④ 위원은 정회원 중에서 회장이 위촉한다.

⑤ 위원장과 부위원장 및 위원의 임기는 1년으로 하되 연임할 수 있다.

⑥ 위원회의 제반업무를 처리하기 위해 위원장이 위원 중에서 지명하는 간사 1인을 둘 수 있다.

⑦ 위원장은 위원회의 의견을 들어 전문위원을 위촉할 수 있다.

제 7 조 (회의)

① 위원장은 필요한 경우 위원회의 회의를 소집하고 그 의장이 된다.

② 회의는 재적위원 과반수 출석과 출석위원 과반수 찬성으로 의결한다. 단 위임장은 위원회의 성립에 있어 출석으로 인정하되 의결권은 부여하지 않는다.

③ 회의는 비공개를 원칙으로 하되, 필요한 경우에는 위원이 아닌 자를 참석시켜 의견을 진술하게 할 수 있다.

제 3 장 연구진실성의 검증

제 8 조 (연구부정행위의 조사)

① 위원회는 구체적인 제보가 있거나 상당한 의혹이 있는 경우에는 연구부정행위의 존재 여부를 조사하여야 한다.

② 위원회는 조사과정에서 제보자·피조사자·증인 및 참고인에 대하여 진술을 위한 출석과 자료의 제출을 요구할 수 있다.

③ 위원회는 연구기록이나 증거의 멸실, 파손, 은닉 또는 변조 등을 방지하기 위하여 상당한 조치를 취할 수 있다.

제 9 조 (제보자와 피조사자의 권리 보호)

① 위원회는 어떠한 경우에도 제보자의 신원을 직·간접적으로 노출시켜서는 안 된다. 다만, 제보 내용이 허위인 줄 알았거나 알 수 있었음에도 불구하고 이를 신고한 경우에는 보호 대상에 포함되지 않는다.

② 위원회는 연구부정행위 여부에 대한 검증과정이 종료될 때까지 피조사자의 명예나 권리가 침해되지 않도록 노력하여야 한다.

제10조 (비밀엄수)

① 위원회의 위원은 연구부정행위의 조사, 판정 및 제재조치의 건의 등과 관련한 일체의 사항을 비밀로 하며, 검증과정에 직·간접적으로 참여한 자는 검증과정에서 취득한 정보를 누설하여서는 아니된다.

② 위원장은 제 1 항에 규정된 사항으로서 합당한 공개의 필요성이 있는 때에는 위원회의 의결을 거쳐 공개할 수 있다. 다만, 제보자·조사위원·증인·참고인·자문에 참여한 자의 명단 등 신원과 관련된 정보가 당사자에게 부당한 불이익을 줄 가능성이 있는 때에는 공개하지 아니한다.

제11조 (제척·기피·회피)

① 위원은 검증사건과 직접적인 이해관계가 있는 때에는 당해 사건의 조사·심의 및 의결에 관여하지 못한다. ② 제보자 또는 피조사자는 위원에게 공정성을 기대하기 어려운 사정이 있는 때에는 그 이유를 밝혀 당해 위원의 기피를 신청할 수 있다. 위원회에서 기피신청이 인용된 때에는 기피 신청된 위원은 당해 사건의 조사·심의 및 의결에 관여하지 못한다.

③ 위원은 제 1 항 또는 제 2 항의 사유가 있다고 판단하는 때에는 회피하여야 한다.

④ 위원장은 위원이 검증사건과 직접적인 이해관계가 있다고 인정하는 때에는 당해 검증사건과 관련하여 위원의 자격을 정지할 수 있다.

제12조 (의견진술, 이의제기 및 변론기회의 보장)

위원회는 제보자와 피조사자에게 관련 절차를 사전에 알려주어야 하며, 의견진술, 이의제기 및 변론의 기회를 동등하게 보장하여야 한다.

제13조 (판정)

① 위원회는 위원들의 조사와 심의 결과, 제보자와 피조사자의 의견진술, 이의제기 및 변론의 내용을 토대로 검증대상행위의 연구부정행위 해당 여부를 판정한다.

② 위원회가 검증대상행위의 연구부정행위 해당을 확인하는 판정을 하는 경우에는 재적위원 과반수 출석과 출석위원 3분의 2 이상의 찬성으로 한다.

제4장 검증에 따른 조치

제14조 (판정에 따른 조치)

① 위원장은 제13조 제1항의 규정에 의한 판정결과를 회장에게 통보하고, 검증대상행위가 연구부정행위에 해당한다고 판정된 경우에는 위원회의 심의를 거쳐 그 판정결과에 따라 필요한 조치를 건의할 수 있다.

② 회장은 제 1 항의 건의가 있는 경우에는 다음 각 호 중 어느 하나의 제재조치를 하거나 이를 병과할 수 있다.

1. 연구부정논문의 게재취소
2. 연구부정논문의 게재취소사실의 공지
3. 회원의 제명절차에의 회부

4. 관계 기관에의 통보

5. 기타 적절한 조치

③ 전항 제 2 호의 공지는 저자명, 논문명, 논문의 수록 권·호수, 취소일자, 취소이유 등이 포함되어야 한다.

④ 회장은 학회의 연구윤리와 관련하여 고의 또는 중대한 과실로 진실과 다른 제보를 하거나 허위의 사실을 유포한 자가 회원인 경우 이를 제명절차에 회부할 수 있다.

제15조 (조사결과 및 제재조치의 통지)

회장은 위원회의 조사결과 및 제재조치에 대하여 제보자 및 피조사자 등에게 지체없이 서면으로 통지한다.

제16조 (재심의)

피조사자 또는 제보자가 판정결과 및 제재조치에 대해 불복할 경우 제15조의 통지를 받은 날부터 20일 이내에 이유를 기재한 서면으로 재심의를 요청할 수 있다.

제17조 (명예회복 등 후속조치)

검증대상행위가 연구부정행위에 해당하지 아니한다고 판정된 경우에는 학회 및 위원회는 피조사자의 명예회복을 위해 노력하여야 하며 적절한 후속조치를 취하여야한다.

제18조 (기록의 보관) ① 학회는 조사와 관련된 기록은 조사 종료 시점을 기준으로 5년간 보관하여야 한다.

부 칙

제 1 조 (시행일) 이 규정은 2007년 11월 29일부터 시행한다.

研究論集 刊行 및 編輯規則

제정: 1999. 08. 20.
제1차 개정: 2003. 08. 22.
제2차 개정: 2004. 04. 16.
제3차 개정: 2005. 03. 18.
전문개정: 2008. 05. 26.
제5차 개정: 2009. 12. 18.
제6차 개정: 2018. 12. 24.
제7차 개정: 2019. 04. 25.

제1장 총 칙

제 1 조 (目的)

이 규칙은 사단법인 한국행정판례연구회(이하 "학회"라 한다)의 정관 제27조의 규정에 따라 연구논집(이하 '논집'이라 한다)을 간행 및 편집함에 있어서 필요한 사항을 정함을 목적으로 한다.

제 2 조 (題號)

논집의 제호는 '行政判例研究'(Studies on Public Administration Cases)라 한다.

제 3 조 (刊行週期)

① 논집은 연 2회 정기적으로 매년 6월 30일, 12월 31일에 간행함을 원칙으로 한다.

② 전항의 정기간행 이외에 필요한 경우는 특별호를 간행할 수

있다.

제 4 조 (刊行形式)

논집의 간행형식은 다음 각 호의 어느 하나에 의한다.

1. 등록된 출판사와의 출판권 설정의 형식
2. 자비출판의 형식

제 5 조 (收錄對象)

① 논집에 수록할 논문은 다음과 같다.

1. 발표논문: 학회의 연구발표회에서 발표하고 제출한 논문으로서 편집위원회의 심사절차를 거쳐 게재확정된 논문
2. 제출논문: 회원 또는 비회원이 논집게재를 위하여 따로 제출한 논문으로서 편집위원회의 심사절차를 거쳐 게재확정된 논문
3. 그 밖에 편집위원회의 심사절차와 간행위원회의 의결을 거쳐 수록하기로 한 논문 등

② 논집에는 부록으로서 다음의 문건을 수록할 수 있다.

1. 학회의 정관, 회칙 및 각종 규칙
2. 학회의 역사 또는 활동상황
3. 학회의 각종 통계

③ 논집에는 간행비용의 조달을 위하여 광고를 게재할 수 있다.

제 6 조 (收錄論文要件)

논집에 수록할 논문은 다음 각호의 요건을 갖춘 것이어야 한다.

1. 행정판례의 평석 또는 연구에 관한 논문일 것
2. 다른 학술지 등에 발표한 일이 없는 논문일 것
3. 이 규정 또는 별도의 공고에 의한 원고작성요령 및 심사기준에 부합하는 학술연구로서의 형식과 품격을 갖춘 논문일 것

제 7 조 (著作權)

① 논집의 편자는 학회의 명의로 하고, 논집의 개별 논문에는 집필자(저작자)를 명기한다.

② 학회는 논집의 편집저작권을 보유한다.

③ 집필자는 논문 투고 시 학회에서 정하는 양식에 따라 논문사용권, 편집저작권 및 복제·전송권을 학회에 위임하는 것에 동의하는 내용의 동의서를 제출하여야 한다.

제 2 장 刊行委員會와 編輯委員會

제 8 조 (刊行 및 編輯主管)

① 논집의 간행 및 편집에 관한 업무를 관장하기 위하여 학회에 간행위원회와 편집위원회를 둔다.

② 간행위원회는 논집의 간행에 관한 중요한 사항을 심의·의결한다.

③ 편집위원회는 간행위원회의 결정에 따라 논집의 편집에 관한 업무를 행한다.

제 9 조 (刊行委員會의 構成과 職務 등)

① 간행위원회는 편집위원을 포함하여 회장이 위촉하는 적정한 수의 위원으로 구성하고 임기는 1년으로 하되 연임할 수 있다.

② 간행위원회는 위원장, 부위원장 및 간사 각 1인을 둔다.

③ 간행위원장은 위원 중에서 호선하고, 부위원장은 학회의 출판담당 상임이사로 하고, 간사는 위원 중에서 위원장이 위촉한다.

④ 간행위원회는 다음의 사항을 심의·의결한다.

1. 논집의 간행계획에 관한 사항
2. 논집의 특별호의 기획 등에 관한 사항
3. 이 규칙의 개정에 관한 사항
4. 출판권을 설정할 출판사의 선정에 관한 사항

5. 그 밖에 논집의 간행과 관련된 중요한 사항

⑤ 간행위원회는 다음 각 호의 경우에 위원장이 소집하고, 간행위원회는 위원 과반수의 출석과 출석위원 과반수의 찬성으로 의결한다.

1. 회장 또는 위원장이 필요하다고 판단하는 경우
2. 위원 과반수의 요구가 있는 경우

제10조 (編輯委員會의 構成과 職務 등)

① 편집위원회는 학회의 출판담당 상임이사를 포함하여 회장이 이사회의 승인을 얻어 선임하는 10인 내외의 위원으로 구성하고 임기는 3년으로 한다.

② 편집위원회는 위원장, 부위원장 및 간사 각 1인을 둔다.

③ 편집위원장은 위원 중에서 호선하고 임기는 3년으로 하며, 부위원장은 학회의 출판담당 상임이사로 하고, 간사는 위원 중에서 위원장이 위촉한다.

④ 편집위원회는 다음의 사항을 행한다.

1. 이 규칙에 의하는 외에 논집에 수록할 논문의 원고작성요령 및 심사기준에 관한 세칙의 제정 및 개정
2. 논문심사위원의 위촉
3. 논문심사의 의뢰 및 취합, 종합판정, 수정요청 및 수정후재심사, 논집에의 게재확정 또는 거부 등 논문심사절차의 진행
4. 논집의 편집 및 교정
5. 그 밖에 논집의 편집과 관련된 사항

⑤ 편집위원회는 다음 각 호의 경우에 위원장이 소집하고, 위원 과반수의 출석과 출석위원 과반수의 찬성으로 의결한다.

1. 회장 또는 위원장이 필요하다고 판단하는 경우
2. 위원 과반수의 요구가 있는 경우

제3장 論文의 提出과 審査節次 등

제11조 (論文提出의 基準)

① 논문원고의 분량은 A4용지 20매(200자 원고지 150매) 내외로 한다.

② 논문의 원고는 (주)한글과 컴퓨터의 "문서파일(HWP)"로 작성하고 한글사용을 원칙으로 하되, 필요한 경우 국한문혼용 또는 외국어를 사용할 수 있다.

③ 논문원고의 구성은 다음 각 호의 순서에 의한다.

1. 제목
2. 목차
3. 본문
4. 한글초록·주제어
5. 외국어초록·주제어
6. 참고문헌
7. 부록(필요한 경우)

④ 논문은 제1항 내지 제3항 이외에 편집위원회가 따로 정하는 원고작성요령 또는 심사기준에 관한 세칙을 준수하고, 원고는 편집위원회가 정하여 공고하는 기한 내에 출판간사를 통하여 출판담당 상임이사에게 제출하여야 한다.

제12조 (論文審査節次의 開始)

① 논문접수가 완료되면 출판담당 상임이사는 심사절차에 필요한 서류를 작성하여 편집위원장에게 보고하여야 한다.

② 편집위원장은 전항의 보고를 받으면 편집위원회를 소집하여 논문심사절차를 진행하여야 한다.

제13조 (論文審査委員의 委囑과 審査 依賴 등)

① 편집위원회는 간행위원, 편집위원 기타 해당 분야의 전문가 중에서 심사대상 논문 한 편당 3인의 논문심사위원을 위촉하여 심사를 의뢰한다.

② 제 1 항의 규정에 의하여 위촉되어 심사를 의뢰받는 논문심사위원이 심사대상 논문 또는 그 제출자와 특별한 관계가 명백하게 있어 논문심사의 공정성을 해할 우려가 있는 사람이어서는 안 된다.

제14조 (秘密維持) ① 편집위원장은 논문심사위원의 선정 및 심사의 진행에 관한 사항이 외부로 누설되지 않도록 필요한 조치를 취하여야 한다.

② 편집위원 및 논문심사위원은 논문심사에 관한 사항을 외부로 누설해서는 안 된다.

제15조 (論文審査의 基準) 논문심사위원이 논집에 수록할 논문을 심사함에 있어서는 다음 각 호의 기준을 종합적으로 고려하여 심사의견을 제출하여야 한다.

1. 제 6 조에 정한 수록요건
2. 제11조에 정한 논문제출기준
3. 연구내용의 전문성과 창의성 및 논리적 체계성
4. 연구내용의 근거제시의 적절성 및 객관성

제16조 (論文審査委員別 論文審査의 判定) ① 논문심사위원은 제15조의 논문심사기준에 따라 [별표 1]의 [논문심사서](서식)에 심사의견을 기술하여 제출하여야 한다.

② 논문심사위원은 심사대상 논문에 대하여 다음 각호에 따라 '판정의견'을 제출한다.

1. '게재적합': 논집에의 게재가 적합하다고 판단하는 경우
2. '게재부적합': 논집에의 게재가 부적합하다고 판단하는 경우

3. '수정후게재': 논문내용의 수정·보완 후 논집에의 게재가 적합하다고 판단하는 경우

③ 전항 제 1 호에 의한 '게재적합' 판정의 경우에도 논문심사위원은 수정·보완이 필요한 경미한 사항을 기술할 수 있다.

④ 제 2 항 제 2 호에 의한 '게재부적합' 판정 및 제 3 호에 의한 '수정후게재' 판정의 경우에는 각각 부적합사유와 논문내용의 수정·보완할 점을 구체적으로 명기하여야 한다.

제17조 (編輯委員會의 綜合判定 및 再審査) 편집위원회는 논문심사위원 3인의 논문심사서가 접수되면 [별표 2]의 종합판정기준에 의하여 '게재확정', '수정후게재', '수정후재심사' 또는 '불게재'로 종합판정을 하고, 그 결과 및 논문심사위원의 심사의견을 논문제출자에게 통보한다.

제18조 (修正要請 등)

① 편집위원장은 제17조의 규정에 의해 '수정후게재 판정을 받은 논문에 대하여 수정을 요청하여야 한다.

② 편집위원장은 제17조의 규정에 의해 '게재확정'으로 판정된 논문에 대하여도 편집위원회의 판단에 따라 수정이 필요하다고 인정하는 때에는 내용상 수정을 요청할 수 있다.

③ 편집위원회는 집필자가 전항의 수정요청에 따르지 않거나 재심사를 위해 고지된 기한 내에 수정된 논문을 제출하지 않을 때에는 처음 제출된 논문을 '불게재'로 최종 판정한다.

제4장 기 타

제19조 (審査謝禮費의 支給) 논문심사위원에게 논집의 간행·편집을 위한 예산의 범위 안에서 심사사례비를 지급할 수 있다.

第20條(輔助要員) 학회는 논집의 간행·편집을 위하여 필요하다고 인정하는 때에는 원고의 편집, 인쇄본의 교정, 부록의 작성 등에 관한 보조요원을 고용할 수 있다.

第21條 (刊行·編輯財源) ① 논집의 간행·편집에 필요한 재원은 다음 각호에 의한다.

1. 출판수입
2. 광고수입
3. 판매수입
4. 논문게재료
5. 외부 지원금
6. 기타 학회의 재원

② 논문 집필자에 대한 원고료는 따로 지급하지 아니한다.

第22條 (論集의 配布) ① 간행된 논집은 회원에게 배포한다.

② 논문의 집필자에게는 전항의 배포본 외에 일정한 부수의 증정본을 교부할 수 있다.

附　則 (1999. 8. 20. 제정)

이 규칙은 1999년 8월 20일부터 시행한다.

附　則

이 규칙은 2003년 8월 22일부터 시행한다.

附　則

이 규칙은 2004년 4월 17일부터 시행한다.

附　　則

이 규칙은 2005년 3월 19일부터 시행한다.

附　　則

이 규칙은 2008년 5월 26일부터 시행한다.

附　　則

이 규칙은 2009년 12월 18일부터 시행한다.

附　　則

이 규칙은 2018년 12월 24일부터 시행한다.

附　　則

이 규칙은 2019년 4월 25일부터 시행한다.

[별표 1 : 논문심사서(서식)]

「行政判例研究」 게재신청논문 심사서

社團法人 韓國行政判例硏究會

<table>
<tr><td>게재논집</td><td colspan="2">行政判例研究 제15－2집</td><td>심사일</td><td>2010. . .</td></tr>
<tr><td rowspan="2">심사위원</td><td rowspan="2">소속</td><td rowspan="2"></td><td>직위</td><td></td></tr>
<tr><td>성명</td><td>(인)</td></tr>
<tr><td>게재신청논문
[심사대상논문]</td><td colspan="4"></td></tr>
<tr><td>판정의견</td><td colspan="4">1. 게재적합 ( ): 논집의 게재가 가능하다고 판단하는 경우
2. 게재부적합 ( ): 논집의 게재가 불가능하다고 판단하는 경우
3. 수정후게재 ( ): 논문내용의 수정·보완 후 논집의 게재가 가능하다고 판단하는 경우</td></tr>
<tr><td>심사의견</td><td colspan="4"></td></tr>
<tr><td>심사기준</td><td colspan="4">• 행정판례의 평석 또는 연구에 관한 논문일 것
• 다른 학술지 등에 발표한 일이 없는 논문일 것
• 연구내용의 전문성과 창의성 및 논리적 체계성이 인정되는 논문일 것
• 연구내용의 근거제시가 적절성과 객관성을 갖춘 논문일 것</td></tr>
</table>

※ 심사의견 작성시 유의사항 ※

▷ '게재적합' 판정의 경우에도 수정·보완이 필요한 사항을 기술할 수 있습니다.

▷ '게재부적합' 및 '수정후게재' 판정의 경우에는 각각 부적합사유와 논문내용의 수정·보완할 점을 구체적으로 명기하여 주십시오.

▷ 표 안의 공간이 부족하면 별지를 이용해 주십시오.

[별표 2: 종합판정기준]

	심사위원의 판정	편집위원회 종합판정
1	○ ○ ○	게재확정
2	○ ○ △	
3	○ △ △	수정후게재
4	△ △ △	
5	○ ○ ×	
6	○ △ ×	불게재
7	△ △ ×	
8	○ × ×	
9	△ × ×	
10	× × ×	

○ = "게재적합" △ = "수정후게재" × = "게재부적합"

「行政判例研究」 原稿作成要領

I. 원고작성기준

1. 원고는 워드프로세서 프로그램인 [한글]로 작성하여 전자우편을 통해 출판간사에게 제출한다.
2. 원고분량은 도표, 사진, 참고문헌 포함하여 200자 원고지 150매 내외로 한다.
3. 원고는 「원고표지 – 제목 – 저자 – 목차(로마자표시와 아라비아숫자까지) – 본문 – 참고문헌 – 국문 초록 – 국문 주제어(5개 내외) – 외국문 초록 – 외국문 주제어(5개 내외)」의 순으로 작성한다.
4. 원고의 표지에는 논문제목, 저자명, 소속기관과 직책, 주소, 전화번호(사무실, 핸드폰)와 e-mail주소를 기재하여야 한다.
5. 외국문 초록(논문제목, 저자명, 소속 및 직위 포함)은 영어를 사용하는 것이 원칙이지만, 논문의 내용에 따라서 독일어, 프랑스어, 중국어, 일본어를 사용할 수도 있다.
6. 논문의 저자가 2인 이상인 경우 주저자(First Author)와 공동저자(Corresponding Author)를 구분하고, 주저자·공동저자의 순서로 표기하여야 한다. 특별한 표시가 없는 경우에는 제일 앞에 기재된 자를 주저자로 본다.
7. 목차는 로마숫자(보기 : Ⅰ, Ⅱ), 아라비아숫자(보기 : 1, 2), 괄호숫자(보기: (1), (2)), 반괄호숫자(보기 : 1), 2), 원숫자(보기 : ①, ②)의 순으로 한다. 그 이후의 목차번호는 논문제출자가 임의로 정하여 사용할 수 있다.

II. 각주작성기준

1. 기본원칙

⑴ 본문과 관련한 저술을 소개하거나 부연이 필요한 경우 각주로 처리한다. 각주는 일련번호를 사용하여 작성한다.

⑵ 각주의 인명, 서명, 논문명 등은 원어대로 씀을 원칙으로 한다.

⑶ 외국 잡지의 경우 처음 인용시 잡지명을 전부 기재하고 그 이후 각 주에서는 약어로 표시한다.

2. 처음 인용할 경우의 각주 표기 방법

⑴ 저서: 저자명, 서명, 출판사, 출판년도, 면수.

번역서의 경우 저자명은 본래의 이름으로 표기하고, 저자명과 서명 사이에 옮긴이의 이름을 쓰고 "옮김"을 덧붙인다.

엮은 책의 경우 저자명과 서명 사이에 엮은이의 이름을 쓰고 "엮음"을 덧붙인다. 저자와 엮은이가 같은 경우 엮은이를 생략할 수 있다.

⑵ 정기간행물: 저자명, "논문제목", 「잡지명」, 제00권 제00호, 출판연도, 면수.

번역문헌의 경우 저자명과 논문제목 사이에 역자명을 쓰고 "옮김"을 덧붙인다.

⑶ 기념논문집: 저자명, "논문제목", 기념논문집명(000선생00기념논문집), 출판사, 출판년도, 면수.

⑷ 판결 인용: 다음과 같이 대법원과 헌법재판소의 양식에 준하여 작성한다.

판결 : 대법원 2000. 00. 00. 선고 00두0000 판결.

결정 : 대법원 2000. 00. 00.자 00아0000 결정.

헌법재판소 결정 : 헌법재판소 2000. 00. 00. 선고 00헌가00

결정.

(5) 외국문헌 : 그 나라의 표준표기방식에 의한다.

(6) 외국판결 : 그 나라의 표준표기방식에 의한다.

(7) 신문기사는 기사면수를 따로 밝히지 않는다(신문명 0000. 00. 00.자). 다만, 필요한 경우 글쓴이와 글제목을 밝힐 수 있다.

(8) 인터넷에서의 자료인용은 원칙적으로 다음과 같이 표기한다.
저자 혹은 서버관리주체, 자료명, 해당 URL(검색일자)

(9) 국문 또는 한자로 표기되는 저서나 논문을 인용할 때는 면으로(120면, 120면-122면), 로마자로 표기되는 저서나 논문을 인용할 때는 p.(p. 120, pp. 121-135) 또는 S.(S. 120, S. 121 ff.)로 인용면수를 표기한다.

3. 앞의 각주 혹은 각주에서 제시된 문헌을 다시 인용할 경우 다음과 같이 표기한다. 국내문헌, 외국문헌 모두 같다. 다만, 저자나 문헌 혹은 양자 모두가 여럿인 경우 이에 따르지 않고 각각 필요한 저자명, 문헌명 등을 덧붙여 표기함으로써 구별한다.

(1) 바로 위의 각주가 아닌 앞의 각주의 문헌을 다시 인용할 경우

1) 저서인용: 저자명, 앞의 책, 면수

2) 논문인용: 저자명, 앞의 글, 면수

3) 논문 이외의 글 인용: 저자명, 앞의 글, 면수

(2) 바로 위의 각주에 인용된 문헌을 다시 인용할 경우에는 "위의 책, 면수", "위의 글, 면수"로 표시한다.

(3) 하나의 각주에서 앞서 인용한 문헌을 다시 인용할 경우에는 "같은 책, 면수", "같은 글, 면수"로 표시한다.

4. 기타

(1) 3인 공저까지는 저자명을 모두 표기하되, 저자간의 표시는 "/"

로 구분하고 "/" 이후에는 한 칸을 띄어 쓴다. 4인 이상의 경우 성을 온전히 표기하되, 중간이름은 첫글자만을 표기한다.

(2) 부제의 표기가 필요한 경우 원래 문헌의 표기양식과 관계없이 원칙적으로 콜론으로 연결한다.

(3) 글의 성격상 전거만을 밝히는 각주가 너무 많을 경우 약자를 사용하여 본문에서 그 전거를 밝힐 수 있다.

(4) 여러 문헌의 소개는 세미콜론(;)으로 하고, 재인용의 경우 원전과 재인용출처 사이를 콜론(:)으로 연결한다.

III. 참고문헌작성기준

1. 순서

국문, 외국문헌 순으로 정리하되, 단행본, 논문, 자료의 순으로 정리한다.

2. 국내문헌

(1) 단행본: 저자, 서명, 출판사, 출판연도.

(2) 논문: 저자명, "논문제목", 잡지명 제00권 제00호, 출판연도.

3. 외국문헌

그 나라의 표준적인 인용방법과 순서에 따라 정리한다.

歷代 任員 名單

■ 초대(1984. 10. 29.)

회　　장　金道昶
부 회 장　徐元宇·崔光律(1987. 11. 27.부터)

■ 제 2 대(1988. 12. 9.)

회　　장　金道昶
부 회 장　徐元宇·崔光律
감　　사　李尙圭
상임이사　李鴻薰(총무), 金南辰(연구), 朴鈗炘(출판), 梁承斗(섭외)
이　　사　金東熙, 金斗千, 金英勳, 金元主, 金伊烈, 金鐵容, 石琮顯, 芮鍾德, 李康爀, 李升煥, 趙慶根, 崔松和, 韓昌奎, 黃祐呂

■ 제 3 대(1990. 2. 23.)

회　　장　金道昶
부 회 장　徐元宇·崔光律
감　　사　金鐵容
상임이사　李鴻薰(총무), 黃祐呂(총무), 金南辰(연구), 朴鈗炘(출판), 梁承斗(섭외)
이　　사　金東熙, 金斗千, 金英勳, 金元主, 金伊烈, 石琮顯, 芮鍾德, 李康爀, 李升煥, 李鴻薰
(1991. 1. 25.부터) 趙慶根, 崔松和, 韓昌奎, 黃祐呂

■ 제 4 대(1993. 2. 23.)

회　　장　金道昶
부 회 장　徐元宇·崔光律
감　　사　金鐵容
상임이사　李鴻薰(총무), 金南辰(연구), 朴鈗炘(출판), 梁承斗(섭외)
이　　사　金東熙, 金英勳, 金元主, 朴松圭, 卞在玉, 石琮顯, 孫智烈, 芮鍾德, 李康國, 李康爀, 李京運, 李淳容, 李重光, 李鴻薰, 趙慶根, 趙憲銖, 千柄泰, 崔松和, 韓昌奎, 黃祐呂

■ 제 5 대(1996. 2. 23.)

명예회장　金道昶
고　　문　徐元宇·金鐵容
회　　장　崔光律
부 회 장　金南辰·徐廷友
감　　사　韓昌奎
상임이사　金東熙(총무), 金元主(연구), 李康國(출판), 梁承斗(섭외)
이　　사　金英勳, 朴松圭, 朴鈗炘, 卞在玉, 石琮顯, 李康爀, 李京運, 李淳容, 李升煥, 李重光, 李鴻薰, 趙慶根, 趙憲銖, 千柄泰, 崔松和, 黃祐呂

■ 제 6 대(1999. 2. 19.)

명예회장　金道昶
고　　문　徐元宇, 金鐵容, 金南辰, 徐廷友, 韓昌奎
회　　장　崔光律
부 회 장　梁承斗, 李康國
감　　사　金元主
상임이사　李鴻薰(총무), 金東熙(연구), 崔松和(출판), 金善旭(섭외)

이　　사　金東建, 金英勳, 南勝吉, 朴松圭, 朴鈗炘, 白潤基, 卞海喆, 石琮顯, 李京運, 李光潤, 李升煥, 李重光, 鄭然彧, 趙憲銖, 洪準亨, 黃祐呂

■ 제 7 대(2002. 2. 15.)

명예회장　金道昶
고　　문　金南辰, 金元主, 徐元宇, 徐廷友, 梁承斗, 李康國, 崔光律, 韓昌奎
회　　장　金鐵容
부 회 장　金東建, 崔松和
감　　사　金東熙
상임이사　金善旭(총무), 朴正勳(연구), 李光潤(출판), 李京運(섭외)
이　　사　金英勳, 金海龍, 南勝吉, 朴均省, 朴鈗炘, 白潤基, 卞海喆, 石琮顯, 李東洽, 李範柱, 李重光, 李鴻薰, 鄭夏重, 趙憲銖, 洪準亨, 黃祐呂

■ 제 8 대(2005. 2. 21. / 2008. 2. 20.) *

명예회장　金道昶(2005. 7. 17. 별세)
고　　문　金南辰, 金元主, 徐元宇(2005. 10. 16. 별세), 徐廷友, 梁承斗, 李康國, 崔光律, 韓昌奎, 金鐵容, 金英勳, 朴鈗炘, 金東熙
회　　장　崔松和
부 회 장　李鴻薰, 鄭夏重
감　　사　金東建, 李京運,
상임이사　李光潤(총무), 安哲相(기획), 洪準亨/吳峻根(연구), 金性洙(출판), 徐基錫(섭외)
이　　사　金善旭, 金海龍, 南勝吉, 朴均省, 朴秀赫, 朴正勳, 白潤基, 卞海喆, 石琮顯, 石鎬哲, 蘇淳茂, 柳至泰, 尹炯漢, 李東洽, 李範柱, 李殷祈, 李重光, 趙龍鎬, 趙憲銖, 崔正一, 黃祐呂,

金香基, 裵柄皓, 劉南碩
간　　사 李元雨 / 金鐘甫(총무), 李賢修(연구), 金重權(재무),
宣正源 / 李熙貞(출판), 권은민(섭외)

* 위 '회장', '부회장', '상임이사', '이사'는 2007. 4. 20. 제정된 사단법인 한국행정판례연구회 정관 제13조, 제14조, 제15조의 '이사장 겸 회장', '이사 겸 부회장', '이사 겸 상임이사', '운영이사'임.

■제 9 대(2008. 2. 15. / 2011. 2. 14.)

고　　문 金南辰, 金東熙, 金英勳, 金元主, 金鐵容, 朴鈗炘, 徐廷友,
梁承斗, 李康國, 李鴻薰, 鄭夏重, 崔光律, 韓昌奎
회　　장 崔松和
부 회 장 李京運, 徐基錫
감　　사 金東建, 金善旭
이사 겸 상임이사 慶　健(총무), 安哲相(기획), 朴均省(연구), 韓堅愚(출판), 權純一(섭외/연구)
운영이사 具旭書, 권은민, 金光洙, 金性洙, 金連泰, 金容燮, 金容贊, 金裕煥, 金義煥, 金重權, 金敞祚, 金海龍, 金香基, 金鉉峻, 朴正勳, 朴海植, 裵柄皓, 白潤基, 卞海喆, 石琮顯, 石鎬哲, 成百玹, 蘇淳茂, 申東昇, 辛奉起, 吳峻根, 劉南碩, 俞珍式, 尹炯漢, 李光潤, 李承寧, 李元雨, 李殷祈, 李重光, 鄭鍾錧, 鄭準鉉, 趙龍鎬, 曺海鉉, 趙憲銖, 崔正一, 洪準亨
간　　사 張暻源 · 李殷相·安東寅(총무), 鄭亨植 · 장상균(기획), 金泰昊(기획/연구), 金聖泰·崔善雄·鄭南哲(연구), 李熙貞 · 河明鎬·崔桂暎(출판), 林聖勳(섭외), 박재윤(총무)

■제 10 대(2011. 2. 15. /2014. 2. 14)

명예회장 金鐵容, 崔光律

고　　문　金南辰, 金東建, 金東熙, 金英勳, 金元主, 朴鈗炘, 徐廷友, 梁承斗, 李康國, 李京運, 鄭夏重, 崔松和, 韓昌奎

회　　장　李鴻薰

부 회 장　徐基錫, 李光潤

감　　사　金善旭, 蘇淳茂

이사 겸 상임이사　金重權(총무), 安哲相(기획), 劉南碩, 金容燮(연구), 金鐘甫(출판), 金敞祚, 金義煥(섭외/연구)

운영이사　姜錫勳, 慶　健, 具旭書, 權純一, 權殷旼, 琴泰煥, 金光洙, 金性洙, 金連泰, 金容燮, 金容贊, 金海龍, 金香基, 金鉉峻, 朴均省, 朴正勳, 朴海植, 裵柄皓, 白潤基, 卞海喆, 石琮顯, 石鎬哲, 宣正源, 成百玹, 申東昇, 辛奉起, 呂相薰, 吳峻根, 俞珍式, 尹炯漢, 李承寧, 李元雨, 李殷祈, 李重光, 李賢修, 李熙貞, 林永浩, 鄭南哲, 鄭鍾錧, 鄭準鉉, 鄭亨植, 趙龍鎬, 曺海鉉, 趙憲銖, 崔正一, 洪準亨, 韓堅愚, 河明鎬

간　　사　安東寅, 李義俊(총무), 蔣尙均(기획), 金泰昊, 朴在胤(연구), 朴玄廷, 姜知恩(출판), 李殷相(섭외)

■제 11 대(2014. 2. 15./2017. 2. 14.)

명예회장　金鐵容, 崔光律

고　　문　金南辰, 金東建, 金東熙, 金英勳, 金元主, 朴鈗炘, 徐廷友, 梁承斗, 李康國, 李京運, 崔松和, 韓昌奎 李光潤, 徐基錫

회　　장　鄭夏重

부 회 장　安哲相, 朴正勳

감　　사　蘇淳茂, 白潤基

상임이사　李熙貞(총무), 鄭鎬庚(연구), 李承寧, 康鉉浩(기획) 金義煥, 鄭夏明(섭외), 鄭南哲(출판)

운영이사　姜錫勳, 慶　健, 具旭書, 權殷旼, 琴泰煥, 金光洙, 金國鉉,

金南撤, 金炳圻, 金性洙, 金聖泰, 金秀珍, 金連泰, 金容燮,
金容贊, 金裕煥, 金重權, 金鐘甫, 金敞祚, 金致煥, 金海龍,
金香基, 金鉉峻, 文尙德, 朴均省, 朴海植, 裵柄皓, 卞海喆,
石鎬哲, 宣正源, 宋鎭賢, 成百玹, 申東昇, 辛奉起, 呂相薰,
吳峻根, 俞珍式, 柳哲馨, 尹炯漢, 李東植, 李元雨, 李殷祈,
李重光, 李賢修, 林永浩, 張暻源, 藏尙均, 田聖銖, 田 勳,
鄭鍾錧, 鄭準鉉, 鄭亨植, 趙成奎, 趙龍鎬, 曺海鉉, 趙憲銖,
趙弘植, 朱한길, 崔峰碩, 崔善雄, 崔正一, 洪準亨, 韓堅愚,
河明鎬, 河宗大, 黃彰根

간　　사 房東熙, 崔允寧(총무), 崔桂暎, 張承爀(연구), 洪先基(기획)
桂仁國, 李惠診(출판)

■제12 대(2017. 2. 17./2020.2.16.)

명예회장 金鐵容, 崔光律

고　　문 金南辰, 金東熙, 金英勳, 朴鈗炘, 徐基錫, 徐廷友, 蘇淳茂,
李康國, 李京運, 李光潤, 李鴻薰, 鄭夏重, 崔松和, 韓昌奎

회　　장 金東建

부 회 장 朴正勳, 李承寧, 金重權

감　　사 李殷祈, 孫台浩

상임이사 金敞祚/李鎭萬(기획), 俞珍式/徐圭永(섭외),
李熙貞/張暻源(총무), 李賢修/河明鎬(연구), 崔瑨修(출판)

운영이사 姜基弘, 姜錫勳, 康鉉浩, 慶 健, 具旭書, 權殷旼, 琴泰煥,
金光洙, 金國鉉, 金南撤, 金炳圻, 金聲培, 金性洙, 金聖泰,
金秀珍, 金連泰, 金容燮, 金容贊, 金裕煥, 金義煥, 金鐘甫,
金致煥, 金海龍, 金香基, 金鉉峻, 文尙德, 朴均省, 朴海植,
房東熙, 裵柄皓, 白潤基, 石鎬哲, 宣正源, 成百玹, 成重卓,
宋鎭賢, 申東昇, 辛奉起, 安東寅, 呂相薰, 吳峻根, 柳哲馨,

月例 集會 記錄

〈2019. 12. 현재〉

순번	연월일	발표자	발 표 제 목
1-1	84.12.11.	金南辰	聽問을 결한 行政處分의 違法性
-2		李鴻薰	都市計劃과 行政拒否處分
2-1	85.2.22.	崔世英	行政規則의 法規性 認定 與否
-2		崔光律	實地讓渡價額을 넘는 讓渡差益의 인정여부
3-1	3.29.	石琮顯	都市計劃決定의 法的 性質
-2		金東建	違法한 旅館建物의 건축과 營業許可의 취소
4-1	4.26.	徐元宇	當然無效의 行政訴訟과 事情判決
-2		黃祐呂	아파트地區내의 土地와 空閑地稅
5-1	5.31.	朴鈗炘	林産物團束에관한法律 제7조에 대한 違法性 認定의 與否
-2		姜求哲	行政訴訟에 있어서의 立證責任의 문제
6-1	6.28.	金鐵容	酒類販賣業 免許處分 撤回의 근거와 撤回權 留保의 한계
-2		盧瑩保	國稅基本法 제42조 소정의 讓渡擔保財産의 의미
7-1	9.27.	金道昶	信賴保護에 관한 行政判例의 최근 동향
-2		金東熙	自動車運輸事業法 제31조 등에 관한 處分要

순번	연월일	발표자	발 표 제 목
			領의 성질
8-1	10.25.	李尙圭	入札參加資格 制限行爲의 법적 성질
-2		李相敦	公有水面埋立에 따른 不動産所有權 國家歸屬의 무효확인
9-1	11.22.	梁承斗	抗告訴訟의 提起要件
-2		韓昌奎	地目變更 拒否의 성질
10	86.1.31.	李相赫	行政訴訟에 있어서의 訴의 利益의 문제
11	2.28	崔松和	運轉免許 缺格者에 대한 면허의 효력
12	3.28	金道昶	憲法上의 違憲審査權의 所在
13	4.25.	趙慶根	美聯邦情報公開法에 대한 약간의 고찰
14	5.30.	張台柱	西獨에 있어서 隣人保護에 관한 判例의 최근 동향
15	6.27.	金斗千	僞裝事業者와 買入稅額 控除
外1	9.30.	藤田宙靖	日本의 最近行政判例 동향
16	10.31.	金英勳	注油所 許可와 瑕疵의 承繼
17	11.28.	芮鍾德	漁業免許의 취소와 裁量權의 濫用
外2	87.3.21.	鹽野宏	日本 行政法學界의 現況
		園部逸夫	새 行政訴訟法 시행 1년을 보고
18	4.25.	金道昶	知的財産權의 문제들
19-1	4.22.	李升煥	商標法에 관한 최근판례의 동향
-2			工場登錄 拒否處分과 소의 이익
20	5.29.	金南辰	執行停止의 요건과 本案理由와의 관계
21	9.25.	崔光律	日本公法學會 總會參觀 등에 관한 보고
22-1	10.30.	金道昶	地方自治權의 강화와 行政權限의 위임에 관한 문제
-2			
23	11.27.	金鐵容	不作爲를 구하는 訴의 가부

순번	연월일	발표자	발 표 제 목
24	88.2.26.	金時秀	租稅賦課處分에 있어서의 當初處分과 更正拒否處分의 법률관계
25-1	3.25.	徐元宇	최근 日本公法學界의 동향
-2		朴鈗炘	平澤港 漁業補償 문제
外3	4.29.	成田賴明	日本 行政法學과 行政判例의 최근 동향
26	5.27.	李尙圭	防衛稅 過誤納 還給拒否處分의 취소
27	6.24.	徐元宇	運輸事業計劃 변경인가처분의 취소
28	8.26.	金完燮	처분후의 事情變更과 소의 이익
29	10.7.	石琮顯	行政處分(訓令)의 법적 성질
30	10.28.	李鴻薰	土地收用裁決處分의 취소
31	11.17.	朴鈗炘	行政計劃의 법적 성질
32	89.1.27.	金東熙	載量行爲에 대한 司法的統制의 한계
33	2.24.	李碩祐	國稅還給申請權의 인정 여부
34	3.24.	朴松圭	國産新技術製品 保護決定處分의 일부취소
35-1	4.28.	金鐵容	독일 行政法學界의 최근동향
-2		千柄泰	제 3 자의 行政審判前置節次 이행 여부
36	5.26.	金善旭	公務員의 團體行動의 違法性
37	6.30.	金元主	租稅行政과 信義誠實의 원칙
38	8.25.	趙憲銖	國稅還給拒否處分의 법적 성질
39	9.29.	鄭準鉉	刑事訴追와 行政處分의 효력
40	10.27.	韓堅愚	行政規則(訓令)의 성질
41	11.24.	金斗千	相續稅法 제32조의2의 違憲 여부
外4	12.27.	小早川光朗	日本 行政法學界의 최근 동향
42	90.1.19.	金鐵容	豫防的 不作爲訴訟의 許容 여부
43	2.23.	李光潤	營造物行爲의 법적 성질
44	3.30.	南勝吉	行政刑罰의 범위

순번	연월일	발표자	발 표 제 목
45	4.27.	黃祐呂	法律의 遡及效
46	5.25.	朴均省	行政訴訟과 訴의 이익
47	6.29.	卞在玉	軍檢察官의 公訴權行使에 관한 憲法訴願
48	8.31.	成樂寅	結社의 自由의 事前制限
49	9.28.	辛奉起	憲法訴願과 辯護士 强制主義
50	10.26.	朴圭河	行政官廳의 權限의 委任·再委任
51	11.30.	朴國洙	行政行爲의 公定力과 國家賠償責任
52	91.1.25.	梁承斗	土地去來許可의 법적 성질
53	2.22.	徐元宇	建築許可 保留의 위법성 문제
外5-1	3.29.	南博方	處分取消訴訟과 裁決取消訴訟
-2		藤田宙靖	日本 土地法制의 현황과 課題
54	4.26.	吳峻根	遺傳子工學的 施設 設置許可와 法律留保
55	5.31.	金南辰	拒否行爲의 行政處分性과 "법률상 이익 있는 자"의 의미
56	6.28.	鄭然彧	無效確認訴訟과 訴의 이익
57	8.30.	金性洙	主觀的公權과 基本權
58	9.27.	金英勳	運轉免許 取消處分의 취소
59	10.25.	石琮顯	基準地價告示地域 내의 收用補償額 算定基準에 관한 판례동향
60	11.29.	朴鈗炘	工事中止處分의 취소
61	92.1.31.	卞海喆	公物에 대한 强制執行
62	2.28.	李康國	違憲法律의 효력-그 遡及效의 범위와 관련하여
63	3.27	金善旭	公勤務에 관한 女性支援指針과 憲法上의 平等原則
64	4.24.	全光錫	不合致決定의 허용 여부
65	5.29.	崔正一	行政規則의 법적성질 및 효력

순번	연월일	발표자	발 표 제 목
66	6.26.	李琦雨	獨逸 Műnster 高等行政裁判所 1964.1.8. 판결
67	8.28.	朴鈗炘	地方自治團體의 자주적인 條例制定權과 規律 문제
68	9.18.	金元主	讓渡所得稅 등 賦課處分의 취소
69	10.16.	洪準亨	結果除去請求權과 行政介入請求權
70	11.20.	金時秀	土地收用裁決處分의 취소
71	93.1.15.	金海龍	環境技術관계 行政決定에 대한 司法的 統制의 범위
72	2.19.	李重光	租稅法上 不當利得 返還請求權
73	3.19.	高永訓	行政規則에 의한 行政府의 立法行爲外
外6	4.16.	J.Anouil	EC法의 現在와 將來
74	5.21.	柳至泰	行政訴訟에서의 行政行爲 根據變更에 관한 판례분석
75	6.18.	徐元宇	原處分主義와 被告適格
76	8.20.	朴均省	國家의 公務員에 대한 求償權
77	9.17.	金東熙	教員任用義務不履行 違法確認訴訟
78	10.15.	盧永錄	建設業免許 取消處分의 취소
79	94.1.21.	徐廷友	無效確認을 구하는 의미의 租稅取消訴訟과 租稅還給金 消滅時效의 起算點
80	2.18.	洪準亨	判斷餘地의 한계
81	3.18.	裵輔允	憲法訴願 審判請求 却下決定에 대한 헌법소원
82	4.15.	金善旭	舊東獨判事의 獨逸判事任用에 관한 決定과 그 不服에 대한 管轄權
83	5.20.	李京運	學則의 법적 성질
84	6.17.	朴松圭	任用行爲取消處分의 취소
85	8.19.	金鐵容	公務員 個人의 不法行爲責任

순번	연월일	발표자	발 표 제 목
86	9.30.	卞在玉	日本 家永教科書檢定 第一次訴訟 上告審 判決의 評釋
87	10.21.	金香基	無名抗告訴訟의 可否
88	11.18.	李康國	行政行爲의 瑕疵의 治癒
89	95.1.20.	趙憲銖	取消判決의 遡及效
90	2.17.	朴秀赫	獨逸 統一條約과 補償法上의 原狀回復 排除規定의 合憲 여부
外7	3.17.	小高剛	損失補償에 관한 日本 最高裁判所 判決의 분석
91	4.21.	崔松和	行政處分의 理由明示義務에 관한 판례
92	5.19.	崔正一	石油販賣業의 양도와 歸責事由의 승계
93	6.16.	鄭夏重	國家賠償法 제5조에 의한 배상책임의 성격
94	8.18.	吳振煥	無效인 條例에 근거한 行政處分의 효력
95	9.15.	金敞祚	日本 長良川 安八水害 賠償判決
96	10.20.	黃祐呂	非常高等軍法會議 判決의 破棄와 還送法院
97	11.17.	白潤基	地方自治法 제98조 및 제159조에 의한 訴訟
98	96.1.19.	徐元宇	營業停止期間徒過後의 取消訴訟과 訴의 이익
99	2.23.	金海龍	計劃變更 내지 保障請求權의 성립요건
外8	3.19.	鹽野宏	日本 行政法 判例의 近年動向 - 行政訴訟을 중심으로
100	4.19.	金東熙	國家賠償과 公務員에 대한 求償
101	5.17.	梁承斗	教員懲戒와 그 救濟制度
102	6.28.	金容燮	運轉免許取消·停止處分의 法的 性質 및 그 한계
103	8.16.	李京運	轉補發令의 處分性
104	9.20.	盧永錄	申告納稅方式의 租稅와 그 瑕疵의 판단기준
105	10.18.	金敞祚	道路公害와 道路設置·管理者의 賠償責任

순번	연월일	발표자	발 표 제 목
106	11.15.	金裕煥	形式的 拒否處分에 대한 取消訴訟의 審理범위
107	97.1.17.	裵柄皓	北韓國籍住民에 대한 强制退去命令의 적법성
108	2.21.	趙龍鎬	公衆保健醫師 採用契約解止에 대한 爭訟
109	3.21.	金鐵容	行政節次法의 내용
110	4.18.	趙憲銖	建築物臺帳 職權訂正行爲의 처분성
111	5.16.	鄭夏重	交通標識板의 법적성격
112	6.20.	裵輔允	違憲決定과 行政處分의 효력
113	8.22.	吳峻根	聽聞의 실시요건
114	9.19.	金善旭	옴부즈만條例案 再議決 無效確認判決의 문제점
115	10.17.	李光潤	機關訴訟의 성질
116	11.21.	朴正勳	敎授再任用拒否의 처분성
117	98.1.16.	白潤基	當事者訴訟의 대상
118	2.20.	辛奉起	機關訴訟 주문의 형식
119	3.20.	洪準亨	行政法院 出帆의 意義와 행정법원의 課題
120	4.17.	宣正源	오스트리아와 독일의 不作爲訴訟에 관한 고찰
121	5.16.	李東洽	刑事記錄 열람·등사 거부처분
122	6.19.	金東建	環境行政訴訟과 地域住民의 原告適格
123	98.8.21.	金南辰	法規命令과 行政規則의 구별
124	9.18.	金敞祚	河川 管理 責任
125	10.16.	金容燮	行政審判의 裁決에 대한 取消訴訟
126	11.20.	徐廷友	垈地造成事業計劃 승인처분의 재량행위
127	99.1.15.	南勝吉	處分의 기준을 규정한 施行規則(部令)의 성격
128	2.19.	金裕煥	違憲法律에 根據한 行政處分의 效力
129	3.19.	鄭夏重	多段階行政節次에 있어서 事前決定과 部分許可의 意味

순번	연월일	발표자	발 표 제 목
130	4.16.	裵輔允	南北交流協力 등 統一에 관한 법적 문제
131	5.21.	康鉉浩	計劃承認과 司法的 統制
132	6.18.	俞珍式	行政指導와 違法性阻却事由
133	8.20.	朴正勳	侵益的 行政行爲의 公定力과 刑事裁判
134	9.17.	金東熙	建築許可신청서 返戾처분취소
		金南澈	行政審判法 제37조 제2항에 의한 自治權侵害의 가능성
135	10.15.	金炳圻	條例에 대한 再議要求事由와 大法院提訴
		權殷玟	公賣決定·通知의 처분성 및 소송상 문제점
136	11.19.	石鎬哲	羈束力의 범위로서의 처분사유의 동일
		金珉昊	직무와 관련된 不法行爲에 있어 공무원 개인의 책임
137	00.1.21.	尹炯漢	任用缺格과 退職給與
		裵柄皓	還買權소송의 管轄문제
138	2.18.	趙憲銖	個人事業의 法人轉換과 租稅減免
		金連泰	조세행정에 있어서 경정처분의 효력
139	3.17.	俞珍式	自動車運輸事業 면허처분에 있어서 競業, 競願의 범위
		慶 健	情報公開請求權의 憲法的 根據와 그 制限
140	4.21.	朴正勳	拒否處分 取消訴訟에 있어 違法判斷의 基準時와 訴의 利益
		金柄圻	行政訴訟上 執行停止의 要件으로서의 '回復하기 어려운 損害'와 그 立證責任
141	5.19.	洪準亨	不可變力, 信賴保護, 그리고 行政上 二重危險의 禁止
		康鉉浩	建築變更許可와 附款

순번	연월일	발표자	발 표 제 목
142	6.16.	趙龍鎬	寄附金品募集許可의 法的性質
		金容燮	行政上 公表
143	8.18.	朴松圭	盜難당한 自動車에 대한 自動車稅와 免許稅
		權股玟	廢棄物處理業 許可權者가 한 '不適正通報' 의 法的性質
144	9.22.	石鎬哲	公法的 側面에서 본 日照權 保護
145	10.20.	蘇淳茂	後發的 事由에 의한 更正請求權을 條理上 인정할 수 있는지 與否
		金光洙	土地形質變更許可와 信賴保護原則
146	11.17.	朴鈗炘	慣行漁業權
		宣正源	複合民願과 認·許可擬制
147	01.1.19.	崔松和	판례에 있어서 공익
		李光潤	도로가 행정재산이 되기 위한 요건 및 잡종재산에 대한 시효취득
148	2.16.	金鐵容	개발제한 구역의 시정과 손실 보상
		鄭夏重	부관에 대한 행정소송
149	3. 8.	金性洙	독일연방헌재의 폐기물법에 대한 결정과 환경법상 협력의 원칙
		李東植	중소기업에 대한 조세 특례와 종업원의 전출.파견
150	4.20.	李京運	주택건설사업계획 사전결정의 구속력
		裵輔允	2000년 미국대통령 선거 소송 사건
151	5. 9.	李東洽	위헌법률에 근거한 처분에 대한 집행력 허용여부
		金珉昊	상속세 및 증여세법상 증여의 의미
152	6.15.	李元雨	정부투자기관의 부정당업자 제재조치의 법적

순번	연월일	발표자	발 표 제 목
			성질
		朴榮萬	군사시설보호법상의 협의와 항고소송
153	8.17.	崔正一	법규명령형식의 재량준칙의 법적성질 및 효력
		趙憲銖	유적발굴허가와 행정청의 재량
154	9.21.	金東熙	국가배상법 제5조상의 영조물의 설치·관리상 하자의 관념
		金東建	대법원 판례상의 재량행위
155	10.10.	吳峻根	행정절차법 시행이후의 행정절차 관련 주요 행정판례 동향분석
		柳至泰	공물법의 체계에 관한 판례 검토
156	11. 7.	白潤基	행정소송에 있어서 건축주와 인근주민의 이익의 충돌과 그 조화
		徐廷範	국가배상에 있어서 위법성과 과실의 일원화에 관하여
157	02.1.18.	金善旭	독일헌법상의 직업공무원제도와 시간제공무원
		朴正勳	처분사유의 추가·변경－제재철회와 공익상 철회
158	2.15.	辛奉起	일본의 기관소송 법제와 판례
		權殷玟	원천징수행위의 처분성과 원천징수의무자의 불복방법
159	3.15.	朴均省	환경영향평가의 하자와 사업계획승인처분의 효력
		金鐘甫	관리처분계획의 처분성과 그 공정력의 범위
160	4.19.	崔光律	농지전용에 관한 위임명령의 한계
		俞珍式	건축법상 일조보호규정의 私法上의 의미
161	5.17.	朴鈗炘	국가배상법 제2조 제1항 단서에 대한 헌법재

순번	연월일	발표자	발 표 제 목
			판소의 한정위헌결정 및 관련 대법원판례에 대한 평석
		宣正源	행정의 공증에 대한 사법적 통제의 의미와 기능의 명확화
162	6.21.	金元主	도로배연에 의한 대기오염과 인과관계
		康鉉浩	재량준칙의 법적 성격
163	7.19.	裵柄皓	회의록과 정보공개법상 비공개대상정보
		慶 健	공문서관리의 잘못과 국가배상책임
164	8.16.	金容燮	거부처분취소판결의 기속력
		金炳圻	보완요구의 '부작위'성과 재결의 기속력
165	9.13.	尹炯漢	기납부 택지초과소유부담금 환급청구권의 성질과 환급가산금의 이자율
		鄭夏明	미국연방대법원의 이른바 임시규제적 수용에 관한 새로운 판결례
166	10.18.	李鴻薰	공용지하사용과 간접손실보상
		金光洙	국가배상소송과 헌법소원심판의 관계
167	11.15.	徐元宇	행정법규위반행위의 사법적 효력
		李康國	조세채무의 성립과 확정
168	12.20.	蘇淳茂	인텔리전트빌딩에 대한 재산세중과시행규칙의 유효성 여부
169	03.1.17.	金敞祚	정보공개제도상의 비공개사유와 본인개시청구
		金聖泰	운전면허수시적성검사와 개인 정보보호
170	2.21.	金東熙	기속재량행위와 관련된 몇 가지 논점 또는 의문점
		曺海鉉	행정처분의 근거 및 이유제시의 정도
171	3.21.	白潤基	불합격처분에 대한 효력정지결정에 대한 고찰

순번	연월일	발표자	발 표 제 목
		宣正源	행정입법에 대한 부수적 통제
172	5.16.	李元雨	한국증권업협회의 협회등록최소결정의 법적 성질
		金容贊	정보공개청구사건에서의 몇 가지 쟁점
173	6.20.	金重權	이른바 "수리를 요하는 신고"의 문제점에 관한 소고
		洪準亨	평생교육시설 설치자 지위승계와 설치자 변경 신청서 반려처분의 적법 여부
174	7.18.	金鐵容	학교법인임원취임승인취소처분과 행정절차법
		金秀珍	성별에 따른 상이한 창업지원금신청기간설정과 국가의 평등보장의무
175	8.22.	鄭夏重	법관의 재판작용에 대한 국가배상책임
		金鐘甫	정비조합(재건축, 재개발조합) 인가의 법적 성격
176	9.19.	金炳圻	수익적 행정행위의 철회의 법적 성질과 철회사유
		朴榮萬	군사시설보호구역설정행위의 법적 성격
177	10. 9	朴正勳	취소판결의 기판력과 기속력
		李東植	구 소득세법 제101조 제2항에 따른 양도소득세부과와 이중과세 문제
178	11.21.	李東洽	최근 행정소송의 주요사례
		慶 健	하천구역으로 편입된 토지에 대한 손실보상
179	12.19.	朴均省	거부처분취소판결의 기속력과 간접강제
180	04.1.16.	李光潤	광역지방자치단체와 기초지방자치단체의 성격
		朴海植	행정소송법상 간접강제결정에 기한 배상금의 성질
181	2.20.	金海龍	행정계획에 대한 사법심사에 있어서 법원의

순번	연월일	발표자	발 표 제 목
			석명권행사 한계와 입증책임
		李賢修	영업양도와 공법상 지위의 승계
182	3.19.	兪珍式	기부채납부관을 둘러싼 법률문제
		鄭泰學	매입세액의 공제와 세금계산서의 작성 · 교부시기
183	4.16.	柳至泰	행정행위의 취소의 취소
		金致煥	통지의 법적 성질
184	5.21.	鄭準鉉	단순하자 있는 행정명령을 위반한 행위의 가벌성
		權殷玟	압류처분취소소송에서 부과처분의 근거법률이 위헌이라는 주장이 허용되는지 여부
185	6.18.	趙憲銖	사업양도와 제2차 납세의무
		金連泰	과징금 부과처분에 대한 집행정지결정의 효력
186	7.16.	金容燮	보조금 교부결정을 둘러싼 법적 문제
		林聖勳	영내 구타 · 가혹 행위로 인한 자살에 대한 배상과 보상
187	8.20.	李京運	교수재임용거부처분취소
		曺媛卿	국가공무원법 제69조 위헌제청
188	9.17.	鄭成太	법규명령의 처분성
		金敞祚	원자로 설치허가 무효확인소송
189	04.10.15.	崔正一	법령보충적행정규칙의 법적 성질 및 효력
		李湖暎	독점규제법상 특수관계인에 대한 부당지원행위의 규제
190	11.19.	金香基	재결에 대한 취소소송
		劉南碩	집행정지의 요건으로서 “회복하기 어려운 손해를 예방하기 위한 긴급한 필요”와 그 고려

순번	연월일	발표자	발 표 제 목
			사항으로서의 '승소가능성'
191	12.17.	尹炯漢	사전통지의 대상과 흠결의 효과
192	05.1.31.	鄭鎬慶	행정소송의 협의의 소의 이익과 헌법소원의 보충성
		金重權	국토이용계획변경신청권의 예외적 인정의 문제점에 관한 소고
193	2.18.	宣正源	하자승계론에 몇 가지 쟁점에 관한 검토
		李熙貞	공법상 계약의 해지와 의견청취절차
194	3.18.	安哲相	취소소송 사이의 소의 변경과 새로운 소의 제소기간
		康鉉浩	민간투자법제에 따른 우선협상대상자지정의 법적 제문제
195	4.15.	吳峻根	재량행위의 판단기준과 재량행위 투명화를 위한 법제정비
		李根壽	대집행의 법적 성격
196	5.20.	河宗大	금산법에 기한 계약이전결정 등의 처분과 주주의 원고적격
		金鐘甫	토지형질변경의 법적 성격
197	6.17.	朴海植	제재적 행정처분의 효력기간 경과와 법률상 이익
		李桂洙	공무원의 정치적 자유와 정치운동금지의무
198	8.19.	金容燮	재결의 기속력의 주관적 범위를 둘러싼 논의
		徐正旭	공시지가와 하자의 승계
199	9.16.	金鉉峻	용도지역 지정 · 변경행위의 법적 성질과 그에 대한 사법심사
		趙成奎	직접민주주의와 조례제정권의 한계

순번	연월일	발표자	발 표 제 목
200	10.21.	金光洙	공직선거법과 행정형벌
		崔桂暎	용도폐지된 공공시설에 대한 무상양도신청거부의 처분성
201	11.12.	鄭夏重	행정판례의 발전과 전망
		朴正勳	행정판례의 발전과 전망
		尹炯漢	행정재판제도의 발전과 행정판례
		朴海植	행정재판제도의 발전과 행정판례
202	12.16.	鄭泰容	행정심판청구인적격에 관한 몇 가지 사례
203	06. 1.20	朴均省	행정상 즉시강제의 통제 — 비례원칙, 영장주의, 적법절차의 원칙과 관련하여 —
		權殷玟	기본행위인 영업권 양도계약이 무효라고 주장하는 경우에 행정청이 한 변경신고수리처분에 대한 불복방법 등
204	2.17.	曺海鉉	민주화운동관련자명예회복및보상등에관한법률에 기한 행정소송의 형태
		金重權	사권형성적 행정행위와 그 폐지의 문제점에 관한 소고
205	06.3.17.	朴正勳	불확정개념과 재량 — 법규의 적용에 관한 행정의 우선권
		李相悳	한국지역난방공사 공급규정 변경신고를 산업자원부장관이 수리한 행위의 법적 성질
206	4.21.	俞珍式	공유수면매립법상 사정변경에 의한 매립면허의 취소신청
		林永浩	채석허가기간의 만료와 채석허가취소처분에 대한 소의 이익
207	5.19	嚴基燮	공정거래법상 사업자단체의 부당제한행위의

순번	연월일	발표자	발 표 제 목
			성립요건
		李賢修	납입고지에 의한 변상금부과처분의 취소와 소멸시효의 중단
208	6.16.	金鐘甫	재건축 창립총회의 이중기능
		鄭夏明	미국 연방대법원의 행정입법재량통제
209	8.17.	裵柄皓	개정 하천법 부칙 제2조의 손실보상과 당사자 소송
		金裕煥	공공갈등의 사법적 해결 — 의미와 한계
210	9.15.	金容燮	텔레비전 수신료와 관련된 행정법적 쟁점
		崔桂暎	행정처분과 형벌
211	10.20.	金海龍	처분기간이 경과된 행정처분을 다툴 법률상 이익(행정소송법 제12조 후문 관련)과 제재적
		石鎬哲	처분기준을 정한 부령의 법규성 인정 문제
212	11.17.	宣正源	입헌주의적 지방자치와 조직고권
		李熙貞	주민투표권 침해에 대한 사법심사
213	06.12.8.-		법제처 · 한국행정판례연구회 공동주관 관학협동워크샵
	9.	朴 仁	법령보충적 성격의 행정규칙의 현황과 문제점
		林永浩	법령보충적 성격의 행정규칙에 대한 판례분석
		鄭南哲	법령보충적 성격의 행정규칙의 정비방향과 위임사항의 한계
		金重權	민주적 법치국가에서 의회와 행정의 공관적 법정립에 따른 법제처의 역할에 관한 소고
		金海龍	국토계획 관련법제의 문제점과 개선방안
214	07.1.19.	張暻源	독일 맥주순수령 판결을 통해 본 유럽과 독일의 경제행정법

순번	연월일	발표자	발 표 제 목
		權純一	재정경제부령에 의한 덤핑방지관세부과조치의 처분성 재론－기능적 관점에서－
215	2.23.	鄭準鉉	소위 '공익사업법'상 협의취득의 법적 성질
		裵輔允	구 농어촌정비법 제93조 제1항의 국공유지양증여의 창설환지 등의 문제점
216	3.16.	朴榮萬	법령의 개정과 신뢰보호의 원칙
		金重權	행정입법적 고시의 처분성인정과 관련한 문제점에 관한 소고
217	4.20.	金容贊	국가지정문화재현상변경허가처분의 재량행위성
		李湖暎	합의추정된 가격담합의 과징금산정
218	5.18	金敞祚	공인중개사시험불합격처분 취소소송
		李宣憙	행정청의 고시와 원고적격
219	6.15.	李光潤	제재적 처분기준의 성격과 제재기간 경과후의 소익
		金暎賢	행정소송의 피고적격
220	07.8.17.	金義煥	정보공개법상의 공공기관 및 정보공개청구와 권리남용
		金秀珍	행정서류의 외국으로의 송달
221	9.21.	蘇淳茂	명의신탁 주식에 대한 증여의제에 있어서 조세회피목적의 해석
		慶 健	관계기관과의 협의를 거치지 아니한 조례의 효력
222	10.19.	成百玹	공특법상 '이주대책'과 공급규칙상 '특별공급'과의 관계
		金南澈	건축허가의 법적 성질에 대한 판례의 검토
223	11.16.	金性洙	민간투자사업의 성격과 사업자 선정의 법적

순번	연월일	발표자	발 표 제 목
			과제
224	12.21.	趙憲銖	병역의무 이행과 불이익 처우 금지의 관계
225	08.1.18.	金南辰	국가의 경찰법, 질서법상의 책임
		李殷祈	폐기물관리법제와 폐기물처리조치명령취소처분
		鄭成太	대형국책사업에 대한 사법심사(일명 새만금사건을 중심으로)
226	2.15.	辛奉起	한국 행정판례에 있어서 형량하자론의 도입과 평가
		鄭鍾錧	하천법상의 손실보상
227	3.21.	鄭夏重	사립학교법상의 임시이사의 이사선임권한
		林聖勳	행정입법 부작위에 관한 몇가지 문제점
228	4.18.	金光洙	자치사무에 대한 국가감독의 한계
		金熙喆	토지수용으로 인한 손실보상금 산정
229	5.16.	申東昇	행정행위 하자승계와 선결문제
		趙成奎	과징금의 법적 성질과 부과기준
230	6.20.	姜錫勳	위임입법의 방식 및 해석론에 관한 고찰
		鄭南哲	명확성원칙의 판단기준과 사법심사의 한계
231	8.22.	鄭泰學	조세통칙과 신의성실의 원칙
		李京運	부관으로서의 기한
232	9.19.	朴尙勳	시간강사의 근로자성
		金善旭	지방자치단체장의 소속공무원에 대한 징계권과 직무유기
233	10.17.	趙允熙	정보통신부 장관의 위성망국제등록신청과 항고소송의 대상
		金鉉峻	환경사법 액세스권 보장을 위한 "법률상 이익"의 해석

순번	연월일	발표자	발 표 제 목
234	11.21.	裵輔允	권한쟁의심판의 제3자 소송담당
		李賢修	공물의 성립요건
235	12.19.	金鐵容	행정청의 처분근거·이유제시의무와 처분근거·이유제시의 정도
236	09.1.16.	金炳圻	행정법상 신뢰보호원칙
		劉慶才	원인자부담금
237	2.20.	金聖泰	도로교통법 제58조 위헌확인
		林永浩	공매 통지의 법적 성격
238	3.20.	崔桂暎	위헌결정의 효력과 취소소송의 제소기간
		金尙煥	법규명령에 대한 헌법소원의 적법요건
239	4.17.	朴均省	직무상 의무위반으로 인한 국가배상책임
		金國鉉	사망자의 법규위반으로 인한 제재사유의 승계
240	5.15.	金容燮	택지개발업무처리지침 위반과 영업소 폐쇄
		金炅蘭	개발제한구역의 해제와 원고적격
241	6.19.	朴正勳	무효확인소송의 보충성
		曺海鉉	민주화운동관련자 명예회복 및 보상 등에 관한 법률에 의한 보상금의 지급을 구하는 소송의 형태
242	8.21.	鄭泰容	행정심판 재결 확정력의 의미
		安哲相	지방계약직 공무원의 징계
243	9.18.	金鐘甫	「도시 및 주거환경정비법」상 정비기반시설의 귀속 관계
		徐基錫	국회의 입법행위 또는 입법부작위로 인한 국가배상책임
244	10.16.	河明鎬	법인에 대한 양벌규정의 위헌여부
		趙龍鎬	표준지공시지가 하자의 승계

순번	연월일	발표자	발 표 제 목
245	11.20.	金連泰	한국마사회의 조교사 및 기수의 면허부여 또는 취소의 처분성
		金義煥	행정상 법률관계에 있어서의 소멸시효의 원용과 신의성실의 원칙
246	12.18.	朴鈗炘	주거이전비 보상의 법적 절차, 성격 및 소송법적 쟁점
247	10.1.15	林宰洪	출입국관리법상 난민인정행위의 법적 성격과 난민인정요건
		金泰昊	하자있는 수익적 행정처분의 직권취소
248	2.19	金南澈	국가기관의 지방자치단체에 대한 감독·감사권한
		權殷玟	미국산 쇠고기 수입 고시의 법적 문제
249	3.19	金聲培	수용재결과 헌법상 정교분리원칙
		姜相旭	건축물대장 용도변경신청 거부의 처분성
250	4.16	李宣憙	공정거래법상 시정조치로서 정보교환 금지명령
		金鍾泌	이주대책대상자제외처분 취소소송의 쟁점
251	5.14	鄭夏重	공법상 부당이득반환청구권의 독자성
		魯坰泌	관리처분계획안에 대한 총회결의 무효확인을 다투는 소송방법
252	6.18	金秀珍	합의제 행정기관의 설치에 관한 조례 제정의 허용 여부
		白濟欽	과세처분에 대한 증액경정처분과 행정소송
253	8.20	崔正一	경원자 소송에서의 원고적격과 사정판결제도의 위헌 여부
		蔣尙均	승진임용신청에 대한 부작위위법확인소송
254	9.17	金敞祚	강의전담교원제와 해직처분
		河宗大	행정처분으로서의 통보 및 신고의 수리

순번	연월일	발표자	발 표 제 목
255	10.15	최진수	징발매수재산의 환매권
		朴海植	주민등록전입신고 수리 여부에 대한 심사범위와 대상
256	11.12	金容燮	부당결부금지원칙과 부관
		朴尙勳	공무원에 대한 불이익한 전보인사 조치와 손해배상
257	12.10	金東熙	제재적 재량처분의 기준을 정한 부령
258	11.1.14	成智鏞	위임입법의 한계와 행정입법에 대한 사법심사
		安東寅	법령의 개정과 신뢰보호원칙 — 신뢰보호원칙의 적극적 활용에 대한 관견 —
259	2.18	崔桂暎	민간기업에 의한 수용
		金泰昊	사전환경성검토와 사법심사
260	3.18	金鉉峻	규제권한 불행사에 의한 국가배상책임의 구조와 위법성 판단기준
		朴在胤	지방자치단체 자치감사의 범위와 한계
261	4.15	金重權	민간투자사업의 법적 절차와 처분하자
		徐輔國	행정입법의 부작위에 대한 헌법소원과 행정소송
262	5.20	李熙貞	귀화허가의 법적 성질
		尹仁聖	독점규제 및 공정거래에 관한 법률 제3조의2 제1항 제5호 후단에 규정된 "부당하게 소비자의 이익을 현저히 저해할 우려가 있는 행위"에 관한 소고
263	6.17	朴均省	납골당설치신고 수리거부의 법적 성질 및 적법성 판단
		姜錫勳	재조사결정의 법적 성격과 제소기간의 기산점
264	8.19	金光洙	임시이사의법적 지원

순번	연월일	발표자	발 표 제 목
		趙允熙	불복절차 도중의 과세처분 취소와 재처분금지
265	9.16	鄭準鉉	개인택시사업면허 양도시 하자의 승계
		김용하	잔여지 수용청구권의 행사방법 및 불복수단
266	10.21	崔峰碩	과징금 부과처분의 재량권 일탈·남용
		朴榮萬	군인공무원관계와 기본권 보장
267	11.11	俞珍式	정보공개법상 비공개사유
		주한길	행정소송법상 집행정지의 요건
268	12.16	琴泰煥 金致煥 田勳 李殷相	최근 외국 행정판례의 동향 및 분석 미국, 일본, 프랑스, 독일
		李鴻薰	사회발전과 행정판결
269	12.1.27	裵炳皓	재개발조합설립인가 등에 관한 소송의 방법
		河明鎬	사회보장행정에서 권리의 체계와 구제
270	2.17	朴玄廷	건축법 위반과 이행강제금
		金善娥	출퇴근 재해의 인정범위
271	3.16	金重權	국가배상법상 중과실의 의미
		徐泰煥	행정소송법상 직권심리주의의 의미와 범위
272	4.20	李湖暎	시장지배적사업자의 기술적 보호조치와 공정거래법
		李玩憙	공정거래법상 신고자 감면제도
273	5.18	李東植	세무조사 결정통지의 처분성
		鄭基相	조세소송에서 실의성실원칙
274	6.15	許康茂	생활대책대상자선정거부의 처분성과 신청권의 존부
		朴貞杹	기대권의 법리와 교원재임용거부 및 부당한 근로계약 갱신 거절의 효력
275	8.17	金敞祚	정보공개법상 비공개사유로서 법인 등의 경

순번	연월일	발표자	발 표 제 목
			영 · 영업상 비밀에 관한 사항
		成承桓	경찰권 발동의 한계와 기본권
276	9.21	金宣希	도시정비법상 조합설립인가처분과 변경인가처분
		李相憙	국가와 지방자치단체의 보조금 지원과 지원거부의 처분성
277	10.19	康鉉浩	건축법상 인허가의제의 효과를 수반하는 신고
		尹景雅	결손처분과 그 취소 및 공매통지의 처분성
278	11.16	金容燮	원격평생교육시설 신고 및 그 수리거부
		李義俊	사업시행자의 생활기본시설 설치 의무
279	12.21	琴泰煥	미국, 일본, 프랑스, 독일의 최근 행정판례동향
		金致煥	
		田 勳	
		李殷相	
		崔松和	행정판례의 회고와 전망
280	13.1.18	崔桂暎	행정처분의 위법성과 국가배상책임
		金泰昊	정보공개법상 비공개사유로서 '진행 중인 재판에 관련된 정보'
281	2.15	金致煥	주민소송의 대상
		朴在胤	체육시설을 위한 수용
282	3.15	金聲培	국가유공자요건비해당결정처분
		金東國	해임처분무효
283	4.19	徐輔國	압류등처분무효확인
		崔柄律	자동차운전면허취소처분취소
284	5.24	裵柄皓	국가배상청구권의 소멸시효
		朴海植	감면불인정처분등취소
285	6.21	朴均省	국방·군사시설사업실시계획승인처분무효확인등

순번	연월일	발표자	발 표 제 목
		金慧眞	형의 집행 및 수용자의 처우에 관한 법률 제45조 제1항 위헌확인
286	8.16	俞珍式	여객자동차운수사업법 제14조 등 위헌확인 등
		김필용	증여세부과처분취소
287	9.27	慶建	정보공개청구거부처분취소
		이산해	과징금부과처분취소·부당이득환수처분취소
288	10.18	金裕煥	직권면직취소
		許盛旭	관리처분계획무효확인
289	11.15	金炳圻	완충녹지지정의 해제신청거부처분의 취소
		成重卓	조합설립인가처분무효확인
290	12.20	金聲培 金致煥 吳丞奎 桂仁國	미국, 일본, 프랑스, 독일의 최근 행정판례 동향
		鄭夏重	행정판례에 있어서 몇 가지 쟁점에 관한 소고
291	14. 1. 17	金相贊	국가공무원 복무규정 제3조 제2항 등 위헌확인
		金容河	사업시행승인처분취소
292	2.21	姜知恩	주택건설사업승인불허가처분 취소 등
		金世鉉	소득금액변동통지와 하자의 승계 판례변경에 따른 신뢰성 보호 문제
293	3.21	金重權	지방자치단체의 구역관할결정의 제 문제에 관한 소고
		李相悳	체납자 출국금지처분의 요건과 재량통제
294	4.18	俞珍式	정보공개거부처분취소
		金惠眞	백두대간보호에관한법률 제7조 제1항 제6호 위헌소원

순번	연월일	발표자	발 표 제 목
295	5.16	安東寅	토지대장의 직권말소 및 기재사항 변경거부의 처분성
		河泰興	증액경정처분의 취소를 구하는 항고소송에서 납세의무자가 다툴 수 있는 불복사유의 범위
296	6.20	金容燮	독립유공자법적용배제결정 – 처분취소소송에 있어 선행처분의 위법성승계
		李承勳	조합설립추진위원회 설립승인 무효 확인
297	8.22	鄭鎬庚	不利益處分原狀回復 등 要求處分取消
		이병희	解任處分取消決定取消
298	9.19	崔峰碩	職務履行命令取消
		文俊弼	還買代金增減
299	10.17	朴均省	行政判例 30年의 回顧와 展望: 행정법총론 I
		金重權	行政判例의 回顧와 展望–행정절차, 정보공개, 행정조사, 행정의 실효성확보의 분야
		洪準亨	行政判例 30年의 回顧와 展望–행정구제법: 한국행정판례의 정체성을 찾아서
300	11.21	康鉉浩	不正當業者制裁處分取消
		李承寧	讓受金
301	12.19	金聲培	美國의 最近 行政判例動向
		吳丞奎	프랑스의 最近 行政判例動向
		桂仁國	獨逸의 最近 行政判例動向
		咸仁善	日本의 最近 行政判例動向
		朴鈗炘	온실가스 배출거래권 제도 도입에 즈음하여
302	15. 1.23	金泰昊	수정명령 취소
		李羲俊	손해배상(기)
303	2.27	朴玄廷	정비사업조합설립과 토지 또는 건축물을 소유

순번	연월일	발표자	발 표 제 목
			한 국가·지방자치단체의 지위
		李義俊	건축허가처분취소
304	3.20	俞珍式	공공감사법의 재심의신청과 행정심판에 관한 제소기간의 특례
		金世鉉	명의신탁과 양도소득세의 납세의무자
305	4.17	朴均省	노동조합설립신고반려처분취소
		金海磨中	국세부과취소
306	5.15	崔峰碩	직무이행명령취소청구
		박준희	지역균형개발 및 지방중소기업 육성에 관한 법률 제16조 제1항 제4호 등 위헌소원
307	6.19	裵柄皓	인신보호법 제2조 제1항 위헌확인
		金東柱	생태자연도등급조정처분무효확인
		裵柄皓	인신보호법 제2조 제1항 위헌확인
		김동주	생태자연도등급조정처분무효확인
308	8.29		牧村 金道昶 박사 10주기 기념 학술대회
309	9.18	崔桂暎	정보비공개결정처분취소
		정지영	부당이득금반환
310	10.16	鄭夏明	예방접종으로 인한 장애인정거부처분취소
		郭相鉉	급여제한및 환수처분취소
311		鄭鎬庚	독립유공자서훈취소결정무효확인등
		김혜성	직위해제처분취소
312		金聲培	최근(2014/2015) 미국 행정판례의 동향 및 분석 연구
		咸仁善	일본의 최근(2014) 행정판례의 동향 및 분석
		吳丞奎	2014년 프랑스 행정판례의 동향 연구
		桂仁國	국가의 종교적·윤리적 중립성과 윤리과목

순번	연월일	발표자	발 표 제 목
			편성 요구권
		金海龍	행정재판과 법치주의 확립
313	16. 1.22	金泰昊	주민소송(부당이득 반환)
		朴淵昱	건축협의취소처분취소
314	2.26	李熙貞	보상금환수처분취소
		李羲俊	변상금부과처분취소
315	3.18	成重卓	영업시간제한등처분취소
		임지영	조정반지정거부처분
316	4.15	裵柄皓	하천공사시행계획취소청구
		李用雨	세무조사결정행정처분취소
317	5.20	金南澈	과징금납부명령등취소청구의소
		李煌熙	홍▽군과 태△군 등 간의 권한쟁의
318	6.11	金重權	환경기술개발사업중단처분취소
		崔瑨修	관리처분계획안에대한총회결의효력정지가처분
		강주영	시설개수명령처분취소
		角松生史	일본 행정소송법개정의 성과와 한계
319	8.19	咸仁善	조례안의결무효확인 <학생인권조례안 사건>
		金世鉉	교육세경정거부처분취소
320	9.23	金容燮	독립유공자서훈취소처분의 취소
		李殷相	주유소운영사업자불선정처분취소
321	10.21	李光潤	부당이득금등
		이승민	형식적 불법과 실질적 불법
322	11.25	俞珍式	학칙개정처분무효확인
		윤진규	부당이득금
			채무부존재확인
323	12.15	李京運	교육판례의 회고와 전망

순번	연월일	발표자	발 표 제 목
		朴均省	사법의 기능과 행정판례
		咸仁善	일본의 최근 행정판례
		金聲培	미국의 최근 행정판례
		桂仁國	독일의 최근 행정판례
		吳丞奎	프랑스의 최근 행정판례
324	17. 1.20.	成奉根	취급거부명령처분취소
		尹焌碩	취득세등부과처분취소
325	2.17.	鄭永哲	도시계획시설결정폐지신청거부처분취소
		이희준	손해배상(기)
326	3.17.	朴在胤	직무이행명령취소
		정은영	습지보전법 제20조의2 제1항 위헌소원
327	4.21.	金容燮	시정명령처분취소
		장승혁	산재법 제37조 위헌소원
328	5.19.	박정훈	감차명령처분취소
		金世鉉	법인세등부과처분취소
329	6.16.	裵柄皓	조례안재의결무효확인
		송시강	개발부담금환급거부취소
330	8.8.	함인선	부당이득금반환
		김형수	개발부담금환급거부취소
331	9.15.	성중탁	출입국관리법 제63조 제1항 위헌소원
		이은상	보험료채무부존재확인
332	10.20.	유진식	정보공개청구기각처분취소
		김상찬	영업정지처분취소
333	11.24.	안동인	치과의사 안면보톡스시술사건
		김선욱	부가가치세경정거부처분취소
334	12.14.	김동희	행정판례를 둘러싼 학계와 법조계의 대화에

순번	연월일	발표자	발 표 제 목
			관한 몇 가지 생각
		정태용	행정부 공무원의 시각에서 본 행정판례
		함인선	일본의 최근 행정판례
		김성배	미국의 최근 행정판례
		계인국	독일의 최근 행정판례
		김혜진	프랑스의 최근 행정판례
335	18. 1.19.	성봉근	민사사건에 있어 공법적 영향
		박호경	조례무효확인
336	3.16.	김치환	산재보험적용사업장변경불승인처분취소
		신철순	폐업처분무효확인등
337	4.20.	박정훈	입찰참가자격제한처분취소
		신상민	건축허가철회신청거부처분취소의소
338	5.18.	최봉석	직권취소처분취소청구의소
		윤준석	증여세부과처분취소
339	6.15.	김대인	직권취소처분취소청구의소
		문중흠	증여세부과처분취소
340	8.17.	이혜진	정직처분취소
		김형수	이동통신단말장치 유통구조 개선에 관한 법률 제4조 제1항 등 위헌확인
341	9.28.	김현준	재직기간합산불승인처분취소
		김세현	양도소득세부과처분취소
342	10.19.	김창조	주민등록번호변경신청거부처분취소
		장현철	청산금
343	11.16	강현호	손해배상
		임성훈	부당이득반환등
344	12.21	김재선	미국의 최근 행정판례

순번	연월일	발표자	발 표 제 목
		계인국	독일의 최근 행정판례
		박현정	프랑스의 최근 행정판례
345	19. 2.15	박재윤	숙박업영업신고증교부의무부작위위법확인
		이은상	사업시행계획인가처분취소
346	3.15	정영철	입찰참가자격제한처분취소청구의소
		이승훈	부작위위법확인
347	4.19	박균성	사업계획승인취소처분취소등
		김혜성	종합쇼핑몰거래정지처분취소
348	5.17	김중권	전역처분등취소
		고소영	임용제청거부처분취소등
349	6.21	김판기	생활폐기물수집운반및가로청소대행용역비반납처분취소
		윤준석	증여세부과처분취소
350	8.23	배병호	지방자치단체를 당사자로 하는 계약에 관한 법률 시행령 제30조 제5항 등 위헌확인
		신상민	퇴교처분취소
351		김성배	사증발급거부처분취소
		박건우	보상금증액
352		김병기	교원소청심사위원회결정취소
		오에스데	징계처분등
353		강현호	의료기관개설신고불수리처분취소
		이수안	손실보상금증액등
354		신원일	일본의 최근 행정판례
		김재선	미국의 최근 행정판례
		계인국	독일의 최근 행정판례
		박우경	프랑스의 최근 행정판례

行政判例研究 Ⅰ~ XXIV-2 總目次

行政判例研究 I ~ XXIV-2 總目次

[第 I 卷]

Ⅰ. 行政上立法

Ⅱ. 行政裁量

Ⅲ. 行政行爲의 附款

Ⅳ. 行政行爲의 取消

Ⅴ. 行政節次

Ⅵ. 行政計劃

Ⅶ. 行政訴訟의 對象

Ⅷ. 行政訴訟에 있어서의 訴의 利益

Ⅸ. 行政訴訟의 執行停止

Ⅹ. 行政權限의 委任

Ⅺ. 公務員法

Ⅻ. 營造物法

ⅩⅢ. 知的所有權 · 遺傳工學

ⅩⅣ. 租 稅

ⅩⅤ. 違憲審査

[第 Ⅱ 卷]

Ⅰ. 個人的 公權

Ⅱ. 行政上立法

Ⅲ. 行政行爲

Ⅳ. 行政計劃

Ⅴ. 行政上爭訟 一般

Ⅵ. 行政訴訟에 있어서의 訴의 利益

Ⅶ. 行政訴訟의 類型

Ⅷ. 損害塡補

Ⅸ. 公 務 員

Ⅵ. 行政上爭訟 一般

Ⅶ. 行政訴訟의 類型

Ⅷ. 損害塡補

Ⅸ. 地方自治

Ⅹ. 違憲審査

[第Ⅳ卷]

Ⅰ. 行政行爲

Ⅱ. 行政計劃

Ⅲ. 行政節次

Ⅳ. 行政爭訟 一般

Ⅴ. 行政訴訟의 對象과 權利保護 必要性

Ⅱ. 行政行爲

Ⅲ. 行政計劃

Ⅳ. 行政節次

Ⅴ. 行政訴訟

Ⅵ. 損害塡補

Ⅲ. 行政訴訟

Ⅳ. 給付行政 · 環境行政

Ⅴ. 租 稅

Ⅵ. 外國判例研究

[第 Ⅶ 卷]

Ⅰ. 行政行爲

Ⅱ. 行政行爲

Ⅲ. 行政節次

Ⅳ. 行政上 損害塡補

Ⅴ. 行政訴訟

Ⅵ. 建築行政法

Ⅶ. 環境行政法

Ⅷ. 文化行政法

Ⅸ. 外國行政法判例研究

[第 Ⅷ 卷]

Ⅰ. 行政立法

Ⅱ. 行政行爲

Ⅲ. 情報公開

Ⅳ. 行政의 實效性確保手段

Ⅴ. 行政上 損害塡補

Ⅵ. 行政訴訟

Ⅶ. 土地行政法

Ⅷ. 租稅行政法

Ⅸ. 外國行政判例研究

Ⅹ. 韓·日行政訴訟法制의 改正과 向後方向(國際學術會議)

[第 Ⅸ 卷]

[第 X 卷]

Ⅰ. 行政立法

Ⅱ. 行政行爲

Ⅲ. 行政節次

Ⅳ. 行政上 損害塡補

Ⅴ. 行政訴訟

Ⅵ. 租稅行政法

[第XI卷]

Ⅰ. 韓國行政判例研究會 200회 特輯 紀念論文

Ⅱ. 行政行爲

Ⅲ. 行政의 實效性確保手段

Ⅳ. 行政訴訟

Ⅴ. 地方自治法

Ⅵ. 建築行政法

[第XII卷]

Ⅰ. 韓法令補充的 性格의 行政規則의 整備方案
— 法制處·韓國行政判例研究會 官學協同 Workshop —

Ⅱ. 行政立法

Ⅲ. 行政訴訟法

Ⅳ. 行政의 實效性確保手段

Ⅴ. 行政上 損害塡補

Ⅵ. 行政訴訟法

Ⅶ. 公物·營造物法

Ⅷ. 外國判例 및 外國法制 硏究

[第 XIV-2卷]

Ⅰ. 行政法의 基本原理

Ⅱ. 行政行爲의 槪念과 種類

Ⅲ. 行政行爲의 職權取消·撤回

Ⅳ. 取消訴訟의 對象

Ⅴ. 行政上 損害塡補

Ⅵ. 公務員法

Ⅶ. 地方自治法

Ⅷ. 經濟行政法

Ⅸ. 建築行政法

[第XV-2卷]

Ⅰ. 認·許可 擬制 制度의 效果와 立法의 方向

Ⅱ. 行政立法

Ⅲ. 行政行爲

Ⅳ. 行政訴訟

Ⅴ. 地方自治法

Ⅵ. 外國判例 및 外國法制 研究

[第XVI-1卷]

Ⅰ. 行政法의 基本原理

Ⅱ. 行政立法

Ⅲ. 行政行爲

Ⅳ. 損害塡補

Ⅴ. 地方自治法

[第 XVII -1卷]

Ⅰ. 行政行爲의 附款

Ⅱ. 行政計劃

Ⅲ. 行政의 實效性 確保手段

Ⅳ. 取消訴訟의 對象

Ⅴ. 行政訴訟의 類型

Ⅵ. 地方自治法

Ⅶ. 經濟行政法

Ⅷ. 租稅行政法

[第 XVII -2卷]

Ⅰ. 行政行爲의 槪念과 種類

Ⅱ. 行政節次 및 情報公開

Ⅲ. 損害塡補

Ⅳ. 秩序行政法

Ⅴ. 經濟行政法

Ⅵ. 勞動行政法

Ⅶ. 外國判例 및 外國法制 硏究

[第 XVIII -1卷]

Ⅰ. 行政行爲의 瑕疵

Ⅱ. 行政節次 및 情報公開

Ⅲ. 取消訴訟의 對象

Ⅲ. 行政의 實效性確保手段

Ⅳ. 取消訴訟의 對象

Ⅴ. 行政訴訟의 類型

Ⅵ. 憲法裁判

Ⅶ. 地方自治法

[第 XIX-2卷]

Ⅰ. 行政行爲의 瑕疵

Ⅱ. 取消訴訟의 對象

Ⅲ. 地方自治法

Ⅳ. 建築行政法

Ⅴ. 外國判例 및 外國法制 研究

Ⅵ. 특집논문: 행정판례연구회 30주년 특별기념논문

[第XX-1卷]

Ⅰ. 行政立法

[第XX-2卷]

[第XXI-1卷]

Ⅰ. 行政行爲의 槪念과 種類

Ⅱ. 損害塡補

Ⅲ. 地方自治法

Ⅳ. 經濟行政法

Ⅴ. 外國判例 및 外國法制硏究

Ⅵ. [특별기고] 行政法硏究資料

[第ⅩⅩⅠ-2卷]

[第 XXII-1 卷]

[第 XXII-2 卷](第1卷)

[第 XXII-2 卷](第2卷)

[第XXIII-1卷]

Ⅵ. 地方自治法

Ⅶ. 環境行政法

Ⅷ. 外國判例 및 外國法制 研究

[第 XXIII-2 卷]

Ⅰ. 行政法의 基本原理

Ⅱ. 行政行爲의 槪念과 類型

Ⅲ. 損害塡補

Ⅳ. 公務員法

Ⅴ. 環境行政法

Ⅵ. 經濟行政法

Ⅶ. 建築行政法

[第 XXIV-1卷]

Ⅰ. 행정법의 의의 및 기본원리(일반론)

Ⅱ. 행정의 행위형식

[第XXIV-2卷]

Ⅴ. 行政爭訟一般

Ⅵ. 取消訴訟의 對象

Ⅶ. 行政訴訟에 있어서의 訴의 利益

Ⅷ. 損害塡補

Ⅸ. 地方自治法

Ⅹ. 憲法裁判

Ⅺ. 外國判例 및 外國法制 研究

主題別 總目次(行政判例研究 Ⅰ~XXIV-2)

行政法의 基本原理

個人的 公權

行政立法

行政行爲의 槪念과 種類

行政行爲의 附款

行政行爲의 類型

行政行爲의 效力

行政行爲의 瑕疵

行政行爲의 職權取消·撤回

行政計劃

行政節次 및 情報公開

行政의 實效性確保手段

行政爭訟一般

取消訴訟의 對象

行政訴訟에 있어서의 訴의 利益

行政訴訟의 審理

行政訴訟과 假救濟

行政訴訟의 類型

損害塡補

行政組織法

公務員法

地方自治法

秩序行政法

公物·營造物法

環境行政法

助成行政法

經濟行政法

租稅行政法

建築行政法

土地行政法

敎育行政法

文化行政法

勞動行政法

憲法裁判

外國判例 및 外國法制 研究

行政訴訟判決의 主要動向

紀念論文

[特別寄稿] 行政法研究資料

研究判例 總目次
(行政判例研究 Ⅰ ~ XXⅣ-2)

〔대 법 원〕

〔서울고등법원〕

〔광주고등법원〕

〔수원지방법원〕

〔서울행정법원〕

〔헌법재판소〕

〔EU판례〕

〔독일판례〕

〔프랑스판례〕

Universal, n° 362347, Société Parabole Réunion, n° 363542, Société Numericable, n° 363703) XVIII-2-477

꽁세이데타 assemblée, 12 avril 2013, *Fédération Force ouvrière énergie et mines et autres* n° 329570, 329683, 330539 et 330847. XIX-2-323

꽁세이데타 13 août 2013, *Ministre de l'intérieur c/ commune de Saint-Leu*, n° 370902. XIX-2-323

꽁세이데타 1er août 2013, *Association générale des producteurs de maïs (AGPM) et autres, nos 358103, 358615 et 359078.* XIX-2-323

꽁세이데타 Sec. 6 décembre 2013, *M. T., no 363290.* XIX-2-323

꽁세이데타 assemblée, 12 avril 2013, *Association coordination interrégionale Stop THT et autres*, nos 342409 et autres. XIX-2-323

꽁세이데타 16 décembre 2013, *Escota et sécurité Arcour*, nos 369304 et 369384. XIX-2-323

꽁세이데타 CE 8 novembre 2013, *Olympique lyonnais et autres*, nos 373129 et 373170. XIX-2-323

꽁세이데타, 15 janvier 2014, *La Poste SA*, n° 362495, A. XX-2-351

꽁세이데타, ssemblée, 4 avril 2014, *Département du Tarn-et-Garonne*, n° 358994, A. XX-2-351

꽁세이데타, assemblée, 14 février et 24 juin 2014, Mme F...I... *et autres, nos 375081, 375090, 375091.* XX-2-351

꽁세이데타, 29 décembre 2014, *Société Bouygues Télécom, no 368773.* XX-2-351

꽁세이데타, section, 28 avril 2014, *Commune de Val-d'Isère*, n° 349420. XX-2-351

꽁세이데타, section, 5 novembre 2014, *Commune de Ners et autres*, n° 379843. XX-2-351

꽁세이데타 CE, 17 juin 2015, sociééen commandite simple La Chaîe Info(LCI), n° 384826 ; CE, 17 juin 2015, sociééParis Premièe n° 385474. XXI-2-395

꽁세이데타 CE, 19 juin 2015, societe «Grands magasins de la Samaritaine-Maison

〔미국판례〕

〔일본판례〕

최고재판소 第三小法廷 平成26(2014).5.27. 平成24年(オ)第888号, 判例タイムズ 1405号, 83면. XX-2-311
최고재판소 第二小法廷決定 平成27(2015).1.22. 平成26年(許)第17号 判例タイムズ1410号 55頁. XXI-2-350
최고재판소 第二小法廷決定 平成27(2015).1.22. 平成26年(許)第26号 判例タイムズ1410号 58頁. XXI-2-350
최고재판소 第三小法廷 平成27(2015).3.3. 平成26年(行ヒ)第225号 民集69巻2号143頁. XXI-2-343
최고재판소 第二小法廷 平成27(2015).3.27. 平成25年(オ)第1655号 判例タイムズ1414号 131頁. XXI-2-356
최고재판소 第三小法廷 平成27(2015).9.8. 平成26年(行ヒ)第406号 民集69巻6号1607頁. XXI-2-347
최고재판소 大法廷判決 平成27(2015).12.16. 平成25年(オ)第1079号 判例タイムズ1421号 61頁. XXI-2-367
최고재판소 大法廷判決 平成27(2015).12.16. 平成26年(オ)第1023号 判例タイムズ1421号 84頁. XXI-2-360
최고재판소 最高裁判所第一小法廷 平成28年4月21日, 判例タイムズ1425号 122면 XXIII -1-414/407
최고재판소 最高裁判所第三小法廷 平成28年4月12日, 判例タイムズ1427号 63면 XXIII-1- 419/407
최고재판소 最高裁判所第二小法廷 平成28年7月15日, 判例タイムズ1430号, 121면 XXIII-1-422/407
최고재판소 最高裁判所第一小法廷 平成28年3月10日, 判例タイムズ1426号, 26면 XXIII-1-426/407
平成16年4月27日最高裁判所第三小法廷判決 · 平成13年(受)1760号 XXIV-1-255

行政判例研究 XXIV-2

2019년 12월 25일 초판인쇄
2019년 12월 31일 초판발행

편저자　사단법인 한국행정판례연구회
대 표 김 동 건

발행인　안종만 · 안상준

발행처　(주) 박영사
서울특별시 종로구 새문안로3길 36, 1601
전화 (733) 6771 FAX (736) 4818
등록 1959. 3. 11. 제300-1959-1호(倫)

www.pybook.co.kr e-mail: pys@pybook.co.kr

편저자와 협의하여 인지를 생략함

정 가 56,000원

ISBN 979-11-303-3638-1
ISBN 978-89-6454-600-0(세트)
ISSN 1599-7413 35